敦煌文獻合集

敦煌經部文獻合集

張涌泉 主編 審訂

第七册

小學類韻書之屬（三） 關長龍 撰

小學類訓詁之屬 張涌泉 撰

中華書局

小學類韻書之屬(三)

唐韻

唐韻(卷一)

伯二〇一八(底一)　俄敦一四六六(底二)

孫愐

【題解】

底一編號爲伯二〇一八,存一殘紙,單面抄,計十四行,其中前六行、第十三行下部半行左右殘泐,末行則僅存上半行雙行注文右行殘字若干。其内容爲平聲東、冬、鍾三韻殘字。

底二編號爲俄敦一四六六,存一殘紙,單面抄。其内容爲平聲虞、模、齊三韻殘字,計廿三行,其中六行完整。

此二殘卷的書法、行款及體例全同,徐朝東以爲蓋一分爲二者也(《與蔣藏本〈唐韻〉相關的敦煌韻書殘卷考釋》,載《敦煌研究》二〇〇三年第二期),今從之綴合録文,唯底一與底二間有缺文。

底卷書體豐潤,頗有顔風;行間有界欄;大韻換行書,且上加朱點;大韻標序字提行書,唯其抄寫行款或有疏舛,如鍾韻即爲不换行接書,抄於行首的字頭『匈』字超出正文『版心』,與提行書的大韻標序字略同;小韻首字上加朱點;小韻首字注文體例爲字頭—釋義—反切—小韻字頭數;加字多注明『幾加幾』,唯前一數字所計爲該小韻總字數,而後一數字所計爲該小韻中的新加字數,此與敦煌本其他韻書的加字標識法不同,而與傳世本《蔣藏》同。

底一《伯目》稱作『字書殘節』，《索引》擬名爲『寫本切韻殘卷』，《索引新編》同，《法藏》定名作『切韻卷第一』；底二《孟目》稱作『音韻字典』，謂『與《唐韻》中的解釋相似（但不相同）』，《補正》認爲此當爲『唐韻』類韻書，《周韻》增補本（臺灣學生書局一九九四）據上田正摹本影印，其卷名蓋據《蔣藏》卷首題名擬作『唐韻殘卷』，《俄藏》因據定名。據伯二六三八《大唐刊謬補缺切韻箋注序》與清卞永譽《式古堂書畫彙考》卷八所載《唐韻序》之不同推之，孫愐《唐韻》當成書於開元廿年，而後又於天寶十年修訂，蓋别稱《廣韻》（參後《大唐刊謬補缺切韻箋注序》題解），其小韻下疑亦不用幾加幾字樣。又《蔣藏》與底卷之關係，因《蔣藏》平聲韻殘泐而不能知詳（《蔣藏》當亦因孫之《唐韻》疊經配補而成，故其體例不一）。今仍定名作《唐韻》，孫愐撰，簡稱《唐韻》。

底一最早由《姜韻》據原卷摹抄録文，其後《補正》、《潘韻》又分别據膠片和原卷加以勘正，《周韻》亦據膠片因而考訂之；底二上田正《補正》最早據馬淵和夫抄本校録，其後潘重規據原卷抄録（《瀛涯敦煌韻輯拾補》《新亞學報》第十一卷，一九七四），上田正後又據膠片重新録文（《ソ連にある切韻残卷について》，載《東方學》第六十二輯，一九八一）。徐朝東《與蔣藏本〈唐韻〉相關的敦煌韻書殘卷考釋》、尉遲治平《韻書殘卷DX1466 考釋》（載《藝文述林·語言學卷》，上海文藝出版社一九九九）對底二皆有較爲深入的考察，可參。底一今據《法藏》録文，底二據《俄藏》録文，并參考敦煌韻書中相關的卷子如《切一》、《切二》、《箋二》、《箋七》、《箋十二》、《王一》、《唐刊》及傳本韻書《王二》、《裴韻》、《廣韻》等校録於後。

（前缺）

1 **東** 色青黄；又細絹。[一]　**璁**石，似玉。　**騘**馬色。　**蟌**蜻▨（蜓），《淮南子》云『蝦蟇爲鶉，水蠆爲蟌』。加。[二]　**通**達也；亦州名，本漢渠縣；又姓。他紅反。[三]　四。　**蓪**□[四]　**緵**緵縷。[五]　**㚇**飛而斂足。又側貢反。[六]　**鬷**釜属；又姓，《傳》鄭大夫鬷明。[七]　**嵕**九嵕。　**猣**犬生三子。　**豵**豕生三子。　**鯼**石首魚。　**捘**捘滅。[八]　▨□[九]　**蝬**三蝬，蛤屬，出《異物志》。

加。〔一〇〕埄種也；一曰内其中。蓬草名；亦州，曰（因）蓬山而名之。《説文》從丰。薄紅反。六，加四。篷車奄。〔十一〕

2冬

篷（篷）織竹以編箬覆舩▨。〔十二〕▨（髼）▨（髮）□。〔十三〕□〔十四〕
二冬冬，終也；亦姓，前燕慕容皝左司馬冬壽。都宗反。〔十五〕二。苳草名。彤赤也；丹餝也；亦姓，彤伯爲成王宗伯。
徒冬反。七，加一。疼▨（痛）。〔十六〕□〔十七〕賨西戎；《廣雅》云戎税。藏宗反。五。琮瑞玉。悰慮；一曰樂。
潀小水入大水。又之戎反。淙水聲。農田也；《説□者同；又姓。□〔十八〕聲。户冬反。〔十九〕二，加一。洚
（洚）水不依故道；《説文》河道也。〔二〇〕隆力冬反。二。〔二一〕宗衆也；本也；尊也；亦姓，伯宗之後，出南陽；又複姓，宗
伯、宗正二氏。作冬反。〔二二〕一。▨（鬆）□〔二三〕

3鍾

□〔二四〕鐘樂器。或作鏞。〔二五〕蚣阜螽，蟲也。忪心忪。〔二六〕䇢長節竹。彸征彸，行皃。妐夫兄。衳小褌。伀
《説文》云『志及衆』。加。嫜《字樣》云本音同，今爲木橦字。加。〔二七〕籦籦籠，竹名。加。〔二八〕龍龍蛇；又姓，▨言龍之
後。力鍾反。〔二九〕七，加三。瓏圭，爲龍文。躘躘蹱，小兒行皃。蹱字丑凶反。鸗鳥名。驡《説文》云野馬。加。〔三〇〕
龔《廣雅》云無（巫）也。加。〔三一〕籠籦籠，竹名。加。舂《世本》曰雍文（父）作舂。書容反。〔三二〕五，加一。椿撞
也。〔三三〕踳蹋。觰觸觰。惷愚。加。松《玄中記》曰『松脂入地，千歲爲茯苓』；亦州名，舜竄富（三苗）於三危，南羌
（羌）是也。祥容反。〔三四〕二。訟争。又徐用反。衝當也；向也。揬也；《説文》通道也。尺容反。六，加一。罿綱
（網）。憧往來皃。幢陷陣車。艟艨艟，戰□。〔三五〕潼河潼。又音同。加。容盛也；儀（儀）也；受也；又姓，八凱仲容
之後。以恭反。〔三六〕十六，加二。〔三七〕溶水皃。又音勇。滽水名，出宜蘇山。庸常也；用也；功也；和也；次也；易也；
又姓。墉垣也；墻也。〔三八〕㺎似牛，領有肉，《説文》從豕（豸），猛獸也。[□□]〔三九〕鄘国（國）名。傭傭賃。
[□]丑凶反。〔四〇〕鷛鷛鶏，鳥名，似鴨鶏足。㼶甖。鱅魚名。又音慵。[□□]〔四一〕蓉芙蓉。螪螪蝑，色如黄
地（蛇），有羽。加。〔四二〕傛傛華，縣名。加。封大也；回（國）也；厚也；爵也。府容反。又方用反。二。〔四三〕犎野牛。

胷膺也。亦作匈、胷。許容反。〔四四〕八，加一。凶凶禍。〔四五〕銎懼（钁）也；又斤斧柄孔。〔四六〕洶水勢。恟懼。兇

（兇）悪。〔四七〕訩衆語。匈匈奴。加。顒仰也。魚容反。三。鰅魚名。喁噞喁。邕於容反。九，加一。▨（灉）

□〔四八〕□▨▨（和也）；与邕略▨（同）；又雍奴，縣名，▨▨▨（在幽州）。□〔四九〕

（中缺）

10 虞

□槕□□孔内。〔五〇〕

11 模

□〔五一〕▨（謨）謀也；□□□也。又▨（作）謩。〔五二〕▨（无）南无，出▨（釋）□，又音無。□。〔五三〕□□□。□

▨胡□。□，加一。〔五四〕▨（匍）□□。〔五五〕□□□坂；又姓，苻洪之先，其家池中蒲生長五丈，咸謂之□

▨（文）草付應王，洪孫堅背有草字，改姓苻也。〔五六〕蒱摴柳；摴蒱。〔五七〕□□□▨（有）三德，其色中和□

類皆從。［□］户古反。〔五八〕瓳甂體多曰瓳。〔五九〕餬寄食；又糜也。或作餂。瑚瑚連（璉）。〔六〇〕湖江湖。〔六一〕

□〔六二〕▨（鶘）鸕鶘，似猨，身白，出《説文》。加。〔六三〕孤孤子；漢複姓，乙速孤、云孤。古胡反。廿一，加六。苽

（苽）苽（苽）蔣。姑舅姑。亦□〔六四〕□《漢書》『越巫𦙄（䶈）祠，在雲陽』；亦小兒病鬼名。〔六五〕沽水，在高

密。〔六六〕柧柧棱。加。鍕鏷鍕。加。〔六七〕箛□〔六八〕▨（屠）煞也；裂也；刳也；亦姓。又音除。〔六九〕瘏病。塗

泥也；路也；行也；亦姓，《風俗通》云『漢有諫議大夫塗禪』。□□醫瘉。〔七〇〕啚思度。圖《釋名》曰『圖，度也，盡

其度也』；又謀也；計也。從啚，啚，歎（難）意也。〔七一〕廜廜䕆，草庵；《通俗▨（文）》曰『屋平曰廜▨（䕆）』。〔七二〕□

▨（拏）妻拏。〔七三〕笯鳥籠。〔七四〕呼喚也；又姓，云呼。荒烏番。〔七五〕十，加六。膴無骨腊。又音無。幠大。葫大蒜

▨（也），張騫□〔七六〕□□▨（似）鼠。〔七七〕吴吴越；又姓，本自太伯之後始封於吴，因以命氏，後▨（季）□避國，子孫

家於魯衛之閒，今望在濮陽。〔七八〕□〔七九〕▨（鯃）魚名。加。〔八〇〕娪美女，出《埤蒼》。加。鋘鋙鋘，山名，出金，色

赤如火，▨（作）刀可切玉，出《越絶書》。〔八一〕加。租積也；▨（税）也。則胡〔八二〕□〔八三〕篖竹。〔八四〕蘆葦之未莠

者；亦蘆菔，菜名；亦虜姓，《後魏書》莫蘆氏後改爲蘆氏。〔八五〕□〔八六〕▨（艫）舟後。〔八七〕纑布縷。䲹（䲹）瓨（甋）也。又籒文作此罏（鑪）。〔八八〕瀘水；亦州名，在蜀。加。〔八九〕瓐玉名。加。爐□□□，□□；▨（蘇）木也；滿也；悮也；□望。桒（桑）姑反。四，加一。〔九〇〕穌息也；舒悦也；死而更生也。麻𪊺麻。癬瘄癬，酒，元日〔九一〕□□□□；□□□，《□□》□：「□□□，□□□：□，□□□，□其肋（助）氣，故□▨（哀）都反。〔九二〕十五，加六。洿水不流。又作汙。〔九三〕杇𣲗槾。槾字莫寒反。嗚嗚呼。䲹䲹鯽。□□□，又□□。加。〔九四〕盓盤盓，旋流。又憂俱反。加。䲹蚷䲹，蠋蟲也，大如指，白色。加。悪悪由安也。加。〔九五〕逋□□枯痒（瘁）也。出《説文》。加。〔九六〕麁疏也；大也；物不精也。倉胡反。三，加一。麤行路（超）遠；《字統》云『警防也，鹿之姓（性）』，相背而食，慮〔九七〕□〔九八〕▨（都）都由惣也；又國也；凡也；大也；又姓，出吴興。當孤反。四，加一。〔九九〕䈞竹名。闍闉闍，城上重門。又市遮反。䏲□□▨也，出《□▨（雅）》。加。〔一〇〇〕

12 齊□〔一〇一〕▨（𪊺）𪊺狼，獸名，似麇。又子兮反。〔一〇二〕蠐蠐螬。𪗉好皃。〔一〇三〕𤻮病。加。𪗋等，出《説文》。加。黎衆也。又姓，□□□瓠爲飲□。□作蠡。〔一〇四〕邌徐行。鼊亭名，在上黨。䴡䴡麜，綺窗（窻）。加。藜藜蘆，藥名。加。䔣□□緀萋，文章相錯。加。〔一〇五〕齌《説文》云炊餔疾。加。霋《説文》云『霽謂之霋』。加。氐（低）低昂，俛也；垂也。丁奚反。〔一〇六〕十四。□▨（眡）視。加。〔一〇七〕隄或作堤。加。岻（岻）山名。加。阺《纂文》云人姓。加。〔一〇八〕氐（衣）《▨（説）文》云□也。加。〔一〇九〕趆（趆）《説文》云『趍』。〔一一〇〕

（後缺）

【校記】

〔一〕所存第一部分參《切一》、《箋七》、《王二》、《裴韻》知爲平聲一東之内容。『色』、『又』二字居底一行首

（分別爲雙行注文之右行和左行首字），據《箋七》、《王二》、《裴韻》及《唐刊》（伯二〇一四）可知此爲倉紅反小韻『総』字注文。

〔二〕殘字底一漫漶，部分殘畫可辨，其右下角處所存似一捺形筆畫，《姜韻》録作『蜓』字，考《王二》、《裴韻》、《唐刊》（伯二〇一四）皆作『蛉』字，《廣韻》作『蜓』，兹據校補作『蜓』字。

〔三〕『渠縣』，《廣韻》作『宕渠縣』，考《後漢書》卷三八《張法滕馮度楊列傳》『馮緄字鴻卿，巴郡宕渠人也』李賢注：『宕渠，縣，故城在今渠州東北。』，是漢時『渠』爲州而『宕渠』爲渠州所轄之縣名，疑底一脱『宕』字。

〔四〕『蓪』字右下角底一略殘，兹參《箋七》、《王二》、《裴韻》録定。又『蓪』字下至行末底一殘泐約三分之一行，據空間，約可抄八個左右大字。

〔五〕『緵』字右部『戔』旁底一作『叟』形，下文『戔』字及『鬷』、『嵕』、『猣』、『堫』諸字所從的『戔』旁同，俗寫，兹徑録正。注文『縷』字前《箋七》、《王二》（『縷』字下衍抄一代字符）、《裴韻》、《廣韻》皆無『緵』字，疑底一衍抄一代字符；又此字《廣韻》隸於子紅切小韻第十七字。

〔六〕『側』字《箋七》、《王二》、《裴韻》皆作『則』，《廣韻》作『子』，按『則』、『子』皆隸精紐，疑底一誤增『亻』旁，俟考。

〔七〕『鬷明』見於《左傳》昭公廿八年，是底卷之『傳』字當爲『左傳』省稱。

〔八〕注文『滅』字底一不太明晰，諦審之如此，『滅』又當校讀作『摵』；《集韻·東韻》祖叢切小韻：『揔，《字統》揔摵，俗謂之捉頭。』《裴韻》『揔』字釋『揔誠』，『誠』當又爲『滅』字俗訛（言旁氵旁草書形近）。

〔九〕殘字底一存上部少許筆畫，諸韻書中唯《王二》、《裴韻》、《集韻》本小韻載有『揔』字條，且其下字三書各不同，故不能擬補，又殘字下至行末底一殘泐約三分之一行，據空間，約可抄八個左右大字。

〔一〇〕『嵕』字《廣韻》隸於子紅切小韻第十三字。

〔一一〕『夆』字《廣韻》同，《切一》、《王二》皆作『夆』字，《箋七》作『篷』字，《集韻》以『夆』爲『篷』字或省，而『車筝（篷）』、『車㚔』義同。

〔一二〕殘字底一存上部少許筆畫，《箋七》注文作『織竹以編箬，以覆蓋舩車』，《裴韻》略同，作『織竹編箬䈀（葉）以覆蓋舩車』，《廣韻》作『織竹夾箬覆舟也』，殘畫與『車』字不合，疑爲『頂』字，俟考。

〔一三〕殘字前者存右部筆畫，後者居雙行注文右行之首，存上部略有漫漶的筆畫，玆參《王二》、《裴韻》、《廣韻》校補作『鬔』、『髮』二字。又缺字底一殘泐，可參諸本補作『亂』字。

〔一四〕『鬔』字條下至行末底一殘泐約三分之一行，據空間，約可抄八個左右大字。

〔一五〕『皝』字《廣韻》作『皝』，『皝』蓋『皝』之繁化俗字，《漢語大字典》引《正字通・白部》以爲訛字。

〔一六〕殘字底一存上部筆畫，玆參《切一》、《箋七》、《王二》、《裴韻》校補作『痛』字。

〔一七〕『疼』字條下至行末底一殘泐約三分之一行略強，據空間，約可抄十個左右大字。

〔一八〕『農』字注文『田也説』三字底一居雙行之右行，『者同又姓』四字居左行，其下至行末底一殘泐三分之一行略強，據空間約可抄十個左右大字，檢此殘文，唯與韻書中《廣韻》注文相似，《廣韻》『農』字注文作『田農也；《説文》作𥁕，耕也；亦官名，《漢書》曰「治粟内史，秦官也，景帝更名大司農」；又姓，《風俗通》云神農之後；又羌複姓有蘇農氏。奴冬切。十二』，依底一行款及文例，『農』字注文左行『又姓』下如無舉例，則亦當有反語三字及小韻標數字至少二字（以無加字計），則其右側『説』字下當有五個以上的缺字，疑右行『説』字下當殘『文作𥁕』等字，玆姑爲擬補一個注文多字缺字符。

〔一九〕『聲』、『反』二字分居底一行首（爲注文文字），考諸《切一》、《箋七》、《王二》及《裴韻》，此當爲『硿』字注文，且從底一所存行款及諸本内容看，其前行末當殘有字頭及注文『硿礐，石落』五字。

〔二〇〕『洚』字《裴韻》、《唐刊》（伯二〇一五）、《唐刊》（伯二〇一四）、《廣韻》皆作『洚』形，《説文・水部》『洚，水不遵道。一曰下也。从水，夅聲』，『夅』、『夅』二字俗寫多作『夆』形，故此『洚』字當即『洚』之俗作；又注文引《説文》訓『河道也』，爲今本《説文》所未見。

〔三二〕小韻標數字作『二』而本小韻實收一字，考諸本中《切一》、《箋七》本小韻皆收一字，《王二》收二字，《裴韻》作『一加二』而實收二字，疑其『加二』之『二』爲『一』字之訛，《廣韻》收三字，收二字以上各本皆有『鼕，鼓聲』條，疑底一脱抄此條，俟考。

〔三三〕『伯宗之後』，《廣韻》作『周卿宗伯之後』，《通志·氏族略四》云：『宗氏，又爲宗伯氏，周大夫宗伯之後，以官命氏』，疑底一『伯宗』爲『宗伯』誤倒。

〔三三〕殘字底一存右部及左下角筆畫，兹據《廣韻》校補作『鬆』字，《箋七》誤作『鬃』形，《補正》據校，與底卷殘形不合，非是。又『鬆』字下至行末底一殘泐約三分之一行略强，據空間，約可抄九個左右大字（末條當爲下一大韻代表字『鍾』字條）。

〔三四〕字頭『鍾』字底一居行首，考《切二》（伯三六九六）、《箋七》、《王二》、《廣韻》『鍾』字皆爲三鍾大韻的第二字，上揭各本及《裴韻》、《唐刊》（伯二〇一五）皆以『鍾』爲平聲第三韻代表字，是底一本大韻代表字所在條當居前行行末（已殘泐）。兹於『鍾』字條前擬補一個多字缺字符，唯從『鍾』下所實收字數知此小韻蓋收十一字（原當標作『十一加三』），與《裴韻》略同（裴韻小韻標數字作『九加三』，而實收十一字，『三』蓋『二』字形訛），比《王二》多一字，《廣韻》收十八字。

〔三五〕『鐘』字《廣韻》隸於職容切小韻第二字。

〔三六〕注文『忪』字《切一》、《箋七》、《王二》、《裴韻》、《唐刊》（伯二〇一五）、《廣韻》、《集韻》皆作『動』字，疑底一誤。

〔三七〕『爲』上《廣韻》有一『假』字。

〔三八〕字頭『鐘』字右下之『重』形上部底一略有漫漶，《姜韻》録作『鐘』，考《裴韻》之字頭該部分亦介於『童』、『重』之間，然其注文則明確作『鐘』形，又《唐刊》（伯二〇一五）、《廣韻》、《集韻》字頭皆作『鐘』形，且底一下文力鍾反小韻『籠』字注文亦作『鐘』形，兹據録定。

〔二九〕殘字底一存左部筆畫，其左旁似作『忄』旁，考《廣韻》相關内容作『舜納言龍之後』，疑此或『納』之訛字，《補正》徑據校補作『納』字，俟考。又『言龍』二字右側底一皆有殘，然全字略可推知，此徑參《廣韻》録定。

〔三〇〕『鸗』字及訓《廣韻》、《集韻》同，今《説文》未收『鸗』字，《切一》、《王二》、《裴韻》亦皆未收此字，《新校》以爲此即前『鸗』字訛衍，俟考。

〔三一〕『無』字《廣韻》作『巫』，與《廣雅·釋詁四》合，疑底一音訛，兹據校改。

〔三二〕『文』字《廣韻》作『父』，與清張澍輯本《世本》合，底一形訛，兹據校改。

〔三三〕『椿』字《切二》（伯三六九六）同，《切一》、《王二》、《裴韻》、《廣韻》、《集韻》皆作『搘』形，俗寫『扌』、『木』二旁多混而不分，然此從二旁皆有理據，可視二字爲異體字。參《切二》校記〔三〕。

〔三四〕『舜竄富於三危』句《廣韻》作『舜竄三苗於三危』，合於阮刻《十三經注疏》本《尚書·舜典》文，《補正》以爲『富』字當爲『三苗』二字之訛，兹從校改。

〔三五〕缺字底一漫滅，可據《切一》、《箋七》、《王二》、《裴韻》補作『舩』字，《廣韻》作『船』，按『舩』爲『船』之俗字。

〔三六〕『儀』字字書未見所載，《廣韻》作『儀』，《玉篇·宀部》同，俗寫『亻』、『彳』二旁或混，兹據校改。

〔三七〕本小韻實收十四字，《切二》（伯三六九六）、《箋七》小韻標數字作『十四』，《裴韻》作『十四加八』，《王二》實收十九字，《廣韻》收三十五字，疑底一脱抄二字，其所脱字較之諸本，當爲『獛』下之『鏞』與『鱅』下之『鎔』二字，兹於二條下分擬一字頭及一多字脱字符。

〔三八〕『墻』爲『墻』字俗寫，而『墻』又爲『牆』的换旁俗字。

〔三九〕底一脱『鏞』字條文字，參看上文校記〔三七〕。

〔四〇〕『傭』字亦隸於『以恭反』，其注文反語當爲又音，《廣韻》於此反語前有一『又』字，底一依例當同，兹爲擬補一個脱字符。

〔四一〕底一脱『鎔』字條文字，參看上文校記〔三七〕。

〔四二〕『地』字《廣韻》作『蛇』，按《山海經・東山經》載獨山多偹蟰，『其狀如黄蛇，魚翼，出入有光』，蓋底一之所本，是底一『地』當爲『蛇』字形訛，兹據校改；又『色』字《廣韻》同，疑當用『狀』字爲是。

〔四三〕注文『回』字字書以爲同『㫚』，文中則應爲『國』字俗訛，《廣韻》『封』字注文云『大也；國也；厚也；爵也；亦姓』，可證。

〔四四〕『匂』字《廣韻》、《集韻》作『匈』，合於《説文》，底一訛省。

〔四五〕『禍』字因底一紙面破裂粘合後有些變形，此參《裴韻》、《廣韻》録定。

〔四六〕『懼』字《廣韻》同，《裴韻》本大韻末『丑癸反』小韻收有『鋆』字，訓作『鑿也』，余迺永《新校》據《説文・金部》『钁，大鉏也』以爲『懼』當爲『钁』字之訛，合於『鋆』字形聲構字理據，兹從校改。

〔四七〕『兇』字《切二》（伯三六九六）、《箋七》、《裴韻》皆作『兇』形，《王二》、《廣韻》作『兇』形，按『兇』爲『兇』之俗字，參《敦煌俗字研究》下編儿部『兇』字條考釋，底一所作又『兇』字俗訛，兹據校改。

〔四八〕殘字左下角底一略殘，此參《切二》（伯三六九六）、《箋七》、《王二》、《裴韻》、《廣韻》校補作『灉』字，《姜韻》亦録作『灉』字，唯諸本除《箋七》外，皆以『雍』字爲於容反小韻第二字（《箋七》以『噰』爲第二字，《補正》蓋據以校補作『噰』字，恐不足據），底一蓋字序有所錯亂。又『灉』字下至行末底一殘泐約半行，據空間，約可抄十二個左右大字。

〔四九〕殘字底一皆存右部筆畫，校諸《廣韻》，皆可推知全字，兹爲校補作『和也』、『同』、『在幽州』六字；又本條殘字及所存字皆居雙行注文之右行，行首至殘字『和』間底一殘泐約三個半大字的空間；殘字『州』下至行末底一殘泐約半行，據空間，約可抄十三個左右大字；又殘條『和也』於《廣韻》爲於容切小韻第二字『雍』字首義，兹據爲該殘條擬補一個字頭缺字符。底一至此行止。

〔五〇〕底二自『橾』字條始。『橾』字右上角底二略殘，此參《箋二》、《王二》及《廣韻》録定，行首至『橾』字間底二殘泐（據底一行抄字數估算，底二所殘斷處蓋正爲行中，後同，即每行上部約殘泐十二字左右）。又『孔内』（『内』字《補作》録作『曰』，較之底二後之『曰』字寫法，知其不確）二字居底二雙行注文之左行，其右行全殘，『内』字下至行末底二殘泐，考『橾』字注文《箋二》、《王一》、《王二》皆作『車轂内孔』，疑底二『孔内』爲『内孔』二字誤倒；又諸本皆以此爲虞韻末條文字，《廣韻》注文作『《説文》曰「車轂中空也」』，爲虞韻最後一小韻『山芻切』的第三條文字，其下尚有『螋，蠷螋，蟲。又所留切』一條文字，從底二殘條所存内容看，疑其與敦煌諸本同，爲虞韻的最後一條内容，故姑爲此殘條擬補二個缺字符，該條之下不別爲擬補缺字符。

〔五一〕行首至下條殘字『謨』間底二殘泐約半行（可抄十二個左右大字）。據《箋二》、《王一》、《廣韻》，知此下爲『十一模』的内容。

〔五二〕殘字前者底二存下部筆畫，其中『口』、『大』二形可辨，後者中部底二漫漶，兹參《王一》、《廣韻》校補作『謨』、『作』二字。又缺字底二殘泐，此據行款擬補作三個缺字符，《箋二》、《王一》、《廣韻》釋義皆無又義，不詳。

〔五三〕殘字前者底二存左部漫漶的筆畫，後者存上部筆畫，兹據《廣韻》校補作『无』、『釋』二字。又缺字底二殘泐，前者可據《廣韻》補作『典』字，後者《補正》擬補作『加』字，蓋以《箋二》、《王一》皆無『无』字，至底二始增補之，可從。

〔五四〕殘字底二居雙行注文右行末，僅存左側少許竪形筆畫，前條殘字『釋』下至本條殘字間底二殘泐約三個大字的空間（包括本條所殘一個注文小字），考《廣韻》『謨』所在小韻的下一小韻，其首字爲『酺，大酺，飲酒作樂……薄胡反』，疑殘字即爲反語下字『胡』，姑據校補，又爲擬補五個缺字符。

〔五五〕殘字底二存上部少許筆畫，兹據《廣韻》校補作『匍』字。又『匍』字下至行末底二殘泐約一個大字的空間，疑即只抄『侜』字注文『侜啇』二字，兹姑爲擬補二個缺字符。

〔五六〕殘字底二存下部『乂』形筆畫，行首至『坂』字間底二殘泐約半行（可抄十二個左右大字），注文『坂』至『謂之』居雙行之右行，『▨草』至『苻也』居左行，據《廣韻》知此爲薄胡切小韻第八字『蒲』字注文，唯二者亦互有出入，《廣韻》注文作『草名，似藺，可以爲席；亦州名，舜所都蒲坂，秦爲河東郡，後魏爲雍州，又改爲秦州，周改爲蒲州，因蒲坂以爲名；又姓，《風俗通》「漢有詹事蒲昌，又苻洪之先，家池中蒲生長五丈，如竹形，時咸爲（謂）之蒲家，因以爲氏；又漢複姓有蒲姑、蒲城、蒲圃三氏，出《何氏姓苑》」』，依底二文例，疑雙行注文右行『坂』上當有『草名，似藺，可以爲席；亦州名，舜所都蒲』十五字，則其左行所殘亦當爲相近的字數，然除『謂之』下當有『蒲家因以爲氏』六字外，餘似已難知詳；又考《晉書》卷一一二《苻洪載紀》：『時有説洪稱尊號者，洪亦以讖文有「草付應王」，又其孫堅背有「草付」字，遂改姓苻氏，自稱大將軍、大單于、三秦王。』又明楊爾增《兩晉秘史》第七十五回『劉聰殺兄爲漢王』：『史説蒲洪家池中，蒲生長五丈五節，如竹形，時人咸謂之蒲家，因爲姓焉。又隴右大雨，謡曰：「雨若不止，洪水必起。」因名洪。後以晉穆帝永和間，讖文有草付應王義，以孫堅背有草付字，遂改苻氏矣。』或可參焉。因據以校殘字作『文』，又爲此殘條擬補一個字頭缺字符及二個注文多字缺字符。

〔五七〕『柳』字右側底二略有漫漶，兹參《後漢書・馬融傳》『樹以蒱柳』李賢注『蒱亦柳也』録定，上田正校補作『机』字，并於其下擬補一個缺字符，非是。又注文『蒱』字居底二行末（其後之文字當居下行上部，已殘泐），考《廣韻》『蒱』字注文作『摴蒱，戲也。《博物志》曰「老子入胡，作摴蒱」』，似與底二行款不協，故疑底二此條注文即止於『蒱』字，故姑爲句斷。

〔五八〕殘字底二存下部似『月』形部分，行首至殘字間殘泐約半行（可抄十二個左右大字），較諸《廣韻》知此殘條爲户吴切小韻第五字『狐』字注文，又殘字至『和』字居雙行注文之右行，『類』至『反』字居左行，《廣韻》注文作『狐狢，《説文》曰「妖獸也，鬼所乘，有三德，其色中和，小前豐後，死則首丘」；又姓，《左傳》晉有狐氏，代爲卿大夫』，與底二所殘存之注文互有出入，依底二文例，疑其右行殘字上當與《廣韻》注文『有』前合，是當殘去十一字，而左行所殘則不可知矣，兹據校補殘字作『有』，并爲此殘條擬補一個字頭缺字符及二個注文多字缺字符。又『狐』字《切二》（伯三六九五）、《箋二》、《王一》、《廣韻》皆隸於户吴反小韻，是此『户古反』當爲又音，依文例『户』前當有『又』字，此脱，兹爲擬補一個脱字符。

〔五九〕『⿰䍃瓦體』二字居底二雙行注文之右行，『多曰弧』三字居左行，又從『體』字上方開始，沿『多曰弧』三字右側用墨點引至左上方，由於本卷上端殘泐，遂不知其所止，然可推測爲至於次行上部的『弧』字下，《説文·弓部》『弧』字訓作『木弓也。从弓，瓜聲。一曰往體寡、來體多曰弧』，則底卷注文中的『體多曰弧』四字當蒙下行『弧』字注文而羼入，故標爲删移，然因下行底卷殘泐，故姑存其舊，而『瓳』字注『⿰䍃瓦』則爲用注文與被注字連讀成訓例，《切二》（伯三六九五）、《箋二》、《王一》『瓳』字注文作『⿰䍃瓦瓳』，《廣韻》作『⿰䍃瓦瓳，《博雅》曰「甗甎也」』，皆可參。

〔六〇〕『連』字《箋二》、《王一》、《王二》、《廣韻》皆作『璉』字，底二誤脱『王』旁，兹據校改。

〔六一〕『江湖』二字居底二行末，考『湖』字注文《箋二》作『江湖』，《王一》、《王二》作『陂』，《廣韻》作『江湖；《廣雅》曰「湖（池）也」』，是不知底二下行上部是否還有『湖』字注文。

〔六二〕行首至殘字『⿰胡鼠』間底二殘泐約半行（可抄十二個左右大字）。

〔六三〕殘字底二存右下角筆畫，兹據《廣韻》校補作『⿰胡鼠』字，今《説文·鼠部》作『⿰鼠胡』形，底二所作當爲其易位俗字。『⿰胡鼠』字《廣韻》隸於户吴切小韻第二十字。

〔六四〕前行『舅』、『亦』二字居行末，次行行首至『漢』字間底二殘泐約半行（可抄十二個左右大字），『姑』字注文《王一》作『且』，《王二》作『父姊妹曰姑』，《廣韻》作『舅姑；又父之姊妹也』，疑底二當與《廣韻》近似。

〔六五〕較諸《廣韻》及底二注文知本殘條爲古胡切小韻第十六字『⿰身古』（底二字頭參注文知當作『⿰歹古』形）字注文，其注文全，故爲其字頭擬補一個缺字符。又『越』、『巫』間底二有一『王』字，《廣韻》同，此蓋『巫』字形訛，或又補抄『巫』字而致衍，兹據《切二》（伯三六九五）、《箋二》、《王一》徑删。又『㸚（𪚮）』字蓋『𡴘』之古文隸定訛變字，參《切二》校記〔四八〕。

〔六六〕『水』字下《切二》（伯三六九五）、《箋二》、《王一》、《廣韻》皆有『名』字，疑底二脱抄，然亦通。

〔六七〕『鏷』字右下部底二爲墨漬所湮，此參《廣韻》録定。

〔六八〕行首至殘字『屠』間底二殘泐約半行（可抄十二個左右大字）。

〔六九〕殘字底二存下部筆畫，兹據《廣韻》校補作『屠』字，是爲《廣韻》同都切小韻第三字。

〔七〇〕注文『醫』字上部底二略殘，兹參《王一》、《廣韻》、《集韻》録定。又行首至『醫』字間底二殘泐約半行（可抄十二個左右大字），較諸本及底二文例知此殘條爲『醶』字注文，《廣韻》隸之於『同都切』小韻第二十七字，姑爲其字頭擬補一個缺字符。

〔七一〕『從㐭，㐭，歎意也』六字底二接『計也』抄於行左縫中，蓋追補之字，兹徑録入正文。又『歎』字疑誤，《説文·㐭部》『㐭，嗇也』，又《集韻·旨韻》『㐭，通作鄙』，皆與『歎意』無涉，唯《説文·口部》：『圖，畫計難也。從口，從㐭。㐭，難意也。』是疑底二『歎』當爲『難』之形訛，姑據校改。

〔七二〕殘字前者底二存上部少許點畫，後者中部有漫漶，兹據《廣韻》校補作『文』、『庥』二字。

〔七三〕殘字底二存下部竪鈎形筆畫，兹據《切二》（伯三六九五）、《箋二》、《王一》及《廣韻》校補作『孥』字，《廣韻》隸此於乃都切小韻第六字。又行首至殘字『孥』間底二殘泐約半行（可抄十二個左右大字）。

〔七四〕『鳥籠』底二誤作『籠鳥』，參《箋二》校記〔三五〕，兹爲乙正。

〔七五〕『番』字疑爲『反』之音訛字，又元以後用『翻』字以注反切，不知與此用『番』字有關係否。

〔七六〕殘字底二存右上角筆畫，兹據《廣韻》校補作『也』字。又『騫』字下部底二略殘，亦參《廣韻》録定。又缺字底二殘泐，此與前『也』字並居雙行注文之末，次行上部有殘泐，『葫』字注文《廣韻》作『大蒜也，張騫使大宛所得之（之字衍），食之損人目』，可參。

〔七七〕殘字底二存右部筆畫，兹參《切二》（伯三六九五）、《箋二》、《王一》、《廣韻》校補作『似』字。行首至殘字『似』間底二殘泐約半行（可抄十二個左右大字），考諸本知此殘條爲『䶏』字注文，《廣韻》隸之於五乎切小韻第二字，兹爲擬補一個字頭缺字符。

〔七八〕注文殘字底二存上部筆畫，兹據《廣韻》校補作『季』字；又『避』字上部底二略有漫漶，亦從《廣韻》録定；又缺字底二殘泐，可據《廣韻》補作『札』字。

〔七九〕行首至殘字『鯃』間底二殘泐約半行（可抄十二個左右大字）。

〔八〇〕殘字底二存下部筆畫，兹據《廣韻》校補作『鯃』字；『鯃』字《廣韻》隸之於五乎切小韻第十四字。

〔八一〕殘字底二有漫壞，兹據《廣韻》校補作『作』字。

〔八二〕殘字底二僅存右上角少許筆畫，兹參《王一》、《廣韻》校補作『稅』字。又反語之『反』字及小韻標數字當居次行行首，已殘泐。

〔八三〕行首至『籚』字間底二殘泐約半行（可抄十二個左右大字）。

〔八四〕『籚』字上部底二略殘，此參《切二》（伯三六九五）、《箋二》、《王一》、《廣韻》録定；『籚』字《廣韻》隸之於落胡切小韻第四字。

〔八五〕『魏』字前的『後』字左下角底二略殘，此參《廣韻》録定。

〔八六〕行首至殘字『艫』間底二殘泐約半行（可抄十二個左右大字）。

〔八七〕殘字底二僅存右下角『一』形筆畫，兹據《切二》（伯三六九五）、《箋二》、《王一》、《廣韻》校補作『艫』字；『艫』字《廣韻》隸之於落胡切小韻第十五字。

〔八八〕『盧』字《王一》、《王二》作『盧』形，《廣韻》、《集韻》作『盧』形，『盧』爲『盧』字篆文隸變之異，『盧』則爲『盧』字形訛，兹爲校改。又注文『瓬』字《廣韻》作『缻』，底二字形右部爲『瓦』字俗寫，而左部則當爲『缶』之形訛，亦據校改；又今《説文·甾部》『盧』字訓作『罊』（義爲小口罌），與『缻』（『缶』之纍增字）略異。

〔八九〕『水』下《廣韻》有『名』字，於義爲長。

〔九〇〕注文殘字底二存下部少許筆畫，兹據《廣韻》校補作『蘇』字；又『姑』字左側底二略殘，此亦參《廣韻》録定。又行首至殘字『蘇』間底二殘泐約半行（可抄十二個左右大字），檢《廣韻》『蘇』字注文作『蘇，紫蘇，草也；蘇木也；滿也；悞也；又姓，出扶風、武邑二望。素姑切。四』，與底二本殘條所存部分略合，唯底二注文『▨（蘇）』至『悞也』七字居雙行注文右行，『望』至『一』七字居左行，依《廣韻》『▨（蘇）』前當有四字，而『望』前當有八字，縱以右行所殘四字多上下結構而多占空間，似亦不應比左行少如此多字，疑其左行或有所省脱，故姑參《廣韻》而爲此殘條擬補五個缺字符及一個多字缺字符。

〔九一〕『瘏瘷』爲『廜穌』的繁化俗字；《集韻》收『瘷』字，訓作『病也』，乃別爲一字。注文『日』字居底二行末，次行上部殘泐，考《廣韻》『穌』字注云『廜穌，草菴；又廜穌，酒，元日飲之，可除瘟氣』，此當可參補。

〔九二〕注文『哀』字底二存下部筆畫，行首至『其』字間底二殘泐約半行（可抄十二個左右大字），又據《箋二》、《廣韻》、《集韻》知此殘條爲『烏』字注文，兹據校補殘字作『哀』。又《廣韻》『烏』字注文作『安也；語辞也；《説文》曰「孝烏（烏）也」，《〔小〕爾雅》曰：「純黑而返哺者謂之烏，小而不返哺者謂之鵶。」又姓，《左傳》齊大夫烏枚（枝）鳴（鳴）；又虜姓，周上開府烏丸泥；又虜三字姓，北齊有烏郍（那）羅愛，《後魏書》有烏石蘭氏、烏落蘭氏』，其所引《説文》有脱省，故無與此殘文同者，《集韻》注文引《説文》云：『孝烏也，孔子曰：「烏（烏），盱呼也，取其助氣，故以爲烏呼。」』（『盱』前之『烏』字據今本《説文》改作『烏』字），則知底二之『肋』當爲『助』字形訛，兹據校改；又因底二文例及其與《廣韻》的相似性，可以推知其雙行注文之右行『其』字前之殘文爲『安也；語辞也；《説文》曰「孝烏也。孔子曰：烏，盱呼也，取』十九字，其左行『哀』字上當與此相近，然以《廣韻》所輯姓氏之説甚多，故不能推其實情，故姑爲此殘條擬補二十個缺字符和一個多字缺字符。

〔九三〕『洿』、『汚』楷定通常作『洿』、『汚』，《説文》『洿』、『汚』字別，但二字皆從『亐』（隸變亦作『于』、『亏』）得聲（『洿』從夸聲，而夸又從『亏』聲），音同義近，故或混而一之。

〔九四〕『又』、『加』分居雙行注文之右行與左行，行首至此二字間底二殘泐約半行（可抄十二個左右大字），考『盓』字前《廣韻》收『鄔』字（隸『哀都切』小韻第十四字），訓『縣名。又音塢』，與底二殘字行款合，當可據補，兹爲後一殘條擬補五個缺字符。

〔九五〕注文《廣韻》、《集韻》皆作『安也』，則此『由』字當通『猶』，下『都，都由惣也』同。

〔九六〕『逋』字底二在前行末，次行行首至『枯』字間底二殘泐約半行（可抄十二個左右大字），考『麁』字前一小韻『苦胡切』小韻《廣韻》有『𣧛，𣧛瘁，《説文》「枯也」』一條文字，當與底二本殘條同，唯其注文小異，兹據校改『痒』字作『瘁』，底二形訛，并爲擬補一個字頭缺字符。

〔九七〕注文『慮』字底二居行末，次行上部殘泐，《廣韻》『麤』字注文作『《説文》「行超遠也」；又《字統》云「警防也，鹿之性，相背而食，慮人獸之害也，故從三鹿」』，是底二本殘條於次行當殘泐『人』至『鹿』間九字，又『姓』當據《廣韻》所引校讀作『性』；又底二之『路』當爲『超』字形訛，兹據校改。

〔九八〕行首至殘字『都』間底二殘泐約半行（可抄十二個左右大字）。

〔九九〕殘字底二存下部筆畫，兹據《廣韻》、《集韻》校補作『都』字。又『由』字《廣韻》作『猶』，二字於『相當於』義上古通用。

〔一〇〇〕殘字前者底二存下部似『口』形筆畫，後者亦存下部筆畫，行首至殘字間底二殘泐約半行（可抄十二個左右大字）。《補正》録後一殘字作『也』，并據《廣韻》（『誧，諫也。又音普』）、《集韻》（『誧，《博雅》「諫也」；一曰大也』）擬補本殘條作『諫也，出《博雅》也。加』，唯前一殘字所存『口』居于『也』字上方正中偏右位置，似不應爲『諫』左下部『口』旁之殘存，其字俟考；又依底二殘存之文例，其標引出處的書名下不加語尾『也』字，且底二『也』字尾皆有明確的上鈎，而此殘形右下部無之，是此字不應爲『也』字，另據底一兩處引張揖書皆作《廣雅》，且其『雅』字下部書形與此後一殘字所存字形略合，姑參《補正》及底二殘存文字之行款擬補此殘條作『□，▨也。出《□雅》。加』，其中前三字居底二雙行注文右行，後三字居左行。

〔一〇一〕行首至殘字『麡』間底二殘泐約半行（可抄十二個左右大字），參《切二》（伯三六九五）、《箋二》、《王一》，知此下爲『十二齊』的内容。

〔一〇二〕殘字底二存下部『齊』旁部分，兹參《切二》（伯三六九五）、《箋二》、《王一》校補作『麡』字，又此字《廣韻》隸於『徂奚切』小韻第三字。

〔一〇三〕『⿱齊女』字右側行縫間底二書一小的『女』字，蓋爲揭示『⿱齊女』字下部從『女』旁，釋義《箋二》、《王一》、《廣韻》所作字形與底二字頭同，故不具録『女』字。

〔一〇四〕前行『黎』字注文『也』、『姓』二字居底二行末，次行行首至『⿰刍瓜』字間底二殘泐約半行（可抄十二個左右大字）；《廣韻》『黎』字注文作『衆也；又姓，黎侯國之後。郎奚切。二十一』，可參。又次行『⿰刍瓜』、『作』二字上部底二皆略有殘，此並參《廣韻》録定，唯《廣韻》『⿰刍瓜』作『瓢』字；又考《廣韻》『郎奚切』小韻第九條爲『盠，以瓢爲飲器也』，《集韻》以『盠』爲『蠡』的或體字，底二之『蟸』即『蠡』字或省，兹參《廣韻》及底二行款爲後一殘條擬補四個缺字符。

〔一〇五〕『箣』字底二居前行行末，《廣韻》訓作『竹名』，可參。次行『緀』字底二作代字符形，唯上一點略殘，行首至此代字符間底二殘泐約半行（可抄十三個左右大字），考《廣韻》知此殘條爲『七稽切』小韻第八字『緀』字注文，故據録定，并爲擬補一個字頭缺字符。

〔一〇六〕『⿰亻丘』字《王一》作『⿰亻互』形，《箋二》、《廣韻》作『低』，前二形其右旁『丘』、『互』皆爲『氐』的訛變俗體，參《敦煌俗字研究》下編氏部『氐』字條考釋，下文『氐』旁底二皆作『丘』形，不再一一出校説明。

〔一〇七〕殘字底二存下部少許筆畫，行首至殘字間底二殘泐約半行（可抄十三個左右大字），兹據《廣韻》及底二書寫習慣校補殘字作『⿰目丘』字，即『眡』的俗字，《廣韻》正作『眡』，爲『都奚切』小韻第八字。

〔一〇八〕『人姓』《廣韻》作『姓也』，於例爲長。

〔一〇九〕殘字底二存右上角筆畫，兹依《集韻》及底二文例和殘形校補作『説』字，又缺字底二殘泐，可參《廣韻》、《集韻》及《説文·大部》『奃』字注補作『大』字。

〔一一〇〕『趍』字居底二行末，注文《廣韻》作『趨也』，合於《説文》，《集韻·虞韻》『趨』字注文云『或作趍』，疑底二此注文即止於『趍』字，故爲句斷。

唐韻『馬』字條抄

伯二六五九

【題解】

本篇底卷編號爲伯二六五九。僅抄『馬』字條音義二行半，字頭大字，注文雙行小字。《索引》擬題『字書五行』，説明云：『僅存「馬」字，似爲《唐韻》。』《寶藏》擬題『類書馬字條』。《索引新編》同《索引》，又稱引《寶藏》的定名。《周韻》云：『此葉但有「馬」字注文，出於何書不知。注文引《説文》、《釋名》、《春秋考異郵》以及姓氏書，最後注音「莫下反」，不似韻書。但其中有很多文句與宋修《廣韻》上聲馬韻「馬」字注相同。』周氏所斷言，蓋以『馬』既爲大韻首字，而底卷於『馬』字上竟未出大韻標序字，且其小韻後亦無小韻標數字，又注文起處不列義項而徑辨字形，亦不合韻書通例，是以缺少韻書特徵。按該條音義略同《廣韻》而加詳，音注體例與《唐韻》、《廣韻》略同，而其次義項云『又畜』，似又暗示其首義項或有脱抄，《索引》疑其出於《唐韻》，蓋是，姑從之而改擬今名。

今據《法藏》録文，并參《廣韻》等傳世文獻校録於下。

馬《説文》云『馬』字四點。〔一〕《尚書中候》曰：『禝（稷）爲大司馬，舜爲太尉。』《釋名》曰：『大司馬，［□］，武也，大惣武事也。』〔二〕又畜。《春秋考異卯（郵）》曰：『陰合於八，八合陽九，九八［□］十一（二），七（二）爲地，地生月精爲馬。馬（月）數十二，故馬十二月而生。人乘以理天地，王者駕馬，故其字從王以爲馬［□］。』〔三〕亦姓。扶風人，本自伯益，趙奢封馬服君，後遂氏焉，秦滅趙，徙奢孫興於咸陽，爲右内吏，遂爲扶風人，今有御史馬光□、馬[illegible]（[illegible]）。〔四〕又漢複姓五氏：漢馬宮，本姓馬□氏；〔五〕《功臣表》有馬適育；《溝洫志》有諫議大夫乘馬延年，《何氏姓苑》云『今西陽人』；孔子弟子有巫馬期也；〔六〕［《□□□》□□□□］。〔七〕莫下反。

【校記】

〔一〕今傳本《説文・馬部》「馬」字注文作「怒也，武也。象馬頭髦尾四足之形」，無「馬字四點」之語，底卷云云，蓋據隸定後的字形稱説。又底卷注文起處不列義項而徑辨字形，不合韻書通例，然其次義項云「又畜」，似又表示此首義項或有脱抄之可能，《廣韻》引作「《説文》曰『怒也，武也，象頭髦尾四足之形』」，可參。

〔二〕引文《廣韻》作「《釋名》曰『大司馬，馬，武也，大揔武事也』」，然今傳本《釋名》未見，考《藝文類聚》卷四七職官部三大司馬條云：「韋昭《辯釋名》曰：大司馬，司馬，武也，大總武事也。」宋孫逢吉《職官分紀》卷二引同。又《太平御覽》卷二〇九職官部七大司馬條云：「韋昭《辯釋名》曰：『大司馬，馬，武也，大總武事也。』」是底卷所引當爲《辯釋名》文，所謂《釋名》乃《辯釋名》之省稱。又依故訓之例，則作「馬，武也」是，故於「武」前擬補一個脱字符。

〔三〕本條引文出於《春秋考異郵》，所引書名「卸」乃「郵」字形誤。按《文選》卷三五《七命八首》之「稟氣靈淵，受精皎月」李善注：「《春秋考異郵》曰：地生月精爲馬，月數十二，故馬十二月而生也。」又宋吴淑《事類賦》卷二一獸部馬「月之精」下引《春秋考異郵》云：「陰合於八，八合陽九，八九七十二，二爲地，地主月，月精爲馬，月數十二，故馬十二月而生，王者駕馬，故字以王爲馬。」清趙在翰輯《七緯・春秋考異郵》「故馬十二月而生」句下作：「人稟馬以理天下，王者駕馬，故字以王爲馬頭。」於義更明，底卷引文多有脱誤，茲據校理如上；唯「地生月精」云云未聞，禮有以日配天、以月配地之論，所謂天祭主日、地祭主月是也，然《文選》李注與底卷所作或亦别有所本，俟考。其中「一七」二字疑爲「二」字和其下的重文符號之誤糅。

〔四〕「光」字下底卷留有一個小字大的空格，參下「馬矢氏」作「馬□氏」之例，疑此處底卷所據抄之底本亦殘缺一字，故底卷留空以備後之校補，茲姑爲擬補一個缺字符。又「御史馬光」或「御史馬光□」及下之「馬[illegible]

（嵾）』必爲底卷作者同一時代之人，惜皆未能檢到，至《廣韻》改定時，蓋以時過境遷，而不得不删去『今有御史』云云矣。

〔五〕『氏』字之前底卷留有一個小字大小的空格，《廣韻》此處有一『矢』字，《通志》卷二九氏族略第五『馬矢氏』注云：『漢有大司徒馬宫，本馬矢氏。』是底卷所據抄之底本蓋缺『矢』字，故底卷特留一字之空以備校補，今爲擬補一個缺字符。

〔六〕『也』字《廣韻》無，疑底卷衍抄。

〔七〕底卷稱漢有複姓五氏，而所列僅四，必脱抄其一，考《廣韻》『巫馬期』下有『《風俗通》有白馬氏』七字，兹據擬補七個脱字符。

大唐刊謬補闕切韻(序、卷一至三、五)

伯二〇一六(頁一)(底一)　伯二〇一四(第八頁除外)(底二)　伯二〇一四(第八頁)(底三)

伯四七四七(底四)　伯二〇一五(底五)　伯五五三一(底六)

【題解】

底一編號爲伯二〇一六,存一紙,單面抄。内容爲孫愐《唐韻》殘序、平聲上第一廿八韻目及東韻殘字共計二十行。

底二與底三編號爲伯二〇一四,共存十四紙(此以《法藏》影印所分頁面計,伯希和整理時或以正反相粘,亦或因存頁大小而定分合,故計數爲九葉,與原書分頁情況多有不同,《索引》等即遵之著録,亦因知其不包括《法藏》第九頁『寡婦阿陰狀』[爲第八頁背之補丁])。每頁首尾多殘,其中第一頁首九行末十三行、第十二頁、十三頁、十四頁爲單面抄寫(後三頁韻目標序字皆朱書),餘爲單面刻寫。内容爲平聲上、平聲下及上、入聲殘字計二百三十一行(殘行同整行計,又第三紙、第九紙分别爲第二、八紙背面補丁,其中第三紙有二殘行韻書内容,以其與本韻書無關,故入於碎片部分校録,此不計其行數)。伯二〇一四第八頁(共十一行)之内容與第六、七頁有九行重合者,當爲二個不同刻本,而被伯希和整理時誤合爲一,然其重合部分之行款、版式全同,故不别作校録,然爲方便校録,故别命伯二〇一四第八頁爲底三,其餘部分爲底二。

底四編號爲伯四七四七,存一紙,單面刻寫。内容爲平聲東韻殘字十四行(其中首尾二行皆存少許殘畫)。

底五編號爲伯二〇一五,存三紙,第一、二頁單面刻寫,第三頁單面抄寫(其韻目標序字朱書)。内容爲平聲上及入聲殘字八十七行。

底六編號爲伯五五三一，存四紙（此以《法藏》影印所分頁面計，蓋即伯希和整理時分頁粘合之舊貌，乃因存頁大小而定分合，與原書分頁情況多有不同。又因原卷字多透背可辨，故膠片皆附其背面書影，其中三、四頁背面補丁膠片及《法藏》不能辨認其字跡，故不計其行數），前二頁爲單面刻寫，後二頁蓋爲單面抄寫（其韻目標序字朱書）。內容爲上、入二聲殘字八十七行。

底一與底二首頁前部之抄寫部分可以綴合，其字迹、行款全同；底四爲底二首頁中缺部分的斷裂，其內容之銜接及左右殘形皆若合符契，《姜韻》、《補正》、《周韻》皆已揭之。又底五第一頁雖非前三者之殘斷，然其平聲東、冬二韻殘字與底二、三之內容、行款全同，唯字體不同，當爲同一本書的不同刻本，底五第三頁與底二入聲部分的版式、字體全同，當合於底二中，又從第二頁所存的整板板式看，亦同爲一板三十四行，故亦加以綴合。底六前二頁刻本的板式及行刻字數亦與底二、四略同（字體與底二較爲接近），且其板數標誌亦可與底二、底五相接，後二頁雖或爲抄寫，然其首尾略全的板式亦與前述諸韻書略同（頁卅四行，行抄廿至廿五字左右）故雖不能遽定爲前諸本之遺散，然蓋亦同一書之相同或不同刻本之殘存者，《姜韻考釋》卷十六論十三以爲此與底二之抄寫部分『蓋爲同書同板之殘葉也』，故亦並相綴合。

前述諸卷號雖包含有不同的韻書刻本或寫本，此魏建功於三十年代即已揭之（《唐宋兩系韻書體制的演變》，載《國學季刊》三卷一號，一九三二），《姜韻》又因原卷而作了更爲詳盡的記載與分合，并釐爲兩種刊本，《周韻》進而從字體、板式及體例方面析之爲六類（《周韻》下編『考釋』，頁九二二—九二四），然《姜韻》又云：『此兩種刊本，其韻系與P二〇一一、S二〇七一、S二六八三、S二〇五五及本書所載諸寫本以至《廣韻》皆不同，而實自相同。』（《姜韻考釋》卷十六論十三，頁四七六）《周韻》亦從其板面、板數前後相連的情況等推斷說：『這些殘葉很像是同一種書。』（《周韻》下編『考釋』，頁九二六），但又謂『應當把平聲、上聲和入聲區別開，分做兩部分看待』；『但是，從韻目的系統來說，平聲部分有「宣」韻，入聲部分有「雪」韻，平與入正相應。如果平上部分與入聲部分是兩種書，這兩種書在分韻上還應當是屬於同一系統的』（《周韻》下編『考釋』，頁九三一、九四一）。從底卷諸本刊刻之字體、界欄多不甚工整推之，此諸刻本蓋皆坊間之作，而其内容或因當時殘泐之傳本紛相補配，以博完璧之利；伯希和最初編號時又因其多爲刻本，而字體、版式又甚相類，故略爲考其先後，又把相似殘形的頁面相粘合，復增其亂，然今於此校録文字中，已難强作分判，故仍合録校之。

卷中每板末别書或刻其全書通計的板數（作『某板』字樣），兹據原書板式并參《周韻》所推部分板數情况標出諸卷通存的板式情况，以見此書原貌之大概。方括號中所誌爲該頁所存内容在原板面中的大致位置。

二　板：[末]序七行、平聲上韻目及東計十九行。（底一、底二第一頁、底四、底五第一頁）

三　板：[全]平聲上東、冬、鍾卅四行。（底二第一頁）

八　板：[末]平聲上魚、虞十二行。（底二第二頁）

九　板：[首]平聲上虞八行。（底二第二頁）

十一板：[全]平聲上齊、佳、皆、灰卅四行。（底五第二頁）

十六板：[中]平聲下韻目及先、仙廿六行。（底二第四頁）

十七板：[中]平聲下仙、宣、蕭廿六行。（底二第五頁）

十八板：[末]平聲下宵、肴十五行。（底二第六頁、第八頁）

十九板：[首]平聲下肴、豪十五行。（底二第七頁、第八頁）

廿六板：[末]平聲下侵、鹽八行。（底二第十頁）

廿七板：[首]平聲下鹽七行。（底二第十頁）

廿八板：[末]上聲紙六行。（底二第十一頁）

廿九板：[首]上聲紙七行。（底二第十一頁）

卅　板：[末]上聲尾、語六行。（底六第一頁）

卅一板：［首］上聲語七行。（底六第一頁）

卅二板：［末］上聲蟹、駭、賄六行。（底六第二頁）

卅三板：［首］上聲賄五行。（底六第二頁）

卅四板：［末］上聲旱、緩、潸十三行。（底二第十二頁）

卅五板：［首］上聲潸、產、銑九行。（底二第十二頁）

六五板：［全］入聲薛、雪、錫卅四行。（底六第三頁）

六六板：［末］入聲麥、陌廿九行。（底六第四頁）

六九板：［全］入聲盍、洽、狎、葉、怗卅四行。（底五第三頁）

七一板：［末］入聲職、德十六行。（底二第十三頁）

七二板：［中］入聲業、乏及尾題等十三行。（底二第十四頁）

諸底卷在編輯體例上相同，皆大韻接排，韻目前有標序字（或以朱書）；小韻首字前或有墨圈，小韻首字著録體例爲釋義—反語—小韻字頭數，或反語—釋義—小韻字頭數，二者兼用（此蓋因不同韻書配補或不同刻本之體例有所變更之故）。或體字有些別立字頭，而以『俗字』、『正字』、『同上』注明，此一體例後爲《廣韻》所採納；異體字亦有同一小韻下分訓別出者。在内容上，收字及注文義項或多於《廣韻》，且頗有《集韻》甚至今傳諸字書皆不載者；釋義中除入聲部分外，多言姓氏，亦或兼標姓氏所屬之五音（此蓋用《大唐刊謬補闕切韻》以後之韻書補配）；反切用字與此前諸韻書相比或有改作，與其後之《廣韻》亦不盡同。若冬韻之『⿱髟冊』注云『鬃⿱髟冊，長，洌水』，『⿱髟公』字注文云『燕云長皃』，鍾韻之『橦』云『江淮云襜褕』等，《廣韻》、《集韻》則不言其地域，似又可明諸底卷在整合收字及義訓方面所作的努力。

底一《伯目》定爲『字書殘節』，《索引》因其平聲卷首題名定名作『寫本切韻』，《索引新編》同。底二《伯目》定爲『唐刻切韻九節』，《索引》因其尾題而定名爲《印本大唐刊謬補闕切韻》，《金岡目》、《索引新編》同；底四

《索引》定名爲『大唐刊謬補缺切韻』，《索引新編》同。底五《伯目》定爲『《切韻》或《唐韻》之三節』，《索引》定作『印本韻書（當亦爲《大唐刊謬補闕切韻》）』，《索引新編》同。底六《索引》定名作《印本大唐刊謬補缺切韻》，《索引新編》同。方國瑜《敦煌五代刻本〈唐廣韻〉殘葉跋》（《師大國學叢刊》一卷二期，一九三一）考訂底二、五作於天寶十載（七五一）至大和七年（八三三）之間，而鏤板於五代，并因疑此書爲張參《唐廣韻》（自葉鍵得《十韻彙編研究》緒論，頁十四）。其後之諸家未盡採其説。魏建功於《唐宋兩系韻書體制之演變：敦煌石室存殘五代刻本韻書跋》（《國學季刊》第三卷第一期，一九三二）中認爲：『此五代刻天寶、建中間人作韻書』，『書與《韻鏡》時代有關聯，或即其序中所云《切韻心鑒》之一系統也』。《姜韻》蓋因其所含内容駁雜，故通謂之『唐末五代刻本韻書』，并論云：『此卷蓋晚唐人依諸隋唐韻書如陸法言、王仁昫、孫愐、李舟之作，另爲編排而又增益文字義訓者也，故内容與諸家不殊，而大韻大異。』（《姜韻考釋》卷十六論十三，頁五一二）《周韻》亦通稱之爲『五代本《切韻》』，《潘韻》因姜氏所論，更申云『其成書底本必據王仁昫《切韻》爲主；以其稱「大唐」，故知增修者必爲唐人也』（頁四七三至四七四）。然其體例之不一，蓋因配補所致，今即以諸卷爲同一系統之韻書而同校之，并因底二卷末之尾題定作『《大唐刊謬補闕切韻》』，簡稱《唐刊》。

與『大宋重修廣韻一部』之首題比，『大唐刊謬補闕切韻』之名似當明此爲官修之作，而從底一卷一之卷首題録『切韻平聲上弟一』看，此又似以《切韻》爲刊補對象，然其首序用孫愐所撰，似又明此爲因孫書而刊定者。又從底卷版式推測，其底一殘存文字與底二首之抄寫部分綴合後存廿六行，爲第二板，以此編一版卅四行推之，此版前當殘八行，較諸《唐箋序》及《廣韻》之序言，可推此第二板之起首文字當在孫序『皆引憑據，随韻編紀』之際，而其前至陸序之首據底一之行款蓋可抄廿七行略多，是其第一板陸序前當有六七行空間，除去書名及修訂者名字以及可能有的大小韻數等之説明外，恐仍當有餘下之字行，且準《廣韻》不載奉敕修訂者之名，則其所餘或當在二至四行間，即約六十至一百二十字左右，而《廣韻》所存之景德序爲一百廿二字，疑底一之卷首與此略同。如此，則諸卷所傳當是官方因孫愐之《廣韻》（即其《唐韻》）的修訂本）校理而成的《大唐刊謬補闕切韻》（此又參後《唐箋序》之題解)。《玉海》卷四三『唐刊正四部群書』條云:『《會要》乾封元年十月十四日,上以四部羣書傳寫訛謬,乃詔東臺侍郎趙仁本、蘭臺侍郎李懷儼、東臺舍人張文瓘等,集儒學之士刊正,然後繕寫,開元七年五月,整比四部書,開成元年七月,分察使奏祕書省四庫見在新舊書籍共五萬六千四百七十六卷,隨日校勘,九月敕欠書四萬五千二百六十一卷,令諸道繕寫。大中三年正月校寫四百十九卷,四年寫三百六十五卷,五年正月校勘四百五十二卷。』疑此《大唐刊謬補闕切韻》即因此而作。唯今所見諸卷,已疊經配補,體例不一,訛舛實繁,只可睹原璧之大略而已(其中以入聲部爲近是),亦疑此次刊正群書時,此《大唐刊謬補闕切韻》并未蕆工,而後之坊間假以配鈔本託其名,以博其利。

諸底卷之抄刻時代,《姜韻》、《周韻》皆屬於唐末五代時期,并揭底二第二頁背之補丁(即第三頁)敦煌縣令吕狀所署之『清泰五年』(九三八)爲據,然《潘韻》指出:『此乃狀文之年月,則原卷時代當更在清泰以前。』甚是,唯配抄者或容有在此年之後者。其入聲廿七狎韻『鞢』字收有或體作『韘』,似可明此韻書之作,雖或有承抄之諱字,然至其抄刻之時,蓋已可不避唐諱矣。

底二、底五最早著録者當爲《十韻彙編》(一九三六)據膠片抄録(配抄爲一種);後《姜韻》據原卷摹録四種,於一九五五年發佈摹抄本正文及考論(後又撰有《後得零卷P. 2014卷補正》,載《敦煌語言文學論文集》,浙江古籍出版社一九八八,據所得膠片對《姜韻》所録的底二第四頁作了一些文字校勘),其中底二第十二、十三、十四三頁及底五第二、第三兩頁姜氏未及見;《潘韻》(一九七二年)又據原卷對姜氏録文有所勘正,并補抄其未見之五頁文字;後《補正》(一九七三)亦因《姜韻》而作勘正,《周韻》(一九八三)亦據膠片加以録文,并有所考論;葉鍵得撰《刊校勘記》(載《十韻彙編研究》,臺灣學生書局一九八七),對底卷加以綜合校箋;姜後又撰有《瀛涯敦煌韻輯補逸》(上海古籍出版社一九八七),對其撰《姜韻》時未及見的底二第十二、十三及底五第二、第三四頁加以考論。

底一、底二、底三、底四、底五、底六今皆據《法藏》及膠片録文,其中底二第四頁中間部分參《法藏》卷首彩版録文，第五頁參《寶藏》欣賞篇彩版録文，并參考敦煌韻書中相關的卷子如諸《切韻》原本、《箋二》、《箋四》、《箋五》、《箋七》、《箋九》、《王一》、《唐韻》及傳本韻書《王二》、《裴韻》、《蔣藏》、《廣韻》等校録於後。

（前缺）

▨（要）□[一]，▨（訓）義□□，□□□□[二]，必具言之，子細研窮，究其[三]巢穴，澄▨▨▨（凝微思），▨（鄭）[四]重詳思，輕重斯分，不令恩糅[五]。緘之金篋，珍之寶之而已哉。寧詞[六]阻險，敢不躬談；一泝[七]愚心，克諧雅況。依次編記，而不別番。其一字數訓，則執優而尸之，劣而副之；其有或假，不失元本，以四聲尋譯，冀覽者去疑，宿滯者豁如也；又紐其脣齒喉舌牙，部件而次之，有可紐不可行之，及古體有依約之，並採以爲證，庶無壅而昭其憑。起終五年，精成一部，前後惣加四万二千三百八十三言，仍篆隸石經勒存正體，幸不譏繁。于時歲次辛卯，天寶之[八]十載也。

切韻平聲上第一 凡廿八韻

一德紅東　二都宗冬　三職容鍾　四古雙江
五章移支　六旨夷脂　七止而之　八無非微
九語居魚　十遇俱虞　十一莫胡模　十二徂嵇齊

十三古膎佳　十四古諧皆　十五呼恢灰（灰）　十六呼來咍
十七軄隣真　十八之純諄　十九側侁臻　廿武分文
廿一於斤殷　廿二語袁元　廿三户昆魂　廿四户恩痕
廿五胡安寒　廿六乎官桓　廿七所姦删　廿八所閒山

1東　一東動＝（也）；四時之始，在木中；公西宗；又複姓十四氏：東里、東野、東萊、東門、東郭、東郊、東官（宮）、東閭、東陵、東周、東方、東陽、東鄉、東閭、東樓。德紅反。〔九〕十五。　涷水，出發鳩山。又去；又上。　𩵹獸名，似羊，一角一目，目在耳後。又去。又作陳也。〔一〇〕　鍊𨹧，犂；又轄。〔一一〕　鰊魚名，似鯉。　倲獨行皃；又姓也。　徚行皃。　棟列木棟樀。〔一二〕　崠崠如，山名。　埬上埬，地名。　蝀蝀風，草名。　蝨致（蛣）蝨，科斗；又蝨東。〔一三〕　鶇鳥名。〔一四〕　鶇同上。　䰤䰤皃。　同和同；齊同；又胡同；律；人姓；同蹄，羌（羌）複姓；又同陁，亦姓。徒□□。□□。〔一五〕　筒（筒）竹筒（筒）；又去，箭。〔一六〕　㢠（㢠）地下應聲。〔一七〕　𥦗通𥦗。〔一八〕　哃哃嘈，大言。　桐蒼梧；又姓；桐桐，山名。〔一九〕　挏摩挏，推引；又挏擇；挏提。又去也。　秱禾盛茂也。　舸舸，舩名。〔二〇〕　烔烔烔，熱氣。　□魚名；鮦鮐。〔二一〕　餇餇䅍字。　粡同上。　蛔虫名；蚌。　弸（弸）弓𦤏。〔二二〕　駧馬酪。　絧布名。　狪獸名，似豕，出太山。又作狪。　鵍鵍鳴，鳥名。　郈鄉名。　童古童僕字，今童子。正從辛（辛）、里（重）聲作此童。又姓。礼：男有罪曰奴、奴[□]童，女曰妾，妾字亦從辛（辛）下女也。〔二三〕　僮古僮子，今僮僕；又▨（姓）。〔二四〕　▨（瞳）目瞳子。〔二五〕　犝無角牛。　羶小羊。　潼水，在華陰；又潼関。又赤容及（反），河。　曈曈曨，日欲明。　□□▨（孔）反。〔二六〕　罿▨（鞁）東（具）□也。〔二七〕　橦木名，花可爲▨（布）。又宅江反。〔二八〕　衕通街。　嶝山名。　▨（罿）□▨（罬），車上罔（网）。又尺容反，鳥罔（网）。〔二九〕　甋井甃。　鶅鸛（鸏）鶅，水鳥，□▨（喙）。〔三〇〕　▨□〔三一〕　▨（通）通達；巷也。他紅反。九。〔三二〕　篛竹名，可以爲畋。〔三三〕　蓪蓪草，藥名。　涌水名。〔三四〕□■□又竹□七。〔三五〕蘢草名。〔三六〕巃巃嵸，山皃。礱大聲。聾耳□。〔三七〕□〔三八〕▨（朧）□▨（朧）。〔三九〕䑍舟羽。〔四〇〕儱黃赤。〔四一〕礲礲□▨（所）□。〔四二〕櫳房▨（室）之▨▨（疏也）。〔四三〕▨=▨。〔四四〕□▨（瀧）瀧▨（涑），▨▨（沾漬）。〔四五〕瓏玲瓏，玉聲。〔四六〕嚨喉嚨。鑨鑶（鐵）器。𨏈車軸𨏈鑶（鐵）。襱（襱）袴襱（襱）；襱（襱）▨（褈）。〔四七〕□■□空□反。十。〔四八〕䓗䓗心草。箜箜篌，樂名。〔四九〕悾愨悾。𢂁衣袂。涳涳濛，水名。〔五〇〕䅝禾名。崆□又複姓十九氏：公子、公孫、公歛（斂）、公何、公向、公火、公賔、□□、公息、公□文武公、公旗、公治、公索、成公；又姓。古紅反。十四。〔五一〕虹（蚣）蜈，虫。〔五二〕聡聡□〔五三〕舡舟下纖（纖）。〔五四〕工工官；工能；工冶；工近（匠）；工姓。〔五五〕功功夫；成功；功績；又姓；又複姓：成[□]、司功。〔五六〕攻攻擊；又功。〔五七〕疘下病。釭車釭。又江。〔五八〕玒玉名。愩愩愩。□大波；又姓。户公反。廿一。〔五九〕葓水草。〔六〇〕篊例水云▨。〔六一〕鉷弩弓（牙）。〔六二〕䧆阬䧆。紅紅魚（色）。又人姓。〔六三〕虹螮蝀；又姓。灴燎灴。〔六四〕訌大聲。𥸥赤米。▨（訌）▨□。▨□□▨▨。〔六五〕葒□。〔六六〕羾虫飛皃；又虫蝱。澒洚澒，渠▨（水）。〔六七〕凮大風。鳿鳿，鳥大也；▨（鴻）臛；又姓。〔六八〕洚水不遵道；洚下。又户冬反。〔六九〕硿石聲。谼大壑。仜身肥大也。烘火。▨▨反。〔七〇〕六。𧨼𧨼訌，火（大）聲。〔七一〕魟河魚，似鱉。叿呵叿；又大。〔七二〕𩗴大風。飍本音香幽反，俗借爲此字。〔七三〕翁老兒；又鳥頸毛；又姓。烏紅反。六。蓊蓊蔚，草木盛。螉蠮螉名螺（蜾）蠃；又蒲盧。〔七四〕鰯魚名。𩕄頸下毛。鶲鳥名。棇小籠。又小（上）。蘇公反。〔七五〕二。潨水聲。藂草藂；聚也。徂紅反。四。𥵧籠𥵧，取魚。〔七六〕灇灇舂米。䕺聚䕺。㚇㝡㚇，飛而斂（斂）足。又去。祖公反。廿二。〔七七〕葼木細枝。鬷（鬷）釜名；又姓。〔七八〕椶栟櫚。陖三苗國名。〔七九〕緵縷數。猣犬生三子。騣馬騣。豵豕生三子。堫堫，種。〔八〇〕鬉毛乱。〔八一〕揔數。艐船著硰（砂）不行也。〔八二〕翪竦翅上下。稯十莒曰稯。鯼石頭魚。磫三磫，磧。蝬[□]蝬，蛤。〔八三〕揔俗云捉頭揔滅。嵸巃嵸，山高。篵竹名。鬷三鬷，國名。忩遽；迫。古怱。倉紅反。十四。 蔥葱韮。 輚轞車，載内（囚）。〔八四〕 聦明察。 緫色青黄；又細絹。 瑽石，似玉。 驄驄馬。 蜙青蛉、蝦蟆、水
蟎爲蜙。〔八五〕 熜熅熜，此亦作悤。 膍病名。 鬆髮長。 又叜。〔八六〕 騘騘▨，赤▨（色）。〔八七〕 廢階會。 又▨。〔八八〕 ▨
（鏓）中木。〔八九〕 蒙王女花；荷，賴（賴）；蒙▨▨▨；又姓。 莫紅反。〔九〇〕 廿四。 饛盛食滿也。 濛濛汜，日入處水名；
又小雨。 蠓馬毛。〔九一〕 朦大朦（皃）。〔九二〕 矇矇瞽。 驝驢子。 曚□▨（曨）。〔九三〕 艨艨艟，戰舩。 又去。 醿麴生衣醿
（皃）。〔九四〕 幪幪山。 檬似槐，黄菜（葉）。〔九五〕 襛襦衣。〔九六〕 懞心不明。 又上。 幪巾。 鸏水鳥。 冡霿（覆）冡。〔九七〕
霥零雨。 盝竹器。〔九八〕 醽濁酒。 ▨（襛）冒襛。〔九九〕 盥盛食盥也。〔一〇〇〕 霚陰闇。 罞麋罟。 蓬（蓬）蓬蒿；又秋草
根。 步紅反。 十。〔一〇一〕 篷（篷）織竹編箬葉以覆舩。 篷（篷）車上帆。 髼（髼）髮乱；又䰐。〔一〇二〕 輄（輄）車聲。
蜂（蜂）小虫乱飛。〔一〇三〕 烽（烽）烽㶿。 芃芃茸，盛皃。 韸（韸）室▨（聲）。〔一〇四〕 豵獸，□□而大也。〔一〇五〕 塳
（塳）土裂。 百弓反。 一。〔一〇六〕 雄（雄）雄（雄）雌；英雄。 羽隆反。〔一〇七〕 四。 硝（硝）硝石。 貆（狨）妖虫，似豕，
在地下。 熊熊羆；又姓。 弓弦木爲弧，即弓矢；又姓。 居隆反。 五。 躬躬身；又姓。 宮宮室；又姓。 蝠蜥蜴，秦曰守
宮，北陸有長五六丈者。〔一〇八〕 涫縣名；水名。 穹穹天，旻也；穹廬；穹曲。 去弓反。 五。 芎芎藭。 邛地名。 悺悺憂。
又悁。 簹簹籠。 ▨（窮）盡。 巨▨（弓）反。 ▨（四）。〔一〇九〕 ▨（藭）芎藭，藥草。〔一一〇〕 獡獸名，如虎，有羽，蝟毛，食
人從足始。〔一一一〕 竆羿治有竆，國名。 豣獸名，如豕。 宜弓反。 一。 終竟終；紂縛也；綿絲；又姓。 職隆反。〔一一二〕 十五。
涤水名。 柊木柊；▨□□惟柊爲▨□。〔一一三〕 ▨□▨。〔一一四〕 鴤鳥名。 又冬。 蔠蔠葵。 緵箯緵，戎人呼之。 螽蝗螽；
蝗螽，春虫。 鼨［□□□。 □］鼨龟。 又疼。〔一一五〕 衆多。 又去。 霥小雨，《文》。〔一一六〕 蝀虫蝀；又□▨。〔一一七〕 潨小
水入大水。 又在冬反。 貔如豹▨（獸）。〔一一八〕 充充足；▨□。 ▨▨▨（處隆反）。 □。〔一一九〕 □□蔚，□盛。〔一二〇〕 忼心
動。 ▨（𪏰）黄□。〔一二一〕 ▨（祊）祊□。〔一二二〕 ▨（戎）▨□▨（大）▨▨▨▨□□□。 □□□。 □。〔一二三〕 ▨
（茙）蜀葵，又名▨▨，花似木槿，而光色奪（奪）日（目），有五色；又姓；亦荆葵也。〔一二四〕 笺□〔一二五〕 俄俄人，身

有三角。〔一二六〕 狨□□融▨(和)；▨(炊)氣上出；又□，祝融後。余隆反。四。〔一二七〕 瀜冲瀜，水皃。 𩰫正字，今省。 肜舩▨(中)□▨▨□□▨(草)名。〔一二八〕 忠忠孝；良忠。□□□瀜。又虫。〔一二九〕 盅(盅)器虛；又虫。〔一三〇〕 烛火氣。〔一三一〕 蟲有足曰蟲，無□□□。俗作虫。直□□。□。□〔一三二〕 种幼稚；又姓。□〔一三三〕 ▨(茧)草名。又芇。〔一三四〕 隆隆高；盛煞。力中反。〔一三五〕 六。 鼕鼓聲。〔一三六〕 ▨(礲)□▨穎□長。〔一三七〕 癃癃痛。□▨(次)妃吞乙□▨▨(始)祖。〔一三八〕 蝛虫名。 髶細毛。〔一三九〕 崧山大而高曰崧。 硹▨(地)□，▨(在)□。□□□□高；又□。□隆反。二。〔一四〇〕 ⿰崇刂鍤屬。 ▨(蓸)□□□□▨▨▨▨▨不明。莫中反。六。〔一四一〕 夢澤名。又去，夢寐。 懜懜闇。〔一四二〕 鄸▨▨(邑名)，在曹。〔一四三〕 ▨(⿱夢色)魏艶，醜皃。〔一四四〕 ▨(⿱夢豕)獸，似豕，目在耳後，出崑崙。〔一四五〕 豐(豐)豐(豐)饒；厚；豆之滿者。俗作豊字。孚隆反。〔一四六〕 九。 蘴蕪草。〔一四七〕 寷〔□□〕。〔□〕寷窿(窿)。〔一四八〕 豐山名。 灃水名。 僼偓僼，仙人。 䴶煮麥汁。又去。 酆酆鄗，國，文王都，在京兆；又姓。 馮(馮)人姓；地名；又馬行疾。并隆反。八。〔一四九〕 ⿰氵酆姬姓之國。 汎(汎)汎(汎)浮。又浮劒反。〔一五〇〕 芃(芃)芃(芃)葺，草盛皃。又蓬(蓬)。 梵水(木)得風聲。〔□〕扶劒反。〔一五一〕 堸虫室。 渢水名；又水聲。 肌(肌)乳肌(肌)。 風元氣；又放；亦姓；動也虫生，故風八日而化，從几(凡)、虫聲。府隆反。〔一五二〕 六。 楓木名。 偑地名。 猦猦⿰犭母，狩(獸)名，狀如猨，逢人則叩頭，小打即死，得風還活，見《異物志》也。〔一五三〕 葻葻梵，聲。 ⿱⺮⿱風糸竹名，出南海。〔一五四〕 獴獴猱，似▨(猫)而黑畜，捕鼠勝猫兒，九真曰(因)日南有之。〔□□□〕。〔一五五〕 一。

2 冬

一冬秋冬，四時之末；又姓。都宗反。五。 苳草名。 笗竹名；又篛竹。〔一五六〕 䨢雨皃。 ⿰豸冬狩(獸)，如豹有角。 彤赤，從丹、彡(彡)；又姓。徒冬反。〔一五七〕 廿二。 浵水名；又水皃。 疼楚痛。 ⿸尸冬楚云深屋。〔一五八〕 鼕鼓聲。 佟人姓。 佟地名；又倲佟，行。 ⿰忄冬惶怖。 ⿰赤冬赤盛。〔一五九〕 炵火色。又通。〔一六〇〕 ⿰冬龜龜⿰冬龜。又終。〔一六一〕 ⿰豕冬⿰豕冬豕；一曰土豘。 鉖釣鉖。 鴤鳥名。 ⿰忄蟲憂皃。 ⿰火蟲早(旱)氣。〔一六二〕 痋動痛。 鉵犁金。 ⿰矛蟲矛⿰矛蟲。 ⿰蟲攴擊空聲。〔一六三〕 ⿰冬阝古國名。 ⿰巾冬戎云幡。 農由（田）農；又姓。奴冬反。〔一六四〕十。農姓農。此正。〔一六五〕農俗字。儂吴人云我。噥多言不中。震露多皃。〔一六六〕膿膿血。𣵯洌水云怒。憹憹（憹）憹，悦。獿多毛。又乃刀反。宗尊；宗族；又姓；聚；宗伯；宗正。祖琮反。二。倧上古神人。賨西戎國名，在渠州宕渠山；又布税；又人姓。祖冬反。十二。琮族盛爲琮鄉。琮玉名。淙水淙聲。〔一六七〕悰慮悰；樂。幏帛幏；又布名。騌長騌。〔一六八〕鬃鬃鬞（鬞），乱髮。鬷江湖云罍。慒（慒）慒（慒）謀。又去。〔一六九〕慒慒博，多聞。從十、吉；亦後（從）十。〔一七〇〕悰謀悰；樂。𩭵鬃𩭵，長。洌水。此淙反。〔一七一〕二。冊（囟）通孔。亦忩。恭恭敬；又姓。從心。駒冬反。十。龔古姓；又姓，武陵。共縣名。又巨用反。供供給。又去。哄晗哄，田壟。〔一七二〕珙璧。又上。〔一七三〕髸髸髪。邛邑名。䳘鳥，似雉，鳴自呼。𢪛竦乎（手）。又巨供反。共、與類（類）從此。〔一七四〕㤣憂㤣；㤣㤣。去弓反。二。杛屈木。蜙蜙蝑，虫。先恭反。八。淞水名。倯庸，轉語也。菘菘菜。淞凍落。鬆小行；恐。鬆髮乱。䰑燕云長皃。樅木名，松葉（葉）柏身。七恭反。〔一七五〕十二。鏦短矛。瞛（瞛）光瞛（瞛），怒目電。〔一七六〕膧肥病。穠治禾穠移。從從容；又縱。又疾容反。瑽瑽瑢，珮玉。蓯蓯瑢（蓉），藥名。〔一七七〕篵篵籠；又竹病。鬆髮乱。〔一七八〕䢲䢲遷。從從容，走步。夆夆服。從牛。户冬反。五。〔一七九〕夆夆動，歌。碚碚礱，落聲。颰大風。洚《孟子》曰：『洚水驚（警）予。』水不依故道曰洚。〔一八〇〕礱碚礱。力冬反。二。籠籠籠字；楚云車䉄籠篷也。

3 鍾

三鍾酒器；又罄；亦當；又姓；又複姓，鍾離羅。䥕容反。廿。鐘竹名。鐘樂器，孫皷延始爲鐘。〔一八一〕橦木橦。又去。蝩虫名。又蝩。蚣虫，似蛤。伀志及衆；又衆立。狘征狘，行皃；又江湖云沛遽、云閬休也。〔一八二〕衳小裩。忪小巾。同上。忪心動。吆衆口。妐夫兄。舩舉角；舩舩。〔一八三〕舩帆上舩開。〔一八四〕鈆鐵（鐵）鈆。又公。〔一八五〕松（炂）松（炂），熱仆。〔一八六〕笗長節竹名。芯草名。閦門外閧閦。衝衝突；又折又（衝）。昌容反。〔一八七〕十。罿鳥網（網）。憧行（往）來皃；又猶忡忡。〔一八八〕潼河潼。又同。禮江淮云襜褕。艟戰舩。穜短矛。𠜾𠜾剌（刺）。徸行皃。窻遠穴。鱅魚名。又去。蜀容反。四。慵慵嬾，怠。媶妖媶。〔一八九〕鏞饞鏞，貪食。茸草生狀，又作鹿茸。而容反。九。

筭竹頭有文。〔一九〇〕

（中缺）〔一九一〕

9魚

□〔一九二〕▨（苴）□□□□□□□□□；又王祭茅藉；又封諸侯。〔一九三〕葅□葅。〔一九四〕沮水名。胆

□〔一九五〕▨（菹）蟹塩（醢）。又去。〔一九六〕岨石戴山名。〔一九七〕胥息徐反。相；又待也，須；又蟹醢；又胥靡；相

隨之□〔一九八〕猾猨猾。〔一九九〕閭鄉閭；里閈；里門；《周礼》廿五家爲閭，閭侶（侶）相羣保。力魚反。〔二〇〇〕十九。

藺□▨□▨。〔二〇一〕臚鴻臚寺；又皮臚；又腹前，言京爲心，外國爲皮臚，故曰鴻臚；又上傳語告下曰臚，臚猶

行者。□▨。〔二〇二〕□□□□=▨□□。〔二〇三〕▨（攄）□□。□居反。四。〔二〇四〕摴摴蒱。樗木名。篨篨竹。

又途。除除去。直魚反。十一。篨籧篨。□〔二〇五〕▨（宁）門屏〔□〕。又上。〔二〇六〕儲儲貳；倉儲。藷薯

芧。〔二〇七〕躇峙躇，不進。又作躇，與躇同用。蒢（蒢）蘧蒢（蒢），草。〔二〇八〕豬豕豬。俗作▨（賭），▨▨；又三毛菆生

者。亦□〔二〇九〕▨（瀦）水所停曰▨（瀦），瀦都。〔二一〇〕▨（袽）衣袽。女余反。〔二一一〕七。秎臭如。〔二一二〕帤幡

帤。毠犬多毛皃。挐渠挐。〔二一三〕蒘藸蒘，似苻。擇渠擇，挹（杷）。〔二一四〕初以衣□▨▨姓。〔二一五〕鋤鍬鋤。七

（士）魚反。〔二一六〕三。鉏人姓。狙豕子。〔二一七〕疎疎遠。色魚反。十二。綀綀葛。梳梳櫛。疏（疏）疏，隔閡也。

又去聲也。〔二一八〕蔬（蔬）蔬菜。□□毛羽。〔二一九〕麗下酒。延延通。䟽（䟽）青䟽（䟽）。〔二二〇〕

10虞

十虞▨（遇）俱反。防，度，安也；主山澤之官也；舜号也；又虞▨，縣，▨（禹）封舜於商均，今梁虞城是也；又騶（騶）

虞，白虎黑文，尾長於身。〔二二一〕廿二。澞陵夾水曰澞。鸆鸆鸆，涸澤鳥，見人輒鳴呼不去；一名涸田也。麌馬名。禺

番禺，縣名；又母猴，頭似鬼頭。〔二二二〕愚愚癡。湡▨（齊）藪▨（名）▨。〔二二三〕堣堣夷，日所入處。〔二二四〕嵎山名。髃肩

骨。隅隅角；四隅；角。齵齒不正也。鍝鋸鍝。齵齒不正也。〔二二五〕鍝鋸。蝸▨▨（蝜蝸），▨（蟲）名，▨（似）□▨

▨（而長）。〔二二六〕鰅魚，有文，出樂浪。鷗鳥名，見則火（大）旱。〔二二七〕鸜鳥，似禿鶖。鄅地名。娯娯樂。禺正
字。〔二二八〕劬劬勞，勤也。其俱反。卅。〔二二九〕鴝鴝鵒。斪斪斤。〔二三〇〕▨（葋）芋葋。〔二三一〕▨▨□。〔二三二〕軥車▨
（軛）。〔二三三〕朐脯，屈。㽛地名。屩（屩）履䩭。〔二三四〕鼩鼱鼩，小鼠。〔二三五〕䶚龜䶚。〔二三六〕蒟蒟醬。又去。鸜□□
足白。〔二三七〕蘧蘧▨（麥）；人姓。〔二三八〕瞿鷹隼視；又複姓；神仙有瞿曇。〔二三九〕癯癯弱。氍倉舍。〔二四〇〕衢街
衢。〔二四一〕欋▨（行）欋。〔二四二〕濯水名。钁兵器。斸四齒杷。〔二四三〕蠷蠷螋。鸜鸜鵒。驪驪騤，走皃。趯走顧後皃。
氍氍毹。鴝鳥行。衐行皃。蚼蚼蚌，蚍蜉；又吼。拘拘執；又止。舉禺反。十三。駒馬一歲；又白禺謂曰▨。〔二四四〕
䱓魚名。岣岣嶁，衡山。眗左右視。跔手足寒。朐左右兩視。俱俱皆；等；又人姓。〔二四五〕瞏目邪；又▨▨▨（許
力反）。〔二四六〕㪺挹。礭就石。〔二四七〕捄盛土，見《詩》。朐小兒陰。〔二四八〕區區院；域也；區所字。去俱反。〔二四九〕七。
軀軀身。又䠷。〔二五〇〕驅驅馳。又駈。嶇崎嶇。又岖。摳摳衣。又口侯反。鰸魚名，似蝦蟆。〔二五一〕鏂飽鏂。〔二五二〕
于于，於；往；人姓。羽俱反。〔二五三〕十六。竽笙竽。謣忘（妄）言。〔二五四〕宇宇穴。〔二五五〕盂瓮；盤盂也。雩旱祭名；
又訏也。㸫草木盛。〔二五六〕衺裒（褒）衺。〔二五七〕骬髃骬。蚜蚨（蚨）蚜。〔二五八〕靬鞄（鞄）靬。〔二五九〕軒車弓。玗玉名。
杇柚杇。邘地名；又姓。鴮鳥名。〔二六〇〕訏訏大。況于反。〔二六一〕廿。吁吁歎。肝肝胎，縣名。〔二六二〕盱舉目使人。
忏憂忏。扜指扜；又憂。▨（疛）病疛。〔二六三〕雩雩婁；又羽。𣢼架（樂）𣢼。〔二六四〕虖虎吼。〔二六五〕呼（吁）見
《詩》。〔二六六〕袛（袛）大袑衣。〔二六七〕㝢殷冠。又上。桙盛桙。䒵草名。稟垂（臿）皃。〔二六八〕欨嘘；貪人見者。蒟
芋。又瞿。昫昫明。姁美姁。〔二六九〕紆紆屈。於于反。十三。靬盤革。又于。〔二七〇〕蚷虫名。奸奸姿。扜持弓。又
烏音。迂迂曲。又上。尪▨（股）□。〔二七一〕▨（陓）▨▨▨□□□。〔二七二〕▨（醧）▨（能）者飲，不□▨▨▨（者
止也）。〔二七三〕雩□〔二七四〕
（中缺）〔二七五〕

鞮鞮帝。〔二七六〕提提挈。隄隄隋。媞好媞。瑅玉名。緹赤繒。稊赤米。㖷吹㖷。〔二七七〕禔福禔。褆好衣。醍醍
醐。騠駃騠，良馬；又北狻（狄）駿馬；一云刳母腹而生也。〔二七八〕鶗鶗肩，鳥名。〔二七九〕蝭虫名。睼迎視。趧趧鞻，四
夷樂名。〔二八〇〕篪竹根。蓰見《文》。〔二八一〕箟竹坐具。題頭題；又桶（楯）；又額也；封記也；又棺名。〔二八二〕題題視。
鷤鷤鴂，鳥名。〔二八三〕荑荑荼。〔二八四〕桋長條。又去。虒瓬（瓬）虒。〔二八五〕厗唐厗，石。漽研水（米）槌。〔二八六〕㡗
（㡗）怍（帓）㡗（㡗）。〔二八七〕徲行久。鍦器名。蹏號（足）蹏，出《說文》也。〔二八八〕罤兔罔（网）。䊾繩䊾。鵜鵜鶘；
亦鵜名。〔二八九〕鮷大魚。瓻瓷瓻。蕛草蕛子本。綈厚繒，深而淥也。䬾餹䬾，小蟬。〔二九〇〕筴竹名。遆人姓。又去。
鮧魚四足，音如嬰兒。梯他兮反。木階。九。睇目視。又去。蹄踢蹄。鷉鷈鷉，鳥名。匿匾匿，偏薄。〔二九一〕鼶卧
鼶。〔二九二〕觳（𣀔）唾聲。〔二九三〕謕轉相誘語。〔二九四〕騠匾匿。又布曲反。泥泥下；土泥；水名。奴兮反。四。蚭《疋》
有蚭丘。〔二九五〕䛏呼人。𥐥受水。鷖鳧鷖屬；又鳥，似鼠彩文，出九疑山。烏兮反。〔二九六〕十二。譩相然應詞。翳羽
翳。又去。堅堅埃；小土堅。嫛嫛婗，小兒喜。驚黑馬。黟黑木。訡誠言。羥黑羊角。〔二九七〕妹（媄）妹（媄）榹，
弩楔。〔二九八〕黳黳黑；光之小黑。繄是詞也；語助；又赤黑繒；又戟衣。〔二九九〕奚何；遠；又大腹；又東北夷名；又官
奴，有才智。乎鷄反。〔三〇〇〕十七。傒有所望。又上。〔三〇一〕嫨女奴。蹊逕蹊。螇螇螔，小蟬。榽蘇，木，似檀。〔三〇二〕
猰大（犬）猰，戎。〔三〇三〕豯豕生三月。騱驒騱，野馬；又馬前足白。鼷鼷鼠，食郊牛角小鼠，此鼠食人及鳥獸雖盡，不知
不痛，俗名甘口鼠也。胿腣胿。鼷小（水）虫。〔三〇四〕嵇山名；又姓。奚狩迹。〔三〇五〕郋里名。兮助句。〔三〇六〕兮正
字。〔三〇七〕醯醬醋。呼兮反。〔三〇八〕六。橀榽橀。〔三〇九〕豗（豗）痛聲。忚欺慢。黳黃色病也。盻（盆）小瓮。倪孩
倪；又姓。五兮反。十三。蜺蜩蜺。又入。齯老人齒更生；《尓疋》云「黃髮、齯齒、鮐背者老壽」。〔三一〇〕婗嫛婗，小兒
女。輗輗軏。猊狻猊，師子，日走五百里，食虎豹。䙴裨䙴。鯢鯨鯢，大魚。兒兒〔□〕。〔三一一〕霓雲霓；人姓。麑鹿
子。郳城名。貎狻貎，師子。雞雞田，地名。古兮反。九。鷄司晨鳥，能知時，《疋》云『鷄棲於杙爲榤也』。蘻草名。

稽久；晚；後；考計；又辯捷不窮曰骨稽；又山名。字［□］禾（禾）、禾（禾）工迷反；字從尤二日。〔三一二〕櫅櫅楓，木名。
鍇堅鍇。笄婦人首餝；笄冠（冠）。軿車具。卟卜問。谿谿谷；又水注川曰谿。昔（苦）兮反。〔三一三〕八。溪水名。
磎太公釣作磻磎。螇小畚。〔三一四〕鸂鸂鶒，似鳧，雄者五色而毛冠（冠）也。盻盻然，直視。嵠山名。胬屄肉。〔三一五〕
臡醢臡，有骨者謂之臡。人兮反。〔三一六〕一。栘康（唐）棣（棣）、栘，木名。成西反。〔三一七〕一。鼙（鼙）步迷反。鼙鼓；
又騎上鼓。八。㮰批㮰。〔三一八〕椑員盖（榼）。〔三一九〕鞞見內典。膍膍臍。謦唖聲；又膺。〔三二〇〕甈瓶甈。䫠䫠風。
豍豍豆。必迷反。十三。婢婢䠋，短人。𧣫橫角。捭（椑）捭（椑）撕（榹），小樹栽。箄冠（冠）箄。蜱牛虫。萞萞
麻。紕紕繆。又芳之反。〔三二一〕梐門外行馬。性性悞。諀諀謬。箆眉箆。幒車簾。批批署。匹兮反。五。鈚鈚
箭。亦作錍。鎞斧鎞，箭同。𠜛𠜛斫。鵧鵧鵜，鳥名。迷迷惑。魚（莫）兮反。〔三二二〕六。麛鹿兒。亦作麑。婆
（娶）齊云老母稱。〔三二三〕醯醭醯，醬醋上白。醭，怖僕反。覞病人視。鼊龜屬，似龜而大，又多膏。〔三二四〕圭孟子（康）
云『六十三黍爲一圭，十圭爲一合』。古▨（攜）□。□□。〔三二五〕珪剡上文。〔三二六〕銈銈釣。〔三二七〕鮭魚鮮。袿婦人小
衣。〔三二八〕桂田器，可獲麥。〔三二九〕麈麈鹿。邽下邽，縣，秦武公伐邽戎所立也。閨特立之户；又閤，上員下方也。桂
和；又姓。〔三三〇〕窐窐户。〔三三一〕甈□□□□□。〔三三二〕胿膍胿。〔三三三〕睽苦圭反。睽實；離睽；又目少精；又目不相
聽（聽）；亦卦名。又古携（携）反。〔三三四〕十二。溪溪泉。又去。葵瓠蔓。刲刲割，《傳》云『士刲羊』。〔三三五〕㼐瓜
㼐。〔三三六〕茥缺盆草。䖯䖯螽，虫。骵六▨（畜）頭骨。〔三三七〕▨（鮭）▨▨（鮭陽），人姓。〔三三八〕奎廿八宿星名。蝰螝
蝰。桂中勾。攜攜持；又離貳；丘陵險。亦作携。户圭反。〔三三九〕廿。携俗字。巂似馬，一角。〔三四〇〕鼃大魚。〔三四一〕
蠵七（大）龜。〔三四二〕鑴大錐。懏離心。驨獸名。酅酅削。〔三四三〕𪇆䳏（䳏）𪇆。〔三四四〕畦畦壠。眭深目。𤬩甑下孔。
巂人姓。毒地名。蜀局蜀；人姓。罣鄙罣。盰視盰，鄙（蔽）。〔三四五〕眭眭免；張眭。〔三四六〕蘳菜畦區壠；又田五十畝
爲大畦，五畝爲小畦。〔三四七〕烓行竈。烏圭反。二。跬跬行。鍷鍷削。五圭反。二。闚闚視。祇况；大。又祁。巨兮

反。一。 瞡肥瞡。人兮反。〔三四八〕一。

13 佳

十三佳佳美也；善。古膎反。二。街街巷。崖崖岸。五佳反。五。厓山邊。啀啀，大怒。涯水際。䶩齹䶩。又䶩。〔三四九〕娃美女。於佳反。五。㕄雨聲。又五佳反。洼水深。哇淫聲。哯嘔哯。膎膎脯。户佳反。六。搽挾搽。鞵革中履。亦作鞋。鞋俗作鞋履字。褑褑袖。傢䁦（䁦）傢，▨▨（不平）。〔三五〇〕睯睯笑；呼應。火佳反。〔三五一〕二。吹欸吹，逆氣。釵釵釧。初柴反。婦人歧笄。四。靫鞴靫。砙小石。差差科；不齊也；不值也；貳斜也；次減也。崽呼彼之稱。山佳反。四。諰語諰。顋▨（角）□▨（骨）。〔三五二〕□□□□。〔三五三〕柴樵柴。士街反。七。祡祭天曰燔祡。㭨積，『助我舉祡（㭨）』也。〔三五四〕齹齒不平。茈茈葫，藥名。又茈，玆尒反。〔三五五〕啛（喍）啛（喍）㖩。〔三五六〕犛連車。牌牌牓。步街反。六。〔三五七〕潭水桴。〔三五八〕郫▨（縣）□。又▨（皮）。〔三五九〕▨（廱）□東呼蚌狹而長也（者）。〔三六〇〕簰大筏。䍀使牛。鯶魚名；又魚鯉。䁦（䁦）䁦（䁦）視。莫佳反。〔三六一〕二。鞼鞼鞋。〔三六二〕扠拳扠。丑佳反。二。搋同上。咼咼戾。口騧反。五。喎喎口。絓惡絜。娃姱娃。薤（𦳣）薤（𦳣）斜。〔三六三〕媧女媧氏。姑咼反。七。騧青騧，綬；又馬名。蝸蝸牛，虫名，生爲蝸蝶，可食，古祭用生陸爲蝸牛，蝸牛螔蝓也。腡手指中文。檛檛樀，木名。㰁㰁爛。〔三六四〕顝短面。䄫奴杈（扠）反。䄫羺，胡羊。〔三六五〕一。諣言不正也。竵物不正也。大（火）咼反。〔三六六〕二。咼（喎）口偏。〔三六七〕蛙蝦蟆。烏緺反。一。鼃蛙鼃。户咼反。〔三六八〕一。

14 皆

十四皆並皆，咸也；調俱也。正〔□〕。革諧反。〔三六九〕十六。楷木名。偕偕俱。喈鳥聲，『黄鳥喈喈』。堦砌堦。階階級。腊腊瘦。鍇九江云鐵（鐵）。瓂牝瓦。䬠疾風。鶛鶛鶵。藷麻藷。薢薢茩，决明子，《疋》云『薢茩，决光』也。〔三七〇〕荄草根。痎痎瘧。蝔虫名，《淮南子》云『蝔知雨至』，代謂之猥狗，知天雨則於草木下及槁下乾處自藏（藏）其身也。〔三七一〕諧諧和。户皆反。八。湝『風雨階（湝）湝』，不止。〔三七二〕瑎黑石。碏同上。騜馬和。龤樂名（和）。〔三七三〕骸骸躰，骨也。䘶䘶服。〔三七四〕倄（俙）倄訟。火皆反。〔三七五〕一。搱揩搱。女皆反。一。豺豺狼。士皆反。三。嵙山名。儕儕等；流儕。差差遣。楚皆反。二。蹉蹉跎，去。又作越（赳）。〔三七六〕齋（齋）齋（齋）絜（潔）。側階反。〔三七七〕二。儕儕舍。〔三七八〕排推排。步皆反。五。輫車箱。揁曲揁。〔三七九〕牌牌牓。猈短項狗。碩典（曲）頤。入（又）蒲來反。〔三八〇〕一。埋埋藏（藏）。陌皆反。三。霾風雨卒至。薶薶惠。懷懷思；安；來；和也；又姓。户乖反。十一。櫰木名，桊（葉）大而黑曰櫰，晝褔衣謂之守宫櫰。犪狩，如牛四角也。〔三八一〕瀤戎塩（鹽）。孃孃和。瀤小水；雨。褢褢俠；把褢。蘹草名。淮江淮；又山名。褢崴褢，山皃。槐槐黑（里），邑名，在扶風也。〔三八二〕崴不平皃。乙乖反。三。溾溾［□］，濁。〔三八三〕䫇䰍（醞）䫇。〔三八四〕𠌿𠌿背，從𠂉。𠂉古淮反。▨（二）。〔三八五〕乖背離；戾；差。從古乖。匯匯澤。口乖反。二。𠛗勴（劢）𠛗。〔三八六〕𤿎𤿎𧰜，馬疾。又灰。呼乖反。三。犻狩名。〔三八七〕䝿䝿別。
偨偨託。烏皆反。〔三八八〕一。揩揩摨。口皆反。二。緒緒絳（緤）。

15 灰

十五灰灰爐；又火炭變；呼恢反。六。豩豩黑。𤸎𤸎𧰜。〔三八九〕蝝豕掘地也。瘣馬病。豗相豗擊。迴（回）迴（回）旋；姧回；又邪乱；角姓。户灰反。〔三九〇〕十二。茴草名。迴迴還。洄水逆流。徊徘徊。駉馬名。蛔蛔虫名。槐守宫木名。瑰玫瑰，大（火）齊珠，光如雲母，色如紫金，出南方火山。亦作珂也。〔三九一〕蚘蚘虫。又蛕、蛔。焨火光。祁鄉名。〔三九二〕恢恢大；又恢，台養（養）。亦作㳷。苦環（瓌）反。〔三九三〕八。㳷㳷多。〔三九四〕顡大頭。〔三九五〕詼詼調，嘲笑言。〔三九六〕

（中缺）〔三九七〕

□□□□□〔三九八〕　□□□□□　□□□□□　□□□□□
□□□□　□□□郎唐〔三九九〕　卅三□□庚〔四〇〇〕　□□□□□〔四〇一〕
卅五七精清〔四〇二〕　卅六□經青〔四〇三〕　卅七□求尤〔四〇四〕　卅八胡溝侯
卅九□虬幽〔四〇五〕　五十七林侵　五十一余廉鹽〔四〇六〕　五十二諸膺蒸〔四〇七〕

五十三他兼添　五十四▨(都)騰登〔四〇八〕　五十五胡讒咸〔四〇九〕　五十六户監銜〔四一〇〕

五十七語輸嚴〔四一一〕　五十八符芝凢(凡)〔四一二〕

29先

廿九先蘇前反。前；早；又始；亦徵姓。字從出(㞢)、不(儿)。又屑現反。〔四一三〕五。 硃石，次玉。 豣豕類。〔四一四〕 跹行皃。 ▨(躚)□躚，□▨(行)。〔四一五〕 千數，十百；又▨。七▨(先)反。〔四一六〕九。 芊茂草。〔四一七〕 竿竿箱。 迁迁進。 仟仟人長。〔四一八〕 汘水名。 阡阡陌；又路南北達。又玨、裕。 杆不(木)名。〔四一九〕 邗地名。 牋牋啓，小表。則前反。〔四二〇〕十。 ▨(箋)□□□□□□□。〔四二一〕 ▨(淺)水流疾。〔四二二〕 馢香馢。 ▨□▨；亦▨進▨。〔四二三〕 𦸈草茂。 瀳水名。 韉鞍韉。〔四二四〕 箈(箈)籠箈(箈)。又前。〔四二五〕 棧香木。 前前進；先導也；▨。正作歬。 祚連反。〔四二六〕五。 騚馬四蹄白。 ▨(湔)□□□□。 □□□。〔四二七〕 ▨(箈)籠箈；▨(又)□。〔四二八〕 天天曰員，盖乾象；又姓。他前反。五。 吞吞咽(咽)；又姓；亦天也。〔四二九〕 芺草名。 兲見内典有。〔四三〇〕 蜓(蜒)蜓(蜒)蟬(蟬)，語不正也。〔四三一〕 田徒天反。土地堪相處；亦徵姓；古田獵狩郊名。十八(九)。〔四三二〕 ▨(狃)□▨▨爲上▨□。今作此佃字。〔四三三〕 㤢□㤢。〔四三四〕 佃作佃(田)所。又作佃。〔四三五〕 輀車轅。 跙踏地聲。 鈿金花鈿，婦人首[□]。〔四三六〕 沺大水。 屇丹屇；山穴。 畋畋獵，取禽獸。 敀同上。 阗地名。 蟬(蟬)蜒(蜒)蟬(蟬)。〔四三七〕 闐▨聲；振▨闐闐。〔四三八〕 填填塞。〔四三九〕 搷搷擊。 磌磌聞；又澒(磌)。〔四四〇〕 鷏▨(蚊)母，鳥，黄白色，鳴如▨▨(鴿聲)，俗説吐蚊虫。〔四四一〕 畇地名。 顛顛頂。多田反。〔四四二〕十一。 巔巔頂。 傎傎殞。 齻牙齻。 驞馬頂(頂)白；又馬惡。〔四四三〕 槇木名。 滇滇池，在蜀西南，縱廣三百餘里，上源深廣，下淺狹，故曰滇池，黑水在其西也。 厧家(冢)厧。〔四四四〕 瘨瘨狂。 趚走頓。〔四四五〕 驒驒騱，野馬。 年禾熟曰年。作秊，熟。奴前反。〔四四六〕二。 郱鄉名。 蓮蓮荷，芙蕖實。路千反。六。 嗹嗹□，□語煩拏皃。亦謰也。〔四四七〕 縺縺縷，寒具；又結不可解。 䴛䴛螻，餅(餅)。〔四四八〕 憐憐愛。又怜。 零《漢書》先零，羗(羌)。祆胡神。可(呵)連反。〔四四九〕二。訞訶訞。又作訮。賢乎連反。亞聖，善能愈堅勝大也。十六。⿰口賢⿰口賢難。
弦弓□。〔四五〇〕絃琴▨(瑟)□▨。〔四五一〕▨▨▨▨。〔四五二〕▨(伭)伭佷。〔四五三〕胘牛百菜(葉)。蚿馬蚿，虫老大者，
能長鳴，蚿似大蟬。慈慈急。婜有所望。⿺走弦⿺走弦走。⿱弦女婦人守志。〔四五四〕痃痃癖□。〔四五五〕▨□〔四五六〕▨(妍)
妍淨；美也。五▨▨(弦反)。六(七)。〔四五七〕研研磨。〔四五八〕▨□□。〔四五九〕⿱珏皿⿱登皿⿱珏皿。〔四六〇〕鳽水鳥，一名鵁鶄，一曰鷁
渠。趼獸名。〔四六一〕俓急。又牛耕反。〔四六二〕牽口弦反。引▨□象牛縻。亦□□地名。〔四六三〕邢地名。汧水
名。又作汧。岍山名。又作岍。〔四六四〕麉大鹿危(絶)有力。〔四六五〕閞問閞。〔四六六〕欅見《文》。〔四六七〕蚈螢火。又古奚
反。雃鷽鴿。掔□▨。〔四六八〕▨(絙)□□。堅絙□蜀葵。〔四六九〕鶼鳥名。獮(獮)龍髻(鬐)。〔四七〇〕玕
羗(羌)名。豜三歲大豕。鳽鵁鶄，鳥名。又研。⿰巾弦□▨(名)。〔四七一〕□□□。□□□。□□。〔四七二〕燕燕閒；又姓。
箯竹名。⿰氵燕水名。鄢地名。▨(驠)□名。〔四七三〕▨(咽)咽喉。〔四七四〕烜(烟)烜火。橪橪反(支)，草。〔四七五〕⿰木燕
同上。狟(⿰犭因)獸名。又入。閼閼氏，單于適妻。氏音支。眠□□□。▨▨。▨。□□□。〔四七六〕鬋以烜畫媚
(眉)。〔四七七〕瞑注意□□。〔四七八〕⿰目旁目傍薄密。〔四七九〕邊邊□；垂□；又姓。布千反。〔四八〇〕十四。籩竹器。邊(邊)
古器。傍身不正。又作傍(⿰亻邊)。〔四八一〕⿰足旁行不正也。⿰氵邊水□。〔四八二〕▨(穆)□▨□〔四八三〕▨器。〔四八四〕猵
▨(獺)□。〔四八五〕□〔四八六〕▨(編)編次；▨□□□。〔四八七〕▨(蹁)▨(足)□▨(正)□。〔四八八〕牑床上版。蹁
蹁躚，舞。又邊。步田反。十一。〔四八九〕⿰目扁員⿰目扁。楄楄都(部)，藉骹(骸)。〔四九〇〕⿰扁瓜黄瓜。▨(蠙)□馬；又併兩
馬也。〔四九一〕淵烏玄反。深水。六(亦)剎；古困。〔四九二〕八。鼘鼓聲。⿱淵鳥群鳥。困人姓。▨(嫶)□〔四九三〕焆
焆明。〔四九四〕稍麦皮。〔四九五〕⿰麥肖同上。莦草名。鵑杜鵑，鳥，大如博穀，黑□，▨人聞▨□杜宇婬其相妻，慙▨▨
□呼玄反。銅銚也。五。〔四九六〕駽青驪馬。又去。〔四九七〕梋椀梋。〔四九八〕圓規圓。〔四九九〕⿰目夐走皃。〔五〇〇〕玄▨
□▨(遠)□〔五〇一〕⿰馬玄馬一歲。〔五〇二〕玆黑玆，『何故便(使)吾水[□]』。〔五〇三〕⿰阝玄⿰阝玄他；又地名。〔五〇四〕鶿鳥

名，雜鷙。 昀大目。
30仙 卅□（仙）▭好也。 古鱻。〔五〇五〕 鮮小竹。 蹮跰（跰）蹮。〔五〇六〕 鱻生小魚。 秥秥廷。〔五〇七〕 砥以石▨（衦）
繒。〔五〇八〕 鶵▨▭▨▭〔五〇九〕 錢泉貨。《漢書·貨志》曰：錢之爲用，▨▨以前不▭幣，▨爲中幣，刀布爲
下幣。 ▨▨▨▨▨▨▭▨作犬、肉。 從肉、犬、火。 七。〔五一〇〕 燃火燃。 又不可用者，火加也。 蒸草名。 獙▨
□□□。〔五一一〕 ▨▭〔五一二〕▭▨（婢）□▨。〔五一三〕 ▨（鋋）□鋋。〔五一四〕 ▨（儃）熊（態）。〔五一五〕 ▨（澶）
□□，地名。〔五一六〕 ▨（栴）□□□□。 之延反。〔五一七〕 十二。 ▨（旃）▭正，盜、羨、咨從此。〔五一八〕 次同上。 連
及；合；續。 力延反。 十二。 漣漣猗，風動水；又泣涕漣漣。〔五一九〕 翴羽□及。▭〔五二〇〕 聯聯綿。〔五二一〕 ⿰氵聯水名，
出王屋山。 ⿱聯齒齒露。 ⿰犭聯⿰犭聯猴，兔走兒。 廛廛居地。 与堙□□里。 直連反。 十□。▭同▨（上）。〔五二二〕 ⿰虫厘虫名。
⿺走厘⿺走厘走。〔五二三〕 鄽野外曰郊鄽。 闤闤市。 㙻郊㙻字。〔五二四〕 ⿺走亶⿺走亶移。 ▨（邅）▭馬載重行難；又徒安反，白馬黑
脊。〔五二五〕 甄居延反。 察；又免、識別也；造；人（又）陶窯；獵圍兩頭。 亦作甄。 又質隣反。〔□〕。〔五二六〕 篇▨▨□。
《□文》▨▨□；篇▨（什）也。 六。〔五二七〕 萹▭〔五二八〕 覑視不正也。 媥身輕便兒。 便苻連反。 習、安也；不惡；又
便方；便殿，殿小側。 從人更，人有不便，更之。 正作傻。 ▨。〔五二九〕 楩楩柟，木名。 ⿰虫便虫名。 ▨（諞）▭▨
也。〔五三〇〕 鞭必連反。 楇（檛）馬杖；又以革擊背；又刑名。〔五三一〕 七。 鯾魚名。 箯竹名。〔五三二〕 編編次。 猵虫名。 揙
揙擊。 又上。〔五三三〕 鯿鯿魚。 又上。 綿▭〔五三四〕 緜緜遠。 謾欺，出《漢書》；《方言》謾，鑾音，燕代謂之懼曰謾
台。〔五三五〕 ⿰忄焉（慢）⿰忄焉志。 ⿰貝焉⿰貝焉賏。 蜩（蝺）馬蜩。〔五三六〕 顛雙生。 蚂▭于乹（乾）反。 五。〔五三七〕 ⿱山焉山名。 焉
何、安也；〔□〕矣乹（乾）反，語已聲；《説文》：焉鳥，黃色，出於淮北▭之所在，燕者請子之候，作巢避代（戊）己所貴
者，故▭陽河中。 又於彦反也。〔五三八〕 ⿰虫焉⿰虫焉⿰虫彎。 〔□〕音灣。〔五三九〕 嘕嘕笑兒。 亦作嘘。 許乹（乾）反。〔五四〇〕 四。 嫣
長好。 翾翾翾。 ▨（仚）輕舉。〔五四一〕 孱孱▨（弱）。《説文》作窄。 ▨（士）連反。〔五四二〕 五。 潺潺湲，水流兒。〔五四三〕

鋝小鑿。㙉門，聚。〔五四四〕⿰車寽▨車。〔五四五〕愆愆，報罪也；過也；失。去虔反。〔五四六〕七。僁俗字，同上。⿺走寒蹇足根；又行皃。褰褰衣。騫齡(虧)少；又損；又馬腹熱病。櫏櫏木。⿰衤騫齊魯云袴。乹(乾)乹坤；天、君也；堅、健也。巨騫反。八。虔敬；又虎行也。榩木名。鰬魚名。⿰虔阝聚名。犍犍爲，郡，在益州；犍山，在蜀南，漢武開夜郎郡，立於犍山，明己所爲，故曰犍也。騝騮馬黄脊。⿱艹鍵草名。

31 宣

卅一宣相緣反。吐、布、顯、揚、明也；遍、通也；用、散也；又天子宣室；亦徵姓。九。揎揎捋。愃決(快)愃。〔五四七〕鍹鍹，鍋子也。〔五四八〕⿰宣鳥⿰宣鳥，鳥。又喧。〔五四九〕捋(捋)捋(捋)捋。〔五五〇〕⿰宣頁(⿰宣頁)員⿰宣頁(⿰宣頁)。〔五五一〕⿰宣馬▨▨(⿰宣馬額)。〔五五二〕瑄璧瑄；又長尺已上也。全聚緣反。具；色純也；完；正；亦徵姓。正令(仝)。〔五五三〕六。牷牲牷，色也。泉水源；泉宣。〔五五四〕葲草名。⿰虫泉貝⿰虫泉，白本墨文。〔五五五〕淵淵府。詮此全反。平；具；理詮。〔五五六〕十六。源善源；又言語和悅。鈐(銓)鈐衡；又秤錘；又次、度；又跧也。〔五五七〕佺偓佺，仙人。絟細布。駩白馬黑脣；又黑脊。恮恮謹。栓木釘。痊病痊。硂硂石。⿰禾全和⿰禾全。〔五五八〕筌取魚器，『得魚忘筌』也。峑山頂。悛悛改。譔善言，《論語》曰『異乎三子之譔』。又仕卷反。遵(⿷匚尊)遵(⿷匚尊)，薄(簿)。〔五五九〕鐫鐫斲。子全反。一。旋似全反。還、返也；轉；遶；疾；旋旗之指麾周旋相親密也。十五。〔五六〇〕暶日暶。嫙嫙好。鏇鏇，員鑪；好之也。〔五六一〕蜁虫名。漩回流。琁美石，次玉。璿『璿璣玉衡，以齊七政』。〔五六二〕還還還(返)；又如。〔五六三〕檈員按(案)；又棗名。〔五六四〕亘(亘)炊火。〔五六五〕颴迴風。圜規(規)圜。〔五六六〕亘炊器；一名⿱竹奠。圓規(規)。又火玄反。怜(恮)曲卷。疰(莊)関反。〔五六七〕四。跧屈足。又宗灣反。栓木丁。⿱竹輇車⿱竹輇。鐉所以鉤門樞也，《書》云『贖罪千鐉』，鐉重六兩。丑緣反。三。之也。〔五六八〕剶去枝皮。猭獮猭。椽椽角(桷)。直緣反。〔五六九〕二。傳傳說。即傳。又池戀反。⿺尢盧(⿺尢盧)尪⿺尢盧(⿺尢盧)。丁全反。〔五七〇〕一。孿孿綴。又臠(臠)。力全反。五(四)。〔五七一〕䜌南䜌，縣名。又力丸反。⿱艹攣草名。⿰虫攣虫名。勬勬強。居員反。也(一)。〔五七二〕卷縣名，《說文》從弓，脥(膝)曲也。今作卷。[□□□]。〔五七三〕五。帣小幘；又冠(冠)。棬器，似斗(升)，屈木爲。〔五七四〕 踡（鬈）踡髮。 鬘（鬘）髮好。〔五七五〕 攉具眷反。攉，反常合道；又迹行遠；又變；平重秤（秤）錘；始。字從手。廿。 䅬（䅬）黃色。〔五七六〕 彏（彏）弓曲。 臛（臛）頬臛。〔五七七〕 躣（躣）曲脊行皃。 蠸（蠸）食瓜蟲名。趯（趯）趯走。 鸛（鸛）鴝鴿。 拳屈手指拳。 觠角曲。 齤齤齒。 𢍏（𢍏）狗怒。〔五七八〕 𤷫手屈病。 婘足踠不行。〔五七九〕 犈牛耳黑。又居万反。 蜷虫名。 踡髮好。 腃腃脥，醜皃。〔五八〇〕 顴面骨。 狝（狝）狝（狝）氏，縣名，在代。〔五八一〕 翾（翾）小飛。許緣反。〔五八二〕六。 儇（儇）儇（儇）行；惠。〔五八三〕 蠉（蠉）虫行。 譞（譞）譞（譞）智。弲弓曲。 䞘（䞘）䞘（䞘）疾。 員員數。王攉反。五。 圓團圓。 鶰鳥名。 湲潺湲，水流。 媛嬋媛，好。 娟娟好。於緣反。七。 悁悁悒。 㟤山曲。 潫水深。 嬛娥媚。〔五八四〕 嬛身輕便。 蜎蜀虫。又枉兖反。 緣因緣。以厶反。〔五八五〕十四。 掾（櫞）抅（枸）掾，似橘，其皮可作粽，生南中也。〔五八六〕 蝝蝝，蝗、蟻子。〔五八七〕 䱲魚子（名）。〔五八八〕 沿順流。 鉛鉛錫。 昖同（日）行。〔五八九〕 陷高陷。〔五九〇〕 阮同上。 捐捐弃。 鳶鳶鵶（鴟），射干。〔五九一〕 蔫蔫，草色（名）。〔五九二〕 脠（脠）短脠（脠）。〔五九三〕 掾（櫞）物（枸）掾（櫞），可作粽。〔五九四〕 川川谷。昌緣反。三。 穿穿穴。 灥三泉。 舩舟舩。食川反。一。 專專一。職川反。十二。 鱄鱄諸，吴勇士；魚。 嫥好皃。 漙水名。 膞鳥胃。 篿竹器。〔五九五〕 甎甎瓦字。 塼同上。 鄟邾[□]邑名。又徒丸反。〔五九六〕 厶厶果。本是厶字。〔五九七〕 笁折竹馬卜，楚云。〔五九八〕 顓顓頊，古帝号。遄遄速。市厶反。七。 篅篅笹。 圌同上。 輲無輪車。 ▨□□。〔五九九〕 ▨（椯）木名。〔六〇〇〕 諯相讓。 壖（壖）江河邊地。而厶反。五。 襦（襦）衣縫也。□〔六〇一〕 ▨（燀）然燀。昌□□。□。〔六〇二〕 跧鄠（鄠）扵（栓）反。曲卷；又▨（伏）。〔六〇三〕二。 䀒目眇。□步□。一。〔六〇四〕

32 蕭

卅二蕭蘓彫反。草名；又商姓。十四。 簫簫管。□〔六〇五〕 ▨（踃）▨（跳）□；□□。〔六〇六〕 ▨（艘）舩□。〔六〇七〕 ▨（箾）舞箾；又□□□〔六〇八〕

（中缺）〔六〇九〕

33 宵 ▨□名。□〔六一〇〕 漉雪皃。〔六一一〕 瓢瓢瓠，可爲勺。扶宵反。〔六一二〕三。 飄迴風；又颮。〔六一三〕 鄠地名。 蚪蝅初
生。無遙反。〔六一四〕五。 帗▨（細）冈（网）。〔六一五〕 ▨（鵰）□雀。〔六一六〕 ▨（蜱）□名。〔六一七〕 藻江東呼萍。 翹鳥尾
▨；又舉也；又懸；翹跿；又危。巨遥反。〔六一八〕五。 蕘蓮蕘，藥草。 荍（荍）荆荍（荍）。〔六一九〕 胗几胗。〔六二〇〕 翾
（翾）飛翾（翾）。〔六二一〕 腰腰脊。於宵反。八。 喓虫名（聲）。〔六二二〕 螻螻，蛇名。〔六二三〕 褄褄▨（襻）。〔六二四〕 葽▨（莠）
葽。〔六二五〕 鷃鳥名。 要要勒；終（約）要。〔六二六〕 邀邀遮。 蹻蹻翹，高也。去遥反。〔六二七〕六。 趬輕趬；跳。 蹺。〔六二八〕
頛額大。 獢肥大。 撬（橇）踏摘。又竹革▨（反）。〔六二九〕 縞行縞。〔六三〇〕 喬木高；又姓。巨嬌反。十一。 喬正字。
▨（寫）寫寄。〔六三一〕 蕎蕎麥。 橋橋道。 僑僑寄。 鐈似鼎長足。 嬌▨（禹）妃。〔六三二〕 趫趫，善走。又去蹻反。〔六三三〕
鷮飛皃。 藠（藠）盂藠（藠）。〔六三四〕 驕舉喬反。馬高六尺名。七。 穚禾秀。 嬌恣嬌。 憍憍慢。 撟撟舉。 簥簥，大
管。〔六三五〕 鷮似雉而小，長尾，乘輿▨（著）防釳。〔六三六〕 蹻舉足高。▨（起）遥反。又其略反。〔六三七〕六。 轎禹所乘。 穚
耕（耕）穚。〔六三八〕 幧紂幧。〔六三九〕 彇引彇。〔六四〇〕 熇火色。 鴞鴞（鴟）鴞，惡鳥，聲▨▨▨。羽嬌反。〔六四一〕二。 鄂鄉
名。〔六四二〕 妖巧；豔。於喬反。〔六四三〕六。 祆灾祆。 枖木盛。 訞訞言。 夭和舒。 狖狐和（貉）。〔六四四〕 苗田苗。武喬
反。三。 猫飛虎，食鼠。〔□〕莫交反。〔六四五〕 錨器名。 囂喧囂，聲；又氣上頭。許喬反。十。 藃▨犬（草）名，晉曰
藃。〔六四六〕 爂炊氣。〔六四七〕 儑傲儑。〔六四八〕 ▨（歊）氣出。〔六四九〕 蒿▨▨（草皃）。〔六五〇〕 ▨（謷）大謷。〔六五一〕 獢猲獢，短
喙犬。〔六五二〕 枵玄枵，星名；又太歲在子曰玄枵；又木名也。 傜（傜）驕傜（傜）。〔六五三〕

34 肴 卌四肴（肴）▨（何）交反。▨▨▨▨；一云啖。▨□。〔六五四〕 餚□上。〔六五五〕 崤山名。 ▨（淆）渾□。〔六五六〕 ▨
（楕）楕桃，□□。〔六五七〕 ▨（侑）痛聲。〔六五八〕 殽雜聲。 蔱茅根。 郩地名。 虓虎聲；又縣名。又直支反。 爻《易》卦
六爻；爻，効也。 絞黃白。 姣婬姣。 ▨（洨）▨▨（水名）。〔六五九〕 筊竹索。 ▨□決二。〔六六〇〕 笅蕭笅。 虪虪
虎。火交反。〔六六一〕十八。 髇髇箭。 嗃嗃〔□〕，恙（恚）。又呼各反。〔六六二〕 猇猇乱。 滈水名。 颮颮▨（風）。〔六六三〕 歊

□▨（傷）。〔六六四〕□〔六六五〕哮叫哮。又去。⿰豕孝豕驚。侾僥侾，大也。〔六六六〕⿰牛孝⿰牛孝牛。又去。⿰孝頁⿰齒頁⿰孝頁，胡人面
狀。〔六六七〕鴞▨（鴟）鴞，似梟，▨（脚）近後，不能▨（行）。〔六六八〕□〔六六九〕▨□□▨（深）也。〔六七〇〕▨（鴝）□
鴝。〔六七一〕▨（呹）□□，多聲。〔六七二〕▨□石。〔六七三〕窅目深皃也。咬淫聲。交皮過，交脛開也。六，合，交脛像形。古
爻。格肴反。〔六七四〕十七。茭乾草。筊竹索；石前爻▨。〔六七五〕洨洨會。咬鳥聲。鉸（鉸）樂器。⿰革交⿰革交囊。鮫魚
名，鯌屬，長尾，皮有珠，可以錯（飾）刀劒。蛟龍蛟，似虵，有四脚，小頭細頸，頸有白嬰，大者數圍，皆卵生，能吞人，池魚滿
二千六百年，蛟來爲之長也。〔六七六〕鵁鵁鶄，可以厭火，似鳧，脚高，毛冠（冠），爲巢高也。郊都邑外曰郊，王者於郊爲壇，
以祭天地，謂之郊祭。筊筊竹。孷胄子。〔六七七〕敎（教）教令。轇轇轕，長遠。膠膠黏；又殷之大學名也。嘐鷄鳴。
又火交反。敲敲擊；短杖捶擊頭。亦搞。口交反。十一。蹻脛骨。磽磽礉，小石。顤不媚。頝同上。跤脛骨近足
小處。磽石地。墝石鹵之田。骹擊骹。又五交反。嘐面不平。㺒㺒狀（犽），伏態。〔六七八〕鐃鐃，鈴，無舌有柄，以止
師。女交反。八。譊爭言。驍鴟驍。〔六七九〕嶤▨（捽）嶤，高曲。〔六八〇〕怓心乱。〔六八一〕呶喧呶。〔六八二〕獿犬多毛。又奴
刀反。〔六八三〕洶（洶）洶（洶）沙，藥。正礮。〔六八四〕嘲嘲諷，言詞相戲。亦啁、謿。張交反。五。鳭鳭鷯。鵃鶻〔□〕，似
鵲。〔六八五〕⿺走周⿺走周趟，跳也。〔六八六〕▨（啁）啁嘐。〔六八七〕颮▨▨（熱風）。▨（丑）交反。〔六八八〕一。巢▨▨。▨交反。在木
曰巢；又古▨▨及居巢縣，在廬江；角姓。〔六八九〕九。▨（轈）□東。〔六九〇〕窠窠穴。〔六九一〕樔陽田，在遼東。轈兵車，高
若巢，以望敵。勦輕捷。又子小反。鄛縣名。〔六九二〕勦輕勦。〔六九三〕窼（窼）繆窼（窼），山穴。〔六九四〕⿰言巢代人說。楚交
反。〔六九五〕六。鐰鐰取。抄抄掠。又去。鈔鈔寫。又去。訬言急。莏莏取。⿰耳巢耳中聲。側交反。二。抓掐抓。
梢船梢；梢木；交（又）枝末。所交反〔六九六〕。十六。捎蒲捎，良馬。又道。輎兵車。髾髮尾。旓旍旐。弰弓上。
鞘鞭鞘。娋小侵。莦草名。又消。⿱⺮捎飯箒。鮹魚子。⿱搜女吴人云婦（姊）。〔六九七〕筲斗筲之器。颵草名；又風
聲。〔六九八〕䘯衽䘯。蛸蠨蛸，喜子，長脚小蜘蛛也。茅莫包反。草，似蘭，有花；又王祭以縮酒；又古者封諸侯以爲藉；又

明也；又山名；亦角姓也。七。蝨盤蝨，虫，有毒。鵜鵜鵶（鴟）。罘罘冈（网）。犛犛牛。又犁。猫猫兒。貓似狸，食鼠。亦猫。又武儦反。包步交反。包裹；又本象人懷妊，巳在中，象子未成，元氣起子，男左行卅，女右行廿，俱立巳，爲夫婦，妊於巳，巳爲子也，從勹、巳；亦角姓。〔六九九〕四。苞草木叢生；又茂也；又本密。胞胞胎。又抛。勹疑勹。〔七〇〇〕胞胞胎。匹茅反。七。罞罞冈（网）。泡水名。郇邑名。又博毛反。抛弃抛。脬腹中水府。僗盛僗。庖庖厨。步包反。十九。咆咆哮。匏匏瓠。炮燒炮。瓟瓜，爲食器。瓠瓠皮。鉋鉋刷。麭（麭）赤黑之漆。〔七〇一〕狍獸身人面，目在腹下，貪食自害，傳謂之饕餮也。颮大風。麃大鹿。掊手掊取物。爮脛交。〔七〇二〕捊引取。嘐大言。又交。枹木名。跑足跑地也。藨草乱。又上。篻黑皮竹名。

35 豪

卅五豪乎高反。豪俠；又野小豪豕，穴居，身生毛針，南人呼爲豪猪筆，以脊上射人。亦作豪。〔七〇三〕十六。濠城濠。亦隊。濠地池無水。〔七〇四〕壕城壕。嚎嚎山。〔七〇五〕檺木名。毫毫毛。虠虠叫；又大聲。嘷（嗥）熊聲。〔七〇六〕顥大面。隞隞塹。唬兇唬。〔七〇七〕獋犬獋。勢勢俠字宜作此。虢樂名。郘鄉名。號木名。蒿蓬蒿類，有白蘩角等數種。呼高反。〔七〇八〕七。薧死人里。薅云（耘）薅秌。又作茠。〔七〇九〕茠流俗用，失。拔（拔）《説文》治拔（拔）。〔七一〇〕𦄂𦄂䋊。撓擾乱。字從手。又奴巧反。高古刀反。出上也；崇敬也；遠；亦姓。又作高。廿。膏脂；膏澤；又心上。篙竹篙。〔七一一〕篙棹竿。羔羔羊。餻餻糜。咎咎繇。鷎鷎鶇，鳥名。鼛鼓長丈二。麐大鹿。蓇白蓇，食之不飢。櫜鞬甲衣；又車上大囊。皋九皋；又姓。嵲嵲崞，深谷。槔桔槔，取水。䚕䚕見。郜鄉名。忦（忦）局知。〔七一二〕䓘葛之白花。麐牝（牡）麐。〔七一三〕尻（尻）展尻（尻）。口刀反。〔七一四〕二。䫀（䫀）䫀（䫀）䚞。〔七一五〕敖五刀反。敖山，在滎陽西北，秦起食於此，故曰敖倉；又遊也。亦遨。正敖，從攴。〔七一六〕廿二。敖敖遊正字。遨遨遊。謷不肖〔口〕；又哭不止。〔七一七〕驁駿馬；又樂章名。嗸衆口〔口〕。〔七一八〕鷔亡國鳥，白身赤口，所至國亡。嶅山多小石。鏊小釜。獒犬高四尺曰獒，《書》『西旅（旅）獻獒』。〔七一九〕鰲衛大夫名。鼇大龜。螯蟹螯；蛤屬。滶水名。獓獓狟（狠），狩

名。〔七二〇〕戴戈戴，鋒。翶翶翔。䫜頭長。𨟠地名。又許堯反。𨲯長皃。謷不肖語。又岳交反。〔七二一〕贅（贅）贅

（贅）顤，高皃。〔七二二〕叨叨嚂。他刀反。廿一。眀暖目。〔七二三〕韜韜藏。謟謟疑。稻□〔七二四〕▨（洮）水

□。〔七二五〕夲進取。從大十，夲▨▨（猶兼）□人。〔七二六〕▨（幬）□□□□。□〔七二七〕

（中缺）〔七二八〕

50 侵

□▨姓▨今▨▨□▨▨▨▨□〔七二九〕參參差。〔七三〇〕槮刻木。〔七三一〕森所今反。木長皃。七。曑曑辰，《說文》正作㬝（曑）。〔七三二〕蓡人蓡，藥名。亦作葠。椮樹長，亦作蓡，《說文》引《詩》『椮差行（荇）菜』。〔七三三〕槮樹槮。〔七三四〕窔突窔。〔七三五〕襳（纖）襳襹，毛羽。斜見內典。呼音反。〔七三六〕三。斜同上。吽同上。鍁斜鍁。虎音反。〔七三七〕二。喊叫喊。

51 鹽

五十一鹽余廉反。鹹味，古夙沙氏初煮海爲鹽。亦塩。古鹽從臣，非目，不可不知。〔七三八〕十六。塩俗字。〔七三九〕櫩木名。灩灩進。〔七四〇〕䦲見內典。〔七四一〕𨶏門屋𨶏也。閻里中門；又里門外梠下廕；亦徵姓也。潤深潤，《說文》『海岱之間，人相汙曰潤』。〔七四二〕櫩長木。簷屋簷。餤餤進。亦作餡。壛塌壛。鵮鵮離。鉆進善；又善。阽壁危。袩行袩。苫草蓋。失占反。三。痁痁疾。又去。姑姈姑，喜。〔七四三〕詹織廉反。又（人）姓；詹首，贍；又詹事，官；詹省；亦宮姓。〔七四四〕五。蟾蟾蠩，蝦蟆，羿請不死之藥於西王母，姮娥竊之奔月，遂託於月。《抱朴子》云：蟾蠩壽三千歲，百歲者，頭上有角，頷下有丹書字。《玄中記》云：蟾蠩頭上有角，取食之，壽千歲。〔七四五〕瞻瞻望。产仰产。占視兆候驗，堯臣和作占也。探（棎）似㮇。視占反。〔七四六〕二。鐔人姓。［□］徐林反；又夷林反。▨，本▨。〔七四七〕姑姑姼。處占反。〔七四八〕十。怗滯怗。〔七四九〕韂屏韂。〔七五〇〕譫譫諵。幨幨帷。襜襜褕，蔽膝；又直裾單衣；又衣垂皃。亦裧、襝也。裧衣動皃。裧衣從風。惔懊惔。𤵸皮起。髯而占反。鬑髯，頷邊毛。亦髥；古冄。〔七五一〕十二。蚺蚺虵，大者圍長二丈餘，膽堪爲食。呥噍呥。柟柟梅。〔七五二〕抩抩擠。又乃甘反。𧧻多言。䫇美䫇。〔七五三〕冄毛冄。蛅蛅蟖。𣱌毛𣱌。衻緣

神；又婦人嫁時衣。上。[七五四] 𪚹龜甲中緣間。黏黏麴。亦粘。女廉反。三。萜草名。[七五五] 秥草；又禾秥。沾沾覘；
又醮少名。中廉反。六。霑霑濕。閻閻窺。[七五六] 䀡▨(竊)䀡。[七五七] 𡜠𡜠妗，喜。[七五八] 覘窺視。[七五九] 𤆂小熱。直
占反。▨(三)。[七六〇] 䵲黃赤。𧨁有偺子名也，字未詳出所。[七六一] 廉力占反。僉、清、棱、仄、隅也；又飛廉，神名，▨
(能)致風雨，一云龍雀，一云風伯也。亦▨(𪊨)。十四(五)。[七六二] □□▨□▨。[七六三] ▨(薕)薑而和醃，辛
味。[七六四] 鐮刀鐮。磏礪石。又嗛(磏)。[七六五] 蠊飛蠊。鬑鬑鬝；一曰長皃。▨(㡘)幨㡘，文漫(幔)。[七六六] 䨩久
雨。籢(籨)鏡匣。薟白薟，藥名。奩盛香器；又鏡匣。亦籢(籨)。獫犬長喙；又獫狁。[七六七] ▨(覝)察事；又
是。[七六八] 賺賣。又佇陷反。[七六九] 嬮和靜。於廉反。五。懕懕安；足。又去。猒飽猒，足；又猒猒夜飲。又去。𣗳
(䅧)𣗳(䅧)美。又於鴆反。[七七〇] 㜝(㜝)含怒。覘覘視。又去。丑占反。二。𡜠𡜠妗，美善。䶢齒差。魚廉反。
一。砭石針病。付廉反。一。籤(籤)七廉反。以竹簡質驗事；又貫。八。𦢊(𦢊)𦢊臛。[七七一] 臉同上。醶醋醶；
塩。鹼水和塩。僉咸，皆。憸憸詖。又職。[七七二] 槧削板。又暫。尖子廉反。小下大上。十一。殲(殲)殲，盡；
滅。[七七三] 瀸(瀸)泉出水微細；又漬；洽瀸。𧂴(𧂴)百足草。攕(攕)攕拭。鑯(鑯)鑯鐫。𡅂(𡅂)口(𡅂)
噉，不廉。[七七四] 𩂯小雨曰𩂯。[七七五] 𩂢𩂢清(漬)；又下。[七七六] 熸(熸)火滅。鋟鑽板。替(朁)於替(朁)，縣名。
作尖反。[七七七] 五。潛(潛)水伏流；潛蔵(藏)。䁮(䁮)閃目。又去。螹[□]離，虫。[七七八] 𥳁漂絮簣。燖湯淪去
毛；又撕。余(徐)兼反。亦燂。[七七九] 五。[七八〇] 掞(掞)掞摘。[七八一] 䕭(䕭)草，有毒螫。幨(幨)巾。㯹菜(木)，
細菜(葉)。[七八二] 纖(纖)細長。思廉反。十。孅(孅)孅利。襳(襳)小襦；又衫子。韱(韱)似韭而小，出大
原。[七八三] 暹日光又進。[七八四] 綅白經黑緯。銛銛利。又如。[七八五] 思疾利口也。彡毳餝(飾)。又上。嬐繁嬐。又
上。[七八六] 炎于淹反。炎熱；又火光。又菜(葉)傔反。一。淹淹濕；漬。伊占反。六。崦崦滋，山名。[七八七] 菴
蕳。[七八八]

4 紙

（中缺）〔七八九〕

□又諸▨反。▨▨。〔七九〇〕 軹▨▨；又車穿爲道；又亭名，在灞水西軹。〔七九一〕 枳枳棘。 抧張開。 汃水名。 鴠鳥，如烏。可以禦火灾。 忯忯恃。〔七九二〕 咫咫尺。 疻内損。 庍聞只；企坐。 枝曲枝果。 是承紙反。是非；側（則）也；不非。〔七九三〕十二。 媞江淮人呼母云。 諟審是。 偍行皃。〔七九四〕 禔衣服端下（正）。〔七九五〕 踶積聚。〔七九六〕 惿是惿。 帍巾鎊（飾）。 崼山名。 氏氏族；又姓氏。又支、精二音。 跐踐跐，行不正；積聚。 狏狏狠（狼）；又獸名，似狐。〔七九七〕 侈尺氏反。奢侈。十二。 姼姑姼，輕薄；《説文》『美女』字。又妍嫿，姼也。 烗火盛。 垑恃土地。 誃離誃。又作直移反。 鉹甗，《説文》是鬲鼎，釜屬也。〔七九八〕 哆烽㗋；張口。 ▨（袳）衣張；又大也；亦多；▨袳▨▨袩字。〔七九九〕 㢋廣㢋，《傳》云『明俠廣而㢋』。〔八〇〇〕 灖音不知（和）。又去。〔八〇一〕 螘頪螘。〔八〇二〕 豙豕豙。〔八〇三〕 介兒氏反。介汝。亦作尒疋云；《説文》『麗介，猶靡麗』，作此介，与爽同意；無（從）叕（㸚），必然，語助詞。〔八〇四〕五。 爾同上。 迩迩近。 迩；尒。 迩同上，俗。 尒語端，《説文》從八、入，一聲；又姓；▨▨之▨▨与介。〔八〇五〕 䑛食紙反。舌取物。亦舓、𦧇。三。 舐同上，俗。 貏貏很（狼），似狐尾［□］，現則有兵。〔八〇六〕 豕式氏反。猪豕，《礼》『祭，豕曰䵣（剛）鬣』。〔八〇七〕三。 弛廢；解弓釋絃也；緩去▨也；置▨▨▨。〔八〇八〕 阤引▨。〔八〇九〕 跬去弭反。舉一足，半步；倍▨▨▨▨▨▨▨▨▨▨。五。〔八一〇〕 趌同上。 跬足開。〔八一一〕 眭見近。〔八一二〕 頍弁皃。〔八一三〕 池邐池，連皃。餘氏反。九。 匜（匜）杯匜（匜）。〔八一四〕 袘衣中袘袖。 胣引腸，見《莊（莊）子》也。〔八一五〕 椸架椸。又平。〔八一六〕 酏酏酒。 㴲水文。 峛峛崺，沙丘狀。 㔴▨（怟）㔴，不憂事。又▨支反。〔八一七〕 邐邐池。力氏反。三。 峛不平皃，峛崺。〔八一八〕 叕（㸚）叕尒，希明皃。爽字從此。〔八一九〕 褫衣絮偏。勑豕反。〔八二〇〕［□］。〔八二一〕 豸（豸）虫豸；又無足曰豸；又獸行豸豸也。［□□□］。十。〔八二二〕 褫故衣。〔八二三〕 傂仳傂，舞参差不齊。 觽角不正也。〔八二四〕 鯷同上。 粻黏粻。又是。 陊山崩。 陁陁落；下頽；小崩；壞。 踶踶跂，用力皃也。 廌解廌。又子見反。亦作觟（豸）。 掛陟尒反。指；指。〔八二五〕三。 褫袴（裤）

祕。〔八二六〕支（夊）從後。〔八二七〕柅（狔）猗柅（狔），從風。女氏反。〔八二八〕三。棍椅棍，木柔弱。旎旖旎，又旌旗從
風。〔八二九〕此七尒反。斯、止也；是。正此，字從止、匕。〔八三〇〕十。仳舞皃；又仳仳；小仳。亦婁。跐蹈跐。玼玉色鮮。
泚水清。越淺渡。逃同上。柴直大。〔八三一〕嗎馬名。伿（侶）小皃。又作㑭。〔八三二〕紫紫色；裯。兹此反。九。紫
紫草；又紫草。呰數呰。籭竹名，紫身碧茱（葉），出安山。呰弱病也。從凹（吅）。又子西、徂礼二反。〔八三三〕茈生薑
新；又染草。泚水名。梉梉梓，木名。訿毀訿。又訾。徙斯豕（豸）反。移徙。正作辿，《説文》作辿，今人逐（遂）▨▨
▨（從此辵）、止相重作徙。〔八三四〕六。辿同上。莛草名。璽印別名；章信。秦王以前，上下官共㞢（之），或金、玉，唯所
好，至始皇以來，唯天子稱璽，又獨用玉，亦作壐也。〔八三五〕▨□山□。〔八三六〕▨（埤）容（客）。〔八三七〕▨小耳皃；又
陴耳□□□□□□。〔八三八〕▨士□〔八三九〕

（中缺）〔八四〇〕

7 尾 □〔八四一〕▨（豨）□▨食▨（麥）□〔八四二〕▨（豨）□□□□。希豈反。□。〔八四三〕唏楚云哀痛
聲。〔八四四〕俙僾俙。鯑鯑鼻。䫒䫒飛。〔八四五〕痱人身無故▨□□□□□鬼敺之；又▨▨。▨匪反。〔八四六〕一。

8 語 八語魚舉反。言語；對説。十三。鋙黃白銀。又平也。齬䶓齬，齒▨（牙）參差不相當。又平也。〔八四七〕峿山皃。圄
周曰圄圄，咎繇所造；又守。圉養馬人；又禁；又邊垂；又圄圉；淳圉，仙人名。正圉。圍山名。敔柷敔，止樂器，如伏
虎，廿七弦。衙行皃，見《楚詞》；亦徵姓。〔八四八〕禦禁止；又應也；又強梁而禦善。蘌花（苑）蘌。〔八四九〕籞翳籞。又篽。
鉏釜鉏；又不當；又白錫也。舉舉鷹（薦）；擎起；去；▨▨▨。正舉（舉）也。居語反。〔八五〇〕十一。櫸木名。莒草
名；又▨（曰）國名。〔八五一〕筥員曰筐，方曰筥。〔八五二〕趄行皃。柜木名。郘亭名。篴養蚕（蠶）器也。舁對舁。〔八五三〕
琞王（玉）名。〔八五四〕舁共舉。又舁。〔八五五〕去去却；除。正去（厺）。羌（羌）吕反。〔八五六〕六。弆弆物；▨。又
舉。〔八五七〕黿□□，虫。〔八五八〕蛄□虫。〔八五九〕麮▨▨▨（麥粥汁）。〔八六〇〕紜紜繼。又所宜反。巨其吕反。巨大；功巨；

又姓。廿二。管大管。苣苣藤，麻。〔八六一〕罝罟罝。拒抗拒；捍格。▨▨▨。〔八六二〕秬黑黍；又一稃二米。〔八六三〕詎詎▨（豈）。〔八六四〕距雞足距；▨；又爪尖狀；拒格；又▨▨相把持；▨▨▨□□▨▨▨▨▨。〔八六五〕岠岠止。〔八六六〕炬火炬。〔八六七〕佢[illegible]佢。〔八六八〕鉅鉅虛，澤名；又火鋰鐵（鐵）；又大。〔八六九〕駏駏▨（驢），小鹿。〔八七〇〕齟▨（齗）腫。〔八七一〕蚷虫蚷。〔八七二〕虡高虡。〔八七三〕▨▨＝。〔八七四〕篆▨篆。〔八七五〕藘□蕒，菜。又作蘪，此正蘪（藘）。〔八七六〕虡▨將。〔八七七〕鐻▨▨，器。〔八七八〕粔粔籹。許虛語反。然許；與所聽；亦徵姓，堯臣伯夷後，用（周）武王封其苗文叔於許，以爲太岳▨（後），今爲楚▨。〔八七九〕二。岕山名。掀掀擊。於▨（許）反。〔八八〇〕五。歔肩▨（骨）。〔八八一〕殀殆殀。▨▨。〔八八二〕菸蔫菸。▨孔名。〔八八三〕▨（与）□与。余許反。〔八八四〕八。與付；善能；又同福爲黨與；賜與。嬩威儀；女善。與（倶）謹與（倶）。〔八八五〕歟歎歟。又平。抒挹抒。予予我；與。又平，我。藇蕃蕪。〔八八六〕汝尒汝；又水▨（名）；亦徵姓，陳大夫叔汝之後。如与反。〔八八七〕六。胠魚不鮮。敍黏敍。茹熟菜。又去。寱楚云寐。𤓰乾菜。煑之与反。烹煑。古鬻（鬻）。〔八八八〕三。陼丘陼。渚沚渚；又小洲；又崖處。〔八八九〕杵臼杵。昌煑反。殳；又舂臼。四。処安処。處居止；安息也；留；定。亦處。處同上，俗字。暑舒呂反。暑熱。七。癙癙病。鼠穴虫，能偷食，有家、野，豹文；首鼠，由絇，一前一却也。〔八九〇〕黍黍稷，黏禾，以暑而種，故謂之黍。癙憂癙，病。蟓蟓蝜，虫。黍大暑而種，故曰黍。孔子曰：黍可以爲酒，從禾、入，水聲。正禾（黍），黏黍。〔八九一〕紓紓緩。神与反。二。杼捐杼；《庄（莊）子》狙公賦杼。〔八九二〕墅署与反。田墅；廬▨（墅）。□□□□。□。〔八九三〕□〔八九四〕呂□□□。□▨（管）；呂侶也；又脊骨；亦徵姓，炎帝後，▨（虞）▨▨▨□□□四岳官，又典礼，舜▨（謁）心膂之臣▨▨□□□▨（陽）宛西□。□□。〔八九五〕莒晉大夫▨（名）。〔八九六〕▨▨□。〔八九七〕□▨客舍；序行□〔八九八〕

（中缺）〔八九九〕

12 蟹

□一角。亦作▨，或▨▨▨□〔九〇〇〕漬□名。〔九〇一〕▨（鷤）□□，鳥▨（名）。〔九〇二〕▨（罷）□□□□。□

▨（解）反。〔九〇三〕四。▨（鑼）大鐵（鐵）杖名。〔九〇四〕矲矲猎，不長。猈犬短頭；又小狗。擺擺撥。比買反。二。髀髀，分号。〔九〇五〕灑山解反。散水；亦灑落。三。𩋙（䩙）屨屬。〔九〇六〕躧徐行。个乖買反。一。羊角開。〔九〇七〕

13 駭
十三駭諧楷反。驚駭。三。絯大絲。駴駴擊。楷楷模。口駭反。三。猎欏（矲）猎。〔九〇八〕鍇鍇鐵（鐵）。騃癡騃。五楷反。四。痎痎疾。娭喜娭。睚睚睞。又平。挨挨打。烏楷反。三（二）。〔九〇九〕唉飽唉。睞睚睞。士楷反。[□]。〔九一〇〕翓飛皃。㓜駭反。二。䎱倏忽，《淮南》䎱然往來皃。〔九一一〕鈌缺鈌。知駭反。二。鈌銑朴。又枳。〔九一二〕灑灑水；又大瑟長八尺一寸，廿七弦。又所綺、所駭二反。一。

14 賄
十四賄呼猥反。財賄。五。胉䐡胉，大腫。又賄、腂。〔九一三〕燗燗爛。又亡罪反。煤煤火，楚云。咴咴病。又噯。〔九一四〕瘣木病無枝。乎罪反。九。瘣瘣癕。〔九一五〕蒐懷羊。又平。箟竹扶節。溾溾浽，濁。殨殨殘。韗韗轉。讀讀譯。匯匯▨（器）。〔九一六〕頧大頭。又五罪[□]。口猥反。〔九一七〕五。頠大首。又口瓦反。〔九一八〕鐀鐀，多。〔九一九〕傀傀儡子，俗名郭禿；古有諸郭子，能調戲滑稽，皆禿，故云。〔九二〇〕磥磥儡，石大。〔九二一〕▨（頪）聉頪，癡顛。呼（五）罪反。〔九二二〕七。頧頭不正。又口猥反。傾頭；一曰閑習；静；又好皃。又五毀[□]。〔九二三〕峞峞嵔，石載土。隗人姓；又高皃；又神名；又具茨山曰大隗；又淺黑色。磈衆石皃也。硊累硊。又如。〔九二四〕猥犬聲；又鄙。烏罪反。〔九二五〕八。腲腲▨（脮），病弱。〔九二六〕▨（猥）猥㷫，弱人。〔九二七〕鍡鍡鑸，不平。楃門樞。〔九二八〕㟪㟪㠌，病皃。〔九二九〕媿媿娞，好皃。嵬嵬㠑。磥磥碨，衆石。落猥反。十五。磊磊硊，山狀。礧礧硊，大石。〔九三〇〕儡傀儡子。鑘鍡鑘。〔九三一〕灅水名。礨石皃。又去。〔九三二〕儽垂儽。又力追反。〔九三三〕磊磊落。又去。▨（㠑）㠑嶵。又案。〔九三四〕瘰癗（痱）瘰，皮起。〔九三五〕郲魏郲。又平。郲郲陽，縣。頪頭不正也。櫑櫑劍，古木劍名，井上鹿盧形，上刻木作蓮初生似峯也。〔九三六〕鐓徒猥反。矛戟下銅玉鐓。五。隓高隓；又隓隈，不平。亦崔。蓷草名。鍏車鎋。又徒果反。灘水波。骽股骽。亦腿。他罪反。八。脮腲脮。㟎山長。㠑㟪㠑。僓長好。㿉重疾。〔九三七〕腿腿脾。聉聉頪，頭癡。䫌（䐡）䫌（䐡）

䏧(腤)。都罪反。〔九三八〕二。𩕭(𩕭)木子垂。〔九三九〕餧餧餓。奴罪反。六。娞媿娞。鮾魚敗。浽溾浽。䫋風欲息。〔□〕烏迴反。〔九四〇〕𤬻傷▨(瓜)。〔九四一〕罪徂賄反。細(網)；又犯法刑名。古從自、辛作。▨▨▨▨▨▨▨▨▨▨▨▨(秦始皇以辠似皇，乃改從网、非也)。〔九四二〕二。䍚嵬□。〔九四三〕▨(皠)霜雪皃。▨▨▨(七猥反)。▨(八)。〔九四四〕漼水清；▨▨(水深)。〔九四五〕

(中缺)〔九四六〕

23 旱 □▨▨▨□〔九四七〕▨(攤)掉攤。又去。〔九四八〕儃儃讓。膻□▨(嬾)□□□▨▨▨▨懶、嬾。洛旱反。〔九四九〕五。糷▨▨(飯相)着。〔九五〇〕糷同上。讕欺讕。蝲虫名。散散元(宂)；散誕。先旱反。〔九五一〕十二。𪇰鳥飛。散正字從林(𣏟)。〔九五二〕蔌草名。繖絲綾；又繖扇。篸桃枝竹。饊餅饊。糤祭神米也。幰幰扇。鏾弩牙鐵緩。𦵕草名，似𦵕(傘)。〔九五三〕傘傘盖。瓚有柄圭。昨旱反。黄金爲勺，以珪爲柄，又漢礼瓚盤大五升，口徑八寸。三。禶祭爵。趲散走。又作旱反。躦躦去歸。昨旱反。〔九五四〕一。灒灒清。千旱反。〔九五五〕一。

24 緩 廿四緩乎管反。慢、舒也；寬。亦緩、䋢。〔九五六〕十五。䋢正字，同上。暖大目。鯇魚名。峘山名。篹篹篹，▨。〔九五七〕㛉女子人姓。覒大視。澣澣濯。又浣(浣)。〔九五八〕晥(晥)縣名。輐(輐)負(員)輐。〔九五九〕綄(綄)候風雨具。〔九六〇〕捖(捖)捖擊。浣(浣)水名。腨腕腨。管古卵反。管領；斷竹甬；主；周管叔國，在滎陽；又如箎。亦筦(筦)。〔九六一〕十三。脘胃府。〔九六二〕輨皮緺。琯玉琯，古以玉爲管，今以竹爲。錧車具。輨車轂繞鐵(鐵)。蜫雨下虫名。悹悹憂。痯賢人失志病。肮(肮)胃肮(肮)。〔九六三〕脘(脘)▨(脯)脘。〔九六四〕筦(筦)筦籥。盥盥洗。又去。濺弄羽。呼管反。一。款款誠。苦管反。九。蔌蔌冬，花藥。窾窾空。鐓鐓縫。又去。款(㵎)水名。〔九六五〕鱇魚名。棵斷木。又乎管反。〔九六六〕裷袴襱。擻擻捉(捉)。〔九六七〕睕睕腨。烏卵反。一。椀烏緩反。小盂。亦盌、𥁡、盌。二。埦同上，俗字。短丁卵反。不長；促也；夫有長短，以矢爲正，故從矢。四。裋長▨(襦)。〔九六八〕

斷斷當。又去。〔九六九〕攡轉籰。〔九七〇〕躧行速（速）。息卵反。〔九七一〕二。疃鹿迹。又憧（墥）。〔九七二〕斷斷絶。徒卵反。
三。鍛履後帖也。斷斷割。〔九七三〕餪女嫁食；媆食。奴卵反。〔九七四〕五。渜渜湯。又去。㬉日㬉。暖暄暖。煖火
煖。〔九七五〕夘（卵）洛管反。有氣無乳生也。字從卩。二。〔九七六〕茆草名。算算數。蘓卵反。四。簒（篹）籭簒（篹）。
又簒。〔九七七〕匴（匴）器名。〔九七八〕蠶虫名。聊亭名。詞簒（篹）反。一。纂纂集。作卵反。十（八）。纂纂組，綬。纘
繼纘。儹儹聚。穳▨（轉）穳。〔九七九〕酇百▨（家）□▨□□□。〔九八〇〕籫▨（竹）□。〔九八一〕▨脂＝。〔九八二〕粄飯粄。
布卵反。□。〔九八三〕瓪瓪瓦。又板。〔九八四〕伴伴侶。步卵反。三。拌拌弃。又去；又潘音。扶偶扶。滿□□□▨實；
充；盈滿。莫卵反。〔九八五〕五。篗竹器名也。鏋金精。萳五行數。懣懣憤。

25 潸

廿五潸悲傷；又淚下皃。▨▨（數板）反。〔九八六〕二。霰雨▨（皃）。〔九八七〕齴齴齗。士板反。〔九八八〕一。齗齴［□］。五
▨▨（板反）。〔九八九〕一。酢酢醶，面皺。▨▨▨（側板反）。〔九九〇〕三。拃拃摸。𤞑鷲鳥擊。〔九九一〕僩武僩；又寬大▨
（皃）；古板反。二。〔九九二〕▨（橺）□木。〔九九三〕憪寬大。户（下）板反。〔九九四〕四。僩□▨（武）。▨（又）古板
反。〔九九五〕獮猛獮。〔九九六〕捍捍▨（摌），搖動。〔九九七〕▨（睆）大目。▨（胡）板反。〔九九八〕七。睆▨（明）星。〔九九九〕鯇鯇
魚。〔一〇〇〇〕莧（莞）□□，▨▨（笑皃）。〔一〇〇一〕▨（睅）▨（大）目。〔一〇〇二〕捍□摌。〔一〇〇三〕䴷（麲）䴷麵。綰綰
繫。烏板反。二。蝖虫名。醶面赧。女板反。四。赧面赤，赧赧。㬎温濕。戁戁懼。阪坡阪。又去。扶板
反。〔一〇〇四〕三。昄▨（大）。［□］曰匹板反。〔一〇〇五〕魬魚名。板木板。布阪反。五。版牓版。鈑鈑金。蝂虫
名。〔一〇〇六〕瓪瓪瓦。又布滿反。矕目白；矕視。武板反。三。虋草名，子可食。蒚漆，子可食。〔一〇〇七〕

26 產

廿六產□□。□簡反。〔一〇〇八〕九。簅□類。〔一〇〇九〕嵼巉嵼。滻水名，在京兆。〔一〇一〇〕摌以手核物，捍摌。〔一〇一一〕
㦃金（全）德。又▨（剗）。〔一〇一二〕䡲粟䡲。〔一〇一三〕驏馬名。汕魚浮。又去。鏟平木器。初產反。六。蕟蕟露。膧

皮膧。剗剗削。丳炙肉鏟(鐵)。〔一〇一四〕羼見内典有。⿰山戔山皃。又去。古(士)産反。〔一〇一五〕六。蝬蟬蝬。輚卧車。虥虎虥毛。又去也。〔一〇一六〕棧棧閣。又去。孱孱陵，縣。醆濁酒。側産反。四。琖玉琖。⿰面戔面⿰面戔。盞杯盞。簡簡札，大古以寫書記事者也；簡。佳限反。五。㶕㶕洗。柬分別；柬明。揀揀擇。裲衣裲。又去。〔一〇一七〕眼眼目。五限反。一。⿰牙艮牙⿰牙艮。口限反。一。限限㝵。乎簡反。四。硍石聲。又去。睯䰩睯。犟牛很。䰩䰩睯，無畏視。武限反。一。閪門中視也。普視(限)反。〔一〇一八〕一。

27 銑

廿七銑先典反。金冣(最)有先(光)者；又小鑿；又小鍾(鐘)兩角，其閒曰銑也。〔一〇一九〕十一。洗沽洗，律名；又絜也，濯也；又肅敬皃。〔一〇二〇〕姺古國，商之諸侯。跣跣足踏地。桄棗木。茪草名。筅箬筅。〔一〇二一〕毨毨理毛鳥。〔一〇二二〕⿰魚先魚名。⿰先阝國名。〔一〇二三〕觲⿰角閒(⿰角簡)觲。〔一〇二四〕⿱竹⿰角肖箬角(箾)。所交反。一。〔一〇二五〕蝘烏殄反。蝘蜓，一名虵醫，在家者名守▨(宮)。▨(五)。〔一〇二六〕⿰目匽視慢▨(也)。〔一〇二七〕▨(⿰忄匽)⿰忄匽漏(惼)，▨▨(性俠)。〔一〇二八〕▨(宴)安宴。□□。〔一〇二九〕▨(嬿)嬿婉□□。〔一〇三〇〕▨(繭)▭〔一〇三一〕▨(攓)攓▨(拭)。〔一〇三二〕罊□▨(束)。〔一〇三三〕▭〔一〇三四〕

(中缺)〔一〇三五〕

19 薛

鼈龜屬。亦作鱉也。〔一〇三六〕鷩[□]鷩(鴓)。〔一〇三七〕虌蕨菜。〔一〇三八〕⿱敝土大皁。憋急性。又匹滅反。〔一〇三九〕扒(朳)無齒杷。〔一〇四〇〕⿱敝見▨(暫)▭⿱敝見▭〔一〇四一〕鐅鉏刃。潎漂潎。瞥目翳。撇飛撇。鷩鷩鴓(鴓)，鳥，三▨▨▨▨(首六足三)羽，[□]《山海經》；又赤▨(雉)▨。〔一〇四二〕⿱敝力裂▨。〔一〇四三〕▭〔一〇四四〕茢種穊蒔之。出《說文》。〔一〇四五〕扒擘。⿰言列言⿰言列。轍▨▨(直列)反。車轍。五。〔一〇四六〕撤撥(發)撤。〔一〇四七〕徹通□。〔一〇四八〕▨(澈)▭揭撥(發)。又去竭、去偈反。〔一〇四九〕訐掩人私。人(又)居謁反。〔一〇五〇〕設識列反。施設。二。蔎香草。〔一〇五一〕嫳扶列反。嫳▨(妜)；輕薄易嗔。又蟕列反。〔一〇五二〕二。⿱敝馬黃⿱敝馬，駿馬。蟞□□。□蟞，似▨(蟬)。

□。〔一〇五三〕▨▨▨。▨小＝。〔一〇五四〕鬛束髮。〔一〇五五〕扻擿。〔一〇五六〕死夭死。〔一〇五七〕殀（㱚）▨▨。〔一〇五八〕吷嗚吷
吷。樧山列反。茱萸。一。焆於列反。炟（烟）氣。二。唱怒。𦪌丑列反。舩行。〔一〇五九〕五。徹通徹。鮇（鰈）▨
□▨▨。〔一〇六〇〕▨（晢）□晢。〔一〇六一〕屮草生狀，象枝形。娎許列反。喜聲。［□］。〔一〇六二〕焎火氣。𠛱側別反。剉
刀。亦作𠟭（剿）。又鋤別、士鎋二反。〔一〇六三〕三。𪁉似鶻而大。𨳿城門中板。𠜂常▨（列）反。割𠜂。〔一〇六四〕二。折
斷折。乾（瓶）丘列反。《迩雅》『康瓠，乾（瓶）』。〔一〇六五〕一。㨷昌設反。㨷拽。亦作掣。〔一〇六六〕一。拽以設反。掣
拽。又以掣反。〔一〇六七〕一。

20 雪

廿雪相悦反。冬雨。〔一〇六八〕三。霷彼霷。〔一〇六九〕攇搣攇。絶情雪反。斷絶。一。蕝子雪反。來（束）茅表
位。〔一〇七〇〕三。撧手斷。𨻶隔𨻶。䵵丑劣反。皮破。一。悦以雪反。悦樂。七。閲閲閲，自序。蛻蟬去皮也；蛻
□。□湯外、湯▨▨（卧二）反▨（也）。〔一〇七一〕娧美也；又姓。䕇草，似芹。〔一〇七二〕帨巾。又齒芮反。挩▨□；挩
過。〔一〇七三〕缺傾雪反。缺損。又作鈌。又口穴反。〔一〇七四〕二。蒛草名。噦乙劣反。逆氣。一。爇如雪反。放火。亦
作㑞（焫）。〔一〇七五〕三。蚋蚊蚋。呐言遲。又奴没反。〔一〇七六〕説失悦反。解説。〔一〇七七〕二。莌草生而新連（達）曰莌。
出《方言》。〔一〇七八〕拙職悦反。不巧。九。〔一〇七九〕䪜頭短。䪼倔䪼，短皃。棁梁上短柱。蝃蜘蛛。頔面秀骨。棳木
名。醊醎菹。〔一〇八〇〕䖦虫。歠昌▨（雪）反。又▨；▨（小）飲。又大▨（飲）□□□□。□。〔一〇八一〕▨（䪼）
短。〔一〇八二〕窡月窟。輟陟劣反。▨（止）。〔一〇八三〕十四。畷田間道。惙疲惙。蹳跳。或作趉。腏骨間肉。輟車具。
罬罝罬。又居劣反。叕連。𢆶□〔一〇八四〕餟《説文》云祭酹。䮕白額馬。䯿續骨。劣力拙反。弱劣。十。埒
馬埒。〔一〇八五〕脟脇脟。𨀁𨀁［□］，▨（跳）。〔一〇八六〕哷鷄鳴。㸹㸹帛（駁）。〔一〇八七〕艴色▨（斑）。〔一〇八八〕▨
□〔一〇八九〕浖山下水浖。〔一〇九〇〕刷所劣反。拂刷。亦作㕞。〔一〇九一〕三。唰馬（鳥）理毛唰。〔一〇九二〕鋝三鋝爲斤。
又音劣。旻（旻）許劣反。舉目使人。〔一〇九三〕六。烕滅。〔一〇九四〕翃小鳥飛。颰（颰）小□〔一〇九五〕呐女劣反。

聲不出口。一。妜於悅反。嫛妜。二。𠛈㓷𠛈。蹶紀劣反。有所犯突。六。𧰨豕發[□]。〔一〇九六〕䫄觸。〔一〇九七〕罬
罜。趨走趨趨。羧羊病。▨(茁)□〔一〇九八〕膬七絶反。臑膬。五。脃腝脃；求人幸。〔一〇九九〕絟細布。又采
全反。磫石破。𣩈斷𣩈，絶。啜常悅反。嘗啜。又昌悅反。一。〔一一〇〇〕

21 錫

廿一錫先擊反。賜錫。〔一一〇一〕十二。▨□日。〔一一〇二〕緆細布。蜥(蜥)蜥蜴。〔一一〇三〕淅(淅)淅米。𢺒
(惄)敬。㱔(㱔)㱔㱔。蝷蝷蠌。磃(磃)磃皃。菥(菥)菥蓂。激古歷反。激濺。又竅。〔一一〇四〕七。擊
打。〔一一〇五〕墼▨(土)□。〔一一〇六〕▨□迴阬。阬九六反。〔一一〇七〕𦳝(𦳝)草。霹普歷反。霹靂。七(八)。劈劈
破。礔礔石。𢣷急束(速)。𨥈(鎃)栽(裁)木爲器。〔一一〇八〕癖痃癖，病。〔一一〇九〕僻邪僻。澼《庄(莊)□》□□絖，
□□□。□靂。卅八。〔一一一〇〕趯趯趚，行皃。〔一一一一〕酈縣名。瀝(癧)瘰瀝(癧)。轢車踐。瓅珠瓅。鬲鎗釜
鬲。亦作䰛。〔一一一二〕礫▨(砂)礫。〔一一一三〕秝禾秝；秝秝。攊投攊，羊。櫪□櫪。〔一一一四〕□縣，在平原。〔一一一五〕
蒚山蒜。皪日色。〔一一一六〕驝馬色。𡱋(𡱋)緾。〔一一一七〕醽醑醽。〔一一一八〕歷過。磿石磿。曆曆象。厤理。〔一一一九〕
鬲下酒。擽捎。□履下。〔一一二〇〕𠞊𠞊𠞊。又力計反。〔一一二一〕鷅鳥名。觻觸。〔一一二二〕觻角鋒。藶葶藶。櫟
雜。瀝▨(滴)瀝。〔一一二三〕羃冂(网)；羃羃。蝷虫。▨□〔一一二四〕適從。〔一一二五〕嫡正嫡。甋瓴甋。靮馬
[□]。〔一一二六〕滴下水。鏑箭鏃。馰馬[□]顬。〔一一二七〕肑腹下肉。磧▨(磓)。〔一一二八〕玓玓瓅。扚引。迃
□〔一一二九〕芍蓮中子。杓杓柄。蹢蹢蹢。墒堦墒。灼《方言》云痛。菂菂薂。玓琴飾。〔一一三〇〕樀揮樀。鷊
鳥，似雉。𣌾日。〔一一三一〕▨□〔一一三二〕覡巫覡。〔一一三三〕薂蓮薂。𣖚(椴)鍾(種)𣖚(椴)。〔一一三四〕鶪龜骨。獥
獸名。竅窮竅。鷁五歷反。水[□]名。或作鶂。〔一一三五〕五。艗舟。〔一一三六〕虉綬草。𡰁石▨(地)。□■□□
反。萑荻。▨□。〔一一三七〕敵相敵。翟雉。〔一一三八〕籊竿。迪進也。亦作㣙。覿見。笛長笛。亦作遂(篴)。〔一一三九〕
滌洗。糴入米。邮□名。〔一一四〇〕□〔一一四一〕霵雨。犓犢子。鬫醎。〔一一四二〕蔋盛種器也。〔一一四三〕蓧草木旱

(旱)死，出《説文》。〔一一四四〕狄北方戎。糴穀米。籴人姓。俗作▨(糴)。〔一一四五〕▭他歷反。遠。十九。〔一一四六〕

倜倜儻。詆詆誘。趯跳。踢踖。亦作踧。剔解剔。亦作髩(鬄)、潋(㔑)。〔一一四七〕惕怵惕。〔一一四八〕䁯失意視。覿

覡視。▭〔一一四九〕籊竹竿。哲《周礼》：哲族氏，覆鳥之巢。又丑列反。〔一一五〇〕擿發；動。又張革反。猲犾(犾)

猲，獸名，左右有首，出《山海經》。〔一一五一〕捌伐捌。㔑▭〔一一五二〕勣功勣。〔一一五三〕樍樫。蟦虫名。鶒鳥。燩去

激反。乾物。七。擊傍▨(擊)。〔一一五四〕殼攻。〔一一五五〕喫噉。皶鶩皶。鈙吹▭〔一一五六〕愵恒憂。〔一一五七〕伙人

姓。覓莫歷反。求覓。廿一。幦覆軨白席。〔一一五八〕覔草▨(名)。〔一一五九〕漞水▨(名)。〔一一六〇〕䵶黑。〔一一六一〕䈼筠

篔。滆▨▭鼎盖。〔一一六二〕冪覆食巾。亦作冈(冂)。〔一一六三〕汨水，在豫章。亦作漞、溟。醞醞醨，酪滓。蟱蛓

(蝀)蟱，虫▨(名)。〔一一六四〕塓塗。覭小見。蓂〔□□。□□□〕▨(奄)帶。〔一一六五〕▭扶歷反。甋甓。又蒲歷

反。四。〔一一六六〕鷿鳥名。槕木棺。〔一一六七〕繴罿。壁北激反。墻。▨。〔一一六八〕鼊句鼊，龜類。廦室▨(屏)。綼

紷〔一一六九〕▭反。闃▨(寂)。三。〔一一七〇〕蹞(跙)踞。亦作䠐。〔一一七一〕閴此闃正字。▨(郥)古▨(歷)反。邑

名。〔一一七二〕六。鶪伯勞鳥。〔一一七三〕▭▨(親)戚。〔一一七四〕鼀蟾蜍。覤□覭。〔一一七五〕慼憂慼。葴草。磩礝磩，

石，次玉。▭▨□。〔一一七六〕▨(矜)▨(矛)，▨(左)思《吴都□》『□□□□』。〔一一七七〕▨(怵)▨心不安。〔一一七八〕

欸去涕。歠丑□□。□。又▭〔一一七九〕

(中缺)

▭▨。〔一一八〇〕釋耕釋。又施易反。〔一一八一〕焲▨▭〔一一八二〕▨(易)交易。〔一一八三〕曎明。襗重

祭。▨▭〔一一八四〕▨(射)無射。〔一一八五〕嫡嫁女。釋耕釋。又以石反。〔一一八六〕▭

▭〔一一八七〕尺昌石反。尺寸。〔一一八八〕十。赤色赤。□□□。蚇蚇蠖。郝鄉名，在盩庢。〔一一八九〕▭

▭〔一一九〇〕鶒鳥名。〔一一九一〕𥝧□□。䶛□□。▨□□□□。〔一一九二〕▨不▨▨▨。〔一一九三〕隻之石反。單▭

▨▨▭。▭〔一一九四〕這▨▨。〔一一九五〕▨（蝁）蝁蝢。亦石。〔一一九六〕𧜵𧜵▨。□□石反。〔一一九七〕▨
□▨。〔一一九八〕摘撥。擲直炙□。擲□。□。〔一一九九〕▭〔一二〇〇〕▨▨▨反。▨□□。□。〔一二〇一〕▨□
▨□□。〔一二〇二〕磧砂磧；又磧積石。刺穿刺。〔一二〇三〕▭〔一二〇四〕▨（藉）狼藉。〔一二〇五〕耤耤田。踖
踐踖。塉▨（薄）土。〔一二〇六〕▭〔一二〇七〕▨（鄁）□□▨▨▨（地）名，在臨▨（邛）。亦▨（作）
郙。〔一二〇八〕瘠▨也。〔一二〇九〕擗▨▨（房益）反。撫心。□▨▨反。〔一二一〇〕九。躃倒。椑大棺。□蒲▨（激）
□。〔一二一一〕▭雨衣，蔢衫。〔一二一二〕辟便辟。𣯍毛𣯍。役營隻反。使役。俗作役。十一。葰燕▨（人）□□。又羊
▨（捶）□。〔一二一三〕▨（疫）病。〔一二一四〕鮫魚名。炈喪家□。亦作□。▭▨（上）谷名猪。亦作豞（豞）。〔一二一五〕
鈠排。蚥蛪蚥，虫名。〔一二一六〕伇用心。見《庄（莊）子》。辟必益反。君也。六。〔一二一七〕躄跛躄。鐴鐴土犁耳。又作
鐴也。襞襞衣。璧▭亦反。三。〔一二一八〕廦幽。〔一二一九〕癖腸病。〔一二二〇〕睍許役反。驚視。〔一二二一〕五。督眩
（眡）。〔一二二二〕▨（殈）▨（卵）□。〔一二二三〕▨（砉）砉石。〔一二二四〕瞁視眝。〔一二二五〕𪏉食亦反。香。又食夜反。二。
射▭丑亦反。小步。二。〔一二二六〕甋瓶甋。〔一二二七〕碧彼役反。淺翠。一。䓑志役反。䓑卷。一。旻七役反。小
動。二。徥小行。〔一二二八〕

22 麥

廿二麦莫獲▨（反）。芒穀。六。〔一二二九〕▨▭霎。〔一二三〇〕眿眿眿，奸人邪視。正作覛、覛（䚊）、爪（辰）。〔一二三一〕
麥麥草。衇（脈）神名。〔一二三二〕獲胡麥反。獲得。七。鱯魚名。又胡化反。畫分。〔一二三三〕嫿分明好皃。嚍叫
（叫）□。□作□。▭蘡愽。〔一二三四〕蟈古獲反。蛙別名。十六。馘割人首。〔一二三五〕幗婦人無（喪）冠
（冠）。〔一二三六〕膕曲脚中膕。〔一二三七〕漷（濊）水裂。摑摑搭。亦作擲（撅）。虢（虢）国名。漍水。聝截耳。攌
▭嘓煩也。〔一二三八〕颹颹䬐，赤氣，熱風之恠。譁譁嚄，疾言。蜮蜮虴（蛢），大（犬）蜮（血）。〔一二三九〕蘖愽厄反。黃
蘖。三。擘分擘。薜山芹。緯蒲革反。織絲爲帶緯。四。▭□罿。〔一二四〇〕賾仕革反。微。俗作牘。五。莋

茹草。積灰中種。〔一二四一〕矠矛屬。⿰米責白米。責側革反。謮責。十三。⿰責頁⿰責頁頎，頭不正皃。簀床簀。▨▭怒。
亦作責(嘖)。〔一二四二〕笮矢服。〔一二四三〕迮迮迫。亦作窄迮窒。〔一二四四〕舴舴艋。蚱蟬。嘖鵲鳴。賾大目。〔一二四五〕筞
測革反。棰。〔一二四六〕十四。冊簡。或作冊(曹)；正作冊。□□□命也，像編簡形，俗作□。▭〔一二四七〕摖(摖)扶
摖。亦作捒。⿰忄責耿⿰忄責。蹟正。筴著筴。瞔淨。〔一二四八〕茦草木刺生。〔一二四九〕柵豎木立柵；又村柵。憡(憡)憡痛。
冊告也。栜木名。□所革□。▭愽(襩)。亦作⿰衤覈。〔一二五〇〕緙紩。又作幘。覈下革反。實。〔一二五一〕十三。繳
衣。亦作繳。⿰石鬲石地。翮羽本。核果核。⿰革鬲鞍⿰革鬲。亦作韒。〔一二五二〕⿰火鬲燒反(麥)。亦作熚、投。〔一二五三〕茦(茦)
▭〔一二五四〕⿰糸鬲生絲。膈肉膈。槅鍾(橦)槅。又乎的反。〔一二五五〕砉呼麥反。破石聲。亦作▨(騞)。〔一二五六〕十八。
繣(繣)微(徽)繣(繣)，求(乖)連(違)。〔一二五七〕⿰犭或飛聲。〔一二五八〕▨(⿰巾畫)裂帛聲。〔一二五九〕⿰口或聲。焃赤。
▭〔一二六〇〕⿰忄畫(⿰忄畫)不慧。⿰扌畫(⿰扌畫)擘也。又丁畝反。⿰辛畫(⿰辛畫)辛⿰辛畫⿰辛畫。湱(湱)澅湱，水，出西豁。⿰目畫(⿰目畫)
目病。⿸疒或痛⿸疒或。閾閾門。⿰氵閾水皃。⿰風或熱⿰風或。⿰或刂刀破。□作劃(劃)，非。〔一二六一〕▨(隔)▭〔一二六二〕膈胷膈。
鬲縣名。槅車槅。革改。愅知。〔一二六三〕諽心驚。亦作愅。⿱雨革雨。⿰革棘轡首。⿰虎鬲(⿰虎鬲)虒(虎)聲。〔一二六四〕⿰目鬲瞔⿰目鬲。
⿰口革鳥鳴。▨▭譁。〔一二六五〕摘陟革反。手取。亦作▨(擿)。〔一二六六〕九。謫(謫)責。又丈革反。▨(⿰犭易)犬怒
張耳。〔一二六七〕⿰耳乇蚤(蠶)⿰耳乇。亦作持。厇張。亦作磔。矺磓。亦作碍。⿰黍鬲(⿰黍鬲)▨(黏)□。亦作⿰米啇。〔一二六八〕⿰馬啇
(⿰馬啇)獸。厚張幔。戹烏革反。災田。俗作厄。〔一二六九〕十四。搤持把。亦作扼。軛車軛。阨阨僻。呃呃喔，鳥鳴。
豟豕五尺。⿰厄見驚視。啞笑聲。或作⿰言亞、嗌。⿰食厄饑。⿰豸益鼠屬。亦作▨(⿰鼠益)。〔一二七〇〕蚅[□]⿰虫烏，▨(蠋)。〔一二七一〕⿰木厄
栜。〔一二七二〕⿰女厄女細署。搹押。栜(栜)所責反。木名。十一。濼(濼)雨濼濼。⿱雨所(⿱雨所)霰。〔一二七三〕⿸疒朿(⿸疒朿)疹
⿸疒朿，寒風皃。摵殞落。愬懼。索擇索。溹溹雨。〔一二七四〕虩(虩)虎(虎)聲。〔一二七五〕鎍(鎍)鐵(鐵)鎍。⿱竹索籗
⿱竹索。〔一二七六〕⿰扌雹普麥反。射中聲。五。糪(糪)餅半生。〔一二七七〕揞擊聲。〔一二七八〕劈(劈)劈▨(分)。又芳亦

反。〔一二七九〕 𦋺冈(网)𦋺。 疒女厄反。人有疾病。〔一二八〇〕二。 𧸖小賴(嬾)。〔一二八一〕 𩩍徒厄反。骨間汁▨。〔一二八二〕一。
礐口獲反。礐礰,石硬聲。一。 礰力獲反。礐礰。一。 汎▨(心)獲反。洒水。〔一二八三〕三。 迅疾風。 帟□□。〔一二八四〕
嚁竹獲反。卆(卒)聲。〔一二八五〕一。 欂(𣟴)皮碧反。枡欂。〔一二八六〕一。

23 陌
廿三陌莫白反。陌路。十▨(五)。〔一二八七〕 帞頭帞。 袹袹▨(複)。〔一二八八〕 蓦静;又北方名。〔一二八九〕 驀騎驀。 貘食
鐵(鐵)獸名。 蛨蚝蛨,虫。 貊蠻貊。 洦□▨(淺)。〔一二九〇〕 ▨北方人。〔一二九一〕 駬▨(駈)駬。〔一二九二〕 蓦死夕
嗼。〔一二九三〕 銆銆刀。亦作刯。〔一二九四〕 佰一百爲佰。〔一二九五〕 趏走急。〔一二九六〕 磔▨▨反。張磔。〔一二九七〕十。 蚝蚝蛨。
舴舴艋,小舩。 黐黏黐。 頙頙顱。〔一二九八〕 嫡嫡。 窩窟窩。亦作▨。〔一二九九〕 狏狏狛。 托(杔)〔□〕摭(櫨)。〔一三〇〇〕
乇草蓁(葉)。 伯博白反。長伯。六。 □〔一三〇一〕
(中缺)〔一三〇二〕

25 盍
卅三十。〔一三〇三〕 霅大雨霅下。〔一三〇四〕 䟷□走。〔一三〇五〕 鍷才盍反。喠鍷,惡。〔一三〇六〕二。 ▨(搕)□□。 □□▨(盍)
反。〔一三〇七〕 頟□□□。□□。□。〔一三〇八〕 ▨(謚)□▨(言)。〔一三〇九〕 ▨(盖)▨▨▨。又古▨(害)反。〔一三一〇〕 嗑
多言。 閘▨▨(閉户)。〔一三一一〕 鎑鉀鎑。〔一三一二〕 蝠蝠蝠(蜡)。〔一三一三〕 鄌地名。 闔閇。与間(閘)同。〔一三一四〕 榼苦盍
反。酒器。六。 磕石聲。 搕取搕。 ▨(鼛)鼓聲。亦作鼕。〔一三一五〕 轄車聲。 溘溘至。又口合反。 鰪安合反。魚
名。四。 盦覆蓋。 㿌山傍穴。 瘟短氣。又烏合反。 噈千▨(臘)反。▨(舞)聲。〔一三一六〕二。 鼕鼓聲。〔一三一七〕 儑五
▨(盍)□。 ▨(傝)儑,不著▨(事)。 ▨(二)。〔一三一八〕 䁯䁯▨(睡)。〔一三一九〕 砝居盍反。石聲。〔一三二〇〕二。 鴽(鴽)
鳥名。

26 洽
廿六洽侯夾(夾)反。和洽。〔一三二一〕十五。 狹隘。古作陿(陜)。〔一三二二〕 祫祭名。 峽三峽,山。 齧齒缺。 㢭㢭。 硤
硤▨(石),▨(縣)名。〔一三二三〕 睞相著;鎗睞。〔一三二四〕 霅雨霅。〔一三二五〕 翖羽。 浹浹渫(渫),水(氷)相著。〔一三二六〕 袷衣

領。焰火焰。玲巤器。趏走皃。恰口洽反。用心。十。幍(帢)巾幍(帢)。亦作帢。〔一三二七〕搯(掐)爪搯(掐)。亦作他刀反。䁙目睸(陷)。〔一三二八〕剳入。帢仕服，缺角。〔一三二九〕䶢喉(噍)聲。又公洽反。〔一三三〇〕斛斛斫。〔一三三一〕䘀(袷)魏代凶荒，財乏不足，不合㒩皮，以帛爲之，取其易省，是軍客(容)，非圍(國)客(容)，謂之冠。〔一三三二〕㡋冠㡋。夾(夹)古洽反。持夾。正作夹(夾)。〔一三三三〕十四。郟郟鄏，地名。筴筯筴。又古協、測革二反。亦作筞。韐韎韐，敝膝(膝)。〔一三三四〕跲躓礙。袷未絮。〔一三三五〕䀫䀫眼眨。〔一三三六〕餄餄餅。亦作𩜗。𤸸𤸸蹄，足病。䶢喉(噍)聲。又口洽反。鵊鳥名。鞈履根。挾(梜)水(木)理乱。〔一三三七〕韐囊韐。又公合反。箑仕洽反。行書。六。煠(爍)湯煠。騞(騞)馬走。䕸(䕸)筯鳴䕸䕸。〔一三三八〕齸(齸)齒齧物聲。〔一三三九〕剳(剳)切聲。〔一三四〇〕眨阻洽反。目動。六。𡳐(屆)薄楔。亦作▨(扉)。〔一三四一〕㑪(偛)㑪㑪(傷)，小人。扱提扱。吃豕食。〔一三四二〕函(函)人囗取；人食。〔一三四三〕揷(插)楚洽反。刾(刺)。亦作插。十。臿舂去米皮。亦作𦥯、㽘(臿)。㽘(臿)〔□〕臼。〔一三四四〕鍤(鍤)鍫鍤。扱取。䟀𧿒䟀。亦作𦰴(䟀)。〔一三四五〕笈負書。又其刧(劫)反。〔一三四六〕𤆬火乾。亦作𤆬、熈。〔一三四七〕唼(㗱)口唼。狧狗食。翣飛聲。䶜呼洽反。〔□〕齁，鼻息。〔一三四八〕四。欱小啜。欶氣逆。㰳(㰳)盡。〔一三四九〕囚女洽反。手囚，亦作囶、囲、図、扨。又女咸反。又女縶反。〔一三五〇〕九。㑿(㒆)㑿㑪(偛)。𡤶凹凹，美皃。〔一三五一〕啺(嗡)唵啺，小人言薄相。歃(歃)歃血。又山輒、山洽二反。㾣疾行。𦗟𦗟𦗟；小(𦗟)𦗟，動。〔一三五二〕趿趿脚行。〔一三五三〕甲由甲。霎山洽反。小雪(雨)。〔一三五四〕八。歃(歃)歃血。萐瑞草。翜棺衣。帹面衣。啑(唼)啑啺(嗡)，不〔□〕言。〔一三五五〕篓(箑)▨(扇)。▨(亦)作▨(篓)。〔一三五六〕貕獸名。〔一三五七〕劄竹洽反。著。〔一三五八〕四。蝒斑身小蚊。溚濕溚溚。啑(唼)啑唾(嗡)，不能言。跲烏洽反。跲，跛行。〔一三五九〕三。凹下。又作峇(容)，正作㕎。〔一三六〇〕凾穴。〔一三六一〕脛五夾反。《埤蒼》『視皃』。〔一三六二〕一。霅羊洽反。溢霅。二。㴸水㴸。

27 狎

廿七狎胡甲反。習。十一。匣箱。翈翮上短羽。霅衆聲。又丈甲反。又霅陽，郡，在樂浪。浹(浹)浹渫(渫)，▨

▨(水相)著。〔一三六三〕▨(虖)虖(虎)習搏。〔一三六四〕柙柙檻。䩭䩭▨(韘)。〔一三六五〕㤔㤔喜。炠火皃。又呼甲反。笚▨(竹)名。〔一三六六〕渫丈甲反。浹渫，濕溂。亦作渫。又徒頰反。〔一三六七〕五。喋啑喋，鳥食。霅水，在吴興。鞢䩭韘。亦作韘。▨押=。〔一三六八〕甲古狎反。甲子。十。鉀棑鉀。胛胛背。梜木理乱。柙柙籬壁。砰山側。亦作岬。䡓䡓軪。亦作軪。軪音沙。跲行聲。䀴䀴壁。〔一三六九〕坤土坤。▨(鴨)▨(烏)狎反。水鳥，《周礼》作鴄。〔一三七〇〕六。壓鎮壓。庘屋庘。押押署。閘閉門。〔一三七一〕窨人(入)神脉剌(刺)血。〔一三七二〕▨(臿)初甲反。臿去▨(麥)皮。〔一三七三〕一。翣所甲反。棺飾。十。豭豕母。啑□▨(喋)，▨(鳥)食。〔一三七四〕翜疾飛。又作▨(迹)。〔一三七五〕颯▨▨(風疾)。〔一三七六〕▨(屆)薄屆。〔一三七七〕趚行趚趚。箑箑扇。萐萐莆，瑞草。帹面衣。呷呼甲反。衆聲。四。䛅▨(諭)䛅，語聲。〔一三七八〕譀詫誕。歃息歃歃，鼻息。〔一三七九〕㴾(渫)士▨▨(甲反)。水，出▨▨(上黨)。〔一三八〇〕五。騋(騤)馬行。剎(剿)切剎。䰯(魆)魄䰯。霅雷雨皃。䀹壯田(甲)反。䀹數。〔一三八一〕一。𦢊(𦢊)丑夾反。脥内(肉)。〔一三八二〕一。浹侯甲反。浹渫(渫)，水(冰)凍。〔一三八三〕一。

28 葉

廿八葉▨(与)涉反。枝葉。俗作𦯬。〔一三八四〕十。揲(揲)揲度。楪(楪)楪榆，縣，在▨(雲)中。〔一三八五〕鍱(鍱)鐵(鐵)鍱。煠(煠)爚煠。亦士洽反。䈎(䈎)䈎籥。殜(殜)病。艓(艓)舟艓。楪(楪)㯿楪，柶大端。〔一三八六〕枽(枼)薄枽。椄子妾反。續木。十一。接手接。𥇍目𥇍。婕婕妤。楫舟楫。亦作檝。淁水名。㴓㴓漏。[□]而涉反。〔一三八七〕䔢蓍，䔢茶。〔一三八八〕鯜魚。緁緁續。䈉竹䈉。又所甲反。攝書涉反。追攝。六。灄水名。睫睫睫，目動。弽(弽)射決。亦作鞢(韘)。欇虖(虎)藟。又音涉。歙縣名，在新安。涉時攝反。步渡水。正作𣻍。三。欇虖(虎)藟。鈔鐵(鐵)鈔。獵立涉反。取禽獸。廿一(二)。〔一三八九〕鬣(鬛)鬢鬣(鬛)。〔一三九〇〕躐踐。𡄔𡄔。𥈡[□□。□]魚名。〔一三九一〕犣牛牡。𣯴長毛。儠長壯。又作傷。擸擇持。邋遢。䆂聚。〔一三九二〕𠠗削。

櫼櫼楪(楪)，栖首。竫瀛。〔一三九三〕𥌓目暗。𩦺(鬣)馬駿(駿)。〔一三九四〕獵豕獵。𧯜谷，在上艾。櫼木。躐行躐
急。〔一三九五〕獦戎姓。俗作田獦，非。捷疾楪(楪)反。獲。八。倢邪出。踕齊有仲孫踕。崨崨嵥，山狀。〔一三九六〕淁水
流。疌疾。亦作疌(疌)。箑壁，竹箑。誱多言；又口誱。腜(腜)丈▨(輒)反。細切肉。〔一三九七〕三。堞下
入。〔一三九八〕偞(偞)華也。又▨涉反。〔一三九九〕敜於輒反。敜敜。〔一四〇〇〕二。緤緤▨(紲)。〔一四〇一〕聶尼輒反。
姓。〔一四〇二〕十七。敜▨(敜)敜。〔一四〇三〕▨(鑷)鑷子。〔一四〇四〕疌▨(機)疌。〔一四〇五〕躡蹈躡，步武不相過。又作
躡。〔一四〇六〕夲夲夲，以盜不止。囁小煩。亦作𤓮。䮒馬行。〔一四〇七〕緤緤紭，補衣。〔一四〇八〕輪(輪)疌巧。〔一四〇九〕敜
文。〔一四一〇〕籥箝(箝)。〔一四一一〕夲犬聲。〔一四一二〕罜(罜)伺視，《說文》『吏將日(目)捕罜』。〔一四一三〕𪀚鳥飛。綷紭
▨。〔一四一四〕箑(箑)竹。〔一四一五〕謵叱涉反。小語。▨(十)。〔一四一六〕桒樹上動皃。姑輕薄。詀詀讘，細語。亦作呫。
𠐍遽。〔一四一七〕陖(陖)女子能(態)皃。〔一四一八〕喢(喢)多言。恌▨(偛)恌。又阻洽反。〔一四一九〕聑聶聑。迠飛皃。
讘而涉反。詀讘。六。顳顳顬(顬)，鬢骨。啑多語。〔一四二〇〕𣲖疌𣲖。[口]子枼(葉)反。〔一四二一〕囁口動囁囁。聶動
聶聶。讋之涉反。多言。十二。懾怖。▨(亦)作慴。〔一四二二〕讋恰(拾)。〔一四二三〕欇机(楓)欇欇。〔一四二四〕襵襵衣。褶
牒(牒)。〔一四二五〕慹司馬彪《庄(莊)子注》：慹，不動皃。又音捻。〔一四二六〕𤢪梁之白豕。〔一四二七〕㒆㒆伏。摺摺拉。瑠
聶瑠。囁口動。又而涉反。妾七接反。妻妾。十(九)。剿續。鏶炙鐵(鐵)。擮(欕)飾(餙)某(枼)。〔一四二八〕淁
水名。鯜魚名。睫日睫。〔一四二九〕楪土楪，農具。〔一四三〇〕緁連緁。鍤(鍤)丑輒反。綴衣針。正作鍤。五。霅霅霎，
小雨。箑(箑)籥箑。又与涉反。煠(煠)爚。又士洽反。箑竹枼(葉)。极其輒反。驢上▨(負)，极。〔一四三一〕五。
笈負書。柗劍鼻。鴔(鴔)鴔鵖，戴鵀。又居立反。鵖比立反。〔一四三二〕衱《礼記注》云：衱，方(交)領。〔一四三三〕輒陟
枼(葉)反。重(專)輒。〔一四三四〕七。耴垂耳。〔一四三五〕襵衣襵。又之涉反。鮿(鮿)鮎。〔一四三六〕菆(菆)草
衣。〔一四三七〕▨(掫)拈。[口]祐。〔一四三八〕箕甚也。〔一四三九〕曅筠輒反。光曅。五。饁餉田。爗煒火。曅草木

白。〔一四四〇〕瞱目不記之。痓(瘞)去涉反。少氣。〔一四四一〕一。箑山涉反。扇。一。蓮山輒反。瑞▨(草)。又山洽反。〔一四四二〕五。歃(歃)歃血。霎小雨。又山洽反。喢(喢)多言。又七涉反。欶愒欲。〔一四四三〕𦁹(𦁹)居輒反。縫𦁹。二。鴔鳪(髮)鴔,鳥。=(又)北立反。〔一四四四〕壓於▨(葉)反。惡夢從上。〔一四四五〕六。靨輔頰。擪持。厭厭▨。〔一四四六〕檿葉(葉)動見文。壓壓女。偞丑輒反。宋衛曰華。〔一四四七〕三。㓞細切。𡓁𡓁上也。又直入反。脥(牒)直輒反。切肉。一。緤魚葉(葉)反。紲緤。〔一四四八〕二。嶫山嶫。

29 怗

廿九怗他協反。安怗。十一。帖蒙(券)帖。〔一四四九〕聑無聲皷。亦作聑。鉆鉆物。鞊鞍鞊。貼以物徵取錢。跕跕履。蝶(蝶)蝶▨(蜡)。〔一四五〇〕呫嘗。㡇(帖)衣領。亦作袩。䑙小舐。恊胡頰反。協和。十一。〔一四五一〕

(中缺)〔一四五二〕

33 職

▨▨▨(素絲縫)。▨(或)作䩎、緎。〔一四五三〕閾▨(門)限。〔一四五四〕䁁▨(視)䁁。〔一四五五〕䁁□□▨田。〔一四五六〕䱛□□。□于國反。〔一四五七〕魊▨▨(小兒)鬼。〔一四五八〕惐□□,□□。又于國反。〔一四五九〕䈅▨(叢)䈅。〔一四六〇〕䮚□□,見賦。〔一四六一〕洫▨▨(況逼)反。溝洫。〔一四六二〕十三。侐清絜。作閴。〔一四六三〕旻舉目使人。𤸎痛。奭行皃。赩赭色。䳼鶝。〔一四六四〕淢疾流。䮚馬走。緎衣縫。又榮力反。㰲歘聲,吹皃。䎎羽聲。嗇肅聲。堛芳逼反。凷。又普目反。十二。愊悃。踾蹋地聲。𤗉坼。䭵飽。揊擊聲。稫[□]稄(稄),禾密滿。〔一四六五〕畐多。又房木反。副判也。䧛地列。亦作隔。〔一四六六〕𢼄𢼄破。畐多也;密也。稷阻力反。種。〔一四六七〕十。昃(昃)日斜。俗作昗。〔一四六八〕揤打。仄仄陋。亦作厦。萴《廣雅》云附子一歲曰萴[□],二歲曰烏喙,三歲曰附子,四歲曰烏頭,五歲曰天雄也。〔一四六九〕側傍側。〔一四七〇〕夨(夨)傾頭。〔一四七一〕䅊禾稠稫䅊。〔一四七二〕殨殨頼。〔一四七三〕汄水流。愎皮逼反。限(佷)愎。〔一四七四〕七。腷腷臆,意不洩。〔一四七五〕褔(黏)治木(禾)豆。亦作穗。〔一四七六〕煏煏燥。䊡(䊞)羌(羌)别種。〔一四七七〕䧘蹦䧘,山皃。〔一四七八〕熄(熄)火乾肉。〔一四七九〕嶷魚力反。岐嶷。亦作㘈。五。〔一四八〇〕薿草茂。鬵岳鬵。

儗有所識。嶷《傳》曰識。〔一四八一〕**日**而馹反，古音。太陽之精。今音而一反。一。**堲**秦力反。急（疾）。亦作垐。又子栗反。〔一四八二〕三。嫛久去。欭嘘欭。亦作欭。**䵺**丁力反。䵺。又丁六反。〔一四八三〕三。毦毛少毦毦。淂淂滴，少水。**瀷**昌力反。潦積。三。穓（穓）《字統》耕（耕）也。纆挍繩。反（又）作㩸。〔一四八四〕**抑**於諫（棘）反。按抑。〔一四八五〕三。垌地名。〔一四八六〕肊氣滿。**㞑**呼力反。胡人服。一。**熛**弥力反。火熛。一。

34 德

卌四德多則反。仁德。八。得取得。悳𩞈悳，縣，在張掖，出《地理志》。〔一四八七〕㝵古文得。〔一四八八〕淂水皃。又丁力反。䠟行䠟䠟。䙷約也。䝰取。**則**祖勒反。法則。一。**勒**力得反。要勒。十一。肋脅肋。扐著指閒扐。仂《礼記》『祭用數之〔□〕』。又良直反。〔一四八九〕玏美石，次玉（玉）。〔一四九〇〕芀蘿，菜。〔一四九一〕阞地理。竻竹根。朸木。泐水激坎泐。㔹攻（功）大。又千才反。〔一四九二〕**忒**他得反。差忒。亦作忒。六。𢭐打𢭐。慝惡。聽聽聀，欲卧。貸借貸。又他代反。㥀驚㥀㥀。亦作憄。**刻**口得反。刻鏤。五。克能。剋剋己。勀自強。媿罵女老媿。亦作娔。**特**大得反。獨。亦作犆。九。貣假貣。蟘食禾虫。亦作蟘。樴杙。蚮蝂蟒。〔一四九三〕㝵鈍。榑木。䝈䝈鴨。又徒戴反。〔一四九四〕螣螟螣。〔一四九五〕**黑**呼得反。黑色。三。潶潶水，在雍州。欸唓聲。**墨**亡得反。筆墨。十四。默静。或作嘿。蟔蠟蟔，虫名。冒單于名。纆索纆。嫼怒皃。䁼暫見。䵒聽䵒。覓突前。纆絲纆。貣害言。〔一四九六〕默犬暫逐人。䀸眈䀸。万虜複姓，北齊有特進万▨（俟）□。▨（俟）字音其。〔一四九七〕**賊**昨得反。盜賊。七。鰂烏鰂，魚。亦作鯽。蠈食苗節虫。戝戔戝，虚用財物。亦作賊。䠞水深未知則䠞。蒧草□。〔一四九八〕▨皮▨＝□□□。〔一四九九〕**塞**先得反。閉塞。亦作𡫳。〔一五〇〇〕四。寨安。窸實。〔一五〇一〕𡫸實也。**北**博墨反。水方。三。匕匕齒。出方言。蛗蛗虫，似蟹四足。〔一五〇二〕**菔**傍北反。蘆□。▨（十）▨。〔一五〇三〕棘棘□，□，□□□。□作□。□□□。□□▨反。〔一五〇四〕匐匍匐。垘塞。踣僵踣。又▨（孚）豆反。亦作踣、踣。〔一五〇五〕匐伏。蔔黍豆漬菜（葉）。〔一五〇六〕䙷農夫

賤稱。 蔔蘆菔。〔一五〇七〕 ⿱罒服筌▨▯〔一五〇八〕

（中缺）〔一五〇九〕

蜮虫，以毒射人。 又榮逼反。〔一五一〇〕 ▨（惑）□流。〔一五一一〕 鷲▨▨，鳥名。〔一五一二〕 國古□□。 ▨土。 □。〔一五一三〕 ▨
▯〔一五一四〕 ▨（⿱皆目）□□，無光。〔一五一五〕 ⿰車得⿰車戒⿰車得。〔一五一六〕 祴古得反。 内典『以衣祴』。〔一五一七〕 二。 ⿰車戒⿰車戒⿰車得，草云
（生）。〔一五一八〕 ▨▯〔一五一九〕 ▨▨則▨（反）。 ▨▨▨。 ▨（一）。〔一五二〇〕 ▨（帟）□□□。 □□□。 □。〔一五二一〕 瞢
睡目。

35 業

卅五業魚怯反。 基業。 十六。 鄴縣，在魏郡。 ▨（驜）▯〔一五二二〕 ⿺乚業引。 ⿰言業▨（樂）器。〔一五二三〕 ⿰氵業▨□大
板。〔一五二四〕 ⿱䲆業□▨（盛）。〔一五二五〕 ⿰巾業《説文》云『縣板於鍾鼓樓』。〔一五二六〕 ⿱業山岋⿱業山，山皃。 ⿰亻業人姓。 ⿰忄業▯▨▨
▨（虛業反）。 ▨（胷）脅。 七。〔一五二七〕 ⿰脅欠氣⿰脅欠。 ⿰弓合弓⿰弓合。 愶▨（以）威力相恐。 出《埤蒼》。〔一五二八〕 嗋口嗋嚇。 出《莊
（莊）子》。〔一五二九〕 ⿰氵脅水流。 熁火氣上熁。 怯去▨（劫）□。 恐怯。〔一五三〇〕 六。 ▨（抾）□□。 □□□□□。〔一五三一〕
▨（⿸厂去）厓⿸厂去。〔一五三二〕 ⿸疒去病劣。 ⿸疒欠欠氣。 刧（劫）居業反。 強取。 九。 衱衣領。〔一五三三〕 跲躓。 鉣帶鐵（鐵）。 袷
劒鼻。 ⿰虫刧（蜐）《南越志》云：石蜐生石上，形如龜脚，得天雨即生花。 砝▨（硬）。〔一五三四〕 ⿰糸刧（⿰糸劫）⿰糸刧緤，縫。 又居輕
（輒）反。〔一五三五〕 ⿰目刧（⿰目劫）目視急皃。 腌於業反。 塩（鹽）漬▨（魚）。〔一五三六〕 十三。 罨魚網（網）。 裛書囊
（囊）。〔一五三七〕 ⿰禾奄犁穜（種）。〔一五三八〕 殗殗殜（殜），病不卧。 亦作⿰歹罨。 殜与涉反。 ⿰奄攴⿰奄攴⿰鬲攴。〔一五三九〕 ⿰魚邑臭。〔一五四〇〕 ▨
（⿰革奄）車具。 又▨（於）合反。〔一五四一〕 ⿰金奄椎。 ⿰目奄悶目。〔一五四二〕 ⿰巾奄⿰巾奄▨（頭）。〔一五四三〕 ⿰食奄▨。〔一五四四〕 ⿰衤奄袂⿰衤奄。 又烏合
（含）反。〔一五四五〕 殜（殜）余業反。 殗殜（殜）。 亦作⿰歹業。 二。 ⿰言某（諜）樂器。 跲巨業▯□▨（劒）□。〔一五四六〕 吸
⿰口㬎吸。 极（扱）极揷（插）。〔一五四七〕 极▨□。〔一五四八〕 ▨（笈）□□□。 □□合、其輒二反。〔一五四九〕

36 乏

卅六乏房法反。 乏少。〔一五五〇〕 三。 泛水聲。 反（又）去聲。〔一五五一〕 姂▨（好）□。〔一五五二〕 ▯〔一五五三〕 ▨（猲）起

法反。恐受▨（財），□□□猲□□。▨（二）。□□□。□□□□。〔一五五四〕疺孚法反。瘦疺。一。⿰羽取女法反。⿰羽乏

（⿰羽乏）⿰羽取，飛上皃。〔一五五五〕四。⿰氵⿱罒取漝⿰氵⿱罒取，水。〔一五五六〕⿱山比　〔一五五七〕

大唐刊謬補闕切韻一部　〔一五五八〕

切韻四聲正▨▨▨▨　〔一五五九〕

【校記】

〔一〕殘字底一存左側少許筆畫，兹據《唐箋序》（伯二六三八）、《廣韻》校補作『要』字；其後缺字底一漫滅，可參上揭二書補作『字』字。行首至『要』字間底一殘泐約十二個大字的空間。

〔二〕殘字底一存左部『言』旁，兹據《唐箋序》（伯二六三八）、《廣韻》校補作『訓』字；又『義』字右側底一亦有些殘泐，此參前二書録定；又『義』、『必』間底一殘泐約六個大字的空間，可參二書補作『解釋多有不載』六字。

〔三〕『其』字底一有些漫漶，國家圖書館藏王重民所攝照片字形明確可辨。

〔四〕四殘字底一皆存左側筆畫，兹據《唐箋序》（伯二六三八）、《廣韻》校補作『凝微思鄭』四字。

〔五〕『輕』、『恩』字右上角、『重』字下部及『斯分不令』四字之右側底一皆略有殘泐，此並參《唐箋序》（伯二六三八）、《廣韻》録定。

〔六〕『詞』字《唐箋序》（伯二六三八）同，《廣韻》作『辞』，於義爲安，底一蓋用其通假字。

〔七〕『泝』字《唐箋序》（伯二六三八）同，《廣韻》作『訴』，於義爲安，疑底一形訛。

〔八〕『之』字《唐箋序》（伯二六三八）、《廣韻》無。

〔九〕注文『動』下的代字符疑爲『也』字形訛，《箋七》、《箋九》、《裴韻》及《廣韻》引《説文》訓皆有『動也』一項，

茲據校改；又『在木中』義不明，當從《説文》於前補『从日』二字，疑底一脱抄；『公西宗』不詳，疑其前或後有脱文；『東官』之『官』《廣韻》作『宮』，謂齊大夫有『東宮得臣』，與《左傳》隱公三年『衛莊公娶於齊東宮得臣之妹，曰莊姜』説合，而『東官』則未聞，故疑底一形訛，茲據校改『官』作『宮』，俗寫二字多混；又『東間』底一重出，且因此而使複姓總數爲十五個，疑後一『東間』當删；又較之《廣韻》注文所收漢複姓十三氏，有『東關』而無底一之『東郊』、『東間』二姓，則又疑後一『東間』之『間』爲『關』字形訛，俟考。

〔一〇〕『陳』前之『作』字《廣韻》作『音』，『陳』字別有音義，謂『辣』或作『陳』，於文例不合，《集韻》平聲十七真『池鄰切』小韻收有『辣』字；又《集韻》平聲東韻『辣』字下收有或體字作『⿰犭東』形，疑底一『陳』字或爲『⿰犭東』字形訛，俟考。

〔一一〕『錬』字《廣韻》未收，《集韻》引《方言》訓作『輨軑（軚）』，趙魏之閒曰錬鏞』，《漢語大字典・金部》『錬』字下考釋云：『按《方言》卷九作「錬」，《正字通・金部》：「錬，爲錬之譌。」清戴震《論韻書中字義答秦尚書蕙田》：「又有本無其字，因譌而成字。……《方言》之錬鏞，郭璞音柬，曹憲於《廣雅》音諫，《集韻》據郭忠恕《佩觿》之臆説，於一東增錬字，引《方言》，則錬譌而爲錬，遂與東同音。」』由底一視之，《佩觿》之説蓋亦非郭氏所創，乃承沿已久。又注文當用注文與被注字連讀成訓例，『錬墮』當即『錬鏞』之訛變，唯其訓此爲『犂』，當又以『錬鏞』爲『鈴鏞』之音變聯綿詞，《説文・金部》：『鈴，鈴鏞，大犂也；一曰類相。』又『轄』爲車軸端之銷鍵，與《方言》之訓『錬鏞』爲包於車軸端之鐵套亦略有不同，《廣韻・賄韻》收『錬』字，訓作『錬鏞，車轄』，從聯綿詞之同源佐證論之，此似當與『骨朵』等詞同源，故以《方言》所釋爲允。

〔一二〕『棟』字《廣韻》、《集韻》本小韻皆未收。

〔一三〕『致』字《周韻》下編『輯逸』所收孫愐《唐韻》及《廣韻》、《集韻》皆作『蛞』，疑底一形訛，茲從校改。又『蝨東』疑即『蝨螽』之音變字，而依文例，其後之『東』字當亦作『蝀』形。

〔一四〕『鶇』字《廣韻》、《集韻》皆作『鶇』形，二字構形義同。

〔一五〕『徒』字下底一漫滅，據空間，約可容三個小字，然依文例，此處當有四個小字（其小韻標數字《王二》爲二十二，《廣韻》作四十五，《集韻》爲七十二），本小韻末行中部底一殘泐約半行（可抄十個大字左右），其所存字爲卅四字（包括殘字和可推之字頭），疑本小韻總收字數在四十字之内，故爲漫滅處擬補四個缺字符。又反語《箋七》、《王二》、《裴韻》、《廣韻》皆作『徒紅』，當可參補。

〔一六〕『茼』字《箋七》、《王二》、《裴韻》、《廣韻》、《集韻》皆作『筒』，合於形聲構字理據，俗寫『𥫗』、『艹』二旁多混而不分，兹據校補正字作『筒』。

〔一七〕『⿱亠冋』字《廣韻》、《集韻》皆作『⿸广同』形，《玉篇·广部》同，底一蓋俗省，兹據校補正字作『⿸广同』形。

〔一八〕『通』字筆畫底一略有漫漶，此參《廣韻》、《集韻》録定。

〔一九〕『蒼梧』之訓未聞，『桐』字雖亦有地名之義，然皆與『蒼梧』無涉，檢《説文·木部》『桐』字訓作『榮木』，《廣韻》、《集韻》亦皆收有『木名』一義，而此未收『木名』之訓，疑此或爲『梧桐』之訛，俟考。又『桐桐，山名』亦未聞，疑此或誤糅『峒，崆峒，山名』（《廣韻》『峒』字注文作如此）之釋文，且有訛誤，唯底一本小韻後有殘泐，不能知其殘泐處收『峒』字條否。

〔二〇〕『⿰舟同』爲船名，注文『⿰舟同』字依例不應重出，疑衍；《王二》、《裴韻》『⿰舟同』字注文僅『舩』一字，可參。

〔二一〕字頭底一漫滅，可參《廣韻》、《集韻》補作『鮦』字。

〔二二〕『⿰弓同』字《廣韻》、《集韻》皆作『⿰弓同』，《玉篇·弓部》同，合於形聲構字理據，底一形訛，兹據校改。

〔二三〕『今童子』之『童』字底一有些漫漶，《姜韻》録作『童』，與殘形及文義合，兹從之。又考大徐本《説文》童字注文作『男有罪曰奴，奴曰童，女曰妾。從辛，重省聲』，疑底一『奴童』二字間脱抄一『曰』字，兹姑爲擬補一個脱字符；又可知注文『辛』、『里』當爲『辛』、『重』之形訛，亦並從校改。

〔二四〕殘字底一存右上部筆畫，與《廣韻》注文『又姓』之『姓』字略合，兹從校補作『姓』字。

〔二五〕殘字底一存右側筆畫，兹參《箋七》、《王二》、《裴韻》、《廣韻》校補作『瞳』字。又注文『目』字中部底一亦略有殘泐，此參諸本録定。

〔二六〕殘字底一存右部『乚』形筆畫，茲據《王二》、《裴韻》、《廣韻》校補作『孔』字。 又缺字底一殘泐，可參諸本補作『又他』二字。

〔二七〕『⿰革童』字左旁『革』之左側底一略殘，此參《箋九》、《王二》、《裴韻》、《廣韻》及《集韻》録定。 又殘字底一漫漶，其字諸本所作不同，《箋九》作『鞍』，《王二》、《集韻》作『被』，《裴韻》作『皷』，《廣韻》作『靫』（余迺永《新校》謂《廣韻》除澤存堂和楝亭本外，餘本作『鞁』），審底一殘形，似與『鞁』字形近，姑從校補。 又『東』字疑爲『具』字形訛，亦參《箋九》等校改。 又缺字底一殘泐，可從《箋九》等及底一書寫習慣補作『⿰飠旁』字。

〔二八〕『橦』字左下角底一略殘，此參《王二》、《裴韻》、《廣韻》録定。 又殘字底一存右部筆畫，茲參二書校補作『布』字。

〔二九〕字頭存上部『罒』旁，注文殘字存下部似『双』形筆畫，茲據《箋七》、《王二》、《裴韻》、《廣韻》校補字頭作『罿』，又參《説文・网部》『罿，罬也』校補注文殘字作『罬』。 又缺字底一殘泐，依底一之行款及文例，疑此當爲一代字符，即可補作『罿』字。

〔三〇〕『觀⿰童鳥』《廣韻》、《集韻》皆作『鸏⿰童鳥』，此爲『曹懂』族同源聯綿詞，蓋因其鳥喙之長可爲酒器而得名，底一之『觀』當爲『鸏』字形訛，茲據校改。 又殘字底一存右側少許筆畫，缺字殘泐，考《廣韻》注文作『鸏⿰童鳥，水鳥，黄喙，喙長尺餘，南人以爲酒器，出劉欣期《交州記》』，其中『喙』字與殘字所存殘畫略合，姑從校補，如此則疑缺字當爲『黄』字。

〔三一〕殘字底一存右上部筆畫，其所存部分不似『童』字殘形，而似『鳥』形上部狀，較之於《廣韻》、《集韻》，則本小韻除『⿰童鳥』字外無從『鳥』旁字，故不能推知其詳。 又此殘字至後一殘字『通』間底一殘字近半行，據空間，可抄十個左右大字。

〔三二〕殘字底一存右下角少許捺形筆畫，茲參《箋七》、《王二》、《裴韻》、《廣韻》校補作『通』字。 又『他紅』二字居底二首行（該行其他字居底一），二字漫漶較甚，此從《姜韻》録定。

〔三三〕『可以爲畋』未聞，『篴』字《集韻》僅訓作『竹名』，《本草綱目·木部·竹》：『無節竹出溱州，空心直上，即通竹也。』書多載以此竹爲引水之管，俟考。

〔三四〕注文《集韻》作『水聲』，《玉篇·水部》同，又《集韻》本小韻别收『潼』字，訓作『水名』，因底一後有殘泐，不知其收有『潼』字與否。

〔三五〕『又竹』、『七』三字居底二第二行，其中『又』、『七』二字漫漶，此從《姜韻》録定。又行首至『又』字間底二殘泐近三分之二行，據空間，約可抄十三個左右大字。較之於《王二》、《裴韻》、《廣韻》、《集韻》，知此殘條當爲『盧紅反』小韻首字『籠』，唯其注文諸本不同，《王二》注文作『盧紅反。篝。通俗作籠。十八』，《裴韻》作『盧紅反。十五加七。又□』，《廣韻》作『《西京雜記》曰：「漢制天子以象牙爲火籠。」盧紅切。又力董切。二十七』，《集韻》作『盧東切。《説文》「舉土器；一曰笭也」；一曰所以畜鳥。文四十二』，是底二之『又竹』疑指又義『竹籠』云云，而其『七』字前當亦有一『廿』或『二十』字，唯本殘條之全貌已不得而知矣。

〔三六〕『蘢』字條居底二第二行，其下『蘢』字至行末『聾』字條居底一。又『草』字下部之竪畫在底一，『名』字底二漫漶，此並從《姜韻》録定。

〔三七〕『聾』字左下角底一漫滅，此參《箋七》、《王二》、《裴韻》、《廣韻》録定。又缺字底一漫滅，參《廣韻》及其漫滅情況知其當爲一代字符，可補作『聾』字。

〔三八〕行首至殘字『朧』間底二殘泐少半行，據空間，約可抄九個左右大字。

〔三九〕二殘字前者底二存左側一『丿』，後者存左部『月』旁，茲參《廣韻》、《集韻》校補作二『朧』字。又缺字底二殘泐，可據二書補作『朦』字。又『朧』、『艨』、『儱』、『礲』四條内容居底二第三行，『櫳』字及其下一條居底一末行。

〔四〇〕『䑤』字《集韻》訓作『舟名』，唯『舟羽』之訓蓋即《集韻·鍾韻》『扁舟蓋謂之䑤』之意。

〔四一〕『儱』字訓『黃赤』未聞，《集韻》作『儱倲，劣也』，或底二之訓乃指人之面色言。

〔四二〕『礲』字《王二》、《裴韻》、《廣韻》、《集韻》皆作『礱』形，分別訓作『斲』、『磨也』和『《說文》「䃺也，天子之桷椓而礱之」』。又三書皆收『櫳』字，分別訓作『房』、『檻也，養獸所也』和『《說文》「檻也」；一曰所以養獸」』。而『櫳』字底一已別收，訓作『房室之疏』云云（訓文原有殘泐），此訓之字頭《廣韻》、《集韻》皆從《說文》而別作『⿱龍木』字。又注文『礲』及殘字『所』（『所』字左側底二有些漫漶，此參《廣韻》、《集韻》校補作『所』字）底二分居雙行注文首字，其下漫滅，《姜韻》注文録作『礲檻，養禽□；又⿱艹世射』，可參（『⿱艹世射』未聞，不知是否與『磻』字義有關，《說文·石部》：『磻，以石箸惟繁也』，因疑『⿱艹世』字《姜韻》所録或有失真）。

〔四三〕殘字底一皆存少許漫漶之筆畫，兹參《廣韻》、《集韻》校補作『室』、『疏也』三字。

〔四四〕本條居底一末行行末，其字頭左側殘泐，存右側『龍』旁部分，注文前者爲代字符，後者存右側少許殘畫，較之《廣韻》本小韻之相似而底一、底二不存者，蓋有『⿰巾龍，⿰巾龍頭』、『襱，襱裙』、『⿰食龍，⿰食龍餅』三條，唯底一之三字皆不能推測究爲何字，但因與所似者皆以二字爲訓，故爲注文句斷。

〔四五〕殘字底二皆存漫壞的筆畫，其中第一字存右下角少許筆畫，第二字存似『東』形，《姜韻》録作『東』，第三字似『占』形，第四字似『責』形，兹參《切一》、《箋七》、《王二》、《裴韻》、《廣韻》校補作『瀧』及『凍，沾漬』四字。行首至殘字字頭『瀧』間底二殘泐約六個大字的空間。

〔四六〕『玲』字底二略有漫壞，此從《姜韻》録定。

〔四七〕『⿰礻龍』字他書未見，疑爲『襱』之形訛字，兹姑參《王二》、《裴韻》、《廣韻》、《集韻》校改。又殘字左部底二漫漶，《姜韻》録此作『重』，考《集韻·用韻》『襱』字注文作『襱褈，衣寬兒』，疑此當作『褈』字，姑從校補。

〔四八〕前行『襱』字條下至行末底二殘泐約六個大字的空間；次行『空』字上部底二略有漫滅，此從《姜韻》録定，較之《箋七》、《王二》、《裴韻》、《廣韻》知此爲『苦紅反』小韻首字『空』字條之殘文，行首至『空』字間底二殘泐約六個大字的空間。

〔四九〕『箜』字右側底二有漫壞，此參《箋七》、《王二》、《裴韻》、《廣韻》及《集韻》録定。

〔五〇〕『涳濛』，《廣韻》訓作『小雨』，《集韻》訓作『細雨』，則底二所謂之『水名』，或亦當指通義上的小水而言。

〔五一〕前行『崆』字底二漫漶，此從《姜韻》録定。又『崆』字下至行末底二殘泐約六個左右大字的空間；次行行首至『又複姓』間亦殘泐約六個大字的空間，考諸《廣韻》、《集韻》，知以下所存爲『公』字注文之殘。又次行注文近行首處左側存三個小字的左部筆畫，《姜韻》考録作『公息公』三字，此從録；『又複姓十九氏』之『複』字及『文武公』之『武』字底二漫漶，此參《姜韻》及《廣韻》録定；又『公斂（斂）』二字間底二原有二小字的空白，疑或有誤抄而以雌黄涂去者，因從後之所殘空間推之，其十九複姓之數可足，故徑去此空白而接録。又『公索』前有一墨塗之『辛』字，蓋誤書而删者，兹不録。

〔五二〕『虹』字《箋七》、《唐箋》、《王二》、《裴韻》、《廣韻》、《集韻》皆作『蚣』，底二蓋因音近而誤作，兹據校改。又注文《唐箋》略同（注末多一『也』字），《裴韻》作『蜈』，餘本『蜈』字下皆有一『蚣』字或代字符，底二蓋用注文與被注字連讀成訓例。

〔五三〕前行『聡』字條注文僅存雙行注文之右行首字（作代字符形），其下至行末底二殘泐約六個左右大字的空間。《唐箋》收有『聡』字，訓作『聡耳，乾淵神，如免（兔），登人屋』，《廣韻》、《集韻》皆未收此字，考《玉篇·耳部》有『耵』字，訓『耳聞鬼』，疑即此字之或體，且從前『蚣』字誤作『虹』言，或此亦爲聲旁音訛字，俟考。

〔五四〕同一音義的『舡』字亦見於《唐箋》，但其他字書韻書皆不見載。

〔五五〕注文『近』爲『匠』字俗訛，《唐刊》（伯二〇一四）正作『匠』，兹據校改；『匚』旁或作『辶』形，與『辶』旁形近易訛，參《敦煌俗字研究》下編匚部諸條考釋。又『姓』字左側底二有殘泐，此參《唐箋》録定。

〔五六〕字頭『功』底二作『切』，注文同，按『切』为『功』之俗字，《廣韻》揭之，今爲免繁瑣，皆徑録作正體字形。注文『功夫』底二作『夫功』，且『夫』上部略有漫漶，兹參《唐箋》録定并乙正；又『成』字下《唐箋》有一『功』字，又《廣韻》亦載『成功』之複姓，是底二『成』字下當脱抄一『功』字，兹爲擬補一個脱字符。

〔五七〕『又功』《唐箋》同，依文例似當爲又音，《王二》、《裴韻》皆收又音作『又古冬反』，《廣韻》古冬切小韻亦收『攻』字，而諸本之冬韻『古冬反』小韻皆未收『功』字，或此又音字有訛誤，然諸本之古冬反小韻除『攻』字外，只收有『釭』一字，『釭』、『功』無形訛之可能，故疑此『功』或爲又義，『攻』、『功』二字音同義通；《戰國策・西周策》『是攻用兵』鮑彪注：『攻，功字，言善巧也。』可參。

〔五八〕又音《唐箋》同，《箋七》作『又古雙反』，《王二》、《裴韻》同，《廣韻》作『又古雙切』。

〔五九〕前行『愩』字條下至行末底二殘泐約六個大字的空間，殘條之字頭當居前行行末。又參《箋七》、《王二》、《廣韻》知此殘條之字頭爲『洪』字，可據補。

〔六〇〕『草』字下底二承前衍抄『又廿一』（其中『又』蓋『反』字之誤抄）三字，兹依文例徑删。

〔六一〕殘字底二存左部大部分筆畫（其上部之『⺮』旁可辨），然因字形有些漫壞變形，故不能斷其究爲何字，考《集韻》所收該字訓作『引水也；一曰竹木爲束』，《玉篇・竹部》『篊』字訓僅作『引水也』，又《字彙・竹部》訓作『取魚具也』，比較而論，則疑殘字爲『篊』字，然如此則『例』或又當爲『引』字形訛，亦疑『例』字爲『洌』字形訛，『洌水』指朝鮮，然如此則殘字必非『篊』字矣，俟考。

〔六二〕『弓』字《箋七》（字頭作『釭』形）、《王二》、《廣韻》、《集韻》以及《玉篇・金部》『鉷』字訓皆作『牙』，底二形訛，姑據校改。

〔六三〕『魚』字《王二》、《裴韻》、《廣韻》皆作『色』，底二形訛，兹據校改。

〔六四〕『灯』字《廣韻》作『烘』，《集韻》字頭首字作『烘』，或體作『灯』。

〔六五〕『訌』字右部底二漫漶，此從《姜韻》校補。又『訌』字下至『葒』字間底二存部分漫漶筆畫，兹依文例録作殘字和缺字符形，其殘字前者存上部漫漶的筆畫，後三者皆存左部漫漶的筆畫，並不能斷其究爲何字，考《箋七》『訌』字注文作『諠』，《王二》、《裴韻》作『諠潰』，《廣韻》作『潰也，《詩》曰「蟊賊内訌」』，可參。

〔六六〕『葒』字下至行末底二殘泐約一個半大字的空間，依文例及行款，此當爲『葒』字注文四至六個小字，《箋七》、《王二》『葒』字注文作『草名』，《廣韻》作『水草；一曰蘢古，《詩》云「濕(隰)有游龍」，傳曰「龍即紅草也」，字或從廾』，可參。

〔六七〕殘字底二有些漫壞，考《改併四聲篇海·水部》引《川篇》訓『滃』字作『淉水皃』，故據校補作『水』字。

〔六八〕殘字底二漫漶，其形似『鳴』字，姑爲校補，《姜韻》録作一代字符，非是。

〔六九〕『户冬』底二作『冬户』，其中『户』字右上角有一漫漶只可辨一短横狀筆畫的乙正符號。

〔七〇〕二殘字底二皆有漫漶，《姜韻》並作缺字處理，檢本小韻之反語，《王二》作『呼紅反』，《裴韻》作『呼同反』，《廣韻》作『呼東切』，《集韻》作『呼公切』，其『呼』及『紅』、『同』、『東』、『公』諸字皆與底二殘形不合，故不能擬推此二字究爲何字，俟考。

〔七一〕『火』字《廣韻》、《集韻》皆作『大』，《龍龕·音部》同，底二形訛，兹據校改。又本條下有『二板』二字，是爲標明原書版頁次序之語，今不具録於正文，唯於注文中加以揭出。

〔七二〕又義疑『大』下脱一『聲』字，《集韻》東韻『胡公切』小韻『叿』(爲『訌』字或體)下訓云『大聲』，合於形聲構字理據。

〔七三〕『飍』字《廣韻》、《集韻》本小韻皆未收，《廣韻》幽韻『香幽切』小韻訓之作『驚風』，《集韻》作『風也』，則所謂借爲此字者，即指借作前『⿰風甚』字也。

〔七四〕『螉』字《廣韻》訓作『蠮螉，蟲名，細腰蠭也』，慧琳《音義》卷九五『蜾螺』注引郭璞云：『蜾螺即細腰蜂也，俗呼爲蠮螉也。』又陸德明《經典釋文》卷六《詩·小雅·小宛》『蜾蠃負之』注：『蜾蠃，蒲盧也，即細腰蜂，俗呼蠮螉是也。』按『蜾蠃』爲聯綿詞，或作『蜾螺』，是底二之『螺』當爲『蜾』字形訛，兹據校改。又『名』字上部底二略有漫壞,《姜韻》録作『石』,不辭,且與原字形亦有所不合,兹參文例録作『名』字。

〔七五〕釋義《箋七》、《王二》、《廣韻》皆只作『小籠』一訓,然諸本注文皆有『又先孔反』一音,是底二之『又』下『小』字疑當作『上』,此承前釋義之『小』字而訛,姑據校改。

〔七六〕『魚』字下《廣韻》、《集韻》有『器』字,於義爲長。

〔七七〕注文『㝡』爲『最』的俗字,《玉篇·冂部》:『㝡,子公切,飛而斂足也,聚也,最也。』可參。

〔七八〕『鬷』字《王二》、《裴韻》作『鬷』形,合於《説文》,底二俗作。

〔七九〕本小韻後有『䡝』字,訓『三䡝,國名』,按『䡝』、『陖』當爲同字,又疑『三䡝』與『三蝬』、『三䃂』皆爲聯綿詞,則此注文之『苗』或當爲代字符之訛,俟考。

〔八〇〕釋義『種』前《箋七》引《説文》、《王二》、《裴韻》、《廣韻》皆無『埈』字或代字符,底二誤增代字符,當删。

〔八一〕『鬷』字《集韻》作『鬉』形,《玉篇·髟部》同,底二俗省。

〔八二〕『碏』字底二略有漫壞,此參《姜韻》録定(《姜韻》録作『渚』),然『碏』字字書未見所載,《王二》、《廣韻》引《説文》皆作『沙』字,《裴韻》作『砂』,疑此當爲『砂』字之訛作,兹姑據校改。

〔八三〕注文『蝬』字前《廣韻》、《集韻》皆有『三』字,《裴韻》『蝬』字訓作『案蛤屬,甲上有三角刺』,按『三蝬』與前『三䃂』及下之『三䡝』疑皆爲聯綿詞,底二當脱『三』字,兹爲擬補一個脱字符。

〔八四〕『轞』字右側底二略有漫漶,兹參《箋七》、《王二》、《裴韻》、《廣韻》録定。又『内』字《箋七》、《廣韻》皆作『囚』,《王二》誤作『冈』,《裴韻》誤作『冈』形,底二亦當爲『囚』字形訛,兹據校改。

〔八五〕注文『水蟎爲蚣』四字及下條注文『亦作恖』三字底二存左部殘畫,大部在底四。此下至『碂』一段約十三行每行上中部在底二,下小部在底四。

〔八六〕『鬆』字《廣韻》、《集韻》本小韻皆未收,其『子紅切』小韻作『鬆』形,底二俗省。『又㚇』當表又音。

〔八七〕殘字前者底二存上部『亠』形筆畫,後者存上部『𠂊』形筆畫,考『䐋』字《字彙補·心部》『䐋』字訓『赤色』,

兹據校補後一殘字作『色』字。又按『⿰丹忩』字未見於其他字書，《字彙・月部》有『䐋』字訓赤色，或即源於底二類韻書『⿰丹忩』字之訛，而亦因疑『⿰丹忩』字乃訓『病名』的『䐋』字俗訛，或因其從『丹』旁而臆訓作『赤色』，唯底卷『赤色』之訓前似有一詞，因有殘泐而不能知詳，俟考。

〔八八〕『⿸广忩』字左上部底二有漫壞，此參《箋七》、《王二》、《裴韻》及《廣韻》録定。又殘字底二存左部筆畫，其中左旁似作『阝』形，考《王二》又音作『又子孔反』，《廣韻》、《集韻》於上聲董韻『祖動切』小韻收之，然諸本該小韻皆無從『阝』旁字，俟考。

〔八九〕殘字中部底二有漫滅，此參《王二》、《裴韻》、《廣韻》校補作『鏓』字。又『中』字《王二》同，《校箋》云：『《説文》「鏓，一曰大鑿平木也」，段氏改「平」爲「中」，云：「馬融《長笛賦》李注引《説文》曰鏓，大鑿中木也。」此與李注合。』

〔九〇〕殘字筆畫底二有漫壞，其中第二字左側似『扌』旁，第三字似『日』形，檢《箋七》『蒙』字訓作『玉（王）女草』，《王二》作『草密；又覆』，《裴韻》作『女羅草，又王女草，又菟絲草』，《廣韻》作『覆也；奄也；《爾雅・釋草》曰「蒙，王女也」』，《集韻》作『蔑蒙，飛揚皃』，如以三殘字爲『飛揚皃』，則『蒙』字前或脱抄『蔑』字，俟考。又本小韻從『冡』旁字或有作從『家』形者，然諸字所從之寫法不一，故今皆徑改作規範寫法。

〔九一〕『⿰足蒙』字《王二》、《裴韻》、《廣韻》、《集韻》皆作『⿱髟蒙』形，《唐箋》作『⿱髟冡（⿱髟蒙）』形，底四俗省。

〔九二〕注文『朦』字底四作代字符形，《王二》、《廣韻》作『皃』，《裴韻》注文僅一『大』字，《集韻》注文云：『《方言》秦晉之間凡大貌謂之朦；一曰豐也。』是底四代字符當爲『皃』字之誤，兹據校改。

〔九三〕殘字與缺字皆處底二與底四斷裂處，其中殘字底二存下部少許筆畫，《集韻》『曚』字訓作『曚矓（曨），日未明』，疑底二與底四此注文當爲『曚曨』二字，兹姑從校補殘字作『曨』字。

〔九四〕注文『⿰酉蒙』字底二作代字符形，《王二》、《唐箋》、《廣韻》皆作『皃』字，底二當爲形訛，兹據校改。

〔九五〕注文《裴韻》同，《唐箋》、《廣韻》作『似槐，葉黃』，《王二》作『似槐，黃色』，《集韻》作『木名，黃槐也』，余迺永《新校》引《山海經・中山經》放皋山蒙木『其葉如槐，華黃而不實』郝懿行疏云：『《玉篇》作「似槐，葉黃」，「葉」蓋「華」字之訛也。』可參。

〔九六〕字頭《裴韻》、《唐箋》作『幪』，《王二》作『幏』形，《集韻》首字作『幏』，或體作『幪』，《廣韻》『幏』、『幪』二字分立字頭，而釋義皆有『蓋衣』義項，底四本小韻後亦收有『幪』字，訓作『巾』；按從『巾』從『衤』義類相同，底四蓋因訓與『衣』有關故而類化作從『衣』旁，又與『幪』分立字頭，《玉篇・衣部》有『𧞣，衣』條，可參。

〔九七〕注文『霿』爲『覆』的俗字，《王二》、《裴韻》、《廣韻》等正作『覆』；又注文『冡』字底四作代字符，上揭各書注文皆不重『冡』字，疑底四誤增代字符。

〔九八〕『䍚』字《王二》、《廣韻》皆作『盜』，《集韻》以『盜』爲『饛』字或體，按『冡』、『宓』聲類同，底四所作蓋即『盜』之俗字；下條『醯』字右上部的『冡』上揭諸本及《裴韻》皆作『宓』，可資比勘。

〔九九〕殘字上下斷裂，上部在底四，下部在底二，底二部分可辨爲『皿』形，底四部分所存筆畫有些漫壞，合而推之，似當作『𥂝』字，茲姑校補作如此，唯此字《廣韻》、《集韻》及傳本字書皆未見有載，疑即《集韻》本小韻所收『襮，襪襠，衣』字之或體，俟考。

〔一〇〇〕『盛』字左上角部分底二有漫壞，此參《集韻》録定，又《集韻》以『盥』、『盜』二字並爲『饛』之或體字，且引《説文》訓作『盛食滿皃』，可參。

〔一〇一〕本條底二初脱抄，後補於本小韻末，茲依文例移至此處。又『蓬』字《切一》同，爲『蓬』字俗寫，本小韻後從『夆』形字亦並爲『夆』之俗寫，不再一一出校説明。

〔一〇二〕『髼』字《裴韻》作『髼』形，《王二》、《廣韻》、《集韻》作『髼』形，底四俗省。又注文『䰗』亦同『髮』。

〔一〇三〕『蠭』字《廣韻》作『蜂』，《集韻》（述古堂本誤作『烽』形，揚州使院本不誤）首字作『蜂』，又收或體作『蠭』，皆當爲『⿱辶⿱夆皿』之俗省或俗變字（『⿱辶⿱夆皿』字見於《說文》）。

〔一〇四〕殘字斷爲兩段，底二存下部及右側少許筆畫，底四存左上角一殘畫，考《龍龕》收『⿰音凡』爲『韸』之俗字，訓作『聲也』，又《裴韻》、《廣韻》『韸』字皆訓作『鼓聲』，其『聲』字與底二、四所存殘字之筆畫略合，兹據校補。又字頭『⿰音凡』當爲『⿱辶⿱夆皿』之俗作，爲形聲字，若本小韻之『芃』等從凡爲聲，然因『瓦』字俗寫或作『凡』形，故或隸之作『⿰音瓦』，參《漢語大字典·音部》『⿰音瓦』條考釋，其字本爲『韸』之俗字，當從訓作『鼓聲』，或因以爲從『瓦』而改訓作『屋響』或『屋聲』，底二、四蓋即近其始作俑者。

〔一〇五〕『⿰豸凡』字未見其他字書所載，疑即『貉』之俗字『貥』之俗訛，或因其從『凡』聲而又誤屬於此，俟考。又缺字底二殘泐，依文例此當爲似某獸二字，然因字頭不能定，遂併注文之缺字亦不能考也。

〔一〇六〕本條《集韻》屬於前『蒲蒙切』（即底二之『步紅反』）小韻，且訓作『塵也』。

〔一〇七〕『羽』字底四蓋初寫作『习』，後徑改作『羽』，故原字筆畫有些錯亂，然參諸《王二》、《裴韻》、《廣韻》之『羽』字可斷，《姜韻》、《潘韻》作缺字，非是。

〔一〇八〕注文『蜥蝪』底二本作『蝪蜥』，按『蝖』字注文《集韻》注文有『通作宫』，是即『守宫』之『宫』的類化字，《爾雅·釋魚》有『蠑螈，蜥蜴；蜥蜴，蝘蜓；蝘蜓，守宫也』條，是底卷誤倒，兹據乙正。

〔一〇九〕字頭底四存右側筆畫，注文殘字前者底二存下部竪鈎形筆畫，後者存右側『丨』形筆畫，兹參《王二》、《裴韻》、《廣韻》及底二、四本小韻實收字數分别校補作『窮』、『弓』、『四』字。

〔一一〇〕殘字底二存右及下部筆畫，兹參《箋七》、《王二》、《裴韻》、《廣韻》校補作『藭』字。

〔一一一〕『⿰犭弱』字《集韻》作『⿰犭窮』形，《玉篇·犬部》同，底二俗省。

〔一一二〕『⿰糹壽』字他書未見，疑即『緤』俗字『絿』的訛變字，『緤』爲『紲』之俗字，《説文·糸部》：『紲，系也。《春秋傳》曰：「臣負羈紲。」緤，紲或从枼。』『紂緤』指套車時擋在牲口屁股後的粗繩或皮帶。

〔一一三〕殘字前者存左部『言』旁及右上部似『土』形筆畫，疑其字爲『詩』、『誌』之類，不能決也；後者存上部漫漶的筆畫，不能辨其形狀。本條斷裂而分屬於底四和底二，其缺字介於二片中的殘泐部分，茲依行款和文例擬補作三個缺字符，又檢『柊』字注文，《王二》、《裴韻》皆只作『木名』，《廣韻》作『木名，又齊人謂椎爲柊楑也』，《集韻》略同，又《説文·木部》：『椎，擊也，齊謂之終楑。』則疑第一個殘字或爲『説』字之草寫，而後一殘字爲『柊』，其『惟』爲『椎』字形訛，而注文二『柊』（本皆作代字符形）皆爲抄者臆增，其注文原當作『木。《説文》謂椎爲柊楑』，俟考。

〔一一四〕二殘字前者存右下角筆畫，後者存上部筆畫，皆漫漶不能辨其詳。又缺字底卷殘泐。

〔一一五〕注文『龟』應即『龜』的簡俗字，但『鼨』字《箋七》、《王二》皆訓作『豹文鼠』，《裴韻》、《廣韻》、《集韻》亦略同，合於《説文》，《王二》、《裴韻》本小韻又皆收有『𪚯，龜』。又徒冬反』一條文字，《廣韻》亦收有『𪚯』字，訓作『字書云龜名也』，其後冬韻『徒冬切』小韻收之（底本『徒冬切』小韻作『鼨』，與『疼』字同一小韻），底本注文『龟（龜）』。又『疼』與『𪚯』字的音義正合，而『鼨』字則諸本皆不載又音，疑底四此誤糅『鼨』、『𪚯』二條爲一，而致本小韻實收字數比小韻標數字少一條，依韻書二條杂糅通例，茲爲擬補四個脱字符，並還原注文『龜』字前代字符作『鼨』字。

〔一一六〕『文』當爲《説文》之省稱，《説文·雨部》：『𩅧，小雨也。』

〔一一七〕殘字底四存左下角少許筆畫，缺字殘泐，從行款看，缺字疑當爲代字符，如此則疑殘字爲『斯』字，《廣韻》以『𧒍』爲『螽』之或體，注文作『螽斯，蟲也』可參。

〔一一八〕注文殘字底二存左側少許筆畫，考注文《廣韻》作『獸如豹』，故姑從校補殘字作『獸』字。

〔一一九〕注文殘字前者存上部似『口』形筆畫，中二者存漫漶的部分筆畫，後者存上部一『一』形筆畫，茲參《箋七》、《王二》、《裴韻》校補後三字爲『處隆反』。又缺字底二殘泐，其後者當爲小韻標數字，據後所推擬之實收字數，則本小韻標數字疑當作『五』字。

〔一二〇〕缺字底二漫滅，可參《王二》、《裴韻》及《廣韻》校補作二『芜』及一『草』字。

〔二二一〕殘字底四存右側少許筆畫，茲據《王二》、《裴韻》、《廣韻》校補作『⿰色充』字。又缺字底四殘泐，可參諸本補作『色』字。

〔二二二〕殘字底四存右側少許筆畫，茲據《廣韻》校補作『⿰衤充』字。又缺字底四殘泐，可參諸本補作『禪』字。

〔二二三〕殘字底四皆存右側部分筆畫，缺字殘泐，其中後八個缺字符乃據雙行注文之右行殘字數及底四文例擬推，其中字頭可參《箋七》、《王二》、《裴韻》及《廣韻》校補作『戎』字，又第三殘字存似『大』字右部之形，第七殘字存右部似『攵』形筆畫，第八殘字存右部似『乙』形筆畫。又本小韻反語及小韻標數字《王二》作『如隆反』、『四』，《裴韻》同，《廣韻》作『如融切』、『九』，可參。

〔二二四〕字頭存下部漫漶的筆畫，茲參《王二》、《裴韻》及《廣韻》校補作『茙』字。注文殘字存左側少許漫漶的筆畫，《廣韻》『茙』字訓作『茙葵，蜀葵也；又姓……』，疑二殘字爲『茙葵』，其中第二殘字所存筆畫痕迹少，或原作代字符形，又『䆃』爲『奪』的訛俗字，其下『日』當爲『目』字之訛，晉崔豹《古今注》卷下草木第六云『荊葵，一名茙葵，一名芘芣，似木槿，而光色奪目，有紅有紫有青有白有黃，莖葉不殊，但花色有異耳。一曰蜀葵』，可證。

〔二二五〕底四與底二間殘泐約四個半大字的空間。

〔二二六〕『身』字左下角、『有』字右下角底二略殘，此並參《廣韻》録定。

〔二二七〕殘字前者底四存左部『禾』旁，後者存漫漶的筆畫，茲參《廣韻》、《集韻》校補作『和』、『炊』二字。行首至『融』字間底四殘泐約八個左右大字的空間，茲依底四之行款文例及《廣韻》、《集韻》之内容爲殘條擬補二個缺字符，此二字爲字頭『融』字及注文『姓』字。

〔二二八〕殘字前者存右部漫漶的筆畫，中二者存漫漶的筆畫，後者存右下角一殘點形筆畫，茲據《集韻》校補第一個殘字作『中』字。『舩▨(中)』及中二殘字居底四雙行注文之右行與左行，其下至第四殘字間爲底四與底二間的殘泐部分，據行款殘泐的空間約可容五個左右大字。茲爲前一殘條擬補一個注文多字缺字符。

又後一殘條之字頭亦不能推知，《箋七》、《王二》、《廣韻》、《集韻》皆以『衷』爲第二字，《裴韻》則『忠』爲第二字而『衷』爲第三字，然諸本『衷』字之訓無有涉『名』字者，唯《王二》本小韻收有『芇』字，訓作『草』，《裴韻》訓作『草名，見《尔疋》』，《廣韻》作『草名。又音沖』，疑底二第四殘字當即『草』字，如此其字頭當可補作『芇』字。

〔二二九〕行首至『瀜』字間底四殘泐約八個大字的空間。又較諸《廣韻》、《集韻》，後一殘條之字頭爲『敕中切』小韻之『沖』字，《廣韻》注文作『沖瀜，水平遠之皃。又音蟲』，是底四本條原當作『沖，沖瀜。又虫』，茲爲擬補二個缺字符。

〔二三〇〕『盅』字置此非韻，考《廣韻》、《集韻》本小韻皆收有『盅』字，是底四形訛，茲據校改。

〔二三一〕『烛』字《集韻》入於『持中切』小韻，爲『爞』字俗省。

〔二三二〕『足曰蟲無』四字底四皆存左部筆畫，此並參《廣韻》、《集韻》録定。又『直』、『無』二字分居底四雙行注文之左行和右行末，其下至底二間殘泐約五個半左右大字的空間，《廣韻》『蟲』字注文作『《爾雅》曰：「有足曰蟲，無足曰豸。」又姓……直弓切。七』，茲並參底二、四文例爲前一殘條擬補六個缺字符。又『俗作虫』三字底五亦有殘字（存左部筆畫，其中『虫』字完整）存在，自此行下至『鐘』字條所在行，底二、四與底五有十六行相重者（其間諸卷間或各有殘泐），此擇其長者録之，除有異文，皆不一一指出取自底二、四或是底五。

〔二三三〕行首至殘字『茧』間底四殘泐約八個大字的空間。

〔二三四〕殘字底四存底部似『一』形筆畫，茲據《集韻》校補作『茧』字，《集韻》亦以『芇』爲『茧』字或體，《廣韻》字頭作『芇』形，未收或體。

〔二三五〕『盛煞』底五同，諸字書及音義書未見以此二字爲詞者，此『煞』蓋當以唐、宋之際的語氣詞解之。

〔二三六〕『鼓聲』二字底四有些漫漶，此參底五録定，唯底五字頭作『鼟』不省，《廣韻》字頭作『鼟』，注云『俗作鼕』，

《集韻》則以『鑿』爲正體而以『鑿』爲其或體。

〔一三七〕字頭殘字在底四，僅存右上部，兹據《集韻》校補作『䁨』字。『䁨』下至『穎』上殘字間底本殘泐約五個大字的空間；『穎』上殘字底二漫漶，《廣韻》、《集韻》本小韻所收諸字，其注文無有含『穎』、『長』諸字形者，故後一殘條亦不能推知其字頭原爲何字，或亦二書所無者。

〔一三八〕殘字第一、三皆存漫漶的筆畫，第二字存右下角漫漶筆畫，兹據《廣韻》及底卷文例校補第一、三殘字爲『次』、『始』二字。又行首至殘字『次』間底四殘泐約八個大字的空間，後一殘條所存字『▨(次)妃吞乙』居雙行注文之右行，『▨▨(始)祖』居左行，檢《王二》、《裴韻》及《廣韻》、《集韻》知此爲『娀』字注文，《廣韻》作『有娀氏女簡狄，帝嚳次妃，吞乙卵生契』，可參，又契爲商之始祖，疑底四『始』上殘字爲『商』字。

〔一三九〕本條三字底四皆有些漫漶，底五存注文『細毛』二字，兹又參《廣韻》、《集韻》録定字頭。

〔一四〇〕『硹』字右下角底四漫壞，底五該字完整，又其下二殘字底五皆存上部筆畫，與《廣韻》注文『地名，在遼』之『地』、『在』二字上部筆畫形合，故據校補。又此二殘字下至『高』(居雙行注文之右行倒第二字)字間底二殘泐約四個大字左右的空間；又後一殘條較諸《王二》、《裴韻》、《廣韻》及《集韻》可知爲『崇』字注文，其中《廣韻》『崇』字注文作『高也；敬也；就也；聚也；又姓。鋤弓切』，其切上字《箋七》、《王二》、《裴韻》亦並作『鋤』字，《集韻》用《説文》正字作『鉏』，兹依諸底卷行款及文例，爲前後二殘條擬補八個缺字符。

〔一四一〕字頭底二存左右兩側少許筆畫，兹參《箋七》、《王二》、《裴韻》、《廣韻》校補作『瞢』字。又注文殘字前三字居雙行注文右行末，皆存左部筆畫，其中第一字『丬』形可辨，第二字似『夕』形，第三字似『旬』形左部筆畫，後二殘字居雙行注文左行行首，皆漫漶不能辨，考『瞢』字《廣韻》注文作『目不明。莫中切。六』，《集韻》作『謨中切。《説文》：「目不明也。从苜，从旬。旬，目數摇也。」或作矒。文十一』，則底二之似『旬』形字或即『旬』字，如此底二蓋亦有解形之論，唯其詳不能知矣。

〔四二〕字頭底二有些漫漶，此從《姜韻》録定，又『懜』字《廣韻》訓作『慙也，《國語》云：「君使臣懜。」』，《集韻》以『懜』爲『儚』之或體，訓云：『《爾雅》「儚儚，惛也」，一曰慙也。』其首義與底二略合。

〔四三〕『鄸』字中部底二略有漫漶，此參《廣韻》録定。又二殘字底二皆存左側少許筆畫，茲據《廣韻》校補作『邑名』二字。

〔四四〕殘字底二存左部『夢』旁，底五存下部少許筆畫，茲據《廣韻》、《集韻》校補作『艷』字。又『⿰夢艷艷醜』三字底二皆有漫壞，此從底五録定。又『⿰夢艷艷』《廣韻》、《集韻》皆作『艷艷』，余迺永《新校》以爲『艷』字『經傳及諸書不録』，蓋因『鄸』字俗訛而增收。按『艷』字釋義與『鄸』字全不相涉，余氏《新校》恐非是，疑此爲聯綿詞而生造字。

〔四五〕殘字右側底二、底五皆略有殘泐或漫壞，茲參《廣韻》、《集韻》校補作『豯』字。又『獸似豕目在』五字右側底二皆略有殘泐，底五『獸似豕』三字全；又『後』字底二有漫漶，底五全，『目在』二字底五亦殘泐，茲參《廣韻》録定。

〔四六〕『蘴』字底五同，《箋七》、《王二》、《廣韻》、《集韻》皆作『豐（或俗寫作豊）』字，底二注文已言『俗作豊』，又次條『蘴』即『蘴』之俗字，則此不應作『蘴』明矣，底二、五蓋蒙下而訛，茲據校改；下文各條『豊』旁皆爲『豐』旁之俗寫，不再出校説明。又『饒厚』二字右側底二皆有殘泐，《姜韻》據殘形而録作全字，茲從之。又『豆之滿者』四字右側底二或略有殘，此並參《廣韻》、《集韻》及《補正》録定。

〔四七〕底二『蘴』字居所存刻本末行行尾，其前十八行爲刻本，之下十三行爲配抄，底五自『蘴』字所在行至本板（即第三板）結束存，與底二略相銜接。

〔四八〕『寷（寷）』字《箋七》、《王二》、《裴韻》、《廣韻》皆訓作『大屋』，《集韻》作『《説文》「大屋也」，文（又）《易》「寷其屋」』，又《集韻》本小韻收有『靊，靊霳，雷師』一條，且底二本小韻標數字作『九』而實收八字，疑即因誤糅『寷』、『靊（底二當俗寫作「靊」形）』二條爲一，而致有脱文，茲爲擬補三個脱字符，并校改『霳』作

「霳」，此字當爲形訛，《廣韻》本大韻「力中切」小韻收有「窿」字，訓作「穹隆，天勢」，不當與「霻」字合詞。

〔一四九〕「馮」應爲「馮」的訛俗字，《王二》、《裴韻》皆作「馮」，《王二》注云「從冫」，《裴韻》注云「從水作非」，皆可參。

〔一五〇〕「汎」字底二、五同，《箋七》、《王二》、《裴韻》、《廣韻》、《集韻》作「汎」，合於形聲構字理據，底二、五誤省，茲爲校改，本小韻後從「几」旁字同，不再一一出校説明。

〔一五一〕「水」字《王二》、《廣韻》、《集韻》皆作「木」，合於形聲構字理據，底二形訛，茲據校改。又又音前依文例當有一標識語「又」字，此脱，茲據擬補一個脱字符。

〔一五二〕解形今本《説文·風部》作「从虫，凡聲」，底二、五之「几」當爲「凡」字形訛，茲據校改；又其形旁、聲旁之所指亦誤，當從《説文》乙正。

〔一五三〕「狩」當讀作「獸」，此二字古通用，下同，皆徑附正字於後，不再一一出校説明。

〔一五四〕「⿱⿰籗凡糸」字《廣韻》、《集韻》皆作「⿱⿰藿凡糸」形，底二蓋因義而類化，故從「⺮」。

〔一五五〕殘字底二存漫漶的筆畫，底五存左上角似「犭」上部殘畫形，茲姑校補作「猫」字。又依文例，本條脱反語，茲據擬補三個脱字符，又「獴」字《廣韻》、《集韻》皆未收，傳統字書亦未見載，《漢語大字典》及《漢語大詞典》讀與右旁「蒙」音同。

〔一五六〕「篰」字底二抄本作「山都」二字，底五刻本作「篰」一字，「山都竹」未聞，《玉篇·竹部》「篰，竹名」，「篰」、「笗」或一紐之轉，「山都」二字蓋「篰」字誤分，茲從底五録定。

〔一五七〕注文代字符底二、五同，頗疑爲「彡」字之形訛，然《王二》注文亦作「亦從丹」，不作「從丹、彡」，疑其同有訛脱。

〔一五八〕「庝」字底五、《鉅宋廣韻》同，周祖謨《廣韻》校勘記云「元泰定本、明本作庝」，《集韻》亦作「庝」，「厂」「广」形義皆近，從「厂」從「广」俱皆可通。

〔一五九〕『盛』字底五同，《廣韻》、《集韻》皆作『色』，合於《説文》，疑底本『盛』與下條注文『色』字誤易。

〔一六〇〕『色』字底五同，《王二》、《裴韻》、《集韻》皆作『盛』字，《廣韻》作『威』，疑底本此字與前條注文『色』字誤易。

〔一六一〕釋義底五同，《王二》、《裴韻》皆作『龜』，《廣韻》、《集韻》作『龜名』，合於《説文》，疑底本誤增一代字符。

〔一六二〕『早』字底五同，《王二》、《廣韻》皆作『旱』字，《説文·火部》新附字『熯』下訓同，底本形訛，兹據校改。

〔一六三〕『𡪍』字底五、《裴韻》、《廣韻》同，《王二》、《集韻》作『㝅』形，合於《説文》，俗寫『攴』、『殳』二旁多混而不分，『𡪍』當視爲『㝅』之俗字。

〔一六四〕『由』字底五同，《廣韻》作『田』，《王二》、《裴韻》有『業田』之訓，《補正》校改作『田』字，兹從之，底本形訛。

〔一六五〕『農』字《箋七》、《王二》、《裴韻》、《廣韻》及《集韻》皆作『農』形，合於《説文》，底二、五所作乃俗省變字。

〔一六六〕『皃』字下底二誤增一代字符，底五無之，《廣韻》『囊』字訓作『露多』，與《集韻》引《廣雅》訓同。

〔一六七〕釋義《廣韻》作『水聲』，合於《説文》。

〔一六八〕『𨲠』字《廣韻》、《集韻》皆不收，準諸底卷『镸』旁字多爲『髟』旁字省文之例，則此即下『鬃』之俗省，『鬃』字《廣韻》、《集韻》皆訓作『高髻』，與底二、五『長𨲠』義合。

〔一六九〕『去』字底二誤分爲一代字符加一『云』字，兹從底五録正；《廣韻》收又音『又似由切』。

〔一七〇〕字頭『愺』字底五作『㥲』，『愺』或『懆』他書皆不載，疑仍以從心作『愺(懆)』爲是，此條與上一條字同訓異，故分立；注文『從十』則疑爲『從忄』之誤，下文『後』字底五作『復』，皆爲『從』字之誤，蓋俗書從『忄』從『十』不分，故底本謂『愺』字亦或從『十』作『𢚩』，猶注文『博』字底五從俗作『愽』也。——同字異義而分立字頭本卷上下文皆有例，由此可見本篇當係綜合各異本韻書之作，而未加剪裁融合。

〔一七一〕『𨲢』右部爲『囪』旁篆文隸變之異（參看《敦煌俗字研究》下編穴部『窗』字條），『𨲢』同『𩭞』，又作『鬉』

等，髮也。注文『髟』蓋『鬗』的簡俗字，《説文·髟部》：「鬗，髮皃。」又『洌水』疑涉上文『朧』字條注文而誤抄者，當删。

〔一七二〕注文『略』字底二略有漫漶，兹據底五録定；但『略』字他書未見，疑爲『⿰目匊』字之誤，蓋『匊』字古亦作『𦥑』（《玉篇》），故『⿰目匊』字右旁有寫作『𦥑』的，傳抄又進而訛變作『略』；《王二》同一小韻：「⿰目共，⿰目匊。」可參。

〔一七三〕『璧』字上底五有一代字符，《王二》、《裴韻》、《廣韻》無，皆通。

〔一七四〕『収』字《説文》篆文作『』形，底本爲其隸變形。注文『乎』字從底五校正；又『與』字底五作『輿』，亦通；『頪』爲『類』字俗寫，下文『類』字底本多有作此形者，下徑録正。

〔一七五〕『松蓁（葉）柏身』底二、底五皆作『松柏蓁身』，不辭，考《王二》作『松蓁柏身』，《廣韻》、《集韻》略同，《裴韻》作『柏蓁松身』，兹從衆乙正。

〔一七六〕『瞛』字底五同，《廣韻》亦作如此，《集韻》作『瞛』形，余廼永《新校》云：『元本、明本从目，合《文選》。《玉篇》：「瞛，目光也。」』俗寫『目』、『日』二旁多混而不分，兹從校改。

〔一七七〕『瑢』字底五同，《集韻》作『蓉』，合於聯綿詞類化用字之法，底本疑承前條注文而訛，兹據校改。

〔一七八〕『蹤』字《集韻·鍾韻》七恭切作『鬆』，『髟』『镸』二旁義近，古多换用不分。

〔一七九〕『五』字底二殘泐，此從底五録定。

〔一八〇〕『驚』字《集韻》作『警』，阮刻《十三經注疏》本《孟子·滕文公下》亦作『警』，其義爲懲而戒之，義長，底本形訛，兹據校改。又底五本行之下至本板末尾有四行，底二僅次行中下部存『鐘』、『潼』二殘條部分文字，故以下改據底五爲底本。

〔一八一〕『始爲鐘』事《廣韻》引《世本》云『垂作鐘』，《集韻》亦云『古者垂作鐘』，《通典》卷一四四『樂四』：『鐘，《世本》云「黄帝工人垂所造」。』杜佑注云：『《山海經》云「炎帝之孫鼓延始爲鐘」，又《禮記》云「垂之和鐘」，鄭玄云：「垂，堯時鐘工。」並未知孰是。』則底五所謂之『孫皷延』（王二存『孫皷』二字之漫漶字形，

《姜韻》録作『孫皷』二字），蓋即『炎帝之孫鼓延』之割裂也。

〔一八二〕『⿰犭公』字《箋七》、《王二》、《裴韻》、《廣韻》、《集韻》皆作『彸』，底五疑爲『彸』之俗變字，或因後所謂之『沛遽』義云云而俗改從『犭』旁，《漢語大字典》引《改併四聲篇海》和《字彙補》所收『⿰犭公』字，稱義未詳，疑即此也。

〔一八三〕注文『舩』字底五作代字符形，疑爲『又』字形訛，《文選·張衡〈西京賦〉》『烏獲扛鼎』李善注：『扛，横開對舉也。扛與舩同。』疑『舩』字俗訛變作『舩』形，與『船』之俗字同形，唯較之『扛鼎』，則『舩舩』或亦通，故姑存其舊。

〔一八四〕參上『舩』字條校記。

〔一八五〕『鈆，鐵鈆』《廣韻》同，《集韻》作『鈆，鐵也』，余迺永《新校》以『鈆』爲『鉛』訛字，謂當删，近是；蓋編者以『鈆』從『公』聲而遂增此音。

〔一八六〕『松』字《廣韻》、《集韻》作『炂』形，合於形聲構字理據，底五形訛，兹據校改，《姜韻》徑録作『炂』字，雖是而不確。又注文『松』底五作代字符形，前引二書皆無，疑底五誤增。

〔一八七〕『折』下『又』字置此不合文例，依義當爲代字符形訛，兹爲校改。

〔一八八〕『行』字《箋七》、《王二》、《裴韻》、《唐韻》（伯二〇一八）、《廣韻》、《集韻》皆作『往』，底五形訛，兹據校改。

〔一八九〕『嫞』字注文《集韻》作『女字』，《玉篇·女部》訓作『嬾女也』，此訓『妖嫞』，他書未見，疑『妖』下衍增一代字符。

〔一九〇〕『⿱竹耳』字條爲第三板末條文字，其下有作爲印刻之標識的『三板』二字。

〔一九一〕據《箋二》、《王二》等韻書及底一卷一卷端韻目，此處缺三鍾韻尾部，四江、五支、六脂、七之、八微各韻，以及九魚韻前部。

〔一九二〕此下據底二録文。行首至殘字『苴』間底二殘泐約五分之三行，據空間，約可抄十三個左右大字。據内容，第一部分應爲『九魚』。

〔一九三〕字頭底二存左下角一短横形筆畫，兹參《箋二》、《箋七》、《王一》、《王二》、《裴韻》、《廣韻》校補作『苴』字，隸『七余反』小韻。注文雙行小字只存左行文字，右行全殘，據其行款空間，姑爲擬補十個缺字符；又『王』字底二漫漶，此從《姜韻》録定。『苴』字諸本除《箋七》訓作『履中藉草』外，皆訓作『履中藉』，《集韻》以『苴』爲『菹』字或體，訓作『《説文》「酢菜也」；一曰麋鹿爲菹；虀菹之稱，菜肉通』；按《説文·艸部》『苴』、『菹』别訓，前者作『履中艸』，後者同《集韻》所引，而封諸侯之字諸本皆作『蒩』，并於後之模韻『則吾反』（《王一》作『側胡反』，『側』爲『則』字之訛）小韻訓之（其中《集韻》於本大韻『千余切』及『子余切』小韻亦收『蒩』字，分訓作『藉也』和『《説文》「茅藉也」，引《禮》封諸侯以土蒩白茅』）。

〔一九四〕字頭『蒩』字右側底二略殘，此參《箋二》、《箋七》、《王二》、《廣韻》録定。又缺字底二殘泐，可參諸本補作『苞』字。

〔一九五〕『沮』字在行末，次行行首至殘字『菹』間底二殘泐約五分之三行，據空間，約可抄十三個左右大字。

〔一九六〕殘字底二存左下角筆畫，兹參《集韻》校補作『菹』字。又『塩』爲『鹽』之俗字，今日本漢字仍用之，『蟹塩』不辭，考《説文·艸部》『菹』字訓作『酢菜也』，《楚辭·離騷》『后辛之菹醢兮』王逸注云『藏菜曰菹』，又《説文》『醢』字段玉裁注：『凡肉謂之醢，菜謂之菹，皆主謂生物實於豆者。』通言則不分葷素，皆謂菹醢，是底二之『塩』爲『醢』字形訛，兹據校改。

〔一九七〕釋義《箋二》、《箋七》、《王二》（『戴』訛作『載』）、《廣韻》皆訓作『石山戴土』，《集韻》引《説文》作『石戴土』，底二語義扞格，當有錯亂，可參諸本改正。

〔一九八〕行首至『猾』字間底二殘泐約五分之三行，據空間，約可抄十三個左右大字。

〔一九九〕字頭『猾』字上部底二略殘，兹參《集韻》録定。

〔二〇〇〕『佀』爲『似』之隸定或體字，置此不辭，兹參《廣韻》、《集韻》校改作『佀』字，底二俗訛。

〔三〇一〕二殘字分居底二雙行注文右行及左行之末，其中前者存下部似『人』形筆畫，後者存下部似捺形筆畫。行首至殘字間底二殘泐約五分之三行，據空間，約可抄十三個左右大字。

〔三〇二〕殘字居底二雙行注文之左行末，存左側似『礻』或『衤』形筆畫，然檢《廣韻》、《集韻》，除該小韻首字注文之『禮』字外，無從『礻』或『衤』旁之字。　又行首至殘字間底二殘泐約三分之一行，據空間，約可抄七個左右大字。

〔三〇三〕殘字底二存左側少許筆畫。　又依底二行款擬補（其殘字後所缺字亦可能是一個）六個缺字符。

〔三〇四〕殘字底二僅存左側偏下一提形筆畫，茲據《箋二》、《箋七》、《王一》、《王二》、《廣韻》校補作『攄』字。　又『居反』二字底二略有漫漶，此亦參諸本録定。　又缺字底二殘泐，可參諸本補作『舒也勑』三字。

〔三〇五〕行首至下條殘字『宁』間底二殘泐約三分之一行，據空間，約可抄七個左右大字。

〔三〇六〕殘字底二存下部鈎形筆畫及左側少許筆畫，茲據《箋二》、《箋七》、《王二》、《廣韻》校補作『宁』字。　又釋義諸本皆作『門屏間』，疑底二脱『間』字，茲據擬補一個脱字符。

〔三〇七〕『芧』字《王二》當同（唐蘭摹寫作『芋』，恐不確），《廣韻》作『預』，《集韻》作『蕷』，余迺永《新校》云：『鉅宋本、南宋祖本、巾箱本均作「蕷」。』蓋『藷芧』本爲聯綿詞，故其用字或可因人而異。

〔三〇八〕『蓧』字《箋二》、《箋七》、《王二》、《廣韻》、《集韻》皆作『蒢』，底二蓋因抄刻者寫『阝』旁與『亻』旁似，或因而別加一『阝』旁，遂致衍增『亻』旁，兹據諸本校改。

〔三〇九〕行首至殘字『瀦』間底二殘泐約三分之一行，據空間，可抄七個左右大字。　又前行殘字前者存左部『月』旁，中者存左部似『大』形左部筆畫，後者存左部似『扌』形筆畫，茲據《箋二》、《廣韻》、《集韻》校補第一個殘字作『賭』，後二字疑爲釋義文字。　又『亦』字居底二前行行末，疑爲標示或體字，故於其前句斷。

〔三一〇〕字頭殘字底二存下部少許筆畫，注文殘字存下部筆畫，兹並參《箋二》、《箋七》、《王二》、《廣韻》校補作『瀦』字。

〔三一一〕殘字底二存下部筆畫，茲據《箋二》、《箋七》、《王二》、《廣韻》、《集韻》校補作「䄍」字。

〔三一二〕「䄍」字《廣韻》、《集韻》未收，《玉篇·禾部》收之，訓作「臭草」。

〔三一三〕「挐」字《箋二》、《箋七》、《王二》以爲「𣬛」之俗字，《廣韻》訓作「牽引」，《集韻》訓作「牽也；煩也；持也」，與《説文·手部》「挐，持也」義合，考《方言》卷五：「杷，宋魏之間謂之渠挐」，是底二所作亦是。

〔三一四〕「拏」字《廣韻》、《集韻》作「𣝗」形，俗寫「木」、「扌」二旁多不分，故存其舊，「𣝗」當爲「渠挐」所造之專用字。又「挹」字諸本作「杷」或「把」字，底二形訛，茲據校改作規範字「杷」。

〔三一五〕「初」字條注文「衣」字居前行行末；次行殘字前者底二存下部似「一」形筆畫，後者存下部似捺形筆畫，行首至前一殘字間底二殘泐約三分之一行，據空間，約可抄七個左右大字。又「初」字注文《廣韻》作「舒也；始也。從刀，蓋裁衣之初。楚居切。二」，《集韻》略似，可參，然似皆不能與底二注文所存「以衣」二字相接，俟考。又「初」所在小韻《箋二》、《箋七》、《王一》皆收一字，《廣韻》、《集韻》收二字，然參諸本注文，縱底二本小韻收二字，依其文例似亦不能填滿次行所殘空間；又從殘字的存在情況及與《廣韻》比較情況看，疑底二二殘字爲「沮」、「人」二字，「沮」爲「側魚切」小韻字（該小韻《廣韻》收四字，去掉一個或體字外，只有三字，與底二所殘空間情況亦甚相合）。

〔三一六〕反語上字「七」《箋二》、《王一》作「助」，《廣韻》作「士」，按「助」、「士」同隸崇紐，葉鍵得《十韻彙編研究·刊校勘記》謂「『七』蓋『士』字之誤」，茲從校改，底卷形訛。

〔三一七〕釋義《王二》、《廣韻》、《集韻》皆作「豕屬」，合於《説文》。

〔三一八〕注文「蹠」字底二作代字符形，於文例不符，蓋爲抄刻者所誤增。

〔三一九〕注文「毛」字左上角、右下角底二皆有漫漶，此從《姜韻》録定。又行首至「毛」字間底二殘泐約六個左右大字的空間，殘條檢《集韻》知當爲「㲓」字注文，姑爲擬補一個字頭缺字符。

〔三二〇〕「𦙶」字《廣韻》作「𦛡」形，余迺永《新校》云：「此『𪉷』之訛字。元至正、至順、覆泰定三本作『𪉷』。」勤德堂本作「𤕟」，合《説文》。……偏旁「匆」訛寫成「朋」，於是有「䏶」字。』所論甚是，底二又因『䏶』而訛省，茲據校改。又釋義《廣韻》作『青疏』，《説文·疋部》作『門户疏窻也』，疑《廣韻》有脱誤，而底二之作尚可解也。

〔三二〕注文殘字前者存右下角似捺形筆畫，中者存上、下漫漶的筆畫，後者存左部筆畫，茲參《廣韻》、《集韻》及《通志·氏族略二》之『禹封舜之子商均於虞城爲諸侯』校補前、後二字作『遇』、『禹』，中者不能知（唯商均所封地又稱虞國，故亦疑其字爲『國』之壞）。又據《通志》，此『商均』當爲舜子而非地名，疑底二所作有脱誤。

〔三三〕殘字前者底二存漫漶的筆畫，中者存左部筆畫，後者存左下角少許筆畫，考注文《廣韻》作『齊藪名。亦作隅。《爾雅》曰「齊有海隅」；又水名，在襄國』，茲據《廣韻》校補前二殘字作『齊』、『名』，後一殘字不詳，疑爲『也』字之殘。

〔三四〕『母猴』二字底二有些漫漶，《補正》録作如此，與《説文·甶部》『禺，母猴屬，頭似鬼』合，茲從。

〔三五〕『入』字《箋二》同，《王二》、《廣韻》作『出』，考《説文·土部》『堣』字注作『堣夷，在冀州陽谷，立春日，日值之而出』，又《尚書·堯典》所謂『宅堣夷曰暘谷』，亦以『堣夷』等同於日出之『暘谷』，而非日入之『昧谷』，疑『入』字誤，俟考。

〔三六〕此條本小韻前已收，此不當重出，然小韻標數字廿二已包括此條在内，故不能確知是本小韻衍刻此條而小韻標數字因而誤計，抑是本條當爲别一條之訛，較之底二所收字，《廣韻》右旁從『禺』而底二無者唯『㷒，拔器煑食』一條，《集韻》又有『禑，福也』、『喁，噞喁，魚口出入；一曰聲也』、『偶，《説文》「懽也」』、『喁，闕；人名，漢有周喁』和『㛹，女字』五條，似皆與『齵』字字形不似，疑以衍刻爲近是。

〔三七〕注文殘字前二者底二存右部筆畫，其中第二字似爲代字符之殘形，第三字存左下角一小點狀筆畫，第四字存右上角筆畫，第五字存下部筆畫，諸字所存筆畫皆有些漫漶，考《廣韻》注文作『《搜神記》曰：蝛蝸，似蟬而長，味辛美，可食。』一曰名青蚨，《異物志》云：蟱蝺，子如蠶子，著草葉，得其子，母自飛來就之』，茲據校補殘字作『蟱蝺』、『蟲』、『似』、『而長』六字。又缺字底二漫滅，可參《廣韻》補作『蟬』字。

〔三二七〕『火旱』不辭，『火』字《箋二》、《王二》、《廣韻》、《集韻》皆作『大』，底二形訛，茲據校改。

〔三二八〕『禼』字《廣韻》、《集韻》本小韻皆未收，其注云『正字』，參諸底二文例，當指前與此相似之『禹』字。

〔三二九〕『其』字前底二衍刻一『又』字，《箋二》、《王二》該小韻皆只作『其俱反』，合於文例，茲從徑刪。

〔三三〇〕字頭『斵』字左下角筆畫底二有些漫壞，此參《集韻》本小韻從『斤』旁字録定。

〔三三一〕殘字底二存上部及左部漫漶的筆畫，其中上部似『艹』旁，茲參《廣韻》、《集韻》校補作『葋』字。又注文二書皆引《爾雅》云『葋，艼熒』，考《爾雅·釋草》郭璞注『未詳』，郝懿行疏云『《説文》作「朐」』，是『葋』字蓋爲『朐』之後起分化字，而『朐』爲條狀肉乾，則『葋』或爲條狀蔬菜乾，而底二訓作『艼葋』未詳。

〔三三二〕二殘字底二皆存部分漫漶的筆畫，又缺字底二漫滅。

〔三三三〕殘字底二存下部少許筆畫，茲參《箋二》、《王二》及《廣韻》校補作『軛』字。

〔三三四〕『𡲒』字《箋二》、《王二》、《廣韻》、《集韻》皆作『𡲒』形，合於形聲構字理據，底二俗訛，茲據校改。

〔三三五〕本條爲第八板末行末條，其下有『八板』二字。

〔三三六〕『𪚺』字《廣韻》、《集韻》作『鼩』形，《廣韻》訓云『𪓰屬，《説文》云「頭有兩角，出遼東」』，《集韻》略同，俗寫『龜』、『黽』二形多混而不分，底二以爲俗字可也。

〔三三七〕注文缺字底二殘泐，可參《箋二》補作『馬右』（《廣韻》『右』字作『左』，《王二》訛作『名』字）二字。

〔三三八〕注文殘字底二存左側筆畫，茲參《箋二》、《王二》、《廣韻》校補作『麥』字。又『人』字依文例疑爲『又』字形訛，後同。

〔三三九〕『鷹隼視；又複姓』及『瞿曇』底二皆有些漫漶，前六字參《姜韻》及《廣韻》録定，後二字《姜韻》未録，較諸《廣韻》審之當作『瞿曇』二字。

〔三四〇〕『倉』字下部底二有些漫漶，此參《姜韻》、《集韻》録定。

〔三四一〕字頭『衢』字與注文『街』字之右側底二皆略有漫漶，此參《姜韻》、《王二》、《廣韻》録定。

〔三四二〕注文殘字底卷有些漫漶，兹參《廣韻》、《集韻》校補。又二書注文『行』字下無『衢』字，疑底二衍刻一代字符。

〔三四三〕『斲』字左上部及右側底二皆有些漫漶，此從《姜韻》録定，然『斲』字本小韻前已有之，訓作『斲斤』，此不當重出，疑此字頭當從《廣韻》、《集韻》作『櫂』形，底二蓋因其義與前『斲』近而訛作，俟考。

〔三四四〕『謂』字底二有漫漶，此從《姜韻》録定，又殘字底二漫漶不能辨，而『白禺謂』云云似亦不辭，或有錯亂，亦或有誤識，俟考。

〔三四五〕注文『俱』字底二作代字符形，《廣韻》無之，疑此誤增。

〔三四六〕『奭』字《王二》同，《廣韻》、《集韻》作『奭』形，合於《説文》，底二俗作，後從『奭』字同。又殘字底二皆存右側少許筆畫，其形與《王二》之又音『許力反』合，兹據校補。

〔三四七〕『礶』字左旁『石』之左部底二漫滅，兹參《姜韻》及《廣韻》録定。又『就』字右側底二亦有漫漶，此亦從二書録定，『礶』字《廣韻》訓作『磪礶，礪石』。

〔三四八〕『朐』字《廣韻》、《集韻》及諸字書未見所載，疑或與『雄狐九尾』之『九』有語源上的關聯。

〔三四九〕『區所字』《姜韻》録作『一區兩□』，且『區』作代字符形，皆非是。又『區院』之『區』底二作代字符形，疑爲衍增。

〔三五〇〕注文『軀』字底二作代字符形，疑爲衍增。

〔三五一〕注文《廣韻》作『魚名，出遼東，似蝦無足』，與《説文》略合，疑底二誤增『蟆』字。

〔三五二〕注文『傴』字底二作代字符形，疑爲衍增。

〔三五三〕注文『于』字底二作代字符形，疑爲衍增。

〔二五四〕 注文「忘」字《王二》、《廣韻》、《集韻》皆作「妄」，合於《説文》，底二形訛，茲據校改。

〔二五五〕 注文《集韻》作「牖也」，可參。

〔二五六〕 「𢏳」字《廣韻》、《集韻》作「㢮」，合於《説文》，底二俗省。

〔二五七〕 注文《廣韻》作「褭衣」，底二「裛」字當爲「褭」之俗訛，茲據校改。

〔二五八〕 注文底二作「蚄蚗」，《集韻》作「蟲名，《方言》『蛐蜥，趙魏之間或謂之蚨蚄』」，今《方言》卷十一略同，唯字頭作「蚪」形，是底卷注文當有訛亂，茲據乙正並校改「蚗」作「蚨」字。

〔二五九〕 注文「鞃」字《王二》、《集韻》分別作「䩖」和「靻」字，皆誤，《廣韻》作「靻」，合於《説文》，茲據校改。

〔二六〇〕 「瑦」字《廣韻》隸於入聲燭韻，合於形聲構字理據，此處依形聲理據，「瑦」字疑爲「鳿」字俗訛，然「鳿」字字書未見所載，俟考。

〔二六一〕 注文「訏」字底二作代字符形，《廣韻》訓只作「大也」，疑底二誤增代字符。

〔二六二〕 「肝胎」當爲「盱眙」之俗字，參《箋二》校記〔二〇九〕。

〔二六三〕 殘字底二存左側筆畫，茲參《箋二》、《王二》、《廣韻》、《集韻》及本小韻前後從「于」旁字的寫法校補作「疛」字。又注文諸本皆作「病」或「病也」，疑底二注文衍增一代字符。

〔二六四〕 注文「架」字《王二》、《廣韻》皆作「樂」，《集韻》引《廣倉》訓「欨」作「歈、欨，樂也」，《玉篇・欠部》亦作「欨，喜樂也」，是底二「架」字當爲「樂」字形訛，茲據校改。

〔二六五〕 「虖」字《王二》、《廣韻》皆作「虖」形，《集韻》作「虖」，其下部所從之「亏」與底二所從之「于」爲同字之不同隸定字形；「虖」字見於《説文》，「虖」當爲「虖」之俗寫訛省。

〔二六六〕 「吁」字當即「吁」之俗訛，注文「見《詩》」蓋指《詩經・周南・卷耳》「陟彼砠矣，我馬瘏矣，我僕痡矣，云何吁矣」言，「吁」「吁」爲同一篆字隸定之異。

〔二六七〕 「祣」字《王二》作「祣」形，《廣韻》、《集韻》作「祣」形，後者合於形聲構字理據，底二俗訛，茲據校改。

〔三六八〕『稟』字《王二》、《集韻》同，《廣韻》作『稟』形，訓作『臿屬』，與《説文・木部》『稟，芣，臿也』之義合，底二字形俗作，又俗寫『垂』、『臿』多相訛亂，疑底二『垂』即『臿』之形訛，或又誤加『皃』字以申垂之形態，茲姑校改『垂』作『臿』字。

〔三六九〕注文《廣韻》作『姁媮，美態』，《集韻》作『姁媮，美也』，疑底二衍增一代字符。

〔三七〇〕『盤』字《箋二》作『般』，《王二》訛作『服』，《廣韻》、《集韻》作『鞶』，後者與《廣雅・釋器》『靬謂之鞶』説同，王念孫疏證：『鞶之言盤，靬之言紆也。《説文》「靬，輨内環靼也」，「靼，柔革也」。』則『般』、『鞶』、『盤』皆形容革之柔軟也，是底二所作亦不爲誤。

〔三七一〕殘字底二存右側筆畫，茲參《王二》（誤作『服』字）、《廣韻》校補作『股』字。又缺字底二殘泐，可參《集韻》補作『尪』字。

〔三七二〕字頭底二存右側一捺形筆畫，茲參《箋二》、《王二》、《廣韻》、《集韻》校補作『陓』字。又注文殘字居底二雙行注文之右行，皆存右側漫漶的筆畫，不能比知其詳；左行全殘，茲姑依行款爲擬補四個缺字符（亦或只有三字）。

〔三七三〕字頭底二存右側少許筆畫，茲參《王二》、《廣韻》校補作『醘』字。又注文殘字底二皆存右側筆畫，此亦參二書校補作『能』、『者止也』四字。又缺字底二殘泐，可從《廣韻》補作『能』字。

〔三七四〕『雩』字左下角底二有殘泐，茲參《廣韻》、《集韻》録定。又『雩』字下至行末底二殘泐約三分之一行，據空間，約可抄十五個左右大字，其中間部分約有五六個字之右側殘存少許筆畫，因不能斷爲何字，故不具録。

〔三七五〕據《箋二》、《王二》等韻書及底一卷一卷端韻目，此處缺十虞韻尾部（約一至二行）、十一模韻、十二齊韻前部。

〔三七六〕此下據底五校録，其中前一部分校諸《箋二》、《王二》、《廣韻》知爲『十二齊』韻。『鞢』字《廣韻》、《集韻》未收，《玉篇・革部》訓『常也』，皆未聞（『常』與底本『鞢帝』之『帝』當有一誤，疑以『常』爲是，意爲『裳』

也）。又其所在小韻參《箋二》、《王二》可知爲『度嵇反』小韻，《廣韻》反語作『杜奚切』。

〔二七七〕『喥』字《集韻》以之爲『唬』之或體，引《説文》訓作『號也』，可參。

〔二七八〕『北狻』未聞，考《史記·魯仲連鄒陽列傳》『食以駃騠』司馬貞索隱：『按《字林》云：北狄之良馬也，馬父贏馬也。』則底五之『狻』字蓋蒙下之『駿』字從『夋』旁而訛，兹爲校改作『狄』字。

〔二七九〕注文『騠肩』《王二》同，《廣韻》、《集韻》作『騠鳩』（『騠』字《集韻》作『鶗』形），按二詞皆爲聯綿詞，其聲紐同軌。

〔二八〇〕『鞮』字右上角底五略殘，此參《王一》、《王二》、《廣韻》録定。

〔二八一〕『蕿』字《説文》不載，《集韻》訓作『艸名，滈（蒚）侯，莎，[其]子蕿』，疑底五以此爲《説文》『莛』（訓作『艸也』）之俗字；『莛』字《廣韻》隸之於支韻『是支切』小韻。

〔二八二〕『桶』義諸字書不載，《王二》載一訓作『桷頭』，與《説文·頁部》『頟也』之訓存在引申關係，是底五之『桶』字當爲『桷』字形訛，兹據校改，又其下疑脱刻『頭』字。

〔二八三〕注文『鳺』字《廣韻》作『鴂』，與《廣雅·釋鳥》『鷤鴂，鷶鵤，子鳺也』合，《王二》訛作『鴂』形；按『鷤鴂』當爲聯綿詞，又『鳺』字乃『規』之因鳥而類化偏旁字，故『鷤鳺（規）』與『鷤鴂』聲紐同軌。

〔二八四〕注文『茶』字下部底五略有漫漶，《潘韻》録作『蒤』形，《補正》録作『茶』形，審其字形，似以潘録近是，然『蒤』字字書未見所載，疑其字爲『荼』或『葉』（俗作『茱』形）字訛作，俟考。

〔二八五〕注文《王二》作『虒』，《廣韻》作『虒行皃』，《集韻》訓作『虒虒，行跛』（『虒』爲『虒』之或體），疑底五『虒』字爲『虒』字形訛，《字彙補·九部》『虒，尥九也』，亦當爲『虒』字形訛，『虒』爲『跛』之正字，兹姑據校改。

〔二八六〕注文『水』字《箋二》、《王二》、《廣韻》皆作『米』，底五形訛，兹據校改。

〔二八七〕『㡙』字《王二》同，且訓云『作』，亦與底五合，然《廣韻》不載此字，而載『㡙，㡙帷（怍）』字，《集韻》兩收之，龍宇純《校箋》以爲從『忄』旁字當作從『巾』，其引證甚富，敦煌俗寫『忄』、『巾』多混而不分，兹從校改。

〔三八八〕注文《廣韻》作『足也』，與今本《説文》同，底五『號』字疑因『蹏』字而訛，本當作『足』字，兹姑爲校改。

〔三八九〕『鵏』字《集韻》以爲『鵏』字正體，疑底五此處當作『亦鵏，鳥名』，脱『鳥』字，唯《廣韻》則别收『鵏』字，訓云『鶩鵏，山鷄名』，底五本小韻前有殘泐，不知收『鵏』字否，俟考。

〔三九〇〕『餹銻』訓『小蟬』，形義不合，博士生張新朋指出：《王一》、《王二》『銻』字訓『餹銻，膏糜（糜）。』又《王一》、《王二》同一小韻『銻』字後皆收『蜅』字，訓作『螗蜅，小蟬』，底卷蓋誤糅『銻』、『蜅』二條爲一，可參。

〔三九一〕『匽』爲『匽』字俗省，《廣韻》、《集韻》等正作『匽』。

〔三九二〕注文《廣韻》、《集韻》皆作『卧也』，疑底五此處衍刻一代字符。

〔三九三〕『㲉』字《王二》、《集韻》皆從『欠』旁，合於形聲構字理據，底五形訛，兹據校改。

〔三九四〕注文《廣韻》同，《王二》作『轉語相誘』，《集韻》作『語相誘』，龍宇純《校箋》：『案本書「度嵇反」下云「轉語」，乃誤讀《方言》之文。此云「轉語相誘」，「相誘」二字顯由妄增，各書並沿其誤。』按《方言》卷十：『讕哰、謰謱，拏也。南楚曰謰謱，或謂之支註，或謂之詁謰，轉語也。』可參。

〔三九五〕『蛆』字《廣韻》、《集韻》本小韻皆不載，《廣韻·脂韻》載此字，訓云『《字林》云：北燕人謂蜓蚰（當乙正作「蚰蜓」）爲蚭蛆也』；又『疋』字於此當爲『雅』之古字，爲『《爾雅》』之省稱，本大韻後『鵶』字注文云『司晨鳥，能知時，《疋》云「鵶棲於杙爲榤也」』，當與此同；今本《爾雅·釋丘》有『水潦所止泥丘』句，其中的『泥丘』《廣韻·齊韻》『坭』字下引作『坭丘』，疑底卷『《雅》有蛆丘』即指此而言，然『蛆』『坭』字别，固不得混而爲一也，俟考。

〔三九六〕注文『彩』字底五作『彩』，應爲『彩』字刻訛，《楚辭·離騷》『駟玉虬以乘鷖』王逸注引《山海經》云『鷖身有五彩，而文如鳳』，可證，兹徑據録正。

〔三九七〕釋義《廣韻》作『黑羊』，《集韻》作『黑羊；一曰羣羊相羵』，《玉篇·羊部》亦作『黑羊也』，皆無『角』字，唯

《廣雅·釋器》作「黑也」，則底五之訓「黑羊角」，似亦不誤。

〔二九八〕「妹」字《王二》同，《廣韻》、《集韻》作「⿱夫未」，後者合於形聲構字理據，且「妹」字後世字書亦未見所載，底五當爲俗訛，茲據校改。

〔二九九〕「赤」字左下角底五有殘泐，此參《王二》、《廣韻》録定。

〔三〇〇〕《周禮·天官·序官》「奚三百人」鄭玄注：「古者從坐，男女没入縣官爲奴，其少才知以爲奚。今之侍史官婢，或曰奚官女。」又孔疏云：「鄭依秋官司厲，從坐男女没入縣官爲奴，則奴者男女同名，以其曉解作酒，有才智則曰女酒，其少有才智、給使者則曰奚。」則底五「有才智」之説或有誤也，疑「有」字前脱一「少」字。

〔三〇一〕「傒」爲「徯」的後起换旁字，《廣韻》正作「徯」。又注文「上」字下底五衍抄一「也」字，茲依文例徑删。

〔三〇二〕注文《王二》、《廣韻》皆作「榽蘇，木名，似檀」，《集韻》作「木名，《爾雅》『魄，榽橀』」，按「榽蘇」、「榽橀」爲一聲之轉之聯綿詞，底五蓋承用注文與被注字連讀成訓例。

〔三〇三〕釋義《集韻》作「東北夷名」，《玉篇·犬部》作「犬戎」，合於形聲構字理據，則底五之「大」字當爲「犬」之形訛，茲據校改。

〔三〇四〕「鼷」字底五左下部似「黽」而其上又有一「⺈」形構件，蓋受「龜」、「黽」二旁交互影響所致，此定作「鼷」，下文「龜」字或「龜」旁底卷亦皆作此形，皆徑予録正，不再出校説明；「鼷」當爲「鼷（𪓰）」的换旁俗字，《王二》、《廣韻》、《集韻》正作「𪓰」。參看下文校記〔三四〕。又注文諸本皆作「水蟲」，合於《説文》，底五蓋承前「小蟬」、「小鼠」等而訛，茲據校改「小」字作「水」。

〔三〇五〕「矣」字《廣韻》、《集韻》及《玉篇·大部》皆作「奊」形，底五俗作。又「狩」字通「獸」。

〔三〇六〕「亐」字諸底卷注文亦皆作此形，今爲方便識讀，於注文之「亐」字皆徑改作「兮」形。

〔三〇七〕「兮」字《廣韻》、《集韻》及諸字書皆未見所載，考《説文》篆字「兮」隸定亦無作此形者，故疑此爲「兮」字俗寫訛變，《王二》謂『兮』字『俗作兮，非，真謬』，可參。下文『兮』旁或作『兮』，當又爲『兮』之俗寫。

〔三〇八〕『醢』字右部蓋『益』之俗寫（下『榏』字同此），此字《箋二》、《王二》、《廣韻》、《集韻》皆作『醓』，當皆爲『醯』之俗字。

〔三〇九〕『榏』《集韻》作『榼』，注云：『俗作榏，非是。』可參，又參上校。

〔三一〇〕引文『者』字今郝懿行《爾雅義疏·釋詁上》作『耇』，於原句之讀法上有些扞格，疑當以底五所引爲典正。

〔三一一〕注文底五作『兒霓，大魚』，《王二》作『兒寬』，《廣韻》作『姓也，漢御史大夫兒寬，千乘人』，疑底五本條乃雜糅前後二條内容而致訛，原蓋只作『兒寬』二字，而抄刻者承蒙前後二條而訛，兹據徑刪『霓大魚』三字，而爲擬補一個脱字符。

〔三一二〕『工迷反』與本小韻正音『古兮反』同音，《集韻》別收字頭『禾』，引《説文》訓云：『禾之曲頭，止不能上』，此爲解形，然其『字』、『禾』間當有一『從』字，此蓋脱，兹爲擬補一個脱字符；又『二日』當爲『旨』字俗訛，『旨』字上部的『匕』俗寫多作『亠』、『二』之形，底卷又因之誤分一字作二字，『稽』字《説文》從禾從尤，旨聲。

〔三一三〕注文『昔』字《箋二》、《王二》、《廣韻》皆作『苦』，底五形訛，兹據校改。

〔三一四〕『螇』字《王二》同，《廣韻》、《集韻》作『谿』，《校箋》：『唐人「畱」字通書作「由」。』

〔三一五〕『肙』字《廣韻》、《集韻》及諸字書未見所載，唯《集韻》本小韻收有訓作『《説文》「尻也」』的『眉』字，與底五此字形近，俗寫『日』、『月』二旁多混而不分，而『肉』旁字隸定後多作『月』形；又注文『屍肉』不詳，疑亦爲『尻也』之訓而蒙下條從『肉』旁字致訛，俟考。

〔三一六〕注文『醢』字右部底五模糊不清，《廣韻》釋義作『有骨醢也』，兹據以録定作『醢』字。

〔三一七〕釋義《箋二》作『榶棣，木名』，《王二》略同，與《爾雅·釋木》『唐棣，栘』合，底五『康棣』二字當爲『唐棣』二字形訛，兹據校改。

〔三一八〕『栟』字《箋二》、《王二》同，爲『棹』之俗字，參《箋二》校記〔三〇三〕，《廣韻》、《集韻》本小韻皆只收一『棹』字。又注文『批栟』疑與慧琳《音義》卷七六『藥棹』注之『棹，攪藥木棹也』同物。

〔三一九〕注文當作『圓榼』，『員』、『圓』古今字，『盖』當爲『榼』字形訛，參《箋二》校記〔三〇二〕，玆據校改。

〔三二〇〕『磬』字《廣韻》、《集韻》本小韻皆未收，唯《集韻》去聲霽韻『吉詣切』小韻收有『磬』字，訓『聲也』，『磬』字當即『磬』之俗省。

〔三二一〕反語下字《箋二》、《王二》、《廣韻》皆作『脂』，疑底五音訛。

〔三二二〕『魚』字《箋二》、《王二》、《廣韻》、《集韻》皆作『莫』字，底五形訛，玆據校改。

〔三二三〕『踆』字《箋二》、《王二》皆作『踆』形，合於形聲構字理據，底五俗訛，玆據校改。

〔三二四〕『鼂』字《廣韻》、《集韻》皆作『鼂』，按《集韻》注文云『龜屬，如龜而多膏』，既爲『龜屬』，則字或本當以從『龜』爲長。

〔三二五〕注文殘字底五存上部筆畫，玆參《箋二》、《王二》、《廣韻》校補作『攜』字。又缺字底五殘泐，可依文例及底五本小韻實收字數補作『反十三』三字。又引文《廣韻》同，今本《孟子》未能檢到，《集韻》注文有『一曰六十四黍爲圭』，與《漢書·律曆志上》『量多少者不失圭撮』顔師古注『應劭曰：四圭曰撮，三指撮之也；孟康曰：六十四黍爲圭』合，慧琳《音義》卷五二『圭銖』及卷六五『圭合』條注文亦作『六十四黍爲一圭』，又《孫子算經》卷上云：『量之所起，起於粟，六粟爲一圭，十圭爲一撮。』則其計數之換算或有不一，然謂『六十四』蓋別有數理之據，疑底五所作非是（唯《王二》亦作『〔□〕十三』，則底五之誤蓋亦有所承）。又孟康爲三國魏人，《三國志》卷一六《杜恕传》注引《魏略》云：『正始中，出爲弘農，領典農校尉。』蓋因而有論及糧食計量單位之説，爲顔師古注《漢書》所引，余迺永《新校》以爲『「孟子」當作「孟康」』，玆從校改。至若『合』、『撮』之别，又多紛亂，此不具考。

〔三二六〕『文』字本疑爲《説文》省稱，然檢《説文·土部》『圭』字注：『瑞玉也，上圜下方。公執桓圭，九寸；侯執信圭，伯執躬圭，皆七寸；子執穀璧，男執蒲璧，皆五寸，以封諸侯。从重土。楚爵有執圭。珪，古文圭从玉。』與底卷所訓不合，又檢《箋二》、《王二》注文皆作『剡上玉』，故疑『文』爲『玉』字之訛，俟考。

〔二七〕『鉒』字《玉篇·金部》釋『金圭也』，此釋『鉒釣』，未詳。

〔二八〕『小』字《箋二》、《王二》皆作『上』，與《釋名·釋衣服》『婦人上服曰袿，其上廣下狹，如刀圭也』合，然婦人上衣而謂之小衣，或亦不可謂非是，姑存之。

〔二九〕『⿰禾圭』字《王二》、《廣韻》、《集韻》皆作『耓』形，合於《説文》，俗寫『耒』或作『禾』形，底五所作爲俗字。

〔三〇〕『⿰禾圭』字本小韻前已有之，此不當重出，若以前之『⿰禾圭』當爲『耓』之俗作，則此訓『和』及『姓』之『⿰禾圭』《廣韻》、《集韻》及諸字書未見所載，《玉篇·禾部》所收之『⿰禾圭』字訓『田器也』，是爲『耓』之俗字；又如此條字頭不誤，則疑此注文『和』爲『耕』字俗訛（『耕』字俗作『⿰禾井』），『耓』字《廣雅·釋地》有『耕也』一訓，或即底卷所本。

〔三一〕注文《廣韻》作『甑下孔，《楚詞》云「珪璋雜於甑窐」，又音攜。亦作甗』，《王二》字頭作『甗』，注文作『或窐。又户圭反』，此釋『窐户』，别無所出；考《晉書·隱逸傳論》云『徵聘之禮賁於巖穴，玉帛之贄委於窐衡』，明楊慎《升菴集》卷六七謂『窐衡』爲『窐竇衡門』，『窐户』殆猶『窐衡』也；又《南史·齊本紀上》云『（王）敬則自門窐中以首見帝，帝猶不信，乃於牆上投進其首』，『窐』字用法略同，亦可參。

〔三二〕注文缺字底五殘泐，姑依所缺空間擬補六個缺字符（亦可能只有五字）。

〔三三〕字頭『胿』字上部底五有些殘泐，此參《王二》、《廣韻》及《集韻》録定。

〔三四〕釋義『睽實』未聞，《廣韻》首義作『異也』，疑底五『實』爲『異』字形訛，俟考。

〔三五〕引文見於《左傳》僖公十五年占筮文。

〔三六〕『瓡』字《集韻》收爲『睽』的或體字。

〔三七〕注文殘字底五存上部似『玄』形筆畫，兹參《王二》、《集韻》校補作『畜』字。

〔三三八〕字頭底五存左部漫漶似『魚』形筆畫，兹參《廣韻》校補作『鮭』字；注文殘字底五前一字存漫漶似『人』形筆畫，疑爲代字符之漫漶，後一字存大部分筆畫（唯右下角有殘泐），其中左旁『阝』旁及右上角似『且』形筆畫可辨，兹參《廣韻》校補作『鮭陽』二字。

〔三三九〕『擕』、『攜』俗書亦或作『攜』『擕』，並皆爲『攜』的簡俗字，《王二》、《廣韻》等字頭正作『攜』。又注文『丘陵險』義諸字書不載，唯《集韻》本小韻『酅』字注文云『《説文》「東海之邑」；一曰阪險名。通作巂』，此蓋并通假義而收之。

〔三四〇〕『嶲』爲『巂』的俗字，《王二》、《廣韻》、《集韻》等書正作『巂』；下文從『嶲』旁字仿此。又注文『似馬，一角』義的『巂』《王二》、《廣韻》皆以爲同『驨』。

〔三四一〕『𪛁』字《廣韻》、《集韻》及諸字書不載，《改併四聲篇海·龜部》引《川篇》有此字，訓『龜也』，《字彙補·龜部》訓作『大龜，形如山』，底五及《箋二》、《王二》、《廣韻》、《集韻》皆收訓作『大龜』（底五『大』字誤作『七』）的『蠵』（字或作『蠵』），『𪛁』當即『蠵』之或體字。

〔三四二〕注文『七』字《箋二》、《王二》、《廣韻》、《集韻》皆作『大』字，底五形訛，兹據校改。

〔三四三〕注文《集韻》作『《説文》「東海之邑」；一曰阪險名。通作巂』，是此『酅削』當與『峻削』同，義爲『陡峭』也。

〔三四四〕『𠪾』字《廣韻》作『𠫃』形，合於《説文》，底五俗省。又注文『𨘹』字《廣韻》、《集韻》作『𨙸』形，亦合於《説文》，底五形訛，兹據校改。

〔三四五〕注文《説文》作『蔽人視也』，『一曰直視也』，底五注文疑有脱誤，然其原貌不能推而知矣，兹姑據校改『鄙』作『蔽』字。

〔三四六〕『睳』字《王二》别屬於『呼圭反』小韻，訓作『目瞢』，《廣韻》略同，《集韻》亦别隸於『翾畦切』小韻，訓作『《埤倉》「瘠人視皃」；一曰健而無德；一曰目瞢』，皆與底五不盡合，又考《字彙補·目部》『睳』字訓作『顧眄（眄）不定也』，疑底五『免』爲『眄』之音訛字，俟考。

〔三四七〕『䰩』字即『䰩』之俗作，而『䰩』字前已别出，訓作『甑下孔』，又從注文看，較諸《箋二》、《王二》及《廣韻》、《集韻》，皆屬之於字頭『畦』字下，其《集韻》收有『畦』字或體作『𥌒』，而『畦』字前亦别出，訓作『畦壠』，是此條當删，而注文可合於前『畦』字下。

〔三四八〕葉鍵得《十韻彙編研究·刊校勘記》引林炯陽《切韻系韻書反切異文表》云：『「人兮反」與「䴊」字「人兮反」切語全同，不當别出一紐。按「䰚」字不詳所出，《集韻》「人移切」下有「䰚」字，爲「䴊」字之或體，疑此卷誤「䰚」爲「䰚」，遂又别立一紐，添之韻末，而有此誤。』可參。

〔三四九〕『齜齟』底五本作『齟齜』，《箋二》、《王二》、《廣韻》、《集韻》皆作『齜齟（齟）』，與前『喍啀』爲同源聯綿詞，底五誤倒，兹徑爲乙正。

〔三五〇〕注文『𧷸』當爲『𥈭』字形訛，參《箋二》校記〔三六〕，兹爲校改。又殘字底五皆存右側筆畫，兹參《箋二》、《王二》及《廣韻》校補作『不平』二字。

〔三五一〕字頭左上角底五略有殘泐，此參《箋二》、《王二》、《廣韻》録定。

〔三五二〕注文殘字底五皆存上部筆畫，與《廣韻》、《集韻》注文『角中骨』之『角』、『骨』二字上部形合，兹據校補；又缺字底五殘泐，可從二書補作『中』字。

〔三五三〕本條底五殘泐，據其所缺空間當可抄一個字頭加四個注文小字，考《王二》、《廣韻》、《集韻》本小韻有『籭』字，其注文《王二》作『漉。又山猗反』，《廣韻》作『竹名』，《集韻》作『漉具』，疑底五所缺即此條，注文當收二義或一義加又音，姑爲擬補五個缺字符。

〔三五四〕注文《廣韻》作『積也，《詩》云「助我舉𢬵」』，今阮刻《十三經注疏》本《詩經·小雅·車攻》作『柴』，則底五所作乃承前『柴』字條而訛，兹據《廣韻》校改。

〔三五五〕『又』下之『茈』疑爲『兹』之音訛字，蓋因誤抄此而後復抄正字『兹』，旋忘删之，致衍此字，不合文例，當删。

〔三五六〕字頭《集韻》作『㖨』形，與前『五佳反』小韻『啀』字注文『㖨啀』字形合，此蓋承前『祡』字條而訛，茲據校改。又注文『㗐（㖨）啀』底五本作『啀㗐（㖨）』，前『啀』字下作『㖨啀』，與『齟齬』爲同源聯綿詞，此處誤倒，茲徑爲乙正。

〔三五七〕本小韻實收七字，蓋編者所據底本本爲六字，後增一字（底卷『簰』『篺』二字實爲一字異體，其中有一字應爲後增），然未及改計小韻標數字，致與實收字數不合。

〔三五八〕『⿰氵篺』字《裴韻》同，《箋二》、《王二》、《廣韻》、《集韻》作『簰』形，又《集韻》以『簰』爲『篺』（見於《廣雅·釋水》）字或體，蓋後因義與水涉而類化從『水』，然則底五所作之『⿰氵篺』字當爲『簰』之偏旁易位俗字，與《説文·水部》訓『水，在丹陽』之『⿰氵篺』字重形。

〔三五九〕注文殘字前者底五存上部少許筆畫，後者存左上角筆畫，注文《箋二》作『縣名，在蜀。又符羈反』，《王二》、《裴韻》略同（唯《裴韻》又音反語上字作『扶』），《廣韻》作『縣名』，茲據校補前一殘字作『縣』，後一殘字當爲支韻『郫』之同音字，似與『皮』字形近，姑從校補。又缺字底五殘泐，可從諸本補作『名』字。

〔三六〇〕殘字底五存左側筆畫，茲據《廣韻》、《集韻》校補作『灑』字。又缺字底五殘泐，可據《廣韻》補作『江』字。又句尾『也』字置此於文法不合，茲參二書校改作『者』字，底五蓋承前諸加『也』字句尾之注文而訛。

〔三六一〕『賵』當爲『瞶』字形訛，參《箋二》校記〔三二七〕，茲爲校改。

〔三六二〕注文《王二》、《裴韻》作『鞵』，《廣韻》作『鞼鞵，履也』，則底五之『鞋』當讀與『鞵』音同，『鞼鞵』爲聯綿詞。

〔三六三〕『蒧』字《廣韻》作『菙』形，《集韻》作『菲』形，而別收『菙』字訓作『物不齊也』，余迺永《新校》云：『余按「菲」固「⿰⺊⿻十乖」字訛隸定，應正作「乖」。或體「菙」所從之「𠂹」，《説文》「背吕也」，與「乖」同音「古懷切」，遂或以「𠂹」代「乖」。』其言是，茲從校改。

〔三六四〕『讗』字《廣韻》作『讗』，聲旁『巂』形見於《説文》（參立部『䜃』字注），又《龍龕·立部》所收『䜃』字或體，其左上角有作『夕』形者，是底五所作當爲『讗』之俗字。又注文《箋二》作『闚墮』，諸本略同，參《箋二》校記〔三八〕，疑底五注文有錯亂，即衍增代字符，而又脱抄『墮』字。

〔三六五〕注文『羊』字下底五衍一『反』字，兹據《箋二》、《王二》、《裴韻》徑删；此處前後文之小韻首字注文皆先釋義後出反語，本條蓋誤作先出反語，而後又加一『反』字以示其正。

〔三六六〕『大』字《箋二》、《王二》、《裴韻》、《廣韻》皆作『火』，底五形訛，兹據校改。

〔三六七〕『嗝』字《王二》作『嗝』形，《廣韻》作『嚆』形，後者合於形聲構字理據，兹據校改。

〔三六八〕『蠹』應爲『鼃』的換旁俗字；『鼃』字見《説文》，《廣韻》、《集韻》皆以爲前一小韻『蛙』字或體，如是，則底卷『蛙蠹』實爲異體字連文。

〔三六九〕『正』字非義，考《王二》本條注文作『古諧反。皆正作皆（皆）』，疑底五亦脱正字『皆』（《説文》作此形），兹姑爲擬補一個脱字符。又下文『皆』字及『皆』旁底本亦皆從俗作『皆』，兹徑録正，不再出校説明。

〔三七〇〕引文見於《爾雅·釋草》，其中『决』字作『英』，底五用借字。

〔三七一〕引文爲《淮南子》佚文，《太平御覽·蟲豸部五》『蝔』字條引《淮南子》云：『蝔知將雨。』

〔三七二〕注文《箋二》、《王二》、《廣韻》皆作『風雨不止』，又《説文》『湝』字注文作『水流湝湝也。从水，皆聲。一曰湝湝，寒也，《詩》曰「風雨湝湝」』，按今阮刻《十三經注疏》本《詩經·鄭風·東門之墠》作『風雨淒淒』，『淒淒』、『湝湝』蓋音近轉語，然則底五之『階』當爲『湝』之形訛，兹據校改。

〔三七三〕『龤』訓『樂名』《王二》同，未聞，《廣韻》引《説文》作『樂和龤也』，《校箋》以爲『名』字誤，兹從校改作『和』字。

〔三七四〕注文《王二》、《廣韻》作『蓑蔽』；『蓑』、『蓑』《集韻》作『蒗』，蓋皆聯綿詞因音造字而形成的或體字。

〔三七五〕『俙』字《王二》作『俙』形，合於《説文》，底五俗作。

〔三七六〕『趦』字《王二》、《廣韻》、《集韻》皆作『赼』形，則底五之或體『越』當爲『赼』字形訛，兹姑據校改。

〔三七七〕『齋』字《箋二》、《王二》、《廣韻》、《集韻》皆作『齋』形，底五俗訛，兹據校改。又注文《箋二》作『齋潔』，

《廣韻》首義同，與《説文·示部》『戒潔也』之訓合，底五『菉』字字書未見所載，當爲『潔』字俗訛，茲亦據校改。

〔三七八〕『舍』字右側蓋有誤書者，後加竪綫劃去，故此徑録作『舍』字。

〔三七九〕『頩』字《王二》、《廣韻》、《集韻》皆作『碩』形，後者合於《説文》，然從本小韻『排』、『輫』等字所從聲旁看，此從『非』聲亦合於形聲構字理據，《正字通·頁部》謂『頩，頩字之譌』，與此不同，底五所作當爲『碩』之俗字。

〔三八〇〕注文底五作『典入蒲頣來反』，其中原行款注文作雙行，右行爲『典入蒲』三字，左行爲『頣來反』三字，《補正》揭此當作『典(曲)頣。入(又)蒲來反』，其訓與《集韻》『大面皃』略合，甚是，底五抄者初以注文爲二字，故横抄之，後覺另有又音，遂接抄之，而致行款錯亂，然此亦爲夾注類文書抄寫補過之通例，茲從徑爲乙正。又『典』字《王二》、《廣韻》作『曲』，《補正》徑録作『曲』，茲從校改。

〔三八一〕『狩』字通作『獸』，底一至底六『獸』字多作『狩』。

〔三八二〕『槐黑』邑未見所出，考《史記·秦本紀》『非子居犬丘』《正義》云：『犬丘故城一名槐里，亦曰廢丘，在雍州始平縣東南十里。《地理志》云：扶風槐里縣，周曰犬丘，懿王都之，秦更名廢丘，高祖三年更名槐里也。』又《通典》卷一七三州郡三古雍州上『京兆府』下轄二十三縣之『金城』條亦云：『周曰犬丘，秦曰廢丘。項羽封章邯爲王，都於此。漢高帝改名槐里。武帝又割置茂陵縣，有武帝茂陵。昭帝又割其地置平陵縣，有昭帝平陵。魏改爲始平。開元中改爲金城，有馬嵬故城。』疑底五之『黑』字當爲『里』字俗訛，茲據校改。

〔三八三〕注文《王二》作『溾涹，濊濁』，《廣韻》(『濊』作『穢』)、《集韻》同，合於《廣雅·釋訓》，是『溾涹』當爲聯綿詞，底五脱刻『涹』字，茲爲擬補一個脱字符。

〔三八四〕『⿰齒盖』字《集韻》作『⿰齒昷』形，後者合於《廣雅·釋器》，底五形訛，茲據校改。

〔三八五〕殘字底五存右下角一『一』形筆畫，茲依文例校補作『二』字。

〔三八六〕注文《王二》作『劜』，《廣韻》作『劜勑，人有力也』，《集韻》誤倒作『勑劜』，訓作『有力皃』，底五『勵』字字書未見所載，《補正》以爲『蓋涉上「匯」字訛者』，當是，兹從校改。

〔三八七〕『狩』字通『獸』，參看上文校記〔三八二〕。

〔三八八〕『⿰亻坴』字字書未見所載，構形不明，《廣韻》、《集韻》本小韻釋義略同之字皆作『㩊』，或即一字。

〔三八九〕『⿺尢夾』字《廣韻》、《集韻》皆作『⿺尢虫』，底五所作亦合於形聲構字理據，蓋可視爲『⿺尢虫』之俗字，《龍龕·兀部》以『⿺尢夾』、『⿺尢㒸』爲或體字，訓作『相⿺尢夾擊也』，《集韻》『⿺尢虫』字下則收『⿺尢㒸』、『瘣』二或體字。

〔三九〇〕『迴』字後已收訓作『迴還』之『迴』，《箋二》、《王二》、《廣韻》、《集韻》同，此不當重出，諸本小韻首字皆作『回』形，與底五注文亦合，則底五本條『迴』字皆當爲『回』字誤書，兹據校改。

〔三九一〕注文『大』字《箋二》、《王二》、《廣韻》、《集韻》皆作『火』，底五形訛，兹據校改。

〔三九二〕『祁』字《王一》、《王二》、《廣韻》作『邪』形，《集韻》作『⿰豕⻏』形，龍宇純《校箋》云：『案「邪」不成字理，當作「⿰尤⻏」，與「蚘」從「尤」聲同。』余迺永《新校》進而謂諸本左旁『並「尤」篆之訛隸定』。按『⿰尤⻏』字合於形聲構字理據，然諸字書未見有收『⿰尤⻏』字者，因知其説恐不可從。考《説文》有『猚』字，注云『睢陽有猚水』，段玉裁注：『《玉篇·邑部》：邪，胡灰切，睢陽鄉名。邪即猚字，有猚水而後有邪鄉也。』蓋『猚』因水名而轉指鄉名，遂改從邑旁作『邪』，傳抄又形訛作『祁』也。

〔三九三〕注文『台』當通『貽』字，『貽養』當即『恢復』之義。又反語下字《箋二》、《王一》、《廣韻》皆作『回』，葉鍵得《十韻彙編研究·刊校勘記》引林炯陽《切韻系韻書反切異文表》云：『「環」疑「瓌」字誤。』按『環』字諸韻書本大韻皆未收，又《廣韻》本大韻收『瓌』爲『瑰』之或體字，兹從林氏校改，底卷形訛。

〔三九四〕釋義《廣韻》作『多也』，《集韻》第二義項同，疑底五注文衍抄一代字符。

〔三九五〕字頭《玉篇·頁部》同，《廣韻》、《集韻》皆作『顝』形，於形聲構字理據看，當以底五所作爲正。

〔三九六〕本條居底五第十一板末行行末，其下有『十一板』三字。

〔三九七〕據《箋二》、《王一》等韻書及底一卷一卷端韻目，此處缺十五灰尾部，十六咍至廿八山各韻，卷二之首的『切韻平聲下第二　凡廿九韻』字樣以及部分韻目。

〔三九八〕此下一段據底二校録。首行行首至行末間只存近下部二殘條内容，依其抄寫文例，原一行可抄八條韻目，故爲此殘行上部擬補二十八個缺字符。

〔三九九〕『郎』字底二有些漫漶，此從《姜韻》録定。又『唐』字反語《箋二》、《王二》（在上平聲卷首）、《廣韻》、《集韻》卷首韻目反語皆作『徒郎反/切』，當可據補反語上字『徒』；又其標序字可據後之文例補作『卌二』二字。

〔四〇〇〕『卌三』、『庚』三字底二皆只存左側部分筆畫，右部漫漶，此從《姜韻》録定。又依文例擬補二個缺字符。

〔四〇一〕『庚』字下至行末底二殘泐約四個大字的空間，此依底二行款及文例擬補五個缺字符。

〔四〇二〕『七』字底二略有漫壞，此參《箋二》、《王二》及《廣韻》録定。

〔四〇三〕『卌六』、『經』、『青』四字底二漫滅，此從《姜韻》録定。又缺字底二漫滅，考《箋二》、《王二》、《廣韻》、《集韻》此皆作『倉』字，當可據補。

〔四〇四〕『卌』字底二漫滅，『七』、『尤』二字亦有漫漶，此並參《姜韻》録定。又缺字底二漫滅，《箋二》、《王二》作『雨』，《廣韻》作『羽』，《集韻》作『于』，可參。

〔四〇五〕『卌九』二字底二漫滅，『虬幽』二字皆僅存左側少許漫漶的筆畫，此並從《姜韻》録定。又缺字《姜韻》作缺字符，《箋二》、《王二》、《廣韻》、《集韻》皆作『於』字，當可據補。

〔四〇六〕『余』字右側底二有些殘泐，此參《箋二》、《王二》、《廣韻》録定。

〔四〇七〕『諸膺蒸』三字底二有些漫漶，《姜韻》作缺字符，兹參《箋二》、《王二》、《廣韻》、《集韻》録定，唯前三書皆置『蒸』於後『添』字下，《集韻》則置之於前『青』字下。

〔四〇八〕殘字底二存少許漫漶的筆畫，《箋二》、《王二》、《廣韻》、《集韻》皆作『都』字，兹據校補。又『騰登』二字底二亦有些漫漶，此參諸本及《姜韻》録定。

〔四〇九〕『五十五』三字底二漫滅，『胡讒』二字底二亦僅存漫漶的筆畫，此並參《箋二》、《王二》、《廣韻》及《姜韻》録定。

〔四一〇〕『銜』字右上角底二漫漶，此參《箋二》、《王二》、《廣韻》及《姜韻》録定。

〔四一一〕『語鹼』二字及『嚴』字上部底二皆有些漫漶，此參《箋二》、《王二》、《廣韻》及《姜韻》録定。

〔四一二〕『苻芝』二字底二略有些漫漶，此參《箋二》、《王二》録定。

〔四一三〕『字從出不』説與字形不合，《説文·先部》云『从儿，从之』，其『之』字篆文隸定作『㞢』，當即底二所取；而『不』則當爲『儿』字形訛，茲並據校改。

〔四一四〕『豖』字底二略有漫漶，茲參《集韻》、《姜韻》録定。又『豖』下與下條間底二有殘泐，依行款當可刻一注文小字，然《集韻》注文只作『豖類』，與此注文合，故不加録缺字符。

〔四一五〕字頭底二存上部筆畫，其中左部『口』形、右部『覀』形可辨，注文殘字存下部筆畫，其中左部作『亻』形，右部作『丁』形，茲參《箋二》、《王二》、《廣韻》及《姜韻》分別校補作『蹮』和『行』字；又缺字底二漫滅，可據《王二》、《廣韻》補作『蹁』、『旋』二字。『蹮』爲『躚』的俗字。

〔四一六〕殘字前者存上部少許漫漶的筆畫，其詳不得而知，《補正》録作『姓』，可參；後者存右部漫漶的筆畫，茲姑參《箋二》、《王二》、《廣韻》補作『先』字。

〔四一七〕『芊』字及注文『茂』字底二皆有些漫漶，此參《箋二》、《王二》、《廣韻》及《集韻》録定。

〔四一八〕『仟人』二字底二漫漶，此從《姜韻》録定，《箋二》、《王二》（注文脱代字符）、《廣韻》亦同作『仟人』。

〔四一九〕『不名』不辭，『不』字《廣韻》、《集韻》皆作『木』，底二形訛，茲據校改。

〔四二〇〕『小表』二字底二略有漫漶，此參《箋二》、《王二》、《廣韻》及《姜韻》録定。

〔四二一〕殘字底二存上部漫漶的筆畫，《姜韻》録其上部作『⺮』旁，茲參《廣韻》、《集韻》校補作『箋』字。又殘字

「箋」至下條殘字「淺」間底二漫滅約二個大字的空間，《廣韻》釋義作「《説文》曰「表識，書也」」，《集韻》作「《説文》「表識，書也」，一曰編也，古者書紀其事，以竹編次爲之」，可參，兹姑依行款爲擬補八個缺字符（原亦或爲七個字）。

〔四二二〕殘字底二存下部筆畫，其中左部爲提形，右部爲上殘之「戈」形，兹參《廣韻》、《集韻》校補作「淺」字。

〔四二三〕缺字底二漫滅；字頭底二左部可辨爲「氵」旁，右部漫漶；注文殘字第一字存左下角筆畫，第二、三字皆有些漫漶，故不能辨其究爲何字；《姜韻》録其注文作「湕，□室又進□」，恐不確；《廣韻》、《集韻》本小韻皆未收「湕」字，《廣韻》阮韻「居偃切」小韻收「湕」字，訓作「水名」，俟考。

〔四二四〕「鞍」字右側底二略有漫漶，此參《箋二》、《王二》、《廣韻》録定。

〔四二五〕「箈」字《王二》同，《廣韻》、《集韻》作「䈭」形，後者合於《説文》及形聲構字理據，底二形訛，兹據校改。

〔四二六〕殘字底二存漫漶的筆畫，不能推知爲何字。

〔四二七〕殘字底二存上部筆畫，左上似一「丷」形，右旁似「前」字上部形，兹參《廣韻》校補作「湔」字，此字《王二》、《集韻》皆作「蕑」形，《廣韻》訓作「湔葫，藥名」，是知「蕑」當爲「湔」之類化俗字。又殘字「湔」至殘字「䈭」間底二漫滅約二個半大字的空間，兹姑依行款爲擬補七個缺字符。

〔四二八〕字頭底二存右部漫漶的筆畫，注文殘字亦存右部筆畫，兹參《王二》、《廣韻》、《集韻》及《姜韻》校補作「䈭」、「又」二字。又缺字底二漫滅，不能推知究爲何字。

〔四二九〕「又姓」二字底二有些漫漶，此從《姜韻》録定。

〔四三〇〕「宂」字諸韻書及字書未見所載，蓋佛典譯音用字。

〔四三一〕「蝘」、「蟬」二字《箋二》、《王二》、《廣韻》、《集韻》皆作「𧍞」、「𧏙」，合於形聲構字理據，底二形訛，兹據校改。

〔四三二〕「相處」二字左部底二有漫漶，此從《姜韻》録定；然「土地堪相處」含義費解，「相」疑爲「耕」字之訛。又本小韻實收十九字，疑此標數字誤計，姑爲校改。

〔四三三〕 字頭底二存上部漫漶的筆畫，較諸《廣韻》、《集韻》本小韻字，其形似『狦』字上部，姑從校補；『狦』同『畋』，亦或作『佃』，皆爲田獵之『田』的後起增旁字。 又注文殘字第一、三皆存左部筆畫，第二字漫漶不能辨識；又缺字底二漫滅；『爲』字《姜韻》録作『皃』，形不合；《潘韻》謂此條『原卷皆模糊，不能辨認』。

〔四三四〕 『佃』字《廣韻》、《集韻》及字書未見所載，俟考。 注文缺字底二漫滅，存疑。

〔四三五〕 『所』前之『佃』《箋二》、《王二》、《廣韻》皆作『田』，底二誤增『亻』旁而改作代字符形，兹據校改。 又注文或體與字頭同形，不合文例，然諸本及《集韻》皆不載其或體，故不知此或體本作何形，俟考。

〔四三六〕 二『鈿』字右旁底二皆有些漫漶，《姜韻》擬録作『鈿』，是，兹從之。 又『金花』二字底二有些漫漶，此亦從《姜韻》録定。 又『婦人首』非『鈿』字之義，檢《集韻》此訓作『金華飾』，疑底二『首』下脱刻一『飾』字，兹姑爲擬補一個脱字符。

〔四三七〕 『蜒蟬』底二本作『蟬蜒』，《廣韻》作『蟬蜑』，兹參《箋二》、《王二》、《集韻》及底五本大韻前『他前反』小韻『蜒(蜑)』條注文校改乙正。

〔四三八〕 殘字底二皆漫漶不清(後一字左部作『才』形)，疑當校作『鼓』、『旅』二字；《詩·小雅·采芑》有『伐鼓淵淵，振旅闐闐』句，宋蘇轍《詩集傳》：『淵淵、闐闐，鼓聲也。』

〔四三九〕 『塞』字右下角底二有漫漶，此從《姜韻》并參《箋二》、《王二》、《廣韻》録定。

〔四四〇〕 『闐』字中『耳』形部分底二有些漫漶，此參《王二》(訓作『闐』，蓋用注文與被注字連讀成訓例)及《公羊傳·僖公十六年》『闐其磌然』録定，《玉篇·石部》『磌，音響也』。 又『磌』訓『濵』未聞，《集韻》首義引《廣雅》云『礎、碣、磌，礩也』，此見於《廣雅·釋宮》，則底二『濵』當爲『礩』字形訛，兹據校改。

〔四四一〕 注文殘字前者底二可辨其右下角之捺形筆畫，中者存左部漫漶的筆畫，後者存下部筆畫，前者據《王二》、《廣韻》及《集韻》校補作『蚊』字；後二殘字據《爾雅·釋鳥》『鶨，鸔母』郭璞注『似烏鸔而大，黄白雜文，嗚如鴿聲』校補作『鴿聲』二字。

〔四四二〕『顛』爲『顛』之涉左旁類化而成的俗字，參《敦煌俗字研究》下編頁部『顛』字條考釋，後從『顛』旁字同。

〔四四三〕注文『項』當爲『頂』字形訛，參《箋二》校記〔五一七〕，兹爲校改。

〔四四四〕『家』字《王二》、《廣韻》、《集韻》皆作『冢』，底二形訛，兹據校改。

〔四四五〕『頓』字左旁底二略有漫漶，此參《廣韻》、《集韻》録定。

〔四四六〕或體『秊』下加釋義『熟』字，不合文例，疑爲承前衍刻。又依文例，『作』字前當有一『正』或『古』字，疑底二脱刻；《王二．先韻》『年』字下注云『載。正作秊』，可證。

〔四四七〕注文『語』字左上角及『謰』字右上角底二皆略有漫漶，此參《箋二》、《王二》、《廣韻》、《集韻》（僊韻）録定。又缺字底二漫滅，可參諸本補作『嘍』、『言』二字。又或體字下依文例不當有句尾語氣詞『也』，疑此爲衍刻。

〔四四八〕『餅』字下底二衍刻一代字符，不合文例，兹據徑删。又『餅』字《王二》同，《箋二》、《廣韻》作『餅』字，《校箋》以爲當從改，兹從之。

〔四四九〕『可』字《王二》作『呵』，《廣韻》反語上字作『呼』，《集韻》作『馨』，『呵』與『呼』、『馨』同紐，底二蓋誤脱右旁『口』而致訛，兹據校改。

〔四五〇〕注文『弓』字在右行，其左行殘泐，《箋二》、《王二》『弓』後皆有一代字符，《廣韻》首義亦作『弓弦』，是底二『弓』字下當有一『弦』字，兹據擬補一個缺字符。

〔四五一〕注文殘字底二前者存左側及右上角筆畫，後者存下部漫漶的筆畫，此從《姜韻》并參《箋二》、《王二》及《廣韻》校補前字作『瑟』；又缺字底二漫滅，疑與其下之殘字爲『絃也』二字。

〔四五二〕殘字底二皆存部分漫漶的筆畫，不能辨其詳。

〔四五三〕殘字底二存右部『玄』旁，左部漫漶不能辨，兹據《廣韻》、《集韻》校補作『伭』字。注文『佷』字《廣韻》作

『很』，後者合於《説文》，《玉篇·人部》：『佷，戾也。本作很。』

〔四五四〕『弦』字《王二》同，然《王二》未收前『婜』字條，《廣韻》只收『婜』字條，《集韻》作『娹』，後者合於《説文》，并云『亦省(作妶)』、『或書作婜』，則底二此字當爲前『婜』之易位俗字。

〔四五五〕注文『㿰』字左側底二有殘泐，此參《廣韻》、《集韻》録定；又缺字可參二書補作『病』字。

〔四五六〕殘字底二存右上角一竪形筆畫，其下至殘字『妍』間底二殘泐約四個大字的空間，依本『乎連反』小韻字數，除殘字所在條外，此處還應另殘缺一條。

〔四五七〕字頭底二僅存右下角少許筆畫，注文殘字存漫漶的筆畫，兹參《姜韻》并《箋二》、《王二》、《廣韻》校補作『妍』、『弦反』三字。又本小韻後之『俓』字因誤作别一小韻，且於注文末加有小韻標數字『一』，故而未計入此，兹參《集韻》歸計於此，故改此小韻標數字『六』作『七』字。

〔四五八〕『磨』字右下角底二略殘，此參《姜韻》及《箋二》、《王二》、《廣韻》録定。

〔四五九〕殘字底二存右側漫漶的一竪形筆畫；其注文漫滅，此依行款及文例擬補二個缺字符。

〔四六〇〕注文《王二》同，《王一》蓋只作『醓』字，《廣韻》訓作『醆也』，《集韻》作『椀也』，則底二注文亦疑衍增一代字符。

〔四六一〕注文《廣韻》作『獸跡』，合於形聲構字理據，亦與《説文·足部》『跰，獸足企也』義相涉，疑『名』或爲『足』之形訛，且其下猶有脱文。

〔四六二〕又音下底二誤置一小韻標數字『一』，兹參《集韻》及底二文例徑删。

〔四六三〕『牽』字注文殘字底二存上部漫漶的筆畫，《補正》校補作『輓』，可參；又殘字與『亦』分居『牽』字雙行注文右行和左行末，其下至『地名』間殘泐約七個大字的空間。又殘存之注文『地名』下的『邢』字仍屬『口弦反』小韻，唯《廣韻》、《集韻》除『邢』字訓地名外，無訓作『地名』之字，故底二此注文殘字不知其字頭爲何字，姑爲擬補一個字頭缺字符。又《説文·牛部》『牽』字注文云：『引前也。从牛，象引牛之縻也，玄聲。』

可參。

〔四六四〕字頭『岍』字下部底二略有殘泐，此參《廣韻》、《集韻》録定。

〔四六五〕注文『危』字置此不辭，《集韻》作『紀』字，亦不辭，《廣韻》作『絶』，與《爾雅·釋獸》『鹿牡麚牝麀，其子麛，其跡速，絶有力麉』合，又『麉』字即《説文·鹿部》『𪊺』之或體，『𪊺』字《説文》訓作『鹿之絶有力者』，是底二之『危』及《集韻》之『紀』皆爲『絶』字形訛，玆據校改。

〔四六六〕『閈』字《廣韻》、《集韻》先韻未收，《玉篇·門部》『閈』字下云『《説文》作開』，按『開』隸省作『閈』，《説文》本從門從幵爲會意字，《廣韻·咍韻》音苦哀切，底二隸之於口弦反小韻，則當是誤讀從『幵』聲；《類篇》卷三四門部『閈』字有輕煙切一讀，與口弦反同音，但《類篇》『閈』字釋作山名，爲『岍』的異體字，底二『閈』字釋作『問閈』，『問』字疑誤。

〔四六七〕『欅』字字書不載，《集韻》與此字同音者有『撁』字，蓋即其字，俗寫『木』、『扌』二旁多混而不分；『撁』《集韻》以爲古『牽』字，但『撁』字不見於《説文》，底本稱見『文』，疑乃指『撁』之正字『掔』而言。

〔四六八〕注文殘字底二存左下角少許筆畫，『掔』字下至此殘字間底二殘泐約近六個大字的空間，其中第四個大字處有一些殘畫，不能辨其爲字頭抑是注文，故不爲具録。

〔四六九〕殘字底二存左側筆畫，其中可辨似『糹』及其右一竪形筆畫，檢《王二》、《廣韻》、《集韻》以『堅』首字的『古賢切』小韻只有『絚』（或作『緪』）字左旁從『糹』，故據校補。注文右行底二存一『堅』字和一個代字符，『堅』與字頭間殘泐約兩個小字的空間，代字符之下至行末殘泐約三個大字的空間；『絚』字《王二》訓作『堅』，《廣韻》、《集韻》訓作『緊』，《校箋》以爲《王二》當從改作『緊』字，則疑底二之『堅』或亦有誤，然其前有殘缺，疑即爲『緊也』二字，則『堅』者蓋又其別一義，俟考。又『蜀葵』二字底二居次行行首，《王二》本小韻有『葥，蜀葵』條，則其字頭或即『葥』字。

〔四七〇〕『𣩘』字《王二》作『𧗿』，《廣韻》、《集韻》皆作『𪚱』，後者合於《説文》，底二俗訛，玆姑據《王二》校改作

「衜」形。又「髻」字《王二》、《廣韻》皆作「鬐」，《集韻》脱省作「耆」形，底二亦訛省，兹據校改作「鬐」字。

〔四七一〕注文殘字底二存左上角似「夕」形筆畫，兹參《箋二》、《王二》、《廣韻》及《集韻》校補作「名」字。又缺字底二殘泐，可參諸本補作「布」字。

〔四七二〕「帨」字條下至「燕」字間底二殘泐約二個半大字的空間，兹參《箋二》、《王二》、《廣韻》、《集韻》及底二文例擬補八個缺字符，其字頭應爲「煙」字，注文《王二》作「烏前反。火氣」，《廣韻》略同，蓋可參補；又小韻標數字可據其實收字數補作「十二」二字。

〔四七三〕殘字底二存左側漫漶似「馬」形的筆畫，兹參《廣韻》、《集韻》校補作「驫」字。又缺字底二殘泐，可參二書補作「馬」字。

〔四七四〕殘字底二居前行行末，存左部「口」旁，兹參《箋二》、《王二》、《廣韻》、《集韻》校補作「咽」字。

〔四七五〕注文「反」字《箋二》、《王二》、《廣韻》、《集韻》皆作「支」，底二形訛，兹據校改。

〔四七六〕注文殘字底二皆存右部漫漶的筆畫，殘字前後底二殘泐，此依底二行款及文例擬補六個缺字符。考「眠」字注文《王二》作「莫賢反。卧。亦作瞑」，《廣韻》作「寐也。莫賢切」，《集韻》作「民堅切。《説文》『翕目也』。或作瞑」，可參。如此則底二本小韻共收五個字頭，與《王二》同，比《廣韻》少二，唯其後一殘字不似「五」字而似「七」字，《補正》徑録作「七」，存疑。

〔四七七〕「鬋」字左上角底二略殘，此參《王二》、《廣韻》録定。又「媚」字二書皆作「眉」字，於義爲安，底二誤增「女」旁，兹據校改。

〔四七八〕「瞑」字下部底二略有殘泐，兹參《王二》、《廣韻》、《集韻》録定。注文缺字底二殘泐，可參諸本補作「而聽」二字。

〔四七九〕「矏」字左側底二略有殘泐，此參《王二》、《廣韻》録定。

〔四八〇〕注文「邊」、「垂」二字底二分居雙行注文右行、左行，其下殘泐（「又姓」以下在次行），此依行款擬補二缺字符；『邊』字釋義《廣韻》作『畔也；又邊陲也；近也；厓也；方也；又姓……』，《集韻》作『《説文》「行垂崖也」；或曰近也；方也；又姓』，可參。

〔四八一〕或體字與字頭同形，不合文例，兹據《集韻》校改注文或體作『⿰亻邊』字，《集韻》以此爲正體，而謂『或省』作『⿰亻臱』字。

〔四八二〕缺字底二漫滅，《姜韻》録作『名』字，與《王二》、《廣韻》合，當可據補。

〔四八三〕字頭底二存左部筆畫，其中『禾』旁可辨（此殘字與下行殘字『蠙』字所在的殘片因粘合不當而致比其所在行偏右半行），兹參《王二》、《廣韻》、《集韻》校補作『⿰禾臱』字。『⿰禾臱』下殘泐約兩個半大字的空間，其中的殘字在雙行注文之左行行首，字形漫漶，近似『又』字。『⿰禾臱』字《廣韻》注文作『籬上豆也。又北典切』，《集韻》釋義同，可參。

〔四八四〕殘字底二存右部少許漫漶的筆畫，《姜韻》録作『⿰鬲幵』字，然此字不見於《廣韻》、《集韻》及諸字書，或姜氏讀原卷時，此字尚有殘形可辨，今影本則已全不可知矣，姑誌以俟考。

〔四八五〕『猵』字左下角底二略殘，兹據《廣韻》、《集韻》録定，《姜韻》録作『編』字，非是。注文殘字底二存右上角少許筆畫，此亦參二書校補作『獺』字。又缺字底二殘泐，可從二書補作『屬』字。

〔四八六〕『猵』字條下至殘字『編』間底二殘泐約三個大字的空間。

〔四八七〕字頭底二存左部少許筆畫，兹依行款、文例并參《箋二》、《王二》、《廣韻》及《集韻》校補作『編』字。注文殘字底二存左部筆畫，疑可參《集韻》『以繩次物』校補作『以』字，但不能確定，存疑；『編次▨』三字居雙行注文之右行，其左行殘泐，兹依行款擬補三個缺字符（也可能實作二字）。

〔四八八〕字頭底二存上部略有漫漶的筆畫，注文二殘字皆存上部少許漫漶的筆畫，缺字底二殘泐，《姜韻》録本條作『蹁，足不正也』五字，今影本及膠片則已不能見其全矣，姑從《姜韻》校補三殘字爲『蹁』、『足』和『正』字。

〔四八九〕注文『又邊』應指『蹁』又音『邊』，『又』下或脱省一『音』字。

〔四九〇〕注文《廣韻》作『木名，食不噎；又杜預云：楄部，棺中露牀也』，考《説文·木部》『楄』字注云：『楄部，方木也。从木，扁聲。《春秋傳》曰：「楄部薦榦。」』段玉裁注：『《左傳》昭廿五年文，今作「楄柎藉榦」，杜云：「楄柎，棺中笭牀也；榦，骸骨也。」』是底二『都』字當爲『部』字形訛，而『歆』疑爲『骸』字形訛，茲並據校改。

〔四九一〕殘字底二存右下角之『貝』形筆畫（此殘字與前行殘字『穆』字所在的殘片因粘合不當而致比其所在行偏右半行），考《箋二》、《王二》、《廣韻》、《集韻》本小韻諸字有『貝』形部件者唯『蠙』一字，故據校補作如此。又『蠙』字下至行末底二殘泐約半行，據空間，約可抄十二個左右大字，其中在殘泐部分的三分之一處和三分之二處各有約一個字的少許殘畫，因不能斷其究爲何旁何字，故不具録。末條『馬』、『兩』二字底二居次行雙行注文行首，考諸本知此爲『步田反』小韻的『駢』字注文，又因諸本而推本殘條之原貌，疑其前行末除字頭外，尚應有『駕二』二個注文文字。

〔四九二〕『刹』字《廣韻》以爲『淵』之或體，底二之『六』字置此不辭，疑爲『亦』字之形訛，茲姑據校改。

〔四九三〕殘字底二存左上角筆畫，《姜韻》擬補作『媚』字，茲從之；又此字《廣韻》、《集韻》本小韻未收，《説文·女部》『姻』字下收其籀文作此形，又《集韻》本小韻收有『嬽』，注文云『《博雅》「好也」；一曰嬽嬽，美容』，疑底二『媚』字爲『嬽』之俗字。又『媚』字下至行末底二殘泐約半行，據空間，可抄十二個左右大字。

〔四九四〕『焆』字《廣韻》隸於『古玄切』小韻。

〔四九五〕釋義《箋二》、《王二》、《廣韻》皆作『麥莖』，合於《説文》，底二此訓不詳所據，俟考。

〔四九六〕『鵑』字注文殘字第一字存右部少許漫漶的筆畫，第二字存左部漫漶的筆畫，第三字存上部少許漫漶的筆畫，第四字存左下部少許漫漶的筆畫，『黑』下缺字底二殘泐，其第二、第四殘字分居『鵑』字雙行注文的右行、左行，其下至行末底二殘泐約半行，據空間，可抄十二個左右大字。按『鵑』字釋義《箋二》作『杜鵑』，

《王二》、《廣韻》皆作『杜鵑，鳥』，《集韻》作『⿰土鳥鵑，鳥名』，考《説文・隹部》『巂』字注文有『一曰蜀王望帝婬其相妻，慙，亡去，爲子巂，故蜀人聞子巂鳴，皆起云望帝』語，與底二本注文有相合處，可參。又注文『呼玄反』以下在次行行首，其字頭當居前行行末，較諸《箋二》、《王二》、《廣韻》，知字頭當爲『鋗』字。

〔四九七〕又音『又去』下底二有一『也』字，當爲衍刻，兹依文例徑删。

〔四九八〕注文『梋』字底二作代字符形，當爲衍刻，《王二》注文只作『椀』，《廣韻》作『椀屬』。

〔四九九〕注文『圓』字底二作代字符形，當爲衍刻，《王二》注文只作『規』，《廣韻》作『規也』。

〔五〇〇〕『矎』訓『走皃』未聞，《王二》、《廣韻》皆作『直視』，《玉篇・目部》同，《集韻》引《廣雅》訓作『視也』。

〔五〇一〕注文殘字前者底二存左上角少許筆畫，後者存上部筆畫，兹據殘形校定作『遠』字；《廣韻》『玄』字注文作『黑也；寂也；幽遠也；又姓……胡涓切』，可參。又此二殘字底二分居『玄』字雙行注文的右行、左行，其下至行末殘泐約半行，據空間，可抄十二個左右大字。

〔五〇二〕『⿰馬玄』字據《箋二》、《王二》、《廣韻》知其隸於前『玄』字所在的『胡涓反』小韻。

〔五〇三〕注文《廣韻》作『《説文》曰「黑也。《春秋傳》曰：何故使君(吾)水兹。」本亦音滋。按本經只作滋』，其中引《説文》語與今《説文・玄部》『兹』字注文略同(唯『君』字作『吾』不誤)，底二『便』當爲『使』字形訛，兹據校改；又『水』字下脱刻一『兹』字，兹爲擬補一個脱字符。

〔五〇四〕『⿰阝玄他』義不詳，『⿰阝玄』字《廣韻》、《集韻》本小韻皆未收，《篇海類編・地理類・阜部》以『⿰阝玄』爲『⿰阝肙』之或體字，《廣韻》上聲銑韻『胡畎切』小韻『⿰阝肙』字訓作『坑也』，《玉篇・阜部》訓同，可參。

〔五〇五〕標序字『卌』底二在前行，下至行末殘泐約半行，據空間，可抄十二個左右大字，注文『好』、『古』二字在次行，居雙行注文行首，可依底二文例并參《箋二》、《王二》、《廣韻》、《集韻》補本大韻代表字作『仙』字。又殘條參《集韻》『相然切』小韻『鮮』字注文『一曰善也』，疑當即『鮮』字注文殘文，《方言》卷十：『鮮，好也，南楚之外通語也。』又《廣雅・釋詁一》及《玉篇・魚部》亦皆訓『好也』，又《説文・魚部》『鱻』字段玉裁

注：『凡鮮明、鮮新字皆當作「鱻」，自漢人始以「鮮」代「鱻」，如《周禮》經作「鱻」，注作「鮮」，是其證……今則「鮮」行而「鱻」廢矣。』唯底二『好』前之注文情況則不可逆知矣。

〔五〇六〕釋義《箋二》、《王二》、《廣韻》皆作『舞皃』，《集韻》作『跰躚，猶蹣跚也』，按『蹁』爲『躚』之或體字，『跰躚』即『蹁躚』一聲之轉的聯綿詞，底二『趼』爲『跰』字形訛，茲據校改。

〔五〇七〕注文『廷』字左下角底二略有漫漶，此參《王二》、《廣韻》、《集韻》録定。

〔五〇八〕殘字底二存右下角少許筆畫，茲參《王一》、《王二》校補作『衦』字。

〔五〇九〕殘字底二前者存漫漶的筆畫，後者存右上角似『鳥』形上部筆畫，《集韻》注文作『鳥名，似鶴碧色』，《玉篇·鳥部》訓作『鳥名』，疑後一殘字爲『鶴』字之殘，唯前一殘字不得而知矣；又二殘字底二分居雙行注文首字，其下至行末底二殘泐半行略強，據空間，約可抄十三個左右大字。

〔五一〇〕殘字底二第一字存左部及上部筆畫，第二字存左部筆畫，第三字存上部筆畫，第四字存漫漶似『戊』形的筆畫，第五字存漫漶似『玉』形筆畫，第六字存漫漶似『散』形筆畫，第七字存漫漶似『服』形筆畫，第八字存漫漶似『以』形筆畫，第九、十字皆存右部漫漶的筆畫，『不』字和第十殘字底二分居雙行注文的右行和左行，其下至行末底二殘泐半行多，據空間，約可抄十四個左右大字；『錢之爲用』及『刀布爲下幣』之語今《漢書·食貨志》不載，唯《舊唐書·食貨上》有『高宗嘗臨軒謂侍臣曰：「錢之爲用，行之已久，公私要便，莫甚於斯」』，後左監門録事參軍劉秩上議狀有云：『古者以珠玉爲上幣，黄金爲中幣，刀布爲下幣。』此語亦見於《通典·食貨典》，可參。又第十一殘字在次行行首，存漫漶似『俗』形筆畫，參《箋二》、《王一》、《廣韻》及《集韻》，知此下注文字頭當爲『如延反』小韻首字『然』。

〔五一一〕『𤡬』字右下角底二略殘，此參《箋二》、《王一》、《王二》、《廣韻》録定。又殘字底二存右上角少許筆畫，其下至下條殘字頭間有殘泐，茲依行款爲『𤡬』字注文擬補三個缺字符，《箋二》、《王二》注文作『猓𤡬，獸名，白質黑文』，《廣韻》作『猓𤡬，獸名，似猿，白質黑文』，可參。

〔五一二〕殘字底二存左部和右上角漫漶的筆畫，不能逆知爲何字，其下至行末底二殘泐約半行多，據空間，約可抄十四個左右大字。又次行約第四字處開始有十個字左右底二存其右側少許筆畫，因不能分辨其爲字頭抑是注文文字，也不能斷其究爲何字，故不具録，其後殘泐。

〔五一三〕此殘條始，底二見於另一殘頁，此殘頁與上一殘頁的内容同爲仙大韻，其中間殘泐的行數不能擬計準確，依内容及行款估計，當在十行左右。本條字頭底二存左側殘畫，注文殘字存左部『女』旁，釋義《箋二》作『嬋媛，牽』，《王一》、《王二》作『嬋媛，牽引』，《廣韻》作『嬋娟，好皃』，《集韻》作『嬋娟，美容』，則底二殘字爲『媛』或『娟』尚不能定，兹據校補字頭作『嬋』字。又缺字底二殘泐，可參諸本補作『嬋』字。又諸本皆以『鋋』字爲『嬋』字所在小韻首字，《箋二》、《王一》、《廣韻》音市連反，從底二所存諸殘字形況推測，本小韻首字蓋爲『蟬』字。

〔五一四〕殘字底二存左部『金』旁，兹據《箋二》、《王一》、《王二》、《廣韻》校補作『鋋』字。注文缺字底二殘泐，可參諸本補作『矛』字。

〔五一五〕殘字底二存左側『亻』旁，兹參《箋二》、《王一》、《廣韻》、《集韻》校補作『儃』字。注文『熊』當爲『態』之形訛，參《箋二》校記〔五三五〕，兹爲校改。

〔五一六〕殘字底二存左部『氵』旁，兹據《箋二》、《王一》、《廣韻》、《集韻》校補作『澶』字。注文缺字底二殘泐，可參諸本補作『澶淵』二字。

〔五一七〕殘字底二存左部『木』旁，兹參《箋二》、《王一》、《廣韻》、《集韻》校補作『栴』字。注文缺字底二殘泐，可參諸本補作『栴檀，香木』四字。

〔五一八〕殘字居前行，底二存左部『方』旁，兹參《箋二》、《王一》、《廣韻》、《集韻》校補作『旃』字。『旃』字下至行末底二殘泐約半行多，據空間，約可抄十三個左右大字。注文『正』字底二居次行行首，從注文内容并參諸本所作，知其字頭當爲『涎』字，《王一》：『涎，敍連反，口液，正作次。』底本注文『正』字當即指『涎』之正字『汷』，其下『盗、羡、咨從此』亦承『汷』字而言，唯『咨』字《説文》從口、次聲，與『汷』字無涉，『咨』字或誤。

〔五一九〕『漣猗』底二作『猗漣』，兹參《箋二》、《王一》、《廣韻》徑爲乙正。

〔五二〇〕注文『羽』、『及』二字底二分居雙行注文之右行和左行行首，其下至行末殘泐約半行，據空間，可抄十二個左右大字。考注文《箋二》作『𩙪翻，飛▨(相)及皃』，《王一》、《王二》同，《廣韻》作『𩙪翮，飛相及皃』，按『𩙪翻』、『𩙪翮』一聲之轉，其字又作『翪翁』，參《廣雅·釋詁三》『𩙪，飛也』條王念孫疏證，則底二『羽』字下疑當有一『相』字，故爲此殘條擬補一個缺字符。

〔五二一〕『綿』字右部底二略有漫漶，兹參《箋二》、《王一》、《廣韻》録定。

〔五二二〕前行『厘』字注文『堰』、『十』二字底二分居雙行注文之右行和左行，其下至行末底二殘泐約半行，據空間，可抄十二個左右大字，兹參文例和句義爲前一殘條擬補三個缺字符(疑前二缺字爲『同從』二字)；又小韻字數從所存的約半行略強的部分看已有七字，則所殘半行中的字頭數恐不止四字，《廣韻》收十字，《集韻》收二十字，底二字數蓋在其間)。又次行殘字底二存右部漫漶的筆畫，兹依文例校補作『上』字，檢《廣韻》本小韻唯二字收有或體字，即『廛』字别收或體作『壥』(底本『厘』、『堰』即『廛』、『壥』的簡俗形，下文『厘』旁同此)，又有『纏』字收或體作『緾』，《集韻》於此二條收多個或體外，又有『躔』字收有或體字作『蹍』，然『廛』即底二本小韻字頭『厘』之正體字，且底二本小韻後又别收『墨(廛)』字條，故疑此『同上』的字頭爲『纏』或『緾』字。

〔五二三〕『趣』字《玉篇·走部》作『趣』，音同，訓『移也』，與《王二》、《廣韻》及底本本小韻下文所收之『𧾍』字訓同，《集韻》亦只收『𧾍』字而未收『趣(𧽲)』字，唯訓作『轉也』，『趣(𧽲)』『𧾍』或即俗作之或體。

〔五二四〕『墨』亦爲『廛』的俗字，與上文『厘』、『鄽(鄽)』實皆一字之變，底本分而爲三，不妥。參看《敦煌俗字研究》下編广部『廛』字條。

〔五二五〕殘字底二存上部少許點狀筆畫，茲參《箋二》、《王一》、《廣韻》、《集韻》校補作『邅』字，《箋二》、《王一》、《廣韻》所注反語作張連反；『邅』字下至行末底二殘泐約半行，據空間，可抄十二個左右大字。注文『馬』字底二居次行行首，其字頭可參諸本補作『驙』字；又釋義中之『載重行』底二本作『載行重』，此參諸本徑爲乙正。

〔五二六〕注文『人』字置此不辭，茲依文例校改作『又』字，底二形訛；『亦作』字與字頭同形，疑有一誤；又依文例，注文末脱小韻標數字，茲爲擬補一個脱字符。

〔五二七〕『文▨』及『篇▨(什)也』五字居一注文雙行殘片上，底二斜粘於『篇』字注文首二殘字右側行縫中，茲依底二行款補入正文。注文殘字底二第一字存右下角少許筆畫，第二字存上部漫漶的筆畫，第三字存漫漶的似『口』形筆畫，第四字存下部少許漫漶的筆畫，第五字存右部『十』旁，茲參《王一》、《廣韻》、《集韻》校補第五殘字作『什』字，又第三、四字疑爲『曰書』二字，第一殘字《補正》録作『芳』，恐不足據。又『篇』字反語《箋二》、《王一》、《廣韻》皆作芳連反，可參。又缺字底二殘泐，其中第二字可依文例補作『説』字。

〔五二八〕『萹』字下至行末底二殘泐約五分之二行，據空間，可抄九個左右大字。

〔五二九〕注文殘字底二存上部略似『一』形筆畫，疑爲『九』或『十』字，《廣韻》本小韻收九字。

〔五三〇〕字頭殘字底二存上部筆畫，注文殘字居次行行首，其字形略全，然漫漶不能辨，《補正》蓋參《王一》、《廣韻》、《集韻》校補字頭殘字作『諞』，茲從之。又『諞』字下至行末底二殘泐近五分之二行，據空間，約可抄八個左右大字；注文殘字《姜韻》録作『僊』字，檢《廣韻》、《集韻》同一音下無訓作『僊』者，故疑録作『僊』或不確，俟考。

〔五三一〕『楄』字當從《集韻》作『槅』字，底二訛省，茲爲校改。

〔五三二〕『箯』訓『竹名』未聞，《箋二》(『輿』訛作『與』)、《王一》、《廣韻》皆訓作『竹輿』，合於《説文》，疑底二承前一注文之『名』字而訛，俟考。

〔五三三〕『擊』字下部底二有些漫漶，此參《王一》、《廣韻》録定。

〔五三四〕『綿』字下部底二有些殘泐，此參《箋二》、《王一》、《廣韻》、《集韻》録定。又『綿』字下至行末底二殘泐約三分之一行，據空間，約可抄九個左右大字。

〔五三五〕注文引《方言》語今《方言箋疏》本卷一作『謾台、脅鬩，懼也。燕代之間曰謾台』，疑底二『謂』下『之』字爲衍文，當删。

〔五三六〕『蝒』字置此非音，檢《廣韻》訓『馬蜩』者字作『蝒』形，《集韻》同，合於形聲構字理據，底二形訛，兹據校改。

〔五三七〕『蚚』字下至行末底二殘泐約三分之一行，據空間，可抄九個左右大字。『于』字底二居次行行首，《王一》本小韻首字作『焉』，《廣韻》、《集韻》作『漹』，底二本小韻下文既有『焉』字，又殘條『陽河中』疑爲『漹』字注文（參下校），而此處字頭不能逆知矣。

〔五三八〕『焉』字注文『矣乾反』爲又音，其前依文例當有『又』字，兹參《王一》、《廣韻》擬補一個脱字符；『北』、『故』二字底二分居雙行注文右行和左行，其下至行末底二殘泐近半行，據空間，約可抄十一個左右大字。又引《説文》語，今本《説文·烏部》『焉』字注云：『焉鳥，黄色，出於江淮。象形。凡字，朋者羽蟲之屬（『屬』字小徐本作『長』，段注從之，於義爲長），烏者日中之禽，舄者知太歲之所在，燕者請子之候，作巢避戊己所貴者，故皆象形，焉亦是也。』可參。底二引文之『代』爲『戊』字形訛，兹據校改。又『陽』字居次行行首，考《廣韻》、《集韻》皆以『漹』字爲本小韻首字，其中《廣韻》訓作『水名，出西河也』，《集韻》訓作『水名』，考《説文·水部》『漹』字注云：『水，出西河中陽北沙，南入河。』似於底二不能盡合，而段玉裁考辨後云『漹水今未得其證』，或底二之説有補於《説文》者亦未可知，惜其殘也；又後一殘條的『反也』二字底二作『也反』，兹依文意乙正，唯《廣韻》『漹』字又見於去聲願韻『於建切』小韻，與此略異，俟考。

〔五三九〕『音』字前依文例底二當有一代字符，以代指『蠻』字，兹爲擬補一個脱字符。

〔五四〇〕注文『嗎』字底二作代字符形，《箋二》、《王一》、《廣韻》、《集韻》皆無，疑底二衍增。

〔五四一〕字頭底二存上部筆畫，其中『人』旁可辨，茲據《箋二》、《王一》、《廣韻》校補作『仚』字。

〔五四二〕注文殘字底二第一字因斷裂而存左上角和右下部筆畫，第二字存右側少許筆畫，茲參《箋二》、《王一》、《廣韻》校補作『弱』、『士』二字。又『孱』字《説文》釋『迮也』，段玉裁注：『此迮當爲笮，今之窄字也。』據此，底本『《説文》作窄』當是指『孱』字《説文》之訓釋也。

〔五四三〕注文『水』字前底二有一『又』字，考《箋二》、《王一》、《廣韻》釋義皆作『潺湲，水流皃』，是『水流皃』爲釋聯綿詞『潺湲』之義，非『潺』字別訓『水流皃』也，或省『潺湲』二字，若《王二》、《集韻》，然不可作爲並列之二義項，故徑刪『又』字，此亦徑糅諸本而未加統一校理之証也。

〔五四四〕『門』字右側底二有殘泐，此參《王一》、《廣韻》、《集韻》録定。又釋義《王一》、《王二》、《廣韻》同，《集韻》作『壥門，聚名，在睢陽』，是作『門』之訓者當用注文與被注字連讀成訓例。

〔五四五〕注文殘字底二存左部似『貝』形部分，考『轏』字《廣韻》、《集韻》本小韻未收，《廣韻》載之於上聲産韻『士限切』小韻，訓『車名，士所乘也』，《王一》、《廣韻》、《集韻》本小韻有『轏』字爲底二所無，《王一》訓作『軒』，《廣韻》作『軒輞』，《集韻》作『車網』，似皆與底二殘形不合，俟考。

〔五四六〕字頭『愆』字右部底二殘泐，此參《箋二》、《王一》、《廣韻》録定。又注文『愆』字底二作代字符形，疑爲愆增。

〔五四七〕注文『决』字《王一》同，當爲『快』字形訛，參《王一》校記〔六一〇〕，茲爲校改。

〔五四八〕注文『鍹』字底二本作代字符，疑衍；《集韻》釋義作『銚也』，可參。

〔五四九〕注文『鴝』字底二本作代字符，考《廣韻》釋義作『駒鴝，小鳥』，《集韻》同，是『鳥』之訓當爲聯綿詞『駒鴝』之義，不可單稱『鴝鳥』，但依文例，其聯綿詞於釋義中可省，故此代字符當爲衍增。

〔五五〇〕『捋』字《廣韻》、《集韻》作『捋』形，合於形聲構字理據，底二俗訛，茲據校改。又注文『捋』字前底二有一

「又」字，不合文例，疑爲承前條注文誤衍，兹徑删之。

〔五五二〕『頵』字《王一》、《王二》、《廣韻》、《集韻》皆作『頵』形，合於形聲構字理據，底二俗訛，兹據校改。

〔五五三〕注文殘字底二皆存少許漫漶的筆畫，《十韻彙編》録作『騆額』，《廣韻》亦作『騆額』，姑從校補；清李調元《奇字名》卷十一引《唐韻》云：『騆䮝，馬名。』『騆䮝』『騆額』蓋同名異寫。

〔五五四〕『全』字《説文》正體從入從工作『仝』，又載篆文（段玉裁以爲『籀文』之誤）從玉作『全』，底本注文『仝』應爲『仝』之訛，而『仝』又『仝』之變；《五經文字》卷下入部云：『仝全：從入下工，今經典相承用下字。』或作仝，訛。』似又以作『仝』者爲正體，殆誤。

〔五五五〕『泉宣』未聞，『泉』字又義《廣韻》作『錢别名』，俟考。

〔五五六〕『白本黑文』《王一》、《廣韻》、《集韻》皆作『白質黄文』，與《爾雅·釋魚》『餘泉，白黄文』合，疑底二『墨』字爲『黄』字形訛。

〔五五七〕注文反切上字底二本作『至』，而『詮』字下多一『此』字，考《箋二》、《王一》、《王二》、《廣韻》切上字皆作『此』，《集韻》作『逡』，『此』、『逡』同隸清紐，底本蓋用補書正字於注文之末例，故據徑改。

〔五五八〕或體字《王一》作『硂』形，《廣韻》、《集韻》皆作『硂』，『硂』爲『硂』之俗字，從石、全聲，合於形聲構字理據，底二『硶』當爲『硂』字形訛；但底二本小韻下文又别出『硂』字，訓『硂石』，存疑。

〔五五九〕『栓』字《廣韻》、《集韻》及諸字書未見所載。

〔五六〇〕『遵』字《王一》同，當爲『匴』字之訛省，參《王一》校記〔六四〇〕，兹爲校改。釋義《王一》、《王二》作『篿』，《廣韻》作『簙也；又竹器』，考《方言》卷五：『篿……或謂之篿毒，或謂之夗專，或謂之匴璇。』是『篿』之訓乃聯綿詞『匴璇』之義，故不可釋云『匴篿』，則底二注文之『遵（匴）』字當爲衍增代字符所致。

〔五六一〕注文後一『也』字底二本在『五』字之下，不合文例，《姜韻》徑移至『密』字下，於義爲安，蓋抄者初脱而隨補於注文之末，兹從乙正。

〔五六一〕「錠」字《王一》、《王二》、《廣韻》、《集韻》皆作「鏇」形，合於《說文》，底二俗省。又注文「錠」字底二本作代字符，《王一》、《王二》無，合於《說文》，底二衍增。又「好之也」義諸字書未見所載，疑此或爲前「婝」字之借義。

〔五六二〕注文引語見今本《尚書·舜典》。

〔五六三〕注文「還還」，《廣韻》作「還返」，《集韻》作「復返」，與《爾雅·釋言》「還、復，返也」之訓合，與《說文·辵部》「還，復也」之訓亦合，疑底二注文後一「還」字乃因前而訛，茲據校改。又「還」訓「如」未聞。

〔五六四〕注文「按」字《箋二》、《王二》、《廣韻》皆作「案」，合於《說文》，《王一》誤省作「安」，底二用俗借字，茲爲校改。又「棗」字底二作「左東」二字之形，非義，《補正》以爲二字爲「棗」字之誤，蓋俗以「檈」爲「櫏」字俗省，《說文·木部》「櫏，櫏味，稔棗」，茲從校改。

〔五六五〕「⿺辶亘」字《箋二》、《王一》、《王二》、《廣韻》皆作「⿷匚亘」形，底二本小韻後亦收此「⿷匚亘」字，則此似不當更出。又其釋義「炊火」諸書亦不載，據《箋二》、《王一》訓「炊⿱竹奠」之情況，疑底二「火」字爲代字符之形訛，俟考。又諸本字形與釋義合，俗寫「匚」旁多作「辶」形，參《敦煌俗字研究》下編匚部「匹」、「匝」、「匱」諸字條考釋，底二俗作。

〔五六六〕「圜」字《集韻》以爲「圓」之或體，《箋二》、《王一》、《王二》、《廣韻》本小韻皆只收「圓」而不收「圜」字。又注文「圜」字底二作代字符形，《箋二》、《王一》、《廣韻》、《集韻》皆無之，合於《說文》，底二衍增代字符。

〔五六七〕「関」爲「關」的俗字，「關」字置此非韻，《箋二》、《王一》、《廣韻》此反語下字皆作「緣」，葉鍵得《十韻彙編研究·刊校勘記》云：「案「関」字在刪韻，疑當作「緣」。」

〔五六八〕引文不見於今本《尚書》，考存世載籍，言此最早者蓋爲唐皮日休之詩《陸魯望昨以五百言見貽過有褒美內揣庸陋彌增愧悚因成一千言上述吾唐文物之盛次敘相得之懽亦迭和之微旨也》「亦可較千鍰」注：「丑專反。《尚書》云「贖罪千鍰」。」（《松陵集》卷一，文淵閣《四庫全書》本）又《說文通訓定聲》乾部弟十四

「鏌」字注云：「叚借爲鍰，實爲鋝，《尚書大傳》「死罪罰二千鏌」，又云「一鏌六兩」。」阮刻《十三經注疏》本《尚書·舜典》「金作贖刑」疏：「鄭玄駁《異義》言：贖死罪千鍰，鍰六兩大半兩。」或皮日休及底二所用皆爲《尚書》鄭傳之語。又「三」下「之也」無義，蓋抄刻者爲補白贅加。

〔五六九〕釋義《箋二》、《王二》作「屋椽」（《王一》「屋」字訛作「屈」），《廣韻》作「屋桷」，《説文·木部》「桷，榱也，椽方曰桷」，又「椽，榱也」，是底二「角」字當爲「桷」字訛省，兹據校改。

〔五七〇〕「尶」字《廣韻》作「𡰱」形，合於形聲構字理據；「𡰱」字當即山韻「跪頑切」小韻「𡰱」字之或體和異讀（山韻「力頑切」小韻「𡰤」字下訓云：「𡰤𡰱，腰膝痛也。」），《集韻》作「𡯷」形，疑即《説文·尣部》「𡯷」之俗作，《説文》訓作「彼不能行，爲人所引曰𡯷𡰝」，於此小韻則當爲「𡰱」字形訛作「𡯷」，復因「𡰝」之連用而訛作「𡯷」，底二之「尶」字字書未見所載，疑即「𡰝」字形訛，實亦《廣韻》「𡰱」字之形訛（俗亦可作「𡰱」形），兹據校改。

〔五七一〕「孿」字訓「鷹」未聞，疑此「鷹」字爲「𤼎」字形訛，《集韻》收「𤼎」字爲「癵」之或體，注文云「通作孿」，兹姑據校改。又此小韻標數字誤計下一小韻一字，參下「勬」字條校記，兹據校改作「四」字。

〔五七二〕「勬」字《箋二》、《王一》、《廣韻》、《集韻》唯隸之於本大韻居員反小韻，底二蓋誤抄本小韻標數字「一」作「也」字，因以此「居員反」小韻之字合於前「力全反」小韻計數中，兹依文例校改「也」作「一」字。

〔五七三〕「卷」字《説文》從「卪」，注文「㔾」即「卪」字篆文的隸定形，故「卷」「劵」爲篆文隸定之異。本條作爲小韻首字，依文例脱抄反語，檢《箋二》、《王一》皆作「去員反」，《廣韻》作「丘圓切」，《集韻》作「驅圓切」，可參，兹爲擬補三個脱字符。

〔五七四〕「斗」字《箋二》、《王二》、《廣韻》皆作「升」，《王一》似作「斗」字俗書（參《王一》本條校記）；考釋義《集韻》作「屈木盂也」，「盂」與「升」器形相似，底二形訛，兹據校改。

〔五七五〕「𩬊」字當爲「髮」字形訛，詳參《王一》校記〔六七三〕。

〔五七六〕字頭右旁『雈』爲『萑』旁俗寫，下同，不再出校說明。

〔五七七〕注文《王一》、《王二》、《廣韻》皆作『臛脵，醜皃』，《玉篇·肉部》同，合於《廣雅·釋詁二》『臛脵，醜也』之訓，唯底二本小韻後收有『膗』字，訓作『膗脵，醜皃』，與諸本之『臛』字訓合；又本小韻後之『顴』字《箋二》、《王一》、《廣韻》皆訓作『頯骨』，疑底二誤移其訓於此，故滋淆亂。

〔五七八〕『⿱龹皿』字《廣韻》、《集韻》及諸字書未見所載，然二書本小韻收有『⿱龹皿』字，《廣韻》訓作『盌也』，《集韻》訓作『盂也』，合於《廣雅·釋器》，疑底二『⿱龹皿』字爲『⿱龹皿』字俗訛，其釋義蓋因本小韻之『狋』字而誤入，《說文·犬部》『狋，犬怒皃』，即其義，是底二之訛亂甚矣，姑校改字頭作『⿱龹皿』字。

〔五七九〕『婘』字《箋二》訓作『踡跼，不行』，與底二此處訓釋相近，然《箋二》蓋誤糅『婘』、『踡』二條爲一而至脱『婘』字釋義『美皃』及下條字頭『踡』字，而依底二本小韻諸條的訛誤情況看，其原作蓋即抄撮諸韻書而未能精爲校理者，故姑存其舊。

〔五八〇〕『膗』字《廣韻》、《集韻》本小韻皆未收之，從其注文看，當與二書本小韻之『臛』字訓同，參前校記〔五七七〕。

〔五八一〕『狝』字《箋二》同，當爲『狋』字形訛，參《箋二》校記〔五六二〕，兹爲校改。

〔五八二〕『翾』字《箋二》作『罰』，《王一》作『翾』形，《王二》、《廣韻》、《集韻》作『翾』，其左旁作『睘』，合於形聲構字理據，底二俗訛，兹據校改。本小韻後之從『眔』旁者同，皆徑標出正字，不再一一出校。

〔五八三〕注文《箋二》作『知』，《王一》作『智』，《廣韻》作『智也；疾也；利也；慧也；又舞皃』，《集韻》亦有引《說文》訓『慧也』一義，則底二之『惠』字當爲『慧』之借字。

〔五八四〕『媢』字《箋二》、《王二》、《廣韻》皆作『眉』，底二蓋因『娥』字類化而增『女』旁。

〔五八五〕此『厶』字當爲『專』字俗作，本大韻後切音用『厶』字同。參下文校記〔五九七〕。《箋二》、《王一》、《廣韻》本小韻皆作『与（與）專反』，《集韻》作『余專切』，與『以專反』音同。

〔五八六〕『抅撘』底二本作『撘抅』，《箋二》、《王一》、《廣韻》皆作『枸櫞』，《玉篇·木部》同，底二誤倒，兹徑據校正。

〔五八七〕注文『蝝』字底二本作代字符，蓋衍；《箋二》注文作『蝗子；一曰蟻子』，《王一》、《廣韻》同，可參。

〔五八八〕釋義《王一》作『魚』；《廣韻》作『魚名』，《集韻》、《玉篇·魚部》同；底二蓋承前條注文而於『魚』字下誤書『子』字，兹據校改。

〔五八九〕『昭』字《廣韻》、《集韻》不載，《玉篇·日部》訓作『日行』，與字形所從『日』旁合，疑底二『同』字爲『日』字形訛，兹姑據校改。

〔五九〇〕『⿰阝召』字《王二》作『阬』，訓『高』，與《説文·𨸏部》『阬，高也』義合，疑『阬』字俗訛作『⿰阝召』形，遂因其右旁而誤增此讀。又注文『⿰阝召』字底二本作代字符，疑衍。

〔五九一〕以『鳶⿰臣鳥』爲『射干』未聞，諸本皆於下條『鳶』字訓作『鳶尾，射干』，今底二下條無『射干』二字，疑即爲底二抄者誤置於此。

〔五九二〕字頭『鳶』字上部底二有些漫漶，兹參《王一》、《廣韻》及《集韻》録定。又注文《王一》作『鳶尾，射干』，《廣韻》作『郭璞云「鳶尾，草，一名射千(干)」』，《集韻》作『鳶尾，艸名，夜干也』，則知底二注文衍增一代字符(『鳶』字原作代字符形)，且『色』爲『名』字形訛，兹爲校改。

〔五九三〕『⿰月走』字《廣韻》、《集韻》作『⿰月旋』，《王一》作『腞』，皆合於形聲構字理據，底二所作當爲『⿰月旋』字形訛，兹據校改。又注文『⿰月走』字底二作代字符形，諸本皆只訓作『短』或『短也』，是底二衍增一代字符。

〔五九四〕『𢹂(橼)』字本小韻前已收，此不當重出，可删。又『物𢹂』底二本作『𢹂物』，兹校正，參看上文校記〔五八六〕。

〔五九五〕『器』字左側底二有些殘泐，此參《王一》、《廣韻》録定。

〔五九六〕釋義《王一》作『郳婁邑』，《廣韻》作『郳郪(鄋)邑名』，《集韻》唯訓作『邑名』，阮刻《十三經注疏》本《公羊傳》成公六年云：『鄟者何？ 郳婁之邑也』，則底二當脱『婁』字，兹爲擬補一個脱字符。

〔五九七〕注文所述正體與字頭同形，不合文例，《集韻》同一讀音下有『叀』字，與《説文》合，疑底二字頭『厶』爲其俗省;『叀』古又用同『專』,故『厶』又用同『專』。《龍龕》卷一厶部:『厶,息夷反,自營也。又古文音專,某厶也,自是也;厶擅也。』後一音義的『厶』即『專』的簡俗字。『厶』字本爲『私』字初文,古又用作『某』字,此復以爲『專』字,一形三用,恐不可爲典要,故《廣韻》、《集韻》本小韻皆不收此俗作。又注文『厶果』的『果』字當爲『甲』字之訛,而『本是厶字』的『厶』則疑當讀作『某』;古書於人於己不便直呼其名時或代之以『某乙』、『某甲』,亦簡寫作『厶乙』、『厶甲』,而『厶』既用同『某』,又用同『專』,故『厶(某)甲』或誤讀作『厶(專)甲』,進而又或演變作『專甲』或『某厶(專)』、『某專甲』等形式,參看《中國語文》二〇〇五年第六期袁賓、張秀清《禪録詞語『專甲』與『某專甲』源流考釋》一文。

〔五九八〕『笂』蓋『箅』的簡俗字(參上校),《箋二》、《王一》、《廣韻》、《集韻》皆作『箅』。又注文上揭諸本皆無『馬』字,此疑衍。

〔五九九〕字頭底二存上部筆畫,其左上部『山』形可辨,右部似『頁』字上部筆畫,然『顓』字本小韻前已收之,此不當重出,檢《廣韻》、《集韻》本小韻字左部從『耑』而底二所無者,有『歂』、『𤭢』二字,然因與底二字形不盡吻合,故存而俟考。又其注文底二殘泐,此依行款爲擬補二個缺字符(也可能只有一字)。

〔六〇〇〕字頭底二存右下角少許筆畫,兹參《箋二》、《王一》、《廣韻》、《集韻》校補作『椯』字。

〔六〇一〕行首至下一字頭殘字『燀』間底二殘泐約五個大字的空間。

〔六〇二〕字頭底二存右部似『單』旁筆畫,《補正》以此字頭爲『燀』,當是,兹從之。注文所存三字皆在雙行之右行,其左行底二殘泐,兹依文例擬補三個缺字符,所缺應爲反切下字、『反』字及小韻標數字『二』;《廣韻·仙韻》『燀』字注『火起皃。尺延反。二』,可參。又注文『燀』字底二本作代字符,疑衍;《廣韻·獮韻》昌善切『燀』字注『《説文》炊也;……又然也』,『然』後起字作『燃』,可參。

〔六〇三〕注文殘字底二存右部似『戈』形筆畫,兹參《王一》、《王二》、《廣韻》校補作『伏』字。又反語下字『扵』通常爲『於』字的俗寫,文中則應爲『栓』字俗訛(『全』旁古亦作『仝』形),《箋二》、《廣韻》、《集韻》『跧』字音莊緣反，與『鄒栓反』音同。

〔六〇四〕『睉』字條下至『步』字間底二殘泐約三個半大字的空間，從底二後一殘條之『一』字當爲小韻標數字看，此殘泐部分可能抄寫的兩條文字當分屬於兩個小韻。又檢《廣韻》爲底二前所未收而其小韻收字較少且注文有『步』者，蓋唯『丑延切』小韻之『延，《説文》曰：「安步延延也。」』，疑底二後一殘條即此。

〔六〇五〕行首至下條殘字『誚』間底二殘泐約四分之三行，據空間，可抄十八個左右大字。

〔六〇六〕字頭底二存似『肖』旁右部形筆畫，注文殘字存似『兆』旁右部形筆畫，兹參《廣韻》校補作『誚』、『跳』二字。又缺字底二殘泐，此依行款擬補三個缺字符。『誚』字《廣韻》釋『跳誚』，可參。

〔六〇七〕殘字底二存右側筆畫，兹參《廣韻》校補作『艘』字。注文缺字底二殘泐，《廣韻》『艘』字注文作『船揔名。又音騷』，可參。

〔六〇八〕殘字底二存右側少許筆畫，兹因注文并參《廣韻》校補作『箾』字。又注文『舞箾又』三字底二居雙行之右行，其左行殘泐，兹因行款及文例擬補三個缺字符，然不知次行以下有無『箾』字注文文字，檢《廣韻》注文作『舞箾；《説文》云「以竿擊人也」。又音朔。』疑底本『又』義或不止三字，故不爲句斷。以上爲底二第五頁内容。

〔六〇九〕此處缺卅二蕭韻後大部、卅三宵韻前大部。

〔六一〇〕此下據底二第六、八頁校録。前一部分較諸《箋二》、《王二》、《廣韻》、《集韻》及底二文例，當爲卅三宵韻。字頭殘字底二居行首，存左下角少許筆畫，缺字殘泐，皆不能擬知其究爲何字。下條字頭『瀌』底二居行末，『名』字至『瀌』字間底二殘泐，其中斷續有約十個左右的文字殘存左側漫漶的筆畫，因皆不能辨識，故不爲具録。

〔六一一〕注文『雪』字底二漫漶，此從《姜韻》及《箋二》、《王二》、《廣韻》録定。『瀌』字諸本隸『甫喬反』（《廣韻》作『甫嬌切』）小韻。

〔六一二〕注文『瓢』字底二作代字符形，《王二》同，《箋二》、《廣韻》並無，疑底二衍增。

〔六一三〕注文『又』字下底二承前衍抄一『迴』字，兹依文例徑删。又『颮』字右部底二略有漫漶，此從《姜韻》并參《集韻》録定。

〔六一四〕『蚕』字右上部底二略有殘泐，兹據殘形録定；『蚕』爲『蠶』的簡俗字。

〔六一五〕注文『冈』字底二有些漫漶，兹參《廣韻》、《集韻》録定；又殘字底二僅存下部少許筆畫，亦參二書校補作『細』字。

〔六一六〕殘字底二存上部筆畫，兹據《箋二》、《王二》、《廣韻》校補作『鵬』字。注文缺字底二漫滅，可從諸本補作『工』字。

〔六一七〕殘字底二存左部『虫』旁，兹參《箋二》、《王二》、《廣韻》校補作『蜱』字。注文缺字底二漫滅，可從諸本補作『虫（蟲）』字。

〔六一八〕殘字底二存漫漶的筆畫，略似『長』字；《集韻》『翹』字下引《説文》云『尾長毛也』，可參。

〔六一九〕『𦯀』字《王二》同，《箋二》、《廣韻》、《集韻》作『莜』形，合於《説文》，底二俗訛，兹據校改。

〔六二〇〕注文『胗』字底二作代字符形，《王二》、《廣韻》、《集韻》皆無，疑底二衍增。

〔六二一〕『翗』字不合於形聲構字理據，《廣韻》、《集韻》皆未收，《玉篇·羽部》收之，注文作『巨何切。飛皃』，與底二音異，然此字未見載於其他字書，故不詳所出，較諸《廣韻》、《集韻》本小韻所收字，有『翻』字，《廣韻》訓作『側飛』，《集韻》訓作『仄飛曰翻』，疑底二字頭『翗』即『翻』字形訛，孫強增補《玉篇》時又因之而改其音注，姑據校改。又注文『翗』字底二作代字符形，疑爲衍增。

〔六二二〕『嘍』字《箋二》、《廣韻》及《集韻》釋義皆作『虫（蟲）聲』，疑底二『名』字蒙下條注文而訛，《補正》校改作『聲』字，兹從之。

〔六二三〕注文『螻』字底二作代字符形，《箋二》、《王二》、《廣韻》並無，疑爲衍增字。

〔六二四〕殘字底二存右上角似『木』形筆畫，兹參《箋二》、《王二》、《廣韻》校補作『襻』字（《箋二》作『襷』字，『襷』、『襻』當爲異體字，參《箋二》本條校記）。

〔六二五〕字頭『萋』字右部底二有漫漶，兹參《箋二》、《王二》、《廣韻》録定。殘字底二存漫漶的筆畫，此亦參諸本校補作『莠』字。

〔六二六〕注文二『要』字底二皆作代字符形，然『終要』之訓未聞，考《王二》釋義有『約』一義，疑底二之『終』字爲『約』字形訛，兹姑據校改。

〔六二七〕『⿺走高』字《廣韻》、《集韻》及諸字書未見收載，疑爲『趫』之訛俗字，唯『趫』字《集韻》引《説文》訓作『善緣木走之才』，與底二釋義不合，又二書皆以『蹺』字爲本小韻首字，《廣韻》訓作『舉足高』，則又疑底二用此『蹺』字之義爲訓，俟考。

〔六二八〕字頭『趬』字左側底二略殘，此參《集韻》『蹺』字或體『趬』形録定。又注文『蹺』字當爲或體字，依例其前當有『正』或『亦』等標識字，此疑有脱。

〔六二九〕殘字右部底二殘泐，兹據《王二》校補作『反』字。『⿰扌毳』字《王二》同，《廣韻》、《集韻》皆作『橇』形，後者合於形聲構字理據，俗寫『扌』、『木』二旁多混而不分，兹爲校改。又注文有脱誤。考《王二》去遥反小韻下云：『⿰扌毳（橇），踏擿行。又去遥反。……摘音竹革反。』（又切與正切，必有一誤）據此，『竹革反』當是『摘』字切音，注文『又』應爲『摘』字的重文符號之誤（也可能『又』下有脱文）；又『摘』用同『擿』（《廣韻》『橇』字注『蹋樀行』，『樀』亦當校讀作『擿』），即《史記·夏本紀》『泥行乘橇』裴駰集解引孟康『橇形如箕，擿行泥上』（《四庫全書》本宋羅泌《路史》卷四六引『擿』作『摘』）之『擿』也；又《校箋》謂《王二》『踏擿行』當作『踏橇擿行』，近是，而底本作『踏摘（擿）』，則似脱『橇』字又脱『行』字矣。

〔六三〇〕『縞』爲『繑』字的俗寫；『喬』字俗作『高』，故『喬』旁俗書亦作『高』。下文從『高』旁者仿此，不再一一注明。

〔六三一〕殘字底二殘存上部筆畫，兹參《王二》、《集韻》校補作「⿱穴高」字，《箋二》、《廣韻》作「僑」字，《集韻》「⿱宀喬」字注文云「通作僑」，底二本小韻後亦收有「僑」字條。

〔六三二〕「嫣」字左側底二略有漫漶，此參《廣韻》、《集韻》録定。殘字底二僅存漫漶的筆畫，兹參《廣韻》校補作「禹」字。

〔六三三〕注文「趫」字底二作代字符形，《箋二》、《廣韻》、《集韻》皆無，疑底二衍增。

〔六三四〕「盇」字《王二》、《廣韻》、《集韻》皆作「盇」形，合於形聲構字理據，底二形訛，兹據校改。又注文「盇」字底二作代字符形，諸本皆無，疑爲誤增。

〔六三五〕注文「篙」字底二作代字符形，《箋二》、《王二》、《廣韻》及《集韻》引《爾雅》訓皆無，疑爲衍增。

〔六三六〕殘字底二存右部筆畫，兹參《廣韻》、《集韻》校補作「著」字。

〔六三七〕本小韻首字《廣韻》作「趫」形，訓作「善走；又緣木也」，與此不同。又參底二前條校記〔六二七〕。殘字底二存上部略有漫漶的筆畫，兹參《廣韻》校補作「起」字。又《廣韻》首字「趫」下亦收又音作「巨憍反」，底二該小韻作「巨嫣反」，疑又音反語下字「略」或爲「嫣」字形訛，俟考。

〔六三八〕「⿰耒喬」字《廣韻》、《集韻》及諸字書未見所載，疑即「穚」字俗作，「禾」、「耒」二旁俗或混而不分，或因其從「耒」旁而訓作「耕」，俟考。

〔六三九〕「紆」字《王二》、《廣韻》同，余廼永《新校》：「《玉篇》『⿰巾喬』注：『口妖切，袴⿰巾喬也。』《玉篇殘卷》以⿰巾喬、繑或體，《説文》：『繑，絝紐也。』《集韻》⿰巾喬、繑或體，亦云：『絝紐也。』絝乃脛衣，故段注謂：『紐者，系也，脛衣上有系，系於幝帶曰繑。』『袴』與『絝』或體，此《玉篇》所以云『袴⿰巾喬也』。『紆』字《説文》『詘也。一曰縈也』……『紐』之與『紆』於此義可相通。」

〔六四〇〕注文《集韻・蕭韻》牽幺切「⿰弓喬」字下作「引弓也」，《玉篇・弓部》作「引也」，疑底二衍增代字符。

〔六四一〕注文殘字前者存下部漫漶的筆畫，後二字皆存右部漫漶的筆畫，不能逆知其爲何字，俟考。

〔六四二〕『鄉名』二字底二有些漫漶，此參《箋二》、《王二》、《廣韻》録定。

〔六四三〕『豔』字底二略有漫漶，此參《廣韻》録定。

〔六四四〕『䄏』字《廣韻》、《集韻》及諸字書不載，疑即『䄏』之俗作，或因其從『夭』聲而收入此小韻，《康熙字典·豸部》引《篇韻》：『䄏，音義與䄏同。』《篇海類編·鳥獸類·豸部》：『䄏，狐也。』『夭』俗寫作『夭』形，楷定或作『夭』形。又『和』字疑底二承前條注文『和』字音訛，原當作『貉』字，兹姑爲校改。

〔六四五〕又音前依文例當有一標識語『又』字，此脱，兹爲擬補一個脱字符。

〔六四六〕殘字底二存漫漶的筆畫，不能推知究爲何字。又『犬名』之訓與字頭不合，考《箋二》、《王二》、《廣韻》皆訓爲『白芷别名』，《集韻》作『艸名，《説文》「楚謂之蘺，晉謂之虈，齊謂之茝」』，疑『犬』當爲『草』字之訛，兹姑據校改，唯其致訛理據尚不得而知；又因而疑殘字當爲『茝』、『芷』或『蘺』等字。

〔六四七〕『鷃』字下部底二略有漫漶，此參《集韻》録定。

〔六四八〕注文『儷』字底二作代字符形，《玉篇·人部》只訓作『傲也』，疑底二衍增代字符。

〔六四九〕殘字底二存似『高』或『髙』字下部形筆畫，推知其原字當即爲二字之一，然訓與『氣出』相涉者，《箋二》、《王二》、《廣韻》、《集韻》皆作『歊』形，《集韻》則别收其或體作『歊』形，兹徑爲校補正字作『歊』。

〔六五〇〕殘字前者底二存右部筆畫，後者存上部筆畫，兹參《王二》、《廣韻》、《集韻》校補作『草皃』二字。

〔六五一〕殘字底二存左下角及右下角少許殘畫，兹參《箋二》、《王二》、《廣韻》、《集韻》校補作『礊』字。

〔六五二〕『喙』字左側底二略有漫漶，此參《箋二》、《王二》、《廣韻》録定。

〔六五三〕『偣』字《集韻》作『偣』形，合於《説文》，底二俗訛，兹據校改。

〔六五四〕殘字前四者底二皆存少許漫漶的筆畫，不能推知究爲何字，第五字存右側『一』形筆畫，考《王二》本小韻收十五字，《廣韻》收十九字，《集韻》收三十四字，故不能斷定此殘字爲『十』或『廿』，俟考。又缺字底二漫滅，亦可能無字（若底二本小韻只收廿字時）。

〔六五五〕缺字底二漫滅，可依文例補作『同』字。

〔六五六〕殘字底二存右部『肴』旁，茲參《王二》、《廣韻》、《集韻》校補作『淆』字。注文缺字底二殘泐，可參諸本補作『淆』字。

〔六五七〕殘字底二存右下角少許筆畫，茲參《箋二》、《王二》、《廣韻》、《集韻》校補作『𣘅』字。注文缺字底二殘泐，可從諸本補作『梔子』（『梔』亦寫作『栀』）二字。

〔六五八〕殘字底二僅存上部少許筆畫，茲參《王二》、《廣韻》、《集韻》校補作『倄』字。

〔六五九〕字頭底二存上部少許筆畫，注文殘字前者存下部似『小』形筆畫，後者存右上角少許漫漶的筆畫，茲參《箋二》、《王二》、《廣韻》校補作『洨』、『水名』三字。

〔六六〇〕殘字底二存右部漫漶似『交』或『爻』旁字，其下至行末底二殘泐約五個左右大字的空間，『决』字居次行行首。考《王二》、《廣韻》、《集韻》本小韻字，其釋義無有含『决』字者，然《王二》、《廣韻》『佼』字訓作『快』（《廣韻》作『快也』），疑底二形訛，若是，則其下之代字符當爲衍增，俟考。

〔六六一〕『𧆞』爲『虓』的俗字；『虓』字釋義《箋二》、《王二》、《廣韻》皆作『虎聲』，與《説文·虎部》『虎鳴也』合，然《説文》所收又義『一曰師子』，則又明其亦可作獸名用，則底二所作，或亦有所據。

〔六六二〕『嗃恙』《箋二》、《廣韻》作『嗃謈』，《王二》訛作『嗃暴』，《校箋》以爲『暴』當作『謈』，《補正》校『恙』作『恚』字，《廣韻》本條釋義作『嗃謈，恚也』，茲從校改『恙』作『恚』字，并於其前擬補一個脱字符。

〔六六三〕殘字底二存上部筆畫，茲參《箋二》、《王二》、《廣韻》校補作『風』字。

〔六六四〕殘字底二存左部『亻』旁，茲參《箋二》、《王二》、《廣韻》校補作『傷』字；又缺字底二殘泐，可參諸本補作『禾』字；諸本釋義皆作『禾傷肥』（《箋二》『禾』字訛作代字符形），可參。

〔六六五〕『歊』字條之下至行末底二殘泐約三分之一行，據空間，可抄八個左右大字。

〔六六六〕注文《集韻》作『倖佬，大皃』，《玉篇·人部》『佬，倖佬，大皃也』，是以『倖佬』爲聯綿詞，疑底二之『僥』當爲『佬』字形訛，且二字當互乙。

〔六六七〕『⿰幽頁』字左部『幽』旁部分底二略有些漫漶，此參《廣韻》録定。

〔六六八〕殘字底二前者左部略有漫漶，右部爲『鳥』旁，第二字左側和右側亦有漫漶，中部可辨爲『去』形，第三字存上部筆畫，考《廣韻》字頭作『⿰夊鳥』，釋義作『鴡⿰夊鳥，似鳧，腳近後，不能行』，『⿰夊鳥』『⿰夊鳥』應爲古異體字，茲姑從校補諸殘字作『鴡』、『脚』、『行』三字。

〔六六九〕下文『窅』字條注文『目』字居底二、底三次行行首，前行『⿰夊鳥』字條下至行末底二殘泐約三分之一行強，據空間，可抄十個左右大字，然底三存此行下部約八個大字的左側部分的内容，之下復有九行内容底三與底二相重，且底三完整而底二皆下殘近半行，此擇其長者録之，除有異文，不一一指出取自底二或是底三。

〔六七〇〕字頭底三存左側一竪形筆畫，注文殘字存左部筆畫，其中『丬』旁可辨，稽諸《廣韻》、《集韻》『昆』(《集韻》以之爲『窅』字或體，《廣韻》誤作『皃』形)及《集韻》『凹』字形義，疑底二字頭殘字爲『凹』或『昆』字，注文殘字爲『深』字。又缺字底二殘泐，如字頭爲『昆』字，則可參二書及文意補作『面目』二字；如字頭爲『凹』字，則可參《集韻》及底三文例補作『窊凹』二字，疑不能定，俟考。

〔六七一〕字頭底三存左側『幺』形筆畫，茲參《集韻》校補作『鴢』字(注文『鴢』字本作代字符)。注文缺字底三殘泐，《集韻》注文作『鴢䳱，鳥名，曲喙』，疑底三注文二字誤倒。

〔六七二〕殘字底三存左部『口』旁，茲參《箋二》、《王二》、《廣韻》校補作『⿰口夭』字。注文缺字底三殘泐，可參諸本補作『⿰口夭咋』二字。

〔六七三〕殘字底三存左部筆畫，其中『石』旁可辨，然檢《廣韻》、《集韻》，本小韻無從『石』旁之字，姑存俟考。又注文缺字底三殘泐。

〔六七四〕注文『皮過』《王二》作『杖過』，皆費解，《校箋》云『杖過』『不詳』，存疑；又『六』『合』二字亦可疑，俟考。

〔六七五〕注文『石』字較他字略小，亦或爲某字之殘，姑録作如此。又殘字底二漫漶，底三存右部似『列』或『到』字形筆畫，唯『石前㕚』云云亦不知所云，俟考。

〔六七六〕注文『似虵』云云蓋本於《山海經・中山經》『睨水……東南流注于漢，其中多蛟』郭璞注：『似蛇而四脚，小頭細頸，有白癭，大者十數圍，卵如一二石甕，能吞人』，其中的『有白癭』《唐開元占經》卷一二〇、《藝文類聚》卷九六、《太平御覽》卷九三〇引皆作『頸有白嬰』，與底本引同，『嬰』蓋借用作『癭』。又『二』字《説文》作『三』，然《説文》只云『池魚滿三千六百，蛟來爲之長』，『百』字下無量詞，段注亦未爲申説，然因其意，似謂滿三千六百條也，而底三解之爲年齡，考《吕氏春秋・知分》『有兩蛟夾繞其船』高誘注：『魚滿二千斤爲蛟。』則又以爲是重量，且謂魚自化爲蛟，然亦因而疑底三作『二』或别有所據，非必誤也，故存其舊。

〔六七七〕注文『冑子』《王二》作『挍冑子』，按『斈』字《説文》釋『放』，指仿效，釋『冑子』或『挍冑子』的『斈』，蓋用同『教』（『教』字從『斈』得義，二字古通用），《尚書・舜典》有『夔命汝典樂教冑子』句，殆即上揭韻書所本，然『冑子』固非『斈』或『教』字之義，其訓釋殊無理據也。

〔六七八〕『狀』字《箋二》、《王二》、《廣韻》作『㤓』，《集韻》作『伢』，底三所作當爲『㤓』字形訛，兹據校改。

〔六七九〕字頭『驍』及注文『鳿』字左下角底三皆有些漫漶，兹參《箋二》、《王二》、《廣韻》録定。本大韻後『張交反』小韻注文『鷍』字乃『驍』之易位俗字。

〔六八〇〕殘字底三存上部筆畫，兹參《廣韻》及《廣雅・釋詁三》『嶤，捽也』校補作『捽』字；《集韻》注文作『崒也』，則類化『捽』字從『山』旁。

〔六八一〕本條底三僅存漫漶的少許殘痕，此從《姜韻》録定。

〔六八二〕字頭『呶』字底三僅存少許漫漶的殘痕，此從《姜韻》録定。

〔六八三〕本條居底三首頁末行行末，其下有板數標誌『十八板』三字。

〔六八四〕『汹』字即『洶』之俗作。

〔六八五〕注文《廣韻》作『鶺鴒，似山鵲而小，短尾，至春多聲』，《説文·鳥部》『鶺』、『鴒』二字訓亦皆作『鶺鴒也』，則『鶺鴒』當爲聯綿詞，依文例則於單字訓解可不出聯綿詞，但如出之則或用注文與被注字連讀成訓例，然底三多補代字符，則或未必用注文與被注字連讀成訓例，故姑爲擬補一個脱字符。

〔六八六〕『趟跳』二字底三略有漫漶，此參《箋二》、《王二》、《廣韻》録定。

〔六八七〕殘字底三存上部及底部漫漶的筆畫，其左部『口』旁可辨，兹參《廣韻》、《集韻》校補作『啁』字。又『嘐』字右部底三有些漫漶，此參二書録定。

〔六八八〕殘字底三前者存左側和右側筆畫，第二字存右上角及左上角少許筆畫，後者存似左部『王』形筆畫，兹參《廣韻》、《集韻》校補作『熱風丑』三字。

〔六八九〕『交反』及『在木曰巢』六字右側底三皆有些殘泐，此參《廣韻》、《集韻》録定。又殘字底三第一字存右上角漫漶的筆畫，第二字存下部少許筆畫，第三字存左側似『十』字形筆畫，第四、五字皆存左部漫漶的筆畫，其中第四、五殘字《姜韻》録作『縣』（蓋脱録第四殘字），可參。又從殘存注文看，底三之反語未居注文之首，疑或原文有誤倒者，而此條前後之小韻，其首字注文反語皆在注文之末，蓋其後三義項乃後人所追加。又『巢』字反語《箋二》、《王二》作『鋤肴反』，《廣韻》作『鉏交切』，疑底三第三殘字爲『士』字之殘形。『角姓』乃用宫商角徵羽五音分姓氏之説，底卷殘存部分有十數處特爲標出，然其歸類標準較爲混亂，尚有待進一步研究，後同，不再一一出校説明。

〔六九〇〕殘字底三存左部似『束』形的漫漶筆畫，兹據《廣韻》、《集韻》校補作『轈』字。注文『束』字底三亦略有漫漶，此參二書録定；缺字底三殘泐，可參《廣韻》補作『蒜』字。

〔六九一〕底三『窠』字條起至『匏』字條止多數條目亦見於底二殘頁中，可以相互證補。

〔六九二〕『縣』字《王二》、《廣韻》、《集韻》皆作『鄛』，合於《説文》，唯居巢縣或省稱作巢縣，亦作鄛縣。

〔六九三〕『勦』字條本小韻前已收，此不當重出，疑爲他字之形訛，然已不可考矣。

〔六九四〕『窷』字《集韻》作『窌』，後者合於形聲構字理據，且『窷』字字書亦未見所載，是底三俗訛，兹據校改。又注文『漻窷(窌)』底三本作『窷(窌)漻』，考《集韻》注文作『寥窌，屋深皃』，其本大韻『陟交切』小韻『寥』字條下訓同，又『寥窌』一詞亦見於《文選·王延壽〈魯靈光殿賦〉》，是底三誤倒聯綿詞之序，兹徑據乙正。

〔六九五〕『人』、『説』二字間近『人』字下底三有一『、』狀筆畫，蓋爲衍刻，《王二》、《廣韻》、《集韻》皆訓作『代人説』。

〔六九六〕注文前一『交』字置此不辭，博士生張新朋認爲此蓋『又』字形訛，底三蒙下『交』字而訛，姑從校改。

〔六九七〕『嫂』字《王二》同，《王一》、《廣韻》、《集韻》作『嬃』，《玉篇·女部》同，底三蓋爲俗作。注文《王一》、《王二》作『呼姊』，《玉篇》作『姊也』，《廣韻》作『齊人呼姊』，《集韻》以『嬃』爲『娋』之或體，引《廣雅》訓云『孟姊也』，是底三之『婦』當爲『姊』字形訛，兹據校改。

〔六九八〕注文『草名』疑爲前『莦』字注文竄入；或爲假借義，若是則於文例不盡合。

〔六九九〕『懷妊』云云之訓節抄自《説文》，然亦略通。

〔七〇〇〕『疑勹』不辭，底二『疑』字所作略草，疑或爲『裹』字形訛，《説文·勹部》：『勹，裹也。』可參。

〔七〇一〕『𥹳』字《王二》同，《廣韻》、《集韻》作『麭』形，『𣏌』即『桼』旁的俗寫，參《敦煌俗字研究》下編水部『漆』字條考釋。

〔七〇二〕『氹』應爲『𠣾』的訛俗字，《王一》、《王二》正作『𠣾』，《廣韻》作『尥』，爲一字異寫；《改併四聲篇海·尢部》引《搜真玉鏡》：『尬，步交切。』此字《漢語大字典》、《中華字海》義未詳，亦正是『𠣾(尥)』的訛俗字。

〔七〇三〕字頭與注文亦作字同形，必有一誤，疑字頭當作『豪』或亦作字當作『𧰲』；『𧰲』爲《説文》籒文，而『豪』則爲『豪』字篆文隸定之異。《五經文字》卷中豕部：『𧰲豪：上《説文》，下經典相承隸省。』《王一·豪韻》：『豪，胡刀反。豪俠。亦作𧰲，通俗作豪。』皆可參。下文『豪』旁底本皆寫作『豪』形，爲方便排版，皆徑録作『豪』，不一一出校説明。

〔七〇四〕注文二「濠」字底三皆作代字符，後一代字符亦可視作前「隊」字的重文省書，存疑。
〔七〇五〕字頭「𡾊」字右旁底二有漫漶，此參《集韻》録定。
〔七〇六〕字頭《箋二》作「嗥」，其注文云「又作㘁」；《裴韻》略同，謂「俗作㘁」。
〔七〇七〕「㕧」爲「兕」之俗字，唯「兕唬」殊異，《箋二》、《王二》、《廣韻》本小韻皆不載「唬」字，《集韻》以「唬」爲「號」字或體，引《説文》訓云「呼也」，疑底二「㕧」爲「哭」字俗作形訛。
〔七〇八〕「有」字及「等」之右上角底二有些漫漶，此從《姜韻》録定。
〔七〇九〕注文「云」當爲「耘」字訛省，《箋二》、《王一》、《王二》、《裴韻》皆訓作「耘」，兹從校改。又「私」爲「私」的訛俗字（「私」字右部俗書增筆作「厶」形，底本右部「厶」又爲「么」旁連筆之誤），《説文·禾部》：「私，禾也。」但「私」字此義古籍罕用，存疑。
〔七一〇〕「⿰扌犬」字《廣韻》、《集韻》本小韻皆未收載，《説文》亦未見有載，《廣韻》入聲德韻「蒲北切」小韻收之，訓作「擊也」，音義不合，《廣韻》、《集韻》皆收有「薅」字或體作「⿰扌休」（《廣韻》刻本或訛作木旁），唯其字雖見於《廣雅·釋詁三》，却未見載於《説文》，或底卷以「⿰扌休」、「茠」相混，《説文·艸部》「薅」字下收有或體作「茠」形，然其注引《説文》訓「治⿰扌休」亦未能檢到，唯治田與「拔去田艸」之義亦通，疑底二之「⿰扌犬」字即「⿰扌休」之形訛，兹姑據校改。
〔七一一〕「⿱𥫗高」字《廣韻》、《集韻》及諸字書未見收載，疑即下「篙」之俗字。
〔七一二〕「怜」字當爲「怜」字俗作，參《王一》校記〔七八三〕，兹爲校改。
〔七一三〕「牝」字當爲「牡」字形訛，參《王一》校記〔七八五〕，兹爲校改。
〔七一四〕「尻」爲「居」的古異體字，文中則應爲「尻」的訛俗字。又注文「展」爲「臋」之俗字，《箋二》、《王一》正作「臋」字。
〔七一五〕「⿰高几」爲「⿰高几」的訛俗字；「⿰高几」字《玉篇·高部》音苦高切，釋「明也」，底本釋「⿰高几⿰高䍃」，「⿰高䍃」字其他字書皆未見，俟考。

〔七一六〕『敖』字《説文》本從出從放會意（『放』又從攴、方聲），『敖』左上部的『土』即『出』旁隸變之訛，今字作『敖』，又爲『敖』的楷定形。下文『敖』旁底卷皆作『敖』形，爲方便排版，兹徑録作『敖』，文中不一一出校説明。

〔七一七〕『謷』字本小韻後又重出，訓作『不肖語』，《箋二》、《王一》、《廣韻》釋義亦並有『語』字，此蓋脱刻，兹爲擬補一個脱字符。釋義『肖』字合於《説文》，然《箋二》、《王一》、《王二》、《廣韻》皆作『省』，段注本《説文》又因《韵會》而改『肖』作『省』，疑其各有所本，姑存其舊以俟考。

〔七一八〕注文『口』字下《王一》、《王二》、《廣韻》皆有『愁』字，合於《説文》，底二蓋脱，兹爲擬補一個脱字符。

〔七一九〕引文『㧨』字今阮刻《十三經注疏》本《尚書·旅獒》作『旅』，底二形訛，兹據校改。

〔七二〇〕『獓㹟』之獸見於《山海經·西山經》，其字作『傲徊』。又注文『狩』同『獸』，諸底卷『獸』字多借『狩』字爲之。

〔七二一〕『謷』字前已立爲字頭，此不當重出，且其『岳交反』與本小韻反語『五交反』亦同音，此蓋即底本蒐集衆韻書、字書而未加整理之一證。

〔七二二〕『贅』字《説文·貝部》訓作『以物質錢。从敖、貝。敖者，猶放貝當復取之也』，是此字爲會意字，非從『敖』聲，此『贅』字當是『贅』字之訛。又注文『顤』字右上部底本漫漶不清，右下部作『貝』形則清晰可辨，兹據文義定右旁爲『頁』。《説文·頁部》：『顤，贅顤，高也。从頁，敖聲。』底本上文同一小韻有『顤』字，釋『頭長』（《廣韻》釋『頭高』），『顤』實爲『贅』的偏旁移位字。

〔七二三〕『𥃩』字其他字書韻書未見，疑爲『眢』字《説文》異體『𥃭』的訛俗字。『眢』字《廣韻》音土刀切，與『𥃩』字同音，但『眢』字《廣韻》釋『目通白也』，《集韻》又釋『目不明』，而底本『𥃩』字釋『暖目』（『暖』字字書釋『大目』或『大目皆』），字義有別，存疑。

〔七二四〕『稻』字在前行末，次行行首至殘字『洮』間底二殘泐約三分之二行略強，據空間，可抄十八個左右大字。
〔七二五〕殘字底二存右下角彎鈎形筆畫，兹參《箋二》、《王二》、《廣韻》校補作『洮』字。注文缺字底二殘泐，可從諸本補作『名』字。
〔七二六〕殘字底二前者存右部『酋』旁，後者存右部筆畫，兹參《廣韻》、《集韻》校補作『猶兼』二字。又缺字底二殘泐，可從二書補作『十』字。
〔七二七〕殘字底二存右部『壽』旁，兹參《箋二》、《王一》、《廣韻》校補作『犞』字。又『犞』字下至行末底二殘泐約二個半大字的空間，諸本『犞』字注文作『牛羊無子』，兹參底二行款爲擬補五個缺字符。次行以下底本殘缺。
〔七二八〕據《箋二》、《王二》、《裴韻》、《廣韻》及底二第二卷卷首韻目，此處缺卌五豪韻後半、五十侵韻前大部及其間各韻。
〔七二九〕前一部分參諸韻書知其當爲五十侵韻字。本行上部底二存雙行注文之左行部分殘字，殘字下至行末殘泐，唯近底端約兩個大字處的上部左側存三個筆畫漫漶的似注文小字的殘字，因不能知詳，故不具録。行首殘字第一字存一捺形筆畫，疑爲『又』字，第二字存左部筆畫，疑爲『出』字，第三至第八字皆存左部筆畫，其中第三字殘形似『扌』旁，第五字殘形似『省』字左部形，並不能辨其究爲何字。
〔七三〇〕字頭《王二》、《裴韻》、《廣韻》皆作『㕘』形，而以『參』爲其或體，《裴韻》、《廣韻》皆訓云：『㕘差，不齊皃』，底二『參差』作『差參』，非是，兹參諸本徑爲乙正。
〔七三一〕『木』字下部底二漫漶，此從《姜韻》録定。又『槮』字訓『刻木』不知所出，《王二》訓作『木長』（字形亦作『槮』），《廣韻》、《集韻》略同，訓作『木長皃』，可參。
〔七三二〕字頭與注文正作字同形，有誤，考參辰字《説文》正體從晶作『曑』，或省作『𠫭』，後者隸定作『曑』，亦作『參』，疑底二注文正字當作『曑』（其俗寫下部亦作『尒』形），姑爲校改。

〔七三三〕注文引文之『行』字今《説文·木部》『椮』字下引作『荇』，與阮刻《十三經注疏》本《詩經·周南·關雎》合，底二俗訛省，兹據校改。

〔七三四〕字頭『槮』字左上角底二略有漫漶，此從《姜韻》録定。『槮』和上條『椮』實爲《説文》同一篆文隸定之異，底本分作二條，不妥。

〔七三五〕『㝩』字《王二》、《裴韻》、《廣韻》同，余廼永《新校》：『《説文》：「㝩，深也。一曰竈突。从穴、火，求省。」隸作罙，即深淺之深本字。』可參；底二所作，蓋其時相沿之俗訛字。

〔七三六〕『犙』爲佛典譯音用字，《玉篇·牛部》云『出神呪』，《龍龕·牛部》稱『又隨文有多釋也』，可參。下二字同。

〔七三七〕注文『犙』字底二略有漫漶，此從《姜韻》録定。『𤛓』字其他字書韻書未見，其字與『犙』字連用，蓋亦佛典譯音用字。

〔七三八〕『夙』字《廣韻》、《集韻》作『宿』，合於《説文》，清陳元龍《格致鏡原》卷二三：『《世本》：「夙沙氏始煮海爲鹽。夙沙，黃帝臣。」』『夙』、『宿』二字音同。

〔七三九〕『塩』字及上條注文所收俗字『塩』《王二》、《裴韻》、《廣韻》、《集韻》皆不載，《王二》稱『鹽』字『亦作塩』，斯三八八號《字様》又載『鹽』字俗作『塩』（底本下文亦寫作塩），『塩』『塩』敦煌寫卷經見，較長，但《干禄字書》載『鹽』字通俗體作『塩』，與底本字形較近。

〔七四〇〕『瀸』字《廣韻》釋『進也』，《集韻》以爲『潤』字或體，釋『水進』，底本注文『瀸』字本作代字符，疑爲衍文，當删。

〔七四一〕『閵』字《改併四聲篇海·門部》作『閵』，注云『弋廉切，見内典』，蓋亦佛典譯音用字。

〔七四二〕引文今《説文·水部》作『海岱之閒謂相汙曰潤』。

〔七四三〕『姑』字《王二》、《裴韻》、《廣韻》、《集韻》皆作『娑』形，合於《説文》，底二所作亦不見於諸字書所載，唯其不違於形聲構字理據，姑存其舊。

〔七四四〕「又姓」置爲首義不合文例，疑「又」爲「人」字形訛，兹姑爲校改。又「詹首，䱡」義未聞，疑「詹首」即「詹省」傳刻之訛而底本編者誤收入者。

〔七四五〕今本《抱朴子内篇》卷三《對俗》有「蟾蠩壽三千歲」，卷十一《僊藥》有「肉芝者，謂萬歲蟾蠩，頭上有角，頷下有丹書八字再重」，底二蓋合之而言，然既謂其壽三千歲，似不應再言「萬歲」蟾蠩，疑當以底二之「百」字爲是。又《玄中記》引文今四庫文淵閣本作「蟾蜍頭生角，得而食之，壽千歲」，文字有小異。

〔七四六〕注文「㮈」字《王二》同，《廣韻》、《集韻》及《玉篇·木部》皆作「柰」字，「㮈」爲「柰」之後起累增字。

〔七四七〕注文二殘字底二右部皆有漫漶，其左部皆可辨爲「金」旁，後一字近似「釤」字；「釤」字《集韻·鹽韻》音思廉切，「刀名」，「鐔」字古或指似劍而小的兵器，二字音義皆近之。然「鐔」字《廣韻》、《集韻》皆未收或體，存疑。又「徐林反」爲又音，其前當有標識語「又」字，此脱，兹爲擬補一個脱字符。

〔七四八〕「姼」字左部底二漫漶，此從《姜韻》録定。

〔七四九〕「灊」字右上角筆畫底二略有漫漶，此參《廣韻》録定。又「怗」字《廣韻》同，《集韻》作「惉」，合於《說文》，底二所作蓋俗變字。

〔七五〇〕字頭「韂」字中部底二有些漫漶，此參《廣韻》、《集韻》録定。

〔七五一〕「冄」字同一小韻下文復出，釋「毛冄」（《說文》作「毛冄冄」），「髯」或即「冄」（隸變亦作「冉」）的後起增旁字，然此說其他字書韻書未見，有待申證之。

〔七五二〕「梅」字右側底二略有漫漶，此參《王二》、《廣韻》、《集韻》録定。

〔七五三〕「䫇」爲「⿱頁冄」的偏旁移位字，《集韻·豔韻》「⿱頁冄，須也」。又「⿱頁冄」後起換旁字作「髯」，底本「髯」「⿱頁冄」分作二條，不妥。

〔七五四〕又音「上」字前依文例當有一標識語「又」字，疑此脱。

〔七五五〕『名』字上部底二有漫漶，此從《姜韻》、《補正》録定。

〔七五六〕『⿵門占』字以下四字《集韻》皆隸之於『癡廉切』小韻，《王二》、《廣韻》未收『⿵門占』、『䀡』二字，然其下之『覘』、『⿱沚女』二字皆入於丑廉反小韻。

〔七五七〕殘字底二略有漫漶，兹參《方言》卷十『䀡，視也。凡相竊視，南楚或謂之䀡』校補作『竊』字。

〔七五八〕『妗』字右下角及『喜』字左部底二皆有漫壞，此參《王二》、《廣韻》録定。

〔七五九〕『視』字左旁底二殘泐，此參《王二》、《廣韻》録定。

〔七六〇〕『⿱二火』字《廣韻》、《集韻》同，合於今本《説文》，段注改作『⿱⺶火』形，謂『从火、羊聲』，諸本所作皆俗訛字。注文殘字底二存『一』形筆畫，此爲小韻標數字，兹參本小韻實收字數校補作『三』字。又本條下底二有『廿六板』三字。

〔七六一〕注文『⿰亻答』字其他字書韻書未見，以字形言，既可定作『偺』的俗字，也可定作『俗』的訛俗字；『詉』字《廣韻》釋『言利美也；又人名。字書無』；《大正藏》弟五十一册《續傳燈録》卷五載泐潭懷澄禪師法嗣有『壽聖普詉禪師』，即其用作人名之例，可參。

〔七六二〕殘字前者底二存上部筆畫，後者略有漫漶，兹從《姜韻》并參《漢書·武帝紀》『長安飛廉館』顔師古注引應劭語『飛廉，神禽，能致風氣者也』校補前一殘字作『能』，又參《集韻》校補後一殘字作『⿸广⿱兼氺』字。又因本小韻末條誤作別計，致此標數字比實收字數少一，兹據校改。

〔七六三〕殘字底二前者存中部少許筆畫，後者存左側少許筆畫，缺字漫漶，並不詳。

〔七六四〕殘字底二存下部『廉』旁，兹參《廣韻》、《集韻》校補作『薕』字。

〔七六五〕注文『嗛』字《王二》作『磏』形，按《集韻》字頭作『磏』形，合於《説文》，底二或體字形不合形聲構字理據，當爲『磏』字形訛，兹據校改。

〔七六六〕殘字底二存左右兩側少許筆畫，兹據《箋二》、《王二》、《裴韻》、《廣韻》、《集韻》校補作『⿰巾兼』字。又『文漫』不辭，考《急就篇》卷三『承塵户㡘條繢總』顔師古注云：『户㡘，户上之幔也。』疑『漫』爲『幔』之形訛，『文幔』指有文飾的帷幔，兹爲校改。

〔七六七〕注文『喙』字下部底二有些漫壞，此參《箋二》、《王二》、《裴韻》、《廣韻》録定。又又義前諸本皆載有又音，以明『獫狁』之『獫』不讀『力占反』，疑底二誤脱。

〔七六八〕殘字底二存周邊筆畫，兹參《王二》、《廣韻》、《集韻》校補。又注文《王二》作『察視』，合於《説文》；又義他書未見，疑爲『視』字音訛。

〔七六九〕注文『佇』字底二略有漫漶，此從《姜韻》録定。又『反』字下底二衍增一小韻標數字『一』，兹依文例徑删。

〔七七〇〕『棓』字《廣韻》、《集韻》作『䅧』，《廣韻》訓作『䅧䅧，苗美也』，《集韻》訓作『䅧䅧，苗齊等也』，俗寫『禾』、『木』二旁或混，兹據校改。

〔七七一〕『臛』字右下部底二有些漫漶，此參《箋二》、《王二》、《裴韻》録定；『臛』爲『膗』的俗字，《廣韻》正作『膗』，《集韻》引《埤倉》云『膗也』，亦可參。

〔七七二〕『憸』字《廣韻》又見於本大韻息廉切和琰韻虚檢切、七漸切三小韻，『鱵』音不詳。

〔七七三〕注文『殲（殱）』字底二作代字符形，《箋二》、《王二》、《裴韻》、《廣韻》皆無，疑此衍增。

〔七七四〕注文『口』字《箋二》、《王二》、《裴韻》皆作代字符形，《廣韻》徑作『⿰口韱』字，底二形訛，兹據校改。

〔七七五〕注文『雨曰⿱雨叕』三字底二作『⿱雨乑』形，疑爲『雨曰⿱雨叕』三字之誤合（右下部的二筆爲『⿱雨叕』字的代字符）；『⿱雨叕』字《王二》釋『小雨』，《廣韻》釋『小雨；又霑也』，《集韻》引《説文》亦訓『小雨也』，皆可參，故據校改如上。

〔七七六〕『⿱雨戔』字《王二》、《裴韻》同，《廣韻》、《集韻》作『霎』形，後者合於形聲構字理據，底二俗作。注文『清』字諸本作『漬』，底二形訛，兹據校改；又『又下』二字不知所出，此字《廣韻》咸韻『所感切』小韻收之，俟考。

〔七七七〕『替』字《箋二》、《王一》、《裴韻》、《廣韻》、《集韻》皆作『暜』形，底二俗作，後從『替』者同，不再一一出校説明。又『於替』底二作『替於』，兹參諸本徑爲乙正。又『作』字《箋二》同，上揭諸本作『昨』，葉鍵得《十韻彙編研究・刊校勘記》謂當以『昨』字爲是，『蓋本韻已有「尖，子廉反」』。

〔七七八〕注文《王二》、《裴韻》只作『離』字，《廣韻》作『螹蠊，蟲名』，『蠊』爲『離』的類化增旁俗字，《説文》正釋作『螹離』，是知《王二》、《裴韻》乃用注文與被注字連讀成訓例，然底二一般不用此例，疑其注文『離』字前當脱一代字符，兹爲擬補一個脱字符。

〔七七九〕反語上字《箋二》、《王二》、《裴韻》、《廣韻》、《集韻》皆作『徐』，底二蓋誤脱『彳』旁，兹據校改。

〔七八〇〕底二本小韻標數字疑當爲『六』字，參下『掞』字條校記。

〔七八一〕字頭『掞』字左下角底二略漫漶，兹參本小韻下文從此旁者録定，『掞』應爲『燅』字的俗寫（下從『掞』旁者同此），然《廣韻》、《集韻》本小韻義與『摘』相涉者字頭皆作『摯』，而以『燅』字爲『燖』之正體字，合於《説文》字形，疑底二誤糅『掞』、『摯』二字爲一，至脱『掞』字注文『同上』和下條字頭『摯』。

〔七八二〕『棪』字《廣韻》、《集韻》皆作『𣟴』形，底二所作爲俗字，參張涌泉《漢語俗字叢考・木部》『𣟴』字條考釋；又注文『菜』當爲『木』字之訛，參看《王一》校記〔三七三〕。

〔七八三〕注文『出大原』《箋二》、《王二》、《裴韻》皆作『出五原』，底本『大』字疑誤。

〔七八四〕釋義《王二》、《裴韻》皆作『進』，《廣韻》作『日光進也』，《集韻》作『日光升也』，後二訓與字形結構較合，疑底二釋義誤增『又』字。

〔七八五〕『又如』不詳，『銛』字《廣韻》忝韻『他玷切』及末韻『古活切』二小韻亦收之，可參。

〔七八六〕釋義《王二》、《裴韻》作『繁；美；疾』，《集韻》作『《説文》「敏疾也」；一曰莊敬皃』，可參。

〔七八七〕『滋』字《箋二》、《王二》、《裴韻》、《廣韻》、《集韻》皆用後起類化字作『嵫』形。

〔七八八〕『菴』字條底二居第十頁末行行末，其次行中偏下之右部有約五六字的右側少許殘畫，因不能斷爲何字，故不具録。

〔七八九〕據敦煌韻書分卷特點及底一所録卷目、底二第二卷卷首韻目，此處所缺應爲卷二五十一鹽韻後部小半，五十二蒸、五十三添、五十四登、五十五咸、五十六銜、五十七嚴、五十八凡各韻，卷三標題『切韻上聲第三凡□□□韻』字樣及其韻目，一董、二腫、三講各韻。

〔七九〇〕此下據底二第十一頁校録。據其内容，知爲上聲四紙韻字。本行行首至『又』字間底二殘泐約五分之四行，據空間，約可抄廿一個左右大字。殘條『又諸』以下五字在雙行注文的左行，殘字前者底二存漫漶似『竟』字形筆畫，中者存上部少許筆畫（亦疑其爲代字符之殘形），後者唯右上角殘泐，其下部似『疋』形筆畫，檢《廣韻》本小韻字，唯『只』字又音『章移切』與底二又音同紐，如其第二殘字爲『离』字，則此殘條即爲『只』字注文，俟考。

〔七九一〕殘字底二存左側少許筆畫，考《箋二》、《王二》、《廣韻》所載，疑爲『縣名』二字。又《廣韻》引《字書》云：『車輪之穿爲道，緦子嬰於軹途是也。』可參。

〔七九二〕『忯』字《廣韻》、《集韻》及諸字書未見所載，本小韻與底二釋義略同的字頭《王二》、《裴韻》、《廣韻》、《集韻》皆作『恀』形，而《集韻》本大韻下一小韻『恀』字又收有或體作『怟』形，皆不載『忯』字，『忯』應即『恀』的改换聲旁俗字。

〔七九三〕『是』字訓『側』未聞，考《爾雅·釋言》『是』有『則』義，疑底二誤增『亻』旁，兹據校改。

〔七九四〕『偍』字《王二》、《裴韻》、《廣韻》、《集韻》皆作『徥』，俗寫『亻』、『彳』二旁或混，『偍』實即『徥』的换旁俗字。

〔七九五〕注文『下』字《王二》、《裴韻》、《廣韻》同，周祖謨《廣韻校勘記》云：『「下」，段依《玉篇》改作「正」，是也。《萬象名義》「禔」下亦云「衣服端正」。』此與從『是』聲字之語源義合，各本形訛，兹據校改。

〔七九六〕『踶』字《王二》、《裴韻》、《廣韻》、《集韻》皆作『䟗』形，又『踶』字《説文·足部》訓作『躗也』，是其釋義自有淵源，唯底二本小韻後亦收有『䟗』字，則此作『踶』字者蓋爲因假借字而設其音及義項。

〔七九七〕注文『狼』字《王二》、《裴韻》、《廣韻》、《集韻》皆作『狼』字，且《集韻》訓云：『狼屬，似狐，白色，尾長，見則有兵。』考《山海經·中山經》『蛇山』條云：『有獸焉，其狀如狐，而白尾長耳，名狏狼』，是底二蓋誤録不同字書之二訓於此，而未能校理爲一者也。

〔七九八〕『鉹』字今本《説文·金部》訓作『曲鉹也。从金，多聲。一曰鬵鼎，讀若摘；一曰《詩》云「侈兮哆兮」』，可參。

〔七九九〕字頭底二存右部筆畫，其中『多』旁可辨，兹參《王二》、《裴韻》、《廣韻》校補作『移』字。注文殘字底二前者存漫漶似『似』字形筆畫，中者存漫漶似『紇』形筆畫，後者存上部似『夕』形筆畫，其中後者《姜韻》録作『名』字，似於句義不通，恐非是。

〔八〇〇〕引文今阮刻《十三經注疏》本《左傳》及諸經傳疏皆未能檢到，不知其所出。

〔八〇一〕注文『知』字《裴韻》同，《王二》、《集韻》作『和』，於義爲長，且與《廣韻》去聲祭韻『尺制切』小韻作『怗懘，音不和也』義通，疑底二形訛，兹姑據校改。

〔八〇二〕『燈』字《廣韻》、《集韻》及諸字書未見所載，存疑。

〔八〇三〕字頭字形《王二》、《廣韻》、《集韻》皆略有小異，《校箋》云：『當作「彖」若「豙」，即《説文》「彖」。』可參，底二俗作。

〔八〇四〕注文『無叕』置此不辭，兹參《説文·叕部》『爾』字解形校改作『從叕』二字，底二『無』字形訛，而『叕』字則爲『叕』字俗作。又『必然』前應有脱文，當作『尒聲。尒，必然，語助詞』，『爾』字《説文》從『尒』得聲，而『尒』字《説文》釋作『詞之必然也』，爲語助詞。

〔八〇五〕殘字底二皆漫漶，前者似作『家』形，第二字似作『嚚』形，第三字似作『分』形，第四字似作『激』形，皆不能確知究爲何字。又其引《説文》解形蓋亦有誤，今《説文·八部》解作『从入、丨、八。八，象氣之分散也』，爲會意字而非形聲字，可參。

〔八〇六〕注文『很』爲『狠』字形訛，又『尾』下疑脱『長』或『白』字，參前校記〔七九七〕，兹爲校改并擬補一個脱字符。

〔八〇七〕引文見阮刻《十三經注疏》本《禮記·曲禮下》，原文作『凡祭宗廟之禮，牛曰一元大武，豕曰剛鬣』。

〔八〇八〕殘字前者似録後塗抹之字，狀似墨團，第二、三字皆存墨漬漫漶的字形，第四字存上部少許筆畫，《補正》録第二殘字作『也』，審之與殘形不合，故不從録。

〔八〇九〕字頭『陁』字左側底二略有漫漶，此參《廣韻》、《集韻》録定。　注文殘字底二存右部墨漬漫漶的筆畫，疑或當爲『長』字。

〔八一〇〕注文前二殘字底二居雙行注文右行行末，皆存墨漬漫漶的字形；後九字居左行，皆存右部少許筆畫，且多墨漬漫漶，並不能逆知其究爲何字；《小爾雅·廣度》：『跬，一舉足也；倍跬謂之步。』可參。

〔八一一〕『跬』字上部底二略有漫漶，此參《廣韻》、《集韻》録定。

〔八一二〕『眭』字左側底二略有殘泐，此參釋義録定，《廣韻》、《集韻》本小韻皆未收此字，《説文·目部》：『眭，深目也』，《廣韻》齊韻『户圭切』小韻訓之作『目深惡視』，可參。

〔八一三〕本條底二居行末，其下有『廿八板』三字。

〔八一四〕『迤』字《箋二》同，爲『匜』字俗寫，參《箋二》校記〔一〇六四〕，兹爲校補正字作『匜』。

〔八一五〕『胣』字見於《莊子·胠篋》『萇弘胣』。

〔八一六〕『柂』字《廣韻》、《集韻》本小韻不載，然《廣韻》本小韻有『扡』字，注云：『加也；又離也。又弋支切。或作拸』，《集韻》有『搋』字，注云『析也。或作拸、拖』，俗寫『木』、『扌』二形多混而不分，疑底二之『柂』與『拖』或同，然其訓『架柂』，則又以從『木』旁爲長，俟考。

〔八一七〕殘字底二前者存下部少許筆畫，後者存右部墨漬漫漶似『多』形的筆畫，兹參《集韻》校補前一殘字作『忯』字；又其又音《王二》、《裴韻》皆作『餘支反』，《廣韻》作『弋支切』，疑底二後一殘字或爲『移』字。『忯㥴』底二本作『㥴▨（忯）』，此據《説文·心部》『㥴』字注文徑爲乙正。

〔八一八〕注文『皃』字下部底二漫滅，此從《姜韻》録定；又『峛崺』底二作『崺峛』，《裴韻》同，《王二》、《廣韻》、《集韻》及底二前『餘氏反』小韻『㡸』字注文皆作『峛㡸』，此誤倒，茲徑據乙正。又依文例，此注文當作『峛㡸，不平皃』，底二蓋本作『不平皃』，或於後補加聯綿詞之字，而又誤倒其序。

〔八一九〕『叕』字《廣韻》、《集韻》皆作『㕙』形，合於《說文》，底二俗作，茲據校補正字。

〔八二〇〕『褫』爲『褫』的俗字，《王一》、《王二》、《裴韻》、《廣韻》、《集韻》正作『褫』字。

〔八二一〕本小韻《王一》、《王二》、《裴韻》皆收二『褫』字，又《王二》、《裴韻》皆別以『豸』爲『池尔反』小韻首字，《廣韻》略同。是底二蓋誤以下『池尔反』小韻標數字置此，茲參諸本并底二文例擬補一個脱字符，并徑乙『十』字至後一小韻末，參下條校記。

〔八二二〕『豸』字《裴韻》同，《箋二》、《王二》、《廣韻》、《集韻》皆作『豸』形，合於《說文》，底二俗作。又《王二》、《裴韻》、《廣韻》『豸』字爲『池尔反』小韻首字，底二此脱切音，且前『勑豕反』小韻後的標數字『十』當爲本小韻的標數字之誤移，姑依文例擬補三個脱字符並徑移前一小韻標數字『十』於此注文末。

〔八二三〕『褫』亦爲『褫』的俗字（下文『㴔』旁仿此），《箋二》、《王一》、《王二》、《裴韻》、《廣韻》、《集韻》正作『褫』。注文『故衣』《箋二》、《廣韻》、《集韻》皆作『奪衣』，後者與《說文》義合，《王一》、《王二》訛作『奞衣』，《裴韻》進而訛作『舊衣』，底本作『故衣』者，蓋又因『舊衣』之義而臆改，一誤再誤，原形幾不可得知矣。

〔八二四〕『鰢』字右上角底二略有漫滅，此參《王二》、《裴韻》、《廣韻》、《集韻》録定。

〔八二五〕『𢹂』字《王二》同，《王一》右部的『攴』作『夂』；按此字從『致』得聲，後者右部《說文》本從『夊』，俗書『夂』旁與『攵』旁不分，而『攵』本爲『攴』的隸變形，故『致』或錯誤回改作『致』，而『𢹂』亦或訛變作『𢹂』；下條『䙖』字仿此。又注文《王一》、《王二》、《裴韻》、《廣韻》皆有『指』一訓，而未見釋『揩』字，疑『揩』即『指』字之訛而誤衍者。

〔八二六〕注文『袴』字《王一》、《王二》、《裴韻》、《廣韻》、《集韻》皆作『袴』字，底二形訛，茲據校改。又『袴䙖』底二本作『䙖袴』，茲據《廣韻》、《集韻》徑爲乙正。

〔八二七〕『支』應爲『夊』字之訛，『夊』字《王一》、《王二》皆在旨韻，音脈几反，與『陟尒反』讀音略同；『夊』字《王一》、《王二》皆釋『從後至』，合於《說文》，底本『後』下或脱『至』字。

〔八二八〕『柅』字本小韻下文已收，且與其釋義相合，此參《箋二》、《王二》、《裴韻》、《廣韻》校作『狔』字，底二形訛。

〔八二九〕『旖旎』義即『旌旗從風』，疑注文『又』字誤衍。

〔八三〇〕『吡』字爲『此』之俗寫，下文『此』旁底本多作此形，爲便於識讀排版，皆徑改正，不一一出校說明。

〔八三一〕注文『直』字《王二》、《裴韻》、《廣韻》、《集韻》同，余迺永《新校》：『「直」當作「瞋」，「瞋」字《說文》作「奃」。』（引者按：後一『瞋』當是『⿱此大』字手民之誤）可參。

〔八三二〕『伛』字《王二》作『⿰亻冈』形，《裴韻》作『⿰亻囟』形，《廣韻》、《集韻》作『⿰亻囟』形，後者合於《說文》，底二俗作，茲據校改；又其注文或體亦爲俗訛字。

〔八三三〕『呰』字下部從『吅』，《王二》、《裴韻》、《廣韻》、《集韻》同，合於《說文》，注文『凹』當爲『吅』之形訛，茲據校改。

〔八三四〕殘字底二皆存右部筆畫，參前後文意及殘形推知其爲『從此走』三字，茲爲校補；又『逐』字置此不辭，茲依文意校改作『遂』字，底二形訛。

〔八三五〕注文『支』字《姜韻》作殘字摹録，《補正》録作『支』字，考《史記·秦始皇本紀》『矯王御璽』裴駰集解：『璽者，印信也。天子璽白玉螭虎鈕。古者尊卑共之。……衛宏曰：「秦以前，民皆以金玉爲印，龍虎鈕，唯其所好。秦以來，天子獨以印稱璽，又獨以玉，群臣莫敢用。」』是此字當爲『之』字俗訛，蓋初音訛作『支』形，字未書成而覺，又因而改作，遂成此不成字之形，茲據校改。

〔八三六〕前行殘字底二存上部筆畫，其左部似『王』旁上部形，《姜韻》録之作『禾』旁，恐不足據，其右部爲『囟』旁右上部形，唯《廣韻》、《集韻》本小韻無與此相似之字，字書中亦未能檢到，俟考。又殘字下至行末底二殘泐約三分之二行，據空間，約可抄十七個左右大字。次行『山』字居底二行首，考《箋二》、《王二》、《裴韻》、《廣韻》知此當爲『崥』字注文，其下之缺字底二殘泐，可從諸本補作『足』字。又『崥』字《箋二》、《王二》、《裴韻》隸於『卑婢反』小韻，《廣韻》作『并弭切』，此字頭當居底二前行行末。

〔八三七〕殘字底二存右部『卑』旁，兹參《王二》、《裴韻》、《廣韻》校補作『埤』字。又注文『容』字《裴韻》同，《王二》、《廣韻》作『客』，後者合於《廣雅・釋詁》，底二形訛，兹據校改。

〔八三八〕殘字底二存右部『卑』旁，考諸《廣韻》、《集韻》本小韻字，皆無與注文相關的從『卑』聲字，《改併四聲篇海》卷一五耳部引《川篇》有『聛』字，『音俾，耳匡也』，音同義亦稍近之，可參。注文六字皆居底二雙行注文之右行，其左行殘泐，兹依行款及文例擬補六個缺字符（亦或實爲五字）。

〔八三九〕殘字底二存右側少許筆畫，不能推知爲何字，《廣韻》、《集韻》本小韻亦未檢到注文與『十』字相涉之字頭，俟考。又『十』字下至行末底二殘泐約三分之二行略強，據空間，約可抄十九個左右大字。

〔八四〇〕據《箋二》、《王二》、《裴韻》、《廣韻》及《集韻》，此處缺四紙韻後部小半，五旨、六止二韻，七尾韻前面大半。

〔八四一〕此下據底六校録。據内容，知前一部分爲七尾韻字。行首至殘字『餥』間底六殘泐約六個左右大字的空間。

〔八四二〕字頭底六存左部一長撇形筆畫，兹因内容並參《箋二》、《王二》、《裴韻》、《廣韻》校補作『餥』字。注文殘字前者存左側筆畫，後者存上部『十』形筆畫，考《箋二》注文作『餱；［一］曰相請食』，《王二》、《裴韻》、《廣韻》略同，唯『一』字不脱；《集韻》作『《説文》「餱也；陳楚之間相謁食麥飯曰餥」』，兹參校補後一殘字作『麥』字，唯前一殘字左部所存不似『言』形，故不能斷其究爲何字。又此二殘字及『食』字居底六注文雙行之左行，右行殘缺，其中第一殘字居左行行首，第二殘字『麥』之下至下條殘字『豨』間底六泐約十一個左右大字的空間。

〔八四三〕殘字底六存下部少許筆畫，兹因注文并參《箋二》、《王二》、《裴韻》、《廣韻》校補作『豨』字。又缺字底六殘泐，可參諸本及底六本小韻實收字數補作『楚人呼賭』、『五』五字。

〔八四四〕『唏』字右上角底六漫漶，此參《廣韻》、《集韻》録定。

〔八四五〕字頭『⿱埶氣』字右上角及右側底六略有殘泐，此參《廣韻》、《集韻》録定。又注文《廣韻》作『⿱雨愛⿱埶氣』，《集韻》作『⿱雨愛⿱埶氣，雲皃』，又《廣韻》本大韻前於豈切小韻『⿱雨愛』字釋義作『⿱雨愛⿱埶氣，不明皃，出《海賦》』，則『⿱雨愛⿱埶氣』當爲聯綿詞；底六所作疑當作『雲飛』，其注文『⿱埶氣』字疑爲『雲』字誤增『氣』旁且又改作代字符形；亦或注文『⿱埶氣』字前後有脱文，存疑。

〔八四六〕殘字底六第一字存上部少許筆畫，第二字存似『思』或『鬼』字左部形筆畫，第三字存左部似『亲』形筆畫，第四字存似『氵』形筆畫，缺字底六殘泐；考《集韻》『痱』字隸於『妃尾切』小韻，注云『鬼痛病』，又《論衡·言毒篇》有『人行無所觸犯，體無故痛，痛處若箠杖之迹。人腓，腓謂鬼毆之。鬼者，太陽之妖也』，疑即底六注文之所出，可參，唯《論衡》『腓』字當即『痱』之假借。

〔八四七〕殘字底六存中間上部少許筆畫，疑爲『牙』字，兹姑爲校補。

〔八四八〕釋義《廣韻》作『行皃，《楚詞》云「導飛廉之衙衙」』；『詞』字傳世本《楚辭》作『辭』，於『辭賦』義上，『詞』當爲『辭』之借字；又《廣韻》所引文見於傳本《楚辭·九辯》。

〔八四九〕注文『花』字《箋二》、《王一》、《廣韻》、《集韻》皆作『苑』字，《王二》、《裴韻》誤作『菀』，底六亦形訛，兹據校改。

〔八五〇〕殘字底六第一字存上部筆畫，疑为『動』字之殘；第二、三字皆存右側少許點畫，俟考；又『正擧』之『擧』《廣韻》注文云『《説文》本作擧』，底六正字與字頭同形，不合文例，當爲形訛，兹據校改；又『擧廌』不辭，其『廌』字當爲『薦』字脱『艹』旁所致，慧琳《音義》卷八一『拗擧』注引《考聲》云：『擧，猶薦也，譽也。』兹從校改。

〔八五一〕殘字底六存漫漶似代字符形筆畫，兹參《箋二》、《王一》、《廣韻》校補作『曰』字；又『國』下之『名』字底六有些漫漶，此參諸本録定。

〔八五二〕字頭『筥』字上部底六有些漫漶，此參《箋二》、《王一》、《裴韻》、《廣韻》録定。又博士生張新朋指出：注文『方』、『員』二字之位置當互乙，《廣雅·釋器》：『篳、籚、籃，筐也。』王氏疏證：『《説文》：「匡，飯器也，筥也。或作筐。」《召南·采蘋》傳云：「方曰筐，圓曰筥。」「匡」者，方正之名，故《爾雅》云：「匡，正也。」對文則筐與筥異，散文則通，故《説文》又訓筐爲「筥也」。』其説是，可參。

〔八五三〕『𦦔』字《集韻》以爲『舁』之古字，實即《説文》篆字隸定形體之一，唯底六本小韻後又收有『舁』字條，應予歸併。

〔八五四〕『𦦗』字《廣韻》、《集韻》及諸字書未見所載，疑即『舁』字篆文隸定之訛俗字，或以右下角似『玉』形而臆訓作『玉名』，俟考。

〔八五五〕『𦥛』當與《廣韻》同一小韻釋『共舉也』之『𦥛』同爲『舁』字篆文隸定之訛俗字。

〔八五六〕注文『𠫔』不成字，此當參《説文》篆文隸作『厺』形。

〔八五七〕殘字底六存上部兩側少許筆畫，不能逆知究爲何字。

〔八五八〕『鼀』字底六略有漫壞，此參《集韻》録定。注文缺字底二殘泐，《集韻》釋義作『蟲名，《爾雅》「鼁鼀，蟾諸」；一曰去父』，可參。

〔八五九〕缺字底六殘泐，又《集韻》以『𧉮』字爲前『鼀』之或體字，參上條校記，然依底六文例，疑『虫』前之字爲衍增之代字符。

〔八六〇〕注文殘字底六第一字存右下角一捺形筆畫，第二字存左右兩側之『弓』形筆畫，第三字存上部和左下角各少許筆畫，兹參《箋二》、《王一》、《廣韻》校補作『麥粥汁』三字。

〔八六一〕注文『麻』字左側底六略殘，此參《箋二》、《王一》、《廣韻》録定，然諸本皆稱『胡麻』，即今所謂『芝麻』，疑底六『麻』字前脱抄『胡』字。

〔八六二〕殘字底六第一字存上部似『マ』形筆畫，第二字存右側似『三』形筆畫，第三字存右部似『匕』形筆畫，考《集韻》注文作『捍也；違也。通作距』，其『通作距』三字與底三殘形合，然底一至底六未見於注文中標識『通作』字樣者，故姑存疑俟考。

〔八六三〕『秬』字釋義《集韻》引《説文》作『黑黍，一稃二米，以釀也』，是『一稃二米』乃釋『黑黍』者，非與之並列而別爲一義也，底六所作蓋誤衍『又』字。

〔八六四〕殘字底六存右部漫漶的筆畫，兹參《廣韻》、《集韻》校補作『豈』字；又上揭二書只單訓『豈』字，疑底六注文衍增代字符。

〔八六五〕殘字底六第一字存右側少許漫漶的筆畫，第二字存漫漶似『求』形筆畫，第三、四、五、六字皆存漫漶的筆畫，第七字存右部似『犬』形筆畫，第八字存右部似『天』形筆畫，第九、十字存右側少許筆畫，第十一字存右部筆畫，第十二字存右部『巨』旁，並不能考其究爲何字；又缺字底六殘泐。

〔八六六〕字頭『歫』與注文『止』二字左側底六皆略有殘泐，此參《廣韻》、《集韻》録定。

〔八六七〕『炬』字條底六居第卅板末行行末，其下有『卅板』二字。

〔八六八〕注文『[illegible]』字《姜韻》録作『儒』，恐不足據，審其字之右旁介於『虎』、『虛』、『庯』、『虘』等字之間，不能決也。按『佢』字《廣韻》、《集韻》及古代字書不載，《漢語大字典·人部》收之，音qú，訓作『方言。代詞。他』，引《中國歌謠資料·太平軍打仗好軍機》等近現代語料爲例，這一音義的『佢』《集韻·魚韻》作『𠍲』，亦作『渠』，爲第三人稱的代詞，不知與底本的『佢』是否爲一字。

〔八六九〕注文『火』字疑當從《説文·金部》『鉅』字注文『大剛也』作『大』，俟考。

〔八七〇〕殘字底六存左部筆畫，其中『馬』旁可辨，兹參《箋二》、《王一》、《裴韻》、《廣韻》校補作『驉』字。

〔八七一〕殘字底六存左部『齒』旁，兹參《王一》、《廣韻》校補作『齗』字。

〔八七二〕注文『蚷』字底六作代字符形，《集韻》注文作『商蚷，蟲名』，疑底六注文本當作『虫』，其代字符衍增。

〔八七三〕『虡』字《集韻》以爲『虡』之『或省』。

〔八七四〕字頭底六存右部及下部筆畫，注文殘字存左部漫漶的筆畫，較諸《箋二》、《裴韻》、《廣韻》，疑此二字爲『虡』、『栒』，然本小韻後亦收有『虡』字條，故此疑不能決其究爲何字，俟考。

〔八七五〕殘字底六存左側少許筆畫，不能斷爲何字；《廣韻》、《集韻》本小韻皆未收『簴』字，《廣韻》隸其字於本大韻『居許切』小韻，訓作『飤牛筐』，唯底六殘字所存字形不似『飠』旁，俟考。

〔八七六〕注文『正』下之字與前又作字同形，不合文例，疑此當從《集韻》作『虡』形，兹姑據校改，底本承前訛省；又缺字底六殘泐，可參《廣韻》補作『苦』字。

〔八七七〕殘字底六唯右側略殘，然因所存部分筆畫略有漫漶，故不能推知其究爲何字，疑此訓與《廣韻》『飛虡，天上神獸，鹿頭龍身』有關，俟考。

〔八七八〕二殘字底六皆存左側少許漫漶的筆畫，前者疑爲代字符，《王一》未收『鐻』字，《廣韻》以『鐻』爲『虡』字或體，合於《説文》。

〔八七九〕殘字前者存周邊少許筆畫，後者存周邊大部略有漫漶的筆畫，考《通志·氏族略二》：『許氏，姜姓，與齊同祖，炎帝之後，堯四岳，伯夷之子也。周武王封其苗裔文叔於許，以爲太岳後，今許州是也。』兹從校補前一殘字作『後』，後一殘字疑爲『地』字；又從校改底六之『用』作『周』字。

〔八八〇〕字頭『揿』字左側底六略殘，此參《箋二》、《王一》、《廣韻》録定。注文殘字底六存右部似『干』形筆畫，此亦參諸本校補作『許』字。

〔八八一〕字頭『骩』字左下角底六略殘，此參《王一》、《裴韻》、《廣韻》録定。注文殘字底六存左右兩側少許筆畫，此亦參諸本校補作『骨』字。

〔八八二〕字頭『殄』字左部底六略有漫漶，此參《集韻》録定。注文殘字底六前者存右下角少許筆畫，後者存左右兩側少許筆畫，考《集韻》注文作『殆也』，《玉篇·歹部》同，疑底六此二殘字爲又音或或體字，故姑爲句斷。

〔八八三〕殘字所從『門』旁底六可辨，然其内中筆畫漫滅，《廣韻》、《集韻》本小韻皆不收從『門』旁字，故此亦不能推知其究爲何字。

〔八八四〕殘字底六存中部左右少許筆畫，兹參《箋二》、《王一》、《廣韻》校補作『与』字。注文缺字底二漫滅，可參諸本補作『賜』字。

〔八八五〕『與』字前已出，此不當重出，考《集韻》訓『謹』義之字作『㒜』形，疑底六誤脱其左部『亻』旁，兹據校改。

〔八八六〕『蒖』字右部底六漫滅，此參《王一》、《裴韻》、《廣韻》録定。

〔八八七〕殘字底六存左側少許筆畫，兹參《廣韻》、《集韻》校補作『名』字。

〔八八八〕注文所載古體字《廣韻》、《集韻》作『鬻』形，合於《説文》，底六俗訛，兹據校改。

〔八八九〕注文『洲』字上部底六略有漫漶，此參《廣韻》録定。

〔八九〇〕『由絢』疑即『猶豫』之轉語，然於典籍中未能檢到用例，俟考。

〔八九一〕『黍』字《廣韻》、《集韻》未收，然二書皆於『黍』字下從《説文》引孔子語，『黍』實即『黍』的訛俗字，當與同一小韻上文『黍』字條併。考《説文·禾部》：『黍，禾屬而黏者也，以大暑而種，故謂之黍。从禾，雨省聲。孔子曰：黍可爲酒，禾入水也。』《廣韻》孔子語作『黍可爲酒，故从禾入水也』，則底六『水』下之『聲』字當爲底本編者臆加。又『正』字下之『禾』字疑當爲正字『黍』之訛省，兹姑爲校改。

〔八九二〕注文『捐杼』之『杼』當爲『抒』之通假字，韻書依例不收借義，《廣韻》本小韻别收『抒』字，故亦疑底六誤糅『杼』、『抒』二條爲一，俟考。又引文『杼』今《莊子·齊物論》作『芧』，就『橡實』之訓而言，當以『杼』爲正字。

〔八九三〕殘字底六存『野』字上部筆畫形，《姜韻》徑録作代字符，非是，然以此爲『墅』字則當是，兹從校補。又殘字下《姜韻》録有『又与者』三字，不知是所見之時此處尚存，抑是因《廣韻》而孱補（《廣韻》神與切小韻『墅』字之上條『野』字有又音『又與者切』），兹姑依行款擬補作五個缺字符。

〔八九四〕『墅』字條至下『呂』字條間底六殘泐約四個大字的空間。

〔八九五〕字頭『呂』字底六左部殘泐，茲據注文録定。『呂』字《箋二》、《王一》、《廣韻》隸於力舉反小韻首字，注文殘字底六第一字存下部『官』旁，第二字存上部及右部似『虎』形筆畫，第三字存右部似『于』形筆畫，第四字存右部一彎竪形筆畫，第五字存右部似『曰』形筆畫，第六字存右部『曷』旁，第七字存似『有』字右部的筆畫，第八字存右上角一短『一』形筆畫，第九字存右部似『昜』形筆畫；又缺字殘泐，此依行款擬補十五個缺字符。考《王一》注文作『陰管』，姑據校補第一殘字作『管』字；又《通志·氏族略二》：『呂氏，姜姓，侯爵，炎帝之後也。虞夏之際受封爲諸侯。』茲據校補第二殘字爲『虞』字；又依文例及殘形，疑第六殘字爲『謁』字，亦姑爲校補；又釋義《説文·呂部》作『呂，脊骨也。象形。昔太嶽爲禹心呂之臣，故封呂侯。』可參。又第九殘字《補正》校録作『陽』字，疑可信從，『陽宛』在今安徽境内。又本小韻《王一》、《廣韻》皆收十二字，《集韻》收二十六字，可參。

〔八九六〕注文殘字底六存右上角少許筆畫，茲參《王一》、《廣韻》校補作『名』字。

〔八九七〕字頭底六存右部『呂』旁；注文殘字存右部筆畫，然因筆畫草率而不能辨詳；《集韻》本小韻右旁從『呂』聲字有『侶』、『悒』、『絽』、『梠』、『稆』、『娼』六字，其注文皆不能與底六殘形合，故不能斷此二殘字究爲何字。又注文缺字底二殘泐。

〔八九八〕『客』前殘字底六存下部少許筆畫，上文字頭右旁存『呂』字之殘條至此殘字間底六殘泐約九個大字的空間，又『▨客舍序行』五字底六皆居雙行注文之右行，其左行全殘，『行』下至行末底六殘泐約六個大字的空間；殘注字頭當爲『旅』字，《廣韻》注文作『師旅，《説文》曰「軍五百人也」，亦姓，《漢·功臣表》有旅卿，封昌平侯。俗作㧘』，可參。

〔八九九〕此處缺八語韻尾部，九麌、十姥、十一薺各韻，以及十二蟹韻前端小部。

〔九〇〇〕此下内容較諸《箋二》、《王二》、《裴韻》、《廣韻》及《集韻》，知爲十二蟹韻。殘字底六第一字存左部似

『角』形筆畫，第二字存左部筆畫，其中『禾』旁可辨，第三字存左部筆畫，第四字存左上角似『完』字左上角筆畫，校諸《王二》、《廣韻》、《集韻》，疑此爲『胡買反』小韻的『獬』（《集韻》收有或體作『𤟹』、『觟』）或『宅買反』小韻的『廌』（《集韻》收有或體作『𧣾』、『觹』、『豸』）字之注文，唯注文不能對應，俟考。又行首至『一』字間底六殘泐約二個半大字的空間，第四殘字至下條『潩』字間殘泐約十個左右大字的空間。

〔九〇一〕『潩』字右上角底六略殘，此參《箋二》、《王二》、《廣韻》録定。又缺字底六殘泐，可參諸本補作『水』字。

〔九〇二〕字頭底六存左部『買』旁，注文殘字存左部筆畫，兹參《王二》、《廣韻》、《集韻》校補作『𪇐』、『名』二字。又注文缺字底六殘泐，可參《廣韻》補作『𪇐鴘』二字。

〔九〇三〕字頭底六存少許漫漶的筆畫，注文殘字存左部似『角』形筆畫，兹參《箋二》、《王二》、《廣韻》校補作『罷』、『解』二字。又注文缺字底六殘泐，《箋二》注文作『薄解反。又皮彼反。遣有罪。四』，《廣韻》作『止也；休也。薄蟹切。六』，可參。

〔九〇四〕殘字底六居前行行末，存左上角少許筆畫，兹參《箋二》、《王二》、《裴韻》校補作『䍦』字。

〔九〇五〕『騨』應爲『𩨉』（字亦作『𠛔』）的訛俗字。《集韻》部買切小韻（與『比買反』同音）：『𩨉，裂也。』《説文·冎部》：『𠛔，别也。从冎，卑聲。』又《廣韻·紙韻》甫委切：『𩨉，相分解也。』『𩨉（𠛔）』爲分解、分别之義，底六釋『分号』，『号』疑爲『冎』（『剮』字初文）或『别』字之訛。又注文『騨』字底六作代字符形，疑屬衍增。

〔九〇六〕『鞑』字《廣韻》、《集韻》作『韃』，後者合於《説文》，底六俗訛，兹據校改。

〔九〇七〕『丫』字《廣韻》作『丫』形，合於《説文》，底六俗作。又注文『一』字依例當在『羊角開』下，唯諸底本所作亦有抄撮諸韻書、字書而疏於校理者在，故此仍存其舊貌。

〔九〇八〕注文『欏』字《箋二》、《王二》、《裴韻》、《廣韻》、《集韻》及底六上一大韻蟹韻『羅』字下皆作『羅』形，此處形訛，兹據校改。

〔九〇九〕下文『𥇫』字《廣韻》、《集韻》本大韻皆不收，而從『柴』聲字不應有影紐之音，且『𥇫』字下所注音前無『又』字，是其脱抄小韻標數字『一』，而致誤計於此，兹爲校改小韻標數字『三』作『二』字。

〔九一〇〕小韻標數字『一』底六脱抄，兹擬補一個脱字符。參上條校記。

〔九一一〕注文《淮南》當指《淮南子》，然檢今本《淮南子》此字未見，『䧳』和上條『翄』亦俱未見於《廣韻》、《集韻》及其他宋代以前的韻書、字書；考《改併四聲篇海》卷一四羽部引《川篇》：『翄，丑駭切，飛速皃。』又云：『䧳，丑駭切，飛速皃。』『翄』『䧳』『䧳』三字音同義近，疑即一字之俗變。

〔九一二〕『釲』字《廣韻》、《集韻》皆未載，《玉篇》有其字，音同，釋『金也』，此釋『銑朴』，未聞。

〔九一三〕字頭《廣韻》同，余迺永《新校》：『腜脂乃連語，《玉篇》作「脂腜」』，又參《箋二》校記〔二〇六〕。

〔九一四〕《集韻》本小韻收有『𡟗』字，訓作『哀也』，可參。

〔九一五〕『瘣』字與本小韻首字同形，依例不當重出，然底本頗有同一小韻異體字甚或同形字同出之例，此條或亦猶是也。

〔九一六〕殘字底六存左上角筆畫，兹參《集韻》校補作『器』字。

〔九一七〕注文底六作『大頭口又五罪口猥二反』，訛亂不辭，兹參《箋二》、《王二》、《裴韻》、《廣韻》及底本文例徑爲删改乙正如此。

〔九一八〕『瓦』字《王二》、《廣韻》同，《裴韻》作『兀』，《校箋》：『案本書馬韻「口瓦反」無此字，字見没韻「苦骨反」、灰韻「苦回反」下亦云「又口兀、口猥二反」，「兀」與「瓦」近似，遂誤「兀」爲「瓦」，《集韻》「苦瓦切」亦有此字，則據此誤切收之。』可參。

〔九一九〕注文《廣韻》作『䫜䫜，多皃』，《集韻》作『多也』，疑底六注文或脱抄一代字符，或衍增一代字符。

〔九二〇〕所引『郭禿』事見於《顔氏家訓·書證》：『或問：「俗名傀儡子爲郭禿，有故實乎？」答曰：《風俗通》云諸郭皆諱禿，當是前代人有姓郭而病禿者，滑稽戲調，故後人爲其象，呼爲郭禿。』

〔九二一〕『碟』字《廣韻》、《集韻》本小韻未收，然二書皆收有『磈』字，其中《廣韻》訓作『磈𥗋，石也』，疑底六所作爲其俗字。

〔九二二〕殘字底六存右側少許漫漶的筆畫，兹參《箋二》、《王二》、《裴韻》、《廣韻》、《集韻》校補作『額』字。注文反語與本大韻首字『賄』同，不合文例，考上揭諸本反語上字皆作『五』，疑底六誤作，兹姑據校改。

〔九二三〕注文『五毁』二字底六略有漫漶，此從《補正》録定；又依文例『毁』字下當有一『反』字，此蓋脱，兹爲擬補一個脱字符。又本條底六居第卅二板末行行末，其下有『卅二板』三字。

〔九二四〕注文『如』字似非又音，《廣韻》、《集韻》本小韻皆未收『硊』字，《廣韻》隸之於上聲紙韻『魚毁切』小韻，《集韻》於紙韻外又於去聲『居諉切』小韻收之，俟考。

〔九二五〕注文『又鄙』二字底六有些漫漶，此參《廣韻》録定。

〔九二六〕殘字底六存右部筆畫，兹參《箋二》、《王二》、《裴韻》、《廣韻》校補作『腇』字。

〔九二七〕殘字底六存左右兩側筆畫，兹參《王二》、《廣韻》、《集韻》校補作『猥』字。注文『㿒』字右上角底六略殘，此參諸本録定。

〔九二八〕『門』字中上部底六略有漫漶，此參《集韻》録定。

〔九二九〕注文『㞂』字左上角筆畫底六有些模糊，此參《廣韻》録定。

〔九三〇〕注文『硊』字右下角底六略殘，此參本大韻前『呼(五)罪反』小韻『硊』字條注文録定，《姜韻》蓋參《廣韻》録作『硌』字，非是。

〔九三一〕注文『鍡』字上部底六略殘，此參《箋二》、《王二》、《裴韻》、《廣韻》録定。

〔九三二〕『𥗋』字《集韻》以爲『礧』字或體，訓作『大石皃』。

〔九三三〕『儡』字《集韻》作『儽』形，合於《説文》，底六所作蓋其俗省；《集韻》本小韻『傀』字下收其或體亦作『儡』字。

〔九三四〕殘字底六存上部筆畫，茲參《王二》、《裴韻》、《廣韻》及底六本大韻後「徂賄反」小韻「嶵」字注文校補作「嵔」字。

〔九三五〕「⿸广罪」字其他字書未見所載，《王二》、《裴韻》作「⿸广非」字，《廣韻》作「痱」，俗寫「广」、「疒」二旁多混而不分，底六俗訛，茲據校改。

〔九三六〕注文《集韻》作「櫑具，劒上鹿盧飾」，又《集韻》隊韻「櫑」字注文作「櫑具，劒名，謂以木標首也」，又《漢書·雋不疑傳》「不疑冠進賢冠，帶櫑具劒」顔師古注引晉灼曰：「古長劒，首以玉作井鹿盧形，上刻木作山形，如蓮花初生未敷時。」是底六注文第一個「劒」字疑爲具字蒙下之「劒」字而訛，又「井」字前疑有脱文。

〔九三七〕注文《集韻》作「重瘇，踵疾」，其意爲因腿腫而行動時感覺腿脚沉重之病，則底六所作似亦可通。

〔九三八〕字頭「⿰日鬼」字《王二》、《裴韻》、《廣韻》作「腲」，《集韻》作「⿰月自」形，後者合於形聲構字理據，又俗寫「日」、「月」二旁多混，諸本亦沿訛日久。

〔九三九〕「⿰立享」字《王二》、《裴韻》、《廣韻》、《集韻》皆作「⿺辶享」形，底六俗訛，茲據校改。

〔九四〇〕又音前依文例當有一又音標識詞「又」，此脱，茲爲擬補一個脱字符。

〔九四一〕殘字底六存右下角似捺形筆畫，茲參《王二》、《裴韻》、《廣韻》校補作「瓜」字。

〔九四二〕殘字底六皆存右部筆畫，從前至後所存筆畫漸少，茲參《廣韻》、《集韻》及底本殘形校補。又注文「細」字非義，當爲「網」字俗訛；《説文·网部》：「罪，捕魚竹网。」「网」異體作「網」，亦作「䋄」，後者與「細」字形近致訛。

〔九四三〕缺字底六殘泐，可參《王一》、《裴韻》、《廣韻》校補作「嶵」字。

〔九四四〕字頭底六存右部「崔」旁，注文殘字皆存右部筆畫，茲參《箋二》、《王一》、《裴韻》、《廣韻》校補作「皠」、「七猥反」、「八」五字。

〔九四五〕殘字底六皆存右部筆畫，兹參《箋二》、《王二》、《裴韻》、《廣韻》校補作『水深』二字。

〔九四六〕據《箋二》、《王二》、《裴韻》、《廣韻》及《集韻》，此處缺十四賄韻尾部、廿三旱韻前部以及其間各韻。

〔九四七〕以下據底二校録。據内容，知其第一部分爲旱韻字。前一行三殘字在行末，第一字底二存左側少許筆畫，第二字存左部『糹』旁，第三字爲字頭，存左部『亻』旁（疑爲『儧』、『仟』或『件』字，不能決也），該行行首至第一個殘字間底二殘泐約二十二個左右大字（全行約可抄二十四個左右大字）。次行行首至殘字『捍』間底二殘泐約二十個左右大字。

〔九四八〕殘字底二存左側及下部筆畫，此參《集韻》緩韻字校補作『捍』字，《集韻》隸之於『蕩旱切』小韻。

〔九四九〕『膻』字在前行行末，次行行首至殘字『嬾』間底二殘泐約三個大字的空間。『嬾』字底二存左下部殘畫，其中『女』旁可辨，兹據《箋二》、《王一》、《王二》等校補。『嬾』字注文存左行，右行前三字殘泐，後四字存左側殘畫。又『嬾』作爲『嬾』之或體字未見其他字書韻書所載，蓋後起形聲俗字；《説文·女部》有『嬾』字，《廣韻》去聲闞韻盧瞰切小韻收之，訓作『貪也；失禮也；過差也』，爲别一字。

〔九五〇〕殘字底二前者存左部『飠』旁，後者存左部『扌』形筆畫，兹參《王二》、《廣韻》、《集韻》校補作『飯相』二字。

〔九五一〕『元』字疑當爲『宂』字形訛，『散』字《王一》、《王二》有『宂衆』一訓（『宂』爲『宂』的俗字），可參。又『誕』字右旁底二略有漫漶，此參《廣韻》録定。

〔九五二〕此爲『散』字正體，『散（散）』、『㪚』《説文》字别，但二字音同義近，故後人亦或視爲異體字。參看《敦煌俗字研究》下編攴部『散』字條。

〔九五三〕『傘』字其他字書韻書未見，疑爲同一小韻上文『繖』字的異體字。注文『似』下一字底二作代字符形，依文意當作『傘』字，底卷誤作，兹爲校改。

〔九五四〕注文反語與前一小韻同，當屬後加，然此字《廣韻》、《集韻》本大韻皆不載，《廣雅·釋詁》有『蹔』字，『蹔』即『蹔』字俗寫，唯《廣雅》此字釋『蹋』，《集韻》以此『蹔』爲『蹔』字或體，音才何切，音義皆不合，存疑。

〔九五五〕『滐』字右下部的『米』底二作『示』，形訛；按『滐』字《王一》、《廣韻》等未見，《集韻》去聲換韻收之，音蒼案切，《玉篇·水部》云：『滐，七旰切，清也。』即此字，兹據録正。

〔九五六〕注文或體『緩』字與字頭同形，不合文例，然《集韻》亦只收一個或體作『鬆』形，《龍龕》未收或體，故不得懸揣其究作何形，俟考。

〔九五七〕注文『篛』字底二筆畫漫漶，只可辨其大略，兹參《王一》、《廣韻》、《集韻》録定；又殘字底二亦筆畫漫散，《王一》注文僅一『篛』字，《廣韻》作『篛篓，簡也』，《集韻》引《廣雅》作『篛篓，篰也』，然『簡』、『篰』二字皆與底二殘形不合，疑殘形爲『筐』字，然此又非訓，俟考。

〔九五八〕注文『浣』爲『浣』字俗作，《廣韻》正作『浣』形，《龍龕·水部》亦收『浣』爲『澣』之俗字。按『完』字俗寫或作『皃』形，參《敦煌俗字研究》下編宀部『完』字條考釋，本大韻字當從『完』聲爲是，其下從『皃』旁者皆當爲從『完』旁之俗作，以下不再一一出校説明。

〔九五九〕注文《集韻》作『圓也，形截之所用』，是底二之『負』字當爲『員』字形訛，『員』、『圓』俗通用，兹據校改；又注文『輐』字底二作代字符形，疑爲衍增。

〔九六〇〕釋義《王一》、《王二》作『候風羽』，《廣韻》略同，而補其出處作『出《淮南子》』。按《四部叢刊》影印劉泖生影寫北宋本《淮南子·齊俗》『辟若俔之見風也，無須臾之間定矣』漢高誘注：『俔，候風雨也，世所謂五兩者也。』即此字所出。王念孫《讀書雜志》謂『俔』爲『綄』之訛，而『雨』乃『羽』之訛。今據底二注文，則『候風雨也』或即指候風雨之具，與作『候風羽』者所指略同，『雨』字固不必改字矣。

〔九六一〕注文『斷竹甬』蓋同『斷竹筩』（《集韻·董韻》：『筩，候管。或作甬。』），《説文·竹部》：『筩，斷竹也。』玄應《音義》卷二引《三蒼》：『筩，竹管也。』

〔九六二〕『脘』字左部筆畫底二有些漫漶，此參《集韻》録定。

〔九六三〕『肮』字右旁通常爲『亢』之俗作，然從此爲聲旁則與本小韻讀音不諧，疑此即『朊』字俗訛，《集韻》以『朊』

爲『脘』字或體，兹姑據校改。

〔九六四〕注文殘字左部『月』旁底二可辨，右部有漫漶，此參《集韻》釋義『《説文》「胃府也」；一曰即胃脯，《漢・殖貨傳》（殖貨當作貨殖）濁氏以胃脯連騎』校補作『脯』字。

〔九六五〕字頭『款』字上文已出，此不應重出而別訓『水名』，考《集韻》訓『水名』字作『溦』，合於形聲構字理據，底二誤脱『氵』旁，兹據校改。

〔九六六〕又音『乎管反』《王一》作『胡管反』，音同。

〔九六七〕『捉』字字書未見所載，《集韻》以『擏』字訓作『捉也』，《玉篇・手部》同，底二形訛，兹據校改。

〔九六八〕殘字底二存左側及下部筆畫，兹參《集韻》及《説文・衣部》『裋』字注文『豎使布長襦』校補作『襦』字。

〔九六九〕字頭『㫁』字上部底二有些漫漶，按《王一・旱韻》都管反小韻（與『丁卯反』同音）：『㫁，㫁當。』『㫁』字底二下文又作『㫁』，皆爲『斷』的簡俗字，《王二》正作『斷』，兹參底二下文俗寫字形録定作『㫁』。《王一》去聲翰韻都亂反：『㫁，決獄。正作斷。』此即『又去』之音。可參。

〔九七〇〕注文『轉』字底二略有漫漶，此參《王一》、《廣韻》、《集韻》録定。

〔九七一〕本小韻反語上字《王一》、《王二》作『他』字，《廣韻》作『吐』字，《集韻》作『土』字，《箋二》誤作『地』字，然皆與『息』字不似，檢《廣韻聲系》透紐字亦未得與『息』字形似之字，不知此『息』究爲何字之訛，俟考。又『速』字《王二》、《廣韻》同，《王一》釋義作『行皃』，《集韻》以『躖』字爲『疃』之或體字，引《説文》訓作『禽獸所踐處』，《説文・足部》云『躖，踐處也』，《校箋》云：『疑本書「速」爲「處」或「迹」字之誤。』《新校》徑指爲『迹』字形訛，博士生張新朋指出：『「速」字當是「迹」字或體「速」之訛，「束」、「朿」二形俗書不分。』兹從校改。

〔九七二〕『疃』字《王一》、《廣韻》、《集韻》皆未收又音，且《王一》注文收或體字作『亦作墥』，是底二此『憧』字當爲『墥』字形訛，《補正》徑録作『墥』字，兹從校改。

〔九七三〕字頭「斵」即同一小韻上文「斷」的簡俗字，「斷割」、「斷絶」爲釋義用詞之異，非別有異於「斷」之「斵」字也，編者分作二條，不妥。參上校記〔九六九〕。

〔九七四〕注文「媆」字用於「媆食」義他書未見，殆即「餪」的類化俗字；宋邵博《聞見後録》卷二七引《博雅》注云：「女嫁三日餉食爲餪女。」蓋「餪女」習見，「餪」字受後「女」字的影響，遂類化偏旁寫作「媆」。

〔九七五〕字頭「煖」字左下角及右上角底二皆有些漫滅，此參《廣韻》録定。

〔九七六〕「夘」字《王二》、《廣韻》、《集韻》作「夗」形，皆爲「卵」的訛俗字，《箋二》正作「卵」，兹據校改。又上下文注文「卵」字及其偏旁底卷皆作「夘」形，爲便排版，俱徑改作正字，不一一出校。

〔九七七〕字頭「簒」字《王一》、《王二》同，《廣韻》、《集韻》作「篹」形；按《説文·竹部》：「簒，屰而奪取曰簒。」又《儀禮·士冠禮》「爵弁、皮弁、緇布冠各一匴」鄭玄注：「古文匴作篹。」據此，字頭「簒」和注文「簒」疑當有一字爲「篹」字之誤，而其異體作「簒」者則爲編者據《王一》、《王二》等韻書的訛字收入。

〔九七八〕「匴」爲「匴」字俗寫，《廣韻》、《集韻》正作「匴」；俗寫「匚」旁多作「乚」或「辶」形。

〔九七九〕殘字底二左下角略殘，考「穳」字《王一》訓作「鋋」，《廣韻》訓同，合於《廣雅·釋器》，古書又有訓作「短矛」、「小矟」、「擲也」者，其字皆與底二所存殘形不合，《補正》録作「轉」字，姑從校補。

〔九八〇〕殘字前者底二存上部中間少許筆畫，後者存右下角筆畫，注文《王一》作「百家。又子旦、在何二反，縣名」；《廣韻》作「五百家也；又五鄉爲鄼，《周禮》曰：四里爲鄼，五鄼爲鄙。又子旰切」，可參，兹據校補前一殘字作「家」字；又缺字底二殘泐，此依行款擬補五個缺字符；又後一殘字下原本亦有可能爲三字。

〔九八一〕殘字底二存上部及下部漫漶的筆畫，缺字底二殘泐，釋義《廣韻》作「竹器」，合於《説文》，兹據校補殘字作「竹」字。

〔九八二〕殘字唯右部中間略有漫漶，其大略之形似作「腕」字，然不能決也，《廣韻》、《集韻》本小韻皆未收似此形字，《補正》録作「脘(脘)」字，恐不足據，俟考；「脂」下的代字符姑亦照録。

〔九八三〕注文『卵』字左下角及『反』字左部底二皆略有漫漶，此依文例録定。又小韻標數字底二殘泐，可依實收字數補作『二』字。

〔九八四〕字頭『眍』字左下角底二略殘，此參《箋二》、《王一》、《廣韻》、《集韻》録定。

〔九八五〕殘字底二存左下角少許筆畫，缺字底二殘泐，依空間行款，其中當有一個代字符；又『實』、『充』、『盈』三字右側底二皆略有殘泐，此依字形擬定如此。

〔九八六〕殘字底二皆筆畫漫漶，考《箋二》、《王二》、《廣韻》反語皆作『數板』，《補正》徑從録作『數板』二字，兹據校補。

〔九八七〕殘字底二存上部筆畫，兹據《集韻》校補作『皃』字。

〔九八八〕字頭『巇』字左側及注文『斟』字右上角、『士』字左下角、『反』字左部底二皆略有殘泐，此並參《箋二》、《王一》、《廣韻》及底二文例録定。

〔九八九〕殘字前者底二存右上角筆畫，後者存右下角一捺形筆畫，兹參《箋二》、《王一》、《廣韻》校補作『板反』二字。又注文『巇』字下《王一》有一『斟』字，與本大韻前『士板反』小韻之『巇』字注文合，疑此『巇』下脱抄一代字符，兹爲擬補一個脱字符。

〔九九〇〕字頭『酢』字左部底二有些殘泐，此從《箋二》、《王一》、《廣韻》録定。殘字前者底二存右下角少許筆畫，第二字存右部『反』旁，第三字存右部筆畫，兹參諸本校補作『側板反』三字。

〔九九一〕注文『鳥』字下部底二有些殘泐，此依文意録定。清澤存堂本《玉篇·羽部》『䎗，鳥摯擊勢也』，《廣雅·釋訓》『䎗䎗，武也』王念孫疏證引《玉篇》作『鷙鳥擊勢也』，可參，上引今本《玉篇》有誤。

〔九九二〕注文『武』字左部底二有些漫漶，此參《箋二》、《王二》、《廣韻》録定；又殘字底二存右下角筆畫，兹參諸本校補作『皃』字。又『僩』字條居底二第卅四板末行行末，其下有『卅四板』三字。

〔九九三〕殘字底二僅存左側少許筆畫，兹參《王二》、《廣韻》、《集韻》校補作『憪』字。注文缺字底二殘泐，可據諸本補作『大』字。

〔九九四〕本小韻反語《王二》作『胡板反』，《王一》誤作『古板反』，《切四》（斯二六八三）、《箋二》、《廣韻》皆作『下𧹞反』（『𧹞』字《廣韻》作正體『赧』形），爲開口音，與下一小韻『胡板反』合口音不同，底二此『户』字疑爲『下』字形訛，姑據校改。

〔九九五〕殘字底二前者存左部筆畫，後者存左側及右下角各少許筆畫，缺字底二殘泐，考『僩』字釋義《箋二》作『武皃；一曰寬大』，《王二》同，《廣韻》作『武猛皃；一曰寬大』，然底二前一殘字所存殘形與『猛』字不合，而與『武』字左側略似，本大韻前『古板反』小韻『僩』字注文作『武僩』，或此倒而訓之，兹姑校此殘字作『武』；後一殘字依文例校補作『又』字。

〔九九六〕注文『猛』字右側底二略殘，此參《廣韻》録定。『⿰犭閒』字《廣韻》同，周祖謨《廣韻校勘記》：『「⿰犭閒」，段改作「撊」，是也。案《方言》二云：「撊，猛也。晉魏之間曰撊。」當據正。』《集韻》本小韻收有『撊』字而未收『⿰犭閒』字，疑底二所作爲因『猛』字而類化的訛俗字。

〔九九七〕字頭『捍』字右下角底二漫漶，此參《廣韻》、《集韻》録定。殘字底二存左部『扌』旁，兹參《廣韻》及《集韻》校補作『擁』字。

〔九九八〕字頭『晥』字右部底二略有殘泐，兹據殘形録定。注文殘字底二有些漫壞，然其左旁似可辨爲『古』形，《切四》（斯二六八三）、《箋二》、《王二》、《廣韻》皆作『户』字，又據《王二》本大韻另一匣紐小韻作『胡板反』可知，此當爲『胡』字之殘形，兹據校補。

〔九九九〕字頭『皖』字底二略有漫漶，此參《廣韻》、《集韻》録定。殘字存左部『日』旁，此亦參二書校補作『明』字。

〔一〇〇〇〕字頭『鯇』字右部底二略有漫漶，此參《切四》（斯二六八三）、《箋二》、《王二》、《廣韻》録定。

〔一〇〇一〕殘字前者存大部筆畫，後者存左上角筆畫，兹參《箋二》、《王二》、《廣韻》校補作『笑皃』二字。又缺字底二殘泐，可參諸本補作『莞尔』二字。

〔一〇〇二〕字頭底二存左部『目』旁，注文殘字存左下角『丿』形筆畫，玆參《王二》、《廣韻》校補作『睅』、『大』二字。

〔一〇〇三〕注文缺字底二殘泐，可參《廣韻》、《集韻》補作『捍』字。

〔一〇〇四〕注文『坡』字上部底二略殘，此參《廣韻》、《集韻》録定。

〔一〇〇五〕殘字底二僅存左側少許筆畫，玆參《廣韻》、《集韻》校補作『大』字；又又音『曰』前依文例當有一『一』字，玆爲擬補一個脱字符。

〔一〇〇六〕『蝂』字《王二》、《廣韻》、《集韻》皆作『蝂』，底二俗省。

〔一〇〇七〕注文《王一》同，《廣韻》作『草可染，子可食』，《集韻》作『菜名』，又《集韻·術韻》訣律切釋作『艸名。《廣志》：藒子，生可食。一曰馬芹』，底卷『漆』字疑誤。

〔一〇〇八〕字頭『産』字右部底二有些漫漶，此參《切四》（斯二六八三）、《箋二》、《王二》、《廣韻》録定。又缺字底二殘泐，可參諸本及底二文例補作『生産所』三字。

〔一〇〇九〕注文缺字底二漫滅，考釋義《廣韻》、《集韻》皆作『大籥』，與《爾雅·釋樂》『大籥謂之産，其中謂之仲，小者謂之箹』合，疑缺字可據補作『籥』字。

〔一〇一〇〕注文『名』字中部及右下部底二漫滅，此參《箋二》、《王二》、《廣韻》録定。

〔一〇一一〕注文『以』字底二略有漫漶，此參《王二》、《廣韻》録定。

〔一〇一二〕殘字左下部底二略有漫漶，此參《廣韻》校補；又『金』字《廣韻》、《集韻》皆作『全』，《玉篇·心部》訓同，疑底二形訛，玆姑爲校改。

〔一〇一三〕『鞾』字《廣韻》作『鞾』，後者其左部合於《説文·卤部》『粟』字篆文形體，底二俗訛。

〔一〇一四〕注文『炙』字右部底二有些漫漶，此參《箋二》、《王二》、《廣韻》録定。

〔一〇一五〕『峩』字《王一》、《廣韻》隸於士限反小韻，葉鍵得《十韻彙編研究·刊校勘記》云：『案「古」蓋「士」字之誤。』玆從校改。

〔一〇六〕又音『去』字下底二有一『也』字，不合文例，疑爲衍抄。

〔一〇七〕『裲』字《廣韻》、《集韻》及諸字書未見所載，然二書本小韻收有『襽』字（《集韻》又載其省體作『襇』，後者《廣韻》、《集韻》又有去聲一讀），分別訓作『帬襵』和『帬幅相攝也』，疑底二所作即其俗字。

〔一〇八〕『闆』字《廣韻》、《集韻》本小韻皆未收，《玉篇·門部》下作『匹限切』，與底本前諸小韻切下字合，《補正》謂『普』下之『視』字『此涉右行誤，蓋「限」』，兹從校改。

〔一〇九〕注文『金最有先』不辭，考《廣韻》引《説文》訓有『金之澤者』，《爾雅·釋器》『絶澤謂之銑』郭璞注云『銑即美金，言最有光澤也』，是底二此句中之『先』當爲『光』字承前反語而致形訛，兹據校改。又『鍾』字當從《説文》作『鐘』。

〔一一〇〕注文『沽』字《箋二》、《王二》同，《廣韻》作『姑』，此蓋因『洗』字類化而别擇同音字。

〔一一一〕釋義《廣韻》作『洗帚飯具』，《集韻》作『飯帚』，與《廣雅·釋器》『箈謂之筅』合，可參。

〔一一二〕注文底二作『毨理毛鳥之諸侯』，疑有錯亂，《切四》（斯二六八三）、《箋二》、《王二》作『鳥獸秋毛』，《廣韻》作『《書》曰「鳥獸毛毨」，傳云「毨，理也，毛更生整理」』，又上揭諸本此條下皆接『姺』字條，底二『之諸侯』三字殆因涉『姺』注文而衍抄者，兹爲徑删；又『毨理毛鳥』疑爲『毨理鳥毛』或『鳥毨理毛』之誤倒。

〔一一三〕『郑』字《集韻》以爲『姺』之或體。

〔一一四〕『籲』字《廣韻》、《集韻》本小韻皆不載，而於獮韻『息淺切』小韻收之，《廣韻》訓作『籲籲，今人户版籍也』，合於《廣雅·釋器》，底二『簡』字形訛，兹據校改。

〔一一五〕注文『所』字前底二衍抄一『又』字，兹依文例徑删；又『反』、『一』二字左部底二皆有殘泐，此依文例録定；又釋義『角』字《王一》作『第』，與《説文·竹部》『籲』字注文『一曰宋魏謂箸第爲籲』合，底卷形訛，兹據校改。

〔一一六〕殘字前者底二存上部漫漶的筆畫，後者存右側少許筆畫，前一殘字《潘韻》徑録作『宫』字，與文意合，兹從校補，後者《廣韻》作『五』，與底二殘形合，故亦據補。

〔一〇二七〕殘字底二存右下角一似横鉤形筆畫，疑爲『也』字，兹姑據校補；《王二》字頭作『暥』，《集韻》以之爲正字，合於《説文》；又釋義《王二》作『視』，《廣韻》同，《説文·目部》作『目相戲也』，可參。

〔一〇二八〕字頭底二存右部『匽』旁，注文二殘字皆存右部少許筆畫，考《集韻》本小韻有『愝，愝惼，性㥦』條（述古堂本『性』字漫滅，此從揚州使院本），與底二相似，兹據校補三字作『愝』、『性㥦』；又底二『漏』字當爲『惼』字形訛，亦據校改。

〔一〇二九〕殘字底二存右部筆畫，兹參《箋二》、《王二》、《廣韻》校補作『宴』字。注文缺字底二殘泐，考諸本皆有又音，其中《箋二》作『又燕見反』，則底二二缺字依文例當爲直音或作『又去』。

〔一〇三〇〕殘字底二存右部『燕』旁，兹據《王二》、《廣韻》、《集韻》校補作『嬿』字。注文缺字底二殘泐，然不知此爲『嬿婉』之申義抑是又音，故不爲點斷，《王二》注文作『女字。又於見反』，《廣韻》作『嬿婉。又烏見切』，《集韻》作『嬿婉，安順皃』，可參。

〔一〇三一〕殘字底二居行首，存右部筆畫，此依文例并參《廣韻》校補作『繭』字。又殘字『繭』下右側約有近十字皆存右側少許筆畫，不能辨其爲字頭抑是注文小字，故不具録，殘字『繭』至字頭殘字『𢸗』間底二殘泐約半行，據空間，約可抄十二個左右大字。

〔一〇三二〕字頭底二存右部似『傘』形筆畫，注文殘字存右部似『式』形字，從下條『䉤』字知此當爲《廣韻》『古典切』小韻字，考《廣韻》此小韻收有『𢸗』字，注爲『𢷾』字之古文，而『𢷾』字《廣韻》訓作『拭面』，故據校補二殘字作『𢸗』、『拭』。

〔一〇三三〕殘字底二存上部少許筆畫，缺字殘泐，『䉤』字《廣韻》、《集韻》作『𥳑』形，張涌泉《漢語俗字叢考》无部謂『䉤』字當爲『𥳑』之俗訛字；又該字《廣韻》、《集韻》皆訓作『小束』，兹據校補殘字作『束』；又缺字當可據二書補作『小』字。

〔一〇三四〕『⿱罒宋』字條下至行末底二殘泐約八個左右大字的空間。

〔一〇三五〕據《箋二》、《王二》、《裴韻》、《蔣藏》、《廣韻》及《集韻》，此處缺廿七銑韻後部，入聲十九薛韻前部，及其間各韻。據敦煌韻書分卷特點及底一所録卷目名，入聲卷五之首應有『切韻入聲第五凡卅六韻』字樣及其韻目。

〔一〇三六〕此下據底六校録。據内容，該部分應爲十九薛韻字。

〔一〇三七〕釋義《王二》作『⿰亻鳥⿰敝鳥』，《廣韻》作『⿰亻鳥鶹』，《校箋》：『案《山海經·南山經》：「基山有鳥焉，其狀如鷄，而三首六目六足三翼，其名曰⿰敝鳥䳜。」《廣雅·釋地》作「鷩䳜」，本書「⿰亻鳥⿰敝鳥」當是「⿰敝鳥䳜」之倒，《廣韻》不考「⿰亻鳥」爲「䳜」誤，妄改「⿰敝鳥」作「鶹」耳，「䳜」字見虞韻「甫于反」，注云「⿰敝鳥䳜，鳥名，三首六足六目三翼」。』所論甚是，茲從校改注文『⿰亻鳥』作『䳜』字。又依底六文例，『䳜』字前當有一代字符，本大韻後『⿰敝鳥』字下正作『⿰敝鳥⿰亻鳥（䳜），鳥』，茲爲擬補一個脱字符。

〔一〇三八〕注文『蕨』字下底六衍抄一代字符，茲依《箋二》、《王二》、《裴韻》、《蔣藏》、《廣韻》徑删。

〔一〇三九〕注文『反』字上部底六略殘，此依文例録定。

〔一〇四〇〕『扒』字《集韻》作『朳』，俗寫『扌』、『木』二旁多混而不分，底六俗作。

〔一〇四一〕殘字底六存漫漶的筆畫，其與後之『⿱敝見』字（底六作代字符形）居雙行注文之右行與左行行首，其下至行末底六殘泐約九個左右大字的空間；『⿱敝見』字《箋二》、《裴韻》訓作『暫見』，音芳滅反，《廣韻》字頭作『瞥』，注文作『暫見。亦作⿱敝見。《説文》曰「過目也；又目翳也」』，可參，茲據校補殘字作『瞥』字。又『⿱敝見』爲『瞥』字或體，底六本小韻下文又另立『瞥』字條，應予歸併。

〔一〇四二〕殘字底六第一字存兩側少許漫漶的筆畫，第二字存下部少許筆畫，第三字存右部漫漶的筆畫，第四字存上部『二』形筆畫，第五字存左部似『矢』形筆畫，第六字存左部漫散的筆畫，參本大韻前『⿰敝鳥』字校記及《廣韻》可據校補前五個殘字作『首六足三』及『雉』字，并校改『⿰亻鳥』作『䳜』字。又依文例，注文《山海經》前當有二「出」或「見」字，茲爲擬補一個脱字符。

〔一〇四三〕殘字底六存上部少許筆畫，《廣韻》、《集韻》皆未收本條，《改併四聲篇海》引《搜真玉鏡》唯有注音而無釋義，疑其字與《集韻》屑韻「匹蔑切」小韻訓「削也」之「㢢」字有關，或即其形訛，俟考。

〔一〇四四〕「㢢」字條之下至行末底六殘泐約九個左右大字的空間。

〔一〇四五〕注文《廣韻》作「種概移蒔也」，今本《説文》未收「莂」字。又「莂」字《廣韻》隸於「方别切」小韻。

〔一〇四六〕殘字底六前者存上部及右側筆畫，後者存右部筆畫，茲據《箋二》、《王二》、《裴韻》、《蔣藏》及《廣韻》校補作「直列」二字；又「五」字右下部底六漫滅，此從《姜韻》録定。「轍」字其他韻書、字書未見，上揭各本或作「轍」，或作「轍」，「轍」即「轍」字的古異體字（參看《敦煌俗字研究》下編彳部「徹」字條、車部「轍」字條），「轍」字《説文》本從車、徹省聲，底本作「轍」，即從不省聲的「徹」。

〔一〇四七〕「撤」字其他字書、韻書未見，蓋爲「撤」的繁化異體字（參上校），《箋二》、《王二》、《裴韻》、《蔣藏》、《廣韻》、《集韻》正作「撤」（或作其異體「撤」）。注文「撥」字上揭諸本多作「發」，且慧琳《音義》卷八七「撤軔」注引《廣雅》亦作「撤，發也」，底六蓋誤增「扌」旁，茲據校改。

〔一〇四八〕注文缺字底六漫滅，《姜韻》録作代字符形，合於底六文例，當可參補，《箋二》、《王二》僅訓一「通」字，《裴韻》、《廣韻》首義亦作「通也」，可參。

〔一〇四九〕前行字頭殘字底六存右部「散」旁，《姜韻》録作「澈」字（即「澈」字異體），其下還録有注文「澄澈」及下條文字「徶，□發」共五字，今《法藏》及膠片已全不能見其殘痕矣，茲姑據校補殘字作「澈」字。又「澈」字下至行末底六殘泐約十個左右大字的空間。「揭」字底六作代字符形，居次行行首，參《廣韻》、《集韻》，其字頭當爲「揭」字，茲據以還原其本字作「揭」。又「揭」字釋義《廣韻》作「揭起」，《集韻》作「舉也」，疑底六之「撥」當爲「發」字誤增「扌」旁而訛，與本大韻前「撤」字條注文之「發」誤作「撥」同，茲姑據校改。「揭」字《廣韻》隸於「居列切」小韻。

〔一〇五〇〕注文後一『人』字依文例當爲『又』字，底六形訛，兹據校改。

〔一〇五一〕注文『香』字中部及『草』字下部底六皆有些漫漶，此參《箋二》、《王二》、《廣韻》録定。

〔一〇五二〕殘字底六存上部筆畫，其中左側之『女』形略可辨，國家圖書館藏王重民所攝照片該字基本完整，唯右部中間略有褶皺，兹參《箋二》校補作『妜』字。又『輕薄』二字底六前者殘泐，後者存左側少許筆畫，王重民所攝照片中二字完整。

〔一〇五三〕字頭『蠽』字右側底六有些殘泐，國家圖書館藏王重民所攝照片該字完整，是爲『蠽』之俗省字。注文殘字底六存左部『虫』旁，兹據諸書校補作『蟬』字；又缺字底六殘泐，前四字可參諸本補作『子列反』（『子』或作『姊』）及『茅』字，後一缺字爲小韻標數字，依底六其下所殘之行款推之，疑當作『八』字，與《廣韻》所收字數同。

〔一〇五四〕注文『小』字底六居行首，其前行『蠽』字條下至行末底二殘泐約三個大字的空間，國家圖書館藏王重民所攝照片中此處雖與上部裂開，但與左部所存部分尚聯，然因原紙褶皺，故其字畫仍不能辨，依行款并參《箋二》、《王二》、《裴韻》及《廣韻》所作，疑其内容當爲『〇鸛，小鷂。〇尐』四字，然此與所存字畫似又不能盡合，姑爲擬補四個殘字符。

〔一〇五五〕『⿰镸截』字《王一》、《王二》、《廣韻》皆從『髟』旁，『髟』旁古本作『镸』旁，故可換用。

〔一〇五六〕『⿰扌尐』字右旁爲『尐』之俗寫，下文從此旁者同。注文『擿』字《王二》同，《王一》、《廣韻》、《集韻》作『摘』，《校箋》：『案「擿」或與「摘」同。』

〔一〇五七〕『死』字其他字書、韻書未見，殆爲『殀（殀）』的訛俗字，『殀（殀）』字《王一》、《集韻》皆釋『夭死』，義合。參下條校記。

〔一〇五八〕殘字底六上部皆有殘泐，前字存下部作『夭』横畫以下之形，後字存下部似『木』字下部之形，《姜韻》録作『入水』二字，《周韻》録作『夭死』二字，按前字《周韻》録作『夭』近是，後字殘形則不似『死』字，而疑爲

『木』字之殘；字頭『𣦸』亦應爲『殀（𣧑）』的訛俗字，《廣韻》『殀』字釋『木死』，可參，又參上條校記。

〔一〇五九〕『𦢊』字其他字書、韻書未見，蓋爲『𦢊』的繁化異體字，《廣韻》、《集韻》正作『𦢊』。參看上文校記〔一〇四六〕。

〔一〇六〇〕殘字底六前者存右上角和左下角少許筆畫，中者存下部似二豎形筆畫，後者唯右側有少許殘泐。缺字底六殘泐，後一殘字與字頭形甚似，然依文例此當作代字符形，故不能決，《王一》注文作『觙。又丑列反』，《廣韻》作『𧣾觙』，又《廣雅·釋器》有『𧣾謂之觙』，可參。

〔一〇六一〕殘字底六存左部筆畫，茲參《廣韻》、《集韻》校補作『哲』字。又缺字底六殘泐，可參《廣韻》補作『擿』字（《集韻》作『摘』，與『擿』通）。

〔一〇六二〕小韻標數字底六脱刻，可參本小韻實收字數補作『二』字，茲爲擬補一個脱字符。

〔一〇六三〕『劉』字其他韻書、字書未見，疑爲『𠠝』的訛俗字。《集韻》薛韻側劣切（與『側別反』同音）：『𠠝，斷也。』又《集韻》舝韻槎鎋切（與『士鎋反』同音）：『𠠝，斷艸刀也。或作鍘。』『斷艸刀』即『剉刀』，而『鍘』即『𠠝』的增旁繁化字，皆可參。

〔一〇六四〕殘字底二存右部『刂』旁，茲參《廣韻》校補作『列』字。

〔一〇六五〕『乾』字《集韻》作『甈』形，後者合於《爾雅》、《説文》，底六形訛，茲據校改。又釋義見於《爾雅·釋器》，作『康瓠謂之甈』，『迩』應爲『尔』字刻誤。

〔一〇六六〕『𢲩』字其他韻書、字書皆未見，當是『擳』的訛俗字：《龍龕·手部》：『掣，昌制反，曳也，制也。又昌折反。擳、擳，二俗，昌制反。』其中的『擳』、『擳』即『掣』的俗字，可以比勘。

〔一〇六七〕注文前一『掣』字左上角底六有漫滅，《姜韻》録作『𢫦』字；按《説文·手部》『𢫦，人臂皃』，與『拽』義不合，恐非是，茲依文意録定。

〔一〇六八〕注文『雨』字左部底六漫漶，此參《王二》録定。

〔一〇六九〕『䨮』字亦見於《改併四聲篇海》卷一四雨部引《奚韻》，云『私絶切，雨䨮也』，《中華字海》據以爲即『雪』

字，近是，按『雪』字《説文》從雨、彗聲作『䨮』，而『慧』亦從『彗』聲，故從彗從慧讀音無殊，『𩅋』應即『䨮』的繁化俗字，唯注文『彼𩅋』所指不詳，俟考。

〔一〇七〇〕注文『來』字置此不辭，《箋二》、《王二》、《裴韻》、《廣韻》皆作『朿』，底六形訛，兹據校改。

〔一〇七一〕殘字底六第一字存漫漶的筆畫，第二字存左下角一似『一』形筆畫，第三字存左部筆畫，缺字底六殘泐，唯《姜韻》録此殘缺字作『又始芮』、『卧二』五字，《潘韻》覆原卷以爲本無『始芮』二字，不知是姜氏閲原卷時此處尚可辨識，抑是據《廣韻》而補入，兹依底六文例及《廣韻》校補殘字作『卧二』、『也』三字，『湯外』前的缺字亦可據《廣韻》補作『又』字；注文『蜕』後的缺字則可參《廣雅·釋詁》『蜕，解也』、《廣韻·祭韻》『蜕，蜕皮』補作『解』或『皮』字。

〔一〇七二〕注文『似』字筆畫底六有些漫散，此參《箋二》、《王二》、《裴韻》、《廣韻》録定。

〔一〇七三〕殘字底六存上部少許筆畫，缺字底六殘泐，因《廣韻》、《集韻》本小韻皆未收『挩』字，故不能推知其殘字及所缺爲何字。

〔一〇七四〕注文或體『䩞』字左部底六略顯漫漶，兹參《集韻》録定。

〔一〇七五〕注文或體『㑂』字《王二》、《廣韻》、《集韻》皆作『炳』形，合於形聲構字理據，底六形訛，兹據校改。

〔一〇七六〕字頭《王二》、《廣韻》、《集韻》皆作『㕯』形，唯《集韻》以之爲『吶』字之或體，是底六所作，當亦爲『吶』字之易位俗字。

〔一〇七七〕字頭『説』字左上部底六殘泐，此參《箋二》、《王二》、《裴韻》、《廣韻》録定。

〔一〇七八〕注文《廣韻》作『草生而新達曰莌也』，又《方言》卷二：『莌，小也，凡草生而初達謂之莌』，是底六『連』字當爲『達』字形訛，兹據校改。

〔一〇七九〕小韻標數字『九』下底六本有『之也』二字，按底本『軄悦反不巧』五字皆在雙行注文之右行，而左行刻一『九』字後尚餘較多空間，刻者遂贅增『之也』二字以填空，然本與注文無涉，今删。

〔一〇八〇〕『䔜』字《王二》、《廣韻》同，《集韻》作『酥』，後者合於形聲構字理據，周祖謨《廣韻校勘記》云：『段改作酥。』是底六所作，蓋亦訛俗字。

〔一〇八一〕殘字底六第一字存上部及右側少許筆畫，第二字存右部似『又』形筆畫，第三字存右部似『小』之右部形筆畫，第四字存上部漫漶的筆畫，兹參文例及《箋二》、《王二》、《裴韻》、《廣韻》所作校補第一殘字作『雪』，第三殘字作『小』，第四殘字作『飲』。又『大』及殘字『飲』底六居雙行注文左行行首，其下至注文末殘泐，兹參右行相應字數擬補六個缺字符，其實收字數亦或爲五字，又其中最後一缺字爲小韻標數字，可據底六本小韻實收字數補作『三』字。

〔一〇八二〕殘字底六存右側筆畫，兹參《集韻》校補作『黜』字。

〔一〇八三〕殘字底六存右部筆畫，兹參《箋二》、《王二》、《裴韻》、《廣韻》校補作『止』字。

〔一〇八四〕『⿶凵齒』字《廣韻》、《集韻》未見收載，《龍龕·凵部》有此字，注文作『音齒』，《字彙補·凵部》云『義闕』，則底六其下之殘，遂致此字之義竟不得解矣。又『⿶凵齒』字下至行末底六殘泐約五個左右大字的空間，據『陟劣反』小韻的收字情況看，可知所殘者爲『⿶凵齒』字注文及該小韻兩條文字。

〔一〇八五〕『馬埒』底六作『埒馬』，兹參《箋二》、《王二》、《裴韻》、《蔣藏》、《廣韻》徑爲乙正。

〔一〇八六〕字頭『跱』字左下角底六有些漫漶，此參《箋二》、《王二》、《裴韻》、《蔣藏》、《廣韻》録定。注文殘字底六存下部漫漶的筆畫，兹參諸本録作『跳』字，又諸本釋義作『跱蹶，跳皃』或『跱蹶，跳踉皃』，『跱蹶』疑即今『趔趄』之轉語，是爲聯綿詞，底六所作蓋於代字符下脱刻一『蹶』字，兹爲擬補一個脱字符。

〔一〇八七〕釋義《王二》作『白［脊］牛』，《廣韻》作『牛白脊，出《字林》』，《集韻》作『《説文》「牛白脊也」』，疑底六注文有誤，考《廣韻》末韻『郎括切』小韻『埒』字下訓作『駮埒』，《集韻》末韻下訓作『駁也』，疑底六『帛』字當爲『駁』字音訛，兹據校改。

〔一〇八八〕字頭『䂊』字左部底六漫漶，此參《廣韻》、《姜韻》録定。注文殘字底六僅存上部及下部少許筆畫，《姜韻》

録作『班』，與《集韻》同，然《廣韻》作『斑』，當爲本字，兹姑參《廣韻》校補作『斑』字。

〔一〇八九〕殘字底六存上部及右部筆畫，其中右部略似『劣』形，《姜韻》録作『㑞』字，然審底六左上角筆畫，似與『丿』不似，故疑非『㑞』字，《廣韻》、《集韻》本小韻未收右部作『劣』旁之字，故無從比校，俟考。又殘字下至行末底六殘泐約六個左右大字的空間。

〔一〇九〇〕釋義《集韻》作『《博雅》「湄、浖，厓也」；一曰山上有水曰浖』，《玉篇·水部》作『山上水』，疑底六『下』爲『上』字之訛。

〔一〇九一〕『𣪌』字《廣韻》作『𢼂』，《王二》字頭即作『𢼂』；按『𢼂』、『刷』二字皆見於《説文》，蓋本古異體字，而『𣪌』則當爲『𢼂』的訛俗體。

〔一〇九二〕注文『馬』字《箋二》、《王二》、《裴韻》、《蔣藏》、《廣韻》、《集韻》皆作『鳥』，底六形訛，兹據校改。

〔一〇九三〕『旻』字《王二》、《廣韻》、《集韻》皆作『旻』形，後者合於《説文》，底六俗訛，兹據校改。

〔一〇九四〕『戚』字《箋二》、《王一》、《裴韻》、《蔣藏》、《廣韻》、《集韻》皆作『戚』形，底六蓋爲俗字。

〔一〇九五〕『颰』字《王二》、《廣韻》、《集韻》皆作『颰』形，合於《説文》，底六形訛，兹據校改。注文『小』字下至行末底六殘泐約五個左右大字的空間。

〔一〇九六〕釋義『發』字下《箋二》、《王一》、《裴韻》、《廣韻》、《集韻》皆有一『土』字，義長，底六脱刻，兹據擬補一個脱字符。

〔一〇九七〕本條前底六有『觸，觸角』條，其中『角』字右側有二墨點以示删除，蓋因下條注文而訛刻字頭作『觸』，至注文始覺其訛，遂輟而點去；本小韻標數字『六』，若計此『觸』條則爲七字，是亦明此爲衍刻字條，兹徑删。

〔一〇九八〕殘字底六存上部草頭，兹參《箋二》、《王二》、《裴韻》、《蔣藏》、《廣韻》校補作『茁』字，『茁』字諸本音側劣反。又殘字『茁』下至行末底六殘泐約四個左右大字的空間。

〔一〇九九〕注文『求人幸』三字非義，疑爲刻者補白贅加，應删。

〔二〇〇〕小韻標數字『二』字下底六衍刻一代字符，茲依文例徑删。

〔二〇一〕注文『錫』字底六作代字符形，《王一》、《王二》、《蔣藏》、《廣韻》皆無，疑此衍增。徐仁甫《跋巴黎國家圖書館所藏五代刊本切韻殘卷後》(《志學月刊》第十一期，一九四二)考云：『案錫後無昔者，或曰錫昔相合，或本有昔韻，而脱其韻目一行，遂以昔韻之字認爲錫韻，二十二麥、二十三陌之次韻數，又以形近而遞誤也。考所存之字，自釋至複，皆《廣韻》昔韻中字，又以二零一四之庚耕清青分爲四韻證之，似當脱昔韻部目，然二零一五盍次廿五，合當次廿四，似又可併昔於錫，疑不能決也。』今姑依原序號而不爲昔韻别立韻目字，俟考。

〔二〇二〕前行殘字底六僅存右上角一點形筆畫，《姜韻》録作『析』字，恐爲因《箋二》、《王一》及《廣韻》等而補録，然因底六字序與諸本不盡同，故此亦不能斷其必爲『析』字，姑存而不校。又殘字下至行末底六殘泐約四個大字左右的空間，注文『日』字居次行行首，考諸本本小韻所收字之注文，疑此爲『晳』字注文『白』字俗訛，俗寫『白』、『日』多混而不分，『晳』字《箋二》、《王一》訓作『白色』，《廣韻》作『人白色也』，可參。

〔二〇三〕『⿰虫扸』字《箋二》、《王一》、《裴韻》、《蔣藏》、《廣韻》、《集韻》皆作『蜥』形，從本小韻後從『析』旁字皆作『扸』形看，知此當爲『蚚』字俗作，而『蚚』又當爲『蜥』之俗省；《説文·虫部》收有『蚚』字，訓作『强也』，則另爲一字。下文從『扸』旁者皆爲從『析』旁之俗寫，不再一一出校説明。

〔二〇四〕注文『濺』字左側底六有些漫壞，此參《王一》録定。

〔二〇五〕『擊』字當爲『擊』字俗省，本小韻後從『軗』旁者同爲『毄』旁之省。

〔二〇六〕殘字底六存右側少許筆畫，茲參《箋二》、《王二》、《裴韻》、《蔣藏》及《廣韻》校補作『土』字；缺字底六殘泐，可參諸本補作『墼』字。

〔二〇七〕前行殘字底六存右上角少許筆畫，其下至行末底六殘泐約四個左右大字的空間。次行『迴』字居行首，較諸《王一》、《集韻》知此殘條當爲『竅』字注文，『阮』字《集韻》同，當爲『阮』字俗訛，『阮』又當校讀作

『泦』，『迴（回）泦』蓋指水之漩渦。説詳《王一》校記〔四四五〕。

〔二〇八〕『鈲』字《王一》同，《廣韻》、《集韻》作『鈲』形，後者合於《方言》字形，《字彙·金部》：『鈲，俗鈲字。』又『裁』字諸本及《方言》皆作『裁』，底六形訛，兹據校改。

〔二〇九〕注文底六作『痃病癖』，不合文例，兹從《廣韻》乙正作『痃癖病』。

〔二一〇〕注文『泟』、『絖』二字底六居『澼』字注文右行及左行行首，其下至行末底六殘泐約五個左右大字的空間，兹參《廣韻》爲前一殘條擬補六個缺字符，《廣韻》注文作『《莊子》「洴澼絖」，漂絮者』，可參補。又注文『靂』字在次行行首，較諸《箋二》、《王一》、《裴韻》、《廣韻》知爲『霹』字注文，『霹』字反語《箋二》、《王一》、《裴韻》皆作『間激反』，注文『靂』字前所缺當爲反語及『霹』字。

〔二一一〕『趚』字右部的『厯』爲『歷』旁的俗寫。下文『歷』字、『歷』旁及『厤』形構件仿此，不再一一出校説明。

〔二一二〕注文『鬲』字底六作代字符形，疑爲衍增。

〔二一三〕殘字底六僅存左側及上、下各少許筆畫，兹參《箋二》、《王一》、《王二》、《裴韻》、《蔣藏》校補作『砂』字。

〔二一四〕注文缺字底六殘泐，可參《箋二》、《王一》、《裴韻》、《蔣藏》及《廣韻》補作『馬』字。

〔二一五〕『縣』字底六居次行行首，前行『櫪』字條下至行末底六殘泐約五個左右大字的空間。又殘條較諸《廣韻》、《集韻》，知其當爲『櫟』字注文，《廣韻》『櫟』字注文作『木名，柞屬；又音藥，櫟陽，縣名』，可參。

〔二一六〕『皪』字當爲『皪』之俗訛字，參《漢語俗字叢考》日部『皪』字條考釋，《廣韻》：『皪，的皪，白狀。』疑底六注文『日』字亦爲『白』字俗作。

〔二一七〕『裛』字《王二》作『衷』形，《廣韻》作『衷』形，《集韻》作『裛』形，《玉篇·衣部》作『褻』形，後者合於形聲構字理據，又《集韻》於首字『裛』下收有或體作『褎』形，亦合於形聲構字理據，則底六所作，當即『褎』字俗訛，兹據校改。

〔二一八〕注文《王二》同，《廣韻》、《集韻》皆作『醠醶』，《廣韻》并申釋爲『酪滓』，是爲聯綿詞，然檢明來與來明二詞族，實各有同源之例，故存而俟考。

〔二一九〕『理』字《王二》同，《裴韻》、《廣韻》作『治』，後者合於《説文》，此蓋承避唐高宗李治諱。

〔二二〇〕『履』字底六居次行行首，前行『擽』字條下至行末底六殘泐約五個左右大字的空間。較諸《王二》、《廣韻》、《集韻》，知此當爲『歷』字注文。

〔二二一〕注文『劙』字《集韻》作『劙』，底六俗省。

〔二二二〕『觻』字《廣韻》、《集韻》未收，《龍龕·角部》云：『觻，角鋒也。與觻同。』

〔二二三〕殘字底六存右側筆畫，茲參《箋二》、《裴韻》、《廣韻》校補作『滴』字。又『滴瀝』二字底六誤倒其序，茲參諸本乙正。

〔二二四〕殘字底六存上部筆畫，不能斷爲何字，然可推知應爲前『閰激反』小韻字。此殘字下至行末底六殘泐約五個左右大字的空間。

〔二二五〕『適』字《王二》、《裴韻》、《蔣藏》、《廣韻》隸於都歷反小韻。

〔二二六〕注文『馬』字下《王一》、《裴韻》、《蔣藏》、《廣韻》皆有一『韁』字，與《説文·革部》新附字『靮，馬韁也』義合，底六蓋誤脱一『韁』字，茲據擬補一個脱字符。

〔二二七〕注文《王一》、《裴韻》作『馬駒顱，白額』，《蔣藏》、《廣韻》作『駒顱，馬白額』，疑底六『馬』字下脱一代字符，茲爲擬補一個脱字符。

〔二二八〕殘字底六存左部『石』旁，茲據《王一》、《廣韻》、《集韻》校補作『磓』字。

〔二二九〕『迓』字下至行末底六殘泐約五個左右大字的空間。『迓』字注文《王二》作『至。又都叫反』，《裴韻》作『至』，可參。

〔二三〇〕『𢎗』字未見於其他字書韻書，疑或爲『𢏺』字之訛，底一東韻有『弴』字亦訛形作『弴』（參前校記〔三二〕），然『𢏺』字《玉篇·弓部》及《集韻》錫韻以爲與表示『射質』義的『的』字爲或體，與底卷所示義不同，或底卷爲琴弓之飾，俟考。

〔一三一〕「暺」字《集韻·換韻》以爲「㫜」字或作，訓「明也」，音徒案切；此處隸於都歷反小韻，當與《集韻》同一小韻「旳(的)」字或體「皽」爲一字之異，「旳」字《集韻》引《説文》亦訓「明也」，底本釋「日」，意義上有相通之處，亦或此「日」字爲「白」字俗訛。

〔一三二〕殘字底六存右上角少許筆畫，不能推知究爲何字。其下至行末底六殘泐約四個左右大字的空間。

〔一三三〕「坙」爲「巫」之繁化俗字，參《敦煌俗字研究》下編工部「巫」字條考釋。又「覡(覡)」字《王二》、《裴韻》、《蔣藏》、《廣韻》皆隸於胡狄反小韻。

〔一三四〕本條當爲「椴，種椴」之形訛，參《王一》校記〔四〇六八〕，兹爲校改。

〔一三五〕釋義《王一》、《裴韻》、《蔣藏》皆作「水鳥」，與《説文·鳥部》「鶂，鳥也」之訓合，底六「水」字下當脱「鳥」字，兹爲擬補一個脱字符。

〔一三六〕釋義《箋二》、《王二》、《裴韻》皆作「艗舟」，《廣韻》作「艗舟，舟頭爲鷁首」。

〔一三七〕前行注文殘字底六存右上部少許筆畫，「㕧」字注文《王一》、《裴韻》、《蔣藏》、《廣韻》皆作「石地惡」，合於《説文》，兹據校補殘字作「地」字。又「地」字下至行末底六殘泐約五個左右大字的空間。後一殘條當爲「荻」字注文，其反語諸本作「徒歷反」；注文「反」字底六居次行行首，「反萑」二字左部皆有漫滅，此參《箋二》、《王一》、《裴韻》、《蔣藏》及《廣韻》録定；「萑荻」後殘字存一似「一」形筆畫，考小韻標數字《王一》作「十五(七)」，《廣韻》作「二十九」，疑底六本小韻亦收有廿字以上，故依文例爲此殘條擬補四個缺字符。

〔一三八〕「雉」字左部底六有些漫漶，此參《箋二》、《王一》、《裴韻》、《蔣藏》及《廣韻》録定。

〔一三九〕或體字《廣韻》、《集韻》皆作「篴」，後者合於形聲構字理據，底六訛省，兹據校改。

〔一四〇〕注文缺字底六殘泐，可參《箋二》、《王一》、《裴韻》、《蔣藏》及《廣韻》補作「鄉」字，《姜韻》徑録作「鄉」字，或其所據抄時該字尚存，或即據諸本補之。

〔二四一〕『邮』字條下至行末底六殘泐約六個左右大字的空間。

〔二四二〕注文『醎』字《集韻》作『鹹』字，《玉篇·酉部》：『醎，俗鹹字。』

〔二四三〕『藩』字《廣韻》、《集韻》皆作『蓧』，『藩』蓋即『蓧』的改換聲旁俗字（這一意義的『蓧』與『滌』同音，而與『條』音異）。現代字書有『藩』字，同『藩』，則别爲一字。

〔二四四〕注文『早』字《廣韻》作『旱』，與《説文·艸部》『蔋，艸旱盡也』合，底六形訛，兹據校改。

〔二四五〕注文殘字左下角底六有些殘泐，《廣韻》、《集韻》皆以『㕚』字爲『䍜』之或體，兹參二書校補作『䍜』字。

〔二四六〕前行『㕚』字條下至行末底六殘泐約六個左右大字的空間，後條『他』字居次行行首，較之《箋二》、《王一》、《裴韻》及《廣韻》，知此殘條爲『逖』字注文。

〔二四七〕『髫』字《廣韻》、《集韻》及諸字書未見所載，檢二書本小韻皆收有『鬄』字，《廣韻》訓作『《説文》云「鬄髮也」』，《王一》以之爲『剔』字或體，底六『髫』字當即『鬄』字形訛，兹據校改；又『𢾗』字亦不合形聲構字理據，檢《王一》、《廣韻》『剔』字或體字又有『鬀』，底六所作當即因此而增旁訛作，故並據校改。

〔二四八〕字頭『惕』及注文『怵』字下部底六皆有漫壞，兹參《箋二》、《王二》、《廣韻》録定。

〔二四九〕『覿』字條下至行末底六殘泐約七個左右大字的空間。

〔二五〇〕引文《廣韻》作『硩蔟氏，掌覆妖鳥之巢』，後者與今本《周禮·秋官·硩蔟氏》『硩蔟氏，掌覆夭鳥之巢』略合，底六引文有脱略。

〔二五一〕注文『狄猲』二字《廣韻》作『䟴踼』，後者與《山海經·大荒南經》『南海之外，赤水之西，流沙之東，有獸，左右有首，名曰䟴踼』同，底六所作蓋因其義爲獸而類化從『犭』旁，然則『狄』字當爲『狄』字形訛，兹據校改。

〔二五二〕『鬀』字《廣韻》、《集韻》及底六本大韻前『剔』字下皆收以爲或體，可參。又『鬀』字下至行末底六殘泐約七個左右大字的空間。

〔二五三〕『勣』字《箋二》、《王一》、《裴韻》、《蔣藏》及《廣韻》皆隸於則歷反小韻。

〔二五四〕『擊』字左下部及右上部底六略有殘泐，此參《箋二》、《王一》、《裴韻》、《蔣藏》及《廣韻》録定。殘字底六存左上角『車』形筆畫，兹參諸本校補作『擊』字。

〔二五五〕『轂』字上部底六有些漫漶，此參《箋二》、《王一》、《裴韻》、《蔣藏》及《廣韻》録定。

〔二五六〕注文『吹』字底六在雙行注文之右行，左行殘泐，其下至行末底六殘泐約七個左右大字的空間。『鮫』爲『鮫』字俗寫，『鮫』字注文《王一》、《王二》只作一『吹』字，《廣韻》、《集韻》『吹』字下有『器』字，《玉篇》略同，於義爲長。

〔二五七〕『愵』字《箋二》、《王一》、《裴韻》、《蔣藏》、《廣韻》皆隸於奴歷反小韻。

〔二五八〕『幦』字《説文·巾部》訓作『髼布』，可參。

〔二五九〕殘字底六存下部『口』旁，兹參《集韻》校補作『名』字。

〔二六〇〕殘字底六存右部筆畫，兹參《廣韻》、《集韻》校補作『名』字。

〔二六一〕字頭『⿰黑見』字左上部底六殘泐，此參《廣韻》、《集韻》録定。

〔二六二〕前行殘字底六存右上角『𠂉』形筆畫，考『滆』字注文《廣韻》作『瀝滆，水淺』，其首字『瀝』與底六殘形不合，俟考。又殘字下至行末底六殘泐約七個大字的空間。後條注文『鼎』字底六居次行行首，『盖』字上部底六略有漫漶，此參《箋二》、《王一》、《裴韻》、《蔣藏》及《廣韻》録定；該殘條諸本皆爲『鼏』字注文。

〔二六三〕『冪』字正體《集韻》作『冖』形，《廣韻》別立字頭作『冂』形，底六所作『冈』字乃『网』字俗寫，蓋因形訛所致，兹爲校改。

〔二六四〕注文『蝀』字《王一》、《王二》、《廣韻》同，《校箋》云：『段改《廣韻》字作「蝀」。』周祖謨《廣韻校勘記》云：『「蝀」當作「蝀」，見「先擊切」下。』按《廣雅·釋蟲》字作『蟿蜆，蚻也』，『蝀』字當爲『蟿』字俗省，俗寫

『東』、『東』多混而不分，兹據校改。又『虫』字底六僅存右側少許筆畫，殘字底卷缺，國家圖書館藏王重民所攝照片『虫』字完整，其下一字則模糊而僅可辨其左部『丿』狀筆畫，兹參諸本校補作『名』字。

〔一二六五〕字頭『塻』下至此底六殘泐，國家圖書館藏王重民所攝照片可辨如此，《姜韻》所録亦存之。又殘字原件模糊，《姜韻》録作缺字，兹參《王一》、《王二》、《廣韻》校補作『奞』字。又『奞帶』非『蓂』字訓，據考證知此處有脱文，原當作『〇蓂，菥蓂。〇篢，篘篢，奞帶』，詳參《王一》校記〔四〇九〕，兹爲擬補五個脱字符。

〔一二六六〕前行注文『奞帶』下至行末底六殘泐逾四分之一行，據空間，可抄約六七個大字。後一殘條之字頭據《王一》、《廣韻》知當爲『甓』字，其釋義《王一》作『甗甎』，《廣韻》作『瓴甓，甗甎』，疑底卷『甎』前脱抄一『甗』字。

〔一二六七〕『椑』字筆畫底六略有漫漶，此參《王一》、《裴韻》、《廣韻》録定。

〔一二六八〕注文底六存雙行注文之右行『北激』二字，左行存『墻』字右旁『嗇』及小韻標數字右側漫漶的筆畫，國家圖書館藏王重民所攝照片『墻』字完整，且『北激』下尚有『反』字，唯其小韻標數字亦漫漶不清，《廣韻》本小韻收六字，疑底六之殘字亦爲『六』字。

〔一二六九〕『壁』字條注文『反』字以下至此底六殘泐，國家圖書館藏王重民所攝照片不殘，《姜韻》亦有録。又『辟』字注文殘字照片存右部筆畫，兹參《王一》校補作『屏』字。又『綼』字注文《王一》作『紟。又蒲袟反』，《廣韻》作『紟綼，絮也』，可參。

〔一二七〇〕前條『紟』字下至行末照片殘泐，較其行款約可抄六七個大字。後條注文『反』字底六居行首，考《箋二》、《王一》、《蔣藏》知此字頭當爲『闃』字，音『苦鶪反』，《裴韻》、《廣韻》、《集韻》字形作『闃』形。注文殘字底六存下部筆畫，兹參諸本校補作『寂』字。

〔一二七一〕字頭『踇』疑當作『踑』，本小韻首字『闃』諸韻書或作『闃』形，是其比，底六俗訛，兹據校改。然《説文·足部》收有『踑』字，訓作『步行躐跋也』，故《廣韻》、《集韻》等字書皆不收或體『踑』字。

〔二七二〕字頭底六存下部筆畫，注文殘字存左側少許漫漶似撇形筆畫，兹參《箋二》、《王一》、《裴韻》、《蔣藏》校補字頭殘字作『郎』字；注文殘字《補正》校補作『歷』字，兹從。

〔二七三〕注文『伯』字下部底六殘泐，此參《箋二》、《王一》、《裴韻》、《蔣藏》録定；又『勞』字底六殘泐，國家圖書館藏王重民所攝照片不殘，《姜韻》有録。

〔二七四〕前行『鶪』字條下至行末底六殘泐半行多，據空間，約可抄十五個左右大字。後條注文殘字底六居次行行首，存左下角似『木』形筆畫，兹參《王一》、《裴韻》、《蔣藏》及《廣韻》校補作『親』字；又據諸本知該條字頭爲『戚』字，諸本隸於倉歷反小韻。

〔二七五〕注文缺字底六漫滅，可參《蔣藏》、《廣韻》補作『覡』字。

〔二七六〕前行『磩』字條之下至行末底六殘泐半行多，據空間，約可抄十五個左右大字。注文殘字底六居次行行首，存右側少許筆畫，不能比勘出其究爲何字。缺字殘泐，然從後面文字可知，該條當爲許狄反（《箋二》、《王一》、《裴韻》、《蔣藏》、《廣韻》作許激反）小韻内容，疑字頭爲『鬩』字，注文《箋二》作『鬭』，《王一》作『鬭鬩』，《裴韻》作『恒訟』，《廣韻》作『鬭也；很也；戾也；又相怨也』，可參。

〔二七七〕字頭及注文二殘字底六皆存右側少許筆畫，兹參《廣韻》校補作『矜』、『矛左』三字；又注文缺字底六殘泐，可參《廣韻》補作『賦長矜短兵』五字。

〔二七八〕字頭底六存右部『赤』旁，兹參《廣韻》、《集韻》校補作『㤸』字。注文殘字底六存漫漶的筆畫，『心不』二字略有漫壞，此據殘形録定；注文《廣韻》作『心不安也』，《集韻》作『心不自安謂之㤸』，皆可參。

〔二七九〕『歡』字注文『丑』、『又』底六分居雙行注文右行和左行行首，其下至行末殘泐半行多，據空間，約可抄十五個左右大字。『歡』字注文《廣韻》作『痛也。丑歷切。又丑力切』，兹據以爲『丑』、『又』二字間的注文殘字據補三個缺字符。以上爲底六第三頁内容。

〔二八〇〕以下爲底六第四頁内容。殘字底六存左部及下部筆畫，行首至殘字間底六殘泐約七個左右大字的空間。

從後『釋』字條可知，《箋二》、《王一》、《廣韻》皆隸之於昔韻羊益反小韻，唯從底六本大韻後一『釋』字注文又音看，疑底六本小韻反語原作『以石反』。又底六『廿一錫』與下『廿二麥』相銜接，『麥』韻下爲『廿三陌』韻，亦與相銜接，故疑此非序號之誤，姑以底六併昔韻入於錫韻計，不別爲昔韻分立韻部字頭。

〔二八一〕注文『耕』字下底六有兩個代字符，《王二》釋義作『耕釋』，《廣韻》作『耕也』，《玉篇》同，兹從徑删一個代字符。

〔二八二〕前行注文殘字底六約略可見右上角似『一』形筆畫，然其字則爲漫散的黑色所掩，不能推知究爲何字。自『㶇』字下至行末底六殘泐約十一個左右大字的空間，次行行首至殘字『昜』間底六殘泐約七個左右大字的空間。

〔二八三〕殘字底六存下部筆畫，其中『勿』形可辨，兹參《廣韻》校補作『昜』字。

〔二八四〕前行字頭殘字底六存右部漫漶的筆畫，其下至行末底六殘泐約十個左右大字的空間，次行行首至殘字『射』間底六殘泐約六個左右大字的空間。

〔二八五〕殘字底六存下部少許筆畫，兹參《廣韻》校補作『射』字。『射』字《廣韻》隸於『施隻切』小韻。

〔二八六〕注文『以石反』三字左側底六皆有漫滅，此參《姜韻》及文例録定。

〔二八七〕前行『釋』字條下至行末底六殘泐約十個左右大字的空間，次行行首至字頭『尺』間底六殘泐約八個左右大字的空間。

〔二八八〕『尺』字底六僅存右下角捺形筆畫，其下之注文及後『赤』、『蚇』底六皆僅可辨少許漫漶的筆畫，此三條及中間的三個缺字符皆從《姜韻》録定，蓋姜氏摹抄原卷之時，此數條内容尚未損泐。

〔二八九〕注文『名』、『螯』二字底六皆有漫漶，『在』、『座』二字底六漫滅不能辨其形畫，此並從《姜韻》録定。

〔二九〇〕前行『郝』字條下至行末底六殘泐約八個左右大字的空間，次行行首至字頭『䳁』間底六殘泐約八個左右大字的空間。

〔二九一〕『碻』字條及其下『祏』、『鼫』二字頭底六皆僅存少許漫漶的筆畫，此諸條皆從《姜韻》録定。又『碻』字《廣韻》隸於『常隻切』小韻。

〔二九二〕殘字底六存右側少許筆畫，注文殘泐，此依行款擬補四個缺字符。

〔二九三〕殘字底六皆存漫漶的少許筆畫，檢《廣韻》、《集韻》『常隻切』小韻諸字之注文，無含『不』字或以『不』爲偏旁者，或底六此字爲二書所不收。

〔二九四〕前行『隻』字注文『之石反單』四字底六皆僅存漫漶的少許筆畫，此從《姜韻》録定（皆録於雙行注文之右行）。又二殘字居底六『隻』字雙行注文之左行行首，皆存左部漫漶的筆畫。『隻』字條注文『單』字之下至行末底六殘泐約七個左右大字的空間。又次行行首至字頭『這』字間底六殘泐約十一個左右大字的空間。

〔二九五〕注文二殘字底六存漫漶的筆畫，其中第一字上部可辨似『龶』形筆畫。又『這』字《廣韻》、《集韻》本大韻皆未收，從後『䗪』字條知此當爲前『之石反』小韻的内容。

〔二九六〕残字底六存漫漶的筆畫，兹參《廣韻》校補作『䗪』字。又『䗪』、『⿰衤庶』二條所在殘片底六粘貼時誤向左竄半行多，至與下殘字及『摘』字所在行不能對應，兹爲移正。

〔二九七〕『⿰衤庶』字下部底六略殘，兹參《集韻》録定，『⿰衤庶』爲『䘸』字或體，《姜韻》録作『樜』形，恐非是。『䘸』字《廣韻》又收於本大韻『羊益切』小韻，訓作『䘸縫』，該小韻反語底六蓋作『以石反』，可參，其中第一個缺字疑可依文例補作『又』字。

〔二九八〕本條殘字《姜韻》未録，此依行款及殘形擬補，諸殘字底六皆漫漶不可辨，故姑録以存其位耳。又缺字底六殘泐。

〔二九九〕『擲』字底六僅存左右各少許筆畫，其中右側之『阝』形部分略可辨，其下注文底六漫滅，此及注文『直炙』、『擲』三字並從《姜韻》録定，又依行款爲擬補三個缺字符，《廣韻》本小韻收有七字。

〔三〇〇〕前行『擲』字條下至行末底六殘泐約六個左右大字的空間，次行行首至殘字間底六殘泐約八個左右大字的空間。

〔三〇一〕殘字前三者底六皆爲漫漶的黑色所掩，僅可辨其大略，第四字存似『迸』、『遣』之形的字，然檢《王二》、《廣韻》、《集韻》『磧』字所在小韻諸字注文無作似此形之字，故存而俟考。又從後之『磧』字知此字頭當爲該小韻首字，《箋二》作『皵，皮細起。七跡反。五』，《王一》、《廣韻》略同，唯分别收七字和八字，可參。又依行款爲擬補四個注文缺字符。

〔三〇二〕字頭底六存左右兩側少許筆畫，注文殘字存右下角少許筆畫，缺字底六殘泐（此條字頭與後一殘字所在斷片間有錯位，此缺字符並依行款擬録）。

〔三〇三〕注文『穿』字下部底六殘泐，兹參《箋二》、《王一》、《裴韻》、《廣韻》録定。

〔三〇四〕前行『刺』字條下至行末底六殘泐約六個左右大字的空間，次行行首至殘字『藉』間底六殘泐約十個左右大字的空間。

〔三〇五〕殘字底六存左側中部少許筆畫，兹據《箋二》、《王一》、《裴韻》、《廣韻》校補作『藉』字。『藉』字諸本隸於秦昔反小韻。

〔三〇六〕殘字底六存右上角少許筆畫，兹參《箋二》、《王二》、《裴韻》、《蔣藏》、《廣韻》校補作『薄』字。

〔三〇七〕前行『塉』字條下至行末底六殘泐約六個左右大字的空間，次行行首至殘字『䣢』間底六殘泐約五個左右大字的空間。

〔三〇八〕字頭底六存左下角少許筆畫，注文殘字第一、二字皆存漫漶的筆畫，第三字存左部『工』旁，第四字亦存漫漶的筆畫，缺字底六殘泐。較諸《廣韻》、《集韻》，知此當爲『䣢』字注文，兹據校補字頭作『䣢』字。又二書『䣢』字注文作『地名，在蜀』和『《說文》「蜀地也」』，考小徐本《說文·邑部》『䣢』字繫傳云『《字書》「鄉，在臨邛」』，兹據校補第四殘字作『邛』字。又第五殘字依文例知當爲『作』字，亦因校補；第三殘字可從諸本推知爲『地』字，唯其前不知爲何字（即如地名爲又義，則『地』字前當有『又』字），故不爲句斷。

〔二二九〕殘字底六存少許漫漶的筆畫，《集韻》『揹』字注文作『擊也』，疑可據補作『擊』字。

〔二三〇〕『擗』字右側底六略爲漫漶，兹參《箋二》、《王一》、《裴韻》、《廣韻》録定。殘字第一字存上部少許筆畫，第二字存下部似『皿』旁筆畫，第三字存右下角一捺形筆畫，第四字存漫漶的字形，缺字漫滅，此參諸本校補前二殘字作『房益』，又第四殘字《姜韻》録作『炙』，恐不足據，《集韻》麥韻『博厄切』小韻收有『擗』字，可參。

〔二三一〕注文『棺』字左側、『蒲』字右側底六皆略有漫滅，此參《箋二》、《王一》、《裴韻》、《廣韻》録定；又殘字底六存左部少許筆畫，兹參《裴韻》校補作『激』字（《箋二》作『擊』，與底六殘形不合，其他韻書注文不載又音）；又缺字底六殘泐，可依文例補作『又』、『反』二字。

〔二三二〕前行『椑』字條下至行末底六殘泐約五個左右大字的空間，次行『雨』字居行首，考《王一》、《廣韻》、《集韻》知後一殘條爲『鞞』字注文。

〔二三三〕殘字底六前者存下部左右兩側各少許筆畫，後者存左部漫漶的筆畫，兹參《箋二》、《王二》、《裴韻》、《蔣藏》及《廣韻》校補作『人』、『捶』二字；又缺字底六殘泐，可參諸本補作『呼茨』及『反』（諸本中唯《蔣藏》、《廣韻》載有又音）三字。

〔二三四〕殘字底六存下部筆畫，兹參《箋二》、《王一》、《裴韻》、《廣韻》校補作『疫』字。

〔二三五〕前行『喪家』與『亦作』四字分居雙行注文之右行和左行上部，其下至行末底六殘泐約五個左右大字的空間，考『烄』字注文《箋二》、《王二》、《裴韻》作『喪家竈』，《蔣藏》作『塊竈』，又《王一》有『亦作投』三字，兹參諸本爲前一殘條擬補二個缺字符。後條注文殘字底六居次行行首，存左下角少許筆畫，《廣韻》載有『豰』字，訓作『豬之别名』，考《説文·豕部》云：『豰，上谷名豬豭。』兹從校補殘字作『上』。又博士生張新朋指出：或體『豾』從『門』，形音不切。《王一》、《王二》、《廣韻》『豰』字皆不收或體，《王二》字頭作『豾』形，疑底卷之或體當與《王二》字頭略同，考『豰』字『從豕，役省聲』，《説文·殳部》載『殳』之古文作

「役」，底六所録或體之右旁當即爲「役」字之訛省，兹從校改。

〔三二六〕「蟿蚑」《廣韻》作「蚑蟿」，《集韻》作「蚑刺」，二書之「刺」疑爲「剌」之訛，然其字序皆與底六不同，底六諸聯綿詞多有倒其序者，疑當從《廣韻》、《集韻》乙正，俟考。

〔三二七〕「必益反」、「也六」五字底六皆有漫漶，此從《姜韻》録定。

〔三二八〕前行「璧」字下部底六有些殘泐，此參《箋二》、《王一》、《廣韻》及《姜韻》録定。又「璧」字下至行末底六殘泐約五個左右大字的空間。後條注文「亦」字底六居次行行首，較諸《箋二》、《王二》、《裴韻》、《蔣藏》、《廣韻》知此當爲「僻」字注文，反語上字諸本皆作「芳」，疑可據補。

〔三二九〕「廦」字當爲「廦」字俗作，參《王一》校記〔四四九〕。

〔三三〇〕「腸」字《箋二》、《王一》、《王二》、《裴韻》、《蔣藏》、《廣韻》、《集韻》皆作「腹」字，然「癖」既爲食物不消化而引起的積塊病症，則其訓爲「腸病」似亦不誤。

〔三三一〕「瞑」字《箋二》、《王一》、《裴韻》、《蔣藏》、《廣韻》皆作「瞁」形，後者合於形聲構字理據，底六俗作，唯本小韻後亦收有「瞁（瞑）」字，故此字頭姑存而不改。

〔三三二〕「眢」字其他古書不載，當爲「眢」字異寫（「役」字古亦作「伇」），《王一》、《王二》、《廣韻》、《集韻》正作「眢」。《集韻·昔韻》呼役切：「眢，眡也。」可參。

〔三三三〕字頭殘字底六可辨右部「血」旁，注文殘字存左部似「夕」形筆畫，兹參《集韻》校補作「殈」、「卵」二字。又缺字底六漫滅，可參《集韻》補作「拆」字。

〔三三四〕殘字底六存下部「石」旁，兹參《集韻》校補作「砉」字，唯《集韻》訓作「皮骨相離聲」，與《廣韻》錫韻「呼狊切」小韻訓「物相離聲」略同，底六所作不知所出，然與從「石」旁合，俟考。

〔三三五〕「瞑」亦當是「瞁」的訛字，參看上文校記〔三三〇〕。注文「眣」字《姜韻》作缺字，然原字大體清晰，疑此即「眡」之俗訛字。

〔二二六〕前行「射」字下至行末底六殘泐約四個左右大字的空間，「丑」字居次行行首，較諸《箋二》、《王一》、《裴韻》、《廣韻》，知後一殘條當爲「彳」字注文。

〔二二七〕「瓻」字《王一》、《集韻》作「甈」形，後者與《説文·瓦部》新附字同，底六所作蓋其俗字。

〔二二八〕注文「小」字底六略有漫漶，此參《廣韻》録定。

〔二二九〕「麦」字《廣韻》以爲「麥」的俗字。上下文注文「麥」字及「麥」旁底本類皆從俗作此形，爲方便排版，一般逕予録正，不一一出校説明。注文「獲」字右部底六略有漫漶，此參《箋二》、《王一》、《王二》、《裴韻》、《廣韻》録定；又殘字底六僅存下部少許漫漶的筆畫，此亦參諸本校補作「反」字。

〔二三〇〕前行字頭殘字底六僅存右上角少許筆畫，其下至行末底六殘泐約三個左右大字的空間。次行注文「霎」字居行首，檢《集韻》，知此「霎」爲「霢」字或體，《集韻》該條作「霢，《説文》霢霂，小雨也。或作霡、霎」，可參。

〔二三一〕「眿」字《集韻》以爲「眽」字或體，又《廣韻》、《集韻》本條下皆别收「覛」字，訓與「眽」字略似，是底六之「⿰爪見」字當爲「覛」字俗訛，兹據校改，又其下之或體「爪」字亦當爲「𠂢」字俗訛，同據校改。

〔二三二〕「⿰礻爪」字當爲「⿰礻𠂢」字俗訛，參前校記〔二三〇〕，《玉篇·示部》正作「⿰礻𠂢」。

〔二三三〕「畵」爲「畫」的俗字，下文從「畵」旁者仿此。

〔二三四〕前行「叫」、「作」二字分居底六雙行注文之右行和左行行首，其下至行末底六殘泐約四個大字的空間，《王二》「⿰口畵」字注文作「▨(叫)。亦作咟」，《廣韻》作正字「⿰口畫」，訓作「⿰口畫嘖，叫也」，《集韻》作「⿰口畫嘖，叫呼也。或从百」，《廣韻》亦收或體作「咟」形，俗寫「百」、「白」二旁多混而不分，兹參底六行款爲前一殘條擬補三個缺字符。又次行行首底六作一代字符形，據《箋二》、《王二》、《裴韻》、《廣韻》，此應爲「䕶」字注文，因據以還原代字符作「䕶」字。

〔二三五〕字頭「䤈」字《王一》、《裴韻》同，乃「馘」的訛俗字。注文「割人首」，《箋二》、《王一》、《王二》等作「割耳」，

《廣韻》作『截耳』，『耳』字義長。參看《王一》校記〔四六二〕。

〔三三六〕『無』字《箋二》、《王一》、《王二》、《裴韻》、《蔣藏》、《廣韻》、《集韻》皆作『喪』字，底六形訛，茲據校改。

〔三三七〕注文『膕』字底六作代字符形，《箋二》、《王一》、《裴韻》、《蔣藏》皆訓作『曲脚中』，《廣韻》略同，底六蓋衍增代字符。

〔三三八〕『⿰扌醎』字其他古書未見，當爲『⿰扌鹹』的俗字，猶上文『醎』爲『鹹』的俗字。『⿰扌鹹』字下至行末底六殘泐約四個左右大字的空間，《廣韻》『⿰扌鹹』字注文作『挺⿰扌鹹』，可參。次行行首作一代字符，檢《廣韻》『古獲切』小韻注文與『烦』字相涉之條爲『嘓，口嘓嘓煩也』，茲據還原代字符作『嘓』字。

〔三三九〕注文《廣韻》作『⿰血或，犬血』，《集韻》作『犬血』，於義爲安，諸底卷俗寫『犬』多作『大』形，茲從《廣韻》校改；又注文後一『⿰血或』字底六作代字符形，疑爲『血』字形訛，茲亦據校改；又『⿰血爪』字字書未見所載，疑當爲『衇』字俗訛，底六『𠂢』旁俗寫皆作『爪』形，參前校記〔一三〇〕，故亦據以校正。

〔三四〇〕前行『緋』字條下至行末底六殘泐約四個左右大字的空間，次行『罿』字居行首，檢《王一》、《廣韻》知後者當爲『繄』字注文。

〔三四一〕注文『種』字左側底六略有些漫漶，此參《王二》、《廣韻》、《集韻》録定。

〔三四二〕前行字頭殘字底六僅存右上角少許漫漶的筆畫，其下至行末殘泐約三個左右大字的空間。次行『怒』字居行首，檢《王一》、《王二》、《廣韻》、《集韻》知此當爲『讀』字注文。又『讀』字或體諸本皆作『嘖』（其中《集韻》以『嘖』字爲正體），是底六蓋脱其左部『口』旁，茲亦據校改。

〔三四三〕注文『⿰舟艮』字同『服』（『服』字本從舟），《王二》即作『服』；『矢服』亦作『矢⿱竹⿰舟艮』，指箭袋，『服』『⿱竹⿰舟艮』古今字。

〔三四四〕注文『窄』下的『迮』字底六本作代字符，茲依底本常例還原作『迮』（也有可能爲前『窄』字的重文符號）；注末『⿱穴亞』字其他字書韻書不載（近代字典有『⿱穴亞』字，指『室東南隅』，乃『宧』的訛字），此字爲『迮』字或體，抑或與前『迮』字連讀以釋義，不詳，存疑俟考。

〔二四五〕「目」字中間筆畫底六略有漫漶，此又參《集韻》、《姜韻》録定。

〔二四六〕「筞」字《箋二》同，乃「策」的俗字。下從「筞」旁者同此。注文「棰」字《箋二》、《王一》、《王二》、《裴韻》皆作「馬棰」，《廣韻》作「馬箠」，後者同於《説文》，「棰」同「箠」，底六「棰」前當脱「馬」字。

〔二四七〕「冊」字底六略有漫漶，兹參《集韻》録定。又或體與字頭同形，不合文例，兹據《王一》、《王二》所載或體校補作「曹」形，底六誤脱下部「曰」旁。又「冊」、「俗作」分居底六雙行注文右行和左行之末，其下至行末底六殘泐約四個左右大字的空間，兹依文例及行款爲此殘條擬補四個缺字符，釋義《廣韻》作「簡冊，《説文》曰『符命也，諸侯進受於王，然其札一長一短，中有二編之形』」，可參。

〔二四八〕「幘」字中部底六略有漫漶，此參《廣韻》、《集韻》録定。

〔二四九〕「⿱艹宋」字《王一》同，《集韻》作「茦」，後者合於《説文》，底六俗作；《集韻》宋韻「蘇綜切」小韻亦收有「⿱艹宋」字，訓作「草名」，其字未見載於其他字書，疑屬望形生音，不可據以爲典要。又注文「生」字當是「人」字之訛（「人」字唐武后新字作「𤯔」，脱略其上部横畫即誤作「生」）。《方言》卷三：「凡草木刺人，北燕、朝鮮之間謂之茦，……自關而西謂之刺，江湘之間謂之棘。」又《篆隸萬象名義》卷四艸部：「⿱艹宋，楚革反。草木刺人。」後例「⿱艹宋」也正是「茦」的俗字，原注「策」當是「茦」字傳誤，而其注文正作「草木刺人」，是其確證。

〔二五〇〕前行「木名」、「所革」底六分居雙行注文之右行與左行，其下至行末底六殘泐約四個左右大字的空間，兹依文例并參《廣韻》「山責切」小韻、《集韻》「色責切」小韻注文擬補二個缺字符。又「愽」字底六居次行行首，其中「愽」字《王一》、《王二》作「䙏」，爲「褔」字注文，《廣雅·釋詁》：「褔，䙏也。」底六形訛，兹據校改。「褔」字《王一》、《王二》隸於「口革反」小韻。

〔二五一〕「覈」字《箋二》、《王一》、《王二》、《裴韻》、《蔣藏》、《廣韻》、《集韻》皆作「覈」形，後者合於形聲構字理據，然從本小韻第二字注文看，則「覈」字蓋爲「覈」之俗字。

〔二五二〕『鞷』字《廣韻》、《集韻》本小韻皆未收，《廣韻》於本大韻『五革切』收之，訓作『履頭』，《集韻》載於『逆革切』小韻，訓作『履首謂之鞷』，皆不收或體，而『鞹』字《漢語大字典》以爲『霸』字或體，俟考。

〔二五三〕本條《王一》同一小韻作『椴，燒麥。椴（又）胡的反』，《王二》作『掓，燒麥。又胡的反』，考《説文・木部》：『椴，穜樓也；一曰燒麥柃椴。从木，役聲。』段玉裁注：『燒猶熬也；柃椴者，熬麥器名。』『役』字俗亦作『伇』，故《王一》『椴』即『椴』字俗寫，而俗書木旁扌旁不分，故《王二》及底本『掓』又即『椴』字俗訛；底本注文『燒反』不辭，則顯即『燒麥』之訛。又考《廣韻》同一小韻下云：『炈，燒麥。』余迺永《新校》以爲『炈』係編者『以「燒麥」義改椴字之木旁爲火旁』，換言之，則『炈』即『椴』的改换形旁俗字。而底本『熇』（此字其他字書韻書均未見）與『焊』殆又『炈』的改换聲旁俗字；底本同一小韻有『𥗳』、『鞷』、『緆』、『䏿』諸字，皆從『鬲』或『革』得聲，可證；而『役』字底本音營隻反，與下革反的『椴』聲韻均已不盡吻合，故俚俗或改從『鬲』聲及『革』聲也。《玉篇・火部》載『焊』字，『下革切，燒也』，《集韻》此字在陌韻，音郝格切，義同，此字亦正是『椴』的俗字，唯釋義『燒』後又復脱『麥』字。『椴』本釋『燒麥柃椴』，爲熬麥器名；傳抄脱去『柃椴』二字，其本義已不可知；傳抄再脱去『麥』字，又復改旁易聲，則無從推知其本來面目矣。

〔二五四〕『莿』字下至行末底六殘泐約四個左右大字的空間。『莿』字《廣韻》、《集韻》本小韻皆未收，底六本大韻前『測革反』小韻所收之『茦』字，疑即『莿』之俗作，此『莿』字當即『茦』字俗作，俗寫『朿』、『束』二形多混而不分，本大韻字當以從『朿』聲爲是。

〔二五五〕『椴』即『椴』之俗字；『鍾』當爲『穜』之形訛，參《王一》校記〔四〇六八〕，兹爲校改。

〔二五六〕注文殘字底六存左上角似『馬』旁上部形筆畫，考本條《箋二》、《王一》、《王二》皆作『騞，破聲』，《裴韻》作『騞，破聲』，『騞』即『騞』字俗省，兹據校補注文或體作『騞』。又考《莊子・養生主》：『庖丁爲文惠君解牛……砉然嚮然，奏刀騞然。』陸德明《釋文》引司馬云『砉然……皮骨相離聲』，又引崔氏云『騞……聲大於砉也』。按『砉』『騞』應分別爲『砉』『騞』的俗省，字皆從『圭』得聲，而『騞』實即『砉』的增旁繁化字；

『砉』字又寫作『硅』，底本字頭『砝』當是『磋』字俗寫，而『磋』則是『砉』『硅』交互影響的産物。《廣韻》呼麥切小韻出『剨』字，訓『破聲』，『剨』實亦爲『砉』的增旁俗字。此字的核心義素爲『破聲』，底本因其字從石，遂釋作『破石聲』，望形增義，實非典正。參看《敦煌俗字研究》下編石部『砉』字條。

〔二五七〕『繣』字《箋二》作『繣』形，皆俗訛字，《王一》、《王二》、《裴韻》、《蔣藏》、《廣韻》皆作正字『繣』，兹據校正。下文偏旁作『晝』或『畫』者仿此，不再出校説明。又注文諸本皆作『徽繣，乖違』，底六皆形訛，故並據校改。

〔二五八〕注文『飛』字右下角底六略殘，兹參《箋二》、《王一》、《廣韻》録定。

〔二五九〕殘字底六存左上角及右下角筆畫，兹參《箋二》、《王一》、《廣韻》校補作『fl』字。

〔二六〇〕『烼』字條下至行末底六殘泐約四個左右大字的空間。

〔二六一〕注文缺字底六殘泐，《姜韻》録作『俗』字，或其摹抄原卷之時此字尚未殘泐，可參。

〔二六二〕前行殘字底六僅存左上角少許漫漶的筆畫，其下至行末底六殘泐約二個半大字的空間，檢其下『膈』字所在小韻，《箋二》、《王一》、《王二》、《裴韻》、《蔣藏》、《廣韻》皆以『隔』爲首字，兹姑據校補。又《王二》『隔』字注文作『古核反。阻。十』，《廣韻》作『塞也。古核切。十六』，可參。

〔二六三〕注文『知』字《王一》、《王二》、《裴韻》同，《廣韻》作『智』，『知』、『智』古今字。

〔二六四〕『鰍』字《王一》、《廣韻》作『鱲』，《集韻》作『鱵』，後者合於《説文》，『鱲』爲其易位俗字，底六形訛，兹據《王一》、《廣韻》校改。

〔二六五〕前行殘字底六存右下角一竪形筆畫，疑即『鬲』旁之殘，其下至行末底六殘泐約四個左右大字的空間，又此殘字《姜韻》摹録作『鰏』字，并有注文作『魚□』二字，蓋其摹抄原卷時，此二字尚未殘泐，可參。又『諽』字底六居次行行首，檢《王二》同一小韻：『諽，更。亦作愅。』又《玉篇・心部》：『愅，公翮切，更也，變也。或作諽。』疑『諽』字字頭爲『愅』。雖同一小韻上文已見『諽，心驚。亦作愅』條，但底本本有同字異義同一小韻重出之例，此或亦其例也。

〔三六六〕注文亦作字底六墨漬不清，《姜韻》録作『摘』，《周韻》録作『擿』；按字頭『摘』即『摘』的訛俗字，『啇』旁寫作『商』形當是受『鬲』旁影响所致（『鬲』旁俗寫下部與『商』下部同形，下文『商』旁甚至徑有誤作『鬲』形的），但這種寫法其他古書中未見，當屬本卷手民刻誤，因而原書當不會把『摘』與『摘』作爲異體字來處理，故注文亦作字或當從《周韻》録作『擿』爲是。《集韻》同一小韻『摘』下云或從適作『擿』，可證，兹從校補。

〔三六七〕殘字底六存右部『易』旁，兹參《箋二》、《王一》、《裴韻》、《廣韻》校補作『𤞣』字。注文『張』字上部底六漫漶，此亦參諸本録定。

〔三六八〕殘字底六存左部『黍』旁，兹據《廣韻》、《集韻》校補作『黏』字；又『粚』字右下角底六略殘，此參上揭二書及《姜韻》録定；又缺字底六殘泐，可參諸本補作『黐』字。字頭『黐』字《集韻》作『黐』形，後者合於形聲構字理據，底六俗訛，兹據校改。

〔三六九〕上文『黐』字條之下至行末底六殘泐約四個左右大字的空間，『戹』條注文『烏革反』在次行行首，然《姜韻》不缺，於此録有『○騙，獸。○厚，張幔。○戹』六字的内容，蓋姜氏摹録原卷之時，此處殘片尚未損泐，姑從録此六字。其中『騙』字當亦爲『䮭』字俗訛。

〔三七〇〕『貖』字注文底六殘泐，唯殘字存左側少許筆畫，其殘缺部分《姜韻》録作『鼠屬。亦作』四字，而殘字左部《姜韻》録作從『鼠』旁，蓋姜氏摹抄原卷之時，此處殘片尚未損泐，姑從録定。

〔三七一〕字頭『蚅』字底六存左側少許筆畫，『螐』字底六殘泐，殘字底六存左部筆畫，其中『虫』旁可辨，本條《姜韻》録作『蚅，螐▨』，兹參録定，又據《王二》、《廣韻》、《集韻》校補殘字作『蠋』字，唯《廣韻》釋文作『蚅烏（烏），蠋，大如指，似蠶』，合於《爾雅·釋蟲》，《王二》作『螐，蠋』，蓋用注文與被注字連讀成訓例，而底卷通常不用此例，故此注文『螐』字前當脱一代字符，兹爲擬補一個脱字符。

〔二七二〕注文『楝』字居底六次行行首，前行行末殘泐約一個大字的空間，此從《姜韻》録作『梔』字。

〔二七三〕『霁』字《王二》、《廣韻》作『霁』，《玉篇·雨部》同，後者合於形聲構字理據，俗寫『扌』、『木』二旁多混而不分，兹據校改。

〔二七四〕注文《王二》作『漈漈，雨下』，《廣韻》作『漈漈，雨下皃』，《玉篇·水部》同，疑底六有脱文。

〔二七五〕『虩』字《王一》、《王二》、《廣韻》皆作『虩』，後者合於《説文》，底六俗作。　又『虎』爲『虎』之俗字，參《敦煌俗字研究》虍部『虎』字條考釋，諸從『虎』旁字同。

〔二七六〕『篥』字《廣韻》、《集韻》及諸字書未見所載，《廣韻·昔韻》之役切小韻有『菒』字，訓作『菒卷』，疑二字或有關係，然『菒』字亦不見載於他書，故疑其字爲『篧』之俗字『篥』的訛變，俟考。

〔二七七〕『檗』字《王一》、《裴韻》、《廣韻》、《集韻》皆作『檗』，後者合於形聲構字理據，底六形訛，兹據校改。

〔二七八〕『搭』字《廣韻》、《集韻》及諸字書未見所載，從字形及釋義看，此當即本小韻首字『擆』之俗訛字。

〔二七九〕『甓』字《集韻》作『甓』形，後者合於《説文》，底六俗作。　又殘字底六存上部筆畫，兹參《集韻》校補作『分』字。

〔二八〇〕『人』字下部底六漫漶，此參《集韻》録定。

〔二八一〕注文『賴』字《王二》作『嬾』，《玉篇·臥部》：『𦣝，女厄切，楚人謂小嬾曰𦣝。』亦可證，兹據校改。　今本《説文·臥部》作『楚謂小兒嬾𦣝』，段玉裁據《玉篇》謂『兒』字衍文，是也。

〔二八二〕『鶪』字右側底六略有殘泐，此從《姜韻》録定。　注文殘字底六漫漶，僅存似『十』字形的大略形態，或爲句尾『也』字；又《廣韻》錫韻他歷切小韻有『鶪，骨閒黄汁』條，其釋義合於《説文》，故亦疑底六殘字或爲『黄』字，俟考。

〔二八三〕注文『心』字上部底六略殘，此參《廣韻》去聲震韻息晉切録定。

〔二八四〕缺字底六殘泐，此依所缺空間擬補二個缺字符，原注文亦或僅有一字，《姜韻》録作一缺字符下加□代字符形。《廣韻》、《集韻》本大韻無『心獲反』小韻，亦不載『帍』字，《字彙補·户部》：『帍，古文冢。』可參。

〔二八五〕這一音義的『啇』其他字書韻書未見，其來源俟考。

〔二八六〕字頭『欂』字左側底六略有漫漶，此參《廣韻》録定。《廣韻》其字作『欂』，《集韻》、《玉篇·木部》同，俗寫『艹』、『⺮』二形多混而不分，底六俗作，此字《廣韻》隸之於『博厄切』小韻（底六前已出）。又注文《廣韻》作『欂櫨。又木名也』，《玉篇·木部》『枅，門柱上欂櫨也』，是『欂櫨』當爲聯綿詞，底六注文或有脱誤。

〔二八七〕殘字底六存上部殘畫，《姜韻》録作『五』，與底六本小韻實收字數合，兹據校補。

〔二八八〕殘字底六存右部『复』旁，兹參《箋二》、《王二》、《裴韻》、《蔣藏》及《廣韻》校補作『複』字，又此『複』字當爲『腹』字因『袹』而類化所作，與表示『複雜』義之『複』不同，參《箋二》校記〔一八六〕。又本條下至行末當有半個大字的空間，底六於其間書一小墨圈，與小韻首字前所誌者同，唯其次行首字非別一小韻，則此墨圈蓋或補白之作。

〔二八九〕字頭『𦿆』字《箋二》同，這一音義的『𦿆』實爲《説文》『夢』的訛俗字；而『夢』或『𡠢』釋『北方名』則其他韻書字書均未見，存疑。

〔二九〇〕殘字底六存左部筆畫，其中『氵』旁可辨，兹據《王二》、《廣韻》校補作『淺』字；又缺字底六殘泐，可參二書補作『水』字。

〔二九一〕殘字底六存下部兩側少許筆畫，《姜韻》録作『貊』字，按《箋二》同一小韻：『貉，北方人。』又云：『貊，蠻貊。』《王二》：『貊，蠻貊。亦貊。』又云：『貉，北方人。』據此，本條字頭或當以作『貉』爲是。不過『蠻貊』之『貊』實亦即『貉』的後起改換聲旁俗字，而『貊』又或換易形旁作『貊』，然他書未見徑釋『貊』爲『北方人』者也。

〔二九二〕殘字底六存左部似『馬』形的漫漶筆畫，兹參《廣韻》、《集韻》校補作『駈』字。

〔二九三〕字頭『𦿆』當是『夢』（隸定亦作『𡖉』）的訛字，《王一》正作『夢』。注文『夕』亦當據《王一》作『寂』。『夢』

『蓦』《説文》字别，前者從夕、莫聲，釋『宋也』，後者從歺、莫聲，釋『死宋蓦也』，底本所用應爲後字（前字同一小韻上文已見，釋『静』的『蓦』即『蓦』字俗訛）。

〔二九四〕『刵』應爲『銆』的换旁俗字。這一用法的『刵』其他字書韻書未見。

〔二九五〕字頭底六僅存上部少許筆畫，注文第二字存下部似一捺或一横畫，他字殘泐，國家圖書館藏王重民所攝照片本條文字可辨，《姜韻》有録。

〔二九六〕字頭左上角底六殘泐，注文『走』下之字殘泐，國家圖書館藏王重民所攝照片字頭上部殘泐，『走』下字『急』可辨，本條《姜韻》録作『超，走急』，甚是。

〔二九七〕上『超』字條下至行末底六殘泐約一個半大字的空間，國家圖書館藏王重民所攝照片其字不殘，然注文二字模糊，《姜韻》有録，其注文作『張柏』二字，可參，《王二》『磔』字反語作『防格反』，《校箋》謂『防』字當爲『陟』字之訛，《王一》、《裴韻》、《廣韻》皆作『陟格反』。

〔二九八〕『顊顱』底六本作『顱顊』，考《廣雅·釋親》『顊顱謂之髑髏』王念孫疏證：『此疊韻之轉也，急言之則曰頭，徐言之則曰髑髏，轉之則曰顊顱。』底六誤倒，兹據乙正。

〔二九九〕殘字底六存右下角少許筆畫，然其他韻書字書皆不載『窗』字或體，俟考。

〔三〇〇〕本條《王二》同，《廣韻》、《集韻》『托』作『杔』，《廣韻》訓作『杔櫨，壂酒器也』，《集韻》訓作『杔櫨，盪酒具；一曰柱上枅』，字形與釋義合，俗寫『扌』、『木』二旁多混而不分，兹據校改。又『杔櫨』爲聯綿詞，《王二》注文當用注文與被注字連讀成訓例，而底卷通常不用此例，故此注文『攎』字前當脱一代字符，兹爲擬補一個脱字符。

〔三〇一〕『伯』字條下至行末底六殘泐約五個左右大字的空間。底六至此行止。

〔三〇二〕據《箋二》、《王二》、《裴韻》、《蔣藏》、《廣韻》及《集韻》，此處缺廿三陌韻後部、廿四合韻、廿五盍韻前部。

〔三〇三〕此下爲底五第三頁内容。據所存内容，知前一部分爲廿五盍韻字。本條字頭『卅』《廣韻》隸於『私盍切』

小韻。

〔三〇四〕注文《集韻》作『雨下也』，《玉篇・雨部》同，疑底五『雨』字下衍增一代字符。

〔三〇五〕缺字底五殘泐，考『⿺走垂』字《集韻》作『⿺走垂』，載於『疾盍切』小韻，訓作『疾走也』，可參。

〔三〇六〕字頭『蚕』字中部底五有些漫漶，此參《箋二》、《王一》、《裴韻》及《廣韻》録定。又注文『才盍反』三字右側底五有殘泐，此亦參諸本録定。

〔三〇七〕字頭底五存上部筆畫，注文殘字存下部『一』形筆畫，缺字底五殘泐或漫滅，兹據《箋二》、《王一》、《廣韻》校補字頭作『捶』。又諸本注文皆作『揭捶，和雜』（『揭』字或作正字『擸』），唯此字又收於本大韻『私盍切』小韻，是疑底五本條注文當作『擸捶。又私盍反』，因據擬補後一殘字作『盍』字。

〔三〇八〕缺字底五殘泐，《箋二》、《王一》注文作『⿰盍頁車。古盍反』，《廣韻》作『⿰盍頁車，領骨。古盍切』，可參；又小韻標數字可依實收字數補作『九』字，比《廣韻》多一條。

〔三〇九〕字頭底五存言旁左側筆畫，注文殘字存左上角筆畫，兹參《箋二》、《王一》、《裴韻》及《廣韻》校補前一殘字作『⿰言盍』，又諸本皆訓之作『多言』，故從校補後一殘字作『言』。

〔三一〇〕字頭底五存下部少許漫漶的筆畫，注文殘字第一、二字皆存左側筆畫，第三字存右部漫漶的筆畫，第四字存筆畫漫漶的大略形狀，第五字存左部及下部筆畫，兹參《箋二》、《王一》、《裴韻》、《廣韻》校補字頭殘字作『盖』字。又《箋二》注文作『姓，漢有盖寬饒。字書作⿰盍阝』，《王一》、《廣韻》略同，然與底五字數及殘形不諧，故未能比知其注文殘字究爲何字。又音《廣韻》有二：本大韻『胡臘切』和去聲泰韻『古太切』，檢底五第五殘字與泰韻『害』字形合，故據校補。

〔三一一〕殘字底五前者存似『門』形筆畫，後者存似『尸』形筆畫，注文《王二》、《廣韻》皆作『閉門』，姑從校補作『閉』、『户』二字。

〔三一二〕『鎑』字《廣韻》未收，《集韻》收之，訓作『鎑鎑，温器』，爲另一字；《王二》、《廣韻》、《集韻》本小韻皆收有

『鉀』字，訓作『鉀鑪』（《集韻》『鉀鑪』後又有『箭名』二字）；《集韻》『鉀』字又見於轄臘切：『《方言》：箭小者長，中穿二孔，謂之鉀鑪。或从蓋。』（『小者長』當據今本《方言》卷九作『小而長』）又《集韻》託盍切小韻：『鑉，鑉鑪，箭也。』又《玉篇·金部》：『鑉，他盍切，鑉鑪，箭。』是底本之『鎑』猶《集韻》、《玉篇》之『鑉』，亦猶《方言》之『鉀』，换言之，『鎑』、『鑉』皆即『鉀』的後起改换聲旁字；『鉀』『鎑』實爲一字之異，而底本釋作『鉀鎑』，異體並列，恐非其當矣。

〔三三三〕『蝔』字《王二》、《廣韻》、《集韻》皆作『蛒』，合於《廣雅·釋蟲》，底五蓋承字頭聲旁而訛，兹據校改。

〔三三四〕『闔』字《廣韻》、《集韻》本小韻未收，又『与間同』未聞，疑此『間』字爲本小韻前之『閘』字形訛，『闔』、『閘』二字音義並同，兹姑據校改。

〔三三五〕殘字底五存下部筆畫，其中『皿』形部分可辨，按《王二》、《廣韻》同一小韻有『鼛』字，《王二》釋『鼓聲』，而《龍龕·鼓部》載『鼛（鼛）』字或體作『鼕』，後者與底本字頭殘形合，兹據校補。又注文『鼕』字下部底五略欠明晰，兹從《潘韻》録文；唯『鼕』字其他古書未見，當是『鼛』或『鼕』字俗訛。《説文·鼓部》：『鼛，鼓鼙聲。从鼓，缶聲。』大徐本音土盍切。段玉裁注：『按「缶」聲不得土盍切明矣。《玉篇》曰：鼕，鼓聲也。七盍切。《廣韵》曰：鼕，鼓聲也。倉雜切。皆即其字。「缶」者「去」之譌，「去」聲古或入侵部也，然皆「鼛」之誤字耳。』按清鈕樹玉《説文段注訂》謂『鼛』字應是從鼓、缶會意，則底本『鼕』或即『鼛』的换旁字。

〔三三六〕殘字底五前者存右部『鼠』旁，第二字存上部似『無』形筆畫，兹參《王一》、《廣韻》校補作『臘』、『舞』二字。

〔三三七〕『鼕』字與《説文》『鼛』、『鼛』蓋皆一字之孳乳。參看上文校記〔三三四〕。

〔三三八〕殘字底五第一字存上部筆畫，第二字存下部筆畫，第三字存中部筆畫，第四字存上部筆畫，兹參《王二》、《廣韻》校補前三字作『盍』、『傝』、『事』，第四字則參本小韻實收字數校補作『二』；又缺字底五漫滅，可參二書補作『反』字。

〔三二九〕殘字底五存中部筆畫，茲參《廣韻》校補作『睡』字。

〔三三〇〕『砝』字《廣韻》同，而《箋二》、《王二》、《裴韻》、《蔣藏》未見，『砝』實即上文苦盍反小韻『磕』字之訛省。

〔三三一〕切語下字『夹』爲『夾』的簡俗字，本大韻下文『夾』旁底本多從俗作『夹』，爲便排版，以下徑改正作『夾』旁，不再一一出校説明。

〔三三二〕『狹』字或體『陘』字未見諸本所載，疑爲《廣韻》、《集韻》所載『狹』字或體『陿』之形訛，《補正》因校作『陿』字，茲從之。

〔三三三〕殘字底五皆存部分漫漶的筆畫，茲參《箋二》、《王二》、《裴韻》、《廣韻》校補作『石』、『縣』二字。

〔三三四〕『䀹』字注文《王二》、《廣韻》同一小韻皆云『相著』；而『鎗䀹』之義未見它書所載，這一意義的『䀹』則當是『長鋏』（劍名）之『鋏』的換旁俗字。

〔三三五〕字頭『霅』字下部底五略有漫漶，茲參《廣韻》録定。《廣韻》以『霅』爲『洽』字或體；《集韻》同底五，分訓之。

〔三三六〕注文『渫』字右側中部、『相』字右上部底五皆有殘泐，此參《王一》、《集韻》録定。又『浹』、『渫』當作『浹』、『渫』，『水』亦『氷』之形訛，詳參《王一》校記〔四二五二〕。

〔三三七〕『幍』字《廣韻》、《集韻》作『幍』形，合於形聲構字理據，俗寫『舀』、『臽』二形多混，茲爲校改，本大韻後從『舀』旁者皆『臽』旁之形訛，不再一一出校説明。

〔三三八〕『瞰』字右上部底五漫漶，茲參《箋二》、《王一》、《裴韻》、《蔣藏》及《廣韻》録定。注文『䀤』字除《廣韻》作『瞰』外，餘皆作『陷』（或從俗作『陥』形）字，底五蓋承前『目』字及字頭從『目』旁而訛，茲據校改作正字『陷』。

〔三三九〕注文『仕服缺角』《王一》作『士服，鈌四角』，《王二》作『士服，缺四角』，《廣韻》略同，底本『仕』當據校讀作『士』。

〔三三〇〕注文『喉聲』下文古洽反小韻『齜』字注文同，《王一》作『唯聲』，當皆爲『噍聲』之誤，《廣韻》注文正有『噍聲』一釋，底卷形訛，兹並據校改。參看《王一》校記〔四三二〕、〔四三五〕。

〔三三一〕『⿰合斗』字訓釋《廣韻》同。按《玉篇·斗部》：『⿰合斗，公洽切，入也。亦音帢。』《集韻》乞洽切：『⿰合刂，陷也。通作⿰合斗。⿰合斗，入也。』底本上文同一小韻：『⿰合刂，入。』『⿰合斗』實即『⿰合刂』的訛俗字。《王一》苦洽反：『⿰合刂，入。亦作⿰合丩。』『⿰合丩』即由『⿰合刂』訛變作『⿰合斗』的中間環節。參看《王一》校記〔四三二〕。

〔三三二〕『⿰衤臽』字《裴韻》以爲『⿰巾臽』字或體，《廣韻》以『⿰巾臽』、『⿰巾夾』爲『帢』字或體，《集韻》又以『⿰巾夾』、『⿰衤臽』、『⿰巾臽』皆爲『帢』字或體；按以上諸字蓋皆《説文》『⿰巿合』（《説文》或體作『韐』）的後起孳乳字，底本分而爲三，不妥。又注文『客』、『圍』當是『容』、『國』之誤，『不合⿲亻方力皮』前後當有脱誤。《三國志·魏志·武帝紀》建安二十五年『二月丁卯葬高陵』裴注引《傅子》曰：『漢末，王公多委王服以幅巾爲雅，是以袁紹、崔豹之徒，雖爲將帥，皆著縑巾。魏太祖以天下凶荒，資財乏匱，擬古皮弁，裁縑帛以爲帢，合于簡易隨時之義，以色別其貴賤，于今施行，可謂軍容，非國容也。』《廣韻》『帢』字下引略同，即底本注文所出。《集韻》『帢』字下注文有『魏武帝放古皮弁以帛爲之』句，底本『⿲亻方力皮』當即此『放古皮弁』，亦猶《魏志》『擬古皮弁』之意。

〔三三三〕注文正字與字頭字形蓋當互易，《王二》、《裴韻》、《蔣藏》、《廣韻》、《集韻》字頭皆作『夾』形，合於《説文》，底五此前諸從『夾』字之字頭多從俗作『夹』形，而此字頭之後則多作『夾』形，亦當明此正俗之誤也，兹姑據校改。

〔三三四〕注文『敝膝』《箋二》、《王一》、《王二》、《裴韻》、《蔣藏》、《廣韻》皆作『韋蔽膝』，底本當有脱誤。

〔三三五〕注文『絮』字下《箋二》、《王一》、《裴韻》皆有一『衣』字，義長；《蔣藏》訓作『複衣』，《廣韻》作『複衣，《説文》曰「衣無絮也」』，可參。

〔三三六〕注文《王一》作『眼眨眨』，《裴韻》作『眼語』，《集韻》作『眇也；一曰目睫動』；按底本注文『眨』字疑爲衍文當删,「眼眨」與「眼語」、「目睫動」含義略同。

〔二三七〕「挾」字《集韻》作「梜」,俗寫「木」、「扌」二旁多混而不分,兹據校改。又「水」字《集韻》作「木」,與字頭構形義合,底五形訛,《補正》據校,兹從改。

〔二三八〕「⿰骨枼」當是承用「⿰骨枼」避唐諱的缺筆字(與同一小韻「煠」字作「煠」、「⿰齒枼」字作「⿰齒枼」同例),《漢語大字典》録作「⿰骨枼」,失真;然「⿰骨枼」字其他古書均所不載,疑爲「腱」的訛俗字,注文「筋鳴」則當作「䈶鳴」。《説文·筋部》:「䈬,筋之本也。腱,䈬或从肉、建。」因受「䈬」字的影響,故「腱」又或易旁作「⿱竹建」。《集韻·元韻》渠言切:「⿱竹建,《字林》筋鳴也。或作腱、筋(䈬)。」「⿰骨枼」與「腱」及其異體字字義略同。其字又寫作「⿰骨枼」者,蓋「腱」與「骨」相涉,因或改從「骨」;「建」與「疌」形近,後者又與「枼」旁諧聲(底本同一小韻「箑」從「疌」聲,而「煠」、「⿰齒枼」則當從「枼」得聲),故「腱」字俗或可訛變作「⿰骨枼」,而讀從「枼」聲音仕洽反也。《説文·筋部》又有「䈶」字,或省作「肑」,義爲「手脚指節鳴也」,可以比勘。

〔二三九〕「⿰齒枼」字其他古書未見,《集韻·洽韻》測洽切小韻有「⿰齒舌」字,釋「⿰齒舌⿰齒内,齒動皃」,音義略近之。

〔二四〇〕「⿰⿱乑臼刂」字左旁「⿱乑臼」實即「臿」之俗字「⿱千旧」進一步俗變字,底五此二形兼作,「⿰⿱乑臼刂」字《集韻》「測洽切」小韻收之,正作「⿰臿刂」,後從「⿱乑臼」旁字同,不再一一出校説明。

〔二四一〕注文殘字底五墨畫漫漶,存略似「屖」形之大略形狀,其中部筆畫不能確知,《廣韻》、《集韻》、《龍龕》皆未收其或體,從後「插」字或體作「揷」看,疑此或體蓋作「⿸尸臿」字,兹姑爲校補。

〔二四二〕「吃」字底五略有漫漶,此參《集韻》録定。

〔二四三〕「⿴囗臿」字其他字書未見,《集韻》同音字有「喢」,釋「噍聲」,與「人食」義略近。

〔二四四〕注文「虫」字非義,當是「臿」字之訛,《廣韻》謂「臿」字俗作「⿱千旧」,可參;後一「虫」字底五作一頓點狀,當即前一字的重文符號,兹據校改;「臼」前當脱一「從」字,《集韻》引《説文》謂「臿」字「從臼,干所以臿之」,兹據擬補一個脱字符。又「⿱夭臼」字其他韻書字書不載,《王一》載「臿」字「亦作⿱夭臿」,「⿱夭臼」當即「⿱夭臿」字俗省。

〔一三四五〕或體字《王一》、《王二》皆作『踕』形，《廣韻》、《集韻》字頭並作『踕』形，底五誤脱右旁『疌』，兹據校改。

〔一三四六〕釋義《王一》、《王二》、《廣韻》、《集韻》皆作『負書箱』，於義爲長，疑底五『書』下脱『箱』字。

〔一三四七〕『⿱取火』字《廣韻》、《集韻》皆不載或體，玄應《音義》卷三：『古文⿱𠂤灬、焣二形，今作𩱳，崔寔《四民月令》作炒。』又《説文·䰜部》『𩱳，熬也』注：『臣鉉等曰：今俗作炄，别作炒，非是。尺沼切。』『⿱⺕三』、『⿱⺕田』皆『芻』之俗字，底五『⿱取火』字音『楚洽反』者蓋其别讀。

〔一三四八〕注文『⿰身句』字前《箋二》、《王一》、《裴韻》、《蔣藏》、《廣韻》皆有一『⿰舟合』字或代字符，底五蓋脱一代字符，兹爲擬補一個脱字符。

〔一三四九〕『⿰舌攴』字蓋『⿰𧾷戈』字俗訛而誤置於此。參看《王一》校記〔四二四三〕。

〔一三五〇〕亦作字『⿴囗甲』、『⿰扌勿』用同『囚(⿴囗乂)』他書未見。《玉篇·口部》以『⿴囗甲』爲『柙』字異體，這一用法的『⿴囗甲』蓋『柙』與其古文『⿶凵屮』交互影響的産物；而『⿶凵屮』與『⿴囗乂』字篆文『⿴囗了』形近(徐鍇《説文繫傳》以爲『⿶凵屮』從『口』)，或俚俗混『⿶凵屮』『⿴囗了』爲一字，更進而視『柙』之異體『⿴囗甲』爲『⿴囗乂』字之異體矣。又『⿰扌勿』字《直音篇·手部》『音摘』，蓋别一字。考『⿴囗乂』字或從手旁作『⿰扌⿴囗乂』(《正字通·手部》)，『⿰扌勿』當亦即『⿴囗乂』的增旁訛變字。

〔一三五一〕注文《裴韻》同，《廣韻》作『㜸㜸，美皃』，按作『凹凹』者不合文例，疑『凹』字爲代字符之形訛，俟考。

〔一三五二〕注文『𦢊臑』猶『顳顬』，聯綿詞，爲肉動貌，底本下文葉韻釋『動𦢊𦢊』，可參；又『小』字義無所出，疑爲代字符形訛，姑爲校改。

〔一三五三〕注文『⿺走歰』字底五作代字符形，《集韻》本大韻『色洽切』小韻『⿺走歰』注文作『⿺走歰⿺走歰，行疾皃』，《玉篇·走部》訓作『行⿺走歰⿺走歰』，疑底五注文衍增或脱録一代字符。

〔一三五四〕注文『雪』字《箋二》、《王一》、《裴韻》、《蔣藏》、《廣韻》皆作『雨』，與《説文·雨部》新附字訓同，底五刻誤，兹據校改。

〔三五五〕注文申訓《廣韻》作『小人言也』，與底五本大韻前『咠』字注文合，然底五本大韻後『竹洽反』小韻『啀』字注文則申訓作『不能言』，疑此『不』字下脱『能』字，兹爲擬補一個脱字符。

〔三五六〕殘字底五第一字存上部漫漶的筆畫，第二字存右部筆畫，第三字存左側、下部及右上角筆畫，兹參《廣韻》及底五文例校補作『扇』、『亦』、『箑』三字。

〔三五七〕『篓』字上部底五略有些漫漶，兹參《廣韻》録定。

〔三五八〕注文《廣韻》作『剌著』，《唐韻》作『剌著箚帛』，《玉篇》作『以針剌』；『著』字《廣雅·釋言》有『納也』一訓，指補納，或底本『著』字即此義。

〔三五九〕注文『蹠』字底五作代字符形，《箋二》、《王一》、《裴韻》、《蔣藏》、《廣韻》皆無，此衍增一代字符，當删。

〔三六〇〕『呇』當爲『容』字俗訛，參《王一》校記〔四二四九〕，兹爲校改。

〔三六一〕注文《廣韻》作『圔窊，聲下』，《集韻》作『窊圔，聲下皃』，又《文選·馬融〈長笛賦〉》『窊圔寘赦』李善注：『窊圔，聲下貌。』皆與底五之訓不同，《補正》蓋據諸本徑録作『窊圔』，楊寶忠《疑難字考釋與研究》口部『圔』字條考釋以爲『窊圔』本爲聯緜詞，訓聲下貌，以古書罕用，字書收之，傳鈔者不得其解，故頗多訛誤，其注文因『圔』或作代字符，後代字符脱落而『窊』又訛省作『穴』，遂致誤訓，并引《龍龕·口部》『圔，音押，=穴也』申證之，可參。

〔三六二〕注文『視』字中部底五略有漫漶，此參《廣韻》録定。

〔三六三〕殘字底五前者存漫漶的筆畫，後者存上部和下部筆畫，兹參《箋二》、《王一》、《王二》、《廣韻》及底本洽韻侯夾反小韻『浹』字注文校補作『水相』二字，按此『浹』、『水』二字當爲『浹』、『氷』二字俗所變訛，參《王一》校記〔四三五三〕。

〔三六四〕殘字底五存左側中部少許筆畫，兹參《王一》、《廣韻》校補作『𢖾』字。注文『摶』字左側底五略有漫漶，此亦參二書録定。

〔三六五〕殘字底五存左部筆畫，其中『華』旁可辨，兹參《廣韻》余廼永新校擬補作『韡』字。

〔三六六〕殘字底五存左部筆畫，兹參《廣韻》、《集韻》校補作『竹』字。

〔三六七〕『⿰氵⿱廿木』即『渫』避唐諱的缺筆字；《箋二》本條字頭作『渫』，注文無或體，《龍龕・氵部》以從水者爲正字。

〔三六八〕殘字底五存左部『扌』旁及右下部『木』形筆畫，其右上部略有殘泐，然《廣韻》、《集韻》本小韻無與此相似之字，其釋義相似者有『擖』字，《廣韻》訓作『押擖，重接皃』，《集韻》訓同，然《集韻》亦未載『擖』字或體，或底五承前字頭而訛，《補正》録作『揲』字，然亦與殘形不能盡合，恐不足據，俟考。

〔三六九〕『⿰目取』字《廣韻》、《集韻》及諸字書未見所載，疑即本小韻前『柙』之俗字。

〔三七〇〕字頭底五存中部筆畫，注文殘字存下部少許筆畫，兹參《箋二》、《王一》、《裴韻》、《蔣藏》、《廣韻》校補作『鴨』、『鳥』二字。

〔三七一〕注文《王一》、《王二》同，《裴韻》、《蔣藏》及《廣韻》注文『閉』字前皆有一『開』字，合於《説文》，疑此脱之。

〔三七二〕注文『人』字當爲『入』字形訛，參《箋二》校記〔一九五二〕，兹爲校改。

〔三七三〕字頭及注文殘字底五皆存漫漶的筆畫，兹參《箋二》、《王一》、《裴韻》、《蔣藏》校補作『⿱奞臼』、『麥』二字。又注文『⿱奞臼』字諸本皆作『舂』字，疑底五誤作。

〔三七四〕殘字底五前者存下部少許筆畫，後者存左上角少許筆畫，兹參《箋二》、《王一》、《裴韻》校補作『喋』、『鳥』二字；又缺字底五殘泐，可參諸本補作『啑』字。

〔三七五〕殘字底五有些漫漶，其左及下部似爲『辶』旁，《補正》録作『逨』，近是，兹從校補，但古代其他韻書字書未載，俟考。

〔三七六〕殘字底五前者存右側少許筆畫，後者存左側少許筆畫，兹參《廣韻》校補作『風疾』二字。

〔三七七〕殘字底五存下部少許筆畫，兹參《廣韻》校補作『屆』字。

〔二七八〕殘字底五存左部『言』旁及右上角漫漶的筆畫，茲參《廣韻》校補作『諂』字。

〔二七九〕『鼻』字中部底五略有漫漶，此參《廣韻》、《集韻》録定。又注文前二『息』字二書皆無，疑底五蒙下衍抄，當删。

〔二八〇〕殘字底五第一字存上部少許筆畫，第二字存下部筆畫，第三字存上部筆畫，第四字存左部及下部筆畫，茲參《王一》校補作『甲反』、『上黨』四字。

〔二八一〕『眏』字《廣韻》、《集韻》本大韻皆未收，然其反語下字作『田』非韻，《潘韻》録作『甲』，此『田』字當爲『甲』字形訛，茲據校改。

〔二八二〕釋義《集韻》洽韻作『膪肉也』，《玉篇·肉部》作『肉脂膪』，其訓與肉相關合於字頭構形，底五『内』字形訛，茲據校改。

〔二八三〕『渫』、『水』二字當爲『渫』、『氷』俗訛，參《王一》校記〔四五三〕及底卷前條校記〔二三六〕。

〔二八四〕『葉』與『葉』分別爲『葉』字避唐諱的缺筆字和改形字，下文從『枼』旁者仿此。殘字底五存漫漶的筆畫，茲參《箋二》、《王二》、《裴韻》、《廣韻》校補作『与』字。

〔二八五〕殘字左部底五漫漶，茲據《箋二》、《王一》、《裴韻》、《廣韻》校補作『雲』字。

〔二八六〕『楪』字本小韻前已出，依例此不當重出，考《王一》、《王二》、《廣韻》、《集韻》字頭皆作『欕』，《王一》、《王二》訓作『椢大端』，《廣韻》、《集韻》訓作『椢端』，然底五本大韻後『立涉反』小韻『欕』字條下訓與此似，或其別有所據。

〔二八七〕又音前依例當有標識字『又』，此脱，茲爲擬補一個脱字符。

〔二八八〕注文『萎荼』《爾雅·釋草》作『接余』，《説文·艸部》作『萎餘』，底本『荼』當是『余』的類化增旁俗字。

〔二八九〕『獸』字中部底五有些漫漶，茲參《廣韻》録定。又本小韻實收字數中因誤糅『曬』、『鱲』二條爲一而致少計一字，茲爲校改。

〔三九〇〕『𩬈』字《箋二》、《王一》、《裴韻》、《蔣藏》、《廣韻》、《集韻》皆作『鬛』形，底五形訛，兹據校改。又『鬢』字左上角底五漫漶，此亦參諸本録定。

〔三九一〕『曬』字《箋二》、《王一》、《王二》、《廣韻》皆訓作『日暗』，《裴韻》、《集韻》訓作『日欲入』，訓『魚名』者《王一》、《王二》、《廣韻》、《集韻》皆作『鱲』形，是則底五當誤糅『曬』、『鱲』二條爲一，葉鍵得《十韻彙編研究·刊校勘記》已揭此，兹爲擬補三個脱字符。

〔三九二〕『䜲』字《王一》、《王二》、《廣韻》、《集韻》皆作『䜲』形，底五本小韻後亦收『䜲』字，按『䜲』字《王一》訓作『聚，在上艾』，《廣韻》作『谷名』，《集韻》作『聚名，在上蔡；一曰谷名』（『上蔡』蓋爲『上艾』之誤），底五『䜲』字蓋爲『䜲』之俗作，當與合爲一條。

〔三九三〕『𥪕』字下部底五有漫滅，此參《王一》、《廣韻》録定。

〔三九四〕注文『駿』龍宇純《校箋》以爲『駿』字之誤，而謂『䮬』爲『鬛』字俗誤，極是。參看《王一》校記〔四二七五〕。

〔三九五〕『躐』字本小韻前已出，此不當重出，且其訓與前及諸韻、字書亦異，從此前後二字皆從『葛』旁看，疑此或當爲『躐』之或體『蹋』字之訛。

〔三九六〕注文『㠗』字下部底五有些漫滅，兹參《王一》録定。

〔三九七〕殘字底五存左部筆畫漫漶似『車』形的筆畫，兹參《箋二》、《王一》、《裴韻》校補作『輒』字。

〔三九八〕注文『下』字底五有些漫漶，此參《箋二》、《王二》、《裴韻》、《蔣藏》、《廣韻》録定。

〔三九九〕字頭右部及注文『華』字底五皆有些漫漶，此參《集韻》録定。注文殘字底五存似『王』、『主』形字，考『僷』字《集韻》又收之於本大韻『弋涉切』與『杒涉切』二小韻，故疑此殘字爲『羊』字之形訛或漫壞，《潘韻》録作『五』，《補正》録作『之』，皆恐非是，俟考。

〔四〇〇〕『敧敽』底五作『敽敧』，《箋二》、《王一》、《裴韻》、《蔣藏》、《廣韻》、《集韻》皆作『敧敽』，底五誤倒，兹徑從乙正。

〔一四〇一〕『䋫』字《廣韻》、《集韻》本小韻皆不載，然二書及《王一》皆載有『⿰糸幼』字（《王一》作『⿰糸㓜』形），其釋義《王一》作『⿰糸㓜⿰糸業』，《廣韻》作『⿰糸幼⿰糸業，補衣』，《集韻》作『⿰糸幼⿰糸業，補縫也』；按《集韻》本大韻『戟葉切』小韻亦收『⿰糸幼』字，訓作『《博雅》「⿰糸幼⿰糸業，補縫也」』，從構字理據上言，『⿰糸幼』字似不當有影紐之音，而底五作『䋫』則合於形聲構字理據（又『䋫』字亦見於《集韻》豔韻『於贍切』小韻，訓作『⿰糸業絲以手振出緒也』），疑底五所作别有所據。又注文殘字底五存左部『糹』旁，疑爲『⿰糸幼』字之殘，姑據校補。又注文二字諸本皆作『⿰糸幼⿰糸業』，疑底五誤倒，唯本大韻後『尼輒反』小韻『⿰糸業』字下亦作『⿰糸業⿰糸幼』，疑皆當從諸本乙正。

〔一四〇二〕注文『姓』字右部底五有些漫漶，此參《箋二》、《王一》、《裴韻》、《蔣藏》、《廣韻》、《集韻》録定。

〔一四〇三〕殘字底五存右部筆畫，其中『攴』旁可辨，茲參《王一》、《廣韻》、《集韻》及底五本大韻前『敧』字注文校補作『敧』字。

〔一四〇四〕殘字底五存左部筆畫，其中『金』旁可辨，茲參《箋二》、《王一》、《裴韻》、《廣韻》校補作『鑷』字。

〔一四〇五〕殘字底五存左部筆畫，其中『木』旁可辨，茲參《箋二》、《王一》、《裴韻》校補作『機』字。

〔一四〇六〕注文『蹈』、『武不』三字右側底五皆有些漫滅，此參《箋二》、《王一》、《廣韻》及文意録定；又『踂』字右部的『耴』底本作『耶』形，俗寫，下文從『耴』旁者同此，此皆徑予録正，不一一出校説明，參看《箋二》校記〔一九六八〕。又《王一》『躡』字釋『蹈』，『踂』字釋『足不相過』，《王二》、《廣韻》、《集韻》略同，皆分作二字，底本合而爲一，蓋俗或誤相混用。

〔一四〇七〕『⿰馬聶』字《王一》、《王二》、《裴韻》、《蔣藏》、《廣韻》皆作『⿰馬耴』，『⿰馬聶』即『⿰馬耴』的後起换旁字，《集韻》以『⿰馬聶』爲『⿰馬耴』字或體。

〔一四〇八〕『⿰糸業⿰糸幼』疑爲『⿰糸幼⿰糸業』之誤倒，參本大韻前『於輒反』小韻『䋫』字條校記。

〔一四〇九〕『⿰糸龠』字《廣韻》、《集韻》不載，然與訓同者二書皆作『帇』，後者合於《説文》，《王二》載其字而訛作『隶』形，是底五之字當爲『帇』字别加聲旁之俗字，其形當作『⿰糸龠』形，底五俗訛，茲據校改。

〔四一〇〕『𣀔』字《廣韻》、《集韻》及諸字書未見所載，疑即本小韻前『𣀔』字之俗作而別爲臆訓者，俟考。

〔四一一〕注文『箱』字《廣韻》、《集韻》皆作『箝』，後者合於《説文》，底五形訛，兹據校改。

〔四一二〕『㚔』字《廣韻》、《集韻》及諸字書未見所載，疑其字即『㚔』字俗變而改訓者，《廣韻》本小韻『㚔』字訓云『《説文》曰「所以驚人也；一曰大聲」』，可參。

〔四一三〕『𦊅』字《廣韻》作『睪』，後者隸定亦作『𦊅』，底五俗變，兹據校改。注文『日』字《廣韻》作『目』，與《説文》『睪』字注『令吏將目捕罪人也』合，俗寫『日』、『目』二形多混，故據校改。又『吏』字中部底五有些漫壞，此亦參《廣韻》及《説文》録定。

〔四一四〕殘字底五筆畫略有漫漶，存其形略似『補』字，《補正》即録作『補』字，考『緈』字《廣韻》、《集韻》本小韻皆不載，《説文·糸部》云『緈，直也。从糸，㚔聲。讀若陘』，《廣韻》載之於上聲迥韻『胡頂切』小韻，訓作『絓緈』，如殘字爲『補』，則此字當即本小韻前『緤』字之俗字，而其注文亦當有訛脱，俟考。

〔四一五〕『箓』字《廣韻》作『第』形，後者合於形聲構字理據，底五俗訛，兹據校改。

〔四一六〕殘字底五存似『乙』形字，蓋有漫漶或改作，兹參本小韻實收字數校補作『十』字。

〔四一七〕注文《集韻》作『《説文》「心服也」；一曰懼也』，《廣雅·釋詁二》即訓『懼也』，『懼』爲『心服』之引申義，則底五所訓，蓋亦因懼而引申之違遽義也。

〔四一八〕『陵』字《王一》、《王二》、《廣韻》、《集韻》皆作『陵』形，按『陵』字當即《玉篇·女部》『婈』之易位俗字，而『婈』字又爲《説文·女部》『婈』之俗變，底五俗訛，兹據校改。又『能』字諸本皆作『態』，底五從俗或省『心』旁，兹亦據校改。

〔四一九〕殘字底五存大部分漫漶的筆畫，兹參《王一》、《廣韻》、《集韻》校補作『偭』字。

〔四二〇〕『嵒』字《王一》、《王二》同，《廣韻》、《集韻》作『喦』形，後者與《説文·品部》字形合，底五俗作。

〔四二一〕又音前依例當有標識語『又』字，此脱，兹爲擬補一個脱字符。

〔四二二〕殘字底五存右部筆畫，兹依文例校補作『亦』（『亦』字底五皆作似『𠫔』形）字。又『熠』字中部底五有些漫壞，此參《箋二》、《王二》、《廣韻》録定。

〔四二三〕注文『恰』字《王一》作『拾』，《玉篇·言部》訓同，《廣韻》訓作『拾人語也』，『拾』與《說文·言部》『謺，謺讘也』義相涉，是底五形訛，兹據校改。

〔四二四〕『欇』字或體作『枼』，《廣韻》訓作『風動皃』，《集韻》作『《說文》「木葉搖白也」；一曰木名，似白楊』，《漢語大字典·木部》『欇』字義項三以爲即楓香樹，并引清陳淏子《花鏡》卷三『楓，一名欇，香木也』爲證，《爾雅·釋木》正作『楓欇欇』，是底五之『机』當爲『楓』字訛省或漫漶，兹從校改。

〔四二五〕『䐗』字《廣韻》、《集韻》本小韻皆未收，唯《集韻》本小韻收有『牒』字，訓作『切也』，且收其或體作『䐑』，《廣韻》入聲緝韻『直立切』小韻收有『䐗』字，訓作『肉半生半熟』，可參；按本小韻前『慴』字收『熠』爲或體，則疑此『䐗』字亦即『䐑』之或體字，俟考。

〔四二六〕注文『馬』字右部底五有些漫壞，《潘韻》録作『馬』，與文例合，兹從之。

〔四二七〕注文《王二》、《廣韻》作『梁之良豕』，又《玉篇·豕部》云『良豬也』，葉鍵得《十韻彙編研究·刊校勘記》云：『此本「白」蓋「良」字之誤。』

〔四二八〕注文《王二》作『餅枲』，《集韻》略同，《廣韻》作『飯臿』，《廣雅·釋詁三》『枲，臿也』，是底五二字皆形訛，兹爲校改。

〔四二九〕注文《集韻》作『睫朧，日欲没』，可參。

〔四三〇〕『㮶』字《廣韻》、《集韻》皆作『穕』形，底五所作未見他書所載，蓋即『穕』字俗作。又注文『具』字下底五衍增一代字符，不辭，兹參二書徑删。

〔四三一〕殘字底五存右上角漫漶的筆畫，兹參《箋二》、《王二》、《裴韻》、《廣韻》校補作『負』字。

〔四三二〕『鴮』字《王二》略同，《廣韻》作『鴄』形，周祖謨《廣韻校勘記》云：『段改作「䲨」，與《說文》合。』按『䲨』字隸定作『髟』，底五所作即其篆文隸定之訛。

〔四三三〕引文《廣韻》作『衱，交領』，與阮刻《十三經注疏》本《禮記・曲禮下》『天子視不上於袷』鄭玄注『袷，交領也』合，『袷』與『衱』異體，是底五『方』當爲『交』字形訛，茲據校改；又『領』字下底五衍增一『反』字，亦據徑刪。

〔四三四〕注文『重』字《箋二》、《王二》、《裴韻》、《廣韻》皆作『専』，底五形訛，茲據校改。

〔四三五〕『⿰耳乀』爲『耴』字俗寫，底本『耴』旁亦多寫作此形，參看上文校記〔四〇五〕。釋義《王二》同，《廣韻》第二義項作『耳垂』，合於《說文》，疑底五誤倒。

〔四三六〕『鯫』當爲『鮿』字俗訛，蓋『耴』、『取』二字俗寫皆或作『⿰耳乀』形，據以回改，『耴』旁遂亦有被誤改作『取』形者。下條『菆』字同此。

〔四三七〕注文《廣韻》作『《爾雅・釋草》云「⿱艹耴，小葉」』，《集韻》作『艸名，小葉』，而《說文・艸部》云『菆，麻蒸也。从草，取聲。一曰蕁也』，底本『草衣』之訓蓋取『蕁』之引申義，從『取』從『耴』俗寫皆作『⿰耳乀』，但二者音異，疑底五取義非是。

〔四三八〕殘字底五存上部筆畫，茲據《王二》、《廣韻》校補作『挕』字。又音前依例當有標識語『又』字，此脱，茲爲擬補一個脱字符。

〔四三九〕『⿱竹甚』字《廣韻》、《集韻》本小韻皆未收，《集韻》平聲侵韻『緇岑切』小韻『先』字注文云『古作⿱竹甚』，是『⿱竹甚』訓『甚』，與形旁無關，不知所據。

〔四四〇〕注文『白』字下《廣韻》有『華』字，合於《說文》。

〔四四一〕『痓』字《廣韻》、《集韻》作『瘞』形，底五俗作。

〔四四二〕注文『瑞』字右下角底五有殘泐，此參《王二》、《裴韻》、《廣韻》録定；又殘字底五存左側少許筆畫，此亦參諸本校補作『草』字。

〔四四三〕『欸』字《廣韻》、《集韻》作『歐』形，後者於形義爲安，底五所作蓋其俗省。

〔四四四〕代字符置此不辭，依例當爲『又』字形訛，此與前『其輒反』小韻『鴃』字注文『鵖比立反』合，姑從校改。

〔四四五〕殘字底五存上部及左部殘畫，茲據《箋二》、《王一》、《裴韻》、《廣韻》等校補作『葉』字；又『從』字上部底五略殘，此參文意録定。又本條《箋二》、《王一》、《裴韻》皆作『厭，惡夢』，《廣韻》先出『魘』字，釋『惡夢』，又出『厭』字，釋『厭伏，亦惡夢』，而各本同一小韻皆未載『壓』字，然表惡夢義之『厭』本即取『壓』義，謂夢見鬼物壓體也，此與『厭胜』而取『壓』義同，唯俗沿用『厭』字而不改後起本字耳，至于俗或改作『魘』，益爲後起之字。

〔四四六〕殘字底五存上部殘畫，《補正》録作『伏』，恐以意決，俟考。

〔四四七〕釋義與《説文·人部》『僷，宋衛之間謂華僷僷』略同，『偞』當爲『僷』字之俗省。

〔四四八〕『紬』字上部底五略有漫漶，此參本大韻前尼輒反小韻『緤』字注文録定。

〔四四九〕注文『蒙』字《裴韻》、《蔣藏》、《廣韻》皆作『券』，於義爲安，《王二》誤作『劵』形，底五亦形訛，茲據校改。

〔四五〇〕殘字底五存左部和下部筆畫，茲參《王二》、《廣韻》、《集韻》校補作『蝫』字，唯《校箋》云：『本書「蜍」、「蝫」當是「蛛」、「蝫」之誤，《五刊》（長龍按即底五）又誤「小」字爲重文，《廣韻》又易作「蝶蝫」耳。』其論甚是，當從校改。

〔四五一〕『愶』字底五居第六十九板末行行末，其下有『六十九板』四字。底五至此止。

〔四五二〕據《王二》、《裴韻》、《蔣藏》、《廣韻》、《集韻》及底二後之大韻序號，此處缺『怗』韻後部、卅三職韻前部大半以及其間各韻。

〔四五三〕此下據底二校録。據内容，知該部分爲卅三職韻字。殘字底二皆存左部筆畫，較諸《王二》、《廣韻》、《集韻》，知此殘條爲『黓』字注文，《廣韻》隸於『雨逼切』小韻，《王二》『黓』字注文有殘泐漫漶，龍宇純據唐蘭寫定者考其釋義當作『素絲縫』，與底二前三字所存殘形合，茲從校補，又第四殘字亦參《王二》校補作

『或』字。

〔四五四〕殘字底二存左側少許筆畫，茲參《王二》、《裴韻》、《廣韻》、《集韻》校補作『門』字。

〔四五五〕字頭『䁕』字右側底二略殘，此參前後從『或』旁字録定。注文殘字底二存左側少許筆畫，『䁕』字《廣韻》、《集韻》未收，《改併四聲篇海·目部》引《奚韻》云：『䁕，視䁕也。』茲姑據校補殘字作『視』字。

〔四五六〕殘字底二存似『分』字草寫而缺右上角之形，疑爲『分』或『從』字之殘；缺字底二殘泐。《集韻》以『畖』字爲『域』字古體，《廣韻》『域』字訓作『居也；邦也』，可參（如殘字爲『從』，則其注文或當爲『域，古從田』）。

〔四五七〕『䱛』字右側底二略殘，此參前後從『或』旁字録定。注文缺字底二殘泐，《廣韻》、《集韻》本小韻皆不載此字，《集韻》後『忽域切』小韻收之，訓作『魚名』，與底二所殘泐情況合，疑可據補；又又音前可依文例補一『又』字。

〔四五八〕殘字底二皆存左側少許筆畫，茲參《廣韻》校補作『小兒』二字。

〔四五九〕『惐』字右側底二略殘，此參《集韻》録定。注文缺字底二殘泐，釋義《集韻》作『惻惐，傷痛也』，蓋可參補。

〔四六〇〕字頭『䈅』字右側底二略殘，此參《集韻》録定。殘字底二存左側少許筆畫，此參《集韻》校補作『叢』字。

〔四六一〕注文缺字底二殘泐，《廣韻》及底本下文況逼反小韻皆釋作『馬走』，《集韻》作『騳駥，馬走』，《玉篇·馬部》訓作『馬名』。其見載於何賦不詳。

〔四六二〕字頭『洫』字右部底二略有殘泐，此參《王二》、《裴韻》、《蔣藏》、《廣韻》、《集韻》録定。注文殘字底二皆存左側少許筆畫，考諸書反語除《集韻》外皆作況逼反（《集韻》作『忽域切』），茲姑據校補。

〔四六三〕『作』字前依例當有一標識字『亦』，疑此脱之。

〔四六四〕『䳑』字《集韻》訓作『鳥名』，《廣韻》於『雨逼切』小韻收之，訓作『鶪䳑，鳥』，《廣雅·釋鳥》云『䳑鶪，戴勝也』，底本疑『鶪』字前脱刻一代字符。

〔四六五〕注文『稷』字《王二》同，《箋四》（斯六〇一三）、《裴韻》、《蔣藏》作『稄』，《玉篇·禾部》同，龍宇純《校箋》

以爲『稷』當爲『稄』之訛，茲據校改；又諸本『稄』前有『稫』字或一代字符，『稫稄』爲聯綿詞，此蓋用注文與被注字連讀成訓例。

〔四六六〕注文『列』字《廣韻》、《集韻》作『裂』，底二用俗借字。又『隔』字筆畫底二有些漫漶，此參上揭二書録定。

〔四六七〕本小韻代表字《箋四》（斯六〇一三）、《裴韻》、《廣韻》皆作『稄』，《廣韻》云：『稄，稫稄。⿰禾昃，一本作此。』《集韻·職韻》：『稄，稫稄，禾密皃。⿰禾昃，禾束也。』就形音而言，『⿰耒昃』可定作『⿰禾昃』字俗寫（俗書『禾』旁『耒』旁形近混用）；但『⿰禾昃』或『稄』古書無釋『種』者。考《廣雅·釋地》：『⿰耒夋，種也。』頗疑編者把『⿰禾昃』字異體『稄』與『⿰耒夋』字混而爲一，因誤釋『⿰耒昃（⿰禾昃）』爲『種』。

〔四六八〕或體《集韻》收有『昃』形字，疑底二之俗字亦當作『昃』形。

〔四六九〕引文今《廣雅·釋草》作『蕉、奚毒，附子也。一歲爲萴子，二歲爲烏喙，三歲爲附子，四歲爲烏頭，五歲爲天雄』，『萴』下有『子』字，《廣韻》引文同，底二脱，茲爲擬補一個脱字符。

〔四七〇〕『⿰彳則』字《箋四》（斯六〇一三）、《王二》、《裴韻》、《蔣藏》、《廣韻》、《集韻》皆作『側』形，俗寫『彳』、『亻』二旁或混而不分，底二俗作。

〔四七一〕『⿱丿六』字《箋四》（斯六〇一三）、《王二》、《裴韻》、《蔣藏》、《廣韻》、《集韻》皆作『夨』形，底二本小韻用作偏旁者亦多作『夨』形，此爲俗作。

〔四七二〕『⿰禾昃』字《廣韻》、《集韻》及諸字書未見所載，從其釋義知此應即底二本小韻字頭『⿰耒昃（⿰禾昃）』字俗作。參看上文校記〔四六六〕。

〔四七三〕『⿰歹頁』字《廣韻》、《集韻》及諸字書未見所載，從其注文下字『頼』《說文·頁部》訓作『頭不正也』看，此字當即前『夨』之俗字。

〔四七四〕注文『限』字《裴韻》同，《箋四》（斯六〇一三）、《王二》、《蔣藏》皆作『佷』，《廣韻》作『很』（《玉篇·人部》：『佷，戾也。本作很。』），《廣雅·釋詁》『愎』字訓『很』，底二形訛，茲據校改。

〔四七五〕注文「洩」字下底二衍增一代字符，兹參《箋四》（斯六〇一一三）、《王二》、《裴韻》、《廣韻》徑删。

〔四七六〕「憄」字《廣韻》、《集韻》及諸字書未見所載，據其釋義，此字當爲「豧」字俗訛，「豧」字《集韻》訓作「治黍豆也」，《説文·黍部》作「治黍禾豆下潰葉也」，兹從校改「憄」、「木」二字作「豧」、「禾」。又「䅘」字諸字書亦未見所載，較諸字頭之訛形，疑此當爲「䵓」字俗訛，唯「䵓」字亦未見字書所載，俟考。

〔四七七〕「糠」字爲「𣏢」或「𣏣」字俗寫，然「𣏢」或「𣏣」字《廣韻》、《集韻》及諸字書未見所載，考《集韻》本小韻收有「僰」字，訓作「地名，在蜀」，《説文·人部》訓之爲「犍爲蠻夷」，底二所作當即「僰」字俗訛，兹據校改。

〔四七八〕注文「䧙」字右旁底二略有漫漶，此參《玉篇·阜部》「隩，䧙山也」録定，《集韻》訓作「山陊」。

〔四七九〕「𥡯」字《箋四》（斯六〇一一三）、《王二》、《裴韻》、《蔣藏》、《廣韻》皆作「𥡯」或「稬」，底二俗訛，兹據校改。

〔四八〇〕注文「嶷」字右部底二略有漫漶，此參《集韻》録定；又「五」字底二亦漫漶只存下部「一」畫，此參本小韻實收字數録定。

〔四八一〕注文《廣韻》作「《説文》曰「小兒有知也」，引《詩》云「克岐克嶷」」，按今阮刻《十三經注疏》本《詩經·大雅·生民》作「克岐克嶷」，毛傳：「嶷，識也。」

〔四八二〕「急」字《廣韻》、《集韻》皆作「疾」；按《説文·土部》：「垐，以土增大道上。从土，次聲。堲，古文垐，从土、即。《虞書》曰「龍，朕堲讒説殄行」，「堲，疾惡也」。」是「堲」字訓「疾」爲借義，而底二音訛作「急」，兹據校改。

〔四八三〕釋義《廣韻》無，《篇海類編·通用類·小部》云：「尟，康也，健也。」依底二文例，其注文「尟」字之前或後當脱一字。

〔四八四〕注文「反」當是「又」字形誤，兹校正。「纝」和注文「攞」字其他韻書字書均未見，其來源不明。

〔四八五〕注文「諫」字《箋四》（斯六〇一一三）、《王二》、《裴韻》皆作「棘」，底二形訛，兹據校改。

〔四八六〕「抑」字《王二》、《集韻》同，《廣韻》、《玉篇》作「抑」，爲後起俗寫，猶上條「抑」俗寫作「抑」之比。

〔四八七〕注文《廣韻》作『觻悳，縣名，在張掖，《漢書》作得』，今本《漢書·地理志》亦作『觻得』。

〔四八八〕注文『文』字底二作似左部漫滅的『木』形字，此參《王二》録定。

〔四八九〕注文『之』字下《王二》、《裴韻》、《蔣藏》、《廣韻》有一代字符或『仂』字，與阮刻《十三經注疏》本《禮記·王制》合，底二蓋脱一代字符，兹爲擬補一個脱字符。

〔四九〇〕注文『圡』字《箋四》（斯六〇一三）、《王二》、《裴韻》、《蔣藏》、《廣韻》皆作『玉』，底二形訛，兹據校改。

〔四九一〕注文『蘿』字下《箋四》（斯六〇一三）、《王二》、《裴韻》、《蔣藏》、《廣韻》皆有一代字符或『艻』字，底二蓋脱刻一個代字符。

〔四九二〕注文『攻』字《廣韻》作『功』，并引《説文》訓云『材十人也』，則『功大』蓋因『材十人』引申而得，是底二所作蓋爲音訛字，兹姑爲校改。

〔四九三〕『蚑』字《王二》作『蚔』，《廣雅·釋蟲》作『蚮』，《集韻》亦收有『蚮』字，注文云『或書作蚔』，按《方言》卷一一：『蟒，宋魏之間謂之蚔，南楚之外謂之蟅蟒。』底二蓋俗省。

〔四九四〕注文『戴』字右下角底二有些漫漶，此參《十韻彙編》録定。

〔四九五〕『膸』字《集韻》以爲『蟦』（同底二本小韻上文『貣』字）字或體，可參。

〔四九六〕『貣』字《廣韻》、《集韻》本小韻皆不載，不詳。

〔四九七〕注文『複』字上部底二略殘，又『齊有』二字底二作『有齊』，兹從《廣韻》録定并乙正；又殘字底二前者存漫漶的筆畫，後者存下部筆畫，此亦參《廣韻》校補作二『俟』字；又缺字底二殘泐，可參《廣韻》補作『普』字。

〔四九八〕『蕆』字右下部底二有些漫滅，此參《廣韻》、《集韻》録定。　注文缺字底二漫滅，可參二書補作『名』字。

〔四九九〕字頭殘字底二僅存右側一墨點形筆畫，注文殘字底二存左部略殘的似『膚』形字，注文第三字爲代字符，又注文所存三字皆居雙行之右行，其左行全殘，兹姑依行款爲擬補三個缺字符（也可能是二字），《廣韻》、《集韻》本小韻無可參稽之字，俟考。

〔五〇〇〕「塞」字或體作「𡨄」未聞，《廣韻》引《説文》作「𡫳」（此字底二同一小韻下文亦重出），《集韻》此外又收有正字作「寔」，疑底二所收或體爲「𡫳」之形訛字。

〔五〇一〕「窸」字中部底二不甚明晰，應校正作「𡨄」，「𡨄」和上條「𡨄」實皆爲「𢝊」字篆文隸變之異。《説文·心部》：「𢝊，實也。从心，塞省聲。」《廣雅·釋詁》：「𢝊，安也。」可參。

〔五〇二〕注文「似」、「足」二字底二皆有些漫漶，此參《廣韻》、《集韻》録定。又「蟹四」二字底二誤倒作「四蟹」，此亦參二書乙正。

〔五〇三〕「𦳝」同「菔」（「服」字左部《説文》本從舟）。下文「䑺」字仿此。注文「蘆」字左下角底二殘泐，其所存筆畫亦略有漫漶，此參《箋四》（斯六〇一三）、《王二》、《裴韻》及《廣韻》録定；又殘字底二皆存右側少許橫形筆畫，檢《廣韻》本小韻收有「十三」字，依底二殘形，其本小韻亦當收「十一」、「十二」或「十三」字，茲爲校補前一殘字作「十」字；又缺字底二殘泐，可參諸本補作「𦳝」字。

〔五〇四〕殘字底二存下部筆畫，注文「僰」、「作」二字分居雙行之右行行首及行末，「反」字居左行行末，中間殘泐，《廣韻》注文作「僰道，縣，在犍爲；又丁壯皃；亦醜也。亦作𠪚。又符逼切」，茲參《廣韻》注文及底二行款和所殘空間擬補十二個缺字符，唯《廣韻》又音反切下字「逼」與底二殘形不合，疑底二殘字或爲「偪」字。

〔五〇五〕殘字底二存漫漶的筆畫，此參《王二》（誤作「手」字）、《廣韻》録定；又「焙」字左側底二略有漫壞，此參《集韻》録定。

〔五〇六〕注文「黍豆潰葉」《王二》、《廣韻》同，《集韻》引《説文》作「治黍禾豆下潰葉」，疑底二等所據祖本避唐諱略去「治」字。

〔五〇七〕「蔔」字《廣韻》、《集韻》皆以爲「菔」字或體。

〔五〇八〕殘字底二存上部筆畫，又「筌」與其下殘字並居底二雙行注文之右行，其左行殘泐，且殘字下至行末底二殘泐約半行，據空間，可抄十一個左右大字，據板式，此行當即底二第七十一板末行。考《玉篇・网部》有『罠，罔（網）衣，人所服也』條，與此注文有異，俟考。

〔五〇九〕依底二之板式及行款，此處所缺當即第七十二板首行一行文字。

〔五一〇〕注文『虫』字中部及『射人』二字下部底二皆略有漫漶，此參《箋四》（斯六〇一三）、《裴韻》録定。『蜮』字《箋四》（斯六〇一三）、《王二》、《裴韻》、《廣韻》隸於胡國反小韻。

〔五一一〕殘字底二存左側筆畫，兹參《王二》、《廣韻》、《集韻》校補作『惑』字。注文缺字底二殘泐，可參諸本補作『水』字。

〔五一二〕二殘字底二皆存左側筆畫，考《改併四聲篇海》卷四鳥部云：『䳼，音域，戴鵟也。』又引《川篇》：『鷔，音域。』《中華大字典・鳥部》謂『鷔』即『䳼』字，當是。底二前職韻『䳼』字訓作『鶗䳼』，此注文殘字與『鶗䳼』或『戴鵟』字形皆不合，俟考。

〔五一三〕殘字底二存左下角少許筆畫，疑爲『領』字之殘。『國』字《王二》訓作『一主』，《裴韻》訓作『邑』，《廣韻》作『邦國；又姓，太公之後，《左傳》「齊有國氏，代爲上卿」』，可參。又缺字底二殘泐，可據《箋四》（斯六〇一三）、《王二》、《裴韻》、《廣韻》補作『或反』、『一』三字。

〔五一四〕殘字底二存少許筆畫，不能辨爲何字。其下至殘字『⿱能日』間底二殘泐約十個左右大字的空間。

〔五一五〕殘字底二存少許漫漶的筆畫，兹參《廣韻》、《集韻》校補作『⿱能日』字；該字《廣韻》隸之於奴勒切小韻，《集韻》作匿德切。又注文缺字底二殘泐，《廣韻》注文作『《字統》云埃也；又日光也』，可參。

〔五一六〕『⿰束㝵』字《廣韻》、《集韻》皆作『⿰耒㝵』，然《玉篇》『⿰束戒⿰束㝵』二字皆從束，且隸之於束部，字形與底本同。

〔五一七〕『裓』謂衣襟，『以衣裓』語佛典中經見，如《妙法蓮華經》卷三『爾時五百萬億國土諸梵天王……各以衣裓盛諸天華，共詣西方推尋是相』，是其例。

〔五一八〕注文『⿰束㝵』字底二略有漫漶，此參前一小韻『⿰束㝵』字注文録定；又『云』字《廣韻》、《集韻》皆作『生』字，《玉篇・束部》同，底二形訛，茲據校改。

〔一五一九〕殘字底二存上部似『和』字上部形筆畫，較諸《廣韻》、《集韻》本大韻字，無有合者，俟考；又其下注文之左行上部存二殘字之少許筆畫（其中第一字或爲代字符），因行款字數及字形皆不能辨，故不具録。又此字頭殘字至下一字頭殘字間底二殘泐約七個左右大字的空間。

〔一五二〇〕字頭殘字底二存似『郿』形的漫漶字，注文第一殘字存右下角少許筆畫，第二殘字存中部筆畫，第三殘字存似代字符形筆畫，第四殘字存似『木』字形筆畫，第五殘字存似『追』字形筆畫，第六殘字存少許漫漶的筆畫。本條較諸《王二》、《廣韻》、《集韻》等韻書，不能得其合者，故亦存而俟考，唯注文第二、六殘字可依文例校補作『反』、『一』二字。

〔一五二一〕殘字底二存少許漫漶的筆畫，茲參《廣韻》、《集韻》校補作『帟』字。又其下至行末底二殘泐約二個大字的空間，考《廣韻》本條注文作『巾帛從風聲。呼或切。二』，茲參底二行款及文例擬補七個缺字符。

〔一五二二〕殘字底二存上部筆畫，茲參《箋四》（斯六〇一三）、《王二》、《裴韻》、《廣韻》校補作『驜』字。又此字《箋四》（斯六〇一三）、《裴韻》皆訓作『馬皃』，《王二》誤作『馬名』，《廣韻》作『驜驜，馬高大』，依底二之例，其訓多與《王二》同，可參。又『驜』字下至『⿰業乚』字間底二殘泐約五個半大字的空間。

〔一五二三〕『⿰言業』字左下角底二略殘，此參《廣韻》、《集韻》録定。殘字底二存左部及下部筆畫，茲參二書校補作『樂』字（按二書注文皆作『樂也』，《龍龕・音部》訓同）。

〔一五二四〕殘字底二存左部筆畫，其中『氵』旁可辨，又缺字底二殘泐，考『⿰氵業』字注文《廣韻》、《集韻》皆作『横水大版』，疑底二殘字及缺字或爲『渡水』二字，《補正》徑録殘字作『横』字，俟考。

〔一五二五〕『⿱⿰魚魚⿰魚魚』字右側底二略殘，此參《廣韻》、《集韻》録定。注文殘字底二存上部筆畫，此參二書校補作『盛』字；又缺字底二殘泐，可參二書補作『魚』字。

〔一五二六〕『⿰巾業』字《廣韻》、《集韻》及諸字書未見所載，考《説文・丵部》『業』字注文云『大版也，所以飾縣鍾鼓，捷業如鋸齒，以白畫之，象其鉏鋙相承也。从丵，从巾，巾象版。《詩》曰「巨業維樅」』，是『⿰巾業』字當即『業』字之累增字，唯其所引《説文》蓋取其意且又有誤。

〔五二七〕『⿰忄業』字下部底二殘泐，兹據《廣韻》、《集韻》録定。『⿰忄業』字下至殘字『虚』間底二殘泐約六個左右大字的空間。『⿰忄業』字《廣韻》、《集韻》訓作『懼也』，可參。又殘字前二字底二存左部漫漶的筆畫，第三字存右部漫漶的筆畫，第四字存下部『月』旁部分，兹參《王二》、《裴韻》、《廣韻》校補作『虚業反脅』四字，并爲字頭擬補一個缺字符。

〔五二八〕殘字底二存右部筆畫，《廣韻》作『以』字，《補正》徑録作『以』，兹從校補；又『出』字下底二衍抄一『出』字，兹依文例徑删。

〔五二九〕《莊子·天運》有『予口張而不能嗋』句，當即此字所出。

〔五三〇〕殘字底二存左側少許筆畫，兹參《箋四》（斯六〇一三）、《王二》、《裴韻》及《廣韻》校補作『劫』字；又缺字底二殘泐，可參諸本及文例補作『反』字。

〔五三一〕字頭殘字底二存左側少許筆畫，兹參《廣韻》校補作『抾』字，《廣韻》『抾』字訓作『挹也』。又『抾』字下至殘字『⿸厂去』間底二殘泐約三個左右大字的空間，兹依行款文例爲擬補七個缺字符。

〔五三二〕字頭殘字底二存下部『去』形，兹參《廣韻》、《集韻》校補作『⿸厂去』字。

〔五三三〕『衱』字底二有些漫漶，此參《箋四》（斯六〇一三）、《王二》（誤作『扱』形）、《裴韻》及《廣韻》録定。

〔五三四〕殘字底二存左部及下部筆畫，其中『石』旁可辨，兹參《廣韻》、《集韻》校補作『硬』字。

〔五三五〕『⿰糹幼』字又見於《廣韻》葉韻居輒切小韻，底二『輕』字當爲『輒』字形訛，兹據校改。

〔五三六〕『腌』字右部底二有些漫漶，此參《王二》、《裴韻》、《廣韻》録定。注文殘字底二存上部『⺈』形筆畫，兹參諸本校補作『魚』字。

〔五三七〕『書蓑』不辭，『蓑』字《箋四》（斯六〇一三）、《王二》、《裴韻》、《廣韻》皆作『囊』字，底二形訛，兹據校改。

〔一五三八〕釋義《王二》作『犂種』，《裴韻》、《廣韻》作『耕種』，《集韻》引《廣雅》『穮、積，種也』，《補正》校『穂』作『種』，底二形訛，兹從校改。

〔一五三九〕『㪉』字左部底二略有漫漶，此參《王二》、《廣韻》録定。

〔一五四〇〕『䰾』字《廣韻》以爲『腌』字或體。

〔一五四一〕字頭底二存下部少許漫漶的筆畫，注文殘字存部分漫漶的筆畫，兹參《王二》、《廣韻》校補作『鞥』、『於』二字。

〔一五四二〕注文『目』字底二略有漫漶，此參《廣韻》、《集韻》録定。

〔一五四三〕殘字底二存漫漶的筆畫，《廣韻》、《集韻》皆釋作『幧頭也』，其中『頭』字与殘形近，姑據校補。

〔一五四四〕殘字底二存上部漫漶的筆畫，《廣韻》『餣』字注文作『餌也；粢也』，《集韻》作『《博雅》「餄、餣，飼也」』，可參。

〔一五四五〕『裺』字《廣韻》、《集韻》本小韻皆未收，然《廣韻》上聲琰韻衣檢切小韻、《集韻》平聲覃韻烏含切及去聲梵韻於劒切小韻收之，《補正》徑録『合』作『含』字，兹據校改，底二形訛。

〔一五四六〕殘字底二存下部筆畫，『業』字下至殘字間底二殘泐約四個左右大字的空間，考殘字與《廣韻》『吸』字所在小韻之『㭘』字注文『劒匣』之『劒』字形合，兹據校補；又『㭘』字《廣韻》隸於『巨業切』小韻，即底二前『跲』字所在小韻，『跲』字《廣韻》訓作『躓也』，可參；此小韻《廣韻》收五字，底二依其所殘行款，疑其收有七字。又依《廣韻》爲後一殘條擬補二個缺字符。

〔一五四七〕『极』字《廣韻》同，《集韻》亦收有『极』字，然訓作『驢上負也』，與底二本條不同，考《廣雅·釋詁》『扱，插也』，『扱』字與底二訓同，且其字形合於形聲構字理據，俗寫『木』、『扌』二旁多混而不分，兹爲校改。

〔一五四八〕字頭底二書作『级』形，此蓋因前『扱』字俗作『极』形而別書『极』字如此，兹姑從《集韻》録作『极』字。注文殘字底二存右側少許筆畫，缺字底二殘泐，《集韻》『极』字訓作『驢上負也』，可參。

〔二五四九〕殘字底二存右側少許筆畫，兹參《廣韻》、《集韻》校補作『笈』字。注文缺字底二殘泐，考『笈』字注文《廣韻》作『書笈。又初洽、其輒二切』，《集韻》作『負書箱』，可參。

〔二五五〇〕注文『法』字右下角底二有漫滅，此參《箋四》（斯六〇一三）、《王二》、《裴韻》、《廣韻》録定。

〔二五五一〕注文『反』字蓋承前條反語之『反』字而訛，兹依文例校改作『又』字。又『去』下之『聲』字依例不當有，此蓋承前釋義之『聲』字而衍。

〔二五五二〕殘字底二存上部少許筆畫，考『妐』字注文《廣韻》作『好皃』，與《廣雅·釋詁》訓『好也』合，《集韻》作『《説文》「婦人皃」』，桂馥《説文解字義證·女部》『妐』字注文引徐鍇《韻譜》亦訓作『好皃』，底二殘字所存部分與『好』、『婦』上端合，然疑當爲『好』字，兹姑據校補；又缺字底二殘泐，可參諸書補作『皃』字。

〔二五五三〕『妐』字條下至殘字『猲』字間底二殘泐約四個左右大字的空間。

〔二五五四〕字頭殘字底二存左側、右側及下端少許筆畫，其中左側筆畫似『犭』旁，注文殘字前者存左上角少許筆畫，後者存下部『一』形筆畫，兹參《王二》、《裴韻》、《廣韻》校補作『猲』、『財』、『二』三字。『猲』字《王二》訓作『恐受財，《史記》曰「恐猲諸侯」』，《廣韻》訓略同（其中『曰』字作『云』），復有又音作『又呼葛切』；《王二》、《廣韻》『猲』字條下有『妐』字條，訓作『好皃』，其中《王二》『好皃』下復有後人妄增之『止妙也』三字；底二依行款『妐』字條下蓋有又音反語（余廼永《新校》謂『妐』字除此处所在音外，还有梵韻『孚梵切』和本大韻『房法切』二音，此疑底二收其一处又音），故連前一殘條共擬補十三個缺字符。

〔二五五五〕『掫』字《廣韻》、《集韻》作『㧓』形，底卷俗訛。

〔二五五六〕『瀱』字《廣韻》、《集韻》皆作『濈』，據下文同一小韻的『嶯』字，『濈』字蓋從水、『嶯』聲，而『瀱』則應爲『濈』的訛俗字（右上部蓋涉注文『涾』字類化偏旁）。又注文《廣韻》作『涾濈，水皃』，《集韻》作『水皃』，『涾』字前無所本，《玉篇·水部》有『溚』字，『竹洽切，溼也』，胡吉宣《玉篇校釋》疑『涾』即『溚』字，可參。

〔二五五七〕『嶯』字右下部底二作『<』形，俗寫，兹據《廣韻》、《集韻》録正。『嶯』字下至行末底二殘泐漫滅半行多，

據空間，約可抄十二個左右大字，唯此爲本韻書第五卷末大韻之末行，依例容有留空的部分；『嵬』字注文《廣韻》訓作『静嵬』，《集韻》訓作『静也』，可參。

〔一五五八〕此當爲書尾題名，唯『部』字下似有一小字殘形，不能辨其筆畫，故不具録，其下底二漫滅，然疑有字，依行款例，『部』字下至行末約有可抄十二個左右大字的空間。

〔一五五九〕殘字第一字唯左下角有殘，然因所存部分略有漫漶，故不能斷其究爲何字，疑爲『紐』字之殘形；第二殘字存右部『刂』旁，疑爲『例』字之殘；第三殘字存右側少許筆畫，第四殘字存右側似『二』字右部之形，其下至行末底二漫滅，據空間，約可抄十三個左右大字，因漫滅處的中部有少許墨點形痕迹，是以疑殘字下亦有字。又次行上部有三個殘存右部少許筆畫的大字，因不能辨其究爲何字，故不爲具録。

大唐刊謬補缺切韻（碎片一）（卷一）

俄敦一一三四〇

【題解】

底卷編號爲俄敦一一三四〇，存一紙中間的一個小碎片，爲平聲魂韻的兩行半殘字。

底卷所存二殘條内容《箋二》皆不載，《王二》載其一，《廣韻》兼有之，然其注文又較《廣韻》爲詳，此與《唐刊》及《唐箋》情形略似；又注文中字有以雙行直音方式加注音（如『嗢，音温』），亦未見於敦煌本其他韻書。其字體疑爲硬筆所書，是其原作蓋亦成書於唐末五代之際，姑名之作『大唐刊謬補缺切韻』。簡稱『唐刊碎一』。

今據《俄藏》録文，并參傳世本韻書《王二》、《廣韻》等校録於後。

（前缺）

□□魂▭書▭▨▭[一]▭▨（覔）▭。[二]庉風火盛皃，□《□雅》。案字▨（或）□□。▭[三]

▭▨（飩）嗢音温飩，瓜▨（名）。▨▨（飩字）□□□。▭[四]

（後缺）

【校記】

〔一〕下『庉』字所在大韻據《廣韻》知當爲上平聲第二十三魂韻字，然不知底卷魂韻排序是否亦爲二十三（敦煌韻書『二十』多寫作『廿』）。『書』及殘字皆居底卷雙行注文之左行，殘字底卷存上部少許筆畫，行首至『書』字間底卷殘泐，『書』字至殘字間底卷殘泐約二個小字的空間，殘字下至行末底卷殘泐，考《廣韻》

『庉』字前的文字，其前三行爲『庉』字所在小韻首字『屯』所在行，『屯』字注文《廣韻》作『聚也；又姓，《後蜀録》有法部尚書屯度。徒渾切。二十二』，從底卷『庉』與次行『⿰瓜屯』字殘條間的行款知底卷本小韻字序與《廣韻》不同，故疑底卷本殘條即爲『屯』字條之殘。

〔二〕殘字居底卷殘條雙行注文之右行行末，存下部似『比』形筆畫，考《廣韻》『庉』字前爲『芚，菜，似⿱艹毘（莧）也』，疑底卷此即『芚』字條之殘，而殘字當與《廣韻》同作『⿱艹毘』形，並爲『莧』字形訛，姑據校補作正字『莧』。

〔三〕注文殘字底卷存似『或』字上部筆畫形，又注文底卷雙行，『風火盛皃』居右行，『雅案字▨』居左行，其下至行末殘泐，本條《廣韻》作『庉，風與（興）火爲庉。又徒損切』，《集韻》作『庉，居也』，與《説文·广部》『庉，樓牆也』及《廣雅·釋宮》『庉，舍也』相涉，而底卷及《廣韻》之訓則與《爾雅·釋天》『風興火爲庉』合，又《爾雅》本條陸德明釋文：『庉本或作炖，字同。』故疑底卷本條注文原作『風火盛皃，出《爾雅》。案字或作炖』，姑校補殘字作『或』，并爲此殘條擬補四個缺字符。

〔四〕字頭殘字底卷存右下角彎鈎形筆畫，茲據《王二》及《廣韻》校補作『⿰瓜屯』字。又注文殘字前者存上部『夕』形筆畫，中者存右側似『乚』形筆畫，後者存右側少許筆畫，其所居底卷雙行注文之行款爲後二殘字居左行，其餘存字及殘字居右行，殘字下至行末底卷殘泐，考『⿰瓜屯』字注文《王二》作『⿰出瓜』，《廣韻》作『⿰出瓜⿰瓜屯，瓜名』，疑本殘條注文左行文字爲『⿰瓜屯字或作⿰屯瓜』，《玉篇·瓜部》『⿰瓜屯』字作『⿰屯瓜』形，姑從校補注文三殘字作『名』、『⿰瓜屯字』，并爲擬補三個缺字符。

大唐刊謬補缺切韻（碎片二）（卷一）

伯二〇一四碎

【題解】

伯二〇一四號第三頁背抄有清泰五年（九三八）敦煌縣令吕狀，其上有一韻書補丁，與下面韻書不同，今爲别作校録，即此底卷。

底卷存平聲東韻二行殘字，從其所存殘字情況看，多爲《箋七》、《王二》、《裴韻》所無者，與《廣韻》收字相近，其與《廣韻》的關係與《唐刊》與《廣韻》的關係相似。《俄藏》未擬名，今姑擬名作『大唐刊謬補缺切韻』，簡稱『唐刊碎二』。

上田正《補正》最早據膠片録文，今據《法藏》録文，并參考敦煌本韻書如《唐刊》及傳世本韻書《王二》、《裴韻》、《廣韻》、《集韻》校録於後。

（前缺）

1東 地名。又姓。[一] 瓬牡瓦。 箽竹箽；又曰▨（竹）名。[二] 鼕鼓□。[三] ▨（䵔）黑□。[四] ▨（䮴）□▨（皃）。[五] □

又上。[六] 侗大皃。 侗▨▨▨□□。[七] ▨▨▨。[八] ▨▨□。[九] ▨□▨▨□□□。[一〇] ▨▨□。[一一] ▨□[一二]

（後缺）

【校記】

[一] 下『瓬』等字所在大韻據《箋七》、《王二》、《裴韻》、《廣韻》、《集韻》知當爲平聲『一東』韻字。本殘條《箋

七》、《王二》、《裴韻》無同者，然與《廣韻》『徒紅切』及《集韻》『徒東切』小韻『鄞』字注文同，疑本條字頭即『鄞』字，底卷原抄於前行末。

〔二〕注文殘字底卷漫漶，考『筩』字注文《箋七》、《王二》、《廣韻》皆作『竹筩』，《裴韻》作『竹筩，案竹名，長丈餘，無節，可以爲射筩，因名之，出交阯』，茲參校補殘字作『竹』。

〔三〕注文缺字底卷漫滅，可參《廣韻》、《集韻》補作『聲』字，唯二書字頭皆訛作『[illegible]』形，當從底卷改。

〔四〕字頭殘字底卷存右部『鳶』旁，《補正》據《廣韻》、《集韻》校補作『鸗』字，茲從之。又注文缺字底卷漫滅，可參《廣韻》補作『虎』字。

〔五〕字頭殘字底卷存左部『黑』旁，注文殘字存右側筆畫，茲據《廣韻》、《集韻》校補作『黱』『皃』二字。又注文缺字底卷殘泐，可從《廣韻》補作『黑』字。

〔六〕前行『鸗』字條下至行末底卷漫滅殘泐，其間中部偏下處存約三個大字左右的漫漶筆畫，行末亦存約三個大字左右空間的殘畫，皆不能辨其究竟字數，故不具録。『又上』二字居次行行首，檢《廣韻》本小韻字又音爲上聲者有『曈』、『硐』、『鮦』、『眮』四字，可參。

〔七〕注文殘字前者存右部筆畫，其中右旁似『堇』形，中者存下部少許點狀筆畫，後者存右上角似『白』形筆畫，缺字殘泐。考『侗』字注文《廣韻》作『《楊子法言》云：倥侗，顓蒙』，《集韻》作『倥侗，童蒙也』，與底卷殘存之字形不合，《補正》校補前一殘字作『謹』，恐不足據，俟考。

〔八〕字頭殘字底卷存右側漫漶的筆畫，注文殘字前者存右部似『勹』形筆畫，後者爲代字符，《廣韻》、《集韻》本小韻未能檢到與此殘存情形吻合者。

〔九〕字頭殘字底卷存右旁『同』形大半，注文殘字存似『走』字草寫之形，缺字殘泐，檢《廣韻》、《集韻》本小韻從『同』旁字，其注文未見有與此殘形合者，故此殘條亦不能知詳。

〔一〇〕字頭殘字底卷存『同』旁左側筆畫，注文殘字前者存右側似『吕』字右側形筆畫，後者存右及下部少許筆畫，缺字殘泐，此條亦不能考知其詳。

〔二〕字頭殘字底卷存右部『部』旁，注文殘字存右部似『又』形筆畫，缺字殘泐，《廣韻》、《集韻》本小韻字皆無從『部』旁字。

〔三〕字頭殘字底卷存左上角少許筆畫，其下至行末殘泐，其中行末處似有漫漶的一二殘迹，因不能辨識字數，故不具録。

大唐刊謬補缺切韻（碎片三）（卷五）

伯四〇三六碎

【題解】

底卷編號爲伯四〇三六碎，裂爲兩塊，《法藏》在整理時又誤倒上下兩塊之序，今爲移正并作綴合，兩塊間不缺字。綴合後存入聲薛韻殘字四行半（其中後半行僅存一個不能辨識的殘字），是爲一紙的下部，原卷有界欄和邊框（其下部邊框可見）。

底卷收字情況較諸《箋二》、《王一》（包括《王二》）、《裴韻》皆有所增加，而與《廣韻》、《集韻》相似，唯字序又與二书不同；底卷注文簡約，或引《説文》爲訓，凡此皆與刻本《唐刊》相同，且其字體亦與《唐刊》伯三三五一號風格相似，是知其與伯四〇三六號之《書儀鏡》類文書無關，且亦非補丁，《法藏》以故僅名曰『殘片』。今疑底卷或即伯三三五一號之殘斷碎片，姑擬名作『大唐刊謬補缺切韻』，簡稱『唐刊碎三』。

底卷迄無著録，今據《法藏》録文，并參考敦煌本韻書如《箋二》、《王一》及傳世本韻書《王二》、《裴韻》、《廣韻》、《集韻》校録於後。另附圖版於首，以資比勘。

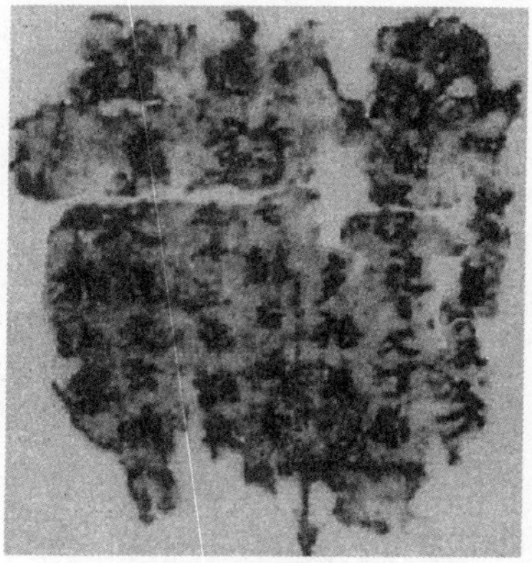

伯4036碎《大唐刊謬補缺切韻》（碎片三）圖版

（前缺）

□薛▭▨▨▨。〔一〕 ▨▨▨□□。〔二〕 ▨□□。 □▨▨反。〔三〕 ▨▭▨▭▨。〔四〕 剟削。 綴連綴。 又丁劣、多

括反。〔五〕▨=▨。〔六〕錏七（十）銖石（廿）五分之五（三），出《説文》。〔七〕□殑盡。呹《説文》云：吹損；止樂

□▨□〔八〕

（後缺）

【校記】

〔一〕底卷所存内容《廣韻》、《集韻》皆隸之於入聲第十七薛韻，可參。行首至殘字間底卷殘泐，因無可參照，故不能推知其前所殘的比例。本條字頭底卷存右部漫漶的筆畫，注文殘字前者存漫漶的字形大略，后者存下部少許筆畫。

〔二〕字頭殘字底卷存右上部似『双』形筆畫，注文二殘字皆存漫漶的字形大略，其中後者似『皃』字。又雙行注文之左行全殘，此依文例爲擬補二個缺字符。

〔三〕字頭殘字底卷存右部似『叕』形筆畫，注文殘字前者存右部漫漶的筆畫，後者中間裂開，其上下部分分居兩殘片，拼合後亦存漫漶的字形大略。檢《箋二》、《王二》、《裴韻》、《蔣藏》、《廣韻》諸本，其『剟』字所在小韻首字皆作『輟』，其注文《箋二》作『止。陟劣反』，《王二》、《裴韻》、《蔣藏》略同，《廣韻》唯增『已也』一訓，《集韻》則别以『叕』爲小韻首字，從底卷注文反字下無小韻標數字，其雙行注文之右側三字全殘的情况看，疑此所存部分爲又音，則此字頭當亦非『輟』字，故爲擬補三個缺字符，并爲斷句如此。

〔四〕字頭殘字居底卷行末，存左部似『矢』或『叕』之左部草寫形筆畫（《廣韻》『剟』字前有『炪』字從『矢』），隸職悦切小韻，然其與『剟』字間的内容與底卷行款不合，故底卷所作當非『炪』字）。次行前部殘泐，二注文殘字分居雙行注文之右行和左行末，其中前者存漫漶的字形大略，後者存右側少許筆畫。

〔五〕字頭上部底卷略殘，此參《廣韻》、《集韻》録定。

〔六〕字頭殘字底卷存左下角少許筆畫，注文第一字作代字符形，第二字字形介於『遇』、『過』之間，然究爲何

字，則不能決。

〔七〕注文底卷略顯不辭，考《説文·金部》「鋝」字注文作：「十銖二十五分之十三也。从金，寽聲。《周禮》曰：重三鋝，北方以二十兩爲三鋝。」段注校改前句作「十一銖二十五分銖之十三也」，然則底卷之「七」、「石」及後一「五」字當分别爲「十」、「廿」、「三」之形訛，姑據校改。

〔八〕「吷」字不見於傳本《説文》，然其字初見於《莊子·則陽》：「夫吹筦也，猶有嗃也；吹劍首者，吷而已矣。」又注文「樂」字居行末，次行前後皆殘，唯下部存一字頭殘字之右側筆畫，不能辨爲何形，是「樂」字下是否有本條之内容不得而知，姑不爲句斷。

大唐刊謬補闕切韻箋注序

伯二六三八背（底卷）　伯四八七九+伯二〇一九（甲卷）　伯四八七一（乙卷）

【題解】

底卷編號爲伯二六三八背，首殘尾全，存五十五行，行抄約廿一至廿六字，内容則自陸法言《切韻序》之『選精切除削踈緩』始，中有長孫訥言序、郭知玄題記及孫愐《唐韻序》和『論曰』部分，諸部分間空一至五字後接書。從底卷抄寫形態看，此序文後似未抄韻書正文。

底卷抄寫於『清泰三年（九三六）六月沙州儭司教授福集等狀』卷背，諱『世』字，行款尚爲整飭，書法有北碑遺風，饒宗頤謂其『或出五代後唐人書寫』（饒宗頤編《敦煌書法叢刊・韻書》，日本二玄社一九八四），其諱字蓋爲承抄所致。從底卷孫序的内容與清卞永譽《式古堂書畫彙考》卷八所録之《唐韻序》（載《周韻》頁六三六至六三七）比較，其明顯不同者有三：一、卞氏所録者有『今加三千五百字，通舊惣一萬五千文，其註訓解不在此數』，而底卷删去此語，改以『隨韻編紀，添彼數家』爲承接文字；二、卞氏所録者《輿地志》等材料的使用『迄於開元廿年』，底卷則改作『三十年』；三、卞氏所録者止於『戰汗交集，恧媿上陳，死罪死罪』，而底卷則删去『死罪死罪』，以『天心』承前，而接書《唐韻》修訂的緣起，且底卷最後有『起終五年，精成一部，前後惣加四万二千三百八十三言』語。是已明此序所論爲其早期所著《唐韻》的修訂本，王國維即因而推論孫愐《唐韻》當有開元和天寶二本（參《書〈式古堂書畫彙考〉所録唐韻後》，載《觀堂集林》卷八頁三六〇，中華書局一九五九。其論《廣韻》所載之唐韻序乃合二本之序爲一，恐不盡然），疑希麟《續一切經音義》所引孫緬（愐）《廣韻》（參《十韻彙編》魏序所輯）一書即指此修訂本而言，志磐《佛祖統紀》卷四五記沙門鑒聿著《韻總》五篇述引『孫愐之增廣韻』下小字注亦有『唐孫愐撰《廣韻》，多收俗字』語，蓋所謂增廣其《唐韻》也。而四萬字云云當指包括字頭與注文的總字數而言，即孫氏所著《廣韻》的總字數，如以《王二》所記之舊數二萬三千九百二十二言加上孫氏所增之四萬二千三百八十三字，約有七萬六千餘字，加上孫氏所據底本（據卞永譽《式古堂書畫彙考》所記當有字頭一萬一千五百字）比王仁昫所據底本（據《周韻》所考約在一萬一千字左右，參《周韻》下編『考釋』，頁八七四）之可能的增加字數，亦當不會超過八萬字，比宋編《廣韻》的二十一萬七千八百八十六字少得多；然其序言或體字皆別立字頭之例，却爲宋編《廣韻》所承襲。從《切韻》修訂本之所存者若《王二》、《裴韻》、《廣韻》看來，修訂者之序當置於整個序文之首，而底卷本序文首有殘缺，亦當別有修訂者之序文，疑即《大唐刊謬補闕切韻》之『敕修説明』，參前《大唐刊謬補闕切韻》題解。又《廣韻》所止，亦與底卷本序文同，故又疑本序末之『論曰』乃出於校理《大唐刊謬補闕切韻》者之所爲，至於其序文中所殘的『敕修説明』部分，在《廣韻》中蓋爲編者用宋『敕修説明』所取代，遂不能獲知於後世。如此，則前之無序末『論曰』的《大唐刊謬補闕切韻》就是因孫氏之《廣韻》而作，而此序所統之韻書又當是《大唐刊謬補闕切韻》之校理本，且可能即校理於五代時期，蓋因當時流傳之《大唐刊謬補闕切韻》多雜相配補，遂因而校理之。

底卷《伯目》擬題『《唐韻序》』；而《索引》分題『陸法言《切韻序》』、『孫愐《唐韻序》』，《索引新編》、《法藏》承之，雖有細目之分而實非；《金岡目》、《英藏》同《伯目》，近是。《周韻》歸之於『五代本韻書』，可從，姑擬名作『大唐刊謬補闕切韻箋注序』，簡稱《唐箋序》。

伯四八七九、伯二〇一九及伯四八七一之内容與底卷全同，其『蕭、顔多所決定』、『何不隨口記之』二句此三卷及底卷和《廣韻》同，而《箋七》、《箋九》、《王序》、《王二》皆作『顔外史、蕭國子多所決定』和『何爲不隨口記之』，分別判然，尉遲治平《韻書殘卷P．4871考釋》（《語言學論叢》第二十九輯，北京大學出版社二〇〇四）已指出此二卷（尉遲文中伯四八七九與伯二〇一九綴合稱爲『唐序一』）與底卷最相近，其文句和用字，甚至包括俗字的寫法，幾乎完全相同，『最合理的解釋是，這三種寫本抄録的底本相同，底本原本就卷首殘缺，從「選精切」起』。茲用此三卷爲底卷之參校本。又伯四八七九與伯二〇一九《周韻》已指出可以綴合，考其相鄰殘字若『握筆略記綱紀』及『輩數人定則定』十二字皆可吻合爲一，其中前者存二行又半行上部殘字，後者存二十七行又半行下部殘字，行抄在廿一至廿八字間，字體一般，略有顔體之風，綴合後内容爲陸序自『選精切除削踈緩』至末、長孫納言序全部及孫愐序『盖取《周易》、《周禮》及按《三蒼》、《爾雅》、《字統》』之前部分，今稱此爲甲本，其中伯四八七九稱作甲一，伯二〇一九稱爲甲二。又伯四八七一存十三行（其中末三行爲下部殘行），行抄在廿二至廿七字間，字體清麗，行款整飭，與底卷風格相近，似當晚於伯四八七九與伯二〇一九，存陸序之『選精切』至訥言序之『疇茲得失』間的内容（其中後三行上部有殘泐），今稱此爲乙本。

劉復一九二五年於《敦煌掇瑣》中最早發佈其據原卷摹抄校刻的底卷正文（其前所缺部分用伯二一二九和《廣韻》篇首所附舊序補足），一九三六年由劉復等編輯出版的《十韻彙編》所收之底卷即據劉氏刻本翻抄（唯已剔除其配抄部分）。其後《姜韻》又據原卷摹抄，於一九五五年發佈摹抄本正文及考論，《潘韻》據原卷、《補正》據膠片各對姜韻有所勘正，《周韻》又有所考論，葉鍵得撰《唐序乙校勘記》（載《十韻彙編研究》，臺灣學生書局一九八七），對底卷加以綜合校箋，皆可參考。

今據《法藏》録文，參校本則據《法藏》、《寶藏》及膠片附校，并參考敦煌韻書中相關的卷子如《箋七》、《箋九》、《王序》及傳本韻書《王二》、《裴韻》、《廣韻》、清卞永譽《式古堂書畫彙考》卷八所録之《唐韻序》（簡稱『卞序』）校録於後。

（前缺）

選精切，除削踈緩。蕭、顔〔一〕多所決定。魏著作謂法言曰：『向來論難，疑處悉盡，何不〔二〕隨口記之？我輩數人定則定矣！』法言即燭下握笔〔三〕，略記經（綱）紀；愽（博）〔四〕問英辯，殆得精華。於是更涉餘學，兼從薄官（宦）〔五〕，十數年閒，不遑修集。今反〔六〕初服，私訓諸弟子〔七〕，凡有文藻，即須聲韻。屏居山野，交遊阻絶，疑惑之所，質問無從。亡者則生死路殊，空懷可作之歎；存者則貴賤禮隔，以（已）報絶交之旨。遂取諸家音韻、古今字書，以前所記者定之，爲《切韻》五卷。剖析毫氂，分別黍累。何煩泣玉，未得懸金。藏之名山，昔恠馬遷之言大；持以盖醬，今歎楊雄之口吃。非是小子專輒，乃述羣賢遺意；寧敢施行人廿（世）〔八〕，直欲不出户庭。于時歲次辛酉，大隋仁壽元年。

訥言曰：此製酌古沿今，無以加也。然昔傳之已文（久）〔九〕，多失本原，差之一書（畫）〔一〇〕，詎唯千里！見炙從肉，〔一一〕莫究厥由，輒意形聲，固當從夕。及其晤矣，彼乃乖斯，若靡憑焉，他皆放此。湏（頃）佩經之隟〔一二〕，沐雨之餘，揩其紕繆，疇兹得失。銀鈎捌（捌）閲，晉豕成羣；盪〔一三〕櫛行披，魯魚盈貫。遂徵金篆〔一四〕，遐汧石渠，略題會意［□］詞〔一五〕，仍記所由之典。亦有一文兩體，不得（復）〔一六〕備陳；數字同歸，惟其擇善。勿謂有增有減，便慮不同；一點一撇，咸資別據。其有**類**雜〔一七〕，並爲訓解。〔一八〕傳之不〔一九〕謬，庶埒□云。〔二〇〕于時歲次丁丑，大唐儀鳳二年〔二一〕。

前費州多田縣丞〔二二〕郭知玄拾遺緒正，更以朱牋三百字，其新加無反音者〔二三〕，皆同上音〔二四〕。

陳州司法孫愐《唐韻》［□］：〔二五〕

盖聞文字聿興，音韻乃作。《蒼頡》、《爾雅》爲首，詩訟（頌）〔二六〕次之，則有《字統》、《字林》、《韻集》、《韻畧》，述作頗衆，得失乎（互）〔二七〕分。唯陸生〔二八〕《切韻》，盛行於廿（世）。然隋珠尚纇，虹玉〔二九〕仍瑕，注有差錯，文復漏誤，〔三〇〕若無刊正，何以討論？我国〔三一〕家偃武修文，大行〔三一〕儒術，置集賢之院，召才學之流，自開闢已來，未有如今日之盛。上行下効，比屋可封。輒罄搜文〔三三〕，敢補遺闕，兼習諸書訓解，州縣亦據今時字體，〔三四〕從木從扌，著彳著亻，施殳施攴，安尒(示)[□]禾〔三五〕，並悉具言，庶無紕繆。其有異聞、奇恠、傳説、姓氏原由、土地、物産、山河、草木、鳥獸、蟲魚，備載其間，皆引憑據，隨韻編紀，添彼數家，勒成一書，其名曰《唐韻》。〔三六〕蓋取《周易》、《周禮》〔三七〕，及按〔三八〕《三蒼》、《爾雅》、《字統》〔三九〕、《字林》、《説文》、《玉篇》、《石經》、《聲韻》〔四〇〕、《聲譜》、九經、諸子、《史》、《漢》、《三國誌》〔四一〕、《晉》、《宋》、《後魏》、《周》、《隋》、《陳》、《宋》(《梁》)、《兩齊》〔四二〕、《本草》、《姓苑》、《風俗通》、《古今注》、賈執《姓氏英賢傳》、王僧穪(孺)《百家譜》、周何潔集《文選》諸集、《孝子傳》、《輿地誌》及武德已來創置迄開元三十年〔四三〕，並列注中。等夫譽(輿)誦〔四四〕，流汗交集，愧以上陳天心。〔四五〕又有元青子、吉成子者，則汝陽侯榮之曾孫，卓尔好古，博通内外，遁禄巖嶺，吐納自然，抗志鈐鍵，栖神梵宇，淡泊無事，希夷絶煙〔四六〕，倏忽風雲，靈詼怡懌，考窮史藉(籍)〔四七〕，廣覽羣書，欲令清濁昭[□]〔四八〕。舉(學)〔四九〕之上有終日而忘食，有連宵而不寐。按《搜神記》、《精恠圖》、《山海經》、《愽(博)物志》、《四夷傳》、《大荒經》、《南越志》、《西域記》、《西壑傳》、漢纂《藥論》、《證俗》、《方言》、《御覽》、《字府》及九經、三史、諸子中遺漏要字，訓義解釋，多有不載，必具言之，子細研窮，究其巢穴，澄凝微思，鄭重詳思，輕重斯分，不令慁糅。緘之金篋，珍之寶之而已哉。寧詞〔五〇〕阻險，敢不窮談，一泝〔五一〕愚心，克諧雅況？依次編記，而不別番。其一字數訓，則執優而尸之，劣而副之；其有或假，不失元本，以四聲尋譯，冀覽者去疑，宿滯者豁如也；又紐其脣齒喉舌牙，部件而次之，有可紐不可行之，及古體有依約之，並採以爲證，庶無壅而昭其憑〔五二〕。起終五年，精成一部，前後惣加四万二千三百八十三言，仍篆隸石經勒存正體，幸不譏繁。于時歲次辛卯，天寶十載也。

論曰：《切韻》者，本乎四聲，紐以雙聲疊韻，欲使文章麗則，韻調精明於古人耳。或人不達文性，便格於五音爲定。夫五音者，五行之響，八音之和，四聲間迭，在其中矣。必以五音爲定，則參宫參羽，半徵半商，引字調音，各自有清濁。若細分其條目，則令韻部繁碎，徒拘桎於文詞〔五三〕耳。

【校記】

〔一〕『蕭、顔』甲一、乙本、《廣韻》同，《箋七》、《箋九》、《王序》、《王二》皆作『顔外史、蕭國子』，此蓋亦《唐韻》與《切韻》箋注本、王韻系統之別。

〔二〕『何不』句甲一、乙本、《廣韻》同，《箋七》、《箋九》、《王序》、《王二》『何』字下皆有一『爲』字，此蓋亦《唐韻》與《切韻》箋注本、王韻系統之別。

〔三〕『笔』字甲本、乙本同，《箋七》、《箋九》、《王序》、《王二》、《廣韻》皆作『筆』，『笔』即『筆』的後起會意俗字。

〔四〕『博』字前《箋七》、《箋九》、《王序》、《王二》皆有一『後』字，甲二、乙本、《廣韻》無。

〔五〕『官』字乙本、《箋九》、《王序》同，甲二下部殘泐，《箋七》作『宧』形，後者乃『宧』字俗寫，《王二》、《廣韻》正作『宧』字；『薄宧』爲一通辭，諸本作『官』者皆爲『宧』字俗訛，茲爲校改。

〔六〕『反』字甲二、乙本同，《箋九》、《唐箋序》（伯二〇一九）、《王序》、《王二》、《廣韻》皆作『返』，『反』、『返』古今字。

〔七〕『弟子』甲二、乙本、《廣韻》同，《箋七》、《箋九》、《王二》作『弟』一字，《王序》作『子弟』，校詳《箋七》校記〔三〕。

〔八〕『廿』爲『世』字因避諱而作之缺筆字，甲二、乙本同。

〔九〕『文』字甲二同，乙本殘泐，《裴韻》、《廣韻》皆作『久』，於義爲長，底卷蓋形訛，茲據校改。

〔一〇〕『晝』字甲二、乙本同，應爲『畫』字形訛，《廣韻》正作『畫』，茲據校改；《裴韻》作『點』，蓋爲『畫』字形訛而抄者臆改。

〔一一〕『見炙從肉』句前《箋七》有『弱冠甞覽顔公《字樣》』句，義長；《裴韻》亦有此句，唯『甞』字作『常』，二字義近，而以作『甞(嘗)』字義勝；底卷及甲二、乙本、《廣韻》無該句，蓋脱。

〔一二〕本句甲二同，《箋七》、《裴韻》作『湏以佩經之隟』，《廣韻》作『頊佩經之隙』，『湏』字置此不辭，當爲『頊』字形訛，茲據校改；又《切韻》箋注本、王韻系統之有『以』字比《唐韻》系統之無『以』字於義爲長。

〔一三〕『盪』字甲二、《裴韻》、《廣韻》同，當是『盪』字之訛，説詳《箋七》校記〔四二〕。

〔一四〕本句甲二、《廣韻》同，《切韻》箋注本、王韻系統《箋七》、《裴韻》作『遂乃廣徵金篆』，於義爲長。

〔一五〕『略題會意詞』五字甲二(『會』字原卷漫漶)同，《箋七》、《裴韻》、《廣韻》『意』下皆有一『之』字，底卷脱，遂致文意不通，茲據擬補一個脱字符。

〔一六〕『得』字甲二同，《箋七》、《裴韻》、《廣韻》皆作『復』字，『復』字義長，茲據校改，説詳《箋七》校記〔四七〕。

〔一七〕『頪』字甲二同，乃『類』之俗字，《裴韻》、《廣韻》正作『類』字，説詳《箋七》校記〔五四〕。

〔一八〕『咸資別據』至『傳之不謬』二句間的内容甲二、《廣韻》略同，《切韻》箋注本、王韻系統《箋七》作『又加六百字，用補闕遺；其[□□]雜，並爲訓解；但稱按者，俱非舊説』，《裴韻》略同，唯『其』下脱字作『有類』二字。

〔一九〕『不』字甲二、《廣韻》同，《切韻》箋注本、王韻系統《箋七》、《裴韻》皆作『弗』字，於義爲長。

〔二〇〕『埒』、『云』二字間底卷留有一個大字的空格，甲二同，蓋其所據抄本有殘泐，《箋七》、《裴韻》、《廣韻》此間皆有一『箋』字，當可據補。

〔二一〕『年』字下《箋七》、《裴韻》皆有『也』字，甲二及《廣韻》同底卷，此蓋亦《唐韻》系統與《切韻》箋注本、《王二》系統之別也。

〔二二〕『氶』字甲二作『承』，《廣韻》作『丞』；《玉篇·手部》：『氶，《聲類》云拚字。』《集韻·拚韻》：拚，或作承、拯、丞。胡吉宣《玉篇校釋》謂『丞即奉承、佐丞之本字』。則底卷『丞』即今之『丞』字。

〔二三〕『者』字甲二同，《廣韻》無此字，蓋脱。

〔二四〕『音』下《廣韻》有『也』字，甲二同底卷。

〔二五〕『韻』字下《廣韻》有一『序』字，疑底卷脱，甲二同底卷，兹姑爲擬補一個脱字符。

〔二六〕『訟』字甲二、卞序、《廣韻》皆作『頌』，『訟』『頌』古今字。

〔二七〕『手』字甲二同，《廣韻》作『互』字，按『手』即『互』之俗寫，卞序形訛作『平』字。

〔二八〕『陸生』甲二、《廣韻》同，卞序作『陸法言』。

〔二九〕『虹玉』甲二、《廣韻》同，卞序作『和璧』。

〔三〇〕『注有差錯，文復漏誤』二句甲二、《廣韻》同，卞序作『遺漏字多，訓釋義少』。

〔三一〕『国』字甲二、《廣韻》、卞序皆作『國』，『国』即『國』的會意俗字。

〔三二〕『行』字甲二、《廣韻》、卞序作『崇』，似以『崇』字義長。

〔三三〕『搜文』二字甲二同，《廣韻》、卞序作『謏聞』，『謏聞』爲謙詞，指孤陋寡聞，於義爲長。

〔三四〕『兼習諸書訓解，州縣亦據今時字體』二句甲二同，《廣韻》作『兼習諸書，具爲訓解，州縣名号，亦據今時字體』，卞序作『兼集諸書，爲註訓釋，州縣名目，多據今時；又字體偏傍，點畫意義』，疑底卷、甲卷有脱漏。

〔三五〕『禾』字前《廣韻》有『安』字，合於文例，甲二同底卷，兹爲擬補一個脱字符。卞序無『施殳施攴，安尔〔□〕禾』二句。又『尔』字甲二略同，此字通常爲『尒』字俗寫（下文『卓尔好古』的『尔』字底卷亦作此形），但文中則應爲『示』字俗訛，《廣韻》作『尒』，則應爲據『尔』字錯誤回改所致；『示』旁『禾』旁俗書相亂，如『稟』字俗書作『禀』之例；而『尒』『禾』二旁則較少發生互訛的情形。

〔三六〕『隨韻編紀，添彼數家，勒成一書，其名曰《唐韻》』四句甲二脱『數』前之『彼』字，而無『名』前之『其』字，《廣韻》亦與底卷略同而唯『名』前無『其』字，底卷『其』字疑爲抄者後加。又卞序此處相關内容作『今加三千五百字，通舊惣一萬五千文，其註訓解，不在此數，勒成一家，并具三教。名曰《唐韻》』。
〔三七〕『《周禮》』下《廣韻》、卞序皆有『之義也』三字，似於義爲長。又『《周易》』二字卞序無。
〔三八〕『及按』二字甲二同，《廣韻》作『及案』，卞序作『皆按』，『按』『案』古通用。
〔三九〕甲二本至『統』字止，後缺。
〔四〇〕『《聲韻》』《廣韻》同，卞序作『《聲類》』，疑是。
〔四一〕『誌』字卞序同，《廣韻》作『志』，合於通稱。下《輿地誌》的『誌』字同此。
〔四二〕『《宋》、《兩齊》』《廣韻》作『《宋》、兩《齊書》』，卞序作『梁、兩齊等史』，『《宋》』前已標出，此不當重出，兹從卞序校改作『梁』。
〔四三〕『三十年』《廣韻》同，卞序作『廿年』。
〔四四〕『譽』字《廣韻》、卞序皆作『輿』，『輿誦』乃議論之義，合於文義，兹據校改。
〔四五〕『流汗交集，愧以上陳天心』《廣韻》同，卞序作『戰汗交集，恧愧上陳，死罪死罪』，卞序止此。
〔四六〕『絶煙』《廣韻》作『絶塵』；按『絶煙』指辟穀事（猶俚語所謂『不食人間煙火』），似亦不誤，然『絶塵』與『無事』對仗，似又於義爲長，俟考。
〔四七〕『藉』文中爲『籍』的俗字，《廣韻》正作『籍』。
〔四八〕『昭』下《廣韻》有一『然』字，底卷當脱，兹據擬補一個脱字符。
〔四九〕『舉』字《廣韻》作『學』，當是，底卷形訛，兹據校改。
〔五〇〕『詞』字《唐刊》（伯二〇一六）同，《廣韻》作『辞』，於義爲安，底卷蓋用其通假字。
〔五一〕『泝』字《唐刊》（伯二〇一六）同，《廣韻》作『訴』，於義爲安，疑底卷形訛。
〔五二〕『憑』字《唐刊》（伯二〇一六）同，《廣韻》作『馮』，『馮』、『憑』古今字。
〔五三〕『詞』字《廣韻》作『辞』，二字義皆可通。

大唐刊謬補闕切韻箋注（卷一）

伯二〇一六（頁二）

【題解】

底卷編號爲伯二〇一六（二），伯希和誤粘於伯二〇一六（一）之背面，《周韻》已證其與伯二〇一六（一）之别，甚是，故分此編號爲伯二〇一六（二）。底卷存一殘紙，單面抄。其内容爲平聲東韻殘字計十行（《索引》、《索引新編》、《周韻》皆謂七行，《姜韻》亦抄作七行，皆誤，《潘韻》、《補正》已補抄前所脱三行文字）。底卷書體纖弱，與伯二〇一六（一）相近。行間有界欄。因正文只存二個小韻首字，其中前一個字頭及注文前部分有殘泐，後一個作『蒙，莫紅反。廿七』，其收字數與《廣韻》略同，且所收字未盡加注，故推其小韻首字注文體例當爲字頭—釋義—反切—小韻字頭數。

底卷《伯目》定作『字書殘節』；《索引》擬名爲『寫本切韻』，《索引新編》同；《法藏》因伯二〇一六（一）文中原題定名作『切韻卷第一并孫愐序』；《姜韻》亦併伯二〇一六（一）而定爲『增字更定本孫愐《唐韻》殘卷』（《姜韻考釋》論部卷十五）。《補正》及《周韻》皆認爲此與伯二〇一六（一）異，當别爲一類韻書，二書并指出：底卷小韻次序與陸法言《切韻》同，且注文詳於姓氏，與《廣韻》相似。《周韻》因而指出『這在唐代韻書中一定是時代比較晚的書』（《周韻》下編考釋，頁九四二）。又底卷小韻標數字未注幾加幾字樣，且其所收字數及注文又多於《大唐刊謬補闕切韻》，故疑此爲其修訂本；且較其注文與《廣韻》之關係，亦與前《唐韻》（伯二〇一八）略似；唯其或體字别立字頭，此《唐韻》（伯二〇一八）未見，而與《廣韻》同；又其訓釋義項或較《廣韻》爲多，此亦與前《唐韻》（伯二〇一八）不同；又從其所存部分的正文注文情況擬估，底卷全書總字數當與宋本《廣韻》相近，遠邁孫愐增補《唐韻》所作之《廣韻》（參前《唐箋序》題解），故疑此爲《大唐刊謬補闕切韻》之箋注本，唯此是否與前《大唐刊謬補闕切韻箋注序》爲同一書，則不能決，但有可能關係較爲密切。姑擬名作『大唐刊謬補闕切韻箋注』，簡稱《唐箋》。

底卷最早由《姜韻》據原卷摹抄録文，其後《補正》、《潘韻》又分别據膠片和原卷加以勘正，《周韻》亦據膠片加以考訂。今據《法藏》録文，并參考敦煌韻書中相關的卷子如《切一》、《箋七》、《唐刊》及傳本韻書《王二》、《裴韻》、《廣韻》等校録於後。

（前缺）[一]

1 **東** 帥蕃，本姓[□]師，避晉景帝諱改爲公師（帥）氏；[二]《前趙録》有太中大夫公師或；[三]子夏門人、齊人公羊高作《春秋傳》；《列女傳》有公乘之姒；《墨子》魯有公輸班，衛大夫公叔文子；《史記》有[□]相公儀休、孔子門人公休哀，又有公祈哀；[四]《礼記》魯大夫公明儀，《何氏姓苑》云今高平人；衛大夫公南文子；魯有公荆皎，衛大夫公子荆之後；魯大夫[□]襄昭，魯相（襄）公太子野之後；[五]魯大夫公伯寮，《何氏姓苑》云彭城人；趙平陵太守公休勝；魯士官公爲珍，魯昭[□]子公爲之後；[六]楚大夫公朱高，家（宋）公子子朱之後；[七]公車氏，秦公子伯車之後；《淮南子》有公牛哀，病七日化爲虎（虎），齊公子牛之後也；《吕氏春秋》有郈大夫公息忘；《孟子》稱公都子有學業；楚公子田食菜（采）於都邑，後氏焉；[八]公劉氏后稷，公劉之後；《古今[□]表》有公房皮，楚公子房之後；[九]《郭泰别傳》有渤海公族進階；衛大夫有公上王；《廿（世）本》有魯大夫公之文；晉蒲邑大夫公他；[一〇]廿（世）卿秦公子金之後有公金氏；齊公子成之後有公牽氏；《何氏姓苑》云『公右氏，今瑯琊人；公左氏，[□]高平人』；[一一]又有公言、公孟、公獻、公留、公荊、公旅、公仲等氏；[一二]又《左傳》衛有庚（庾）公差，以善射聞；[一三]祭公謀父，出自姜姓；申公子福，楚申公巫臣之後；衛有尹公他；[一四]楚大夫避（逢）公子仲；[一五]楚白公勝之後有白公氏；《文字志》云：魏文侯時，有古樂人竇公氏，獻古文《樂書》一篇；秦有博士黄公在；《古今人表》神農之[□]有公幹，仕齊爲大夫，其後氏焉；[一六]《廿（世）本》有大公叔類，又有公紀氏；[一七]衛有大夫左公[□]泄、[□□□□]；[一八]漢四皓有園▨□□；[一九]尚書僕射、東郡成公敞也。古紅反。一（十四）。[二〇] **功** 功夫；功成；功績；又姓；又複姓，成功、司功。[二一] **蚣** 蜈[□]，虫也。[二二] **聡** 聡耳，乾㴊（淵）神，如免（兔），登人屋。[二三] **鈆**

車鈆，《説文》曰『鈆，轂鐵（鐵）也』。又古雙反。〔二四〕 舡舟，下纖（纖）。〔二五〕 工工官；久（工）能；工冶；工匠；工姓。〔二六〕 攻攻擊；又功。〔二七〕 疘下病。文。〔二八〕 釭車釭。又江。〔二九〕 玒玉名。 愩［□□。□］擊聲。〔三〇〕 篢篢笠。方言。 蒙（蒙）莫紅反。〔三一〕廿七。 濛涳濛，細雨。 𩦺驢子𩦺也。〔三二〕 朦大皃。 矇矇瞽。 艨艨艟，戰舩。又武用反。 饛盛食滿皃。 鬔馬垂鬔也。〔三三〕 檬似槐，茉（葉）黃。〔三四〕 醿麴生衣皃。 𪌭上同。 冡覆也。亦作冢。 醘与醿同也。〔三五〕 幪覆也；盖衣也；又幪轂。〔三六〕 鸏鸏𪈼，鳥也。 罞麋罟胃（謂）之罞也。〔三七〕

（後缺）

【校記】

〔一〕據他本韻書及内容，知底卷所存爲平聲一東韻後半殘文。

〔二〕『帥蕃』的『帥』字底卷居行首，此前殘泐，據内容，首條注文字頭應爲『公』字，相關文句《廣韻》作『成都王帳下督公帥蕃，本姓公師，避晉景帝諱改爲公帥氏』，底卷前一『師』字前應脱一『公』字，兹爲擬補一個脱字符；後一『師』字應爲『帥』字之誤，兹據校改。

〔三〕『大』字左下之撇筆底卷漫滅，此參《廣韻》及後『楚大夫公朱高』之『大』形録定；又『公師或』《廣韻》作『公師式』，考《晉書·載記·劉聰傳》有『太中大夫公師彧』，又唐劉知幾《史通》卷一一外篇史官建置第一云：『僞漢嘉平初，公師彧以太中大夫領左國史，撰其國君臣紀傳。』疑『或』、『式』皆『彧』字之誤。

〔四〕『相公儀休』前《廣韻》有『魯』字，與《史記》卷一一九《循吏列傳》所載『公儀休者，魯博士也』合，底卷當脱，兹爲擬補一個脱字符。又『公休哀』、『公祈哀』他書未見，《廣韻》『公』字注上文又有『孔子弟子齊人公晳哀』；清朱彝尊《曝書亭集》卷五七『孔子門人考』云：『公祈哀疑即公晳哀，以晳作祈，形相類而譌也。然《廣韻》注既列孔子弟子公晳哀于前，又列孔子門人公祈哀于後，則别是一人，未可臆決也。』可參。

〔五〕『大夫』後《廣韻》有『公』字，當據補，兹爲擬補一個脱字符；又『相』字《廣韻》作『襄』，疑底卷音訛，兹據

〔六〕校改。清張澍輯集補注《世本》卷三氏姓篇：『公襄氏，魯大夫公襄昭，魯襄公太子子野之後。』據此，疑底卷『太子』後當又脱一『子』字。

〔七〕『昭』字下《廣韻》有『公』字，於義爲長，底卷脱抄，兹據擬補一個脱字符。

〔八〕『家』字《廣韻》作『宋』，《世本·氏姓篇》有『公朱氏：楚大夫公朱高，出宋公子朱』，可爲一證，底卷形訛，姑據校改。又『公子子朱』疑當作『公子朱』，底卷衍抄一『子』字，當删。

〔九〕『菜』字《廣韻》作『采』，於義爲長，底卷誤增『艹』旁，兹據校改。

〔一〇〕『今』字下《廣韻》有『人』字，底卷本注文後亦有《古今人表》，是此處當脱抄『人』字，兹爲擬補一個脱字符。

〔一一〕『他』字《廣韻》作『佗』，『他』『佗』篆文隷定之異。

〔一二〕『高』字前《廣韻》有一『今』字，於文例爲安，疑底卷脱抄，兹爲擬補一個脱字符。

〔一三〕『公荆』《廣韻》作『公石』；按《潛夫論·志氏姓》載魯之公族有公石氏；而清陳廷煒、王仁俊《姓氏考略》載『公荆』一姓，其引《元和姓纂》云『衛大夫公子荆之後』，則作『公荆』當亦有據。

〔一四〕『庚』字《廣韻》作『庾』，合於阮刻《十三經注疏》本《左傳·襄公十四年》文，底卷形訛，兹據校改。

〔一五〕『他』字《廣韻》作『佗』，『佗』『他』篆文隷變之異。

〔一六〕『避』字《廣韻》作『逄』，檢史書多載姜齊伯陵之後有逄公者，疑子仲蓋其後也，而『避公』未聞，或底卷形訛，兹據校改。

〔一七〕『神農之』下《廣韻》有『後』字，於義爲安，底卷脱抄，兹爲擬補一個脱字符。又『在』字《廣韻》傳本作『庇』或『疪』，此處斷句有三種可能：『秦有博士黄公，在《古今人表》；神農之〔□〕有公幹……』；『秦有博士黄公〔庇（或疪）〕，在《古今人表》；神農之〔□〕有公幹……』；『秦有博士黄公在，《古今人表》神農之〔□〕有公幹……』，雖不能斷其孰是，然參稽前後文例，疑以第三種斷句爲長，姑從斷，俟考。

〔一七〕「類」字《廣韻》作「潁」，《史記·周本紀》「亞圉卒，子公叔祖類立」司馬貞《索隱》：「《系本》云：『太公組紺諸盩。』《三代世表》稱叔類，凡四名。皇甫謐云『公祖一名組紺諸盩，字叔類，號曰太公』也。」清張澍輯集補注《世本》卷三氏姓篇「太公氏，有大公叔穎。《廣韻》」注文云：「澍按《辯證》引太公作大公。又按公祖一名組紺諸盩，字叔類，號曰太公，孫愐引作叔穎，誤。」是底卷所作，蓋亦有所本，可參。又「又有」底卷作「有又」，不辭，兹據《廣韻》乙正。

〔一八〕「洩」字前《廣韻》有「子」字，合於阮刻《十三經注疏》本《左傳·桓公十六年》文，底卷脱抄「子」字；又「洩」字下《廣韻》有「右公子職」，亦與前引《左傳》文同，疑底卷亦脱抄，故據擬補五個脱字符。

〔一九〕「園」後殘字底卷有漫漶，《廣韻》作「公」字，然「公」字與底卷殘形不似，《漢書·張良傳》顔師古注謂四皓指「園公、綺里季、夏黄公、甪里先生」，與《廣韻》合，俟考。又缺字底卷漫滅，可據《廣韻》補作「先生」二字。

〔二〇〕本小韻實收十四字（後誤糅「慣」、「碽」二條爲一，故底卷計抄十三條），《廣韻》本小韻收十三字，《唐刊》（伯二〇一四）收十四字，唯不知底卷何以誤「十四」作「一」，兹姑據其實收字數校改「一」作「十四」。又本條前殘，其所存部分文字與《廣韻》略同，則其前所缺部分當亦可參《廣韻》補之。

〔二一〕本條「功」字底卷皆作「㓛」，《廣韻》謂「功」俗作「㓛」，兹徑據録正。

〔二二〕「蜈」字下《箋七》、《王二》、《廣韻》有「蚣」字，《裴韻》注文僅一「蜈」字，《唐刊》（伯二〇一四）同底卷，考底卷後之注文多不用注文與被注字連讀成訓例，故此當脱抄一代字符，兹爲擬補一個脱字符。

〔二三〕「聡」字亦見於《唐刊》（伯二〇一四），而其他字書韻書皆不見，《玉篇·耳部》有「耺」字，疑即「聡」字異體。參看《唐刊》校記〔五三〕。

〔二四〕「鈆」字諸韻書本小韻未見所載，唯《唐刊》（伯二〇一四）本小韻所收作「釭」字，訓與底卷略同，「鈆」應即「釭」的改換聲旁俗字；底卷本小韻後又重出「釭，車釭。又江」字條，則應爲編者匯抄衆本所致。《廣韻》、《集韻》鍾韻有『鈆』字，釋『鐵鈆』（《集韻》作『鐵也』），則别爲一字。《廣韻》『釭』字注文作『車釭，《説文》車轂中鐵也』，所引《説文》與今本合，底卷當係節引。

〔二五〕同一音義的『舡』字亦見於《唐刊》（伯二〇一四），而其他字書韻書皆不見。參看《唐刊》校記[五四]。

〔二六〕注文『久』字《唐刊》（伯二〇一四）作『工』字，按《禮記・曲禮下》『天子之六工』孔穎達疏『工，能也』，是底卷之『久』當爲『工』字形訛，兹據校改；《王二》『工』字或訓作『工巧』，《裴韻》作『工巧，善其事』，《廣韻》亦收此義，可參。

〔二七〕注文『功』字應爲又義，説詳《唐刊》校記[五七]。

〔二八〕注文『下病』《箋七》、《王二》、《裴韻》及《唐刊》（伯二〇一四）同，唯《廣韻》作『《文字集略》云：脱疘，下部病也』，疑底卷『文』字下有脱缺。

〔二九〕又音《唐刊》（伯二〇一四）同，《箋七》、《王二》、《裴韻》作『又古雙反』，《廣韻》作『又古雙切』。

〔三〇〕『慎』字《王二》、《唐刊》（伯二〇一四）訓作『憒慎』，《裴韻》作『憒』，《廣韻》作『憒也』，又《廣韻》本條下接『碵，擊聲』，是底卷此誤糅『慎』、『碵』二條爲一，致有脱文，兹爲擬補三個脱字符。

〔三一〕『蒙』字《唐刊》（伯二〇一四）同，《箋七》、《王二》、《裴韻》、《廣韻》皆作『蒙』，底卷俗作。下文從『蒙』旁者底卷亦皆作『蒙』形，俱徑予録正，不再一一出校説明。

〔三二〕『驝』字《裴韻》、《唐刊》（伯二〇一四）訓作『驢子』，《廣韻》作『驢子曰驝』，疑底卷『子』字下脱抄『曰』字或衍抄代字符（注文『驝』字底卷本作代字符）。

〔三三〕注文《玉篇・髟部》同，《裴韻》無末『也』字；《唐刊》（伯二〇一四）作『馬毛』；《廣韻》作『馬垂鬣也』（其字頭作『鬞』，《正字通・髟部》以『鬞』爲『鬞』之本字），似於義爲長。

〔三四〕注文《廣韻》同，《裴韻》、《唐刊》（伯二〇一四）作『似槐，黄葉』，《王二》作『似槐黄色』，《集韻》作『木名，黄槐也』，余迺永《新校》引《山海經・中山經》放皐山蒙木『其葉如槐，華黄而不實』郝懿行疏云：『《玉篇》作「似槐葉黄」，「葉」蓋「華」字之訛也。』可參。

〔三五〕『醠』字其他字書韻書不載，蓋『醠』字聲旁的音訛字，而注文『醿』又爲『醿』字或體；《廣韻》同一小韻謂『醠』同『醿』，可證。

〔三六〕『幪』字《集韻》以爲『幏』字或體，是。

〔三七〕『胃』字《廣韻》作『謂』，合於《爾雅・釋器》，底卷誤脱左部『言』旁，兹據校改。又本條居底卷行末，其後殘斷。

韻書摘字（一）

伯二七五八

【題解】

底卷編號爲伯二七五八，存兩殘紙，單面抄，《法藏》整理時粘作一葉，計録文字三十四行。除首條『喧』外，摘録平聲東韻至戈韻間共三十三韻字（東鍾間無冬韻字），每小韻僅排列字頭，後加反語或直音。其韻次、紐次以及小韻用字與《廣韻》大致相同，而與其他相關的敦煌本韻書差異稍大（《周韻》統計出反語用字不同於唐本韻書而全同於《廣韻》者五十四條，與《廣韻》不同者《周韻》統計爲十一條，其中還有三條可以確定爲誤抄所致）。

《伯目》最早著録本卷，擬名作以韻分類的『殘字書』，《索引》亦録名作『字書』，《索引新編》、《法藏》同。《姜韻》以爲是孫愐《唐韻》系韻書摘字，《周韻》下編考釋以爲是五代韻書摘抄，砂岡和子則從其用途角度擬名作《同音識字字典》（《中國語學》第二三四期，一九八七年十月）。今從其摘字之内容看，似難易相混，間收異體，注音則反語、直音甚至二同、三同並用，亦示其體例不一，故不能明其爲字典類著作；而其與《廣韻》所據之底本如此相合，且『字極劣，類初學小兒手筆』（《姜韻考釋》卷十八之二），皆説明底卷僅是一個五代之際的學人依據某本韻書而作摘録習字之用的練習本，姑參《姜韻》與《周韻》擬名作『韻書摘字』（一）。

劉復《敦煌掇瑣》最早據原卷録文，其後《姜韻》復據原卷録文，《潘韻》又據原卷對《姜韻》加以校正。今據《法藏》録文，并參傳本韻書如《廣韻》、《集韻》等校録於後。

（前缺）

22元　喧况袁反。〔一〕

1東　烔徒紅反。　沖直弓反。　穹芎二同，去宫反。　椌苦紅反。　洪烘二同，户公反。　輚騘二同，倉紅反。　痌他紅反。　騣子紅反。

3鍾　鐘職容反。　伀上同。　衝艟衝尺容反。　庸傭鎔蓉瑢餘封反，五同。　犎府容反。　匈兇許容反。　顒喁魚容反。　壅於容反。　鱅丑凶反。

4江　肛舡許江反。

5支　肢躰章移反。　炊尺僞反。〔二〕　跂巨支反。　崎去奇反。　匙堤弟泥反。〔三〕　穪离吕支反。〔四〕

6脂　篩疏夷反。　蓏房脂反。　鴟（鴟）鵄處脂反。　墀坘（坻）直尼反。　綏息遺反。　頧直追反。

7之　芝止而反。　怡圯貽与之反。　蒔市之反。　祠似兹反。　釐犛里之反。　噫音醫。〔五〕　孳子之反。

8微　煇揮許帝（歸）反。〔六〕

9魚　歟以諸反。　歔噓朽居反。　閭廬力居反。　茹人諸反。

10虞　嵎隅音愚。〔七〕　劬衢其俱反。　蒟（蒟）上同。　貙敇俱反。　誅陟輸反。　愉羊朱反。　瑜上同。　甌（歐）摳豈俱反。〔八〕　趍七逾反。　芙符扶防無反。　孚俘芳無反。　蹰直誅反。　柎甫無反。　姝昌朱反。　捄跔舉朱反。

11模　謨莫胡反。　壺户吴反。　弧上同。　觚古胡反。　途捈同都反。　帑乃都反。　租則吾反。　罏落胡反。　酥素姑反。　殂昨胡反。　杇哀都反。

12齊　悽七稽反。　氐（低）羝（羝）隄都奚反。　蹄堤綈緹杜奚反。　萞邊奚反。〔九〕　傒胡雞反。　倪霓猊麑五稽反。　棲栖甈嘶凘先稽反。　埿奴氐（低）反。　谿嵠溪磎苦奚反。　攜畦户圭反。

13 佳 咼苦緺反。

14 皆 偕腊楷古諧反。諧骸户皆反。俳步皆反。豺士諧反。埋霾莫皆反。齘知皆反。〔一〇〕崖擬皆反。〔一一〕

15 灰 瘣虺呼恢反。恢苦迴反。〔一二〕隈煨烏恢反。佪户恢反。枚梅媒莫杯反。瓌公回反。隤杜回反。崔催倉回反。棓薄回反。堆塠都回反。

16 咍 該垓姟古哀反。裁昨哉反。栽栽祖才反。猜倉才反。孩咳户來反。

17 眞 甄振側隣反。茵烟婣堙於真反。伸呻失人反。繽疋(匹)賓反。嬪嚬苻真反。嚚語巾反。

18 諄 肫章倫反。詢眴相倫反。鶉常倫反。瞤如倫反。〔一三〕淪倫力迍反。皴七倫反。匀羊倫反。循詳遵反。均〔□〕匀反。〔一四〕

19 臻 榛側詵反。詵侁所臻反。

20 文 紜▨分反。〔一五〕煴氳於云反。墳棼符分反。饙府文反。裙羣渠云反。勳許云反。紛撫文反。

21 殷 殷慇於巾反。〔一六〕筋斤舉欣反。齗語巾反。〔一七〕

22 元 轅猨雨元反。暄喧諠况袁反。礬附袁反。

23 魂 魂棞渾户昆反。昆崐古渾反。殟烏渾反。捫璺莫奔反。〔一八〕飧思渾反。蹲祖(徂)尊反。〔一九〕敦都昆反。臀徒渾反。奔犇博昆反。崘盧鈍反。〔二〇〕髡臗髖苦昆反。昏婚呼昆反。

24 痕 跟古痕反。

25 寒 簞都寒反。侒烏寒反。啞徒旱反。〔二一〕竿肝古寒反。鼾許干反。

26 桓 桓完洹絙胡官反。剜惋豌削(一)丸反。〔二二〕湍他端反。敦溥度官反。攢(欑)在丸反。棺古丸反。鸞欒落官反。磻蟠薄官反。鞔母官反。潘普官反。

27 **删** 頒布還反。姦豻古顔反。〔二三〕 頑五還反。

28 **山** 癇户間反。

1 **先** 弦胘絃痃胡田反。煙烟燕烏前反。怜縺落賢反。佃畋填鈿沺徒年反。癲蹎都年反。妍研五堅反。瞑莫賢反。淵烏玄反。蜎甌弦反。〔二四〕 涓蠲古玄反。眩咕(胡)涓反。〔二五〕

2 **仙** 煎湔子仙反。筵綖鋋以然反。煽式戰反。〔二六〕 蟬市連反。廛直連反。鈆与連(專)反。〔二七〕 琁似泉反。〔二八〕 鞭編卑連反。詮此緣反。遄篅市緣反。虔渠焉反。鍵上同。愆僁褰騫去乹反。下二又虚言反。〔二九〕

3 **蕭** 髟蘇彫反。鵰雕都聊反。跳徒聊反。激澆古堯反。遼料撩撡繚落蕭反。僥五聊反。

4 **宵** 捎相邀反。潮直遥反。蹻枵許嬌反。嗃上同。驕嬌喬舉喬反。焦蕉椒燋即消反。陶徒刀反。〔三〇〕 肫犻徒渾反。〔三一〕 鷂餘昭反。樤徒聊反。〔三二〕 飈標杓瘭幖甫遥反。瓢待(符)霄反。〔三三〕 蜱弥遥反。儦甫嬌反。苗猫武儦反。鴞邪于嬌反。鍫七遥反。僄飃摽撫昭反。〔三四〕 燎力照反。〔三五〕 翹渠遥反。

5 **肴** 肴餚胡茅反。蛟鵁鮫膠古肴反。勦子小反。〔三六〕 鐃女交反。茅貓犛(犛)莫交反。又下一力之反。〔三七〕 虓音哮。〔三八〕 脬疋(匹)交反。敲骹磽口交反。嘲陟交反。抄鈔楚交反。又初教反。庖咆炮掊泡薄交反。咬於交反。嘮勑交反。

6 **豪** 毫嗥𧆞(號)胡刀反。膏古勞反。髦旄栳莫袍反。饕(饕)洮謟滔土刀反。蕘莫袍反。〔三九〕 袍薄褒反。裯直流反。〔四〇〕 搔臊蘇遭反。咷桃逃徒刀反。糟槽作曹反。翱熬嗷遨五勞反。尻苦刀反。操千到反。〔四一〕

7 **歌** 柯抲古俄反。蹉瑳搓磋七何反。荷得何反。鼉紽迤徒何反。〔四二〕 哦峨俄鵝蛾五何反。蘿欏囉飽魯何反。

8 **戈** 莎趖娑蘇禾反。嶓薄波反。矬銼諎昨禾反。〔四三〕 訛囮吪五禾反。騍〔四四〕

（後缺）

【校記】

〔一〕此條與全卷序次不合，後元韻字又以「暄喧諠，况袁反」條重出，然其致誤之因，則不能知詳，或抄者初以元韻字起抄，而後又改之。

〔二〕「炊」字《廣韻》音「昌垂切」，其小韻首字「吹」下有又音作「尺僞切」，底卷誤抄，《周韻》已揭此。

〔三〕「匙」、「堤」二字《廣韻》音「是支切」，其小韻首字「提」下有又音作「弟泥切」，疑底卷誤抄。

〔四〕「吕支」底卷作「支吕」，兹依文例及《廣韻》徑爲乙正。

〔五〕「噫」字《廣韻》音「於其切」，其小韻首字爲「醫」。

〔六〕「帝」字置此非韻，「煇揮」二字《廣韻》音「許歸切」，或底卷所據抄本之「歸」字漫漶作「帚」形，抄者誤認作「帝」字，兹依文例及《廣韻》校改，《姜韻》徑改録作「歸」字。

〔七〕「嵎」、「隅」二字《廣韻》音「遇俱切」，其小韻首字作「虞」，敦煌本諸韻書存者同，「愚」字居《廣韻》本小韻第三字。

〔八〕「甌」字《廣韻》音烏侯切，爲平聲侯韻字，《説文·瓦部》：「甌，小盆也。从瓦，區聲。」依文例底卷此處不當收「甌」字，疑「甌」爲「驅」之或體「敺」或「毆」之形訛，《廣韻》唯收前者，《集韻》則二形兼收，姑爲校改作形近之「敺」字。

〔九〕「蓖」字反語《廣韻》作「邊兮切」，唯其前二小韻及後一小韻反切下字皆作「奚」字，不知是底卷所據抄本原作「奚」而《廣韻》據修本改之，抑是底卷抄者承前蒙後而訛。

〔一〇〕「⿰齒來」字反語《廣韻》作「卓皆反」，「知」、「卓」同隸知紐。

〔一一〕《廣韻》「擬皆切」小韻未收「崖」字，「崖」字《廣韻》入佳韻「五佳切」小韻，敦煌本韻書存者同，《廣韻》「擬皆切」小韻從「厓」旁字作「娾」，疑底卷抄誤。

〔一二〕反語下字「迴」《廣韻》作「回」，《集韻》灰韻「回」字下云：「俗作迴，非是。」《爾雅·釋天》「迴風爲飄」清郝懿行疏：「迴者，《説文》作回。」

〔一三〕「瞤」字反語《廣韻》作「如匀切」，唯其前諸小韻及後一小韻之反語下字皆作「倫」字，疑底卷誤抄。

〔一四〕反語上字底卷脱抄，兹依文例爲之擬補一個脱字符，「均」字反語《廣韻》作「居匀切」，可參。

〔一五〕殘字底卷存下部漫漶的筆畫，《廣韻》「紛」字隸「王分切」小韻，疑底卷可據校補；又「分」字右部底卷略有漫壞，其左部可比定爲「分」字之形，故參《廣韻》録定，《敦煌掇瑣》及《姜韻》反語上下字皆作缺字處理，不確。

〔一六〕「巾」字《廣韻》作「斤」，「巾」爲「真」韻字，《周韻》以爲：「依據「殷」、「斷」二字排列的地位來看，原來不會以「巾」字爲切，《廣韻》「巾」都作「斤」，這也許是因爲當時「巾」、「斤」二字音同，寫者誤書「斤」爲「巾」。小徐《説文韻譜》「殷」音「於斤反」，而大徐改訂本《説文韻譜》則作「於巾反」，其誤正同。」（頁九五三）

〔一七〕「巾」當爲「斤」字之音誤，參前條校記。

〔一八〕「釁」字《廣韻》隸去聲震韻「許覲切」小韻，爲「釁」之或體字，敦煌本韻書及《集韻》同，檢《廣韻》本小韻與「釁」字相似者有二字：「釁」之或體字「𧦡」及「𧦧」字，疑底卷所作爲二字之一而誤脱上部筆畫。

〔一九〕「蹲」字反語上字《廣韻》作「徂」，《集韻》及敦煌本韻書存者同，底卷當爲形訛字，兹據校改。

〔二〇〕「崘」字《廣韻》音「盧昆切」，其小韻首字作「論」，「論」字下有又音作「力旬」、「盧鈍」二切，底卷誤抄，《周韻》已揭此。

〔二一〕「𡃹」字《廣韻》音「徒干切」，敦煌本韻書存者同，「徒旱切」爲「𡃹」字之又音，《集韻》收之（作「蕩旱切」），依文例此脱抄平聲正音，《周韻》已揭此。

〔二二〕「剜」等三字《廣韻》音「一丸切」，其小韻首字即爲「剜」，「削」字爲其訓解，敦煌本韻書存者同，依底卷文例，此乃誤抄訓解「削」字爲反語上字，兹據校改。

〔二三〕「姸」字《廣韻》未獨立字頭，唯於「姦」字條注文中云「俗作姸」。

〔二四〕「蜎」字《廣韻》音「烏玄切」，其小韻首字爲「淵」，然「蜎」字有又音作「毆泫切」（疑底卷「甌」字爲「毆」字形訛，然二字音同），依文例底卷此處反語誤録。

〔二五〕「咕」字不見於字書，本反語上字《廣韻》作「胡」，是「咕」字當爲「胡」字左右二旁易位之誤，敦煌俗写中「日」、「月」二形多混而不分，兹據校改。

〔二六〕「煽」字《廣韻》音「式連切」，其小韻首字爲「羶」，然「煽」字下别有又音作「式戰切」，依文例此處脱抄平聲正音，《周韻》已揭此。

〔二七〕反語下字「連」《廣韻》作「專」，《周韻》：「『鉛』爲合口字，『連』爲開口字，以『連』切『鉛』，韻有不合，『連』字或因上文『𢈔』字反切（直連反）而誤。」姑從校改。

〔二八〕反語下字《廣韻》作「宣」。

〔二九〕「褰」、「騫」二字《廣韻》未注又音。

〔三〇〕「陶」字《廣韻》音「餘昭切」，然《廣韻》「陶」字下有又音作「徒刀切」，依文例底卷此處脱抄正音，《潘韻》已揭此。

〔三一〕「肫」、「豘」二字屬魂韻字，《廣韻》反切與底卷同，唯《廣韻》「豚」字收二或體作「豘」、「豘」，而未收「肫」字，《集韻》於「豚」字注文中云「通作肫」，抄者誤録「肫豘」二字於此，《潘韻》已揭之。

〔三二〕前蕭韻已抄「徒聊反」之「跳」字，此又誤闌入徒聊反之「樤」字，《潘韻》已揭此。

〔三三〕「待」字非聲，《廣韻》作「符」，底卷形訛，《潘韻》已揭此，兹從校改。

〔三四〕「昭」字《廣韻》作「招」，二字音同。

〔三五〕「燎」字《廣韻》平聲正音作「力昭切」，其又音作「力照切」，依文例此脱抄平聲正音，《潘韻》、《周韻》皆已揭此。

〔三六〕『勦』字《廣韻》音『鉏交切』，其小韻首字爲『巢』，唯《廣韻》『勦』字下有又音作『子小切』，是此處依文例亦脱抄平聲正音，《周韻》已揭此。

〔三七〕『犛』字字書未見有載，《廣韻》字形作『犛』，底卷形訛，兹據校改。

〔三八〕『㛐』爲『㛐』之俗字，《廣韻》音『許交切』，『哮』隸該小韻第九字。

〔三九〕本小韻『髦』等字前已出，依例此不應别出『髦』字，蓋抄者誤爲别録。

〔四〇〕『裯』字反語《廣韻》作『都牢切』，其小韻首字爲『刀』，唯《廣韻》『裯』字下有又音作『直流切』，依文例底卷此處脱抄平聲正音。

〔四一〕『操』字《廣韻》音『七刀切』，然其下收又音作『千到切』，依文例此脱抄平聲正音，《周韻》已揭此。

〔四二〕反語下字『何』今澤存堂本《廣韻》作『河』，然其前後諸反語皆用『何』字，疑以底卷所作爲是，《廣韻》形訛。

〔四三〕『禾』字所在初承前反語上字誤抄『日』旁，隨改書『禾』字，故『日』形部分被擠壓於『禾』字左部下，兹徑參《廣韻》録定。又『誰』字《廣韻》隸『蘇禾反』小韻，《集韻》同，敦煌本韻書存者未收『誰』字，疑底卷此處誤置。

〔四四〕『騾』字居底卷行末，次行近上約兩三個大字處有少許殘字的右側筆畫，因不能别辨字數，故不爲具録。

韻書摘字（二）

俄敦一六八七〇

【題解】

底卷編號爲俄敦一六八七〇，存一紙中間的一個小碎片，爲下平聲唐韻三行殘字。其所存二反語前一個疑有誤抄，後者與《王一》同，與《廣韻》不同，但其前一反語中的『篣』字爲《王一》所無，而見於《廣韻》；又其字體與《箋十二》及《唐刊碎一》略似，皆類硬筆所書，疑亦抄自『大唐刊謬補缺切韻』類韻書，并出於唐末五代之作。《俄藏》未定名，今姑擬作『韻書摘字』（二）。

今據《俄藏》録文，并參敦煌本韻書《王一》及傳世本韻書《王二》、《廣韻》等校録於後。另附圖版於首，以資比勘。

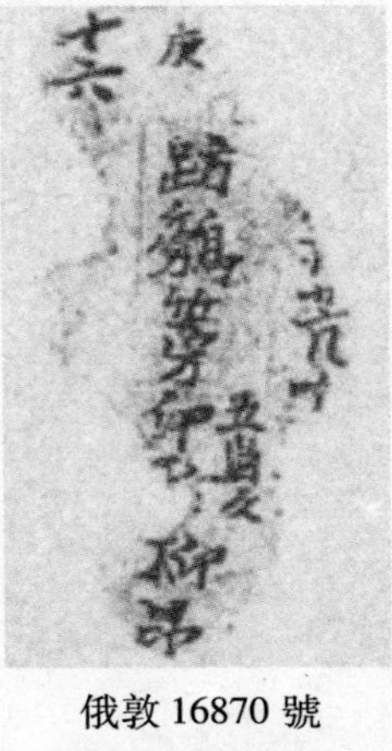

俄敦 16870 號

《韻書摘字》圖版

（前缺）

11 唐□[一]▨（杭）芫吭□[二]□□庚[□][三]趽鶭（騯）篣。[四]卬五崗反[五]▨（駠）柳昂[六]

□[七]

16□ 十六□[八]

（後缺）

【校記】

〔一〕行首至殘字間底卷殘泐。

〔二〕殘字底卷存左部似『木』形筆畫，姑參《王一》、《廣韻》校補作『杭』字，隸胡郎反小韻。又『吭』字右下部底卷亦略有殘泐，此同參前二書録定。『吭』字下至行末底卷殘泐。

〔三〕行首至『庚』字間底卷殘泐，『庚』字居雙行小字之左行，其下與『趽』字間空約一個小字的空間，然無字跡，故疑此反語底卷原即脱抄『反』字，姑依例爲擬補一個脱字符。又後之『趽』字等依例當隸唐韻步光反小韻，然本組字之後二例又見於庚韻薄庚反小韻，故疑補抄者誤置；從下一小韻反語補於行縫的情況看，疑此反語亦爲後補，雖其抄於正文，但或爲據抄之底卷補於行縫，而此底卷抄者迻入正文。姑依文例於『庚』字前擬補二個缺字符。

〔四〕『鴹』字字書未見有載，考《王一》、《廣韻》薄庚反及步光反小韻皆有『騯』或『鰟』（唯《王一》唐韻步光反小韻字形作如此）字，俗寫『鳥』『馬』二旁易混，疑底卷所作即『鰟』字之形訛，姑爲校改。

〔五〕反語《王二》同，《廣韻》作『五剛切』。

〔六〕殘字底卷存右部筆畫，兹依殘形及《王一》、《廣韻》校補作『駉』字。

〔七〕『昂』字下至行末底卷殘泐。次行行首至『十六』二字間底卷亦殘泐。

〔八〕『十六』依例當爲大韻標序字，其下有一小段空白，無字跡，後至行末底卷殘泐，故不能確知此『十六』韻之韻目名，姑付闕如。

論鳩摩羅什通韻

斯一三四四背

【題解】

底卷編號爲斯一三四四背。文計二十九行，居原寫卷背面之前部，後接抄郭玪撰《脩多羅法門》卷一計六十八行；原卷正面爲開元元年十二月十七日户部格及景龍二年九月廿日文牒等官方文書。底卷所存内容可分爲兩部分，前者論鳩摩羅什通韻，後者中論悉曇字母之學。

作爲梵文字母之稱的悉曇（也作悉谈、肆昙、七昙，爲梵文siddham的音譯，意爲成就，蓋喻指能成就一切音聲、佛法者）之傳入中國，自北凉曇無讖譯《大涅槃經》始（參饒宗頤《論悉曇異譯作『肆曇』及其入華之年代》所論，載《饒宗頤二十世紀學術文集》卷五，臺北新文豐出版有限公司二〇〇三），其後隨着佛教之流布，特别是唐開元、天寶之際佛教密宗的興起，悉曇學之研習得到了廣泛的關注。

日僧安然《悉曇藏序》云：『定字數則述《莊嚴經》四十六字，《大梵王》四十七字，《大日經》等四十九字，《涅槃經》等五十字，裴家五十一字，北遠五十二字。』（《大正藏》第八十四册，頁三六五）北遠即指隋僧慧遠，安然書卷五又引慧遠《涅槃疏》云：『胡章之中有十二章，其悉曇以爲第一，於中合五十二字，悉曇兩字題章名，餘是章體。』（同前書，頁四〇八）今傳《大正藏》本慧遠《涅槃義記》卷第四及宋法雲《翻譯名義集》卷五所載略同，是其所釋，亦主五十二字母説。然唐澄觀《大方廣佛華嚴經隨疏演義鈔》卷第八十九論及傳悉曇字母者十經，其中第六至九四經（《普耀經》第三、《文殊經·問般若字母》、《金剛頂經·瑜伽字母》、《涅槃經》第八）皆釋五十二字母，但澄觀僅釋《華嚴經》之四十二字母，而未申釋所謂五十二者。又隋闍那崛多等譯《大法炬陀羅尼經》卷第六『三法藏品第十二』云：『譬如童幼初受教時，彼師先授摩帝迦字，次授頞字，後授阿字，如是次第教十四音已，復次第教三十四字，具教如是五十二字已，然後分別一切音聲字體名言諸教藏事。』則未言五十二字母中包括題名『悉曇』，故似亦不能以慧遠所論即爲通識也。今爲便於理解，姑據饒宗頤先生《鳩摩羅什通韻箋》之韻母擬音及《文心雕龍聲律篇與鳩摩羅什通韻》據《悉曇藏》之聲母擬音類示如下：

元音：　　　噁短聲 a、阿长聲 ā、億短聲 i、伊長聲 ī、郁短聲 u、優長聲 ū、啞 e、野 ai、烏 o、奧 au

　　尾音　　菴 am、痾 ah

　　流音　　魯 ṛ、流 ṝ、盧 ḷ、樓 ḹ

輔音：毗聲　喉音　迦 k、佉 k'、誐 g、伽 g'、仰 ṅ

　　　　　腭音　左 ts、車 ts'、惹 dz、酇 dz'、孃 ñ

　　　　　舌音　吒 ṭ、咃 ṭ'、拏 ḍ、荼 ḍ'、曩 ṇ

　　　　　齗音　多 t、他 t'、娜 d、馱 d'、那 n

　　　　　脣音　跛 p、頗 p'、麽 b、婆 b'、莽 m

　　超聲　　賀 h、娑 ś、灑 ṣ、舍 s、嚩 v

　　　　間聲　野 y、羅 r、攞 l、乞叉 ks

唐玄奘譯《大般若波羅密多經》卷五序云：『凡二十四品，今譯充十卷，其亹亹通韻，新新濁奉者，固當不以抵羽而輕積珍矣。』又唐澄觀撰《大方廣華嚴經疏》卷三亦云：『講説則華梵通韻，人天共遵。』與底卷所謂『六夷殊語，一覽無遺』之論合，則『通韻』之意，蓋即以音本而求通華梵諸語音之謂也。敦煌本《俗流悉談章》（北圖八四〇五，鳥六十四）載云：『夫《悉曇章》者，三生六道，殊勝語言。唐國中岳釋氏沙門定惠法師翻注，並合秦音、鳩摩羅什《通韻》魯流盧樓為首。』《佛説楞伽經禪門悉談章并序》卷一載云：『又嵩山會善沙門定慧翻出《悉談章》，廣開禪門，不妨慧學。不著文字，並合秦音。彼（敦煌本伯二二〇四、伯三〇九九作『亦』）與鳩摩羅什法師《通韻》魯留盧樓為首。』饒宗頤復據日本高野山三寶院藏寶曆五年僧行願翻刻本《涅槃經・文字品》所載『悉曇羅文』序文末題『羅什法師翻譯』句，以爲《通韻》之作正出自羅什所著（《鳩摩羅什〈通韻〉箋》，載《敦煌語言文學論文集》，浙江古籍出版社一九八八，又收入《梵學集》上海古籍出版社一九九三、《饒宗頤二十世紀學術文集》臺灣新文豐出版股份有限公司二〇〇三；饒氏原文以後者校勘最精，但後者却删去前二者所附之『悉曇羅文』序文），然饒先生認爲底卷即是《通韻》原文，却爲其他學者所不取。王邦維《鳩摩羅什〈通韻〉考疑暨敦煌寫本S．1344號相關問題》通過對羅什與悉曇之關係史料的爬梳，并據底卷『宮商角徵，並皆羅什八處輪轉』之語，謂底卷『不大像托名羅什本人的口氣。……劉銘恕先生最早擬定的「論鳩摩羅什《通韻》」一名，倒似乎比較恰當一些，雖然所謂《通韻》，也未必真是羅什所撰』（載《中國文化》第七期，三聯書店一九九二）。譚世寶《敦煌寫卷S．1344(2)號中所謂『鳩摩羅什法師《通韻》』之研究》贊同王説，并進而認爲底卷僅是『綜合簡介有關《通韻》、《悉曇章》的序文』（載《中國文化》第十期，一九九四），與底卷之内容相合，其論蓋是。其實最早爲底卷擬名的當是《向目》，作『論鳩摩羅什通韻文』，其後劉銘恕所擬（即《索引》所收）略同，唯去其『文』字，《索引新編》、《提要》與《索引》同，《英藏》承諸賢之説作『論鳩摩羅什法師通韻』，亦略相同，今姑承舊名擬作『論鳩摩羅什通韻』。

底卷蓋抄於中晚唐之際，其正面唐格所題開元元年爲七一三

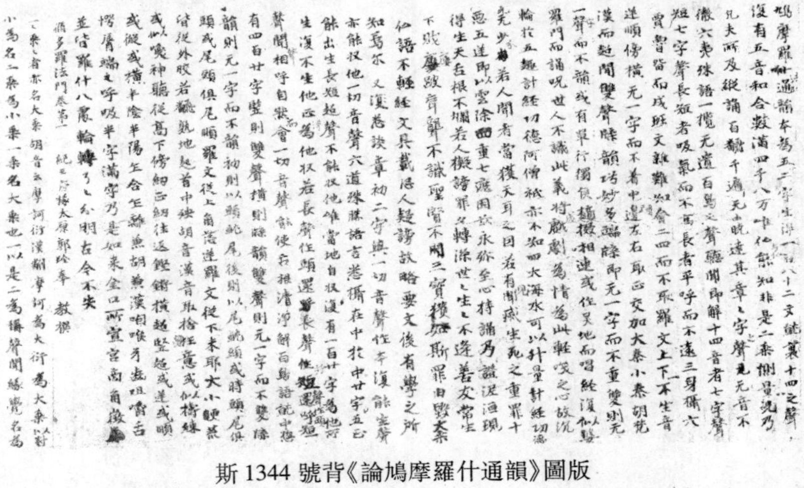

斯 1344 號背《論鳩摩羅什通韻》圖版

年，周榮廣在《梵語〈悉曇章〉與等韻學的形成》中考證：「自慧琳《一切經音義》之後，全真承其所傳《悉曇章》，就字母的拼轉方式予以總結，成「整翻字母例」，首次明確提出「横即雙聲」、「竪即迭韻」的排列方法，其時在太和四年（830）。其後出現了托名爲鳩摩羅什的《涅槃經悉曇章》及S.1344號寫卷所載的《鳩摩羅什通韻》，二者繼承了全真的「整翻字母例」，并作了重要的變革，把字母的拼轉方式翻轉過來，由縱列輔音横列元音改爲縱列元音横列輔音，即所謂「竪則雙聲，横則迭韻」。這種編排方式在大體框架上已接近宋初的《韻鏡》。其時約在太和四年至咸通三年間（830－862）。」（《古漢語研究》二〇〇一年第四期）

劉銘恕最早據膠片録文（見《索引》所載）；饒宗頤最早據原卷録文（《鳩摩羅什〈通韻〉箋》注一謂一九六七年初刊於印度馬德里），後又作《鳩摩羅什〈通韻〉箋》逐句釋之，用力最深；郝春文主編《英藏敦煌社會歷史文獻釋録》第五卷又據《英藏》録文，亦附有簡要的校語。

今據《英藏》録文，并參《涅槃經悉曇羅文》（饒宗頤《論悉曇異譯作「肆曇」及其入華之年代》附録，載《梵學集》上海古籍出版社一九九三）及《悉曇藏》卷二所載相關文字校録於後。另附寫卷圖版於前，以資比勘。

（前缺）

鳩摩羅什法師《通韻》本爲五十二字，生得一百八十二文[一]，就裏十四之聲，復有五音和合，數滿四千八万[二]。唯仏（佛）与仏（佛）能知，非是二乘惻[三]量，況乃凡夫所及！縱誦百飜千遍，无由曉達其章。章字之聲，无音不徹，六夷殊語，一覽无遺；百鳥之聲，聽聞即解。十四音者，七字聲短，七字聲長。短者吸氣而不高，長者平呼而不遠。三身攝六[四]，賈魯留而成班；[五]文雜難知，會二四而不取。羅文上下，一不生音，逆順傍横，无一字而不著；中閒[六]左右，取（耶）[七]正交加，大秦小秦，胡梵漢而超閒[八]。雙聲牒韻，巧妙多端，牒即无一字而不重，雙則无一字[九]而不韻。或有單行獨隻（隻）[一〇]，擿掇[一一]相連。或作吴地而唱經，復似婆羅門而誦呪。世人不識此義，將成戲劇爲情，爲此輕唉之心，故沉輪（淪）於五趣。計經功德，阿僧祇亦不知；四大海水，可以斗量，計經功德，元无少分。若人聞者，當獲天耳之曰（因），若有見聞，滅生死之重罪。十惡五逆，即以雲[一二]除；四重七遮，因兹永殄。至心持誦，乃證泥洹，現得生天，舌根不爛。若人擬謗，罪又轉深，世世生生，不逄（逢）善友，常生下賤，廔（瘻）跛盲聾，不識聖賢，不聞三寶，獲如斯罪，由毁大乘。仏語不輕，經文具載，恐人疑謗，故略要文，後有學之，所知焉尔。

又《悉談章》初二字[一三]與一切音聲作本，復能生聲，亦能收他一切音聲，六道殊勝語言，悉攝在中。於中廿五字，正能出生長短；超聲不能收他，唯當地（他）[一四]自收。復有一百廿字，爲他所生，復不生他，正得爲他收。若長聲作頭，還呼長聲；若短聲作頭，還呼短聲。聞聲相呼，自然而會一切音聲，能使舌根清浄，解百鳥語。就中揔有四百廿字，豎則雙聲，横則牒韻，雙聲則无一字而不雙，牒韻則无一字而不韻。初則以頭就尾，後則以尾就頭，或時[一五]頭尾俱頭，或[□][一六]尾頭俱尾，順羅文從上角落，逆羅文從下末耶[一七]。大小更荒，皆從外咬[一八]。若黐熟地，起首中殃[一九]，胡音漢音，取捨任意。或似擣練，或似喚神，聽從高下，傍紉（紐）正紉（紐）[二〇]，往返鏗鏘，横超豎超[二一]，或逆或順，或縱或横，半陰半陽，乍合乍離，兼胡兼漢。咽喉牙齒咀嚼，舌愕[二二]唇端呼吸。半字滿字，乃是如來金口所宣；宫商角徵，並皆羅什八處輪轉[二三]，了了分明，古今不失。

【校記】

[一] 譚世寶《敦煌寫卷S.1344(2)號中所謂『鳩摩羅什法師〈通韻〉』之研究》以爲五十二字生出一百八十二文，『其中必有訛誤』；又空海《梵字悉曇字母并釋義》中論梵字聲韻相拼時云：『如是一一字母各各出生

十二字，一轉有四百八字，如是有二合、三合、四合轉，都有一萬三千八百七十二字，此悉曇章本有自然真實不變常住之字也。」(《大正藏》第八十四册，頁三六二下)

〔二〕『四千八万』疑爲『四万八千』或『八万四千』之誤倒，『四万八千』爲佛經中一常見數字，且合於計數範式；又《悉曇藏》卷四引《智度論》云：「此悉檀遍攝八萬四千法藏者，亦是隨樂隨宜隨治隨理，悉檀之别義也。」(《大正藏》第八十四册，頁三九六上)俟考。

〔三〕『惻』字當是『測』之俗寫因『測量』與心有關而作之换旁字，與表『悱惻』之『惻』字重形。

〔四〕北圖八四〇五號(鳥六四)《禪門悉曇章》序：「夫《悉曇章》者，三生六道，殊勝語言。唐國中獄沙門定惠翻注，並合秦音、鳩摩羅什《通韻》魯流盧樓爲首。」是『三身攝六』之論或與『三生六道』有關，或與底卷前所謂之『六夷殊語』有關，饒宗頤《鳩摩羅什〈通韻〉箋》以爲『三身指法身、報身、應(化)身』，六道『謂地獄、餓鬼、畜生、阿修羅、人、天六趣』，可參，唯其於『六賈』下點斷，以爲『六賈下文作六道，亦稱六趣』，恐不足據，詳下校記。

〔五〕『留』字底卷作似『畱』形，乃『留』之俗字『畱』之變，今徑録作正字。『賈』字此處當讀若『公户切』，『賈魯留』與後句之『會二四』對文。又『魯留』乃四流音『魯留盧樓』之省代。

〔六〕『中』字下底卷原抄作『邊』字，後於『邊』字右側行縫中補抄『閒』字，此當爲改字，今徑改録作『閒』字，然《悉曇藏》卷二所載與底卷相似之文字則作『中邊左右，斜正交加』(《大正藏》第八十四册，頁三八二下)，可參。

〔七〕『取』字置此不辭，饒宗頤《鳩摩羅什〈通韻〉箋》以爲『取』當爲『耶』字形訛，『耶即邪(長龍按：『耶』爲『邪』之俗字)，此處宜讀作「斜」』，義長，茲爲校改。

〔八〕於句法言，底卷本句『而』字前缺動詞，且與前句『无一字而不著』失對，《悉曇藏》卷二所引相似之句作『梵漢雙譯』(《大正藏》第八十四册，頁三八二下)；另外底卷後段言及『胡音漢音』，亦未三者並舉，其所謂

『胡音』亦即『梵音』，《悉曇藏》卷二所載與底卷下文相似之文字則作『兼梵言兼漢語』（《大正藏》第八十四册，頁三八二下），故疑此『胡梵漢』之『胡』字爲『和』之借字；又《箋二》卌五琰韻『广』字注『胡巖爲室』，其『胡』字乃『因』字形訛（『因』俗字或作『囙』），亦疑底卷『胡』爲『因』字之訛，俟考。

〔九〕『一』字下底卷抄作『聲』字，後於『聲』字右側行縫中補抄『字』字，此當爲改字，今徑改録作『字』字。

〔一〇〕『侯』字乃『侯』字俗寫或『隻』字俗作，《索引》、《索引新編》、《提要》、《英藏敦煌社會歷史文獻釋録》皆録作『侯』，饒宗頤《鳩摩羅什〈通韻〉箋》因日本高野山三寶院藏寶曆五年僧行願翻刻本《涅槃經・文字品》所載之『悉曇羅文』序文同句作『隻』字而校録作『隻』，按『單行獨侯』（『行』音户庚切，『侯』通『候』）似有不辭之嫌，而『單行獨隻』（『行』音胡郎切）則於義稍長，姑從録之。

〔一一〕『掇』字『悉曇羅文』作『綴』，可參。

〔一二〕『雲』當爲『云』字假借。

〔一三〕『初二字』譚世寶疑『二』爲『半』字之訛，然空海《梵字悉曇字母釋義》『阿』字下云：『阿字者是一切法教之本，凡最初開口之音皆阿聲，若離阿聲則無一切言説，故爲衆聲之母，又爲衆字根本，又一切諸法本不生義，内外諸教皆從此字而出生也。』而『阿』字有長短二種音（空海書謂之上聲呼和去聲長引呼），彼時以字記音，故謂二字，疑底卷『初二字』所指即此。

〔一四〕『地』字饒宗頤依文意校改作『他』，義通，兹從之，底卷形訛。

〔一五〕『時』字『悉曇羅文』作『則』，可參。

〔一六〕『或』字下《索引》承前補一『時』字，於文意爲順，又參前校，兹爲擬補一個脱字符。

〔一七〕『耶』爲『邪』的俗字。

〔一八〕『晈』當爲『交』之借字。

〔一九〕『殃』字當爲『央』之借字。

〔三〇〕二『紉』字皆『紐』字形訛，『曇章羅文』及《悉曇藏》卷二所載與此相似的文字皆作『紐』字（《大正藏》第八十四册，頁三八二下），饒宗頤據校，兹從之。

〔三一〕此句下『悉曇羅文』及《悉曇藏》卷二所載與此相似的文字中皆有『有單有複』一語，可參。

〔三二〕『愕』當爲『腭』之借字。《索引》、《索引新編》校點作『咽喉牙齒，咀嚼舌愕，脣端之呼吸』（按『之』字底卷已用墨點删去，此不當録入），可參。

〔三三〕『輪轉』疑爲『轉輪』之倒。

歸三十字母例

斯五一二

【題解】

底卷編號爲斯五一二，存一紙，正面書十二行字，其中首行題名作『歸三十字母例』，正文前八行（行三欄）與後三行（行二欄）間有半行留空；背面書一行字，作『三十字母敲韻』。姜亮夫《大英博物館藏敦煌寫本卷子S五一二卷歸三十字母例跋》（《經世季刊》第二卷第一期，一九四一）云：『切字要法爲先唐以前代傳之字母，標舉二字，以體語之法，説明字母者也。而此卷則舉字母冠首，各舉同聲四字以韻緯之，蓋所以便肄習，當即卷子後面之所謂「敲韻」者也。』唯底卷之抄寫行款如此，致其面世以來諸家迻録時之排列方式多歧，唯其以『端』組爲始的排序與北圖六二八〇背所抄内容合，今仍略據原抄格式録定，俾便學人之進一步解讀。

底卷的排列方式是以聲紐爲經以韻部爲緯（例字所屬韻部或有例外，如群紐第三字蹇等），略似韻圖，唯未出韻部而已。《周韻》指出：『原書爲唐人所作，但確切年代不可知。在現存的唐人著作中只有德宗貞元間沙門智廣所作《悉曇字記》内有「字母」的名稱，而端透定泥等三十字母的名目，在唐人書中還不曾發現有記載。』（頁九五五）他又在《讀守温韻學殘卷後記》中謂晚唐守温所述之韻學殘卷（即伯二〇一二背）不會早於歸三十字母例（《問學集》，中華書局一九六六），則底卷之作，或在中晚唐之際。底卷『民』字不諱，或又示其抄於敦煌陷蕃之際。魏建功《切韻韻目次第考源》（《北京大學學報》一九五七年第四期）認爲《切韻》韻字排序與此底卷字母排序相合，似乎又表明此類字母例之思考或於先唐已有之。

日本濱田耕作最早據原卷録文（《大英國博物館スタイン氏發掘品過眼録（下）》，《東洋學報》第八卷第四號，一九一八），後羅常培《敦煌寫本守温韻學殘卷跋》（《中央研究院歷史語言研究所集刊》第三卷第二期，一九三一）、姜亮夫《大英博物馆藏敦煌寫本卷子S五一二卷歸三十字母例跋》及《姜韻》、《索引》、《周韻》、《提要》、《索引新編》、郝春文《英藏敦煌社會歷史文獻釋録》第二卷等皆有録文，《潘韻》別録還曾據原卷對《姜韻》有所校訂。諸家皆從底卷首行題名定其名作『歸三十字母例』，唯《周韻》謂其『很像是某種辨析聲韻的書中的一段』（頁九五五），按此蓋從某切韻法或韻圖類書中抄出，故名曰『例』，詳後『切韻法』卷。然當時之人即已不知其所出，故或於其卷背補題名作『敲韻』。姑從諸家擬名作『歸三十字母例』。

另外，《姜韻考釋》論部、《周韻》考釋篇皆對底卷有所校訂和研究，特別是黃耀堃《試論〈歸三十字母例〉在韻學史的地位》（《黃耀堃語言學論文集》，鳳凰出版社二〇〇四）論之尤詳。今據《寶藏》及《英藏》録文於後。另附寫卷圖版於首，以資比勘。

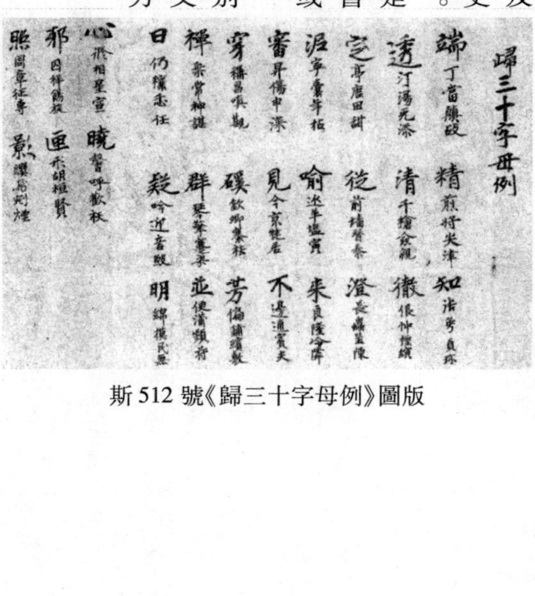

斯512號《歸三十字母例》圖版

歸三十字母例

端丁當顛跂〔一〕	精煎將尖津	知张[illegible]（衷）貞珍〔二〕
透汀湯光（天）添〔三〕	清千槍僉親	徹伥忡檉縯（縝）〔四〕
定亭唐田甜	從前牆晉秦	澄長蟲呈陳
泥寕（寧）囊年拈	喻延羊塩（鹽）寅	来良隆冷隣
審昇傷申深	見今京犍居	不邊逋賓夫
穿稱昌嗔覘	磎欽卿褰祛〔五〕	芳偏鋪繽敷
禪乘常神諶	群琴擎蹇渠	並便蒲頻苻

日仍穰忎任　疑吟迎音（言）敏〔六〕　明綿摸民無

心修相星宣　曉馨呼歡祆

邪囚祥餳旋　匣形胡桓賢

照周章征專　影纓烏剜煙

三十字母敲韻〔七〕

【校記】

〔一〕『顛』爲『顛』字右旁涉左旁類化之俗字，參《敦煌俗字研究》下編頁部『顛』字條考釋。

〔二〕『[illegible]』字諸家録文皆照摹或作缺字符，《姜韻考釋》論部十九考底卷每一字母下所列四個例字，其同一發音部位下例字所屬韻部相同，如本條所在之舌頭音，其第一字『張』、『倀』、『長』、『良』同屬平聲陽韻，第二字若『忡』、『蟲』、『隆』皆屬平聲東韻，而『衷』字亦屬平聲東韻，與另三字諧，因論此字『或爲「衷」誤』，《周韻》徑録作『衷』字，郝春文《英藏敦煌社會歷史文獻釋録》從之，然此字字形殊異，姑從校補作『衷』字。

〔三〕『兂』字諸家多録作『天』字，是，按『天』字魏碑或作『兗』形（秦公《碑别字新編》頁六），《玉篇·一部》載有『天』字二古文形體作『兂』、『宄』形，此蓋並由『天』字篆文俗變隸定而成。四庫文淵閣本《切韻指掌圖》檢例前附明邵光祖撰序言：『每音有四等，全清、次清、全濁、不清不濁，如顛天田年是也；字有平上去入四聲，如幫榜謗博是也；字有四等輕重，如高交驕驍是也。』其『顛天田年』四字與底卷端組四紐例字之第二字同，亦可證『兂』即『天』之别作也。

〔四〕『縯』隸喻紐，置此非聲，《姜韻考釋》論部十九考此字爲『縝』字之誤，《周韻》徑改録作『縝』，底卷形訛，茲從校改。

〔五〕『褰』字《姜韻考釋》依文例考其當爲元韻『蹇』字形訛，可參。

〔六〕『䛠』爲『言』字篆文隸定的或體字之一。

〔七〕此六字原抄於卷背。

敲韻

北六二八〇（雨五一）背

【題解】

底卷編號爲北六二八〇（雨五一）背（正面爲觀音經注釋），存九行字，未抄完，蓋屬習字之作。其中前三行與四至六行全同（唯第三行下比第六行少抄四字），且前三行在行款上比後六行高出約半個字，故今於録文中不重出前三行内容。

底卷的排列方式是横抄聲紐而縱書韻部（例字所屬韻部或有例外，如泥紐下之農字、透紐下之毌字等），與前之『歸三十字母例』同，只不過『歸三十字母例』例字少且未出韻部名而已，今亦略據原抄格式録定，俾便學人之進一步解讀。《寶藏》擬其名作『聲母雙聲字表』，《索引新編》從之，《周韻》擬作『字母例字』，今從前斯五一二背之題名擬作『敲韻』（詳前卷題解）。

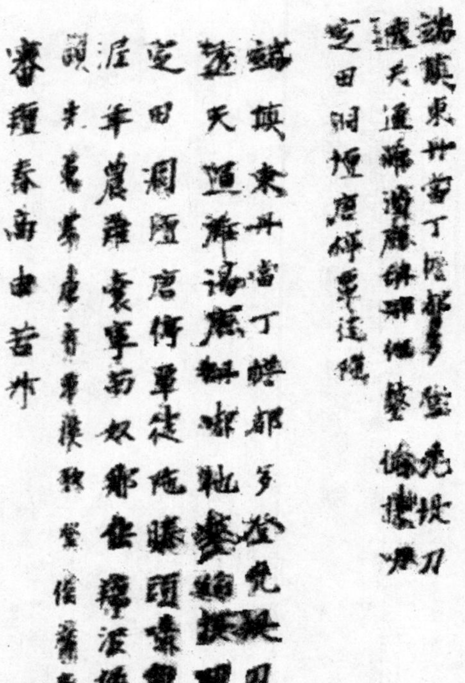

北 6280 號《敲韻》圖版

許國霖《敦煌石室寫經題記與敦煌雜録》（一九三六年鉛印本）最早據原卷録文，《周韻》因而校訂之。今據

《寶藏》録文。另附寫卷圖版於前，以資比勘。

端顛東丹當丁擔都多登兜堤刀〔一〕
透天通灘湯廳甜嘟他鑿偷提叨
定田洞壇唐停覃徒陁騰頭啼匋
泥年農難囊寧南奴那能糯泥猱
韻先東寒唐青覃模歌登侯齊豪
審羶春商申苦升〔二〕

（後缺）

【校記】

〔一〕『顛』爲『顛』字右旁涉左旁類化之俗字，參《敦煌俗字研究》下編頁部『顛』字條考釋。

〔二〕『苦』底卷本作『苦』，然『苦』字置此非聲，《周韻》已揭此當爲『苦』字之訛，爲保持原表格式，兹爲徑改。

韻關辯清濁明鏡

伯五〇〇六

【題解】

底卷編號爲伯五〇〇六，存一紙，正反抄。正面八行，殘存序例及平聲下二十八個韻目字、上聲五十一個韻目字之前部分，其中序例末作小字書『韻關辯清濁明鏡一卷』；反面六行，殘存上聲韻目字後部分及『去聲五十六韻』之題名，正反相銜，中間不缺行。

《姜韻》最早據原卷録名作『韻關辯清濁明鏡』，《索引》、《索引新編》、《周韻》、《潘韻》並同。《韻關辯清濁明鏡》一書官私目録未見所載，《宋史·藝文志一》載有僧師悦《韻關》一卷及僧守温《清濁韻鈐》一卷，《通志·藝文略第二》載有僧行慶《定清濁韻鈐》一卷，蓋皆與底卷所作相似者。《元史·釋老傳》載元世祖忽必烈之國師帕克斯巴曾奉命製蒙古新字，『其字僅千餘，其母凡四十有一，其相關紐而成字者，則有韻關之法；其以二合三合四合而成字者，則有語韻之法，而大要則以諧聲爲宗也』，其中『韻關』之法蓋即言如何以單輔音與韻母紐結相拼而成字，與底卷序例論反切之意合。今從定名作『韻關辯清濁明鏡』。

《姜韻》最早據原卷録文，并作考釋以論其大要，以爲底卷『字極劣而多誤』，『蓋學徒習字之紙』，『以字體、紙質論之，必不前於晚唐，然以韻部論之，蓋仍存孫愐以前之舊者』。後《潘韻》復據原卷對《姜韻》録文有所

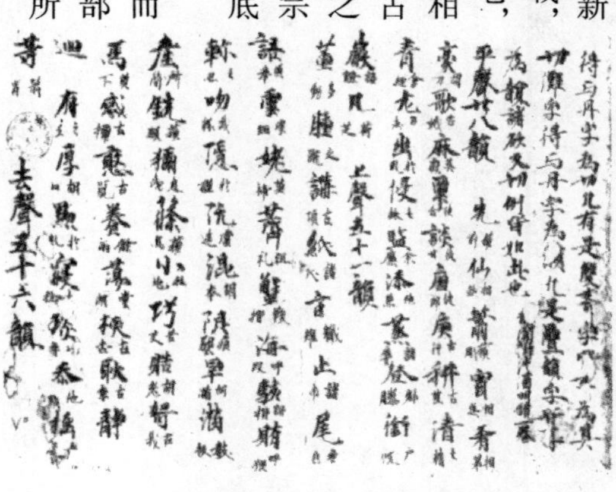
平聲廿八韻
上聲五十一韻
去聲五十六韻

伯5006號《韻關辯清濁明鏡》圖版

勘正,《周韻》又因膠片作考釋文字,以底卷所著韻目及切語與《箋二》相較,以爲可全相合,『據此可知本書即以陸法言書爲根據,時代可能早於守温』(頁九五五)。今據《法藏》録文,并參敦煌本韻書《箋二》、《箋九》及傳世本韻書《王二》、《廣韻》等校録於後。另附寫卷圖版於前,以資比勘。

(前缺)

得与丹字爲切,凡有是雙聲〔一〕字,皆▨(互)〔二〕爲其切;灘字得与丹字爲韻,凡是疊韻字,皆手(互)〔三〕爲韻。諸欲反切,例皆如此也。《韻關辯清濁明鏡》一卷。

平聲廿八韻

先蘇前。仙相然。簫蘇彫。宵相焦。肴相(胡)茅。〔四〕豪胡刀。歌古娥。麻莫霞。覃徒合(含)。〔五〕談徒甘。[□□□]。〔六〕唐徒郎。庚古行。耕古莖。清七精。青倉經。尤丑(羽)求。〔七〕[□□□]。〔八〕幽於虬。侵七林。監余廉。添他兼。〔九〕蒸諸膺。登都滕。[□□□]。〔一〇〕銜户濫(監)。〔一一〕巖(嚴)語驗。〔一二〕凡荷(苻)芝。〔一三〕

上聲五十一韻

董多動。腫之隴。講古項。紙諸氏。旨職雉。止諸市。尾無匪。語魚舉。虞(麌)虞矩。〔一四〕姥莫補。薺徂礼。蟹鞍(鞵)揩(買)。〔一五〕海呼改。〔一六〕駭諧揩(楷)。賄呼猥。軫之忍。吻武粉。隱於謹。阮虞遠。混胡本。限(佷)痕墾。〔一七〕旱何滿。潸數扳(板)。産所簡。銑蘇顯。獮息淺。篠蘇鳥。小私兆。巧苦交(絞)。〔一八〕䶘(晧)胡老。〔一九〕哿古我。馬奂(莫)下。〔二〇〕感古撢(禫)。〔二一〕憨(敢)古覽。〔二二〕養餘兩。蕩堂朗。梗古杏。耿古幸。静□□。〔二三〕迴(迥)□□。〔二四〕有云久。厚胡口。黝於糺。寑(寝)七稔。〔二五〕琰以冉。〔二六〕忝他點。〔二七〕極(拯)烝▨(之)上蠢。〔二八〕等箭(多)肯。〔二九〕[□□□。□□□。□□□□□。]〔三〇〕

去聲五十六韻

（後缺）

【校記】

〔一〕『耷』字字書未見有載，依文例知此當爲『聲』之訛俗字。

〔二〕殘字底卷存上部筆畫，準下疊韻字之句知此當爲『互』之俗字『㸦』字形殘，故據校補。

〔三〕『㸦』字中間底卷略殘，《潘韻》指出『「㸦」蓋「互」字』，甚是。

〔四〕『胥』字反語《箋二》、《箋九》、《王二》、《廣韻》皆作『胡茅』，底卷蓋承前一反語而訛，茲據校改。

〔五〕『合』字置此非韻，《箋二》、《箋九》、《廣韻》皆作『含』字，底卷形訛，《姜韻》徑録作『含』。

〔六〕依文例（卷題言『平聲廿八韻』，底卷計脱抄三條内容）及《箋二》、《箋九》、《王二》、《廣韻》等所載，此處當脱抄『陽，与章』一條文字，茲從擬補三個脱字符。

〔七〕反語上字《箋二》、《箋九》、《王一》作『雨』，《王二》、《廣韻》作『羽』，『雨』『羽』同爲喻母三等字，底卷疑當爲『羽』字形訛，姑據校改。

〔八〕依文例及《箋二》、《箋九》、《王二》、《廣韻》等所載，此處當脱抄『侯，胡溝』一條文字，茲從擬補三個脱字符。

〔九〕反語下字《箋二》、《箋九》、《王二》皆作『膺』，『膺』爲『應』之俗字，『應』『膺』聲韻並同。

〔一〇〕依文例及《箋二》、《箋九》、《王二》、《廣韻》等所載，此處當脱抄『咸，胡讒』一條文字，茲從擬補三個脱字符。

〔一一〕『濫』字非韻，《箋二》、《箋九》、《王二》、《廣韻》反語下字皆作『監』，底卷誤增『氵』旁，茲據校改。

〔一二〕『巗』爲『銜』韻字，《箋二》、《箋九》、《王二》、《廣韻》『銜』下之韻目字皆作『嚴』，底卷誤增『山』旁，茲據校改。

〔一三〕『荷』字非聲，考《箋二》、《箋九》、《王二》、《廣韻》反語上字皆作『苻』或『符』，底卷當即『苻』字形訛，茲據校改。

〔一四〕反語上字與被注字同，不合文例，檢《箋二》、《箋九》、《王二》、《廣韻》韻目字同作『麌』，底卷韻目字蓋蒙反語上字誤，茲據校改。

〔一五〕『鞍』字非聲，《箋九》、《王二》作『鞵』，《箋二》、《廣韻》作『鞋』，『鞋』爲『鞵』之俗字，底卷所作當即『鞵』字形訛，茲據校改。又反語下字諸本皆作『買』，底卷蓋蒙下條『駭』之反語下字而訛（底卷誤抄於『海』字條下），今同據校改。

〔一六〕本條《箋二》、《箋九》、《王二》、《廣韻》皆在『賄』字條下，底卷蓋誤以此接抄於『蟹』字條下後，又覺而補抄『駭』、『賄』二條於本條下。

〔一七〕『限』音非『痕墾反』，檢《箋二》、《箋九》、《王二》韻目字皆作『佷』，《廣韻》作『很』，『很』『佷』正俗字，按『阝』旁俗寫或作近似『亻』形，底卷抄者蓋又誤爲回改，茲據校正。

〔一八〕『交』爲平聲字，置此非韻，《箋二》、《箋九》、《王二》、《廣韻》反語下字皆作『絞』，底卷誤脱『糸』旁，茲據校改。

〔一九〕韻目字《箋二》、《箋九》、《王二》、《廣韻》皆作『晧』，底卷俗訛，茲據校改。

〔二〇〕『奂』爲『魚』之俗字，置此非聲，《箋二》、《箋九》、《王二》、《廣韻》反語上字皆作『莫』，底卷形訛，茲據校改。

〔二一〕『撢』字非韻，茲據《箋二》、《箋九》、《王二》、《廣韻》校改作『禫』，底卷形訛。

〔二二〕『憨』非上聲字，考《箋二》、《箋九》、《王二》、《廣韻》韻目字皆作『敢』，是底卷誤增『心』旁，茲據校改。

〔二三〕反語缺字底卷漫滅，《箋二》、《箋九》、《王二》、《廣韻》皆作『疾郢』，底卷當可據補。

〔二四〕『迴』字非上聲，《箋二》、《箋九》、《王二》、《廣韻》韻目字皆作『迥』，底卷形訛，茲據校改。又反語缺字底卷漫滅，諸本皆作「户鼎」，當可據補。

〔二五〕「七」字右下部底卷略殘，此參《箋二》、《箋九》、《王二》、《廣韻》録定。

〔二六〕「以」字右上部底卷略殘，此參《箋二》、《箋九》、《王二》、《廣韻》録定。

〔二七〕反語下字《箋二》、《箋九》、《王二》皆作「玷」，《廣韻》與底卷同作「點」，可參。

〔二八〕「極」字非上聲，《箋二》、《王二》韻目字作「拯」，《箋九》、《廣韻》作「拯」，「拯」「拯」正俗字，底卷形訛，茲據校改作「拯」字。又殘字底卷存下部少許筆畫，茲參諸本補作「之」字。又「𦗚」爲「聲」之訛俗字，參前校記〔一〕。

〔二九〕「箭」字非聲，反語上字《箋二》、《箋九》、《王二》、《廣韻》皆作「多」，底卷當誤，唯其致誤之因不得而知，姑爲校改。

〔三〇〕卷目標數作「五十一韻」，而底卷所抄録實爲四十八韻，參酌《箋二》、《箋九》、《王二》及《廣韻》，底卷「等」字條下當有「𧾺，下斬。檻，胡黤。范，凡之上𦗚」三條内容脱抄，茲據擬補十一個脱字符。

切韻法

伯二〇一二背

【題解】

底卷編號爲伯二〇一二背（此從《法藏》所論，其正面爲白畫曼陀羅菩薩等設色稿），原作分爲上中下三截，單面抄。其中上截與中截文字方向向右，分居一佛教畫像『三界九地之圖』草稿長卷的兩端，下截與中截相拼接，然其文字方向向左，與上、中截不同。上截前部與下截字迹略似，但恐亦非同一書手所爲，中截文字多作草書，但與上截後部筆意略似。此三截蓋繪圖者把一些紙張（包括部分單面書寫的所謂廢紙）粘合起來作繪圖草紙，如此則《法藏》所謂的正面可能事實上是反面，而抄有韻書的所在面倒可能是真正的正面。上截自首行『南梁漢比丘守温述』至入聲『覓，錫』條間計存二十三行，中截自『精清從心邪』所在行至『舉一例諸也』間計存十行，下截自小目『兩字同一韻憑切定端的例』至『飜翻幡，芳▨反』間計存二十九行。上截小目及例字上多加有雲氣形符號標識；下截則多作墨圈形標識，且於例字、反語間別加斜竪綫以爲分隔。

劉復於《敦煌掇瑣》中最早爲底卷擬名作『守温撰論字音之書』，且依底卷之上、中、下三截之序抄成一帙，羅常培後撰文稱之爲『守温韻學殘卷』（《敦煌寫本守温韻學殘卷跋》，《國立中央研究院歷史語言研究所集刊》第三本第二分册，一九三二），《潘韻》、《周韻》承用此名；《伯目》未及此，《索引》述爲『背有韻書兩節，一題「南梁漢比丘守温述」』，《索引新編》同，《寶藏》擬名作『守温五音及定四等輕重音、聲韻條例』，日本河村孝照、柿市里子編《敦煌文獻目録》（漢文文獻編索引上卷）（東洋大學東洋學研究所，一九九一）録名作『守温及定四等輕重音・聲韻条例』，《法藏》擬名作『定四等重輕兼辯聲韻不和無字可切門』（上、下截）和『韻書』（中截）二種。今較諸《韻鏡》、《切韻指掌圖》之圖前例説及《盧宗邁切韻法》所論，底卷内容與之略合，《盧宗邁切韻法》之盧氏跋語云：『若按圖調切，則有平上去入四法；横念則有隨清濁歸韻法；隨平仄四聲念，則有四等重輕法；又有兩字反切歸其字者，爲之切韻法。相爲表裏，則是切韻有四法也。』（轉自魯國堯《〈盧宗邁切韻法〉述論》，載《魯國堯語言學論文集》，江蘇教育出版社二〇〇三，頁三三五—三三六）故從擬名作『切韻法』。又參前所揭諸書文例及底卷抄寫特徵，底卷原抄三截之序當作下、上、中，故今之録文次序亦有所調整。

劉復《敦煌掇瑣》最早據原卷録文，其後《潘韻》別録又據原卷對之加以校勘和新抄，《周韻》亦據膠片對《敦煌掇瑣》録文有所校訂。羅常培《敦煌寫本守温韻學殘卷跋》最早對此卷加以研究，其後岡井慎吾《僧守溫の撰べる〈論字音之書〉の研究》（《斯文》第十八卷第十期，一九三四）、趙蔭棠《守温韻學殘卷後記》（《等韻源流》商務印書館一九五七）、周祖謨《讀〈守温韻學殘卷〉後記》（《問學集》中華書局一九六六）、孔仲温《敦煌守温韻學殘卷析論》（《中華學苑》第三十四期，一九八六）、遠藤光曉《敦煌文書P．2012〈守温韻學殘卷〉について》（《論集》第二十九號，一九八八）等，皆對底卷有所考證和討論。劉復據底卷之紙色及字蹟斷其爲唐季寫本，羅常培又據底卷論四等重輕例之切韻用字等助成其説，孔仲温別據底卷之切語用字與敦煌本及《廣韻》、《説文解字篆韻譜》中的小韻切語比較，以爲其切語『應屬切韻一系，并且較接近《廣韻》』，而益證唐季之論。

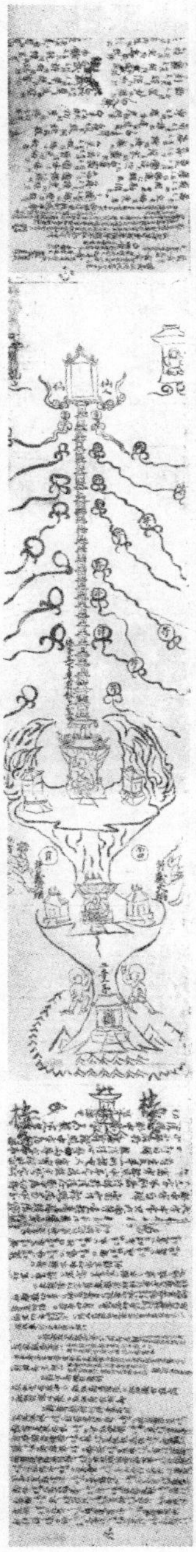

伯2012背《切韻法》圖版

今據《法藏》録文，并參考傳世韻書《王二》、《廣韻》等及相關韻學著述如《切韻指掌圖》、《韻鏡》等校録於後。另附寫卷圖版於前，以資比勘。

（前缺）

兩字同一韻憑切定端的例

諸章魚反。辰常隣反。禪市連反。朱章俱反。承署陵反。賞書兩反。菹側魚反。神食隣反。潺士連反。傷庄（莊）俱反。繩食隣（陵）反。〔一〕爽踈兩反。

聲韻不和切字不得例

切生。聖僧。床高。書堂。樹木。草鞋。仙客。

夫類隔切字有數般，須細辯輕重方乃明之引例於後

如都教切罩、他孟切掌、徒幸切瑒〔二〕此是舌頭舌上隔。如方美切鄙、芳逼切愊、苻巾切貧、武悲切眉此是切輕韻重隔。如疋（匹）問切忿、鋤里切士此是切重韻輕隔。恐人只以端知、透徹、定澄等字爲類隔，迷於此理，故舉例耳，更須子細。〔三〕

詩云『在家疑是客，别國却爲親』〔四〕多見上流不明此語，身説多般，〔五〕故註釋於後。在家疑是客即是類隔傍韻切也。如韻中都江切椿字，迷者言都字帰端字，椿字帰知字。云眷屬不用，字生疑或，不知端字与知字俱是一家。家〔□〕，〔六〕故言『在家疑是客』也。别國却爲親緣都字帰端字，椿字帰知字，帰處不同，便成别國，雖帰處不同，其切椿字是的親。〔□〕之，〔七〕故言『别國却爲親』也。

辯官（宮）商徵羽角例

欲知宮，舌居中。欲知商，口開張。〔八〕欲知徵，舌拄齒。欲知羽，撮口聚。欲知角，舌縮却。

辯聲韻相似帰處不同

不〔九〕 風颯偑方戎反。 封葑圭犎封府容反。〔一〇〕 飛扇（扉）緋非斐甫微反。〔一一〕 跗膚夫趺鳺鈇甫無反。 分兮坌饙府文反。〔一二〕 叓（覂）方勇反。〔一三〕 匪棐膥篚非尾反。 甫斧俯府俌腑方矩反。 粉方吻反。 反阪皈返坂府

遠反。 腠(腠)膚妃(犯)反。〔一四〕 諷方鳳反。 沸疿誹方未反。〔一五〕 癈(廢)癈方肺反。〔一六〕 販畈方願反。 富方副反。
付賦傅方遇反。〔一七〕 福腹複幅輻蝠踾輹方六反。 弗紱颷黻綍不郙由第分勿反。 髮發犮颰方伐反。〔一八〕 呼紑
鴀不甫鳩反。〔一九〕 糞奮方問反。 方邡枋坊匚肪趽府▨(良)反。〔二〇〕 蕃藩匪垣反。〔二一〕

芳 豊(豐)豊酆灃僼敷融反。〔二二〕 峯鋒蜂烽敷容反。 霏妃菲芳非反。 敷麩孚鄜俘芳無反。 芩(芬)芩紛氛
撫文反。〔二三〕 棒(捀)敷隴反。 斐悱棐蜚(騑)敷尾反。〔二四〕 弣方(芳)武反。〔二五〕 忿鼢敷粉反。 釩峯妃(范)反。〔二六〕 賵
麷敷鳳反。 費髴方(芳)未反。 肺柿方(芳)癈反。 娩娩仮疲(疲)娩芳万反。〔二七〕 赴訃芳遇反。 蝮覆複傷(垠)芳
福反。〔二八〕 拂拂(怫)茀刜艴祓鬒髴敷勿反。〔二九〕 怖拂伐反。 忿濆芳問反。〔三〇〕 芳妨滂敷方反。 飜翻旛芳▨
(袁)反。〔三一〕

(中缺)

南梁漢比丘守温述〔三二〕

脣音不芳並明。

舌音端透定泥是舌頭音，知徹澄日是舌上音。

牙音見君溪(溪)群來疑等字是也。〔三三〕

齒音精清從是齒頭音，審穿禪照是正齒音。

喉音心邪曉是諠(喉)中音，清，匣喻影亦是喉中音，濁。〔三四〕

定四等重輕兼辯聲韻不和無字可切門

高此是喉音中濁，於四等中是弟一字，与歸審穿禪照等字不和，若將審穿禪照中字爲切，將高字爲韻，定無字可切，但是四等喉音弟一字，揔如高字例也。

交此字是四等中弟二字，与歸精清從心邪中字不和，若將精清從心邪中字爲切，〔三五〕將交字爲韻，定無字可切，但是四等弟二字，

惣如交字例也。審高反、精交反，是例諸字也。

四等重輕例

平聲〔三六〕　高古豪反、交肴、嬌宵、澆蕭。　擔〔三七〕都甘反、鴿〔三八〕咸、霑塩、战添。
觀古桓反、関删〔三九〕、勬宣、涓先。　丹多寒反、譠〔四〇〕山、邅仙、顛〔四一〕先。
樓落侯反〔四二〕、無⃝小大、流尤、鏐幽。　晦亡侯反〔四三〕、無⃝大、謀尤、繆幽。
裒薄侯反、無⃝小、浮尤、滮幽〔四四〕。　齁呼侯反、無⃝小、休尤、烋幽。

上聲　蘇歌旱反〔四五〕、簡産、蹇獮、蠒銑。　満莫伴反、巒潸〔四六〕、免選、緬獮。
埯烏敢反、黤檻、掩〔四七〕琰、魘琰。　杲古老反、姣巧、矯小、皎篠。

去聲　旰古案反、諫韻〔四八〕、建願、見霰。　但徒旦反、綻襇、縺〔四九〕線、殿〔□〕〔五〇〕。
岸五旰反、鴈諫、彦線、硯霰。　半布判反緩〔五一〕、扮相〔五二〕、變線、遍借奇遍正上聲〔五三〕。

入聲　勒郎德反、礐〔五四〕麥、力職、歷錫。　北布德反、蘗麥、逼職、壁錫。
刻苦德反、緙麥、隙陌、喫錫。　裓古德反、革麥、棘職、擊〔五五〕錫。
䶨如德反、搦陌、匿職、溺錫。　忒他德反、坼陌、〔五六〕勑職、惕錫。
特徒德反、宅陌、直〔五七〕職、狄錫。　餩烏德反、餛陌、憶職、益昔。
▨（黑）呼德□、〔五八〕▨（赫）〔五九〕陌、▨（艴）〔六一〕職、赦錫。　墨莫德▨（反）、〔六〇〕麥麥韻、窨職、覔錫。

（中缺）

□▨▨▨▨▨▨（重輕聲歸例）〔六二〕

▨▨▨▨（精清從心）[六三]邪審穿禪照九字中，字只有兩等重輕聋（聲），歸精清從心邪中字与歸審穿禪照兩等中字弟一字不知（和）[六四]，若將歸精清從心邪中［□］[六五]爲切，將歸審穿禪照中弟一[六六]字爲韻，定無字何（可）□[六七]。尊生反，舉一例諸也。又審穿禪照中□[六八]，却与歸精清從心邪兩等字中弟□▨（字）不知（和）[六九]，若將審穿禪照中字爲切，將歸▨（精）[七〇]清從心邪中弟一字爲韻，定無字□[七一]切。生尊反，舉一例諸也。[七二]

【校記】

［一］『隣』字非韻，『繩』之反語下字《箋二》作『凌』，《王二》、《廣韻》作『陵』，『凌』、『陵』同音，底卷形訛，兹據校改。

［二］『幸』字《箋二》、《王二》、《廣韻》皆作『杏』，爲梗韻字，疑底卷音訛。

［三］『細』字下底卷有二似代字符形符號，做雙行注文排列，《敦煌掇瑣》、《潘韻》録作縱向排列形，不確，《周韻》已對《敦煌掇瑣》加以校正，《潘韻》又注云『即子細重文』，考底卷此段前加注文字下多於雙行注文首加雙墨圈或墨點，疑此即承加墨點而有些變形，致與代字符形似，故不具録。

［四］此所謂『詩』蓋指《古尊宿語録》卷四十五所載偈詩：『妙湛總持際，光明覺性身。在家疑是客，别國却爲親。漸誘終難信，高提復倍嗔。如今法末世，教我若爲人。』

［五］『身』字當爲『申』之通假字。

［六］『家』字置此於義有扞格，準下句注文，疑『家』下當脱『之』字，姑爲擬補一個脱字符。

［七］『之』字前準前句注文，疑其前脱抄『親』字，姑爲擬補一個脱字符。

［八］『口開張』《玉篇》後附『五音之圖』作『開口張』，底卷句法與另外諸音句法同，明潘之淙撰《書法離鈎》卷十『辨五音訣』所載亦與底卷同，疑《玉篇》誤倒。

〔九〕『不』字與『風』字間底卷加有一小墨圈，今遵録文例删去符號標識，然爲醒目，故於此聲紐下空一字接録。後『芳』字下同。

〔一〇〕『圭』當即『封』之古文『圭』的俗作字。

〔一一〕『扇』字依文例當爲從『非』聲之『扉』字形訛，《潘韻》已校，《廣韻》本小韻正收『扉』字，兹從改。

〔一二〕『兮』即『分』之草寫，此别作或體收入，與前『封』字别收古文形體相似。又『文』字底卷抄於一塗去的從『辶』旁字右側。

〔一三〕『叓』字《王二》、《廣韻》作『覂』形，《裴韻》下『乏』旁訛省作『之』形，《箋二》腫韻不載此字，底卷俗訛，兹據校改。

〔一四〕『腖』當爲『腇』字俗訛，兹據《廣韻》校改。又『妃』字前諸韻例皆爲上聲字，其後諸韻字皆爲去聲字，而『腇』於《廣韻》隸『范』韻，音『府犯切』，是此『妃』字當爲『犯』字形訛，故並據改。

〔一五〕『方』字底卷本作似『万』字形，然底卷字頭與反語間皆有一長捺形間隔符，蓋間隔符之下部與『方』上之點重合，故劉復録作『万』字，《周韻》校作『方』，《潘韻》徑録作『方』字，今從《潘韻》録定。

〔一六〕『癈』字重出，不合文例，檢《王二》、《裴韻》、《廣韻》『廢』大韻第一小韻首二字皆作『廢』、『癈』，俗寫『广』、『疒』二形或混，兹據校改前一『癈』字作『廢』。

〔一七〕依文例此條似應置於『方肺反』小韻前，或底卷抄去聲韻字時脱而補於此，其下是入聲例字。

〔一八〕『颰』字右上角筆畫底卷略有漫漶，此參《王一》、《廣韻》月韻『方伐反』小韻所作字形録定。

〔一九〕以下四小韻字皆非其序，疑爲脱抄後補於段末者。

〔二〇〕殘字底卷有些漫漶，僅可辨其大略，《周韻》蓋據《廣韻》校補作『良』字，隸陽韻，《潘韻》録作『倉』字，隸唐韻，考底卷本組字與《廣韻》府良切小韻字合，兹從《周韻》校補。

〔二一〕『垣』字底卷略有些漫漶，此從《潘韻》録定。

〔二二〕『豊』字及後諸字所從『豊』旁皆『豐』之俗字。又『豊』字重出不合文例，比較前『封』、『分』及後『芬』字條例，疑此亦收或體，姑參《王二》、《裴韻》、《廣韻》校改第一個『豊』作『豐』字。

〔二三〕『芀』字重出，不合文例，參諸前『分』字條例，知此當别收俗體，故據校改第一字作正體『芬』形。

〔二四〕『蜯』字字書未見所載，考《廣韻》尾韻『敷尾切』小韻有『䨊』字，疑底卷所作正此字形訛，兹姑據校改。

〔二五〕此類爲芳紐字組，其反語上字不應出現不紐字，考《廣韻》麌韻『弣』字反切上字正作『芳』，是底卷此處誤脱『艹』旁，兹據校改。後反語上字作『方』者同，皆徑校改作『芳』字，不再一一出校説明。

〔二六〕『妃』非『釩』字韻語，此當與前不紐『腇』字反語誤同，爲『犯』字形訛，《廣韻》范韻『釩』字音『峯犯切』，其切下字正作『犯』，兹據校改。

〔二七〕『疺』字《王二》、《裴韻》、《廣韻》願韻皆作『疲』形，合於形聲構字理據，底卷形訛，兹據校改。

〔二八〕『傷』字置此非韻，考《王一》、《蔣藏》、《廣韻》、《集韻》屋韻本小韻字唯『㑊』字與底卷字形接近，疑底卷『傷』字即『㑊』字形訛，姑據校改。

〔二九〕『拂』字重出，不合文例，檢《王二》、《廣韻》本小韻『拂』字下皆收有『怫』字，『巾』旁俗寫多作似『十』形，抄者蓋承前字而誤作『扌』旁，姑據校改。又『鬒』字《王一》、《廣韻》皆作『髫』形，蓋皆『髴』字因首飾義而别作之類化俗字。

〔三〇〕以下三族依文例失序，蓋抄者初脱抄而後補於此。

〔三一〕殘字底卷有些漫漶，《周韻》蓋據《廣韻》校補作『袁』字，兹從校補。

〔三二〕此下爲第二截。「南梁」羅常培《敦煌寫本守温韻學殘卷跋》認爲當是地名，《周韻》云：「唐蘭先生曾以《太平廣記》卷一百九十「温造」條爲證，認爲「南梁」應該就是興元，即現在的陝西南鄭縣，這種説法是完全可信的。」可參。

〔三三〕本條注文例字訛竄較多，如『君』字疑爲『群』字誤提前書，因旋覺而未抄右旁『羊』，但却未删誤置的半個

「君」字；接抄之「湲」又當爲「溪」字形訛，《敦煌掇瑣》、《周韻》皆徑録作「溪」字，《歸三十字母例》中「溪」字作或體「磎」形，茲爲校改；「來」字《周韻》考釋篇已指出爲傳抄之誤，當移入舌音「泥」紐下，底卷抄者之誤蓋與其所據抄之原卷的行款有關。

〔三四〕「心邪」二字《周韻》考釋篇已指出與前牙音「來」母同爲傳抄之誤，此當移入齒音「從」紐下。又「詼」字《敦煌掇瑣》、《周韻》録作「誰」，《潘韻》校云：「案劉復抄作「誰」，誤，原卷作「詼」，當是「喉」字。」《周韻》亦校改「誰」作「喉」字，茲從之。又「喻」字前底卷有一墨塗的似「喻」形字，蓋誤書而隨即删去者。

〔三五〕「心」字底卷初抄脱，後補於前行末，其字左側有箭頭形角號指向「從」、「邪」間，《敦煌掇瑣》、《周韻》皆徑録於「從」、「邪」間，茲從之。

〔三六〕四聲標目底卷本别行書（或亦有誤作連抄者，如平聲，後加引綫提出之，其引綫端處在「擔」字上，其處又書一「十」字形符號；又上聲亦作連抄，且未加别出之引綫），今爲統一格式，以别於若「四等重輕例」類别行録文之標題，故録此下級標題於段首，并與其後之正文空二字格，後上、去、入聲標目同。

〔三七〕「擔」爲「擔」之俗字，參張涌泉《敦煌俗字研究》下編言部「詹」字條考釋。

〔三八〕「鵮」字底卷作「鵮」形，按俗寫「臽」、「舀」二形多混而不分，《王一》、《裴韻》、《廣韻》咸韻皆作「鵮」形，合於形聲構字理據，茲從徑改。後涉及此類具有表格性質處的誤字，如可考定，皆爲徑改，而於注文中説明，以免改變排版時的行款格式。

〔三九〕注文「删」字前底卷有一塗抹的「那」形字，蓋初誤抄，後覺而删去。

〔四〇〕「譠」及下「邅」二字之右下角「旦」形部分底卷皆俗書作「豆」形，以「亶」形俗字或作「亶」，參張涌泉《敦煌俗字研究》下編亠部「亶」字條考釋，底卷又進而訛作「豆」形，茲皆徑爲録正。

〔四一〕「顛」爲「顛」字右旁涉左旁類化之俗字。

〔四二〕「侯」字底卷誤作「候」形，《敦煌掇瑣》、《周韻》皆録作「侯」字，茲從徑改。

〔四三〕「侯」字底卷誤作「候」形，兹據《廣韻》及底卷文例徑改録作「侯」字，其訛與前「樓」字下同。又「晦」字《廣韻》作「呣」，訓作「慮也」，《集韻》以之爲「謀」字或體，底卷所作蓋又「呣」之換旁俗字。

〔四四〕「泧」爲「淲」之俗字。

〔四五〕「早」字底卷誤作「早」形，《周韻》已校，與《王一》、《王二》、《廣韻》合，兹從徑改。

〔四六〕「潸」字底卷誤作「潸」形，兹據《切四》、《箋二》、《王一》、《廣韻》「轡」字所在大韻及《韻鏡》外轉第二十四圖徑改，底卷俗訛。

〔四七〕「掩」字《切韻指掌圖》第五圖作「奄」，亦標作琰韻；《韻鏡》外轉第四十圖則作「埯」字，標作儼韻。

〔四八〕「韻」字蓋表示「諫」字本身是個大韻代表字，此與後入聲「麥」字下注「麥韻」同，《潘韻》已指出「此注明諫乃韻部也」。

〔四九〕「纒」爲「纏」之俗字，參張涌泉《敦煌俗字研究》下編广部「廛」字條考釋。

〔五〇〕「殿」字下依文例脱抄記韻字「霰」，《敦煌掇瑣》及《周韻》皆録一缺字符，審底卷此處了無字痕，故爲擬補一個脱字符。

〔五一〕「緩」字置此與文例不諧，孔仲温於《敦煌守温韻學殘卷析論》一文中考證云：「此字應是『緩』或『換』字的訛形，觀其字形，似乎比較接近『緩』，但是『緩』韻是去聲『換』韻相承的上聲，此處屬去聲的地位，按理又應是『換』字的訛形。」可參。

〔五二〕「相」字置此與文例不合，《潘韻》謂「相，當作襉」，可參。

〔五三〕注文「遍」字底卷作代字符形，此依韻書録文例徑回改作字頭字。又此注文與其他韻字文例不諧，不詳。

〔五四〕「礐」字底卷俗省作「𥓓」形，兹參《廣韻》麥韻字録定。

〔五五〕「擊」爲「擊」之俗省字。

〔五六〕「坼」爲「坼」之俗字，參《箋二》校記〔一八六〇〕。又「陌」字底卷誤抄作「佰」形，兹參入聲文例徑爲校改。

〔五七〕『直』字底卷略有塗改，《敦煌掇瑣》、《周韻》皆録作『直』字，《切韻指掌圖》第十六圖、《韻鏡》外轉第四十二圖同，茲從録定。

〔五八〕殘字底卷存右側筆畫，《周韻》蓋參《廣韻》及《韻鏡》等校補作『黑』字，茲從之。又缺字底卷殘泐，可依文例補作『反』字。

〔五九〕殘字底卷存右部『赤』旁，《周韻》蓋據《廣韻》校補作『赫』字，茲從之。

〔六〇〕殘字底卷存右部『包』旁，《周韻》蓋據《廣韻》及《韻鏡》等校補作『䍖』字，茲從之，底卷右旁蓋爲『色』之俗作『包』（與包字俗作同）的錯誤回改。

〔六一〕『墨』字左部底卷略殘，然從其所存部分可推定此字爲『墨』，《敦煌掇瑣》、《周韻》皆徑録作『墨』字，茲從之。又注文殘字底卷存右側少許筆畫，茲依文例校補作『反』字。又殘字『反』下底卷亦似有一字之右側殘迹，疑不能決，《敦煌掇瑣》、《周韻》皆未録，姑從不爲具録。

〔六二〕此下爲第三截。殘字底卷皆存左側筆畫，《周韻》校云：『首二字爲「重輕」似無疑。』又其三、四字之殘形與下所書之『𧦝（聲）』、『帰』字左側形合，第五字與『例』字書形近，姑據校補五殘字作『重輕聲歸例』。又此五字居行首，依文意此似爲標題字，然其前所缺字不詳，疑或爲『辯』字等，今姑依本書行款録作獨立標題行。

〔六三〕四殘字底卷皆存左部筆畫，其中第一字存『米』旁，第二字可辨有『氵』旁，第三字可辨有『彳』旁，第四字可辨爲『心』字左部形，《敦煌掇瑣》、《周韻》、《潘韻》皆徑録作『精清從心』四字，茲從校補。

〔六四〕『知』字置此不辭，疑當爲『和』字形訛，前『定四等重輕兼辯聲韻不和無字可切門』之『交』字注文有『与歸精清從心邪中字不和』，句意與此略似，茲從校改。

〔六五〕『爲』字前依文例當有一『字』字，疑底卷脱抄，姑爲擬補一個脱字符。

〔六六〕『弟一』底卷作『一弟』，不辭，《敦煌掇瑣》、《周韻》徑改，底卷誤倒，茲從乙正。

〔六七〕『何』字依文例當爲『可』字之訛，姑據校改。又缺字底卷殘泐，可依文例補作『切』字，《敦煌掇瑣》、《周韻》皆徑補録『切』字。

〔六八〕缺字底卷殘泐，依文例可補作『字』字。

〔六九〕缺字底卷殘泐，可依文例補作『一』字，《敦煌掇瑣》、《周韻》、《潘韻》皆徑補録作『一』字。又殘字底卷存下部『子』旁，三書亦皆徑依文例録作『字』字，兹從校補。又『知』字置此不辭，其誤與前『歸精清從心邪中字与歸審穿禪照兩等中字弟一字不知』句同，參前校記〔六四〕，兹據校改。

〔七〇〕殘字底卷存下部少許筆畫，《敦煌掇瑣》、《周韻》、《潘韻》皆徑依文例録作『精』字，兹從校補。

〔七一〕缺字底卷殘泐，依文例可補作『可』字，《敦煌掇瑣》、《周韻》皆徑補録作『可』字。

〔七二〕底卷原抄止於此。

四聲譜（一）

俄敦四五三二

【題解】

底卷編號爲俄敦四五三二，殘存一『田』字形圖的左上部及圖左衹有二殘字的殘行，圖之四邊及四角抄有呈放射狀排列的文字，其中左邊文字完整，另有左上角及上邊殘文，中央及下邊各有一殘字的少許筆畫。其所存文字與傳世之空海《文鏡秘府論·調四聲譜》、安然《悉曇藏》卷二所引《四聲譜》及《韻鏡》、《切韻指掌圖》中的相關文字較爲一致，其中空海書『調四聲譜』云：『諸家調四聲譜，具例如左。平上去入配四方……凡四字一紐。或六字總歸一紐（入）：皇晃璜　鑊　禾禍和；滂旁傍　薄　婆泼紴；光廣珖　郭　戈果過；荒恍侊　霍　和火貨。上三字，下三字，紐屬中央一字，是故名爲總歸一入。』（王利器《文鏡秘府論校注》，中國社會科學出版社一九八三，頁二三—二五。中有訛字，安然書略同而文字有小異），承黃笑山先生賜告，底卷之

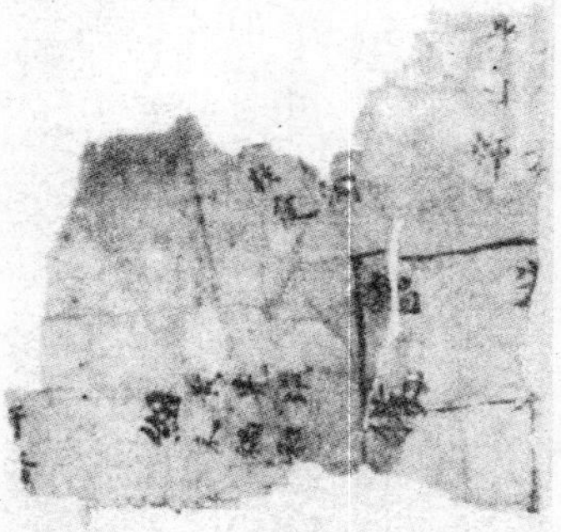

俄敦 4532《四聲譜》（一）原卷圖版

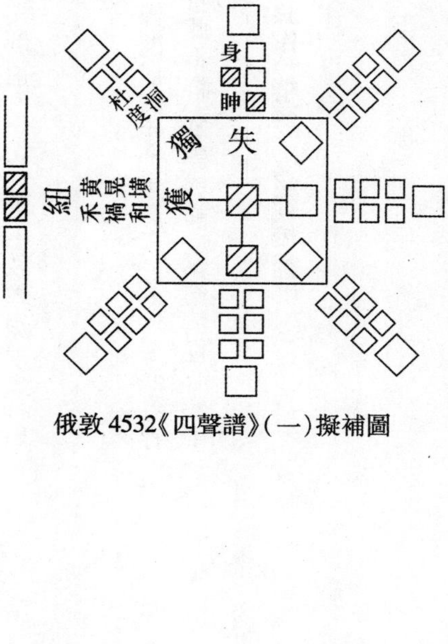

俄敦 4532《四聲譜》（一）擬補圖

圖雖較沈約的《四聲譜》稍有增益，然仍應屬同一類著述，蓋後出轉繁耳。姑從擬名作『四聲譜』（一）。

從底卷『度』字異於因循唐典之《廣韻》而合於『務從該廣』之《集韻》系韻書的情況（參魯國堯《〈盧宗邁切韻法〉述論》，載《魯國堯語言學論文集》，江蘇教育出版社二〇〇三，頁三四六）看，疑底卷之撰作時間亦當在唐末五代之際。

今據《俄藏》録文，并參傳世相關韻書如《文鏡秘府論》、《悉曇藏》所引及《韻鏡》、《切韻指掌圖》等校録於後。另附寫卷圖版及擬補圖於前，以資比勘。

（前缺）

紐 黄晃墴（撗），〔一〕禾禍和 獲〔二〕。 □□□洞，〔三〕□杜度 獨。〔四〕 □□□▨（狩），〔五〕身▨（矧）眒 失。〔六〕 □□□□，

□□□□。□□□□，□□□□。□□□□，□□□□。□□□□，□□□▨。〔七〕□□□□，□□□□。▨。〔八〕

▨▨〔九〕

（後缺）

【校記】

〔一〕『黄』字《文鏡秘府論·調四聲譜》及《悉曇藏》卷二引《四聲譜》作『皇』，《韻鏡》及《切韻指掌圖》與底卷同，按『黄』、『皇』同音。『墴』字不見載於字書，《文鏡秘府論·調四聲譜》誤作平聲之『璜』字，《悉曇藏》卷二引《四聲譜》則誤作『⿰言黄』形，後者亦不見載於字書，《切韻指掌圖》第十四圖作『攩』，《韻鏡》『内轉第三十二合』作『潢』，按『攩』、『潢』同音字，又檢《廣韻》及《集韻》去聲宕韻乎曠切（《集韻》作胡曠切）小韻皆收有『擴』字，爲『攩』字或體，而《集韻》同大韻古曠切小韻又以『撗』爲『擴』字通用字體，是底卷所作當即『撗』字形訛，茲據校改。

〔二〕『禾』字《文鏡秘府論・調四聲譜》及《悉曇藏》卷二引《四聲譜》同，《切韻指掌圖》第十二圖及《韻鏡》『内轉第二十八合』皆作『和』，按『禾』、『和』同音。又『獲』字《文鏡秘府論・調四聲譜》及《悉曇藏》卷二引《四聲譜》皆作『鑊』，《韻鏡》及《切韻指掌圖》與底卷略同（或作古同音通用字『穫』形），按『鑊』、『獲』同音。

〔三〕『洞』字前底卷殘泐，姑依前條文字擬補三個缺字符，其中第一個缺字當與前條同作『紐』字，下文各條首字同；後二缺字《切韻指掌圖》第二圖及《韻鏡》『内轉第一開』皆作『同動』，疑可據補。

〔四〕『杜』字前底卷殘泐，兹依文例擬補一個缺字符，《切韻指掌圖》第三圖及《韻鏡》『内轉第一開』皆作『徒』，疑可據補。又『度』字前揭二書皆作『渡』，《盧宗邁切韻法》與底卷同，按『渡』、『度』同音。

〔五〕殘字底卷僅存左側似『犭』形筆畫，其前殘泐，兹依底卷文例擬補三個缺字符，其中第一字依例蓋當作『紐』字。又考《切韻指掌圖》第四圖本條作『收手狩失』，《韻鏡》『内轉第三十七開』作『收首狩失』，其中『手』、『首』同音，底卷疑可參補，兹據校補殘字作『狩』。

〔六〕殘字底卷存右部一竪形筆畫，兹據《切韻指掌圖》第九圖和《韻鏡》『外轉第十七開』校補作『矧』字。又『身』字前揭二書皆作『申』，『申』、『身』同音。此下諸條底卷殘泐，兹依文例爲擬補諸缺字符。

〔七〕殘字底卷存上部少許點狀筆畫。

〔八〕殘字底卷居圖中央，存右部似『丿』形筆畫，疑或爲『入』字之殘，俟考。

〔九〕殘字前者底卷存右部『于』旁，後者存右部似『余』或『舍』等形殘畫，與右圖文字不同，或爲圖後所附之説明性文字。

四聲譜（二）

伯四七一五

【題解】

底卷編號爲伯四七一五，原存二片，《法藏》命之爲A、B，A片存『紐兒』等八字，B片存『紐羅』二字，審二片之字體皆同，當爲一卷之斷，唯中不相連耳。

底卷《索引》述作『殘紙二片（文字不多，各有一紐字，似爲卜筮書）』，《索引新編》簡述作『殘紙二片』，《法藏》疑其爲某種圖畫的題辭文字（graffitis），《法藏》名之曰『字音』，皆不爲確。今考底卷與前俄敦四五三二體式相同，是亦當爲『六字總歸一紐』的調四聲譜類作品，故準之擬名作『四聲譜』（二）。

今據《法藏》録文，并參傳世相關韻書如《悉曇藏》及《韻鏡》、《切韻指掌圖》等校録於後。另附寫卷圖版及擬補圖於首，以資比勘。

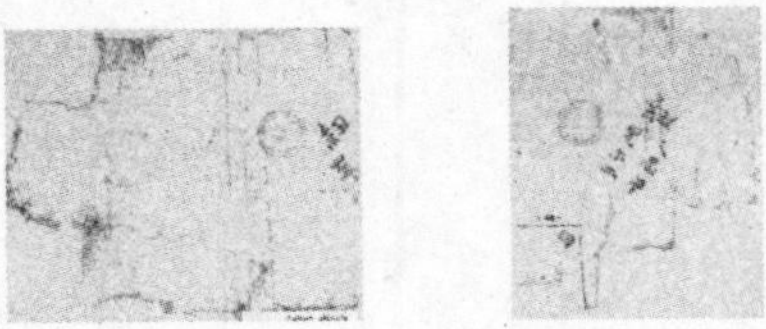

伯4715《四聲譜》（二）原卷圖版

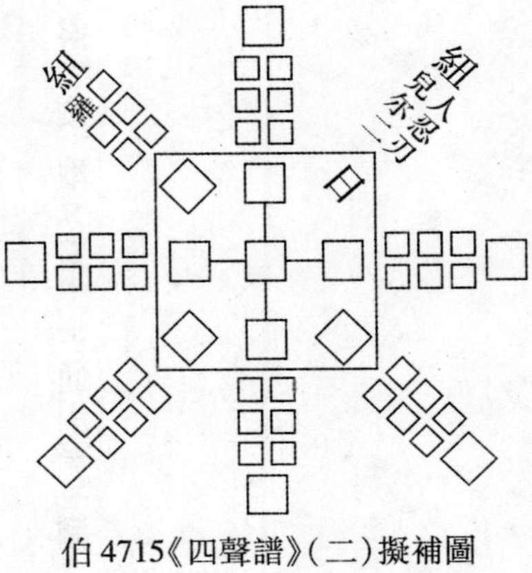

伯4715《四聲譜》（二）擬補圖

□□□□，□□□□。〔一〕紐□□□，羅□□□。〔二〕□□□□，□□□□。紐人忍刃，〔三〕兒尔二日。〔四〕□□□□，□□□□。□□□□，□□□□。□□□□，□□□□。□□□□，□□□□。□。

【校記】

〔一〕此參前《四聲譜》(一)例起於左首，故爲擬補八個缺字符，其中首字可依例補作「紐」字，後同。

〔二〕《切韻指掌圖》第十一圖有「羅攞邏剌」，《韻鏡》「第二十七合」作「羅砢邏」三字(「砢」當取「來可切」音)，疑底卷「羅」下三缺字可參《切韻指掌圖》補，又《切韻指掌圖》第十七圖有「來唻賴剌」，《韻鏡》「外轉第十三開」作「來釓賚」，疑「紐」字下三字亦可參《切韻指掌圖》補作「來唻賴」。

〔三〕「刃」字《悉曇藏》卷二引《韻詮·明義例》作「仞」，《切韻指掌圖》第九圖、《韻鏡》「外轉第十七開」並與底卷同，按「刃」、「仞」二字同音。

〔四〕「尒」字《切韻指掌圖》第十八圖作「耳」，《韻鏡》「内轉第四開合」作「爾」，按「爾」、「尒」古通用字，「爾」、「耳」同音。

小學類訓詁之屬

俗務要名林

伯五〇〇一(甲一)　伯五五七九(甲二)　斯六一一七(甲三)
伯二六〇九(乙卷)

【題解】

本篇凡見甲卷、乙卷二抄本，其中甲卷分裂爲甲一、甲二、甲三凡三件。甲一編號爲伯五〇〇一，首缺，起[身體部]注文『主反』二字，其下爲親族部、[國号部]、宅舍部、男服部、女服部，訖[器物部]標目字『鏁』字，下缺。凡二紙，前一紙二十三行，後一紙十七行，前三十行除第十四、十五行完整無缺外，每行下部均殘缺半行或三分之一行不等；三十一至三十六行下部略有殘損；三十七行以下四行缺上半，下部亦略有殘泐。《索引》擬題『類書(似爲俗務要名林)』；《寶藏》題『類書(宅舍部女服部)』。朱鳳玉《敦煌寫本『碎金』系字書初探》定作『俗務要名林』殘卷；《匯考》亦列於『俗務要名林』之下；《索引新編》徑題『俗務要名林』。

甲二編號爲伯五五七九，爲一殘片，僅十殘行。《索引》該號下標『殘狀紙一包(碎片)』，未注出具體内容；《寶藏》題『家居常用字』；《匯考》云『所注字皆與屋舍相關，相似伯五〇〇一之宅舍部』，故附載於『俗務要名林』之後；《索引新編》擬題『殘字書』，《法藏》擬題『字書』。按：該片實爲甲一第十六行至二十五行下部的殘缺部分，應予綴合，二件綴合如下圖所示，綴合後前八行基本完整。

P.5579

P.5001

伯五〇〇一、五五七九號《俗務要名林》綴合圖（局部）

斯六一七號《俗務要名林》圖版（前部）

甲三編號爲斯六一七，首尾俱缺，起「器物部」注文『小』字，訖疾部注文『目連』字樣及殘字數個；凡二一五行，前二十餘行下部有殘泐。存「器物部」、田農部（周祖謨《敦煌唐本字書敘録》在『田農部』『養蠶及機杼部』間別出『穀部』，非是，參看校記〔八三〕）、養蠶及機杼部、女工部、綵帛絹布部、珍寶部、香部、彩色部、數部、度部、量部、秤部、市部、菓子部、菜蔬部、「酒部」、肉食部、飲食部、聚會部、雜畜部、獸部、鳥部、虫部、魚鼈部、木部、竹部、草部、舩部、車部、火部、水部、疾部。《索引》擬題『俗務要名林』，《寶藏》、《英藏》、《匯考》、《索引新編》等各家同。

甲一+甲二與甲三行款相同，皆正文大字單行，注文雙行小字，每行約可抄正文大字十六個左右；字體風格亦完全一致，當係同一寫本所撕裂，應予綴合。其中甲一末尾的殘行與甲三開端部分內容相類，當屬於同一部類，甲一與甲三之間所缺不會太多。以往各家皆把甲一末行當作其前女服部的一部分，當誤。

乙卷編號爲伯二六〇九。卷背有癸亥年龍勒鄉百姓力信賃物契等習書文字。正面爲本書，有界欄。首缺尾全，起量部『十撮爲一勺』句，下接「秤部」、市部、果子部、菜蔬部、酒部、肉食部、飲食部、聚會部、雜畜部、獸部、鳥部、虫部、魚鼈部、木部、竹部、草部、舟部、車部、戎仗部、「水部」、「藥部」、手部，末署『俗務要名林一卷』。凡一八四行，上下部略有殘損。又水部與藥部間有殘缺，中間應缺疾部及水部與藥部的部分條目。正文大字單行，注文雙行小字，每行約可抄正文大字十五個左右，抄寫格式與甲卷相似。乙卷存後部，除尾部二十一行外，其主要內容與甲三後部重合，據此可以推斷，原書內容應以甲卷居前，乙卷在後。

以甲、乙卷重合的部分相比較，二者內容大體相當，顯係出於一源。但也有一些歧異之處。如甲卷車部、水部間有火部，乙卷無火部而有戎仗部；甲卷有舩部，而乙卷作舟部；甲卷菓子部下有『菓，古火反』條，乙卷無此條；乙卷菜蔬部下有『薑，居▨反』條，甲卷無此條；甲卷酒部『押，押酒。烏甲反』，乙卷無注文『押酒』二字；乙卷雜畜部『騗，躍上馬也。匹扇反』，甲卷無注文『躍上馬也』四字；甲卷木部『櫸，柳之別名』，乙卷『柳之別名』作『柳類』；甲卷雜畜部『驏，馬驏也』，乙卷『馬驏也』作『馬土浴也』；甲卷聚會部『嘲，陟交反』，乙卷『嘲』字作

『謿』；甲卷木部『梢，尺紹反』，乙卷『尺紹反』作『音由』（參看校記〔六七五〕）；甲卷車部『鞋，前後柱。音主』，乙卷『音主』作『中句反』；甲卷菓子部『栗，離七反』，乙卷切語作『離吉反』；甲卷菜蔬部『莧，胡諫反』，乙卷切語作『課諫反』；甲卷聚會部『飣餖，上丁豆反，下丁定反』，乙卷『丁定反』作『都定反』；甲卷雜畜部『猫兒，上眉驕反』，乙卷切語作『武嬌反』；又『鞭，卑延反』，乙卷切語作『卑連反』；甲卷草部『藨，平表反，可爲席』，乙卷切語作『皮表反』；又『葛，崗達反』，乙卷切語作『居辪反』；又『茜，根可染也。倉見反』，乙卷切語作『麁見反』；甲卷車部『轂，居木反』，乙卷切語作『古木反』，等等。至於文字正誤，二本各有優劣，詳見校記，此不詳列。這些情況標明，甲、乙卷應同出一源，但二者皆爲傳抄本，而非祖本與傳抄本的關係。二本互勘，可大致恢復原書的本來面貌。

關於本書的撰作和抄寫時代，《翟目》疑乙卷爲七世紀寫本。考甲卷獸部『虎』字下注『音武』。『虎』字讀作音近的『武』，日本慶谷壽信《敦煌出土の『俗務要名林』（資料篇）》認爲『可能是避李淵之祖父襄公之名諱』；周祖謨《敦煌唐本字書敘録》亦據以推斷寫卷『可能就是出於唐人之手』。按乙卷『虎』字作『虍』，乃『虎』俗字『虍』的避唐諱缺筆字（參看校記〔五四六〕）。又甲卷、乙卷凡『世』形構件多諱改作『云』或『厷』（參看校記〔一七五〕、〔三五〕、〔四〇〇〕、〔六一七〕、〔六八三〕），又改作『曳』（參看校記〔三七〕、〔四五九〕、〔五〇五〕），幾無例外；甚至連與『世』相近的偏旁也有諱改的（如男服部『絜皮絜也。博講反』，注文『講』字右上部甲卷作『厷』形，即應係避唐諱改寫。但這種情況諱改不是太嚴格，如戎仗部『袵項，上徒本反，下紅講反』條，『講』字右上部乙卷從俗寫作『世』不諱改；又田農部『耩，小犂也。音講』，『耩』字右上部甲三從俗寫作『世』不諱改，注文『講』字右上部甲三作『云』，諱改。參看校記〔六四〕、〔一六三〕）。宋張世南《游宦紀聞》卷九云：『世字因唐太宗諱世民，故今牒、葉、棄皆去「世」而從「云」；漏泄、緤紲又去「世」而從「曳」。「世」之與「云」形相近，與「曳」聲相近。若皆從「云」，則「泄」爲「沄」矣，故又從「云」而變爲「曳」也。』與本書寫卷諱改的情況若合符節。而唐太宗之後諸帝之諱如『治』（火部『冶，鑄金所也。盈者反』的『冶』字甲卷訛寫作『治』）、『顯』（甲卷魚鼈部有『蜆，音顯』條，『顯』字乙卷同）、『旦』（甲卷火部有

『炭，土旦反』條，乙卷手部有『按攤，上烏旦反，下奴旦反』條）、『隆』（乙卷戎仗部有『弓，居隆反』條）、『豫』（甲卷水部有『瀨，營屏反，在豫州』條）、『純』（甲卷彩色部有『媥爤，色不純也』條，鳥部又有『鶉，音純』條，後例『純』字乙卷同）、『恒』（甲卷船部有『絙，亦大繩。古恒反』條，其中的『恒』、『絙』乙卷同）等字甲、乙卷皆不避。又唐武宗諱瀍，而甲卷水部有『涎，直連反』條，『涎』字乙卷同，『瀍』寫作『涎』，乃俗書簡省（《干禄字書》載『廛』字通俗字作『厘』，可以比勘），當亦與避諱無關。種種迹象顯示，甲、乙卷大約都是唐太宗、唐高宗間的抄本，翟理斯疑乙卷爲七世紀寫本，庶幾近是。至於其撰作年代，與這一時間似亦不會相差太遠。

本書題稱『俗務要名林』，『俗務』即世俗事務，『要名』與斯六一〇號《雜集時用要字》之『要字』同，『名』即是『字』（斯三八八號《正名要録》的『名』亦是此意），可見本書係輯録俚俗日常生活中的常用字詞以備時用的著作。全書按事物名稱加以分類，每類前標有部目，甲、乙卷相加，凡存四十一部，一千四百八十八條。除個別條目外，每條下皆有音注，有些條目既有釋義又有注音，有些條目則僅有注音而無釋義，少數條目則只有釋義而無注音。注音以反切爲主，也有少數爲直音。注音大體符合《切韻》系統，但反切用字多有不同；也有一些注音透露出唐五代西北方音的特點，如輕重唇不互切，濁聲母與清聲母相通，止攝各韻相混，三等韻和四等韻相混，上聲、去聲互切，等等。日本慶谷壽信撰有《俗務要名林反切聲韻考》（《人文學報》一二八號，一九七八年）於此有詳考，可以參看。

對本書的校録研究，已有一些成果。一九二五年，劉復的《敦煌掇瑣》下輯刊布了乙卷的録文，蔡元培在《敦煌掇瑣序》中以爲『《刊謬補缺切韵》、《字寶碎金》、《俗務要名林》等，多記當時俗語俗字，亦可供語言學、文字學的參考』。一九五六年，姜亮夫《敦煌——偉大的文化寶藏》（上海古典文學出版社一九五六）亦對乙卷有簡要的介紹，以爲『這是唐代另一種編輯方式的字典，以事物爲類，各類録通用常用的名物，然後注其音義。……又其中俗字極多，很多是一般字書、韵書之所無。故此書是爲俗務要名而作的，是唐代社會——尤其是敦煌一地的社會的寫真』。一九七六年，日本慶谷壽信撰《敦煌出土の『俗務要名林』（資料篇）》一文（東京都立大學中國文學科《人文學報》一一二號，以下簡稱慶谷），校録了甲三卷全文，同時附載《敦煌掇瑣》乙卷録文，并以括注的形式作了簡單的校訂。後來周祖謨撰《敦煌唐本字書敘録》（《敦煌語言文學研究》，北京大學出版社一九八八）對甲三卷、乙卷的基本情況及内容作了簡要的介紹；朱鳳玉《敦煌寫本『碎金』系字書初探》（《第二屆敦煌學國際研討會論文集》，臺灣漢學研究中心一九九一）、《敦煌本〈俗務要名林〉研究》（《第二屆國際唐代學術會議論文集》，文津出版社一九九三）二文則除甲三卷、乙卷外，又增列甲一卷，介紹也更爲深入全面（其主要内容又收入鄭阿財、朱鳳玉《敦煌蒙書研究》一書，甘肅教育出版社二〇〇二）。張金泉、許建平《敦煌音義匯考》（杭州大學出版社一九九六）再增列甲二卷，并對上揭四本分别作了初步的校勘。陳璟慧《敦煌寫本〈俗務要名林〉研究》（杭州大學碩士學位論文，一九九七；以下簡稱陳校）則對《匯考》有所匡正（以上各家均未能把甲一、甲二、甲三綴合爲一）。另外郝春文主編的《英藏敦煌社會歷史文獻釋録》第三卷有甲三卷的録文及校記，但校記基本採自《匯考》，鮮有發明。兹參酌各家校説，重新校録如下。原卷正文單行大字，注文雙行小字，兹改注文爲單行，較正文小一號字排録。

（前缺）

主反。[一] 臍音齊。 股▨□□名。音▨。[二] ▨□亞□。□[三] ▨▨。蒲礼反。[四] 膝音悉。 脛膝下骨。 ▨泠反。[五] 腨▨□▨□。□[六] 臀坐處。徒渾反。 皮臚臚，皮之别名。良諸反。 ▨□□壘反。[七] 血呼穴反。

親族部

曾祖去己四業。上則騰反，下宋古反。[八] 高祖▨▨三□。□[九] 父母亡稱，稱父曰考，母曰妣。[一〇] 伯⿰丬寸（叔） 姑姨下由之反。 舅巨□[一一] 相謂。 妯音逐，娌音里。[一二] 嫂蘓考反。 新婦子孫之妻。 外甥□[一三]

□□□（部）[一四]

漢中國人号。楚南國人号。吴東南國人号。越亦東南國人▨（号）。□〔一五〕□（西）鄙人号。〔一六〕蠻南鄙人号。狄北鄙人号。高麗東海東▨（國）□（人）▨（号），下力▨（知）□（反）。□〔一七〕羅亦東海東國人号。倭倭東在高麗東。烏和反。〔一八〕崐崙南海□号▨□。□〔一九〕胡塞北國人号。鮮卑上私延反。定（突）厥上徒忽反。吐▨（蕃）□〔二〇〕儀羯亦胡類，在東北。上亡發反，下居歇反。契丹上丘要反。〔二一〕屠□〔二二〕傅加反。蜑南蠻别号。音誕。𤢊獠南蠻别号。▨（上）側卯反，下音老。〔二三〕□〔二四〕

宅舍部

城隍隍，城塹。音皇。坊音方。郭城郭。▨▨。〔二五〕街衢並城中路。上音佳，下臣（巨）俱反。〔二六〕巷紅絳反。閭巷頭。刀（力）居反。村城外聚居處。倉昆反。墟村中空地。▨虚反。〔二七〕隣五家爲隣。里五僯（隣）爲里。鄉五里爲鄉。宅屋宇宇，屋四垂。岳。〔二八〕廈因蒼（簷）爲屋。所雅反。庲接▨爲偏屋。音次。〔二九〕▨（閨）内房。音圭。〔三〇〕閤力門。古合反。〔三一〕房室并寢處。庫貯財處。苦路反。倉貯米穀。七郎反。窖地倉窖。古孝反。〔三二〕窨地室。於禁反。〔三三〕厨竈屋。直朱反。〔三四〕廠屋無壁。處兩反。庵小草屋。烏含反。廬亦草屋。力諸反。棚所以閣▨（物）。薄耕（耕）反。〔三五〕井汲水處。甃井甃。側救反。〔三六〕竈祖到反。圊廁並下洩所。上音清，下初慮反。〔三七〕櫊屋垂。音塩。亦作簷字。〔三八〕▨（棟）屋顛。都弄反。〔三九〕椽直緣反。桷梓之别名。音角。桁音衡。梁音良。柱直女反。枅音鷄。枡音升。〔四〇〕楣門▨▨（上橫）▨。尋扇。〔四一〕限門下木。胡眼反。〔四二〕門户窓下初良反。〔四三〕牖小窓。余九反。扇扉並門扇▨。□（上）□戰反。下音非。〔四四〕▨（壁）補覓反。〔四五〕押押壁。音甲。〔四六〕坙以水平▨（地）。皮敬反。〔四七〕構架並營造之稱。上古候反。下音嫁。〔四八〕庯屋上平。博□□（反）。〔四九〕峻屋▨險。▨▨反。〔五〇〕附（阧）附（阧）峻。音廾（斗）。〔五一〕寛大也。窄狹▨。□革反。〔五二〕瓬大瓦。布縮反。〔五三〕瓯小瓦。▨幼反。〔五四〕甋慱上音禄。下音專。〔五五〕鉜▨（鏂）花▨。上縛謀反，下烏樓反。〔五六〕磉（磉）柱下石。蘇朗▨（反）。〔五七〕

男服部

飾▨呼▨反。〔五八〕纓於盈反。［　］▨［　］血▨音□。▨音□。〔五九〕衫袍巾居銀反。帽莫報反。簪側金反。［　］▨襖［　］〔六〇〕下早二反。褌古門反。衳褌。軄容反。韡靴吁▨反。〔六一〕▨五初皆▨一曰▨▨。〔六二〕鞋户佳反。▨［　］〔六三〕經。踈西反。韈亡發反。絜皮絜也。博講反。〔六四〕屧蘇協反。〔六五〕屐渠逆反。〔六六〕▨［　］〔六七〕綎帶皮。他丁反。了▨上音鳥，下古穴反。〔六八〕絛靴繩。土高反。筆▨（悲）□▨（反）。〔六九〕［　］〔七〇〕書詩諸反。簡佳眼反。軸陳六反。衮陳栗反。

女服部

假髻上音賈，下音即。〔七一〕髮頭髮。皮義反。［　］〔七二〕楚皆反。〔七三〕錜釵之類。奴協反。步摇下余昭反。〔七四〕珮□對反。〔七五〕釧處戀反。鐶指鐶。胡關反。〔七六〕媚子上□▨［　］。〔七七〕胭賢（脂）上烏賢反。〔七八〕鏡匣鏡匣胡甲反。〔七九〕莊飾面。音疰。〔八〇〕奩莊奩。音廉。靨子上烏協反。鴉▨上烏加反。〔八一〕烟支上音燕，下音支。〔八二〕胡粉下府吻反。青黛下音代。蘭澤▨▨香。〔八三〕▨□（膏）下古到反。〔八四〕口脂下諸夷反。梳所居反。枇密梳。頻二反。眉篦布鷄反。〔八五〕領巾下居銀反。帔子上普義反。裙音群。禞複上音麥，下音福。〔八六〕裌掖上音▨，下羊石反。〔八七〕褡襠上普荅反，下音當。〔八八〕襟衣前▨幅。音金。〔八九〕▨襟之名。▨▨▨（反）。〔九〇〕袖徐救反。褾卑小反。䙅裾䙅。於要反。紐紐子。居柳反。〔九一〕襻裾襻。普諫反。〔九二〕裾［　］〔九三〕腰裙。上卑□反，下音▨。〔九四〕襌單音。𦙶袷無絮［　］。音［　］〔九五〕［　］。〔九六〕▨鄣下章亮反。〔九七〕幞幞音苻玉反。〔九八〕帊小幞子。普亞反。裹［　］〔九九〕子。上上向反，下音身。〔一〇〇〕㝃生子上免難。亡辨反。〔一〇一〕▨▨［　］。〔一〇二〕

□□□（器物部）〔一〇三〕

［　］▨類［　］連反。〔一〇四〕鉗子上巨嚴反。鑠［　］〔一〇五〕

（中缺）

▨（小）▨▭呼訝反，▨▨（音）▨▭。〔一〇六〕□丁感反。〔一〇七〕鑵水鑵也。古乱反。篣木篣也。他郎反。〔一〇八〕桶他孔反。枯刲物▨（枯），知林反。〔一〇九〕▭〔一一〇〕弗策之别名，物庢反。〔一一一〕掃帚〔上蘇〕到〔反〕，亦蘇老反，下之酉反。〔一一二〕簸箕上▨（補）□□（反），卜（下）居□□（反）。〔一一三〕□□（栲栳）□（上）□□□，□（下）音老。〔一一四〕筐音匡。籮音羅▨（也）。〔一一五〕籃籠郎孔反，又落洪反。篩音▨。〔一一六〕▭抓欐上側卯反，下音離。〔一一七〕箄甑箄也。〔一一八〕涑篣上音□，□（下）之酉□（反）。〔一一九〕▭槩槩飲食者。余慮反。〔一二〇〕梯傷黎反。〔一二一〕箔簾上蒲各反，下音廉。摝〔一二二〕▭碾尼戰反。磑五▨反。〔一二三〕碓音對。臼石臼，渠久反。〔一二四〕磨莫餓反。又莫蛾反。▨〔一二五〕▭杵嗔吕反。鍬七遥反。鋤加居反。〔一二六〕鑺俱縛反。〔一二七〕鑱士懺□（反）。□（又）▨▨▨（反）。〔一二八〕▭斧方宇反。〔一二九〕鑿藏各反。鋸薑慮反。鏟□限反。〔一三〇〕鎊普郎反。▨〔一三一〕▭錐識惟反。〔一三二〕錔祖乱反。〔一三三〕砧打鐵（鐵）砧。如林反。〔一三四〕▨（磓）直追反。〔一三五〕鉗臣（巨）嚴反。▨▭音慮。〔一三六〕柌鐮柌。音辤。柯斧折。音歌。〔一三七〕橇鑿橇也。巨京反。橿鋤▨（橿），音薑。〔一三八〕▭上奴隸反，下敷安反。絣絣墨繩。補萌反。梀懸繩望直。竪釧反。〔一三九〕界鋸木，音介。〔一四〇〕▨〔一四一〕▭削相略反。剗以刀〔□〕。初眼反。〔一四二〕刻苦勒反。〔一四三〕鏤郎豆反。鐫刻石▨（也）。粮▨□（反）。〔一四四〕▭剜斗削也。烏丸反。〔一四五〕剈於緣反。〔一四六〕鐝作▨曲刀刀。居月反。〔一四七〕劈普歷反。▭秦列反。〔一四八〕剸截全▨。祖本反。〔一四九〕栓山員反。〔一五〇〕

田農部

田壃田界。居郎反。〔一五一〕畔蒲半反。亩（畝）二百卌步爲一亩（畝）。莫補反。〔一五二〕頃百亩（畝）爲一頃。闕穎反。〔一五三〕壠▨▭▨▭〔一五四〕。町地狭長。他丁反。圢地廣平。他鼎反。塍稻畦也。食陵反。〔一五五〕耕（耕）耕（耕）田。各萌反。墾闢田。康佷反。▨▭。〔一五六〕杷薄加反。塲耕（耕）塲。音塲。〔一五七〕垈耕（耕）塊。音代。〔一五八〕

塊土團也。苦對反，或作凷。 垎地鞕也，胡革反。〔一五九〕 堧沙土。乃臥反。〔一六〇〕 ▨(磟)碡朾田木。上音六，下音逐。〔一六一〕
耬下種具。落侯反。〔一六二〕 耩小犂也。音講。〔一六三〕 稖犂種。於輒反。〔一六四〕 鏵鏵子。胡麻反。 鏺□上音辟。 種下子也。章
用反，又章舅反。〔一六五〕 蒔種苗也。臣二反。 栽(栽)種掛。則來反。〔一六六〕 苗穀苗也。明驕反。 秧▨□▨(苗)。▨(於)良
反，亦於丙(兩)反，苗肥。〔一六七〕 調勾(匀)肙。上康(唐)遼反，下羊倫反。〔一六八〕 稠苗多也。直流反。 穊亦故多也。居義
反。〔一六九〕 稀苗▨(少)。虛▨反。〔一七〇〕 穛田薄苗淺。虛尒反。〔一七一〕 穭苗自生。晋(音)吕。〔一七二〕 薅以手除草。呼高反。 耡
感(減)草。助余反，又音助。〔一七三〕 穫收穀也。胡郭反。〔一七四〕 刈(刈)魚沛反。 芟所銜反。 癹普末反。 穲十束爲穲。魯戈
反。 疊音牒。〔一七五〕 債音亦。〔一七六〕 積大積。資利反。 堆穀堆也。丁回反。 堅聚粒。自喻反。〔一七七〕 垛小堅也，丁戈
反。〔一七八〕 塲上音素，下音布。〔一七九〕 蘿枷朾麥杖。上音羅，下音歌。〔一八〇〕 檐當濫反。〔一八一〕 橪檐之两頭尖者。音忩。〔一八二〕
▨(穀)□□▨麥、条(黍)、稷(稷)、豆謂之五穀。公禄反。〔一八三〕 米銘礼也(反)。 粟。〔一八四〕 䅰穀莖。各滿反。〔一八五〕 穗音
遂。 粒音音。〔一八六〕 麨。〔一八七〕 ▨(穩)烏▨(本)反。〔一八八〕 稻米。[□]晏(昊)反。〔一八九〕 粈糅之刃名也。音似。〔一九〇〕 糯▨
▨□(反)。〔一九一〕 穜稻晚熟。直容反。 豆徒候反。 箕(萁)豆莖(莖)。口機反。 稈豆稈(稈)也。普胡反。〔一九二〕 䅣磨豆。
初麥反。 麦▨□▨(反)。〔一九三〕 稞青稞。革和反。〔一九四〕 稹麥莖。古之反。〔一九五〕 麩麥▨(糠)。羊力反。〔一九六〕 麪莫見反。
麧芳于[反]。 䴬麥末也。蘇骨反。 麧䴬頭。胡没反。 黍高(商)吕反。〔一九七〕 秫(秫)舒聿反。 穈黍之類。音眉。〔一九八〕
穄亦黍類也。音祭。 籧(蘧)麥上音渠，一名蕎麥，渠驕反。 枲麻枲也。古典反。 漚水中熟麻。烏侯反。〔一九九〕 雉麻里惡。
七遥反。〔二〇〇〕 䕸麻骨也。音皆。 桒(桑)素郎反。 杒杒桒(桑)也。莫卜反。〔二〇一〕 颺颺穀也。音羊。 篩音師。 ▨(檐)
當藍反。〔二〇二〕 樋音聾。〔二〇三〕 槓紅講反。〔二〇四〕 楬渠謁反。〔二〇五〕 圌貯穀可。殊緣反。〔二〇六〕 囤小圌也。徒本反。〔二〇七〕 舂碓
▨(舂)。輸容反。〔二〇八〕 擣杵舂。都老反。 暘、暕並再舂也。上徒郎反，下音伐。〔二〇九〕 舀出臼中米。羊沼反。 曬眼並日中
▨▨(曬物)。▨(上)所寄反，下音浪。〔二一〇〕 曝亦曬物也。薄報反。 炕火上乾物也。康浪反。〔二一一〕 簸櫝去糠粃。上博我反，

下資典反。〔二一二〕 餺飥。〔二一三〕

養蠶及機杼部

蠶昨含反。 槌直類反。 箔（箔）音薄。 棏箔（箔）檐也。陟革反。〔二一四〕 蘿草薦也。在協反。〔二一五〕 籠採桒（桑）籠。魯紅反。 鈎採桒（桑）鈎也。古侯反。 簇移蠶就簀。絺履反。〔二一六〕 蔟蠶蔟也。忩祿反。 蠒公典反。 繅蘇勞反。〔二一七〕 軖繅（繅）軖也。渠王［反］。 機居疑反。 杼直与反。 筬杼之別名。音成。 筐筬筐。音匡。 綜祖弄反。 縢桒（桑）證反。〔二一八〕 梭蕪（蘇）和反。 籰王縛反。 維子上蕪（蘇）對反。 篕▨上音福，下音南。〔二一九〕 篷機篷也。居輒反。〔二二〇〕 屎（屎）籰柄也。且利反。〔二二一〕 榣絡榣也。余照反。〔二二二〕 檕橰井上居列反，下古刀反，井，亦是汲水機。〔二二三〕

女工部

責（績）績麻爲布。祖秋（狄）反。〔二二四〕 緝績之別名。雌入反。〔二二五〕 縈緝縈也。於營反。 紡芳往反。 紗所加反。 纑紗之別名。音盧。〔二二六〕 緊紡緊也。居忍反。 緯橫絶也。玄貴反。〔二二七〕 織諸式反。 絡郎各反。 交紝絲交處。古荸（茅）反。〔二二八〕 綹廿絲爲一絡。力圭反。〔二二九〕 繢織餘，練頭。遺位反。〔二三〇〕 剪刀上資練反。 尺量物笏。處亦反。 針之林反。 線私見反。 縷練縷也。力主反。 翦裁衣也。資典反。 裁割上音材。 縫扶容反。〔二三一〕 刾（刺）清客反。 補博古反。 綐補綐也。徒會反。 綴連綴也。貞鋭反。 絎絎縫也。何孟反。 緶縫録也。略然反。〔二三二〕 繻（緛）閨縫。二專反。〔二三三〕 紉小縫也。居［□］反。〔二三四〕 褚裝衣。卜呂反。〔二三五〕 緼（縕）綴絮。於謹反。 納補納。奴荅反。 紩縱絮。直栗反。〔二三六〕 絟（綻）縫解更縫。除（除）諫反。〔二三七〕 紀對縫也。渠記反。 襵衣襵殺。踈盖反。〔二三八〕 㡊指㡊也。苦摟反。〔二三九〕 衦磨展衣。各滿反。〔二四〇〕 巧判（㓞）上苦卯反，下苦八［反］。〔二四一〕 柮（拙）章劣反。 縵紡縵。麻諫反。〔二四二〕 笌（笠）收紗笌（笠）。胡路反。〔二四三〕 絲思疑反。 絇絲絇也。俱遇反。〔二四四〕 繇從絲。音遥。〔二四五〕

綵帛絹布部

綵雜色帛。千待反。繒綵云(之)別名也。目(自)陵反。綺輕紗綵。祛蟻反。纁錯綵縷。纈胡結反。縠紅禄反。綾力兢反。紋小綾。音文。獨窠綾名。下苦和反。雙距上(下)音巨。〔二四六〕龜甲上俱眉反。雀眼上將藥反。填心上音田。已上五種綾名。羅盧名(多)反。孔雀羅名,下將藥反;瓜子;〔二四七〕許春已上三種羅名。錦居飲反。波斯錦名也,下音私;卧鹿上音貨反,下音禄;〔二四八〕鴨子上烏甲反;對(對)鳳已上田(四)種錦名。絹規(規)面反。練熟練。郎見反。帛帛練。音白。帢絹帢。臣(巨)淹反。帎絹匹。當了反。絁舒夷反。紬直由反。緻絹密。直智反。紕踈惡(惡)也。[□]離反。〔二四九〕綿弥連反。〔二五〇〕絮想慮反。牽縭惡(惡)絮。上苦賢反,下力之反。〔二五一〕布補路反。筒布細布名。上音同。高機布上細布。〔二五二〕土布上音杜。板布上博限反。幣布上音私。〔二五三〕蓠布上土蠟反。紵布上直□▨(反)。〔二五四〕綀青紵布。色魚反。〔二五五〕葛緝葛爲布。崗達反。氎細毛布。徒協反。毲亦毛布。胡葛反。蕉布緝蕉爲布。即遥反。

珎(珍)寶部

金銀卜(下)魚巾反。玉璧下卑亦反。碼瑙(瑙)上音馬,下奴老反。〔二五六〕珊瑚上蘇女(安)反,下音胡。琥(琥)珀上荒古反,下普革反。頗黎上善(普)▨(和)反,下郎▨(嵇)反。〔二五七〕琉璃上音流,卜(下)音離。玳瑁上音代,下莫代反。鍮石上湯樓反。瑿墨也。烏嵇反。〔二五八〕銅音同。鉛年專反。〔二五九〕錫星歷反。〔二六〇〕白鑞下郎荅反。鐵(鐵)土結反。〔二六一〕鈔金銀等鈔。姑猛反。銼鐵(鐵)銼也。所京反。鏉鐵(鐵)銼鏉。所救反。〔二六二〕鏗鐵(鐵)▨(鏗)也。古郎反。〔二六三〕鍒鍒鐵(鐵)。而由反。〔二六四〕

香部

牛頭栴檀香栴,諸然反;檀,唐千(干)反。薰陸香▨(上)勳,下六。〔二六五〕沉水香上直林反。箋香沉香之浮者。上則□□(反)。〔二六六〕零䔖香上郎下(丁)反。〔二六七〕藿香上▨(荒)郭▨(反)。〔二六八〕▨(甲)煎香中則見反。〔二六九〕丁子香、蘭澤香單香也。馞大香氣。蒲没反。

彩色部

青倉經反。黄胡光反。赤處光反。〔二七〇〕白彭革反。紅户工反。紫津履反。緋府韋反。絳黄巷反。〔二七一〕緑良王（玉）反。碧非逆反。烏任（汪）始反。〔二七二〕皂藏者反。〔二七三〕蘇方上桒（桑）盧反。欝金黰上於弗反；下染黑，烏閑反。〔二七四〕艴淺色。敷勿反。媥孄色不純也。上布蜜反，下力閭反。〔二七五〕黶色不真。五晏反。〔二七六〕黦色壞。於歇反。

數部上所喻反

數起於壹、二、三、四、五、六、七、八、九、十、廾、卅、卌、五十、六十、▨▨（七十）、▨（八）十〔二七七〕、九十、一百。十百爲一千，十千爲一万，十万爲一億下於力反，十億爲一兆下音趙。雙所江反。隻之亦反。兩力掌反。奇一隻也。居宜反。

度部上徒路反

度起於忽蚃（蠶）口出絲名爲忽。十忽爲一絲，十絲爲一豪〔二七八〕下胡高反，十豪爲一氂（氂）下力之反，十氂（氂）爲一分下府云反，十分爲一寸，十寸爲一尺，十尺爲一丈，十丈爲［一］引。〔二七九〕

量音亮**部**

量起於圭下古迷反〔二八〇〕。六粟爲一圭，十圭爲一杪（抄）下楚交反，十杪（抄）爲一撮下七活反，十撮〔二八一〕爲一勺下章略反，十勺爲一合下古荅反，十合爲一升〔二八二〕，□□□▨（十升爲一）斗〔二八三〕，十斗爲一斛〔下胡木反〕〔二八四〕。

秤部上處證反〔二八五〕

□□□□（秤起於黍）下商吕反〔二八六〕。十黍爲［一］參下七含反〔二八七〕，十參爲一銖下臣（巨）朱反，廿四銖爲一兩，一（十）六兩爲一斤〔二八八〕，卅斤爲［一］鈞下規（規）隣反〔二八九〕，四鈞爲一石。

市部

市辰里反。鄽市之別名。遲連反。〔二九〇〕行胡郎反。肆行之別名。音四。〔二九一〕庍丁礼反。〔二九二〕店丁念反。商行者爲商。音傷。賈坐者爲賈。音古。亦作估字。〔二九三〕賣莫懈反。買莫熊（罷）反。〔二九四〕糶［吐吊反］。〔二九五〕糴徒歷反。〔二九六〕酤買酒也。古胡反。〔二九七〕沽賣酒也。古路反。賒買物未与錢。舒遮反。〔二九八〕賰買物預少錢。徒紺反。〔二九九〕販賤賤買貴賣。上方万□□□（反，下音）致。〔三〇〇〕質將物知錢。之栗反。〔三〇一〕贖還錢聚物。傷欲反。〔三〇二〕貸借与人物。他愛反。貣假取人物。唐勒反。〔三〇三〕□□（竿計）□▨（上蕪）乱反。〔三〇四〕贏得利。音盈。〔三〇五〕鋭析（折）本。盈綴反。〔三〇六〕

菓子部〔三〇七〕

菓古火反。〔三〇八〕李音里。柰奴盖反。柑音□（甘）。〔三〇九〕橘規律反。〔三一〇〕橙直利（耕）反。〔三一一〕棗音早。〔三一二〕梬棗上而兖反。〔三一三〕栗離七反。〔三一四〕桃徒高反。〔三一五〕梨力之反。林檎下渠金反。枇杷上婢卑反，下蒲家反。梅草（莫）杯反。〔三一六〕杏音幸。〔三一七〕椑［音卑］。〔三一八〕柿音士。石榴下音流。烏敎上（下）蒲没反。〔三一九〕榠樝上莫經［反］，下側加反。〔三二〇〕木瓜下古華反。〔三二一〕櫻桃上烏耕（耕）反。蒲陶上薄姑反，下徒高反。〔三二二〕菱水草實。力蕑反。〔三二三〕蓮郎蕑（顛）反。〔三二四〕荷蓮［蓁也。□□］反。〔三二五〕藕蓮根。五口反。〔三二六〕莧茈▨▨▨（上房于）反，□□□□（下自資反）。〔三二七〕甘蔗［下］之夜反。〔三二八〕瓠子上胡路反。芋子上于付反。瓜古華反。〔三二九〕青瓜▨（瓜）名。下地（池）禁反。〔三三〇〕黃瓠亦瓜名。下蒲蓮反。胡爐瓠實。上音胡，下音盧。〔三三一〕瓟馬瓟子。蒲角反。〔三三二〕埯種瓜坎。烏敢反。〔三三三〕

菜蔬部

椒即遥反。〔三三四〕［薑居▨反。］〔三三五〕蓽茇上卑粟（栗）反，下補割反。〔三三六〕芥音戒。蔓菁上莫干反，下則丁反。〔三三七〕菘蔓菁之類。私戒（戎）反。〔三三八〕葵臣（巨）規反。〔三三九〕［葱麁紅反。］〔三四〇〕韮音九。蒜蘇乱反。〔三四一〕薤胡戒反。〔三四二〕葫蒜之別名。荒烏反。胡荽下息唯反。〔三四三〕蘿蔔上音羅，下蒲北反。蘭香上音干反。〔三四四〕香菜下而由反。〔三四五〕蓼子上音了。香蘇下桒（桑）盧反。蘘荷上而羊反，下音何。苜蓿上音曰（目），下音宿。〔三四六〕蕓薹上音□□▨▨。〔三四七〕▨

(蒓)▨(水)中滑菜。常倫反。〔三四八〕薺情礼反。萵苣上烏和反，下音臣(巨)。〔三四九〕芹音勤。莧胡諫反。〔三五〇〕苟杞下音起。〔三五一〕薇山上菜。音微。〔三五二〕蕨亦山止菜。居月反。〔三五三〕葫葸一名倉耳。上音胡，下音徒(徙)。〔三五四〕藜蓼(藋)上落兮反，下徒弔反。〔三五五〕藿豆蓁(葉)也。荒郎(郭)反。〔三五六〕茄子上音伽。［豌豆上烏丸反。］〔三五七〕稹豆蘺上豆。止(上)土(北)顯反。〔三五八〕豋豆野豆。音勞。〔三五九〕芺苦芺。烏老反。〔三六〇〕

［酒部］〔三六一〕

酒津酉反。麴丘六反。蘖(蘗)魚渠(桀)反。〔三六二〕醞造酒也。於問反。釀女亮反。酵古孝反。酘再安米。徒陋反。〔三六三〕醲厚酒。女龍反。〔三六四〕醇並厚酒。時倫□(反)。〔三六五〕醪白酒。郎▨(刀)反。〔三六六〕醨薄酒。刀(力)之反。〔三六七〕醅(醅)酒一酘。普迴反。〔三六八〕醑酒壞。徒棇反。〔三六九〕糟(糟)酒宰(滓)。作刀反。〔三七〇〕粕糟安水。普各反。〔三七一〕▨(醔)□▨▨(漉酒具)。楚流反。〔三七二〕漉漉酒。音禄。〔三七三〕濾去酒滓。良預反。〔三七四〕押押酒。烏甲反。〔三七五〕榨槽(槽)押酒具。［上側］嫁反，下音曺(曹)。〔三七六〕

肉食部

羊腔金(全)羊也。苦江反。〔三七七〕賭邊羊(半)賭也。上陟魚反，下補眠反。〔三七八〕鹿骽上音禄，下出(土)猥反。〔三七九〕䏲羊腹中脂。桒(桑)安反。〔三八〇〕膫牛脂。郎刀反。〔三八一〕血呼穴反。［脂職離反。］〔三八二〕肪賭腹中脂。音方。〔三八三〕胒賭腹中息肉。音夷。〔三八四〕腦羊頭中脂。奴老反。〔三八五〕膍胵鷄雉腹肉食府。上頻移反，下處脂反。〔三八六〕

飲食部

洮(洮)以水洮(洮)米也。杜勞反。〔三八七〕淅淅米。之列反。〔三八八〕炊蒸之别名。昌惟反。餈饙飲(飯)未熟。上音脩，下府云反。〔三八九〕泔泔米也。側亮反。〔三九〇〕餾餾飯也。力救反。〔三九一〕蘇從牛羊乳。桒(桑)盧反。〔三九二〕酪郎各反。蜜弥栗反。油油麻脂。羊周反。焦焦菜也。音□(丕)。〔三九三〕□(腩)□(腩)菜。奴咸反。〔三九四〕餅炊米爲餅。符万反。〔三九五〕 飡夕食，以水沃餅也。蘇昆反。〔三九六〕 溲溲麵。流分反。〔三九七〕 煎煎餅（餅）也。資連反。〔三九八〕 煑煑物也。之呂反。〔三九九〕 瀹瀹菜也。羊灼反。 烁（煠）沸陽[□]。〔四〇〇〕 羹古衡反。 臛呼各反。〔四〇一〕 麋老小食。音眉。〔四〇二〕 粥薄麋。之六反。〔四〇三〕 餻麋黏米麋。上音商（高）。〔四〇四〕 黍臛黏米餅（餅）也。上舒吕反，下呼各反。〔四〇五〕 餛飩上胡昆反，下（下）杜昆反。〔四〇六〕 餄餅上音甲，下卑領反。〔四〇七〕 脂䭔下都雷反。 籠餅上洛東反，下卑領反。〔四〇八〕 饆饠上音必，下音羅。 餢飳上音浮，下湯苟反。〔四〇九〕 膏餘餢飳之别名。下音蓁。〔四一〇〕 餹杜郎反。 餳薄餹。辞盈反。〔四一一〕 饊桒（桑）嬾反。 粰粇以餹饊爲團也。上撫于[反]，下音流。〔四一二〕 粦䴸上勒賢反，下郎苟反。 糫餅▨（寒）具也，北人□□□□▨（作之。上音還）。〔四一三〕 膏糫下音還。 粔籹高（膏）糫之别名。上[音]臣（巨），下音汝。〔四一四〕 砂棊上所加反，下音其。 糖䊗上杜郎反，下杜迴反。〔四一五〕 [餈情移反。]〔四一六〕 粁粽下資关（送）反。〔四一七〕 糩烏結反。 粉碎（碎）米爲麵。不准反。〔四一八〕 麨昌少反。 餔音步。 豆豌豆末和饋。下於月反。〔四一九〕 餅餤下音淡。〔四二〇〕 䊩十番[餅]爲一䊩也。婢卑反。〔四二一〕 糂羹糂。素感反。〔四二二〕 葅菜葅也。側魚反。 醬即亮反。 酢食（倉）路反。〔四二三〕 塩移廉反。〔四二四〕 豉辰利反。〔四二五〕 酸酢味。 蘸丸反。〔四二六〕 醎塩多。音咸。〔四二七〕 辛音新。〔四二八〕 辣辛也。郎割反也。〔四二九〕 苦康魯反。 甘古[南]反。〔四三〇〕 甜甘也。唐兼反。〔四三一〕 淡康（唐）攬反。〔四三二〕 餿餅壞。所求反。〔四三三〕 埲餅有沙。初錦反。〔四三四〕 餘日西食也。[識]兩反。〔四三五〕 餉送食也。軄亮反。〔四三六〕 糊所以粘物。黄盧反。〔四三七〕 黏糊黏也。左廉反。〔四三八〕 壐擣薑爲壐也。則黎反。〔四三九〕

聚會部

鋪設上普洛反，下（又）普盧反。〔四四〇〕 飣餖上丁豆反，下丁定反。〔四四一〕 飲宴上於錦反，下烏見反。〔四四二〕 言話下胡覇（霸）反。 飡膳喫飲食也。上倉安反，下音善。〔四四三〕 嘗少喫。音常。〔四四四〕 啜細齧也。常悦反。〔四四五〕 喫苦歷反。〔四四六〕 噉徒敢反。 噍嚼上秦唉反，下秦略反。〔四四七〕 欱辱（唇）呼。呼甲反。〔四四八〕 歠細飲也。昌説反。〔四四九〕 齩五巧反。 齧五結反。 饞慵嗜食而嬾也。上士銜反，下蜀容反。〔四五〇〕 悤食貪食也。上烏倒反。〔四五一〕 饕餮貪財爲饕，貪食[爲]餮。上土高反，下湯切反。〔四五二〕貪婪不知足。上土含反，下郎甘反。〔四五三〕舐舌取食。神氏反。〔四五四〕吮神亮（兖）反。〔四五五〕唵以掌進食。烏感反。呞嗽上祖荅反，下所角也（反）。〔四五六〕啅嗉上補各反，下子入反。〔四五七〕歐喀上烏苟反，下音究（客）。〔四五八〕吐㖂上土路反，下羊制反。〔四五九〕戲懅上虚義反，下渠逆反。〔四六〇〕攤蒱上湯干反，下薄姑反。〔四六一〕握槊上烏角反，下踈角反。〔四六二〕圍碁上干（于）非反，下渠衣反。〔四六三〕偒𠑡不事生業。上士（土）盍反，下郭（郎）韋（帝）反。〔四六四〕叫（叫）噪上古弔反，下蘇致（到）反。〔四六五〕嫽哰上郎彫反，下郎貢反。〔四六六〕嘲陟交反。〔四六七〕謎隱語也。莫計反。酩酊醉也。上冥冷反，下丁冷反。醉子類反。〔四六八〕醒醉歇也。蘇零反，又蘇鼎反。〔四六九〕觧酲上姑買反，下直盈反。〔四七〇〕収（收）舉下居許反。〔四七一〕罯（罯）霿物。烏感反。〔四七二〕罩（罩）亦霿也。所（知）教反。〔四七三〕輓亦覆（覆）也。莫干反。〔四七四〕洗盪上星礼反，下唐朗反。拭刷上音式，卜（下）所劣反。〔四七五〕摒擋上卑敬反，下當朗反。〔四七六〕坌以灰淹也。蒲本反。〔四七七〕坌除糞也。府云反。〔四七八〕瞢浄潔也。烏猛反。〔四七九〕

雜畜部

馬家（蒙）賈反。〔四八〇〕牛魚畱（留）反。〔四八一〕騾盧和反。驢力諸反。〔四八二〕駞駞上郎各反，下唐羅反。騎駚上丁革反，下音麥。〔四八三〕駏驉上音臣（巨），下音虚。〔四八四〕羊余良反。䐗陟魚反。猗古厚反。〔四八五〕猫兒上眉驕反，下音兒。〔四八六〕馬駒下舉虞反。〔四八七〕犢子上音獨。〔四八八〕馬有騣下音宗。〔四八九〕尾亡鬼反。毛色騮赤騮、紫騮。下力周反。〔四九〇〕驄音忩。〔四九一〕赭白上音者。連錢驄馬也。秦連反。驃匹妙反。駂丘票（栗）反。〔四九二〕騅音隹。〔四九三〕駮補角反。騟以朱反。駱郎各反。騧古華反。［駁音父。］〔四九四〕驐都昆反。草草馬。鏤鏤馬耳。所留反。〔四九五〕印蕃印。伊刀（刃）反。〔四九六〕轡（轡）銜上斌利反，下胡監反。〔四九七〕排沫上蒲皆反，卜（下）音末。〔四九八〕韁鞚上居郎反，下空弄反。〔四九九〕鞍韉上音安，下則蓮反。〔五〇〇〕鞦音秋。鐙丁鄧反。靼懸鐙皮。之列反。亦逆靼。〔五〇一〕鞲連鞍皮。蕪雷反。〔五〇二〕鞭卑延反。〔五〇三〕鞘鞭皮也。所交反。鞍鞘也。〔五〇四〕屜脊上他曳反，下音積。〔五〇五〕籠頭上落各（冬）反。〔五〇六〕絆音半。刷所劣反。鞁鞁馬也。皮義反。卸馬去鞍。司夜反。〔五〇七〕騗［躍上馬也］。匹扇反。〔五〇八〕騵馬騸也。知戰反。〔五〇九〕槽（槽）櫪上音曺（曹），下音歷。〔五一〇〕橜其月反。鋑(餕)馬食票(粟)多。離甑反。〔五一一〕䮊馬多惡。莫歷反。驢毛色有青、黄、烏、白、䭱下音唐。䮚親略反。〔五一二〕輅馱物具。胡草(革)反。〔五一三〕紂鞍後繩。直酉反。牛有特▨(下)唐勒反。〔五一四〕㹒普角反。〔五一五〕犍居言反。牸音字。牯小牛也。音故。〔五一六〕㸶牛毛色。於間反。〔五一七〕㹎亦牛色。力知反。〔五一八〕觠[牛角甚曲。巨員反。][觰]以角上廣。陟加反。〔五一九〕牠牛無角。苦和反。〔五二〇〕㸴牛鼻中▨▨(曲木)。羈虞反。〔五二一〕桊㸴之别名。居戀反。紖牛繩也。直引反。䩋收繩於頭也。音卜。〔五二二〕觝觸上丁礼反，下昌欲反。〔五二三〕齝中(牛)吐食。刃(丑)之反。〔五二四〕羊有羔羊子。音高。羯𦍩(羝)上居謁反，下當黎反。羖𦏧上音古，下音歷。嬎羊息羔。[芳]万反。〔五二五〕羥里(黑)羊。臯(烏)閑反。〔五二六〕羶羊臯(臭)。式連反。〔五二七〕賭有猪(獖)大賭。符云反。〔五二八〕猳亦大賭也。音加。〔五二九〕獛普角反。〔五三〇〕猔子宗反。〔五三一〕獀小賭。子紅反。〔五三二〕𤝞賭子也。徒渾反。〔五三三〕欄圈圈賭所也。上音蘭，下求宄反。〔五三四〕齤賭牙曲也。臣(巨)員反。〔五三五〕蝝賭楃(掘)地。呼雪(雷)反。〔五三六〕潲賭食也。所教反。泔米泔也。苦監反。〔五三七〕滓側擬反。澱唐見反。籸麻油籸也。所巾反。以上普賭食。〔五三八〕猗聸苟(狗)取(耳)大垂。[丁甘反。𦔮耳小垂也。]丁兼反。〔五三九〕聑耳小垂着頭。丁選(篋)反。〔五四〇〕[劇]以力(刀)去苟(狗)剟(勢)。居[言反]，亦是劇牛字。〔五四一〕趖苟(狗)走疾也。蘓和反。[忌犬吐食。七鴆反。]〔五四二〕獖走遲也。孟本反。〔五四三〕

獸部

犀野牛也。音西。〔五四四〕象徐兩反。〔五四五〕熊爲宫反。羆音悲。虎音武。〔五四六〕豹博教反。豺野苟(狗)也。士皆反。〔五四七〕狼似家猗而火(大)。音郎。〔五四八〕麋音眉。鹿音禄。麞音章。麂音几。麈[音主]。〔五四九〕麖音京(京)。〔五五〇〕麃似鹿而小也。薄交反。〔五五一〕麢羊野羊也。上郎丁反。〔五五二〕麝香上神夜反。〔五五三〕菟土路反。〔五五四〕獾呼丸反。〔五五五〕狢胡各反。狐野孤(狐)。[音胡]。〔五五六〕狸力之反。猕猴上音弥，下音侯。〔五五七〕猨似猴而火(大)也。爰音。〔五五八〕鼨鼢野鼠也。上古熒反，下郎丁反。〔五五九〕鼬食竹根鼠也。音脊(留)。〔五六〇〕鼢小野鼠。符粉反。麚雄鹿名。[音加。麀雌憂(鹿)]。

音憂。〔五六一〕麑麑兒也。眼鷄反。〔五六二〕罝（罝）取獸網（網）也。即加反。〔五六三〕槍剌（刺）獸刃也。七羊反。〔五六四〕弶（弶）射獸［弩］也。［奇亮反。］檻取獸闌。］胡黤反。〔五六五〕穽穿地陷獸。情郢反。

鳥部

鵝我羅反。鴨烏甲反。鷄古奚反。〔五六六〕雉陳里反。鶴烏含反。〔五六七〕鶉鶴之類也。音純。鷄鳩上房干（于）爲（反），下九劉反。〔五六八〕白鴿下古荅反。〔五六九〕鵄（鴟）老鵄（鴟）也。處之反。鴉老鴉反（也）。烏加反。〔五七〇〕鵲親略反。鵴烏見反。雀將藥反。鸜鵒上具俱反，下音欲。〔五七一〕鸚鵡上烏庚反，下音武。〔五七二〕鶯烏庚□（反）。〔五七三〕布穀一名戴勝也。鴈五晏反。〔五七四〕鶬［音倉］。〔五七五〕鴻户工反。鵠户不（木）□（反）。〔五七六〕鶴户各反。鸛雀上古乱反。〔五七七〕鷹一凝反。鸇鷂上之連反，下羊照反。〔五七八〕鶻胡骨反。鶺鴒上音積，下音零。〔五七九〕鵜鶘上徒奚反，下音胡。〔五八〇〕鸕鷀上音盧，下音慈。〔五八一〕鈎鵅（鴿）上古侯反，下音格。〔五八二〕土梟下音（古）堯反。〔五八三〕鳥有毛羽下于付反。〔五八四〕翅身刑（利）反。〔五八五〕翮長毛也。户革［反］。〔五八六〕毲毛垂皃也。蘇含反。〔五八七〕毻毛落也。湯卧反。〔五八八〕毨毛落日（皃）。撫云反。〔五八九〕觜鳥口也。津水反。〔五九〇〕距强吕反。嗉［藏食處］。音素。〔五九一〕臆鳥胷前。失（央）力反。〔五九二〕喊啅鳥食物也。上苦咸反，下丁角反。〔五九三〕卵鳥卵也。郎短反。〔五九四〕菢鳥伏卵也。薄報反。〔五九五〕毈卵壞也。徒乱反。〔五九六〕黐所以黏鳥也。丑知反。〔五九七〕

虫部

虵毒虫名。而占（神遮）反。〔五九八〕蚺大虵名。而占反。〔五九九〕蟒赤（亦）大虵。莫朗反。〔六〇〇〕土虺亦虵名。下董（薰）鬼反。〔六〇一〕黄［蝃亦虵名也。下音侯］。〔六〇二〕蠍亦毒虫也。興謁反。〔六〇三〕蜈蚣上音吴，下音公。蝦蟇上户加反，下莫加反。〔六〇四〕［蛙春蛙也。烏佳反。］〔六〇五〕螳螂上音唐，下音郎。［蟬食連反。］〔六〇六〕蟭蟟上即遥反，下郎調反。蝘蜓上烏見反，下唐見反。蜥蜴（蜴）上光（先）歷反，下音亦。〔六〇七〕蝀蜆上千歷反，下音覓。〔六〇八〕曲蟮下音善。蝸牛上故花反。〔六〇九〕　蟯蜋上丘良反，下音良。〔六一〇〕　蚍蜉上音頻，下音浮。〔六一一〕　蟻[子上魚累反]。〔六一二〕　螻蛄上音樓，下音姑。〔六一三〕
蚰蚳上音由，下音延。〔六一四〕　蠐螬(蠐)上音齊，下音曺(曹)。　蝎虫上紅達反。　蜘蛛上音知，下音朱。〔六一五〕　青蜓下徒丁
反。〔六一六〕　蛺(蛺)蜨上烏㬋反，下音㬋。〔六一七〕　蜂撫容反。〔六一八〕　蠮[螉]上烏結反，下烏公反。〔六一九〕　虴蜢上賭草(革)反，
下莫耿反。〔六二〇〕　繩(繩)衆(余)陵反。〔六二一〕　蚊子上音文。　蠓子上莫勒(動)反。〔六二二〕　䖟莫耕(耕)反。　蜫猶(狗)蜫。博
雞[反]。〔六二三〕　蚤(蚤)猶(狗)蚤(蚤)也。音早。〔六二四〕　虱踈訖反。〔六二五〕　蟣居憙反。〔六二六〕　蚃蛥上音求，下所由反。〔六二七〕　蝶
蝀上音薄，下音束。〔六二八〕　蛃子上嬰向(余隴)反。〔六二九〕　蠁[子]上嬰(興)向反。〔六三〇〕　胆虫在因(肉)[中]。　七余反。〔六三一〕
鼠升吕反。　蝙蝠飛鼠。　上音邊，下音福。〔六三二〕

魚鼈部〔六三三〕

魴符王反。〔六三四〕　鯿魴之別[名]也。　卑連反。〔六三五〕　鯉良以反。　鯖精之反。〔六三六〕　鯽[音即]。〔六三七〕　鮒鯖之別名。　音
附。〔六三八〕　鱒藏本反。　鯇文板反。〔六三九〕　鱑音横。　鮊音白。　魛音刀。　魟蘇[了]反。〔六四〇〕　鮎奴兼反。〔六四一〕　鮹所交反。　鱧
音礼。　鮦鱧之別名。　直勇反。　鱅蜀容反。　鱖居衛反。　鱯音穫。〔六四二〕　鰱音連。　鱮鰱之別名。　音叙。　鱏音尋。　鰔苦咸
反。〔六四三〕　鮻蕤如(和)反。〔六四四〕　鰨鰨上音草(革)，下五革反。〔六四五〕　鮠五回反。　鯁鰟上音郎，下薄郎反。　鰌泥鰌也。　音秋。
鱓常演反。　鼂居爲反。　鼈黿上卑列反，下音元。〔六四六〕　鼉唐羅反。〔六四七〕　獺(獺)[湯末反]。〔六四八〕　螃蟹上薄郎反，下胡買
反。〔六四九〕　鮮(蚌)蒲講反。〔六五〇〕　蛤古荅反。　螺郎和反。　蝦呼加反。　蜆音顯。　網所以取魚也。　[音内]。〔六五一〕　罟(罟)
[網(網)之類。　音古]。〔六五二〕　罾(罾)小網(網)。　音曾。　罩(罩)陟教反。〔六五三〕　[罨(罨)於業反。]〔六五四〕　釣丁叫(叫)
反。　笱音苟。〔六五五〕　梁音良。　魚鮍乾魚鮍也。　普儀反。〔六五六〕　腌塩(鹽)漬魚也。　於業反。〔六五七〕　鰾魚膠也。　頻小反。〔六五八〕
[鱗魚甲也。　力真反。]〔六五九〕　鰭巨移反。〔六六〇〕　鱍魚掉尾也。　博末反。〔六六一〕　腥魚臭。　音星。〔六六二〕　鮮生魚。　音仙。

木部

松翔龍反。栢(柏)音百。樫勑盈反。杉所銜反。楸音秋。梓音秋(子)。〔六六三〕柘之夜反。荆音荆(京)。〔六六四〕檀徒蘭反。櫰音懷。槐懷(櫰)之別名也。音回。〔六六五〕桐音同。楡年(羊)朱反。〔六六六〕柳良久反。〔六六七〕欅柳之別名。音舉。〔六六八〕楊音羊。椿褚倫反。〔六六九〕杆五千反。〔六七〇〕樗勑居反。槵無患子。胡慣反。〔六七一〕楓音風。柟音南。〔六七二〕樟音章。柞音作。〔六七三〕櫪柞之別名也。音歷。〔六七四〕槲胡禄反。楢尺紹反。〔六七五〕檮直由[反]。〔六七六〕栜所責反。楝苦楝也。郎見反。楨女貞。音貞。〔六七七〕橝灰可染也。[土含反。柃灰亦可染]。李郢反。〔六七八〕根樹根也。[古恩反]。〔六七九〕[株張朱反。]〔六八〇〕莖大(火)耕(耕)反。〔六八一〕榦崗滿反。〔六八二〕柯音歌。條唐遼反。枝章移反。茱羊涉反。〔六八三〕柣(梜)木里(理)文(交)。音甲。〔六八四〕梱大木[未]割(剖)也。户昆反。〔六八五〕[桂居惠反。]〔六八六〕

竹部

笻竹莭高堪作枝(杖)子也。巨龍反。〔六八七〕⿱⺮堇(⿱⺮堇)音介(斤)。〔六八八〕竹所六反。〔六八九〕筀竹上古惠反。篠細竹也。桑了反。〔六九〇〕笲笋牙也。私尹反。〔六九一〕籜笋皮也。易(湯)洛反。〔六九二〕簳中箭笴也。各旱反。〔六九三〕箬簳菜(葉)也。音若。〔六九四〕笪竹笓(笓)也。之熱反。〔六九五〕笨篾骨。盆本反。〔六九六〕

草部

蘆郎胡反。葦細蘆也。云鬼反。荻達歷反。蒿呼高反。⿱艹斜蒿上音斜。〔六九七〕艾五盖反。〔六九八〕蓬薄紅反。〔六九九〕茅莫交反。菅茅之別名也。古顔反。〔七〇〇〕薍茅之類。五患反。〔七〇一〕蓓黄蓓也。薄改反。〔七〇二〕莣可爲屩也。音亡。〔七〇三〕蘈郎對反。〔七〇四〕蒯蘈之別名也。古懷反。〔七〇五〕藺良信反。藨平表反,可爲席。〔七〇六〕莞亦可爲席。古玄反。〔七〇七〕菰光胡反。蔣即良反。蒲薄姑反。〔七〇八〕莠羊九反。稊度稽反。稗彭拜反。蕕音由。蔴麻屬也。口迴(迴)反。〔七〇九〕藤音騰。葛崗達反。〔七一〇〕茜根可染也。倉見反。〔七一一〕荼春取菜(葉)可爲飲也。宅加反。〔七一二〕蘆死草也。乎(采)古反。〔七一三〕蔫草死也。於言反。[⿰歹委亦草死也。於危反。]〔七一四〕若乱草也。人者反。〔七一五〕芒穀草也。音亡。〔七一六〕

舩部〔七一七〕

舩神專反。舸蜀江中舩也。姑我反。〔七一八〕舸一木舩也。音同。〔七一九〕艇舸之别名。亭冷反。舶海中大舩。音白。艕釣魚小舩也。音巨恭反。〔七二〇〕艘舩數也。蘓刀反。舷舩舷也。音賢。〔七二一〕帆進舩慢（幔）也。音凡。〔七二二〕篙進舩竹。音高。橈入搖反。〔七二三〕槳大橈也。時（將）兩反。〔七二四〕櫓音魯。棹陳教反。戽斗洩舩中水斗也。上荒古反。〔七二五〕檣帆竿。秦羊反。〔七二六〕繂舩上大繩。音律。〔七二七〕緪亦大繩。古恒反。牂牁駐舩大栓。上作郎反，下古羅反。〔七二八〕簰竹簰也。薄皆反。栰大（木）栰也。音伐。〔七二九〕

車部

轅車轅也。音袁。轂居木反。〔七三〇〕輞音罔。〔七三一〕軸音逐。〔七三二〕輻音福。釭轂中鐵（鐵）也。音工。輨軸上鐵（鐵）。古晏反。〔七三三〕轄軸頭鐵（鐵）。行八反。〔七三四〕箱車身也。音襄。［轒箱底横木也。亦作桄字。古皇反。〔七三五〕輾車輾也。渠逆反。枸杺上古侯反，下音心。〔七三六〕槅古厄反。簟安車軸也。所眷反。〔七三七〕］簹箱前後欄也。音當。〔七三八〕鞋前後柱。音主。〔七三九〕靷車靷也。胡犬反。〔七四〇〕［〈〉懸繩也。丁了反。蓬箱上盖也。薄蒙反。〔七四一〕］夆逢（篷）之别名也。防遠反。〔七四二〕［軥軥頭也。古豆反。〔七四三〕索繩之别名。桒（桑）落反。輊車後重也。虚言反。〔七四四〕輋車前重也。珎（珍）利反。］

戎仗部〔七四五〕

幕音莫。鎧康待反。兜鍪上當侯反，下莫侯反。具裝上奇遇反，下側良反。錏鍜上烏加反，下户牙反。〔七四六〕袚項上徒本反，下紅講反。〔七四七〕覆膊上芳付反，下音博。〔七四八〕臂韝上賓二反，下古侯反。〔七四九〕弓居隆反。箭諮見反。横刀上胡盲反，下當勞反。劍居驗反。穳倉乱反。矟所角反。槍七羊反。棑薄皆反。楯排之别名。神准反。髀鞁上傍礼反，下楚加反。箶簏上音胡，下音禄。鞘刀鞘也。私妙反。鈚普雞反。髐鳴箭也。虐交反。〔七五〇〕笴箭也。罸早（旱）反。〔七五一〕筈箭筈。苦括反。箭空著弦處筈。〔七五二〕鏃箭鏃也。祖▨（木）□（反）。〔七五三〕□▨弦也。□□□。〔七五四〕▨（彄）弦頭也。苦

侯反。〔七五五〕彉弦中龜處。徂感反。〔七五六〕弰弓末也。所交反。彏弦急也。許縛反。弶□〔七五七〕果□。〔七五八〕埒離
拙反。毾(氈)普麥反。

火部

柴士佳反。〔七五九〕薪柴之別名也。私隣反。灰呼迴反。〔七六〇〕炭(炭)土旦反。燒舒遥反。燃而連反。焚燃之別名。
苻表(袁)反。〔七六一〕爇北人呼燃也。而拙反。焌急燒也。翠血反。〔七六二〕炙諸亦反。燻許之(云)反。〔七六三〕熬五高反。熖
物(初)卯反。〔七六四〕熝灰埋令熟也。烏乃(刀)反。〔七六五〕炮薄交反。烙郎各反。燋(燋)燎上即遥反,下郎彫反。〔七六六〕爊
焦氣。力盧含反。〔七六七〕爆火裂也。博教反。又普角反。炨火聲也。步(陟)訝反。〔七六八〕炵火盛也。徒冬反。熷(熷)熷
(熷)頭也。祖高反。炧火地(炧)也。私[□□]。〔七六九〕燼火水(木)餘也。秦引反。〔七七〇〕燗以瞻反,亦作焱。〔七七一〕煙烏斫
(研)反,亦作烟。〔七七二〕煻煨熱灰也。上徒郎反,下烏回(回)反。〔七七三〕橐爐扇。蒲介反。〔七七四〕炱煤竈(竈)中墨也。上徒來
反,下莫杯[反]。〔七七五〕塵埃上直隣反,下烏來反。窯燒瓦所也。余招反。〔七七六〕治(冶)鑄金所也。盈者反。垸骨灰和漆。
胡段反。爐鍛金所也。落胡反。韛皮袋吹火也。亦蒲介反。鍛打鐵(鐵)也。當乱反。〔七七七〕鎔煑金也。羊鐺反。〔七七八〕鑄
瀉金爲器(器)也。之喻反。鋻水鋻尹刃也。古電反。〔七七九〕釬燒金相着也。胡且(旦)反。鋦以鐵(鐵)縛物。居玉反。〔七八〇〕

水部〔七八一〕

漳諸羊反。淇勤(勤)衣反。已上二水在河北。〔七八二〕汶無運反。在兗州。泗音四。在泗州。[汝]人与[反]。在妆
州。〔七八三〕沁七禁反。在沁州。瀬營屏反。在豫州。〔七八四〕漢呼半反。〔七八五〕霜。〔七八六〕渭方貴反。已上四水在雍州。〔七八七〕
伊田(因)夷反。〔七八八〕洛郎各反。湹直連反。〔七八九〕澗呼限反。〔七九〇〕沔弥涴反。〔七九一〕涴於元反。已上三水在襄州。洲水
中可居也。音州。渚水中高地。諸与反。岸水畔地也。五且(旦)反。灘水流急處戈(也)。土干反。〔七九二〕湍灘之別名。土
官反。磧水流淺處也。千歷反。波風摇水也。補羅反。浪水波也。郎向反。潮海水潮也。直遥反。灣水曲處。烏還反。

潭水停處。徒南反。〔七九三〕淰水流緩也。奴簟反。渦水迴也。烏和反。洄洑水迴急也。上音回，下音伏。沿下水也。夷〔□〕反。〔七九四〕泝水上也。先路反。〔七九五〕洗以水洗物。先礼反。浣洗之别名也。胡管反。湔少浣也。即先反。〔七九六〕濯亦洗也。徒角反。沐洗髮。音木。浴洗身也。羊蜀反。淹於嚴反。漬秦二反。潤而俊反。浸資禁反。濺水傍射也。津見反。濽秋迸散也。伹且（旦）反。〔七九七〕涴泥着物也。烏卧反。蘸物内水也。澤陷反也。〔七九八〕泥奴黎反。埿深泥也。蒲〔□〕反。或作並（湴）。〔七九九〕汋横木度水也。之藥反。〔八〇〇〕槁（橋）巨驕反。〔八〇一〕

疾（疾）部〔八〇二〕

黶面上有里（黑）子。▨▨▨。〔八〇三〕吃語難。居▨▨。〔八〇四〕▨（瞤）目動也。□。〔八〇五〕▨目▨▨。□。〔八〇六〕□▨▨▨□〔八〇七〕（甲三下缺）

□□（藥部）〔八〇八〕

□土▨（郎）反。〔八〇九〕▨▨（乳）□反，下而主□（反）。〔八一〇〕□□反。〔八一一〕人条（參）草藥也。下疏林反。甘草上古南反。

手部

摩杪（抄）上莫和反，下桒（桑）歌反。〔八一二〕模（摸）摖上音莫，下音落反。〔八一三〕抹榝（摋）上音末，下桒（桑）達反。揩摒上苦皆反。搓挪上倉哥反，下奴哥反。〔八一四〕挼挱上奴和反，下蘇和反。〔八一五〕桉（按）攤上烏旦反，下奴旦反。楼（捼）㮈（捺）上奴回反，下奴達反。搯棺（捾）上土高反，下烏末反。〔八一六〕挑擿上土堯反，下土歷反。摘捋上丁革反，下盧末反。拈搦上奴兼反，下奴麥反。战挅稱量也。上了（丁）兼反，下丁果反。〔八一七〕撩弄上落蕭反，下郎貢反。把握上捕賈反，下烏角反。拾掇上音十，下丁末反。爬搔上薄加反，下蘇高反。搯（掐）捩上苦甲反，下郎結反。〔八一八〕捻奴牒（牒）反。扭奴結反。〔八一九〕撚奴典反。搯（搊）楚尤反。抓側交反。撈盧刀反。揉梴（挻）上而由反，下舒延反。〔八二〇〕牽

(牽)苦連反。　挽亡反反。　掿攞上呼吥反，下郎可反。〔八二一〕　撦裂上車者反，下音列。〔八二二〕　擺補解反。　撥補末反。　擘補麥反。　楦(揎)須緣反。　揞手覆(覆)也。焉感反。〔八二三〕　棒(捧)芳勇反。　枘(抐)内也。而睡反。〔八二四〕　扟從上取也。踈臻反。　擇音宅。　⿰木足(捉)椊(捽)[下]時卆(卒)反。〔八二五〕　抝拉上烏巧反，下郎荅反。　捦捉也。巨金反。　扠築上勑佳反，下音竹。　打搨上丁泠反，下當臈反。〔八二六〕　⿰扌阜撲上丁回反，下彭角反。〔八二七〕　抧⿰木則(⿰扌則)上側解反，下阻力反。〔八二八〕　敲擊頭也。口交反。　推敲上土回反，[下]先惣反。〔八二九〕　蹙摻上子六反，下婦(姊)末反。〔八三〇〕　撼扽上胡感反，下音頓。　抽柭(拔)上勑留反，下彭八反。　抛擲上普交反。　榾(搰)擲之别名。王忽反。〔八三一〕　攪姑卯反。　掏杜高反。　掊手掊也。薄交反。　攣居願反。〔八三二〕　敧以筯取物也。曲宜反。　擭撮上烏獲反，下七活反。〔八三三〕　齎持上即稽反，下直離反。　攎攬(攬)上音盧，下音覽(覽)。　⿰木是(提)攜上杜鷄反，下户圭反。　檯(擡)⿰木制(⿰扌制)上徒來反；下昌熱反，又昌袞(裔)反。〔八三四〕　掀高舉也。虛言也(反)。〔八三五〕　樘柱上丑庚反，下智主反。〔八三六〕　掆舉也。名郎反。〔八三七〕　舁掆移物置他處也。延諸反，亦与魚反。〔八三八〕

俗務要名林一卷〔八三九〕

【校記】

〔一〕開端部分據甲一卷録文，起行端雙行注文『主反』二字。原缺部目，陳校擬定作『身體部』，近是。

〔二〕注文第一字及『音』下缺字甲一存左上部殘畫。

〔三〕殘字甲一存左部殘畫，其下雙行注文右行殘缺，左行首字爲『亞』字，『亞』下殘缺。按正文大字計算(下同)，甲一每行可抄十七字左右，本行『亞』字以下約殘缺八字左右。

〔四〕『蒲礼反』前的注文缺字甲一字形模糊，似作『腰肉』二字。據切音，此條標目字似爲『髀』字；『髀』字《廣韻·薺韻》音傍禮切，與『蒲礼反』同音；但『髀』字釋『股』或『股骨』，義不合，俟再考。

〔五〕注文『▨泠反』中的缺字甲一字形模糊，俟再考。

〔六〕『腨』下甲一存雙行注文每行首字上部的殘畫，右行殘字似爲『脛』字。慧琳《音義》卷一《大般若經》第一卷音義『兩腨』條下引《文字集略》云：腨，『脛之腹（腸）也』。本行『腨』字注文二殘字之下甲一約殘缺八字左右。

〔七〕標目字殘字甲一存上部，似爲竹字頭；其下甲一約殘缺八字左右。

〔八〕注文『四業』疑當校讀作『四葉』，指四代、四世。民國張惟驤《歷代諱字譜》：『唐太宗名世民……凡五世、七世、累世皆以「葉」字代。』

〔九〕『高祖』下的注文雙行小字右行的第一字甲一存左側殘畫，似爲『去』字殘筆，其下一字《寶藏》、《法藏》皆已殘去，但國家圖書館藏王重民、向達所攝照片仍有殘紙，唯其字模糊難辨，應爲『己』字；『三』下脱字應爲『業（葉）』字。『高祖』條之下甲一約殘缺七字左右。

〔一〇〕本條所缺的標目字應爲『考妣』二字。

〔一一〕『舅』字及下切音上字『巨』甲一《寶藏》、《法藏》皆已殘去，但國家圖書館藏王重民、向達所攝照片仍有此字。『巨』下甲一約殘缺七字左右。

〔一二〕本條所缺的標目字應爲『妯娌』二字，注文『相謂』前疑缺『兄弟之婦』四字。《經典釋文》卷二九《爾雅·釋親第四》下云：『妯娌，音逐，下音里，《廣雅》云先後也，郭注《方言》云：今關西兄弟婦相呼爲妯娌。』

〔一三〕甲一『新婦』條注文『孫』、『妻』二字及下條部目『外甥』二字《寶藏》、《法藏》皆已殘去，但國家圖書館藏王重民、向達所攝照片不缺。『外甥』下甲一約殘缺五字左右。

〔一四〕『漢』條以下所屬的部目甲一殘缺（應在上一行『新婦』條之下的殘缺部分内），陳校擬補作『國号部』，近是。

〔一五〕甲一『越』字條《寶藏》、《法藏》僅存『越』字左上部殘畫、雙行注文左行『國』字左下角殘畫及『人』字，但國家圖書館藏王重民、向達所攝照片僅缺注文『号』字下部。本條下甲一約殘缺五字左右。

〔一六〕『鄙』前的缺字《匯考》定作『西』字，兹從之；本條的標目字《匯考》定作『羌』字，近是。

〔一七〕注文『國』字右下部甲一殘泐，『号』字存下部殘畫，『知』字缺下部，兹並據殘形擬補。『國』下、『知』下應缺一字，兹擬補『人』字『反』字。『高麗』條之下甲一約殘缺六字左右，其中末一字應爲『新』字。『新』與下行首字『羅』爲一條。『高麗』和『新羅』條間所缺應爲『百濟』條。

〔一八〕注文『倭東』下疑脱『海國人号』之類文字。

〔一九〕注文『南海』下甲一殘缺，疑缺『國人』之類文字；『号』下一字甲一存上部一横，疑爲『下』字（其下應爲『崙』的注音字），此字以下甲一約殘缺七字左右。

〔二〇〕『吐』下殘字甲一存上部殘畫，陳校定作『蕃』字，兹從之。『蕃』下甲一約殘缺七字左右。

〔二一〕『契丹』的『契』《廣韻》音去訖切，在迄韻；甲一音『丘要反』，『要』字《廣韻》在宵韻和笑韻，二字韻異，『要』字疑誤。

〔二二〕『屠』下甲一約殘缺七字左右。

〔二三〕注文『上』字甲一存殘畫，兹據意擬補。

〔二四〕『獵獠』條之下甲一殘泐，有左側殘畫隱約可見，據空間，可抄七字左右。

〔二五〕注文『城郭』下的二字甲一模糊不清。

〔二六〕注文『臣』字從《匯考》校。

〔二七〕注文『▨虚反』的反切上字甲一模糊不清。

〔二八〕宅屋宇，《匯考》疑『宅』字爲衍文，可備一説；也有可能『宅』下有脱文。注文『岳』字可疑，陳校擬補作『岳［□反］』，亦可備一説。

〔二九〕注文『接』下一字甲一左部略有殘泐，右部不太明晰，俟考。

〔三〇〕甲二自『内房』二字之上的標目字起，其字甲二存『門』旁殘畫，《匯考》定作『閨』字，茲從之。『閨』『閤』二條見甲二。

〔三一〕『合』爲正門之外的小門，此釋『力門』，費解，《匯考》疑『力』爲『外』之誤，可備一説。

〔三二〕注『地倉』《匯考》録作『地窖』，與原卷不合。《廣韻・效韻》古孝切：『窖，倉窖。』可參。

〔三三〕『窖』字上部大半在甲一，下部小半在甲二。其下注文及下『厨』條均在甲二。

〔三四〕厨，《廣韻・虞韻》直誅切（與『直朱反』同音）：『廚，《説文》曰庖屋也。俗作厨。』注文『竃』乃『竈』的訛俗字。

〔三五〕注文『物』字甲一存右上部，茲據《匯考》録文擬補。

〔三六〕『井』、『甃』二條均在甲二。

〔三七〕圊廁，『廁』字《廣韻》音初吏切，志韻止攝，本卷音『初慮反』，《廣韻》在御韻，屬遇攝，止、遇二攝唐五代西北方音同用。又注文『洩』字同『泄』，下文船部『戽斗，洩船中水斗也。上荒古反』注文中的『洩』字同，避唐太宗諱改字。

〔三八〕注文『塩』字甲一字形略欠明晰，《匯考》録作『垠』，而又以其讀音不合，定作『塩（鹽）』字之訛，然細察底卷，似本作『塩』字，故徑録正：『櫚』與『塩（鹽）』字同音。

〔三九〕『棟』字上部在甲一，下部在甲二，中略有殘損，《匯考》定作『棟』字，是；其下注文及下『椽』條均在甲二。

〔四〇〕枡，應爲『枓』的俗字，猶注文『廾』應爲『斗』的俗字。此字右部及注文『廾』字陳校録作『廾』，乃『升』的俗寫，非是。

〔四一〕標目字『楣』及注文『門』在甲一；『門』下一字甲一存上部殘畫，甲二存左下部殘畫，似爲『上』字；『横』下四字在甲二，『横』字右上部略有殘泐；『横』下一字存左部，似爲『木』的殘字；『尋扇』不知何意，疑爲『音眉』二字之誤。《爾雅・釋宮》『楣謂之梁』郭璞注：『楣，門户上横梁。』邵晉涵正義：『門上横木爲楣，亦名爲梁。』

〔四二〕『限』條在甲二。注文『胡眼反』的『眼』字甲二左部作『月』，俗訛形。

〔四三〕『門户』二字在甲二，此二字已在行末，應與次行行首的『窓』（在甲一）相連作一條，『門』『户』二字疑有一字爲衍文當删。『窓』爲『窻（窗）』的俗字，下同。『窻（窗）』字《廣韻》音楚江切，在江韻，本卷音『初良反』，在陽韻，《廣韻》二韻分用，但六朝晚期以來詩韻中二韻多通押，敦煌變文中亦相合爲一類，蓋當時實際語音中已經合用。

〔四四〕注文『門扇』下一字甲一存左上部，原字近似『板』字。『扇』字《廣韻・線韻》音式戰切，可參。

〔四五〕『壁』以下三條在甲二。『壁』字上部甲二殘泐，茲從《匯考》擬補。

〔四六〕注文『押壁』的『押』字甲二作省代符。《廣韻・狎韻》古狎切（與『甲』字同一小韻）：『押，押籬壁也。』

〔四七〕注文『地』字甲二字形不太明晰，茲暫定作『地』字。《廣韻・映韻》皮命切（與『皮敬反』同音）：『坪，地名。《說文》作坪，地平也。』

〔四八〕構架，『構』字右上部甲一作『世』字形，俗寫，茲録正。

〔四九〕注文『博』下應缺二字，陳校擬補『孤反』二字，與《廣韻・模韻》『庯』字注音合，近是。

〔五〇〕標目字『峻』及注文『屋▨』在甲一，『屋』下一字存上部殘畫；『險』字以下在甲二，『險』後二字甲二模糊不清。

〔五一〕『附（阧）』以下三條在甲二。『附』當爲『阧』字俗訛（注文『附』字原作省代符）。《廣韻・厚韻》當口切（與『斗』字同一小韻）：『阧，阧陖。陡，上同。』《玉篇・阜部》：『阧，當口切，阧峻也。』

〔五二〕注文『狹』及其下的殘字甲二在雙行注文的右行，『革反』二字在雙行注文的左行，右行『狹』下應缺一至二字，茲從《匯考》定作二字，其中前一字甲二存上部殘畫，似爲『宀』或『穴』旁，《匯考》定作『窄』字，當是。

〔五三〕《廣韻・陌韻》側伯切：『窄，狹窄。』『革』字在麥韻，《廣韻》陌、麥二韻同用。

〔五三〕 𣧑，此字其他字書不載，應爲『瓪』的訛俗字（陳校徑録作『瓪』）；《鉅宋廣韻・潸韻》布綰切：『瓪，瓪瓦。』其中的『瓪』亦爲『瓪』的訛俗字，可以比勘。但字書『瓪』字釋敗瓦或牝瓦（仰蓋的瓦），此釋『大瓦』，他書未見，存疑。

〔五四〕 𤭛，此字其他字書不載，蓋從瓦、酉聲的民間俗字；注文『▨幼反』的反切上字甲一有殘泐，模糊難辨。

〔五五〕 𤮊愽，『愽』文中應爲『甎』（字又作『塼』）的訛俗字，《匯考》録作『𤬪』，陳校徑録作『甎』，皆非原形。《廣韻・潸韻》盧谷切：『𤮊，𤮊甎。』

〔五六〕 鉜鏂，『鉜』字《匯考》、陳校録作『紨』，與原形不合；『鉜』下一字甲一下部略有殘泐，應爲『鏂』字。注文在甲二，『花』下一字存左上部殘畫，疑爲『飾』字。《廣韻・尤韻》縛謀切：『鉜，鉜鏂，大釘。』《玉篇・金部》：『鉜，扶侯切，鉜鏂，斂飾也。』

〔五七〕 注文『反』字甲二有殘損，兹據殘形擬定。

〔五八〕 標目字『飾』下之字及注文『呼』下之字甲一皆模糊不清。

〔五九〕 此段殘字三個及『血』字、『音』字皆在甲二，其中前一殘字存右部『立』，按正文大字計算，此殘字與上『於盈反』、下『血』字間皆約缺二字；第二、第三個殘字皆存右部殘畫。

〔六〇〕 『襖』字及其上的殘字在甲二，『襖』上之字僅存殘畫，按正文大字計算，此殘字與上『呼▨反』間約缺六字；『襖』字下約缺二字。甲二至『襖』字止。

〔六一〕 鞾靴，『靴』即『鞾』（字又作『靴』）的俗字。注文『吁▨反』的反切下字甲一模糊不清。《龍龕・革部》：『靴，通；鞾，正：音靴。』乃以俗字爲正字注音。

〔六二〕 此段甲一有殘損，卷面拼接後有移位，文字多模糊不清，俟再校。

〔六三〕 殘字甲一存上部殘畫，其下約殘缺四字左右。

〔六四〕 注文『博講反』的『講』字右部甲一作『𠫤』，右上部作『厶』，係避唐諱改寫。

〔六五〕屧，此字「尸」下部分甲一訛作「𡲷」形，兹從《匯考》校録正。《廣韻・怗韻》蘇叶切（與「蘇協反」同音）：「屧，屐也。」

〔六六〕屐，「屐」的俗字。《龍龕・尸部》：屐，俗；屐，正：奇逆反，屩也。「屐」實亦爲「屐」的俗字，可以比勘。

〔六七〕殘字甲一上部作「艹」頭，右下部有殘缺，其下約殘缺五字左右。

〔六八〕了」▨，據切音，「了」字疑爲衍文當刪，殘字甲一模糊不清，俟再考。注文「古宂反」的「宂」既爲繁冗的「宂」，俗書又用作「穴」字，文中疑即用作後者。

〔六九〕甲一注文「悲」字存右上部，「反」字存左上部，兹據《匯考》擬補。「筆」字《廣韻・質韻》鄙密切，與「悲」字同屬幫紐。

〔七〇〕此處甲一約殘缺六字左右。

〔七一〕「髻」字《廣韻・霽韻》音古詣切，見紐蟹攝；本卷直音「即」，《廣韻・職韻》音子力切，精紐曾攝，二字聲、韻、調皆所不同，疑「即」爲「既」字之誤，後者《廣韻・未韻》音居豙切，見紐止攝，蟹攝、止攝唐五代西北方音中音近可以互注。

〔七二〕此處甲一約殘缺六字左右。

〔七三〕「楚皆反」前所缺的標目字《匯考》定作「釵」，可從；「釵」字《廣韻》音楚佳切，在佳韻，皆韻、佳韻《廣韻》同用。

〔七四〕步摇，「摇」下部的「缶」甲一訛作「禾」形，兹從《匯考》校録正。

〔七五〕注文第一字甲一殘缺，「珮」字《廣韻・隊韻》音蒲昧切，可參。

〔七六〕鐶，此字右部甲一訛作「彔」形，注文「指鐶」的「鐶」字同，兹從《匯考》校録正。

〔七七〕注文殘字在雙行注文的左行，僅存上部殘畫；從原卷位置判斷，注文應爲「上□▨□（反）」四字或「上□（音）▨」三字，「上」下似僅缺一字，殘字下缺一「反」字或已無缺字。「媚子」，首飾名。斯六二七三號

《出家讚》：「舍利佛國難爲，吾本出家之時，捨却釵花媚子，惟有剃刀相隨。」

〔七八〕胭賢，「賢」字當是涉注文「賢」字而誤，兹從《匯考》校正爲「脂」。

〔七九〕注文重出「鏡匣」二字，當有衍誤。

〔八〇〕注文「疰」即「莊」的俗字，此乃以俗字爲正字注音之例。《龍龕》一書中多有其例。《匯考》謂「疰」字「不宜作直音」，非是。

〔八一〕「鴉」下一字甲一存上部殘畫。

〔八二〕烟支，下字注文又直音「支」，當有一誤；「烟支」又作「燕支」，同「烟脂」、「胭脂」，但「胭脂」同部上文已見，此又重出，存疑。

〔八三〕注文「香」前二字甲一模糊不清，俟再考。

〔八四〕殘字甲一有殘損，模糊難辨；據注文「下古到反」，此殘字下應另有一缺字，據切音，應爲「膏」字；「膏」字《廣韻・号韻》正音古到切，且與上下文「澤」、「脂」等同指女性用的化妝品。

〔八五〕注文「布鷄反」前陳校補一「下」字，近是。

〔八六〕禍複，「禍」字《匯考》校作「袹」，極是；《廣韻・陌韻》莫白切：「袹，袹複。」本卷注音「麥」，《廣韻》音莫獲切，在麥韻，《廣韻》麥、陌二韻同用。

〔八七〕注文「音」下之字甲一稍模糊，略近「里」字，但「袂」字《廣韻・洽韻》音古洽切，音不合，俟再考。

〔八八〕「䙐」字《廣韻》音苦盍切，溪紐盍韻，本卷音「普荅反」，滂紐合韻，《廣韻》盍、合二韻同用，溪、滂二紐則相距甚遠，《匯考》校「普」作「苦」，近是。

〔八九〕注文「衣前」下之字甲一僅存殘畫。

〔九〇〕標目字甲一存右下部；注文「襟之名」下三字存右部殘畫，末字據殘形可辨爲「反」字。

〔九一〕注文「居柳反」的「居」當是「尼」字之訛，「紐」字《廣韻・有韻》音女久切，與「尼柳反」同音。

〔九二〕注文『裾襻』疑當作『裙襻』,『襻』是繫衣裙的帶子;北周庾信《庾子山集》卷一《鏡賦》:『衫正身長,裙斜假襻。』

〔九三〕標目字『裾』字在行末,次行上部殘缺七字左右。

〔九四〕注文末字甲一有殘損,模糊難辨。

〔九五〕⿰月衣袷,『⿰月衣』字其他字書不載,《匯考》録作『脉』字,形近,但古書未見『脉袷』連用者,可疑。甲一『無絮』二字在雙行注文的右行,其下殘缺,至行末約可抄注文小字三;『音』字在雙行注文的左行,其下殘缺,至行末約可抄注文小字四。《説文·衣部》:『袷,衣無絮。』『袷』字《廣韻·洽韻》音古洽切。

〔九六〕此處甲一約殘缺七字左右。

〔九七〕『郣』前的標目字甲一存下部殘畫。

〔九八〕注文『幞』字《匯考》以爲衍文,按衍文疑爲『幞音』二字;本卷通常直音字前用『音』字,反切前則不再用『音』字。

〔九九〕『裹』字甲一在行末,次行上部約殘缺七字左右。

〔一〇〇〕據注文,本條標目字的下字疑爲『娠』字。《廣韻·真韻》矢人切(與『身』字同一小韻):『娠,孕也。』

〔一〇一〕注文『生子上免難』的『上』字疑誤;《匯考》疑『上』爲『音』字之誤,則以『免難』爲『㝃』字的切音,似未確(反切前通常不用『音』字,且『免難』與『㝃』字的讀音并不完全切合)。《説文·子部》:『㝃,生子免身也。』《廣韻·阮韻》無遠切:『㝃,子母相解。又音免。』可參。

〔一〇二〕二標目字甲一左部殘泐;甲一此二字之下至行末殘缺(約可抄注文小字三至四字),所缺應爲注文。

〔一〇三〕部目字甲一殘缺,兹據内容擬補,説詳下校。

〔一〇四〕『▨類』至『鏁』甲一接抄在『㝃』條所在行的次行,上部殘缺,從内容判斷,本行以下已非『女服部』,而應與甲三卷起首部分同類,後者朱鳳玉定作『器物部』,近是,兹從之;陳校擬定『日用雜器部』,亦可備一說。『類』上一字甲一略有殘損，似爲『二』或『上』字；『連反』二字在雙行注文的左行，注文『連』與在注文右行的『類』之間有無缺字不詳，如無缺字，則『類連反』三字當連讀，『類』上的殘字亦可定爲『上』字。『類』上殘字與『連』字之上甲一約殘缺七字左右，其中應包括部目字三到五個，部目字下空一至二格，下應即爲本條的標目字二個。

〔一〇五〕『鏁』下該行甲一約殘缺五字左右，次行以後殘泐。

〔一〇六〕甲三始『小』字（缺末筆）。甲一與甲三之間所缺行數不詳。甲三每行約可抄正文大字十六個左右，所存首行存行端雙行注文若干字，右行二殘字存左半，第一字可定爲『小』字；左行『反』下三殘字存左側殘畫，第二字可辨爲『音』字，第三字左側作『木』旁形。

〔一〇七〕據『丁感反』的讀音，所缺標目字應爲『瓬』字。『瓬』爲缶、罌一類瓦器，與下文『罐』同類。『瓬』字《廣韻·感韻》音都感切，正與『丁感反』同音。

〔一〇八〕注文『他郎反』，《匯考》校作『他朗反』，可從。《廣韻·蕩韻》『簜』字正有他朗切一讀。

〔一〇九〕注文『枯』字甲三右部有殘泐，陳校録作『枯』，可從；慶谷校作『也』，與所存殘形不合。《史記·范睢蔡澤列傳》『今臣之胸不足以當椹質』索隱：『椹，音陟林反。按：椹者，莝椹也。質者，剉刃也。腰斬者當椹質也。』『剉』『莝』義同。《廣韻·侵韻》知林切：枯，同『椹』。

〔一一〇〕甲三第二行至第十五行下部有殘泐，每行殘泐处可抄正文大字四字左右，注文小字十六字左右。

〔一一一〕注文『物庢反』慶谷校作『初戹反』，《匯考》及陳校作『初産反』。考玄應《音義》卷一八《立世阿毘曇論》第八卷音義：『利弗，《字苑》初眼反，謂以籤貫肉炙之者也。』『弗』與上下文的『枯』、『掃帚』等均爲日用器物名，『初産反』與『初眼反』同音，據此，當以《匯考》說爲長。然『弗』古無用作『策』別名的，故慶谷校『弗』作『册』，陳校又以『弗』爲『册』之別體，『册』、『策』《廣韻·麥韻》皆有楚革切一讀（與『初戹反』同音），二字古通用；但『册』、『策』指簡册，與上下文不類，且『弗』『册』形亦不近，似不得牽合爲一。

〔一二〕注文『上蘇』、『反』三字據《匯考》及陳校擬補。『掃』字《廣韻》有蘇老、蘇到二切，讀音相合。

〔一三〕注文『補』字中下部略有殘泐，慶谷校作『精（？）』，陳校作『蒲』，皆不確。『簸』字《廣韻・過韻》有補過切一讀；『卜』字從慶谷校，『箕』字《廣韻・之韻》音居之切。

〔一四〕缺字甲三皆在行末，次行之首为『音老』二字，茲姑據大致缺字數擬補如上；『音老』慶谷校作『音巷』，誤。《廣韻・晧韻》盧晧切（與『老』字同一小韻）：『栳，栲栳，柳器。』『栲栳』古亦寫作『筹笔』。

〔一五〕注文『也』字甲三右上部略有殘泐，《匯考》録作『人』，不確；慶谷校以『也』字爲衍文。

〔一六〕注文缺字甲三僅存殘畫。

〔一七〕抓樆，同『笊籬』。《廣韻・巧韻》側絞切（『抓』字有同一切音，與『側卯反』同音）：『笊，笊籬。』『樆』字其他字書不載，乃『籬』（字亦作『樆』）的繁化俗字。

〔一八〕箄，同『箅』。《玉篇・竹部》：『箅，補計切，甑箅也。』斯七八號《語對》『元方、季方』條：『陳太丘之子也。有客過丘，丘令元方、［季方］炊。丘以（與）客論義。元方、季方貪竊聽論語，炊飯忘着甑箄，飯洛（落）釜中。丘問炊飯熟未？元方、季方跪曰：貪竊聽論，忘着甑箄，今成糜矣。』此典出《世説新語・夙惠第十二》，其中的『甑箄』今本《世説新語》作『箄』一字，『箄』亦皆用同『箅』。

〔一九〕湅箒，『湅』字甲三作『湅』形，茲從陳校録正。《玉篇・水部》：『湅，力見切，煮絲絹熟也。』『湅箒』費解，俟考。

〔二〇〕注文『槩』字甲三本作重文符號，《廣韻・御韻》『槩』字釋作『舁食者』，《匯考》據以校改作『舁』，近是。

〔二一〕注文『傷』字《廣韻・蕩韻》音他朗切，與『梯』字同屬透紐；《匯考》録作『傷』，校作『湯』；慶谷録作『碭』，校作『湯』，皆不確。

〔二二〕攡，慶谷校作『槌』，近是。《玉篇・木部》：『櫝，徒穀切，匱也，亦木名。又小棺也。槌，同上。』

〔二三〕注文缺字甲三左上部有殘泐，下部似作『狩』形，慶谷校疑『對』字，《匯考》、陳校同，讀音相合，但字形有距離，故仍作缺字存疑。

〔二二四〕注文「渠」字上部甲三作「准」形，慶谷、《匯考》校作「渠」，兹從之。

〔二二五〕缺字存上部（或右上部），殘形似爲「齒」字上部，下缺。

〔二二六〕「鋤」字《廣韻》音士魚切，魚韻崇紐，甲三音「加居反」，紐異，慶谷校作「仕（？）居反」，《匯考》校作「助居反」，「助」字近是。

〔二二七〕钁，《匯考》校作「钁」，甚是，「矍」旁俗書多可省寫作「瞿」，故「鑺」即「钁」字俗省。「钁」字《廣韻·藥韻》音居縛切，與「俱縛反」同音。

〔二二八〕甲三「鑱」字條雙行注文右行「𢅥」字下殘缺，兹姑擬補「反」、「又」二字，左行第一字存左下部殘畫，第二字存右下部，似「衡」字之殘（「衡」字非韻，當爲「銜」字形訛），第三字存「又」形，兹擬定作「反」字。「鑱」字《廣韻》有鋤銜切、士懺切二讀。

〔二二九〕「斧」條以下至「栓」條陳校擬作「工匠部」，似不妥。

〔二三〇〕「鏟」字《廣韻·産韻》音初限切，甲三所缺反切上字或即「初」字。

〔二三一〕所缺標目字甲三存左側金旁（缺末筆）及右上部的一撇。

〔二三二〕注文「識」字的「言」旁甲三作「音」，似爲「言」旁起筆相同誤書，兹録正；慶谷及《匯考》校定作「職」字之訛，兹不取；「錐」字《廣韻·脂韻》音職追切，「識」字《廣韻·志韻》有職吏切一讀，紐同。

〔二三三〕錯，《匯考》校作「鑽」，可從；「鑽」字《廣韻·换韻》音子筭切，與「祖乱反」同音。

〔二三四〕注文「如林反」慶谷及《匯考》校作「知林反」，可從；「砧」字《廣韻·侵韻》正音知林切。

〔二三五〕甲三「碓」字右部有殘泐，兹從慶谷及《匯考》校擬補。

〔二三六〕標目字殘字甲三存上部，左半似爲「金」旁之殘，右部存「廿」，陳校定作「錯」字，可從。又此字下甲三約可抄注文雙行小字約十四個左右，陳校擬補「鑢之别名，鑢」五字，字數不合。

〔一三七〕注文『斧』字下部『斤』旁甲三訛作『弄』，此從慶谷校録正；『折』字誤，慶谷及《匯考》校作『柯』，可備一說；《廣韻・歌韻》古俄切：『柯，枝柯，又斧柯。』但《說文・木部》云：『柯，斧柄也。』則『折』亦有可能爲『柄』字之訛。

〔一三八〕注文『⿰木薑』字甲三存上部，右上部作『苗』形，原字當是『⿰木薑』字，『⿰木薑』即『橿』的繁化俗字；慶谷擬定作『橿』字，非原形。參看下文校記〔一五二〕。

〔一三九〕⿰木⿱亩厶，字書未見，慶谷校作『⿰扌⿱亩厶』，當是；《廣韻・線韻》時釧切：『⿰扌⿱亩厶，懸繩望。』

〔一四〇〕『界』字上部甲三作『曰』，乃『田』旁俗寫，茲録正。又注文『鋸』字右部甲三訛作『屋』形，茲從慶谷及《匯考》校正。用作鋸木的『界』當是『解』的記音字。『解』字《廣韻・蟹韻》音佳買切，『界』字《廣韻・怪韻》音古拜切（與『介』字同一小韻），二字紐同韻近。『解』字古有鋸木義。晉竺法護譯《修行道地經》卷三：『以鋸解之，從頭至足令百千段，譬如木工解諸板材。』

〔一四一〕缺字甲三存上部殘畫。

〔一四二〕注文『以刀』下甲三有約一字的空格，疑脱一字，故補一脱字符；慶谷校補一缺字符。

〔一四三〕刻，甲三左旁似『彥』形，『亥』旁俗書多作此形，與『彥』旁相混無別；慶谷校作『剋』，不確。

〔一四四〕注文『刻石』下的缺字甲三存上部一殘畫，所缺疑爲『也』字；『糧』疑爲『精』字之訛，『精』乃『鎸』字的反切上字；其下一字存右上部。

〔一四五〕注文『斗』字甲三作『廾』，乃『斗』的常見俗體，慶谷校作『刻』，不確；『斗削』同『陡削』（『陡』乃陡峭之『斗』的後起字，《匯考》謂『斗』爲『陡』之借，不確）。玄應《音義》卷二二《瑜伽師地論》第四卷音義：『若剜，烏官反，謂斗削曰剜，挑中心也。』亦用『斗削』一詞。《王一・寒韻》：『剜，一丸反，徒（陡）削。陡音當苟反。』則作『陡削』。《王二》改『陡削』爲『削陡』，非是。

〔一四六〕削，甲三左旁作『𦣻』（慶谷校及《匯考》録作『首』，不確），乃『肙』旁俗訛（『肙』旁上部俗作『厶』，形與

「千」近似），兹從慶谷校録正，「肙」字《廣韻·先韻》音烏玄切，與「於緣反」同音；《匯考》謂當作「剈」，似不可從。

〔一四七〕注文缺字甲三存上部（作「素」字上部形），俟考；「曲刀刀」費解，《匯考》謂衍一「刀」字，陳校謂後一「刀」字或爲「也」字之誤，後説近是。「鐝」當是「劂」的换旁俗字（「劂」《説文》作「𠜾」）。《四部叢刊》本《龍龕》卷一刀部：「劂，居月反，剞—，曲刀也。」可參。

〔一四八〕注文「秦列反」所注的標目字疑爲「絶」字。「絶」字《廣韻·薛韻》音情雪切，與「秦列反」同音。

〔一四九〕注文「全」字慶谷校作「金」，疑未確；又缺字甲三右部作「口」，左部略有殘泐，全字近似「知」字，但「知」字義不可通，俟考。《龍龕·刀部》：「剸，兹損反，減也，截也。」可參。

〔一五〇〕栓，甲三訛作「桧」，兹從慶谷校及《匯考》録正。

〔一五一〕田⿰土薑，「田」字之上甲三另有一字，慶谷、《匯考》皆録作「地」，但細察其字似未寫成，且右部有塗墨，似已點去，故不録；「⿰土薑」字其他字書未見，應爲「壃」的繁化俗字。

〔一五二〕「畝」字《廣韻》音莫厚切，厚韻流攝；底卷音莫補反，《廣韻》在姥韻，遇攝；唐五代西北方音流攝、遇攝音近同用。

〔一五三〕注文反切下字「穎」左半甲三作「夫」形，常見俗寫，兹録正；《匯考》録作「頴」，校作「穎」，不確。

〔一五四〕甲三「壟」下雙行注文各存第一字的右上部殘畫，其下殘缺部分約可抄注文小字二到四字。

〔一五五〕注文「稻」下甲三有一字（近似「莫」形），但似已塗去，其右側注一「畦」字，當即改正之字，故據改；陳校「稻畦也」録作「稻田畦也」，似不確。「稻畦」連用古書經見，如唐元稹《元氏長慶集》卷一四《縁路》：「煙火遥村落，桑麻隔稻畦。」

〔一五六〕前一缺字甲三存上部殘畫，其下殘缺部分約可抄注文小字二到四個。

〔一五七〕注文「音塲」的「塲」與標目字同形，慶谷校存疑，《匯考》疑是「腸（膓）」字之訛，似不確；此字應爲「傷」字之訛。《玉篇・土部》：「塲，始羊切，封塲也；又耕塲。」「傷」字《廣韻・陽韻》音式羊切，與「始羊切」的「塲」字同音。

〔一五八〕「垈」字字書以爲地名用字，非義，文中當是「垡」字之誤，直音字「代」則當是「伐」字之誤。《廣韻・月韻》房越切（與「伐」字同一小韻）：「垡，耕土。」「耕塊」「耕土」同義。

〔一五九〕注文「鞕」同「硬」。《説文・土部》：「垎，水乾也。一曰堅也。」段玉裁注：「乾與堅義相成，水乾則土必堅。」慶谷校「地鞕」作「地乾」，不必。

〔一六〇〕壖，「堧」的俗字，字亦作「堧」。《龍龕・土部》：「堧（堧），或作；壖，通；堧，正：奴卧、而兖、如緣三反，江河邊沙土也。」《廣韻・過韻》乃卧切：「堧，沙土。又而緣、如兖二切。」

〔一六一〕「磟」字甲三僅存右上部殘畫，兹從慶谷及《匯考》校擬補。「朾」同「打」，「打」字後起。《四部叢刊》本《玉篇・石部》「磟」字下云：「磟碡，平田器。」唐陸龜蒙《耒耜經》：「自爬至礰礋皆有齒，磟碡觚稜而已，咸以木爲之，堅而重者良，江東之田器盡於是。」

〔一六二〕耬，慶谷校作「耬」；按「耬」即「耬」的俗字，猶「耕」字俗作「耕」之比。慧琳《音義》卷一六《大乘十法經》音義：「犁耬，下魯侯反，《埤蒼》云：耬，伸也。古者人輓而伸之，下種具也，今並用牛輓。《説文》從耒、婁聲。」

〔一六三〕甲三「耩」字右上部作「世」，俗寫，「耩」當爲「耩」的俗字；注文「講」字右上部作「云」，避唐諱改寫。

〔一六四〕稖，《匯考》以为「稖」的俗字，是。《玉篇・耒部》：「稖，於劫切，犁種也。」

〔一六五〕注文「章㽞反」慶谷及《匯考》皆校作「章勇反」，可從；「種」字《廣韻》去聲用韻音之用切，又上聲腫韻音之隴切，分別與「章用反」、「章勇反」同音。

〔一六六〕注文「拊」慶谷校作「柎」，似不確；「拊」指保護、培育，其義可通。

〔一六七〕秧，甲三左旁訛作「木」，右旁訛作「夹」形，兹從《匯考》録正。又注文前一缺字甲三僅存上部殘畫；第三缺字甲三右下部缺，兹據殘形定作『苗』字，慶谷録作『芒』，似未確；第四缺字僅存左部殘畫，兹據字音定作『於』字；『丙』應爲『兩』字之訛。『秧』字《廣韻》音於良切，又音於兩切，讀音正合。

〔一六八〕調勾，『勾』字慶谷及《匯考》皆校作『匀』，兹據校。又注文『盀』字慶谷校存疑，《匯考》以爲當作『遍』，可備一説；『康遼反』慶谷及《匯考》皆校作『唐遼反』，可從。

〔一六九〕注文『亦故多也』慶谷疑當作『亦苗多也』，《匯考》則徑謂『故』爲『苗』之訛；按『故』字古有『猶』義，『亦故多也』可釋爲『亦猶多也』，則『故』字或不誤。

〔一七〇〕稀，左旁甲三多一横畫，下『稴』字、『穫』字、『穮』字條標目字左旁亦皆作此形，與『耒』旁俗寫相混無別，乃俗書增筆，兹録正。又注文『少』字甲三缺下部的撇筆；『虛』下的缺字存右上部殘畫。

〔一七一〕注文『虛尒反』慶谷校作『虛忝反』，《匯考》校作『盧忝反』；按『稴』字《廣韻》有户兼切一讀，與『虛忝反』紐近，『虛』字或不誤。

〔一七二〕注文『晋』字慶谷校作『音』，甚是；《匯考》及陳校録作『魯』，非原形，而又謂『吕』後脱『反』字，不可取。

〔一七三〕注文『減草助余反』甲三本作『感華除余反』，『華』、『除』右下側分別注『草』、『助』二字，似有改字之意，兹從《匯考》校定如上；『感』字慶谷校作『減』，似不確。

〔一七四〕『穫』字甲三無右下部的『又』，俗省，兹録正。

〔一七五〕注文『牃』爲『牒』避唐諱的改寫字。

〔一七六〕『債音亦』慶谷校作『積音迹』，《匯考》校作『積資亦反』，前説較長。

〔一七七〕注文『聚粒』，《匯考》謂『粒』字疑非。《廣韻·遇韻》：『堲，垛也。才句切。』《玉篇·土部》：『堲，秦喻切，土積也。』皆可參。

〔一七八〕陎，甲三右上部作『刃』形，俗訛，兹從慶谷及《匯考》校録正。

〔一七九〕『塲』字同部上文已見，此不應重出，且與注文直音不合，其字當有誤。又注文稱『上音素，下音布』，則標目字當有二字，俟再考。

〔一八〇〕蘿枷，《匯考》讀作「籮枷」，是。「枷」字《廣韻》音古牙切，在麻韻；底卷音「歌」，《廣韻》音古俄切，在歌韻，唐五代歌、麻二韻音近可以互切。

〔一八一〕檐，通常應爲「檐」字俗寫，俗書「扌」旁「木」旁不分，故此處「檐」又用同「擔」。《集韻·闞韻》都濫切（與「當濫反」同音）：「擔，負也。或从木（作檐）。」

〔一八二〕棇，同「楤」（猶直音字「忩」同「悤」）。注文「尖」字甲三誤作「小大」二字（一在行末，一在次行首），茲從慶谷校録正。《廣韻·東韻》倉紅切：「楤，尖頭擔也。」

〔一八三〕本條上半底卷有殘泐，整理者拼合有誤，其中的標目字「穀」模糊不清，茲據注文擬補；其下雙行注文第一行存下部「麥粂稷豆」四字（「粂」字從慶谷校），「麥」前一字存下部殘畫，而次行之首的「謂之」二字整理者誤粘在第一行之首，茲據文意把「謂之」二字移回次行「五穀」之前，并比照底卷注文第二行的字數於第一行之首擬補二缺字符。注文「五穀」前《匯考》及陳校校録作「一麻二麥參稷四豆五穀」，誤。又周祖謨《敦煌唐本字書敘録》在「田農部」「養蠶及機杼部」間别出「穀部」，慶谷校、《匯考》及陳校亦皆以本條以下爲「穀部」，非是（各家蓋皆誤認整理者誤粘在注文第一行之首的「謂」爲「部」字）。

〔一八四〕甲三「粟」與「蓒」字連抄，當是「粟」下讀斷，其下脱注文。

〔一八五〕注文「莖」字甲三作「莁」，此形通常爲「筮」字俗寫，文中則應爲「莖」字之訛，茲從《匯考》校録正。可洪《藏經音義隨函録》第貳册第肆拾玖張《大寶積經》第五十四卷音義：「七莁，户萠反，正作莖。」可參。

〔一八六〕注文「音音」慶谷校及《匯考》校作「音立」，近是。

〔一八七〕甲三「麴」與下一字連抄，此讀斷，其下應脱注文。「麴」字其他字書不載，慶谷校作「麩」，陳校以爲同「䅉」，似皆未確；按此字有可能爲「麫」字俗訛，「麫」字《廣韻·潸韻》音户板切，與「麴」形音皆近。

〔一八八〕穏，甲三下部略有残泐，各家皆作缺文，茲據殘形及切音定作「穏」字。注文「烏」字慶谷作缺文，《匯考》及陳校作『烏』，是；又『本』字甲三存上部『大』，乃『本』字俗書『夲』字之殘；《匯考》作缺文；慶谷校録作『木』，陳校定作『安』，皆未確。『穩』又作『穏』，皆爲『穩』的俗字。《龍龕・禾部》：『穏，俗；穩，正：烏夲（本）反，持穀聚。』

〔一八九〕本條甲三本作『稻糭反』，慶谷校録作『稻糭（糗？）□反』；按：『糭』字字書不載，應爲『米』『晏』二字之誤合，『米』乃『稻』字釋義，而『晏』蓋『旲』字之訛，爲『稻』字的反切下字，其前則脱反切上字。

〔一九〇〕注文『糭』字其他字書不載，慶谷校作『粳』；又校『刃』作『別』，『似』作『仙』，皆近是。《集韻・僊韻》相然切：『秈，《方言》：江南呼稉爲秈。或作䆨、籼。』『稉』『粳』古異體字。

〔一九一〕糯，『糯』的俗字。甲三注文前一缺字存『女』旁，慶谷校擬補作『奴』，近是；後一缺字存『月』形，慶谷校擬補作『卧』，字形有距離，俟再考。

〔一九二〕注文『榑』慶谷校作『穆』，可從。《集韻・模韻》滂模切（與『普胡反』同音）：『穆，大豆也。一曰穧也。』

〔一九三〕麦，『麥』的俗字，甲三上下文『麥』旁及注文『麥』字類皆作『麦』形，皆徑録正，不一一出校説明。又甲三『麥』下雙行注文每行各存第一字上部的殘畫，左行首字據殘字的筆畫可定爲『反』字。

〔一九四〕注文反切上字『革』字甲三筆畫不清，陳校定作『革』字，近是，兹從之；慶谷校録作『竿』，校作『苦』，似不確。『稞』字《廣韻・戈韻》音苦禾切，與『革和反』紐近。

〔一九五〕『稹』通常爲『稹』字俗寫，但『稹』、『稹』字書皆不載，《匯考》謂『稹』當作『稩』，注文『古之反』當作『古玄反』，極是；慶谷校『稹』作『稘』，非是。又注文『莖』甲三作『莖』，俗訛字（參看上文校記〔一八五〕），兹録正。《廣韻・先韻》古玄切：『稩（稩），麥莖。』

〔一九六〕麫，『麰』的訛俗字。注文『糠』字右下部略有殘泐，《匯考》定作『糠』字，是；慶谷校疑右部爲『束』，不確。慧琳《音義》卷三〇《寶雨經》第八卷『穬麰』條下云：『下蠅即反，《考聲》云：麰，麥糠也。《文字集略》云：麰，麥皮也。《文字典説》從麥、弋聲。弋音翼也。』

〔一九七〕桼，甲三作『桊』形，慶谷及《匯考》校作『桼』，當是，兹録正。又注文『高』字從慶谷校及《匯考》校。

〔一九八〕廩，慶谷及《匯考》校讀作『麼』，是。注文『桼』字甲三訛作『泰』形，兹從慶谷校及《匯考》録正。

〔一九九〕注文『水中熟麻』慶谷校録作『麻水中熟』，殆誤。注文『烏侯反』慶谷校作『烏候反』。按《玉篇·水部》：『漚，於候切，漚麻也，久漬也。又音謳。』底卷『烏侯反』與『謳』同音，則『侯』字或不誤。

〔二〇〇〕注文『里』字當讀作『裏』。《集韻·宵韻》千遥切：『⿸麻焦，麻苦雨生壞也。』可參。

〔二〇一〕斯二〇七一號《箋注本切韻》入聲屋韻莫卜反：『朷，朷桑。』《集韻》同一小韻：『朷，刀治桑也。』《鉅宋廣韻》『朷桑』訛作『初桑』，《匯考》及《郝録》從之，非是。

〔二〇二〕檐，甲三缺右下部的『口』，兹據《匯考》擬補。『檐』文中爲『擔』的訛俗字。《廣韻·談韻》都甘切（與『當藍反』同音）：『擔，擔負。』參看上文校記〔一八二〕。此下四字皆爲表示擔負的詞語，皆應從手旁，但俗寫手旁木旁不分，故皆寫從木旁。

〔二〇三〕槤，慶谷校作『摙』，可從。《廣韻·獮韻》力展切（與『輦』字同一小韻）：『摙，擔運物也。』

〔二〇四〕⿰木項，其他字書不載，慶谷校作『⿰扌項』，可從。《集韻·講韻》虎項切（與『紅講反』韻同紐近）：『⿰扌項，山東謂擔荷曰⿰扌項。或作扛。』

〔二〇五〕楬，慶谷校作『揭』，可從。《廣韻·月韻》其謁切（與『渠謁反』同音）：『揭，擔揭物也。本亦作揭。』

〔二〇六〕圌，甲三訛作『[illegible]』，慶谷及《匯考》皆校作『圌』，兹據録正。注文『貯』字甲三訛作『⿰片宁』形，兹從慶谷校録正。又『可』字誤，慶谷校作『具』，《匯考》校作『所』，『所』字俗寫與『可』字形近易訛，『所』字近是。

〔二〇七〕囤，其中的『屯』甲三訛作『七』形，兹從慶谷校及《匯考》録正。

〔二〇八〕注文『碓』字慶谷録作『雒』，校作『⿰臽隹』，誤；又注文『舂』字甲三略有殘泐，慶谷録作『器』，亦誤。

〔二〇九〕暕，慶谷及《匯考》校作『暕』，是。注文『再』字疑當作『亦』；陳録作『稱』，與原形不合。又『徒郎反』慶谷及《匯考》並校作『徒朗反』，後一切音與《廣韻》合。

〔三一〇〕注文『日』甲三本作『曰』，乃『因』的俗字，文中則爲『日』的訛字，茲從慶谷及《匯考》校録正；又『曬物』、『上』三字甲三右部殘泐，茲從《匯考》擬補；『下音浪』後甲三有一『反』字，慶谷及《匯考》皆以爲衍文，茲據刪。

〔三一一〕炕，甲三右部作『冗』形，俗訛形，茲録正。

〔三一二〕簸櫶，『櫶』同『攇（㩵）』，《龍龕·手部》：『攇㩵：即淺反，一滅也。』

〔三一三〕『餺飥』條《匯考》謂以義不得入此部，定作衍文。按：底卷該條下無注文，蓋抄手已發現其誤而未刪去者。

〔三一四〕注文『檐』應爲『檐』字俗寫。參看上文校記〔一八二〕。

〔三一五〕注文『蔫』字慶谷校疑當作『簾』，可備一説。《集韻·合韻》咋合切：『⿱艹雜，户簾也。或从竹。』

〔三一六〕⿰镸柰，『⿰镸桑』的訛俗字。注文『寶』字慶谷校作『寬』，是；『履』字陳校録作『寘』，非是。《龍龕·雜部》：『⿰镸柰，俗；⿰镸桼，今；⿰镸桑，正：丑几反，移蠶就寬。』『絺履反』與『丑几反』同音。

〔三一七〕絲，『繅（繅）』的訛俗字。《集韻·豪韻》蘇遭切（與『蘇勞反』同音）：『繅，《説文》繹繭爲絲。或从參（作縿），从喿（作繰）。』可參。

〔三一八〕『賸』字《廣韻·證韻》音詩證切，書紐；底卷音『椉證反』，『椉（桑）』字《廣韻·唐韻》音息郎切，心紐，二字紐異，慶谷校『椉』爲『乘』，後者《廣韻·證韻》音實證切，船紐，書紐船紐僅清音濁音之異。

〔三一九〕『當』字下部的『田』甲三作『口』形，蓋手寫之訛，茲從慶谷校録正；其下的缺字甲三存左下部殘畫，左旁似『礻』、『扌』、『木』三形，原字俟考。注文『𠕒』字字形在『兩』、『雨』、『而』三字之間，茲暫定作『兩』字。參看下文校記〔三六四〕。

〔三二〇〕篷，《匯考》以爲同『箑』，合乎字形演變規律，但《廣韻·葉韻》『箑，扇也』，山輒切，音義皆未密合；慶谷校作『篋』，音義稍近，但形又不合，只能存疑。

〔三二一〕『屎』字從慶谷及《匯考》校改。注文『且利反』慶谷及《匯考》校作『丑利反』，可從。《廣韻·至韻》丑利切：『屎，籰柄也。』

〔三三二〕『榣』字慶谷校作『摇』，可從。

〔三三三〕⿱絜木槔井，『槔』字甲三作『橰』，俗訛字，此録正；標目字『井』及注文中的『井』字疑皆爲衍文當删。注文『汲』字甲三存右下部，兹據慶谷校擬補。《説文新附·木部》：『槔，桔槔，汲水器也。』《集韻·屑韻》以『⿱絜木槔』爲『桔槔』的異寫。

〔三三四〕『責』字及注文中的『秋』從慶谷及《匯考》校。

〔三三五〕緝，甲三作『緝』形，下條注文『緝縈也』的『緝』字同，乃『緝』字俗寫『緝』（下文『葛，緝葛爲布』、『蕉布，緝蕉爲布』的『緝』字甲三皆作此形）的訛變形。

〔三三六〕注文『音盧』後甲三有一『反』字，兹從慶谷校删。

〔三三七〕注文『横絶也』慶谷校作『横絲也』，『玄貴反』慶谷校作『云貴反』，皆近是。《集韻·未韻》于貴切（與『云貴反』同音）：『緯，《説文》織横絲也。』

〔三三八〕注文『紸』字《正字通》音之樹切，『著也』，義不合，慶谷校作『組』，近是。又『等』通常爲『等』字俗寫，慶谷校作『茅』，是，『茅』『等』上部相同而誤。

〔三三九〕注文『卄絲』二字甲三作『茲』形，乃『卄絲』二字之誤合（『卄』同『廿』），慶谷校作『十絲』二字，非是，陳録作『蒸』一字，亦誤；又『絡』字慶谷校作『綹』，是。斯二〇七一號《箋注本切韻》上聲有韻力久反：『綹，卄絲爲綹。』伯三六九三號《箋注本切韻》及《王一》、《王二》並同。《集韻·有韻》力九切：『綹，《説文》緯十縷爲綹。一曰絲十爲綸，綸倍爲綹。』據『絲十爲綸，綸倍爲綹』，亦可證應是『卄絲爲綹』。宋刻《鉅宋廣韻》『綹』字下注『升絲爲綹』，『升』乃『卄』字之訛。《四部叢刊》影印南宋巾箱本、《古逸叢書》影印覆宋本和覆元泰定本、清澤存堂本《廣韻》皆作『十絲爲綹』，誤。《原本玉篇殘卷·糸部》：『絡（綹），力九反，《説文》：緯十絲爲絡（綹）。』今本《玉篇》作『綹，力九切，緯十絲爲綹』。其中的『維十絲爲綹』、『緯十絲爲絡』皆當據《説文》原文校正作『緯十縷爲絡』。傳本《廣韻》作『十絲爲絡』者，或即據誤本《玉篇》而臆改也。又『絡』字韻書在有韻，流攝，底卷音『力圭反』，齊韻蟹攝，音異；慶谷録作『力主反』，麌韻遇攝，遇攝、流攝唐五代西北方音可以互切。

〔三三〇〕注文『織餘』二字甲三誤倒，兹從慶谷及《匯考》校乙正。又『遺位反』慶谷校作『匱位反』，是，俗書『匚』『辶』二旁形近相亂，故『遺』即『匱』的訛俗字。慧琳《音義》卷六三《根本説一切有部尼陀律》第八卷音義：『其繢，下達（逵）位反，白氎織餘殘繢頭也，《説文》云織餘也。從糸，匱聲。』

〔三三一〕注文『扶容反』的『扶』甲三訛作『扙』形，兹從慶谷校及《匯考》録正。

〔三三二〕注文『縫録也』慶谷校作『縫緣也』，『略然反』慶谷校作『毗然反』，皆近是。

〔三三三〕繻緛（緛），《匯考》以『繻』爲『緛』之俗字，當删，是；『繻』『緛』《説文》字别，但『需』『耎』俗書皆可作『需』，故『需』『耎』二旁古亦多有混用不分者，文中『繻』即『緛』字誤書而未删去者。《廣韻·獮韻》而兖切（與『二專反』異調）：『緛，衣縫也。』底卷釋『閨縫』，他書未見。

〔三三四〕注文切語脱一字，慶谷校及《匯考》皆定作『居』下脱反切下字，是；按『紬』字《廣韻》入聲葉韻音居輒切，又業韻音居怯切，可參。

〔三三五〕注文『卜吕反』慶谷及《匯考》皆校作『丁吕反』，可從；古無舌頭、舌上之别，知紐古與端紐無異，故『褚』字斯二〇七一號《箋注本切韻》等《切韻》系韻書皆音『丁吕反』。

〔三三六〕注文『縱絮』慶谷校作『縫絮』，未必是。

〔三三七〕『縊』字從慶谷及《匯考》校。注文『除』字慶谷校作『除』，是。

〔三三八〕注文『殺』字慶谷校作『衿』，似不確。又『踈』字右部甲三訛作『東』，兹據慶谷校録正；『盖』字慶谷校存疑，《匯考》校作『盍』，可從。玄應《音義》卷一九《佛本行集經》第九卷音義：『皺𧜟，知躡、之涉二反，謂不申也。』『殺』字有削減義，『𧜟殺』或爲近義連文。

〔二三九〕 𢂈，『𢂑』的俗字。《廣韻·侯韻》恪侯切（與『苦摟反』同音）：『𢂑，指𢂑。』

〔二四〇〕 衦，斯二〇七一號《箋注本切韻·旱韻》各旱反（與『各滿反』同音）：『衦，摩展衣。』『磨』『摩』古通用。

〔二四一〕 『判』字從《匯考》校。注文『苦八』二字甲三本作一『黄』字，慶谷校存疑，《匯考》謂『黄』爲『苦八』二字之訛，下又脱『反』字，極是，兹據校補。伯二七一七號《字寶》：『巧扐，苦八反。又刋(扨)。』

〔二四二〕 縵，甲三右旁作『㬅』，乃『曼』的常見俗字『㬅』的訛變形，兹録正。

〔二四三〕 『笌』乃『笠』字俗寫『等』的訛變形，兹從慶谷校。

〔二四四〕 絇，『絇』的俗字。注文『俱』字甲三略有訛變，《匯考》録作『貞』，校作『具』，不確。《廣韻·遇韻》九遇切（與『俱遇反』韻同紐近）：『絇，絲絇。』

〔二四五〕 繇，《字彙補·糸部》載此字，以爲『繇』字之訛，讀音相合；但文中『繇』列在『女工部』下，義不合，存疑。注文『從絲』疑爲『從糸』之誤。

〔二四六〕 雙絙，『絙』字底卷作『絙』，慶谷校作『距』，按『絙』應爲『絙』字之訛，而『絙』又爲『距』的改換偏旁俗字；注文『巨』字底卷訛作『臣』，兹從慶谷校録正。『雙距』本爲雄鷄兩脚後突出部分，後用作綾名。《新唐書·地理志二》『蔡州汝南郡』：『土貢：珉玉棋子，四窠、雲花、龜甲、雙距、溪鷘等綾。』宋樂史《太平寰宇記》卷一一河南道蔡州下：『土産：舊貢龜甲、雙距綾，四窠、雲花、灘鷘綾，今貢龍鳳蚊蝲。』清胡渭《禹貢錐指》卷五：『今兖州府滋陽縣猶出文綾，有鏡花、雙距之號，雅稱輕靡，其魯縞之遺乎？』

〔二四七〕 瓜子，『瓜』字甲三作『瓜』，乃『瓜』字唐代前後的通行寫法。下文『瓜』字及『瓜』旁寫卷多作此形（進而又有訛作『爪』的，其中甲三以作『爪』居多，乙卷以作『瓜』居多），一般均徑録正，不一一出校説明。《新唐書·地理志三》『鎮州常山郡』：『土貢：孔雀羅、瓜子羅、春羅、梨。』

〔二四八〕 注文『音貨反』慶谷及《匯考》皆校作『吾貨反』，近是，『臥』字《廣韻·過韻》正音吾貨切。

〔二四九〕 注文『踈』字右部甲三作『東』形，兹從慶谷校，陳校作『練』，此不從。又『也離反』《匯考》校作『匹離反』，慶谷校以『也』字屬上讀，『離』前補一缺字符，茲從慶谷校。慧琳《音義》卷八七《甄正論》卷上音義：『紕謬，上匹夷反，《考聲》云：紕，繒帛踈薄也。』『踈惡』與『踈薄』義近。

〔三五〇〕注文『弥』字左旁甲三作『糸』，乃涉『綿』字類化偏旁，茲從慶谷校録正。

〔三五一〕牽縭，慶谷校作『牽離』，《匯考》校作『縴䌬』，後説是。《集韻·支韻》鄰知切（與『力之反』同音）：『䌬，縴䌬，惡絮。通作縭。』伯二五七八號《開蒙要訓》有『綿絮縴繞（䌬）』句，其中的『繞』字斯五四六四號作『縭』，可以比勘。

〔三五二〕『上細布』《匯考》校作『［已］上細布［名］』，近是。

〔三五三〕注文直音字『私』慶谷校作『茲』。按『啙』字《廣韻·支韻》音即移切，精紐止攝，『私』字在脂韻，息夷切，心紐止攝，二字韻、紐皆近。

〔三五四〕注文反切下字甲三殘泐，『反』字存下部殘畫；《匯考》引《廣韻·語韻》『紵』字音直吕切，可參。

〔三五五〕綀，此字右旁甲三訛作『東』，茲從《匯考》録正；注文『色魚反』慶谷校作『魯見反』，蓋以標目字爲『練』字，非是。《説文新附·糸部》：『綀，布屬。从糸，束聲。』《廣韻·魚韻》音所葅切，與『色魚反』同音。宋范成大《桂海虞衡志·志器》：『綀子出兩江州洞，大略似苧布。』

〔三五六〕碼瑙（瑙），古書或作『瑪瑙』，或作『碼碯』，『碼瑙（瑙）』則是前二者交互影響的結果。

〔三五七〕注文『善』字從慶谷及《匯考》校。又二缺字甲三皆有殘泐，茲從慶谷録擬補。

〔三五八〕礊，此字左上部『医』中的『矢』甲三訛作『中』形，茲從慶谷校及《匯考》校録正。注文『䅣』字甲三作『棃』形，茲從慶谷校及《匯考》校定作『䅣』字。

〔三五九〕鈆，同『鉛』。『鈆（鉛）』字《廣韻》音與專切，仙韻以紐，底卷音『年專反』，屬泥紐，《匯考》謂『年』字疑誤，慶谷校作『羊』，近是。

〔三六〇〕注文『星』字中部横裂，影本拼接不正，不易辨認，《匯考》定作『星』字，是；慶谷録作缺字。

〔三六一〕鐡，『鐵』的訛俗字，下同。本條『鐡』字慶谷録作『鐵』，不確。

〔三六二〕鏉，慶谷及《匯考》皆校作『鏉』，是。《廣韻·宥韻》所祐切（與『所救反』同音）：『鏉，鐵鉎鏉。』

〔三六三〕鋥，『鋼』的俗字。注文『鋥』字的右下部甲三殘泐，兹據慶谷校及《匯考》校擬補。又『鐵鋥也』《匯考》謂當作『鋥鐵也』，引《廣韻·唐韻》古郎切：『鋼，鋼鐵。』按《王二》同一小韻：『鋼，鐵鋼。』則底卷作『鐵鋥也』似亦不誤。

〔三六四〕鍒，此字右下部甲三訛作『寸』，兹從慶谷及《匯考》校録正。注文『[illegible]』字慶谷及《匯考》皆校作『而』，存疑。參看上文校記〔三一九〕。《廣韻·尤韻》耳由切：『鍒，鐵之耎也。』

〔三六五〕注文『上』字上部有殘泐，兹從慶谷及《匯考》校擬補。又『下六』陳校作『中六』，比照下文『甲煎香』條注『煎』字云『中則見反』，則陳校近是。

〔三六六〕箋香，同『棧香』。《廣韻·先韻》則前切：『棧，香木。』《梁書·海南諸夷傳·林邑》：『沉木者，土人斫斷之，積以歲年，朽爛而心節獨在，置水中則沉，故名曰沉香。次不沉不浮者，曰籛香也。』『籛』爲『棧』字異寫。

〔三六七〕零稜香，『稜』字慶谷校作『陵』，是。《新唐書·地理五》永州零陵郡、道州江華郡下所載土貢皆有『零陵香』。

〔三六八〕注文『荒』字、『反』字甲三下部殘泐，兹從慶谷及《匯考》校擬補。

〔三六九〕甲煎香，『甲』字上部的横畫甲三殘泐，慶谷校存疑，兹從《匯考》擬補。《新唐書·地理志七》循州海豐郡下土貢有『蚺蛇膽、甲煎、鮫革、荃台、綬草』等物。

〔三七〇〕注文『處光反』慶谷校作『處亦反』，《匯考》校作『處炙反』；按『光』字蓋涉上條注文『胡光反』之『光』而誤，故不必着眼於形近或音近之誤，《切韻》系韻書『赤』字音昌石反，可參。

〔三七一〕『絳』《廣韻·絳韻》音古巷切，屬見紐，底卷音『黄巷反』，屬匣紐，《匯考》謂『黄』字誤。按：『黄』或爲

「苦」字起筆相同而誤，「苦」爲溪紐，與見紐僅送氣不送氣之異。另據羅常培《唐五代西北方音》，敦煌本《開蒙要訓》有見、匣互注之例，可以參看。

〔三七二〕注文「任始反」《匯考》謂有誤，慶谷校作「汪姑反」，陳校作「汪如反」。按《廣韻・模韻》「烏」字音哀都切，與「汪姑反」同音，慶谷校近是。

〔三七三〕注文「藏者反」《匯考》謂有誤，慶谷校作「藏老反」，陳校作「藏早反」。按《廣韻・晧韻》「皂」字音昨早切，與「藏老反」或「藏早反」同音，以形論，慶谷校更近。

〔三七四〕欝金黰，「欝」爲「鬱」的俗字；「黰」字甲三左下部有走之旁形，而「黑」旁下無四點，茲從慶谷校録正。注文「染」字右上部甲三作「⺈」形，茲從慶谷及《匯考》校録正；陳校「染」字作「深」，又録「烏閑反」爲「烏閑反」，似皆不確。《廣韻・山韻》烏閑切：「黰，染色黑也。」斯六二〇四號《字寶》平聲字：「色黰暈，烏還反。」皆可爲校字之證。

〔三七五〕斒斕，甲三「斒」字右下部訛作「西」形，「斕」字左部訛作「又」，茲皆録正。注文「蛍」字《匯考》謂與之同韻（山韻）而形近的唯「窀」字（墜頑切），慶谷則徑校作「窀」，近是；陳校又謂當是「帘」字，韻異，似不可從。又「閊」字字書不載，慶谷及《匯考》皆校作「閑」，近是。《廣韻・删韻》布還切：「斒，斕斒」又山韻方閑切：「斒，斒斕，色不純也。」又力閑切：「斕，斕斒。」

〔三七六〕廮，「廮」的俗字，慶谷及《匯考》皆校作「廮」，是。

〔三七七〕「七十八」三字甲三左部殘泐。

〔三七八〕豪，同「毫」。《禮記・經解》引《易》云：「差若豪氂，繆以千里。」陸德明釋文：「豪，户刀反，依字作毫。」

〔三七九〕「引」前「一」字從《匯考》校擬補。

〔三八〇〕量起於圭，陳校作「量起於粟」，如據陳校，「粟」下應脱注音字，而「下古迷反」四字則應移至「六粟爲一圭」句之下。考《孫子算經》卷上：「量之所起，起于粟，六粟爲一圭，十圭爲一撮，十撮爲一抄，十抄爲一勺，十勺爲一合，十合爲一升，十升爲一斗，十斗爲一斛。』又慧琳《音義》卷二五《大般涅槃經》第十卷『滿足八斛』條下引《孫子筭經》云：『量之所起，初起於粟，六粟爲一圭，六十粟爲一撮，六百粟爲一抄，六千粟爲一勺，六萬粟爲一合，六十萬粟爲一升，六百萬粟爲一斗，六千萬粟爲一斛。』又《太平御覽》卷七五〇工藝部數：『《筭經》曰：量之起起於何？ 答曰：量之起起[於]粟，粟是陰陽而生，從六甲而出，故六粟爲一圭，十圭爲一抄。』皆可爲陳校之證。但斯一九號《筭經》云：『凡斗量所起，起於圭。十粟爲一圭，十圭爲一抄，十抄爲一撮，十撮爲一勺，十勺爲一合，十合爲一升，十升爲一斗，十斗爲一斛。』據此，則『量所起圭』的『圭』字似亦不誤。

〔二八一〕乙卷起於『十撮』二字，前缺。又乙卷前面九行依正文大字計每行上部殘泐二、三字不等。

〔二八二〕升，甲三、乙卷皆作『廾』，乃『升』字異寫。

〔二八三〕『十升爲』三字甲三、乙卷皆殘泐，茲參前引《孫子算經》及斯一九號《筭經》擬補；其下『一』字甲三左部殘泐，茲據乙卷擬補。又『斗』字甲三作『廾』，乙卷作『丩』，皆爲『斗』字異寫。下句『斗』字及『斛』字右旁略同。

〔二八四〕『下胡木反』四字甲三無，茲據乙卷擬補。

〔二八五〕乙卷無『秤部上處證反』六字。『秤』字左部甲三訛作『釆』，茲從《匯考》校録正。『秤』乃『稱』的簡俗字。

〔二八六〕『秤起於黍』四字甲三殘泐，乙卷前一字殘泐，存『起』字『走』旁末筆及『於黍』二字，茲從《匯考》校擬補。斯一九號《筭經》云：『秤之所起，起於黍。十黍爲一參，十參爲一銖，廿四銖爲一兩，十六兩爲一斤，卅斤爲一鈞，四鈞爲一石。』可參。

〔二八七〕『一』字甲三無，茲據乙卷補。又注文『七含反』乙卷作『七南反』，音同。

〔二八八〕『一六』乙卷作『十六』，茲據校。

〔二八九〕『一』字甲三無，茲據乙卷補。

〔二九〇〕鄽，乙卷作「鄽」，皆爲「鄽」的簡俗字。注文「市之别名」後乙卷有一「也」字。

〔二九一〕注文「行之别名」後乙卷有一「也」字。

〔二九二〕庢，「底」的俗字，《匯考》謂「底」爲「邸」的借字，是。《唐律疏議·名例·平贓及平功庸》：「居物之處爲邸，沽賣之所爲店。」

〔二九三〕注文「音古」乙卷作「賈者▨」，「者」當是「音」字之訛。

〔二九四〕注文「莫熊反」乙卷作「莫罷反」，「罷」字是，兹據校。

〔二九五〕「糶」下甲三無注文，乙卷音「吐▨（吊）反」，其中的「吊」字下部略有殘泐，《廣韻·嘯韻》「糶」字音他弔切，兹據擬補。

〔二九六〕糴，甲三左部訛作「金」旁，兹據慶谷及《匯考》校録正。乙卷本條殘缺。

〔二九七〕標目字「酤」字乙卷殘缺。注文「買酒也」乙卷無「也」字。

〔二九八〕注文「買物未与錢」下乙卷有一「也」字。

〔二九九〕注文「預」字甲三左部訛從「禾」旁，兹據乙卷録正。乙卷「錢」字殘缺，但缺字下多一「也」字。又「少」字乙卷同，慶谷及《匯考》皆校作「付」。按《廣韻·勘韻》徒紺切：「賧，買物預付錢也。」殆即慶谷及《匯考》校所據。但底卷「買物預少錢」似指預付少量定金，「少」字或不誤。蕭齊僧伽跋陀羅譯《善見律毘婆沙》卷一〇：「有人先下少直賧市園果。」可參。

〔三〇〇〕標目字「販賧」二字及注文「賤」、「方」二字乙卷殘缺；「貴賣」後乙卷有一「也」字；「反下音」三字甲三殘缺，兹據乙卷擬補。

〔三〇一〕注文「知錢」乙卷作「典錢也」，慶谷校「知」作「典」，《匯考》謂「知」「典」義同；按「知」古無典質之義，文中「知」疑爲「質」的音誤字。

〔三〇二〕注文「還錢聚物」乙卷作「還錢取物也」，《匯考》校「聚」作「取」，是。

〔三〇三〕注文「假取人物」下乙卷有一「也」字。

〔三〇四〕「竿計上」三字甲三殘缺，「蕪」字僅存下部殘畫，茲據乙卷擬補。「竿」爲「筭」的俗字。

〔三〇五〕注文「得利」下乙卷有一「也」字。

〔三〇六〕銳，「鋭」（舊字形作「鋭」）字俗寫。注文「析」字慶谷校作「折」，按乙卷正作「折」形，茲據校。但「鋭」字釋「折本」他書未見，存疑。

〔三〇七〕「菓子部」三字乙卷前二字存左側殘畫，「菓」字似無草頭，後字存左下側殘畫。

〔三〇八〕菓，「果」的增旁俗字。乙卷無此條。

〔三〇九〕注文「甘」字甲三殘缺，茲據乙卷擬補。

〔三一〇〕注文「䫷」爲「規」的古字，乙卷作「䫷」，乃「䫷」的訛變形。

〔三一一〕注文「直利反」，慶谷校作「直耕反」，是，乙卷正作「直耕反」，「耕」爲「耕」的俗字，茲校正。

〔三一二〕棗，乙卷作「枣」，俗字。下條「棗」字同。

〔三一三〕樗棗，乙卷作「枣（棗）樗」，蓋誤倒；注文「上而究反」乙卷作「下而究反」，則又據誤倒之字注音。「樗棗」慶谷及《匯考》皆校作「梬棗」，近是。《六臣註文選》卷七司馬相如《子虛賦》「樝梨樗（原注音「郢」）栗」李善注：「《説文》曰樗棗似柹而小，名曰梬，而兗切，蘇林曰樗音郢都之郢。」「樗棗」「梬棗」蓋同物異名，但「樗」「梬」音異，李善注「而兗切」一音當是切「梬」字。

〔三一四〕栗，甲三此字下部訛作「示」，茲從慶谷及《匯考》校録正；乙卷此字缺。注文「離七反」乙卷作「離吉反」，音同。

〔三一五〕「桃」字條乙卷在下文「石榴」條下，序次有異。

〔三一六〕注文「草杯反」慶谷及《匯考》皆校作「莫杯反」，按乙卷正作「莫杯反」，茲據校正。

〔三一七〕「杏」字下乙卷無注文。

〔三一八〕注文『音卑』二字甲三無，兹據乙卷擬補。

〔三一九〕烏教，『教』字甲三訛作『𢾊』形，兹據乙卷録正。注文『上』字慶谷校作『下』，按乙卷正作『下』，兹據校。《廣韻·没韻》蒲没切：『桲，榅桲，果似樝。』『烏教』『榅桲』疑即一物。

〔三二〇〕注文『莫經』下慶谷及《匯考》皆補一『反』字，按乙卷正有『反』字，兹據補。

〔三二一〕木瓜，『瓜』字甲三訛作『爪』形（下文『瓜』字及『瓜』旁甲三多訛作『爪』形，不一一出校説明）；乙卷作『瓜』，乃『瓜』字在唐代前後的通行寫法。

〔三二二〕蒲陶，『蒲』字左下部甲三作『禾』，兹據乙卷録文；『陶』右部的『缶』乙卷訛作『虫（虫）』。

〔三二三〕注文『水草實』下乙卷有一『也』字。『力顛反』的『顛』乃『顚』的俗字（下同），慶谷校作『兢』；按乙卷正作『兢』，作『顛』者蓋涉下條『蓮』字注文『郎顛反』而誤。『菱』字《廣韻·蒸韻》音力膺切，與『力兢反』同音。

〔三二四〕注文『郎顛（顚）反』乙卷作『朗顛（顚）反』，音同。

〔三二五〕注文甲三作『蓮反』二字，乙卷作『蓮萘也。音何』，兹據以擬補如上；《郝録》校『反』爲『葉』，其下擬補『也音何』三字，兹不取。『荷』字《廣韻·歌韻》音胡歌切，與『何』字屬同一小韻。『萘』爲『葉』的避唐諱改寫字。

〔三二六〕蕅，『藕』的異體字。注文『蓮根』下乙卷有一『也』字。

〔三二七〕莬茈，『莬』爲『蔦』字俗省。注文『上房于』三字甲三存右半，乙卷存『房于』二字，兹擬補如上；又『下自資反』四字甲三殘缺，兹據乙卷擬補。

〔三二八〕甘蔗，『蔗』字乙卷作『⿱竹遮』，蓋『蔗』的俗字；《篇海》卷九載『蔗』字或作『⿱艹遮』，可以比勘。

〔三二九〕瓜，甲三訛作『𠂢』形，乙卷作『瓜』，後者爲『瓜』字唐代前後通行的寫法，兹據録正。參看上文校記〔二四七〕、〔三二一〕。

〔三〇〕青⿰瓜几，「⿰瓜几」字乙卷同，俗字，慶谷校定作「⿰瓜冘」字，是。注文「瓜名」的「瓜」字甲三左下部略有殘泐，茲據乙卷擬補，慶谷及《匯考》皆校録作「人(瓜)名」，不確。又「地禁反」慶谷及《匯考》皆校作「池禁反」，是；乙卷注文作「瓜名也。[下]池禁反」，可證。

〔三一〕胡𧇊，注文云「上音胡」，二「胡」字當有一誤；乙卷此二「胡」字皆殘缺。

〔三二〕注文「馬瓟子」下乙卷有一「也」字。

〔三三〕注文「種瓜坎」下乙卷有一「也」字。

〔三四〕注文「即遥反」乙卷誤作「退遥反」。

〔三五〕「薑」字條甲三無，茲據乙卷擬補；注文反切下字乙卷僅存右部殘畫，陳校徑録作「良」字(《廣韻·陽韻》「薑」字音居良切)。

〔三六〕注文「上卑粟反」的「粟」字《匯考》校作「栗」，是，乙卷正作「栗」，茲據校。

〔三七〕蔓菁，「蔓」所從的「曼」甲三作「⿱日男」(下條注文「蔓菁之類」的「蔓」字同)，乙卷作「⿱日男」，皆爲「曼」的常見俗字「⿱日男」的訛變形，茲録正。

〔三八〕菘，乙卷殘缺，慶谷校作「⿱艹私」，非是。注文「私戒反」慶谷校作「私夷反」，按乙卷作「私戎反」，《匯考》以「戒」爲「戎」字之訛，是。慧琳《音義》卷三九《不空羂索經》第二十七卷「蔓菁」條下云：「《方言》云：東楚謂之菘，關之東西謂之蕪菁，今俗亦謂之蕪菁。」《附釋文互注禮部韻略》平聲東韻息中切(與「私戎反」同音)：「菘，菜名。釋：按郭璞云：今菘菜也，江南有菘，江北有蔓菁，相似而異，故春初早韭，秋暮晚菘，人以爲美。」

〔三九〕注文「臣規反」乙卷作「臣規反」，慶谷校「臣」作「巨」，是；「規」爲「規」的古字，「規」又「規」的訛變形。參看上文校記〔三一〇〕。

〔四〇〕「葱」字條甲三無，茲據乙卷補。

〔三四一〕菻，乙卷作『蒜』，皆爲『蒜』的訛變俗字。注文『蘇乱反』的『蘇』乙卷作『蕪』，偏旁易位字。

〔三四二〕『薤』字條乙卷在『蒜（蒜）』字條之前，而『蒜』與下條與『蒜』同類的『葫』連屬，較好。注文『胡戒反』的『戒』字甲三作『戎』形，乃『戒』俗字『戎』字訛省，乙卷正作『戎』，兹據録正。

〔三四三〕胡荽，『荽』字甲三作『荾』形，俗訛，兹從慶谷校録正。本條乙卷殘缺。

〔三四四〕注文『上音干反』慶谷校作『上音魯干反』，不確，《匯考》據乙卷校作『上落干反』，是，甲三『音』字蓋涉上下文標注直音的『音』字而誤，而非『音』下脱反切上字。本篇寫卷注音或云『音×』，或云『××反』，而無『音××反』者。

〔三四五〕注文『下而由反』乙卷脱『下』字。

〔三四六〕注文『上音曰』的『曰』文中乃『目』字之訛，兹據乙卷校。

〔三四七〕注文『上音』後甲三殘缺約四字，其中後二字存左部殘畫，《匯考》擬補『雲，下音臺』四字，近是。本條乙卷僅存一『蕓』字。

〔三四八〕『蒓』字甲三僅存左下部撇形殘筆（疑『糹』旁的首筆），兹從《匯考》擬補；慶谷擬補『蓴』字，『蓴』『蒓』古通用，但形不合。注文『水』字左上部略有殘泐。《廣韻·諄韻》常倫切：『蒓，水葵。』《玉篇·艸部》：『蓴，常倫切，蓴菜，水中生。』《集韻·諄韻》：『蒓，水葵。通作蓴。』皆可參。本條乙卷殘缺。

〔三四九〕注文『臣』字慶谷校作『巨』，按乙卷正作『巨』，兹據校。

〔三五〇〕注文『胡諫反』，匣紐，乙卷作『課諫反』，溪紐，據羅常培《唐五代西北方音》，敦煌本《開蒙要訓》切音有溪、匣互注之例，可以參看；《匯考》以『課』爲『胡』字之訛，未必。

〔三五一〕苟杞，『苟』字甲三作『茍』，乃『苟』字俗寫，兹據乙卷録正。

〔三五二〕注文『山上菜』的『上』字疑爲衍文當删。乙卷本條殘缺，但下條注文稱『亦山菜也』，則本條注蓋亦本作『山菜也』，無『上』字。後魏賈思勰《齊民要術》卷一〇五穀果蓏菜茹非中國物産者『薇』下云：『《召南》

詩曰：陟彼南山，言采其薇。《詩義疏》云：薇，山菜也。莖葉皆如小豆藿，可羹，亦可生食之。今官園種之，以供宗廟祭祀也。』參下條。

〔三五三〕注文『亦山止菜』的『止』字慶谷及《匯考》皆校作『上』，按此字疑爲衍文當删，乙卷注文作『亦山菜也』，正無『止（上）』字可證。《齊民要術》卷九作葅并藏生菜第八十八蕨下引《詩義疏》曰：『蕨，山菜也。』參上條。

〔三五四〕葫葸，慶谷校作『葫蔥』；注文『下音徒』慶谷校作『下音從』，皆誤；《匯考》校『徒』作『徙』，極是，乙卷正作『徙』，兹據校。『葫葸』的『葫』乃『胡』的類化增旁俗字，『葸』通『枲（葈）』（『葸』、『枲』《廣韻·止韻》同音胥里切）。《爾雅·釋草》『菤耳，苓耳』郭璞注：『《廣雅》云：枲耳也。亦云胡枲，江東呼爲常枲，或曰苓耳，形似鼠耳，叢生如盤。』陸德明《經典釋文》：『《詩》卷耳是也。《本草》作枲耳，云一名胡枲，一名地葵，一名葹，一名常思。』《四部叢刊》本唐慎微《重修政和證類本草》卷八：『葈（原注：私以切）耳實，倉耳也。』又云：『葈耳……一名胡葈，一名地葵，一名葹，一名常思，生安陸川谷及六安田野，實熟時採。』《太平御覽》卷九九八百卉部五『胡枲』條：『《博物志》曰：洛中人有驅羊入蜀者，胡葸子着羊毛，蜀人取種，因名羊負菜。』『胡葸』亦即『胡枲』。

〔三五五〕藜蓼，『蓼』字下部甲三作『尒』，俗寫，此字慶谷及《匯考》皆校作『藋』，是，二字上部構件相同而誤。《廣韻·嘯韻》：『藋，藜藋也。徒弔切。』本條乙卷僅作『藜落兮反』四字。

〔三五六〕注文『豆蓁也』三字乙卷僅存殘畫。又『荒郎反』的『郎』字慶谷及《匯考》皆校作『郭』，是，乙卷正作『荒郭反』，兹據校。

〔三五七〕『豌豆』條甲三缺，兹據乙卷補。

〔三五八〕稹，《匯考》校作『稨』，不必。注文『蘺上豆』乙卷作『籬上豆也』，『蘺』爲『籬』的俗字。又『止土顯反』慶谷校作『上北顯反』，可從；《匯考》以『止』爲『也』字之訛，屬上讀，似不確。《集韻·先韻》卑眠切：『稨，籬上豆。……亦作稨、稹。」『穆』字《廣韻·銑韻》又有北典切一讀，與『北顯反』同音。

〔三五九〕注文『野豆』下乙卷有一『也』字。又『音勞』上按例應有一『上』字。

〔三六〇〕本條乙卷僅存『烏老反』三字，據殘缺空間，乙卷應無注文『苦芺』二字。

〔三六一〕『酒部』二字甲三脱，兹據乙卷補。

〔三六二〕䉜，慶谷及《匯考》皆校作『䉜』，是，此字乙卷上部有殘缺，但下部正作『米』旁，可證。注文『魚渠反』慶谷及《匯考》皆校作『魚桀反』，是，乙卷『渠』字作『㮤』，即『桀』的訛俗字。

〔三六三〕注文『再安米』慶谷校作『再投米』，似不必。

〔三六四〕注文『厚酒』下乙卷有一『也』字。又乙卷此後誤接『糟』字反切『作刀反』，其間各條皆抄脱。

〔三六五〕注文『並厚酒』疑爲『亦厚酒』之誤。

〔三六六〕注文『郎刀反』的『刀』字甲三存右部殘畫，兹從慶谷及《匯考》校擬補。

〔三六七〕注文『刀之反』的『刀』陳校作『力』，是；慶谷録作『口』形，《郝録》徑録作『口』，校作『吕』，不確。

〔三六八〕醅，慶谷及《匯考》皆校作『醅』，當是。

〔三六九〕注文『徒樬反』的『樬』慶谷校作『捴』，《匯考》校作『揔』，『捴』『揔』爲一字異寫，《廣韻·董韻》『駧』字正音徒揔切，可爲其説助證。但《集韻·董韻》損動切：『樬，木名。』『樬』『樬』亦爲一字異寫，如此，或許『樬』字不校亦可。

〔三七〇〕注文『酒宰』從慶谷及《匯考》校。

〔三七一〕注文『糟』字右部甲三訛作『杳』，兹據乙卷録正。又『安水』下乙卷有一『也』字。『糟安水』應是指已壓去酒汁後剩餘的糟粕（玄應《音義》卷三《小品般若經》第三卷『糟粕』條下云：『《淮南子》云古人糟粕，許叔重曰：糟，酒滓；已漉糟曰粕也。』），『安』字可疑，慶谷校『安水』爲『投米』，似未確。

〔三七二〕醔，此字甲三存左半，兹據乙卷擬補。注文首字甲三殘缺，次字存左下部殘畫（似三點水旁），第三字存左下大半（似『具』字之殘），兹據《匯考》擬補作『漉酒具』三字；乙卷無此三字。

〔三七三〕注文『漉酒』二字乙卷無。

〔三七四〕注文『去酒滓』下乙卷有一『也』字。『良預反』的『預』字甲三左部訛從『禾』旁（參看上文校記〔三九〕），兹從慶谷及《匯考》校録正，乙卷無此三字。

〔三七五〕注文『押酒』二字乙卷無。『押』字同『壓』。斯三八八號《正名要録》『字形雖别，音義是同，古而典者居上，今而要者居下』類，『壓』下的『今而要者』爲『押』。

〔三七六〕柞槽，『柞』字右部甲三作『足』，兹據乙卷録正。注文『押酒具』的『押』同『壓』，『具』字乙卷訛作『其』；『上側嫁反』甲三僅作『嫁反』二字，《匯考》補一『側』字，陳校補『上側』二字，按乙卷作『側嫁反』三字，兹從陳校擬補；『下音育』三字乙卷無。『柞』同『榨』、『笮』。裴務齊正字本《刊謬補缺切韻·禡韻》側訝反：『醡，簀酒。出王逸《證俗文》。或作笮、杔、厏。』《唐韻·禡韻》側駕反：『笮，笮酒器。』《廣韻·禡韻》側駕切：『笮，笮酒器也。』又云：『榨，打油具也。出《證俗文》。』

〔三七七〕注文『金羊也』的『金』字慶谷及《匯考》皆校作『全』，按乙卷正作『全』字不誤，兹據校。又『苦江反』乙卷訛作『告江反』，此三字前陳校補一『上』字，近是。

〔三七八〕注文『羊賭也』的『羊』字慶谷及《匯考》皆校作『半』，按乙卷正作『半』字，兹據校。又此條下乙卷另有『猪豬兩字並陟魚反』條，爲甲三所無，《匯考》謂按『書例不並立異體字成條目，且作爲家畜名，當在雜畜部』。

〔三七九〕注文『上音禄』乙卷作『音鹿』，犯同字自注。又『下出猥反』慶谷校作『下土猥反』，『骽』字《廣韻·賄韻》音吐猥切，與『土猥反』紐同，兹據校；乙卷作『音猥』，紐異。

〔三八〇〕䏰，此字甲三作『䏰』，乙卷作『䏰』，皆爲『䏰』字俗寫，兹録正。注文『羊腹中脂』乙卷作『羊膓中脂』，此『膓』乃『腹』的訛字；《匯考》據《周禮·考工記·鮑人》鄭注『羊豬戔』唐陸德明釋文『俗謂羊豬脂爲䏰』，校『腹』作『賭』，似不確；下文又以『膫』爲『牛脂』，『肪』爲『賭腹中脂』，似有區别牛脂、猪脂、羊脂之意，則『冊』爲『羊腹中脂』，『腹』字端然無誤矣。
〔三八一〕注文『牛脂』乙卷作『中脂也』，『中』字誤。
〔三八二〕『脂』字條甲三無，兹據乙卷補。
〔三八三〕注文『睹腹中脂』乙卷無『腹』字。
〔三八四〕脜，此字右部甲三、乙卷皆訛作『臣』形，兹從慶谷及《匯考》校録正。注文『睹腹中息肉』乙卷作『睹腸中息肉也』，此『腸』應爲『腹』的訛字，參看上文校記〔三八〇〕。
〔三八五〕脳，『腦』的俗字。此條及下『䏰（膍）胵』條乙卷無。
〔三八六〕䏰胵，《匯考》謂『䏰』當作『膍』，按『䏰』應即『膍』的俗字。《説文·肉部》：『膍，一曰鳥膍胵。』
〔三八七〕洮，乙卷右部作『儿』左右兩側各加三短横形，皆爲『洮』字的俗寫。
〔三八八〕淅，慶谷校作『淅』。注文『淅米』後乙卷有一『也』字；切音『之列反』乙卷作『之烈反』，音同，《匯考》校作『先擊反』。按『淅』字《廣韻·錫韻》音先擊切，而底卷音『之列反』或『之烈反』，乃『浙』字之音（『浙』字《廣韻·薛韻》音旨熱切，與『之列反』『之烈反』同音）。但『浙』係江名，與『淅米』無涉，且本條列在飲食部下，仍當以作『淅』字爲是；而注文『之列反』或『之烈反』則應係作者誤音，當從《匯考》校改正。
〔三八九〕注文『飲』字慶谷及《匯考》皆校作『飯』；按此字乙卷作『餅』，即『飯』的俗字。又『未熟』後乙卷有一『也』字；『上音脩，下府云反』乙卷作『音脩，一府云反』，脱『上』字，而『一』爲『下』字之訛。
〔三九〇〕𣹟，此字右部『壯』旁甲三訛作『杜』形，慶谷及《匯考》皆校作『𣹟』；按乙卷標目字僅存上部殘畫，但注文首字作『𣹟』不誤，因據録正。《廣韻·漾韻》側亮切：『𣹟，𣹟米。』
〔三九一〕注文『餾飯也』三字乙卷無。
〔三九二〕蘇，乙卷作『蕛』，『蘇』的偏旁易位字，參看上文校記〔三四二〕。此類情況下不再一一標注。注文『從』字慶谷校作『凝』；按乙卷正作『凝』，《匯考》謂『凝』字是。

〔三九三〕「缹」至「飡(飱)」四條乙卷在「瀹」字條之下，序次有異。「缹」字上部甲三作「壬」；乙卷標目字殘缺，注文「缹」字上部作「缶」，皆爲「缶」旁的俗寫，茲録正。注文末字甲三殘缺，茲據乙卷擬補。「⿱不灬」字字書以爲同「炋」，後者音鋪杯切，音不合，《匯考》以此「⿱不灬」字同「否」，「缹」「否」音同，近是。

〔三九四〕標目字及注文「腩」字甲三殘缺，茲據乙卷擬補。注文「腩菜」下乙卷有一「也」字。又「奴咸反」慶谷校作「奴感反」，按乙卷正作「奴感反」，可據校。

〔三九五〕注文「炊」字右部甲三訛作「勿」形，茲據乙卷録正。

〔三九六〕飡，慶谷校作「飱」，按乙卷即作「飱」；「飡」本爲「湌」的俗字，「湌」又爲《説文》「餐」字異體；「飱」字或釋「以水沃飯」，故俚俗亦或會意作「湌」（《集韻·魂韻》蘇昆切：「湌，水沃飯曰湌。」），俗字又省筆寫作「飡」，故「飡」字不必改字。注文「以水沃餅也」乙卷作「以求水沃餅」，「求」爲「水」字誤書而未删去者。

〔三九七〕注文「溲麵」前乙卷有一「水」字。又「流分反」慶谷校作「䟽久反」，《匯考》校作「疏久反」，皆近是；乙卷作「踈久反」，「踈」、「䟽」皆爲「疏」的俗字。

〔三九八〕注文「⿰飠并」字慶谷及《匯考》皆校作「餅」，是，乙卷正作「餅」字不誤。下「黍臛」條注文「⿰飠并」字同。

〔三九九〕注文「煑物也」的「也」字乙卷無。

〔四〇〇〕煠，乙卷作「煠」，皆爲「煠」字避唐諱的改寫字。注文「陽」慶谷及《匯考》皆校作「湯」，是，「沸陽」二字甲三寫在雙行注文的右行，左行空白，應有脱字，故擬補不明字數的脱字空格；乙卷注文作「湯中煠物。士匣反」，疑甲三所脱爲「煠物士匣反」五字。又此條乙卷在「瀹」字條前，序次略異。

〔四〇一〕臛，「臛」的俗字。下「黍臛」條的「臛」字同。本條乙卷無注文。

〔四〇二〕麋，慶谷校作「糜」，《匯考》以爲「糜」之借字；按乙卷正作「糜」，「麋」「糜」古通用。下二條「麋」字同。注文「老小食」下乙卷有一「也」字。

〔四〇三〕注文「薄麋」乙卷作「薄糜也」。又「之」後甲三衍一「麋」字，茲據乙卷删。

〔四〇四〕 注文『黏米糜』乙卷作『粘米糜也』，『粘』爲『黏』的俗字。下條乙卷注文『粘』字同。又『商』字慶谷及《匯考》皆校作『高』，是，乙卷正作『高』，兹據校。注文『上音高』下乙卷又有『下音眉』三字；按『粥』前『糜（糜）』字條已出注『音眉』，故此處可不必重出。

〔四〇五〕 注文『黏米餅也』乙卷作『粘米餅也』。參上校。

〔四〇六〕 注文『卜』字慶谷校作『下』，按乙卷正作『下』，兹據校。

〔四〇七〕 注文『上音甲』乙卷脱『上』字。

〔四〇八〕 籠餅，乙卷作『籠𩜒』，『𩜒』爲『餅』的换旁俗字；慧琳《音義》卷七九《經律異相》第四十四卷音義：『三餅，必郢反，從食、并聲，經從麥作𩜒，非也。』注文『上洛東反，下卑領反』乙卷作『上落東反，下博領反』，音同。

〔四〇九〕 注文『湯芶反』的『芶』爲『苟』字俗寫，乙卷正作『苟』。

〔四一〇〕 膏𩞄，『𩞄』及注文『葉』右上部的『云』乙卷作『厷』形，皆爲『世』旁避唐諱改寫。

〔四一一〕 注文『薄餹』下乙卷有一『也』字。

〔四一二〕 注文『撫于』後慶谷及《匯考》皆補一『反』字，按乙卷正有『反』字，兹據補。

〔四一三〕 甲三注文『寒』字存右半，『北人』下四字殘缺，末『還』字存下半，兹並據乙卷擬補。

〔四一四〕 注文『高糫』慶谷及《匯考》皆校作『膏糫』，是，乙卷正作『膏糫』；『别名』後乙卷有一『也』字。又『上臣』乙卷作『上音巨』，兹據校補；『音汝』慶谷及《匯考》皆校作『音女』，按乙卷正作『音女』。《廣韻·語韻》尼吕切（與『女』字同一小韻）：『籹，粔籹。』

〔四一五〕 糖䭔，同『糖䭔』。注文『杜迴反』乙卷作『杜回反』，『迴』爲『回』的後起增旁字。

〔四一六〕 『飡』字條甲三無，兹據乙卷補。

〔四一七〕 粽粽，『粽』字右半甲三訛作『羊』，慶谷校作『粽』，按乙卷正作『粽』，兹據録正。注文『資关反』慶谷及《匯考》皆校作『資送反』，是，按乙卷作『▨（資）送□（反）』，反切下字正作『送』，兹據校。又乙卷『粽』下注

「博滿反」三字，「粽」下注文無「下」字，蓋以「粎」「粽」分別爲條，近是。《廣韻·緩韻》博管切（與「博滿反」同音）：「粄，屑米餅也。粎、餅，同上。」「粎」「粽」各自爲一物，似難相連成詞。

〔四一八〕注文「碎米爲麵」乙卷脱「米」字。又「不准反」慶谷校作「分准反」；按「不」字《廣韻·物韻》音分勿切，與「分」、「粉」同屬非紐，「不」字不誤；乙卷作「不⿰米壹反」，反切上字同，而「⿰米壹」則涉上條而誤。

〔四一九〕注文「⿰食盧」字乙卷存左部殘畫，此字字書不載，慶谷及《匯考》皆校作「餹」，近是；《方言》卷一三：「𩜁謂之餚，餳謂之餹。」前句下郭璞注：「以豆屑雜餳也。」《太平御覽》卷八五三飲食部十一「𩜁」條下引《蒼頡解詁》：「𩜁，飴中著豆屑也。」

〔四二〇〕注文「下音淡」乙卷作「音啖」（「啖」所從的「口」旁墨漬不清）。《廣韻·闞韻》徒濫切（與「淡」字同一小韻）：「脥，相飯也。或作啖。」

〔四二一〕⿰麥卑，慶谷校作「䴽」，按乙卷正作「䴽」，「䴽」字是。注文「䴽」字同。注文「餅」字甲三脱，茲據乙卷補。《廣韻·支韻》符支切（與「婢卑反」字同音）：「䴽，麵餅。」

〔四二二〕注文「羹糂」下乙卷有一「也」字。

〔四二三〕注文「食路反」慶谷校作「倉路反」，《匯考》謂乙卷作「倉路反」是，茲據校。

〔四二四〕塩，乙卷作「塩鹽」二字，「塩」即「鹽」的俗字。

〔四二五〕注文「辰利反」乙卷脱。

〔四二六〕注文「酢味」下乙卷有一「也」字。

〔四二七〕注文「塩（鹽）多」二字乙卷無。

〔四二八〕乙卷「辛」字與下「辣」字相連，作「辛辣郎割反」，疑「辛」字下脱注文。

〔四二九〕注文「郎割反」下的「也」字慶谷及《匯考》皆以爲衍文，按乙卷即無此「也」字。

〔四三〇〕注文「古」下慶谷補一脱字符，《匯考》謂乙卷注文作「古南反」，茲據擬補一「南」字。

〔四三一〕注文『甘也』二字乙卷無。

〔四三二〕注文『康攬反』慶谷及《匯考》皆校作『唐攬反』，按乙卷作『唐覽反』，茲據校『康』字。

〔四三三〕注文『餅壞』乙卷作『餅壞也』，慶谷校『餅』作『餅』，甚是。《玉篇·食部》：『餕，色求切，飯壞也。餿，同上。』『餅』即『飯』的俗字。

〔四三四〕埁，乙卷作『㻝』，皆爲『墋』的俗字。注文『餅有沙』乙卷同，慶谷校疑當作『餅有沙』，近是。『墋』同『磣』。玄應《音義》卷七《大般泥洹經》音義：『墋濁，初錦反，《通俗文》云：砂土入食中曰墋。』《玉篇·石部》：『磣，初甚切，食有沙。』又『初錦反』的『錦』字甲三誤從食旁，茲據乙卷録正。

〔四三五〕注文甲三脱反切上字，茲從乙卷擬補。

〔四三六〕注文『贓亮反』乙卷作『識亮反』，《匯考》以『贓』爲『識』之訛，近是。

〔四三七〕注文『所以粘物』四字乙卷無。

〔四三八〕注文『麴黏也』三字乙卷無。又『左廉反』慶谷及《匯考》皆校作『尼廉反』，是，乙卷正作『尼廉反』。

〔四三九〕『韲』字條乙卷在上文『葅』字條後，作：『韲、齏、齊：三皆同，則黎反。』後二形皆爲『韲』的俗字。

〔四四〇〕注文『普洛反』《匯考》校作『普路反』，按乙卷作『普跕反』，《廣韻·模韻》『跕』字音苦胡切，『鋪』字音普胡切，『普跕反』與『普胡切』同音，但『跕』是一個生僻字，且『普跕反』與又音『普盧反』同音，故乙卷『跕』應即『路』字之訛；『路』字《廣韻》在暮韻，『鋪』字《廣韻》又音普故切，正與『普路反』同音。又『下普盧反』慶谷及《匯考》皆校作『又普盧反』，是，乙卷正作『又普盧反』，茲據校。

〔四四一〕飣餖，乙卷作『餖飣』，甲三亦本作『餖飣』，但二字右側有一鈎形乙正符，故據乙正。注文『上丁豆反，下丁定反』亦當乙正作『上丁定反，下丁豆反』；乙卷『丁定反』作『都定反』，音同。慧琳《音義》卷七六《法句譬喻無常品經》第四卷音義：『飣餖，上丁定反，顧野王飣謂置肴饌於盤榻之中也；《考聲》施食於器也。下音豆，《考聲》亦食於器也。並從食。經從豆作餖，俗字也。』

〔四四二〕飲宴，『宴』字下部的『女』甲三、乙卷皆作『安』草書形，俗寫，玆録正。

〔四四三〕飡膳，乙卷作『餐膳』，『飡』即『餐』字異體『湌』的簡俗字。參看上文校記〔三九六〕。注文『喫飲食也』四字乙卷無；又『上倉安反』乙卷脱『上』字。

〔四四四〕注文『少喫』乙卷下有一『也』字。

〔四四五〕注文『細齧也』三字乙卷無。

〔四四六〕喫，乙卷右下部作『廾』，俗寫。

〔四四七〕注文『秦㗛反』乙卷作『秦咲反』，『㗛』爲『笑』（『笑』的古異體字）的增旁俗字，『咲』又爲『㗛』字俗寫。

〔四四八〕注文『辱呼』慶谷校疑當作『唇呼』，近是；乙卷作『昬呼也』，『昬』此處殆即『唇』字形訛。

〔四四九〕注文『細欲也』三字乙卷無。

〔四五〇〕饞慵，『饞』字右部甲三、乙卷皆作二『免』形，俗寫。注文『嗜食而嬾也』的『也』字乙卷無；『士銜反』的『士』字乙卷脱。

〔四五一〕注文『烏倒反』慶谷及《匯考》皆校作『烏到反』，按乙卷即作『烏到反』，但『倒』、『到』《廣韻·号韻》皆有都導切一讀，『倒』字不必改。『𢟪』字其他字書不載，慶谷校疑當作『奥』，《匯考》謂《廣韻》作『䭴』。按《廣韻·号韻》烏到切：『䭴，妬食。』『𢟪』『䭴』音義皆合。又考《廣韻·屋韻》於六切：『懊，貪也，愛也。又音奥。』『懊』字又音與『𢟪』字同音，『𢟪』亦可能爲『懊』字俗省。

〔四五二〕饕餮，『饕』字左上部甲三訛作『矛』形，右上部作『虎』俗寫『帍』形（注文『饕』字又脱去『食』旁），乙卷左上部不誤，右上部作『虎』俗寫『帍』，玆録正；『餮』字上部甲三訛作『弥』形，乙卷作『弥』形，後者乃『殄』旁的俗寫，玆據録正。注文後一『爲』字甲三脱，玆據乙卷擬補。

〔四五三〕貪婪，乙卷作『貪惏』，『惏』『婪』爲古異體字。注文『不知足』的『足』字與下『上』字誤倒，玆從慶谷及《匯考》校録正；乙卷作『不知足也』，多一『也』字。

〔四五四〕注文『舌取食』下乙卷有一『也』字。又『神氏反』乙卷作『神紙反』，音同。

〔四五五〕注文『神亮反』慶谷校作『神允反』，《匯考》則以爲『神究反』之訛，《匯考》説是，乙卷正作『神究□（反）』；『吮』字《廣韻・獮韻》有『徂兖切』一讀，韻合。

〔四五六〕注文『所角也』乙卷作『所角反』，茲據校。

〔四五七〕嚩嗺，『嚩』字右部甲三訛作『專』，茲據乙卷録正。

〔四五八〕注文『音究』慶谷及《匯考》皆校作『音客』，是，茲據校。

〔四五九〕吐曳，『曳』字乙卷同，同『呭』，乃唐代避諱産生的後起異體字；《廣韻・祭韻》餘制切（與『羊制反』同音）：『呭，呭樂。《説文》曰多言也。亦作曳。』然底卷『吐曳』連用，此『曳（呭）』又當校讀作『洩（泄）』，謂嘔吐也。

〔四六〇〕戲懅，『戲』字甲三作『戱』，乃『戲』俗字『戲』的訛變形，茲據乙卷録正；『懅』字左側甲三訛作『巾』旁形，茲從乙卷録正，此字慶谷校作『劇』，《匯考》校作『噱』，按《廣韻・陌韻》奇逆切（與『劇』字同一小韻，與『渠逆反』同音）：『噱，戲噱。』『噱』蓋戲劇之『劇』的專字，然古書實多以『劇』爲之。

〔四六一〕攤蒱，甲三本作『蒱攤』，二字右側似有一鈎形乙正符號，乙卷作『擹蒱』（『蒱』字左下部甲三、乙卷皆訛作『木』旁形），同『攤蒱』，故據乙正。注文『上湯干反，下薄姑反』甲三本亦據誤倒的標目字作『上薄始（姑）反，下湯干反』，茲亦據乙卷校正。

〔四六二〕握槊，『握』字甲三訛作『木』旁，茲從慶谷校録正；『槊』字左上部甲三作『手』，俗寫。本條標目字及注文前二字乙卷殘缺。

〔四六三〕注文『干非反』據乙卷校。慶谷校、《匯考》校同。

〔四六四〕偈㑥，『㑥』字乙卷同，乃『隸』的俗字。注文『士』、『郭韋』三字據乙卷校（『士』、『郭』二字慶谷校、《匯考》校同，『韋』字慶谷徑録作『帝』）。

〔四六五〕叫噪，『叫』爲『叫』的俗字。注文『致』字據乙卷校；慶谷校、《匯考》校同。

〔四六六〕嫽咔，『咔』字乙卷作『咔』，皆爲『哢』的俗字；表戲弄義『嫽』字亦作『撩』，『哢』字亦作『弄』。玄應《音義》卷二〇《阿育太子法益壞目因緣經》音義：『嫽人，力彫反，嫽敹也，嫽觸也，亦嫽弄之也。』清莊炘校：『《說文》：嫽，女字。《廣韻》好皃。《說文》：撩，理也。《廣韻》取物也。是撩觸、撩弄之字皆當作撩也。』按斯二〇七一號《箋注本切韻·蕭韻》落蕭反：『嫽，相戲。』《廣韻》同一小韻：『嫽，相嫽戲也。』則『嫽』的戲弄義《切韻》系韻書已載。

〔四六七〕嘲，乙卷作『謿』，古異體字。

〔四六八〕醉，乙卷右部作『卆』，俗寫。

〔四六九〕注文『蘇零反』乙卷作『蘓冷反』；『又蘇鼎反』四字乙卷無，『鼎』字甲三作『鼑』形，俗寫。

〔四七〇〕鮮醒，『鮮』字乙卷作『觧』，皆爲『解』字俗寫。

〔四七一〕収，乙卷作『収』，皆爲『收』字俗寫。

〔四七二〕罯，『罯』字異寫；『网』旁俗書皆可寫作『罓』。注文『霞』乃『覆』的俗字。下同。

〔四七三〕罩，乙卷作『罩』，皆爲『罩』字異寫。注文『所教反』乙卷作『知教反』，『知』字是，茲據校；慶谷校、《匯考》校同。『罩』字《廣韻·效韻》音都教切，端紐，《集韻》同韻音陟教切，知紐，後者與『知教反』同音；上古舌上舌頭不分，故知紐端紐無別（《廣韻》蓋沿用舊音），但唐代前後舌頭音已分化出舌上音，故寫卷及《集韻》改用音和切。

〔四七四〕鞔，此字前乙卷有一『葂』字（『葂』字《集韻》以爲人名用字），疑爲衍文當删。注文『覆』乙卷作『霞』，皆爲『覆』的俗字。玄應《音義》卷一四《四分律》第五十一卷音義：『鞔著，莫干反，《蒼頡篇》：鞔，覆也。……今謂覆蓋爲鞔，是也。』

〔四七五〕拭刷，『拭』字甲三訛從木旁，茲據乙卷録正。『刷』及注文『上音式卜』四字乙卷殘缺；『卜』字慶谷及《匯考》皆校作『下』，是，茲據校。

〔四七六〕摒擋，甲三皆訛從木旁，茲據乙卷録正。注文『當朗反』乙卷作『當浪反』，《匯考》謂『浪』字是。《廣韻・宕韻》丁浪切（與『當浪反』同音）：『擋，摒擋。』按『朗』字《廣韻》音盧黨切，來紐蕩韻，唐五代西北方音次濁上聲變作去聲，故『朗』『浪』可以互注（敦煌寫本『朗』、『浪』常混用，伯二六五三號《鷰子賦》：『飯食朗道，我亦不飢。』其中的『朗』即用同『浪』，伯二四九一號正作『浪』，是其例），『朗』字或可不改。

〔四七七〕注文『以灰淹也』的『也』字乙卷無。

〔四七八〕注文『除𡊅也』三字乙卷無；『𡊅』字慶谷校以爲同『糞』，是，『𡊅』乃『糞』的訛俗字。

〔四七九〕注文乙卷殘缺。『烏猛反』的『猛』字右部甲三訛作『昷』，茲據慶谷校録正。

〔四八〇〕注文『家賈反』乙卷作『蒙賈反』，茲據校。慶谷校、《匯考》校同。

〔四八一〕注文『畱』字乙卷作『畄』，皆爲『留』的訛俗字。

〔四八二〕『驢』字條乙卷無。

〔四八三〕䮰𩡧，『䮰』字甲三右部訛作『商』，乙卷作『商』，茲從慶谷校及《匯考》校録正。《集韻・麥韻》陟革切：『䮰，䮰䮮，騾屬。』又莫獲切（與『麥』字同一小韻）：『䮮，䮰䮮，騾屬。』『𩡧』字其他古書不載，當即『䮮』的改換聲旁俗字，《集韻》與『䮮』同一小韻有『脉（脈）』、『䀏（眽）』等字，皆從『永（𠂢）』得聲，可以比勘。又『䮰』字《集韻》音陟革切，知紐，寫卷音丁革反，屬端紐，上古音舌上舌頭不分，故知紐端紐可以互注。參看上文校記〔三三五〕、〔四七三〕。

〔四八四〕注文『臣』字據乙卷校。慶谷校同。

〔四八五〕𤝞，『狗』的繁化俗字。《干禄字書》：『𤝞狗：上俗下正。』

〔四八六〕注文『眉驕反』乙卷作『武嬌反』，音同；又『下音兒』三字乙卷無，直音字『兒』與標目字同形，必有一誤，《匯考》以『下音兒』三字爲衍文，可備一説。

〔四八七〕馬駒，乙卷無『馬』字，『駒』乃『駒』字俗寫。

〔四八八〕犢子，『犢』右下部的『貝』甲三訛作『里』，兹從慶谷校及《匯考》校録正；乙卷『犢』字殘缺。注文『上音獨』後甲三衍一『反』字，兹據乙卷删；慶谷校、《匯考》校同。

〔四八九〕馬有駿，『駿』字乙卷作『鬉』，古異體字。此條下注文甲三誤接下文『連錢』條注『秦連反』三字，其間『下音宗』至『連錢騘馬也』三十餘字乙卷抄脱。

〔四九〇〕本條標目字及注文中的『騮』字右部甲三皆作『畱』形，俗寫，兹録正。

〔四九一〕騘，『驄』的俗字，猶注文『音忩』的『忩』爲『悤』的俗字。下同。

〔四九二〕注文『丘栗反』乙卷作『丘栗反』，『栗』字是，兹據校；慶谷校同；《匯考》『栗』録作『粟』，不確。

〔四九三〕注文『音隹』的『隹』乙卷誤作『隻』形。

〔四九四〕『駇』字條甲三無，兹據乙卷補。

〔四九五〕鎪，乙卷作『鋑』，古體。《龍龕·金部》：『鎪，俗通；鋑，正：音搜，馬耳也。二。』

〔四九六〕印，乙卷作『卭』，乃『印』的訛變形（『亡』字異體有與『印』左半相似者）。注文『蕃印』乙卷作『蕃卭（印）也』；又『伊刀反』慶谷及《匯考》校作『伊刃反』，乙卷作『伊丑反』，《匯考》謂『丑』亦爲『刃』字之訛，是，兹據校。

〔四九七〕轡銜，『轡』爲『轡』的俗字；慧琳《音義》卷一五《大寶積經》第一百九卷『控轡』條下云：『下鄙媚反，《説文》馬轡也，從絲從軎，軎者《説文》云車軸頭鐵也，象形。經從亡作轡，非也。』『亡』字或作『巳』，故『轡』『轡』爲一字之變。本條乙卷作『轡轡馬轡也。斌利反。銜轡鐵也。胡監反』二條。

〔四九八〕排沫，『排』字乙卷訛作『木』旁。注文『卜』字據乙卷校；慶谷校、《匯考》校同。

〔四九九〕注文『居郎反』乙卷作『居良反』，後一音與《廣韻·陽韻》『繮』字切音同，『郎』字《廣韻》在唐韻，陽、唐同用。

〔五〇〇〕鞍⿰革廌，『⿰革廌』爲『韉』字俗省。

〔五〇二〕靻，底卷本作『靼』，俗書從旦、從且不分，兹據乙卷録正；慶谷校同。《廣韻・曷韻》當割切：『靼，柔革也。又之列切。』注文『亦逆靻』三字乙卷無。

〔五〇三〕鞴，『韉』的俗字。《廣韻・灰韻》素回切（與『蕤雷反』同音）：『韉，鞍邊飾帶也。』本條乙卷僅存標目字的上部殘畫及末『反』字。

〔五〇三〕注文『卑延反』乙卷作『卑連反』，音同。

〔五〇四〕注文『鞍鞘也』三字乙卷無；慶谷校『鞍鞘』爲『鞭鞘』，不確。《廣韻・支韻》山垂切：『韉，鞍鞘。』《廣雅・釋器》：『韉謂之鞘。』『鞘』既爲『鞭鞘』（即『鞭皮』，《廣韻・肴韻》所交切：『鞘，鞭鞘。』），又爲『鞍鞘』，『鞍鞘』乃指馬鞍的飾帶，『鞍』字不誤。

〔五〇五〕屜脊，乙卷同，《匯考》校作『屜脊』。注文『他曳反』乙卷作『他計反』，《匯考》謂『他計反』是。按《廣韻・霽韻》他計切：『屜，履中薦也。亦作屟、屉。』『屟』爲《說文》本字，或體作『屉』，『屉』避唐諱改寫作『屜』，而『屜』又應爲『屜』的訛變字。《漢語大字典》載『屟』字異體有作『屧』者，可以比勘。『屜脊』又作『屉脊』，蓋指馬鞍（參看斯三二二七號《雜集時用要字》校記〔三八〕），慶谷校疑當作『脊屜』，非是。

〔五〇六〕襱頭，乙卷無『頭』字。注文『上落各反』乙卷作『落冬反』，『冬』字是，兹據校；慶谷校同。

〔五〇七〕卸，乙卷訛作『郤』。

〔五〇八〕注文『躍上馬也』四字據乙卷補。

〔五〇九〕注文『馬驟也』乙卷作『馬土浴也』。

〔五一〇〕槽櫪，此二字甲三皆作『扌』旁形，兹從慶谷校録正；乙卷上一字從『木』旁，下一字殘缺；『槽』爲『槽』字俗省，猶注文『曺』爲『曹』字俗省。

〔五一一〕鋑，『餕』的訛字，乙卷正作『餕』，兹據校；慶谷校、《匯考》校同。注文『馬食票多』乙卷作『馬食粟多也』，

『票』爲『粟』的訛字，兹據校；慶谷校同。又『離甑反』乙卷作『離烝反』，『烝』爲『烝』的偏旁移位俗字，音同。

〔五一二〕⿰馬昔，《漢語大字典》據《篇海》收此字，直音『鵲』，與本卷『親略反』同音，《中華字海》云『義未詳』。此字本卷與表馬毛色的『⿰馬唐』列在一起，疑爲『皵』的換旁俗字，指馬毛皮粗糙之狀。

〔五一三〕注文『胡草反』乙卷作『胡革反』，兹據校；慶谷校同。

〔五一四〕注文『下』字甲三存殘畫，兹從慶谷校擬補；乙卷脱『下』字。

〔五一五〕⿰牛菐，甲三訛作扌旁，兹據乙卷録正；慶谷校同。

〔五一六〕注文『小牛也』乙卷作『水牛也』，《匯考》謂『水』字是。又『音故』乙卷作『音古』，『古』字是，『牯』字《廣韻·姥韻》音公户切，與『古』字在同一小韻；慶谷校、《匯考》校同。

〔五一七〕注文『牛毛色』乙卷作『牛毛也』，《匯考》謂『也』爲『色』字之訛，是；慶谷校疑『毛』當作『尾』，似未確。《廣韻·山韻》烏閑切（與『於間反』同音）：『⿰牛因，牛尾色也。』其中的『牛尾色』實當據本卷校作『牛毛色』。《龍龕·牛部》：『⿰牛垔，正；⿰牛因，今：烏閑反，黑色牛也。』玄應《音義》卷一二《起世經》第三卷音義：『黫黑，又作⿰羊垔，同，於間反，《字書》黑羊也。』蓋『黫』爲黑色之通稱，黑羊則爲『⿰羊垔』（或體作『⿰羊因』），黑牛則爲『⿰牛垔（⿰牛因）』，『⿰牛因』不得獨爲牛尾之色也。

〔五一八〕注文『亦牛色』乙卷作『牛色也』。『⿰牛梨』字其他字書不載，蓋爲『犁』的繁化俗字。《集韻·脂韻》良脂切（與『力知反』音近）：『犁，牛駁文。一曰耕也。或作⿰牛黎。』『⿰牛黎』亦爲『犁』的繁化俗字，可以比勘。

〔五一九〕『觠』、『觰』二條甲三本作『觠以角上廣。陟加反』八字，『觠』應爲『觠』字之訛，其下的注文『以角上廣。陟加反』則爲下條『觰』字的注文，中間有抄脱，兹據乙卷擬補如上（『以角上廣』的『以』字可疑，乙卷無此字）。慶谷校甲三作『觠〔觰〕以（下）角上廣。陟加反』，似未確。《廣韻》仙韻巨員切：『觠，曲角。』又麻韻陟加切：『觰，角上廣也。』可參。

〔五二〇〕⿰牛化，甲三、乙卷皆作『⿰牛宅』，乃『⿰牛化』的訛俗字，兹從慶谷及《匯考》校録正。注文『牛無角』下乙卷有一『也』字。《廣韻·戈韻》苦禾切：『⿰牛化，牛無角也。』

〔五二一〕注文『曲木』二字甲三存右半，兹據乙卷擬補；『曲木』二字後乙卷有一『也』字。『牱』乃『枸』或『拘』的後起分化字。《廣雅·釋器》：『桊，枸也。』王念孫疏證：『枸猶拘也。今人言牛拘是也。』玄應《音義》卷四《大灌頂經》第七卷音義：『牛桊，居院反，《説文》謂牛鼻環也。《字書》：桊，牛拘。今江南以北皆呼牛拘，以南皆曰桊。』同書卷一二《别譯阿含經》第九卷音義：『拘紖，幾愚反，《埤蒼》云：桊，牛拘也。《説文》云：桊，牛鼻環也。……桊音居院反。』字書另有『牱』字，音呼后切，釋牛犢、牛鳴，則别爲一字。

〔五二二〕韄，甲三右部作『業』形，俗寫，兹據乙卷録正。

〔五二三〕觝觧，同『觝觸』。『氐』旁俗書皆可作『互』，下凡『氐』旁作『互』者不再一一出校説明。

〔五二四〕注文『中』字、『刃』字據乙卷校；慶谷校、《匯考》校同。又『吐食』後乙卷有一『也』字。

〔五二五〕注文『芳万反』的『芳』字甲三脱，兹據乙卷擬補；《匯考》校同。

〔五二六〕注文『里』字、『臯』字據乙卷校；慶谷校同。《玉篇·羊部》：『羥，於閒切，黑羊也。』

〔五二七〕注文『臯』字據乙卷校；慶谷校、《匯考》校同。

〔五二八〕豬有猪，『猪』字據乙卷校；慶谷校、《匯考》校同。注文『大豬』後乙卷有一『也』字。

〔五二九〕注文『音加』後乙卷衍一『也』字。

〔五三〇〕獛，甲三右部作『業』形，俗寫，兹據乙卷録正。

〔五三一〕注文『子宗反』乙卷作『子宋反』，調異，《玉篇·犬部》『猔』字音子宋切，與後音合。

〔五三二〕豵，乙卷作『豵』，蓋古異體字。注文『小豬』下乙卷有一『也』字。

〔五三三〕注文『徒渾反』乙卷作『徒昆反』，音同。

〔五三四〕注文『圈豬所也』甲三原作『圈所也豬』，乙卷作『巷豬所也』，『巷』蓋『卷（圈）』字之誤，兹從《匯考》校正；慶谷校以甲三『賭』字爲衍文，恐不確。又『求究反』的『究』字甲三似本作『䜌』形，慶谷録作『究』字，近是，兹從之；乙卷作『求勉反』，音近。

〔五三五〕注文『臣』字據乙卷校；慶谷校、《匯考》校同。

〔五三六〕注文『樨』、『雪』二字據乙卷校；前字慶谷校、《匯考》校略同。

〔五三七〕注文『苦監反』乙卷作『古藍反』，慶谷校作『苦藍反』，《匯考》謂『古藍反』是。按『泔』字《廣韻・談韻》音古三切，與『古藍反』同音。但『古』『苦』紐近（同爲牙音，僅送氣與不送氣之别），『藍』『監』韻近，似也不得排除作者方音異切的可能性。

〔五三八〕注文『麻油』乙卷誤作『歷油』。又『以上普賭食』句乙卷本作『已上普賭所食』，《匯考》校『普』作『並曰』二字；按『普』蓋『並』字之誤。

〔五三九〕『㺃膽』、『貼』二條甲三誤合作『㺃膽苟取大垂。丁兼反』一條，『苟取大垂』與『丁兼反』間有脱漏，兹據乙卷擬補如上。『㺃』及注文中的『苟』皆用同『狗』，敦煌寫本中『狗』字多有借用『苟』字者，而『㺃』又是受『苟』、『狗』的交互影響産生的繁化俗字，下同；『膽』爲『膽』字俗寫，『膽』文中又爲『聸』字俗訛。注文『取』字據乙卷校；『大垂』後乙卷有一『也』字。《匯考》校略同。

〔五四〇〕注文『耳小垂着頭』後乙卷有一『也』字；又『丁選反』的『選』字據乙卷校，慶谷校、《匯考》校同。《玉篇・耳部》：『聑，丁篋切，《説文》云安也，《埤蒼》云耳垂。』

〔五四一〕本條標目字甲三脱，其下注文誤接在上『聑』條注文之後，兹據乙卷補標目字及注文切語『言反』二字。注文『力』字據乙卷校；『㔟』爲『勢』的俗字，乙卷即作『勢』形；『勢』下及注文末乙卷皆有一『也』字。末句『劇』字甲三作『劓』，乃『劇』字俗寫，慶谷、《匯考》皆校作『劇』，近是，乙卷正作『劇』。玄應《音義》《四分律》第三十五卷音義：『犍黄，又作犗、劇二形，同，居言反，《字書》：犍，割也。《通俗文》：以刀去陰曰犍。』《翻譯名義集》卷二：『留拏，此云犍（原注：居言切），或作劇，以刀去勢也。』《易・大畜》『豶豕之牙』唐李鼎祚《周易集解》引虞翻曰：『劇豕爲豶。』（陸德明釋文：『劉氏曰：豕去勢曰豶。』）其中的『劇』似亦皆爲『劇』字之訛。

〔五四二〕『𢗁』字條甲三無，兹據乙卷補。《玉篇・口部》：『吢，七浸切，犬吐也。亦作吣。』『𢗁』與『吢』、『吣』爲偏旁位置之異。

〔五四三〕注文『孟本反』乙卷作『坌本反』，『獖』《廣韻・混韻》音『蒲本切』，與『坌本反』音同。《匯考》謂『走遲也』前據例當有『狗』字，似未必。

〔五四四〕注文『野牛也』三字乙卷無。

〔五四五〕魯，『象』的俗字。此條乙卷無。

〔五四六〕虎，乙卷作『虍』，乃『虎』俗字『虒』的避唐諱缺筆字。伯三三七一號《太玄真一本際經》卷第一：『禽獸虍狼，更相殘害。』亦作『虍』字。『虎』字《廣韻》音呼古切，曉紐姥韻，『武』字《廣韻》音文甫切，微紐麌韻，姥韻麌韻《廣韻》同用，曉紐微紐敦煌文獻中亦偶見互切通用者，如本篇下文『鯇』字音『文板反』，亦其例。參看下文校記〔六三九〕。『虎』字讀作音近的『武』，慶谷認爲『可能是避李淵之祖父襄公之名諱』。按：唐代以前古書多有以『武』代『虎』者，大要蓋皆由是耳。

〔五四七〕注文『野苟也』乙卷作『野猗也』，『猗』、『苟』皆用同『狗』。參看上文校記〔五三九〕。

〔五四八〕注文『似家猗而火』，『火』字從慶谷、《匯考》校改；乙卷無『而火』二字。又『音郎』乙卷訛作『音即』。

〔五四九〕注文『音主』二字甲三脱，兹據乙卷擬補。

〔五五〇〕麖，『麠』的俗字，猶注文『京』爲『京』的俗字。

〔五五一〕注文『似鹿而小也』的『也』字乙卷無。

〔五五二〕麢羊，『麢』爲『䴇』的俗字，『䴇』又爲『麢』的繁化俗字，乙卷正作『麢』。

〔五五三〕麝香，《匯考》謂『此部所列皆獸名』，以爲當作『香麝』。按：此部所列多獸名，但也有與獸相關之物，如

「槍」、「弶」、「穽」等皆是，故「麝香」二字不必乙。

〔五五四〕菟，此字右下部的點甲三作「厶」形，俗寫，兹據乙卷録正；「菟」乃「兔」的增旁俗字，乙卷「菟」下又出一「兔」字，即揭舉其正字耳。慧琳《音義》卷九四《續高僧傳》第二十二卷「兔彪」條下云：「上他路反，傳文從草作菟，亦通，皆狐兔字也，《説文》：兔，獸也，象踞，後點象其尾。」

〔五五五〕貛，甲三訛從扌旁，兹從乙卷録正；慶谷校、《匯考》校同。

〔五五六〕注文「野孤」乙卷作「野狐也」，兹據校「孤」字。又「音胡」二字甲三無，兹據乙卷擬補。

〔五五七〕猕猴，乙卷作「猕猴」，「猕」爲「獼」字俗省，「獼」或省作「獮」，「獮」或「猕」又進而省寫作「猕」。慧琳《音義》卷八〇《開元釋教録》第四卷音義：「獼(獼)猴，上獼(獼)字録文從犬作猕，俗字也。」

〔五五八〕注文「似猴而火也」乙卷無，「火」字從慶谷、《匯考》校；又「爰音」慶谷校作「音爰」，近是；乙卷作「音袁」，音同。

〔五五九〕⿰鼠同⿰鼠令，「⿰鼠同」字乙卷作「⿰鼠國」，慶谷、《匯考》皆校作「⿰鼠同」，是。注文「野鼠也」三字乙卷無；「古螢反」乙卷作「古熒反」，音同；「下郎丁反」乙卷脱「下」字。

〔五六〇〕注文「食竹根鼠也。音脊」乙卷作「食竹根⿰鼠卯(「⿰鼠卯」《匯考》以爲「鼠」之訛)音留也」，兹據校「脊」字；慶谷校、《匯考》校同。

〔五六一〕「麚」、「麀」二條甲三誤合作「麚雄鹿名音憂」一條，乙卷作「麚雄鹿名也。音加。麀雌憂音憂」二條，兹據擬補如上。「麀」下注文「雌憂」《匯考》以爲「雌鹿」之訛，兹據校。

〔五六二〕注文「麑」字《匯考》以爲「鹿」字之訛，近是；《玉篇·鹿部》：「麑，五兮切，鹿子。」又「眼鷄反」乙卷作「眼雞反」，「鷄」「雞」古異體字。

〔五六三〕罝，「罝」字異寫。注文「取獸網也」乙卷無。

〔五六四〕注文「刺獸刃也」乙卷作「刺獸刀也」，「刀」字義長。

〔五六五〕「弴」、「檻」二條甲三誤合作「涼射獸也。胡黤反」一條，乙卷作「弴射獸弩。奇亮反。檻取獸闌。胡黤反」二條，茲據校補如上。《匯考》校略同。

〔五六六〕鷄，乙卷作「鷄雞」二字，爲異體字並列。

〔五六七〕鴒，此字左上部的「今」甲三作「亼」下四點（「亼灬」）形，乙卷作「亼」下雙口（「亼吅」）形，皆俗訛形（《龍龕·鳥部》載「鴒」俗字左上部的「今」有作「含」者，可以比勘），茲録正。下條注文「鴒」字同。

〔五六八〕鷄鳩，「鷄」字乙卷殘缺，慶谷校作「鳺」，《匯考》校作「鴀」，「鴀」字是，「鴀」「鷄」起筆相同而誤。注文「上房干爲下九劉反」乙卷作「上房于反，下九留反」，茲據校「干爲」二字；慶谷校同。《廣韻·尤韻》縛謀切：「鴀，鴀鳩。」「房于反」在虞韻，尤韻字讀作虞韻爲唐五代西北方音之恒例。

〔五六九〕注文「下古荅反」乙卷作「古合反」，脱「下」字。

〔五七〇〕注文「老鵶反」的「反」字據乙卷校；慶谷校、《匯考》校同。

〔五七一〕注文「具俱反」乙卷作「巨俱反」，「音欲」乙卷作「容蜀反」，音同。

〔五七二〕注文「烏庚反」乙卷作「焉庚反」，紐同。

〔五七三〕注文「烏庚反」的「反」字甲三殘缺，茲據乙卷補。

〔五七四〕鴈，「鳫」的增點俗字。《龍龕·广部》：「鴈，五晏反，《礼》云：孟春之月，鴻—來賓。」「鴈」亦「鳫」的俗字。

〔五七五〕注文「音倉」二字甲三脱，茲據乙卷擬補。

〔五七六〕注文「户不□」乙卷作「户木反」，茲據校補；慶谷校同。

〔五七七〕鸛雀，「鸛」字左上部的「卝」甲三、乙卷皆作「亠」，俗寫，茲録正。注文「上古乱反」乙卷脱「上」字。

〔五七八〕「鸇鷂」條乙卷分作「鸇之連反。鷂羊照反」二條。

〔五七九〕注文「音零」乙卷作「音靈」，音同。

〔五八〇〕注文『徒奚反』乙卷作『音啼』，音同。

〔五八一〕鸕鶿，『鶿』爲『鷀』的繁化俗字。

〔五八二〕鈎鴿，乙卷作『鈎鵅』，『鴿』爲『鵅』的訛字，兹據校；《匯考》校同。注文『音格』乙卷作『古革反』，『格』字《廣韻》音古伯切，在陌韻，『革』字在麥韻，二韻同用。『鈎鵅』同『鴝鵅』。《集韻·侯韻》居侯切（與『鉤』同一小韻）：『鴝，鴝鵅，鳥名，鵂鶹也。』

〔五八三〕土梟，『梟』乙卷作『梟』，『梟』爲『梟』的繁化俗字。注文『下音堯反』的『音』乃涉上文『下音格』等注文的『音』字而誤，乙卷作『古』，兹據校；慶谷校、《匯考》校同。

〔五八四〕注文『下于付反』的『下』字乙卷脱。

〔五八五〕注文『身刑反』乙卷作『身利反』，兹據校；慶谷校、《匯考》校同。

〔五八六〕注文『户革反』的『反』字甲三無，兹據乙卷補。

〔五八七〕毲，乙卷作『毲』，皆爲『毿』字俗寫。

〔五八八〕毻，此字左上部的『左』甲三訛作『右』，兹據乙卷録正；慶谷校、《匯考》校同。

〔五八九〕注文『毛落日』乙卷作『毛落皃也』，兹據校『日』字；慶谷校、《匯考》校同。

〔五九〇〕嘴，乙卷作『嘴』，慶谷校定作『嘴』，《匯考》定作『觜』的俗字。按：『嘴』、『嘴』乃『觜』的異體俗字（『嘴』又『觜』的後起繁化字）。《龍龕·口部》：嘴、嘴、嘴，俗，即委反，正作觜、柴二字，鳥喙也。可參。又本條乙卷在『距』字條之後，序次略異。

〔五九一〕注文『藏食處』三字甲三無，兹據乙卷補。

〔五九二〕注文『𦙄』字乙卷作『胷』，皆爲『匈』的古異體字，今作『胸』。又『失力反』乙卷作『央力反』，兹據校；慶谷校、《匯考》校同。

〔五九三〕注文『苦咸反』乙卷作『都咸反』，《匯考》謂『都』爲『苦』之訛；又『丁角反』乙卷作『都角反』，音同。『喊啅』慶谷校作『鼤啄』，可從。《廣韻・咸韻》苦咸切：『鵮，鳥鵮物。鼤，同上。』慧琳《音義》卷七六《龍樹菩薩勸誡王頌》音義：『啄心，丁角反，《廣雅》：啄，齧也。《考聲》云鳥啄也。《説文》鳥食也，從口，豖聲也。豖音丑足反。頌中從卓作啅，非也。』這一用法的『喊』『啅』蓋皆爲後起形聲俗字。

〔五九四〕標目字『卵』甲三作『那』，下條『菢』字注文『鳥伏卵也』的『卵』字同，乃『卵』字俗寫『夘』的訛變形，兹從慶谷校、《匯考》校録正；注文『卵』字甲三作『夘』，乙卷標目字、注文皆作『夘』，亦皆『卵』字俗寫，可參。

〔五九五〕注文『鳥伏卵也』乙卷無『卵』字，疑脱。又『薄報反』乙卷作『郎報反』，蓋涉上條注文『郎短反』之『郎』而誤。《廣韻・号韻》薄報切：『菢，鳥伏卵也。』

〔五九六〕⿰歹叚，慶谷括注『毈』。按《集韻・換韻》徒玩切（與『徒乱反』同音）：『毈，《説文》卵不孚也。或作⿰歹叚。』

〔五九七〕注文『所以黏鳥也』乙卷作『所以黐』，有脱誤。《廣韻・支韻》丑知切：『黐，所以粘鳥。』『粘』爲『黏』的後起換旁字。乙卷本條下又出標目字『翼』，但無注文。

〔五九八〕注文『毒虫名』乙卷作『毒虫也』，《匯考》謂甲三『名』字涉下條注文而誤，可備一説（《匯考》乙卷下校記又謂甲三作『名』字是）。《龍龕・虫部》：『蛇，古；虵，正：食遮反，毒虫也。』又『而占反』乃涉下條切語而誤，兹據乙卷校正；慶谷校、《匯考》校同。

〔五九九〕蚺，此字右部甲三、乙卷皆作『冄』，乃『冉』旁的常見俗寫，兹録正。注文『大虵名』下乙卷有一『也』字。

〔六〇〇〕蟒，乙卷作『蠎』，『蠎』即『蟒』的俗字。注文『赤大虵』乙卷作『亦大虵也』，兹據校『赤』字；慶谷校、《匯考》校同。

〔六〇一〕注文『亦虵名』下乙卷有一『也』字。又『董鬼反』慶谷、《匯考》校作『薰鬼反』，兹從之；乙卷作『熏鬼反』，與『薰鬼反』同音。

〔六〇二〕『黄』字甲三與下條『蠍』字相連爲一條，其下『蝬』及注文『亦虵名也。下音侯』脱，兹據乙卷擬補；《匯考》校同。

〔六〇三〕注文「興謁反」乙卷作「許謁反」，音同。

〔六〇四〕蝦蟇，乙卷作「蝦蟆」，「蟇」爲「蟆」的偏旁移位字。

〔六〇五〕「蛙」字條甲三無，茲據乙卷補。

〔六〇六〕「蟬」字條甲三無，茲據乙卷補。

〔六〇七〕蚚蜴，「蜴」字據乙卷校；「蚚」字乙卷同，當作「蜥」。注文「光」字據乙卷校，慶谷校同。

〔六〇八〕蝀蜆，「蝀」字甲三、乙卷皆作「蝀」，俗寫「朿」「束」不分，茲據慶谷、《匯考》校録正。《集韻·錫韻》：「螫，蟲名。《博雅》：螫蜆，蛩也。或省（作蝀）。」「朿」「刺」古今字，故「螫」「蝀」一字之異，其字皆從「朿」得聲，《漢語大字典》收訛形「蝀」而不收「蝀」，大誤。「蝀」字《廣韻·錫韻》音先擊反，屬心紐，注文「千歷反」乙卷作「七歷反」，「千」、「七」皆屬清紐，紐同；「蝀」字或體「螫」隋曹憲《博雅音》又音「七亦」反，《集韻·昔韻》音七迹切，聲母正同；慶谷校「千歷反」爲「先歷反」，似不必。

〔六〇九〕注文「故花反」乙卷作「古花反」，音同。

〔六一〇〕蜣蜋，「蜣」爲「蜣」的俗字（猶「羌」字俗作「羗」），乙卷正作「蜣」。

〔六一一〕注文「上音頻」乙卷作「上頻移反」，慶谷校據以擬補「移反」二字；《匯考》謂「唐西北方音『蚍』與『頻』有同音可能，『音頻』可能是方音」；按：「頻」字《廣韻》音符真切，真韻臻攝，「蚍」字音房脂切，脂韻止攝，唐五代西北方音臻攝、止攝可以通押互切，〔-n〕韻尾呈消變的現象，故「蚍」字可以音「頻」。

〔六一二〕「子」及注文「上魚累反」四字甲三脱，茲據乙卷擬補。

〔六一三〕螻蛄，「螻」字右部甲三作「婁」，乙卷作「娄」，皆爲「婁」旁俗寫，茲録正。以下從「婁」旁者寫卷多有作此類形狀者，皆徑録正，不一一出注。

〔六一四〕蚰蜒，「蜒」爲「蜒」字俗省，乙卷正作「蜒」；慶谷校、《匯考》校同。注文「延」字甲三訛作「匹」字俗寫，茲據乙卷録正。

〔六一五〕注文『音朱』乙卷作『音株』,《匯考》謂『株』字是,『蛛』『株』《廣韻·虞韻》並音陟輸切,讀知紐;『朱』字音章俱切,讀章紐,發音部位有別。

〔六一六〕『青蜓』條乙卷在下文『蠮螉』條之後,序次有別。

〔六一七〕『蜍』字及注文中的『⿰片余』乙卷同,乃『蝶』、『牒』避唐諱的改寫字。『蝶』字《廣韻·帖韻》音古協切,屬見紐,寫卷音『烏牒反』,屬影紐,唐五代西北方音偶有見系、影系同用之例。

〔六一八〕蜂,此字右部甲三、乙卷皆作『夆』形,俗寫,茲徑録正。下文『夆』旁寫卷多作『夆』,徑正,不再一一出校。

〔六一九〕蠮螉,『蠮』右部構件『医』中的『矢』甲三訛作『米』形,茲録正,乙卷此字僅存『虫』旁;『螉』字甲三脱,乙卷存左部『虫』旁大半,茲從慶谷、《匯考》校擬補。《廣韻·東韻》烏紅切(與『烏公反』同音):『螉,蠮螉,蟲名,細腰蟲也。』

〔六二〇〕蚝蜢,『蜢』字右上部甲三、乙卷皆作『マ』形,俗寫,茲徑録正。注文『草』字據乙卷校。

〔六二一〕注文『粂』字據乙卷校;慶谷、《匯考》校同。

〔六二二〕蠓子,『蠓』字右部甲三訛作『冡』形,茲據乙卷録正;慶谷校同,《匯考》校作『螵』,似不確。注文『勒』字據乙卷校;慶谷校同。《説文·虫部》:『蠓,蠛蠓也。』《廣韻·董韻》『蠓』字音莫孔切,與『莫動反』同音。

〔六二三〕蜫,『螕』的俗字,注文同。注文『猶蜫』下乙卷有一『也』字。又『博雞』下甲三脱『反』字,茲據乙卷補。玄應《音義》卷一七《舍利弗阿毗曇論》第十四卷音義:『螕蝨,補奚反,《説文》:螕,齧牛虫也。今牛、馬、雞、狗皆有螕也。』

〔六二四〕注文『猗蚉也』的『也』字乙卷無。

〔六二五〕虱,乙卷作『虱』,皆爲『蝨』的簡俗字。

〔六二六〕注文『居憙反』乙卷作『居喜反』,音同。

〔六二七〕注文『所由反』乙卷作『所留反』,音同。

〔六二八〕蠂蝀，『蠂』爲『蠂』的俗字，乙卷正作『蠂』。注文『上音薄』，慶谷校『薄』下擬補『□反』二字，按乙卷作『上薄土反』，『土』或爲『卜』字之訛，『蠂』字《廣韻・屋韻》音蒲木切，與『薄卜反』同音。又『音束』乙卷作『音速』，『蝀』、『速』《廣韻・屋韻》同音桑谷切，『束』字則音書玉切，燭韻書紐，音略異。

〔六二九〕注文『嬰向反』乃涉下條注文而誤，兹據乙卷校，慶谷校、《匯考》校同。

〔六三〇〕鑋子，『子』字甲三脱，兹據乙卷擬補。注文『嬰向反』乙卷作『興兩反』，慶谷、《匯考》皆校『嬰』爲『興』，當是；『鑋』字《廣韻》上聲養韻音許兩切，又去聲漾韻音許亮切，分别與『興兩反』、『興向反』同音。

〔六三一〕注文『虫在因』乙卷作『虫在肉中』，兹據校補。《廣韻・魚韻》七余切：『胆，蟲在肉中。』

〔六三二〕注文『飛鼠』下乙卷有二『也』字。

〔六三三〕魚鼈部，『鼈』字乙卷似作『鼇』，换旁俗字。

〔六三四〕注文『符王反』乙卷作『苻王反』，音同。『符』字俗書亦多作『苻』，與苻姓的『苻』同形。

〔六三五〕注文『魴之别名也』的『名』字從慶谷校擬補；《匯考》以末『也』字爲『名』字之訛，似不確；乙卷無釋義。

〔六三六〕鰿，此字右上部甲三作『𠀆』，俗訛形，兹據乙卷録正。下文木部『楝』字注文『所責反』的『責』字上部甲三亦作此形，可以比勘。注文『精之反』的『精』字慶谷校作『精』，《匯考》作『積』，按乙卷作『精赤反』，則或當以慶谷校爲是；『鰿』字《廣韻》音資昔切，精紐昔韻，與『精赤反』同音；慶谷校『之』爲『亦』，不如據乙卷校作『赤』。

〔六三七〕『鯽』字條乙卷在『魚鼈部』之末。注文『音即』二字甲三脱，兹據乙卷擬補；《匯考》校同。

〔六三八〕注文『蟦之别名』乙卷作『積之别名也』，慶谷校『蟦』作『鰿』；《匯考》同，又校『積』作『鰿』，並是。《集韻・昔韻》：『鰿，魚名，鮒也。』

〔六三九〕鯇，乙卷作『鯇』，『鯇』即『鯇』的俗字。注文『文板反』乙卷作『胡板反』；『鯇』字《廣韻》音户板切，匣紐潸韻，與『胡板反』同音；『文』字則讀微紐，敦煌文獻微紐匣紐有互切通用之例，參看上文校記〔五四六〕。

〔六四〇〕注文『蘇了反』的『了』字甲三脱，兹據乙卷擬補；《匯考》校同。《集韻・筱韻》先了切(與『蘇了反』同音)：『鰷，魚名。或从了(作魡)。』

〔六四一〕『鮎』字條乙卷在『鮹』字條之後，序次不同。

〔六四二〕鱯，此字右部甲三、乙卷皆作『萑』形，乃『蒦』旁的俗省，兹録正。注文『穫』字右部甲三亦作此形，慶谷於原字下括注『獲』字，與原形不合；就字音而言，或當以作『獲』爲長，乙卷正作『獲』字；『鱯』『獲』《廣韻・麥韻》皆有胡麥切一讀；然『鱯』『穫』『獲』《集韻・莫韻》又皆音胡故切，爲同音字，故『穫』字不應改。

〔六四三〕鰔，乙卷作『鱤』；注文『苦咸反』乙卷作『音感』；慶谷校『苦咸反』作『居咸反』，《匯考》稱乙卷是。按《集韻・咸韻》：『鰔，魚名。』居咸切，屬見紐；甲三音『苦咸反』，屬溪紐；見紐、溪紐同爲牙音，僅送氣不送氣之别，敦煌文獻多有互切之例。又《廣韻・感韻》古禫切(與『感』字同一小韻)：『鱤，魚名。』《集韻》同一小韻稱『鱤』或省作『鰔』。疑『鰔』、『鱤』實爲一字之異，其又音居咸切者，音隨形變耳。然字書多以音居咸切的『鰔』爲别一魚，俟再考。

〔六四四〕注文『蘓如反』乙卷作『蘓和反』，兹據校『如』字；慶谷校、《匯考》校同。

〔六四五〕鯿⿰魚𢍏，『⿰魚𢍏』乃『⿰魚契』字俗寫。注文『草』字據乙卷校；慶谷校、《匯考》校同。

〔六四六〕注文『上卑列反，下音元』乙卷脱。

〔六四七〕鼉，此字甲三作『鼉』，俗省，兹據乙卷録正。

〔六四八〕注文『湯末反』甲三脱，兹據乙卷擬補。

〔六四九〕注文『上』、『下』二字乙卷脱。

〔六五〇〕鮮，本部之末亦見此字，此處應爲『蚌』字之誤，兹據乙卷校；《匯考》校同；慶谷校作『鮮』，亦有可能，《集韻・講韻》載『蚌』或作『鮮』。又注文反切下字『講』右上部甲三作『世』，俗寫。

〔六五一〕網，乙卷作『網』，其右旁皆爲『网』的俗寫；『网』字或體作『冈』，俗寫贅筆作『冈』，又省寫作『冂』；『网』

字又或從亡聲作『罔』，則『冈』、『冈』、『内』亦可視爲『罔』的俗寫，故上揭『網』、『納』既可楷正作『網』，又可楷正作『網』。注文『内』字甲三無，兹據乙卷擬補。下文『网』旁甲三亦多作『冈』，乙卷多作『内』，文中均據底卷録文，不一一出校説明。

〔六五二〕注文『納（網）之類。音古』甲三脱，兹據乙卷擬補。

〔六五三〕『罩』字條乙卷在下文『鮮』字條之後，似係文中抄脱而補抄於部末者。注文『陟教反』乙卷作『知教反』，音同。

〔六五四〕『罨』字條甲三無，兹據乙卷補。

〔六五五〕[竹/苟]，此字乙卷略同，下部乃『苟』的俗寫（注文『苟』字甲三即寫作此形），然字書并無『[竹/苟]』字，文中當爲『笱』的繁化俗字。

〔六五六〕注文『乾魚鮍也』的『也』字乙卷無；又『普儀反』前依例應有『下』字。

〔六五七〕注文『塩漬魚也』的『也』字乙卷無。

〔六五八〕注文『頻小反』乙卷作『頻少反』，音同。

〔六五九〕『鱗』字條甲三無，兹據乙卷補。

〔六六〇〕鮪，乙卷同，《匯考》以爲『鰭』的訛字。按《玉篇·魚部》：『鮪，音妥，魚名。』《龍龕·魚部》以爲『鰖』字或體。又《廣韻·脂韻》渠脂切（與『巨移反』音同）：『鰭，魚脊上骨。』本條有兩種可能，一是『鮪』爲『鰭』的訛字；二是『鮪』下脱注文，而『巨移反』上又脱標目字。

〔六六一〕注文『魚掉尾也』的『也』字乙卷無。

〔六六二〕注文『魚鼻。音星』乙卷作『臭腥』二字，蓋有脱誤。

〔六六三〕注文『音秋』乃涉上條注文而誤，乙卷作『音子』，兹據校；慶谷校、《匯考》校同。

〔六六四〕注文『音荊』犯同字自注，乙卷作『音京』，兹據校；慶谷校、《匯考》校同。

〔六六五〕「櫰」、「槐」二條乙卷誤合作「櫰槐」一條，注文作「櫰之别名。下音回」。

〔六六六〕注文「年朱反」乙卷作「羊朱反」，兹據校「年」字；慶谷校同。

〔六六七〕注文「良久反」乙卷作「良九反」，音同。

〔六六八〕注文「柳之别名」乙卷作「柳類」。

〔六六九〕注文「褚倫反」乙卷作「褚巾反」；「椿」字《廣韻·諄韻》音丑倫切，與「褚倫反」同音；「巾」字在真韻，《廣韻》真韻、諄韻同用。

〔六七〇〕「杆」字條乙卷無。注文「五千反」的「千」慶谷校疑當作「干」，《匯考》則徑定爲「干」字之訛。「杆」字《廣韻·翰韻》音古案切，《集韻·寒韻》音居寒切，後一音與「干」字同韻，「古」、「居」皆屬見紐；底卷音「五干反」在疑紐，此以濁音字切清音字，當與唐五代西北方音濁音清化有關。

〔六七一〕注文「無患子」乙卷作「無槵子也」，慶谷、《匯考》皆校「患」作「槵」。按《廣韻·諫韻》胡慣切：「槵，無槵，木名。」《集韻》同一小韻：「槵，木名，無患也。」《重修政和證類本草》卷一四木部下品有「無患子」，引《纂文》云：「木曰無患何也？……世人相傳以此木爲衆鬼所惡，競取爲器用以厭鬼，故号無患。」則「患」字不宜改。

〔六七二〕柟，此字右部甲三、乙卷皆作「冄」，乃「冉」旁的常見俗寫，兹録正。參看上文校記〔五九九〕。

〔六七三〕注文「音作」乙卷作「音昨」。按《廣韻·鐸韻》則洛切（與「作」字同一小韻）：「柞，木名。又音昨。」

〔六七四〕注文「柞之别名也」的「也」字乙卷在「音歷」之後，似誤。

〔六七五〕注文「尺紹反」乙卷作「音由」。按《廣韻·小韻》尺沼切（與「尺紹反」同音）：「楢，赤木名。又音猶。」「猶」「由」《廣韻·尤韻》同音以周切。

〔六七六〕注文「反」字甲三脱，兹據乙卷補。

〔六七七〕注文「女貞」乙卷作「女楨也」，慶谷、《匯考》皆校「貞」作「楨」。按《廣韻·清韻》陟盈切：「楨，女楨，冬不凋木也。」《六臣註文選》卷八司馬長卿《上林賦》「欃檀、木蘭、豫章、女貞」下引張揖曰：「女貞木，葉冬不落。」蓋因楨木經冬不凋，故俗名「女貞」，「貞」字不應改。

〔六七八〕「橝」、「柃」二條甲三誤作「橝灰可染也。李郢反」一條，茲據乙卷擬補如上；乙卷「橝」條下注文無「灰可染也」四字，亦脱漏。

〔六七九〕注文「樹根也」乙卷作「樹木根」，切語「古恩反」甲三脱，茲據乙卷擬補。

〔六八〇〕「株」字條甲三無，茲據乙卷補。

〔六八一〕莖，此字甲三作「莖」，乙卷作「荎」，就字形而言，應皆爲「莁」字的俗寫，然就音義而言，文中應爲「莖」字俗訛，茲從《匯考》校録正。注文「大耕反」乙卷作「户耕反」，「大」字慶谷、《匯考》皆校作「火」，是，茲據校；「莖」字《廣韻·耕韻》音户耕反，與乙卷音合，讀匣紐；「火」字《廣韻》音呼果切，讀曉紐，二音紐分清濁。

〔六八二〕榦，甲三右上部作「大」，下文竹部「簳」字「榦」旁的右上部同，俗寫，茲並據乙卷録正。

〔六八三〕葉，乙卷同，「葉」的避唐諱改寫字。下同。注文「羊涉反」乙卷無，蓋脱。

〔六八四〕注文「木里文」乙卷作「木理交也」，茲據校；慶谷校同，《匯考》僅校「文」字。《廣韻·狎韻》古狎切（與「甲」字同一小韻）：「柙，木理亂。」「木理交」「木理亂」義近。

〔六八五〕注文「大木割也」乙卷作「大木未剖」，茲據校補；《匯考》校同，慶谷校僅補一「未」字。《廣韻·魂韻》户昆切：「梱，大木未剖。」

〔六八六〕「桂」字條甲三無，茲據乙卷補。

〔六八七〕注文「莭高堪作枝子也」乙卷作「節高堪作杖竹」，茲據校「枝」字，慶谷校同；「莭」即「節」的俗字。又「巨龍反」前依例應有「上」字。

〔六八八〕䈽，乙卷作「䈽」，注文「音介」乙卷作「音斤」，茲據校；慶谷校同。《廣韻·欣韻》舉欣切（與「斤」字同一小韻)：『篫，竹名。通作斤。』

〔六八九〕『竹』字《廣韻·屋韻》音張六切，讀知紐，寫卷音『所六反』，讀生紐，二音紐異，慶谷校『所六反』爲『知六反』，可備一說。《匯考》謂『竹』與上『篫』當相合爲一條，但何以不在上文『笰竹』的『竹』字下注音，費解，其説似不可從。

〔六九〇〕注文『細竹也』的『也』字乙卷無。

〔六九一〕注文『笌牙也』乙卷作『竹牙也』。按《玉篇·竹部》：『笌，五加切，筍。』《集韻·麻韻》：『笌，筍也。』是『笌牙』亦即『竹牙』。慶谷校『笌牙』爲『芽竹』，《匯考》又校作『竹牙』，似皆不必。又『私尹反』的『私』字乙卷訛作『衸(祇)』。

〔六九二〕籜，甲三左下部訛作『木』，兹據乙卷録正。注文『笋』字下部乙卷訛作『君』形。又『易洛反』乙卷作『湯洛反』，兹據校；慶谷校、《匯考》校同。

〔六九三〕簳，『榦』旁右上部甲三作『大』(下條注文『簳』字同)，兹據乙卷録正(參看上文校記〔六八三〕)；『簳』字其他字書不載，乃『簳』字異體。注文『中箭笴也』乙卷作『中箭』，《匯考》校作『箭笴』。按：『中』字似不誤。《山海經·中山經》『(休與之山)有草焉，其狀如蓍，赤葉而本叢生，名曰夙條，可以爲簳』郭璞注：『中箭笴也。』《四部叢刊》影印元刊本《玉篇·竹部》：『簳，各旱切，箭簳竹也。』所謂『箭簳竹』即適宜於做作箭竿的竹子。寫卷注文『中』即適於、宜於之意。《玉篇·木部》：『榾，古忽切，枸榾，木中箭笴。』又云：『簬，力固切，美竹中箭也。』其中的『中』字義並同。

〔六九四〕注文『簳菉也』乙卷無。

〔六九五〕注文『竹笓』乙卷作『竹笓』，兹據校；慶谷校、《匯考》校同。

〔六九六〕注文『篾骨』下乙卷有一『也』字。

〔六九七〕蔛蒿，『蔛』字右下部及注文『斛』右部的『斗』甲三皆作『卄』，通常爲『升』的俗寫，偶爾『斗』旁亦有作此形者，文中即爲『斗』的俗寫，兹從慶谷校録正。乙卷本條作『蒣，蒣蒿也。在嗟反』。《廣韻·麻韻》『蒣』、『斜』同音似嗟切，邪紐，『在嗟反』讀從紐，二音紐近。

〔六九八〕艾，此字下部甲三、乙卷皆作『又』形，俗寫，兹録正。

〔六九九〕蓬，此字下部甲三、乙卷皆作『逄』，俗寫，兹録正。

〔七〇〇〕注文『茅之別名也』的『也』字乙卷無。

〔七〇一〕薍，此字左下部甲三訛作『爾』形，雙行注文左行首字爲『⿱爫⿵冂爻』（乙卷無此字，『⿱爫⿵冂爻』即『𤔔』的俗寫），應是用以改正『薍』左下部的訛形，兹據録正；慶谷、《匯考》皆以『⿱爫⿵冂爻』爲衍文，未盡是。

〔七〇二〕本條『蓓』字乙卷皆作『菈』，誤。注文『薄改反』的『改』字甲三訛作『段』形，兹據乙卷録正。《廣韻·海韻》薄亥切（與『薄改反』同音）：『蓓，黄蓓草也。』

〔七〇三〕莣，乙卷作『芒』，即『莣』字俗省，《匯考》以『芒』爲『莣』之訛，不確。注文『可爲屩也』的『也』字乙卷無。《爾雅·釋草》『莣，杜榮』唐陸德明釋文：『莣，字亦作芒。』慧琳《音義》卷二一引唐釋慧苑《新譯大方廣佛花嚴經音義》經文第十三卷『芒草箭』條下云：『芒草，一名杜榮，西域既自有之，江東亦多此類，其形似荻，皮重若笋，體質柔弱不堪勁用也。其正宜作莣也。』

〔七〇四〕⿱艹頪，此字『頪』旁左上部的『米』甲三作『禾』，下條注文『⿱艹頪』字同，兹據乙卷録文；『⿱艹頪』字其他字書不載，蓋『蘱』的改換聲旁字。《廣韻·隊韻》盧對切（與『⿱艹頪』字同一小韻，與『郎對反』同音）：『蘱，草名，似蒲。一云似茅。』

〔七〇五〕蒯，此字左下部的『朋』甲三訛作『明』，兹據乙卷録正。注文『古懷反』乙卷作『苦壞反』；『蒯』字《廣韻·怪韻》音苦怪切，與『苦壞反』同音。

〔七〇六〕注文『平表反』乙卷作『皮表反』，紐同。又『可爲席』乙卷在切語之前，與本卷大例相合。

〔七〇七〕注文『古玄反』乙卷作『古云反』，《匯考》以『云』爲『玄』之訛，是。

〔七〇八〕蒲，乙卷作『蒱』，實即『蒲』的俗字。古有所謂『摴蒲』，『蒲』因受『摴』字類化或換旁作『蒱』。影響所及，草名之『蒲』亦或寫作『蒱』焉。

〔七〇九〕菻，『𣟴』字俗寫。注文『口迴反』乙卷作『口迴反』，兹據校『迴』字；慶谷校同。

〔七一〇〕注文『崗達反』乙卷作『居轄反』，音同。

〔七一一〕注文『倉見反』乙卷作『麁見反』，紐同。

〔七一二〕蒜，乙卷作『蒤』，應皆爲『𣘻』的訛變形。注文『春取蒤可爲飲也』的『也』字乙卷無。《廣韻·麻韻》宅加切：『𣘻，春藏葉可以爲飲。』『𣘻』又爲『荼（茶）』的增旁俗字。《集韻·麻韻》直加切：『荼，或从木（作𣘻），亦省（作茶）。』

〔七一三〕注文『死草也』慶谷校作『草死也』，近是。又『乎古反』乙卷作『采古反』，兹據校『乎』字；慶谷校、《匯考》校同。《廣韻·麻韻》采古切：『蘆，草死。』

〔七一四〕『𣨙』字條甲三無，兹據乙卷補。

〔七一五〕著，『若』的繁化俗字。注文『乱草也』慶谷校疑當作『乾草也』。按《廣韻·馬韻》人者切：『若，乾草。』

〔七一六〕『芒』字條乙卷無。蓋上文『惹』字條乙卷作『芒』，故此不宜重出。參看上文校記〔七〇三〕。

〔七一七〕『舩部』乙卷作『舟部』，似以『舟』字義長。『舩』爲『船』的俗字。下同。

〔七一八〕注文『蜀江中舩也』的『也』字乙卷無。

〔七一九〕注文『一木舩也』的『也』字乙卷無。

〔七二〇〕注文『釣魚小舩也』的『也』字乙卷無。又『音巨恭反』甲三本作『臣音蓁（葉）反』，有倒誤，兹從慶谷校及《匯考》校録正；乙卷作『巨恭反』，無『音』字，義長。

〔七二一〕注文『舩舷也』的『也』字乙卷無。

〔七二二〕注文『進舩慢也』乙卷作『進舩幔』，『慢』爲『幔』字俗訛；慶谷及《匯考》校同。

〔七二三〕注文『入榣反』乙卷作『人揺反』，音同；慶谷校『榣』作『揺』，不必。

〔七二四〕注文『時兩反』乙卷作『將兩反』，兹據校『時』字；《匯考》校同。

〔七二五〕戽斗，『斗』字及『戽』字所從的『斗』旁甲三皆作『廾』，乙卷皆作『𣁬』，皆爲『斗』的俗寫，兹録正。注文『斗』字甲三作『廾』，乙卷作『𣁬』，前一形通常爲『升』字俗寫，文中則應爲『斗』字俗訛，兹録正。參看上文校記〔四〇〕、〔一四五〕、〔三八三〕、〔六九七〕。又注文『也』字乙卷無。

〔七二六〕注文『帆竿』下乙卷有一『也』字。

〔七二七〕𫄮，『綷』的俗字。敦煌寫卷中『卒』字常寫作『卆』，故『綷』字俗書從之。

〔七二八〕注文『駐船大栓』乙卷作『駐船大橛也』，『栓』即『橛』的會意俗字；慶谷校『栓』作『栓』，非是。又『上作郎反』乙卷作『上將』，紐同韻近；『下古羅反』乙卷作『下歌』，音同。

〔七二九〕注文『大栰也』乙卷作『木栰』，兹據校『大』字；《匯考》校同。

〔七三〇〕注文『居木反』乙卷作『古木反』，紐同。

〔七三一〕輌，乙卷作『軜』，乃『輞』字俗寫；注文『冈』乙卷作『内』，乃『网』或『罔』字俗寫。參看上文校記〔六五二〕。

〔七三二〕『軸』與下『輻』、『釭』條乙卷的先後順序爲『釭』、『輻』、『軸』，序次不同。

〔七三三〕𨍹，《龍龕·車部》作『𨍹』，乃『鐧』的換旁俗字。《廣韻·諫韻》古晏切：『鐧，車間鐵也。』『鐧』即『鐧』字異寫。

〔七三四〕轄，乙卷作『𨍭』，俗訛字。

〔七三五〕『𨏼』以下至『篳』五條甲三無，兹據乙卷補。注文『箱底横木也』的『木也』二字乙卷誤抄在『亦作桄字』之後，兹從《匯考》乙正。《廣韻·唐韻》古黄切（與『古皇反』同音）：『𨏼，車下横木。輄，上同。』《集韻·唐韻》：『𨏼，或从光（作輄），通作桄。』『𨏼』、『輄』實即『桄』的後起專用字。

〔七三六〕枸杺，車箱底下夾鉤住車軸的木頭。又作『鉤心』、『枸心』、『軥𫐌』。《釋名·釋車》：『鉤心，從輿心下鉤軸也。』《太平御覽》卷七七六車部五：『枸心，《廣雅》曰：從下枸軸也。《通俗文》曰：軸限者謂之枸。』《廣韻・侯韻》古侯切：『軥，車軥心木。』《集韻・侵韻》思林切（與『心』字同一小韻）：『軐，車鉤心制軸者。通作杺。』『杺』、『軐』實爲『心』的增旁俗字。

〔七三七〕 ⿱⺮⿱目車，此字《説文》從車、算聲，乙卷上部的『目』訛作『曰』，茲録正。

〔七三八〕 注文『欄』字甲三作『櫚』，應爲『欗』的訛字；乙卷作『欗』，即『欄』的繁化俗字，茲據録作『欄』字。

〔七三九〕 注文『前後柱』乙卷作『前後軴』，《匯考》以『柱』爲『軴』之訛，未必。《王一》去聲遇韻中句反：『軴，車軴。』《王二》、故宮舊藏裴務齊正字本《刊謬補缺切韻》及《唐韻》、《廣韻》同。按唐顔師古《匡謬正俗》卷五『柱』條云：『《西域傳》云「當爲拄置，心不便」。按：拄者，撐拄之名，本音竹羽反。柱，物之本，因爲之柱，竹具反。《魯靈光殿賦》云「漂嶢峴而枝柱」，此音是也。車後柱木呼爲車柱，其義亦同。』『車軴』殆即『車柱』，『軴』爲『柱』的後起專用字。又『音主』乙卷作『中句反』，後者與《切韻》系韻書音合。

〔七四〇〕 注文『車軔也』的『軔』字慶谷録作『軔』，非原形；《匯考》校作『軔』，不必；乙卷作『軸』，蓋『軔』字之訛；『軔』『軔』爲古異體字。《廣韻・銑韻》胡畎反（與『胡犬反』同音）：『軔，車軔。軔，上同。』

〔七四一〕 『𠃊』、『蓬』二條甲三無，茲據乙卷補。『蓬』應爲『篷』的俗字；乙卷下條『䡝』字注文『蓬』字同。

〔七四二〕 䡝，乙卷作『䡝』，《龍龕・車部》以『䡝』爲『䡝』的或作字，可參。注文『逄』字乙卷作『蓬』，皆爲『篷』的訛俗字。又『別名』後的『也』字乙卷無。

〔七四三〕 『軥』、『索』、『輲』、『輂』四條甲三無，茲據乙卷補。

〔七四四〕 輲，猶言『軒』。《廣韻・元韻》虚言切（與『軒』字同一小韻）：『輲，車前輕也。』《玉篇・車部》：『輂，竹利切，前頓曰輂，後頓曰軒。輊，同上。』

〔七四五〕 甲三車部後爲『火部』而無『戎仗部』，乙卷車部後爲『戎仗部』而無『火部』，疑各有脱漏，茲據乙卷補『戎仗部』。

〔七四六〕 鋀鋜，慶谷校作「鋀鍜」。按《説文・金部》：「鋀，鋀鍜，頸鎧也。」「鍜」字《廣韻・麻韻》音胡加切（與「遐」字同一小韻），與「户牙反」同音，「鋜」即「鍜」的改换聲旁俗字。

〔七四七〕 ⿰礻匕項，「⿰礻匕」通常爲「礼」的增撇俗字（下文「髀𩊾」條注文「傍礼反」的「礼」字乙卷即作此形），此處慶谷及《匯考》皆校作「⿰衤屯」，形近，右旁「屯」與「徒本反」音合，但傳統字書并無「⿰衤屯」字（《中華字海》引《北京方言詞典》始收「⿰衤屯」字，音頓，釋褂子、背心，乃别一字），文中「⿰衤屯」字疑又爲「純」的换旁俗字。《集韻・混韻》杜本切（與「徒本反」同音）：「純，束也。」「純項」蓋護項之物。

〔七四八〕 覆膊，「覆」爲「覆」的俗字。「覆」字《廣韻・宥韻》音敷救切，敷紐流攝，乙卷音「芳付反」，敷紐遇攝，唐五代流攝的唇音字往往讀同遇攝。

〔七四九〕 臂褠，「褠」字右部乙卷作「冓」，上下文注文中「冓」旁亦多作此形，俗寫，此皆録正。

〔七五〇〕 注文「虐交反」的「虐」字其他字書不載，疑爲「虎」的訛俗字，蓋「虎」俗字作「⿸虍巾」，「⿸虍巾」避唐諱缺筆作「虍」，「虍」又進而訛作「虐」（「虎」本身與「虐」字形亦近）；慶谷校作「虚」，似不確。「髐」字《集韻・肴韻》音虚交切，與「虎交反」紐同。

〔七五一〕 注文「⿰⿱罒山寸早反」的「早」字從慶谷校；「⿰⿱罒山寸」字《敦煌掇瑣》録作「對」，慶谷存疑，《匯考》録作「⿰⿱罒止寸」，以爲「岡」的俗字；按《匯考》録字近是（此字左下部不太明晰，似作「山」或「止」形），但「⿰⿱罒山寸」或「⿰⿱罒止寸」并非「岡」的俗字，而是「剛」的俗字。《干禄字書》：「⿰⿱罒山刂剛：上通下正。」俗書從山從止不分，從刂從寸相亂，故「⿰⿱罒山刂」又可進而訛變作「⿰⿱罒山寸」和「⿰⿱罒止寸」。「笴」字《廣韻・旱韻》音古旱切，與「剛早（旱）反」讀音相同。

〔七五二〕 注文「箭空著弦處筈」慶谷校作「箭筈著弦處」，近是，末「筈」字似即文中有誤而改正於注文之末者，可用以替换句中的「空」。

〔七五三〕 注文「祖木反」的「祖」字《敦煌掇瑣》誤録作「初」，慶谷存疑；「木」字乙卷存右下部，「反」字殘缺，茲擬補。「鏃」字《廣韻・屋韻》音作木切，與「祖木反」同音。

〔七五四〕注文『弦也』前一字乙卷存右部殘畫；『弦也』下的缺字乙卷在雙行注文的左行，應爲標目字的注音，所缺應是『□□反』三字或『音□』二字。

〔七五五〕彄，此字左部『弓』旁略有殘泐，茲從慶谷、《匯考》校擬補。

〔七五六〕𤞙，『𤡸』字俗寫。注文『徂感反』《敦煌掇瑣》誤録作『祖感反』。

〔七五七〕『𢏷』爲『弽』避唐諱的改寫字。

〔七五八〕『𢏷』字乙卷在行末，次行上半行殘缺；『果』爲雙行注文右行的末字，左行殘缺。

〔七五九〕注文『士佳反』的『士』字甲三右下部有一點，俗書『士』『土』不分，故『土』字或『土』旁多右下部加點作『圡』以別之，而『士』字則多不加點，故上揭字形通常應定作『土』字（下文『炭』字注文『土旦反』的『土』字甲三與『士佳反』的『士』字同，便應是『土』字），但『柴』字《廣韻》音士佳切，崇紐佳韻，其反切上字應爲『士』字，故徑加録正；慶谷校、《匯考》校同。

〔七六〇〕灰，『灰』的俗字，俗書『灰』字及『灰』旁多作此形，下條『炭』字同此；校録時除字書、韻書之標目字外，一般徑加録正。

〔七六一〕注文『苻表反』《匯考》校作『苻袁反』，茲從之；慶谷徑録作『苻袁反』，非原形；『焚』字《廣韻》音符分切，文韻臻攝，『袁』字在元韻，山攝，臻攝、山攝元音相近，唐代前後可以互切。

〔七六二〕注文『翠血反』慶谷及《匯考》校録作『翠恤反』；按『焌』字《廣韻》有倉聿切一讀，與『翠恤反』同音；但『血』字《廣韻》音呼決切，屑韻山攝，『焌』字在臻攝，以『血』切『焌』，亦屬臻攝、山攝互切之例，『血』字或不誤。

〔七六三〕注文『許之反』的『之』字從慶谷及《匯考》校。

〔七六四〕炪，『𤒙』的訛俗字。注文『物卯反』的『物』字從慶谷及《匯考》校。

〔七六五〕熝，同『爊』。注文『烏乃反』的『乃』字從慶谷及《匯考》校。《廣韻·豪韻》於刀切（與『烏刀反』同音）：

「⿰火庵，埋物灰中令熟。」字亦作「爊」。《集韻》同一小韻：「爊，煨也。」《漢書・楊惲傳》「田家作苦，歲時伏臘，亨羊炰羔，斗酒自勞」師古注：「炰，毛炙肉也，即今所謂爊也。炰音步交反。爊音一高反。」「熝」即「⿰火庵」或「爊」字俗省。《太平廣記》卷二五〇有「熝牛頭」條：「有士人，平生好喫熝牛頭。」（出《傳載》）「熝」字同。《匯考》以「熝」爲「⿰火庵」字之訛，不確。

〔七六六〕⿰火集燎，「⿰火集」字從慶谷及《匯考》校。

〔七六七〕燣，「燣」字俗寫，「燣」當又爲「燣」的繁化俗字。《廣韻・覃韻》盧含切：「燣，焦色。」注文「力盧含反」的「力」「盧」二字紐同，當刪其一，或「力」字爲誤抄而未塗去者；《匯考》以「力」爲「也」字之訛，屬上讀，未必是。

〔七六八〕注文「步訝反」的「步」字從慶谷及《匯考》校。《廣韻・禡韻》陟駕切（與「陟訝反」同音）：「灹，火聲。」

〔七六九〕注文「火地也」的「地」字慶谷存疑，兹從《匯考》校。又「私」字慶谷存疑，《匯考》謂「私」下脱二字，兹據擬補二空格；《玉篇》卷末所附《分毫字樣》：「灺地：上徐者反，火灺；下途利反，天地。」「灺」字讀邪紐，底卷反切上字「私」讀心紐，以心切邪，反映唐五代西北方音濁音清化的特點。

〔七七〇〕注文「火水餘也」的「水」字從慶谷及《匯考》校。玄應《音義》卷七《正法華經》第二卷音義：「灰燼，似進反，燒木餘曰燼。」

〔七七一〕注文「以曕反」的「曕」字慶谷校作「贍」，《匯考》録作「曕」，校作「贍」。按《集韻・豔韻》以贍反（與「爓」字同一小韻）：「曕，曬也。」則「曕」字或不煩校。不過「曕」是一個生僻字，作切音字未必合適，俗書「目」旁、「日」旁每多相亂，故「曕」文中或可定作「瞻」字俗訛；「爓」爲去聲字，而「瞻」字《廣韻》在平聲鹽韻，調異，但「瞻」字《集韻》又有章豔切一讀，與「爓」字韻同，慶谷及《匯考》皆校「曕」爲「贍」，似不必。

〔七七二〕注文「烏斫反」的「斫」字從慶谷校。又「烟」字甲三訛作「炯」，兹從慶谷校録正；蓋「烟」字俗書作「烜」，又進而訛寫作「炯」。

〔七七三〕注文『烏囙反』的『囙』乃『因』的俗字，文中則爲『回』的訛字；慶谷校同。

〔七七四〕囊，甲三作『槖』，俗訛字，兹從慶谷校及《匯考》校録正。

〔七七五〕注文『竈』爲『竈』的俗字。伯三二一一號《王梵志詩·你道生時樂》：『生時愁衣食，死鬼无釜竈。』其中的『竈』亦爲『竈』的俗字，可以比勘。又『莫杯反』的『反』字從慶谷及《匯考》校補。

〔七七六〕注文『余招反』慶谷校作『余招反』；按『招』字《廣韻》音市昭切，與『窯』、『招』同在宵韻，故『招』字或可不改；但『招』是一個生僻字，不大適宜用作切音字，而俗書『扌』旁、『木』旁不分，故文中『招』爲『招』字俗訛亦有可能。

〔七七七〕注文『朾』同『打』。参看上文校記〔一六二〕。

〔七七八〕『鎔』字與切語『羊鐺反』讀音不合，必有一誤，《匯考》校『鎔』作『煬』，慶谷校則疑『羊鐺反』當作『羊鍾反』；按：也有可能原卷本作『鎔』、『煬』二條，抄者脱去『鎔』字的部分注文和『煬』字條的標目字及其部分注文，存疑。

〔七七九〕注文『水鋻尹也』的『鋻』字上部甲三作『取』形，蓋形近之訛，兹録正，慶谷校疑原字當作『鑒』，兹不從；又『尹』字慶谷校作『刃』，近是。《龍龕·金部》：『鋻，音堅，剛也。又音見，鋻刃也。』徐鍇《説文繫傳·金部》：『鋻，淬刀劍刃使堅也。』皆可參。

〔七八〇〕鍋，甲三作『鍋』，俗寫，兹録正。

〔七八一〕『水部』二字乙卷缺。又該部乙卷存五殘行，前四行僅存下部小半，第五行僅存注文殘字數個。

〔七八二〕注文『勒衣反』的『勒』字從慶谷及《匯考》校。

〔七八三〕本條甲三作『人与在㚢州』五字，接抄在『泗』條注文之後，慶谷校作『入与在㚢(兖？)州』；《匯考》以爲此五字應另爲一條，上脱正文『汝』，『人与』下脱『反』字，是，兹據校補；『㚢』應爲『汝』字之訛，《匯考》録作『如』，慶谷校疑作『兖』，似皆不確。

〔七八四〕瀕，應爲『瀕』、『瀕』或『瀕』字的俗寫，後三者字書皆不載，應又爲潁水之『潁』的形聲俗字。

〔七八五〕漢，此字甲三訛作『漠』，雙行注文右行爲『呼半反』，左行有一『漢』字，《匯考》疑爲改正字，是，兹據改。

〔七八六〕『霜』字慶谷及《匯考》皆校作『霸』，近是；《匯考》又謂『霸』是『灞』之借字，則不確，『灞』字晚出，實即霸水之『霸』的後起專用字。『霜（霸）』字下無注文，疑有脱漏。

〔七八七〕注文『方貴反』慶谷及《匯考》皆校作『于貴反』，與《廣韻・未韻》『渭』字切語同，當是。又注文稱『四水』，文中所見僅三水（『漢』、『霸』、『渭』），或『四』字誤，或上文『霜（霸）』字前後另有脱漏，俟再考。乙卷水部始於本條注文『貴反』二字，前缺。

〔七八八〕注文『田夷反』的『田』字據乙卷校；慶谷及《匯考》校同。

〔七八九〕湹，『瀍』的簡俗字，猶《干禄字書》載『廛』字通俗字作『厘』之比。

〔七九〇〕『澗』字《廣韻・諫韻》音古晏切，讀見紐，底卷音『呼限反』，讀曉紐，二者紐異，『呼』字慶谷校存疑。

〔七九一〕沔，『沔』的簡俗字。注文『弥涴反』乙卷作『弥演反』，慶谷及《匯考》皆校『涴』爲『演』，近是；『沔』字《廣韻・獮韻》音彌兖切，與『弥演反』同音；『涴』字《廣韻》在元韻，音稍異，文中有可能是涉下條標目字而誤。

〔七九二〕注文『戈』字從慶谷及《匯考》校。

〔七九三〕上文『湍』條乙卷在行末，次行乙卷僅存行末注文『▨深處』二字半（『深』前一字存右部殘畫），然甲三水部下文未見釋作『深處』的，《匯考》謂乙卷所釋與本條相似，當是。《廣韻・覃韻》徒含切：『潭，深水皃。』

〔七九四〕沿，『沿』的俗字。慶谷及《匯考》謂注文『夷』下脱反切下字，當是；『沿』字《廣韻・仙韻》音與專切，可參。

〔七九五〕注文『水上也』《匯考》校作『上水也』，近是。

〔七九六〕注文『少浣也』慶谷校作『亦浣也』，近是。慧琳《音義》卷五七《佛説猘狗經》音義：『湔洗，上節前反，《廣雅》云：湔亦洗。《説文》：湔，浣也；從水，前聲。」

〔七九七〕灒，『灒』的俗字。注文『秋迸散也』慶谷校作『汙水（？）迸散也』，《匯考》校作『水迸散也』，後説近是。又『伹且反』的『且』字從慶谷校；又『伹』字慶谷録作『但』，校作『作』，《匯考》録作『伹』，校作『祖』，按底卷似作『伹』字，『伹』不必改字；《廣韻·翰韻》則旰切：『灒，水濺。』『灒』字讀精紐，『伹』字《廣韻》音七余切，讀清紐，二者同屬齒頭音，僅送氣不送氣之别。

〔七九八〕『蘸』字《廣韻·陷韻》音莊陷切，莊紐，底卷音『澤陷反』，讀澄紐，二者紐近（唐代前後有知、莊二系聲母混用的情況），慶谷校『澤』字存疑。又『澤陷反』後的『也』字慶谷校定作衍文，近是。

〔七九九〕注文『蒲』下據慶谷及《匯考》校擬補一脱字符；又『並』字從慶谷及《匯考》校。《廣韻·鑑韻》：『埿，深泥也。蒲鑑切，二。湴，上同。』

〔八〇〇〕汋，慶谷校作『彴』，《匯考》校作『杓』；按《廣韻·藥韻》之若切（與『之藥反』同音）：『彴，横木渡水。』字亦或作『杓』。《篇海類編》卷九花木類木部：『杓，職略切，音灼，横木橋。』蓋『彴』以供人行，故其字從『彳』；其材料多用木，故其字從『木』；其目的在於渡水，故其字又不妨從『水』作『汋』，『汋』字不改亦可。又注文『度』字《匯考》校作『渡』，二字古通用。

〔八〇一〕注文『巨驕反』的『驕』字甲三作『騎』，慶谷及《匯考》皆校作『驕』，當是，兹據録正。

〔八〇二〕水部後乙卷有殘缺，未見『疾部』。『疾』字從慶谷及《匯考》校。疾部甲三僅存一殘行，左部有殘泐。

〔八〇三〕注文『里』字從慶谷及《匯考》校。又『里子』後的缺字甲三存右部殘畫，《匯考》擬補『於琰反』三字，近是。

〔八〇四〕注文『居』後的缺字甲三存右部殘畫，《匯考》引《廣韻·迄韻》『吃』字音居乞切，可據擬補『乞反』二字。

〔八〇五〕瞤，甲三缺左側目旁，兹從慶谷校及《匯考》録文擬補。『目動也』三字甲三在雙行注文的右行，左行殘泐，約缺二至三字。《匯考》引《廣韻·諄韻》『瞤』字音如匀切，可參。

〔八〇六〕標目字甲三存右部殘畫，《匯考》定作『眨』字，近是。注文『目』下的缺字甲三第一字存右部似『連』形，第二字存右部小半，外廓似『門』右部，《匯考》徑録作『連瞯』二字，存參。『目▨▨』三字甲三在雙行注文的右行，左行殘泐，約缺二至三字。《匯考》引《廣韻・洽韻》：『眨，目動。側洽切。』可參。

〔八〇七〕本條標目字甲三殘缺，其下注文右行三字存右部殘畫（第一字外廓似『門』右部），左行殘泐。

〔八〇八〕以下據乙卷録文。乙卷水部與藥部間有殘泐，所缺應爲疾部及藥部的部分條目，殘缺行數不詳。《敦煌掇瑣》把乙卷藥部殘條與上文水部綴合在一起，非是。『藥部』二字據慶谷校擬補，姜亮夫《敦煌——偉大的文化寶藏》一二四頁以爲部目當是『藥物部』，亦有可能；《匯考》以爲藥部下所存數條是疾部文字的尾部，似不確。

〔八〇九〕『土▨反』乙卷在雙行注文的左行，右行殘缺。『土』下缺字右部略有殘泐，兹據所存部分定作『郎』字。所音標目字當爲『薚』或『蝪』字。《廣韻・唐韻》吐郎切（與『土郎反』同音）：『蝪，蛈蝪，蟲名。』又云：『薚，蓫薚，馬尾。』『蛈蝪』、『蓫薚』皆可藥用。本條《敦煌掇瑣》及慶谷漏録。

〔八一〇〕標目字右部乙卷殘泐，前一字存金旁，待考；後一字存『孚』旁，據其下切音可定爲『乳』字。注文『反下而主』四字在雙行注文的左行，右行殘缺，約缺五至六字。『下而主』下的『反』字據文意擬補。本條《敦煌掇瑣》誤與上文水部『灘』條注文『水流急處』綴合爲一，慶谷漏録。

〔八一一〕『反』字乙卷在行首，抄在雙行注文的左行，其右行應殘缺一字。其前缺字在前一行下部，約可抄正文大字三字左右。

〔八一二〕擵杪，『杪』爲『抄』字之訛，『擵抄』同『摩抄』。《集韻・戈韻》桑何切：『抄，摩抄也。亦省（作抄）。』又按：俗書扌旁木旁相亂，本部下的多數條目皆表示手的動作，字本從手，但底卷多有寫從木旁的，以下一般在括號内標注正字，不再一一出校説明。

〔八一三〕注文『音落反』的『音』下慶谷校補一脱字符，《匯考》據《廣韻・鐸韻》『㩳』音『蘇各切』而謂『音』下脱一『蘇』字。按：切語前上下文皆不用『音』字，此處『音』字實爲涉上『音莫』的『音』字而誤，可據《匯考》校改作『蘇』，而非『音』下抄脱反切上字也。

〔八一四〕搓挪，此二字左側乙卷皆作『才』形，乃『扌』旁俗寫，《敦煌掇瑣》及慶谷皆録作『木』旁，不確；『挪』爲『挪』的俗寫。《龍龕・手部》：『挪，奴何反，搓—也。』『挪』字同。

〔八一五〕挼桫，『桫』當爲『挱』字俗訛；『挱』字其他字書不載，又爲『莏』的繁化俗字。《廣韻・戈韻》蘇禾切（與『蕤和反』同音）：『莏，手挼莏也。』

〔八一六〕搯揹，『搯』字右部乙卷訛作『臽』形，兹從慶谷校及《匯考》校録正。

〔八一七〕注文『了兼反』慶谷及《匯考》校作『丁兼反』，是，兹據校。『战⿰扌呆』（後字《説文》作『⿰女呆』）古又作『战敠』、『拈⿰扌呆』、『拈掇』等。《廣韻・添韻》丁兼切：『战，战敠，稱量。』

〔八一八〕搯捩，慶谷及《匯考》校作『掐捩』，是；『掐捩』指掐斷、摘採，同義複詞。《顔氏家訓・風操》：『吴郡陸襄，父閑被刑，襄終身布衣蔬飯，雖薑菜有切割，皆不忍食，居家惟以掐摘供廚。』《齊民要術・旱稻》：『栽法……其苗長者，亦可捩去葉端數寸，勿傷其心也。』

〔八一九〕担，慶谷及《匯考》皆校作『捏』，可備一説；但不能排除的另一種可能是『担』下脱注文而『奴結反』前脱標目字。《廣韻》平聲麻韻側加切：『担，《説文》挹也。』又入聲屑韻奴結切：『捏，捏捺。』

〔八二〇〕揉挻，慧琳《音義》卷九五《弘明集》第一卷音義：『挻埴，上扇延反……《聲類》柔也，《考聲》揉也，《説文》從手、延聲。』『柔』『揉』古今字。

〔八二一〕⿰扌砉攞，『⿰扌砉』字其他字書不載，慶谷校存疑，按此字似即『砉』的增旁俗字（涉下字類化）；注文『呼⿰口亦反』的『⿰口亦』疑爲『哧』字之訛，『哧』又爲『⿰赤欠』（笑聲）或『誺』（私訟）、『⿰忄赤』（心不安）一類字的换旁俗字，『砉』爲象聲字，《廣韻》音呼狊切，與『⿰赤欠』、『誺』、『⿰忄赤』等字皆在入聲錫韻。《廣韻・哿韻》來可切：『攞，裂也。』『⿰扌砉（砉）攞』蓋指一種撕裂的動作。

〔八二三〕⿰扌奢裂，『⿰扌奢』字右上部的『大』乙卷訛作『人』，兹從慶谷校録正。

〔八二三〕注文『焉感反』的『焉』字乙卷作『𢀖』，《敦煌掇瑣》録作『焉』，慶谷録作『烏』；按『焉』、『烏』俗寫皆可寫作類似形狀（參看張涌泉《敦煌俗字研究》下編《敦煌俗字匯考》相關條目），但上下文所見的『烏』字底卷與此字字形寫法不同，故茲從《敦煌掇瑣》定作『焉』字。『揞』字《廣韻·感韻》音烏感切，與『焉感反』紐同。

〔八二四〕『抐』字從慶谷及《匯考》校。《集韻·寘韻》而睡切：『抐，内也。』

〔八二五〕注文『時卒反』前疑脱一『下』字；『時』字慶谷校作『昨』，近是。《廣韻·没韻》昨没切（與『昨卒反』同音）：『捽，手捽也。』『捉』『捽』義近。

〔八二六〕注文『當臈反』的『臈』乃『臘』的俗字。《王二·盍韻》都盍反（與『當臘反』同音）：『搨，手打。』『打搨』乃同義連用，『打』猶『搨』也。

〔八二七〕捍撲，《匯考》以爲同『搥撲』，是。《集韻·灰韻》以『捍』爲『搥』字或體，『撲』則爲『撲』字俗寫。《廣韻·覺韻》蒲角反（與『彭角反』同音）：『撲，相撲。或作撲。』

〔八二八〕抧⿰木則，『⿰木則』爲『⿰扌則』字俗訛（《敦煌掇瑣》及《匯考》徑録作『⿰扌則』）；《玉篇·手部》：『抧，側買切，擊也。⿰扌則，阻色切，打也。』『抧⿰扌則』爲近義連文。

〔八二九〕注文『下』字從慶谷及《匯考》校擬補。《集韻·董韻》損動切（與『先惣反』同音）：『敵，擊也，引也。或从手（作捅）。』

〔八三〇〕注文『婦末反』的『婦』字從慶谷及《匯考》校。《廣韻》屋韻子六切：『蹙，迫也，促也，近也，急也。』又末韻姊末反：『抮，逼抮也。』『蹙抮』蓋近義連文。

〔八三一〕榾，應爲『搰』字俗訛；但『搰』字字書音『胡没切』，釋『掘也。本亦作掘』（《玉篇·手部》），乃『掘』字別名，而此音『王忽反』，以爲『擲之別名』，音義皆有所不同；慶谷校疑『王忽反』當作『下忽反』，可備一説。

〔八三二〕⿱䜌廾，此字下部乙卷作『廾』，乃『斗』旁俗訛，《匯考》録原字作『⿱䜌斗』，是也；慶谷校録作『攣』，又校注文『居願反」爲「吕員反」，大誤。《廣韻・願韻》居願切：「攣，吮物也。」「吮物」即「舀物」，爲手的動作，故列此字在手部。

〔八三三〕 擭撮，「擮」爲「撮」的俗字；「擭撮」指用手抓取。《南史・文學傳・卞彬》載《蚤蝨賦序》：「四體㲦㲘，加以臭穢，故葦席蓬纓之間，蚤蝨猥流。淫癢渭濩，無時恕肉，探揣擭撮，日不替手。」

〔八三四〕 擡掣，「掣」應爲「掣」的偏旁移位字；《龍龕・手部》：「掣，昌制反，曳也，制也。又昌折反。掣、撦，二俗，昌制反。」後二字實皆「掣」的俗字。注文「昌袞反」的「袞」慶谷校疑「裛」字，《匯考》定作「裔」的俗字，是；《集韻・祭韻》載「裔」字或作「裛」，「袞」又爲「裛」字訛省。底卷「昌裔反」、「昌熱反」分別與《龍龕》「昌制反」、「昌折反」同音。

〔八三五〕 注文「虚言也」的「也」字從慶谷校；慶谷録徑改作「反」字。

〔八三六〕 樑柱，慶谷校作「撐拄」；按《集韻・庚韻》丑庚切：「樘，《説文》袤柱也。或作樑。」「樑（樘）柱」二字既可用作名詞，又可用作動詞；但此處既列在手部，則或當從慶谷校作手旁爲長。

〔八三七〕 掆，此字右部乙卷訛作「罔」，下條注文「掆」字右部同，兹皆從慶谷及《匯考》校録正。注文「名郎反」慶谷校作「居郎反」，《匯考》校作「各郎反」，「居郎反」、「各郎反」皆與「掆」字音合，然以形論，當以「各郎反」爲長。

〔八三八〕 注文「延諸反」前乙卷衍一「延」字，兹從慶谷及《匯考》校刪。又「延諸反」、「与魚反」切音同，或衍其一。

〔八三九〕 乙卷止於尾題「俗務要名林一卷」七字。

字寶

鄭　氏

斯六二〇四（底卷）　伯三九〇六（甲卷）　伯二〇五八（乙卷）

伯二七一七（丙一）　俄敦五二六〇背（丙二）　俄敦五九九〇背（丙三）

俄敦一〇二五九背（丙四）　斯六一一九背（丁卷）　北六六二一（雨九〇）背（戊卷）

【題解】

底卷編號爲斯六二〇四。前爲行人轉帖，内有『隊頭▨▨七、副□』及李賢君、趙加進、何再盈、王皈兒、王灰子、令狐明德、令狐潤子、李苟兒、吴賢威、吴恩子、尹善友、陳神通、索胡奴等人名。本篇前爲序文，首殘缺約五行。正文部分完整，分平聲、上聲、去聲、入聲四部分，每行抄二條，條與條之間有空格。字體清晰，格式嚴整。後附沈侍郎、白侍郎、吏部郎中王建等《讚碎金》詩四首。末署『壬申年正月十一日僧智貞記』。後有『同光貳載（九二四）沽（姑）洗之月，冥（蓂）生壹拾貳葉，迷愚小子汝南薛彦俊』七言詩一首及『乙亥年潤（閏）二月生六日張老將物麥伍斗、粟伍斗』字樣。原文缺題。卷背有後添的『考字之典』四字，應爲蔣孝琬或編目者所加。羅福萇《沙州文録補》録本卷殘序，題稱『字寶序』；《翟目》擬題『白家碎金』，而又校『白』爲『百』；《索引》擬題『字寶碎金』，《金目》、《寶藏》同；《英藏》擬題『字寶碎金并序（末附讚碎金詩）』，《索引新編》改題『碎金』。

甲卷編號爲伯三九〇六。前爲『雜抄一卷』，後爲『貧士述情』詩和『書儀』。『書儀』末署『天福柒年歲在壬寅黄鍾之月彫生貳拾壹葉從表弟吕』。本篇首尾完整。前爲序文（《寶藏》誤把序文作爲『雜抄一卷』的内容）。正文分平聲、上聲、去聲、入聲四部分；平聲部分及上聲的前一小半每行抄三條，其餘部分每行抄四條。末附沈侍郎、白侍郎、史（吏）部郎中王建等《讚碎金》詩四首。後署『天福柒年壬寅歲肆月貳拾日技術院學郎知慈惠鄉書手吕均書』。原文無題。《索引》擬題『字寶碎金一卷』，《寶藏》、《索引新編》同。

乙卷編號爲伯二〇五八。前抄『大乘五方便北宗』，次本篇。本篇首題『大唐進士白居易千金字圖　次鄭氏字圖　鄭氏字寶　千金亦曰碎金』字樣，接抄序文。《索引》題『大唐進士白居易千金字圖』，又小字注『次行題「鄭氏字寶」』。《寶藏》題『大唐進士白居易千金字圖，次鄭氏字圖』，《索引新編》同。《法藏》題『大唐進士白居易千金字圖』。正文分平聲、上聲、去聲、入聲四部分，各部分及條與條之間接抄不另行，止於入聲『齊矗矗』條（該條下又補抄去聲部分漏抄的『俵散』至『口呒哂』七條），未抄完。隔三行多另抄《南天竺國菩提達摩禪師觀》及『亡文』、『嘆佛文』、『患文』、『願齋文』等文樣，內『願齋文』中有『設齋五晨，雅（迓）佛延僧，有誰作焉？時則有我河西節度使曹公，先來爲龍天八部雍（擁）護河皇（湟），聖主迴鑾再安宇宙』云云，其中的『曹公』應是指曹議金。

丙卷分裂爲丙一、丙二、丙三、丙四四件。丙一編號爲伯二七一七，起序文『纂成較量』的『較量』二字，尾部略有殘缺（據底卷，正文部分尾部少二條，附詩缺）。其中平聲部分第十一行至第十九行及第二十行的右半缺（《寶藏》及《法藏》把第十行和第二十行的左半粘合在一起，如後附前一圖版所示，不妥），分裂爲丙二、丙三、丙四。丙二編號爲俄敦五二六〇背，存丙一分裂出來的第十一行至第二十行右半上半部分。丙三編號爲俄敦五九九〇背，存丙一分裂出來的第十二行左半至十五行的中間部分（下部皆有殘泐，另缺第十一行下部和第十二行右下部）。丙四編號爲俄敦一〇二五九背，存丙一分裂出來的第十五行底部（可與丙三該行的中部綴合）和十六至二十行的下半部分。以上四卷綴合後如圖（見下頁）所示，除丙一與丙三間缺下部的一行半及丙三、丙四下部略有殘泐外，丙卷平聲部分庶幾可稱完璧。丙一背面《法藏》等定爲《開蒙要訓》，丙二、丙三、丙四所抄《字寶》部分亦爲寫卷的正面（背面內容同丙一背），《俄藏》定作背面，不確。丙卷背面的《開蒙要訓》，字多重複，屬習書性質，其中空白處有『丁卯年五月廿八日酉時，北方三處頻頻現電光，至廿九日天明則息不現也。已後不知何事記知後定數日月爲准則也』紀事二行。本篇原卷有界欄，正文分平聲、上聲、去聲、入聲四部分。缺題，丙一劉復《敦煌掇瑣》擬題『字寶碎金』，姜亮夫《瀛涯敦煌韻輯》及《寶藏》、《法藏》同；《索引》擬題『字寶碎金殘卷』，《索引新編》同。丙二、丙三、丙四《俄藏》均未定名。

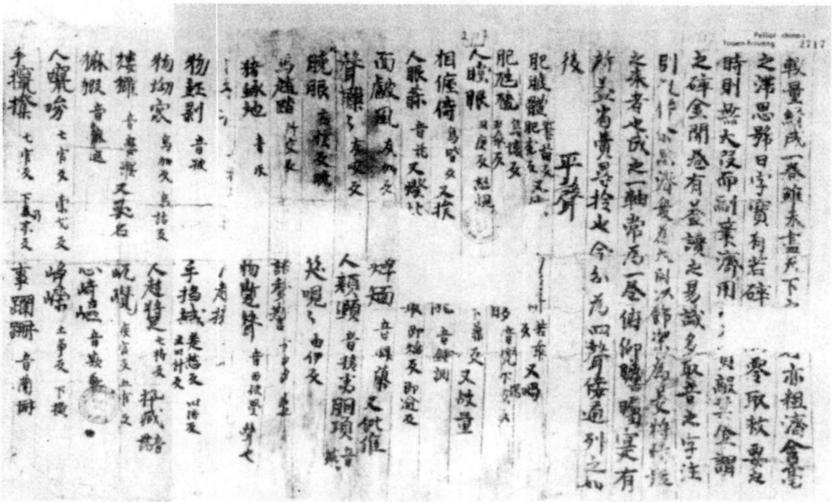

伯二七一七號《字寶》（丙一）首段圖版

丙一　　丙二　　丙一

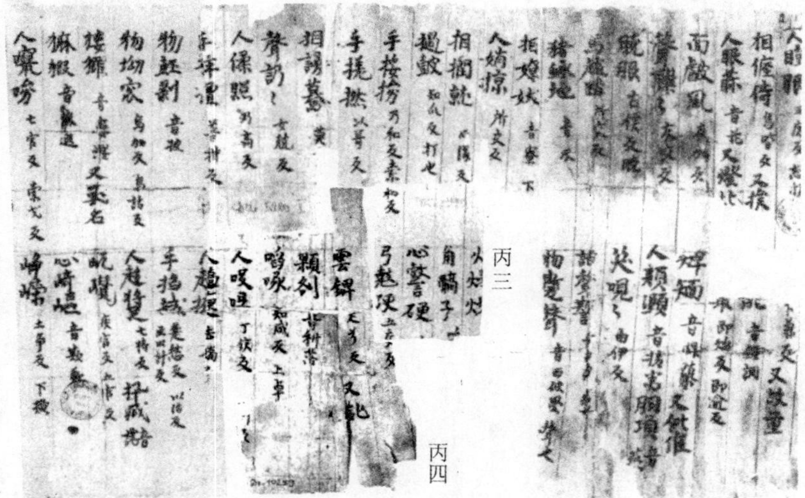

丙三

丙四

丙一、丙二、丙三、丙四綴合圖（局部）

丁卷編號爲斯六一九背。正面爲唐趙嘏《讀史編年詩卷上并序》，背面依次爲《懸泉鎮遏使行玉門軍使曹子盈狀》、詩四首、《都虞候安懷恩處分趙奴奴兄弟争論事牒》、沈侍郎、王建郎中、白侍郎等《讚碎金》詩三首、《谷校書十五弟次韻》和《詶校書》詩各一首、《都虞候安懷恩處分趙奴奴兄弟争論事牒》殘句、『白家碎金一卷』。本篇向達《倫敦所藏敦煌卷子經眼目録》（《北平圖書館圖書季刊》新第一卷第四期）題作『百家碎金』；《翟目》録作『白家碎金』，而又校『白』爲『百』；《索引》題作『百家碎金一卷』，《寶藏》、《英藏》同，皆不確；《金目》、《索引新編》、《匯考》、朱鳳玉《敦煌寫本碎金研究》、郝春文主編《英藏敦煌社會歷史文獻釋録》改題『白家碎金』，是。正文内容按聲調順序抄録，但卷中并未標出平聲、上聲、去聲、入聲字樣，條與條之間接抄不另行；抄寫草率，間有脱漏（《研究》以爲是節略本，不確）；正文止於去聲『打諢人』條，似未抄完。

戊卷編號爲北六六二一背（雨九〇）。正面爲『涅槃義記卷第一』，末署『大隋大業十一年敦煌郡沙門曇枚敬寫』，『大業十一年』爲公元六一五年。背爲雜抄，其中有本書卷末沈侍郎《贊碎金》詩殘句十餘字（參看校記[四四]）。

除以上六卷外，另有斯六一八九號殘片，僅存二行，下部又有殘泐，存『朋友』、『不禁』、『棖觸』、『窗牖』、『泄洩』等條。《索引》題『字寶碎金』，《寶藏》、《金目》、《英藏》同；《索引新編》題『碎金兩行』；潘重規《瀛涯敦煌韻輯新編》題作『字寶碎金殘卷』。張金泉《論敦煌本〈字寶〉》指出上述詞條均不見於《字寶》諸卷，且原卷四聲錯雜，注文中有『非用，悮』、『非也』等語，皆非《字寶》書例，應非《字寶》殘片；朱鳳玉《敦煌寫本碎金研究》説略同，極是。此件實爲可洪《藏經音義隨函録》第拾陸册《根本毗奈耶雜事》第七卷、第十卷音義的殘片。説詳斯六一八九號《藏經音義隨函録》題解及校録。

本書的名稱，寫卷有『大唐進士白居易千金字圖　次鄭氏字圖　鄭氏字寶　千金亦曰碎金』、『白家碎金』等題署，序中有『號曰字寶，有若碎金』之句，所附詩爲『讚碎金』；後人刊佈校録時有『字寶』、『字圖』、『字寶碎金』、『碎金』、『白家碎金』、『百家碎金』等不同。根據序文，似以《沙州文録補》定作『字寶』最爲適宜；而『碎金』則只是一種比喻性的稱呼，未必是正式的書名。《大正藏》卷五五載日本高僧圓仁於日本承和十四年（八四七）所呈《入唐新求聖教目録》，内有《碎金》一卷，朱鳳玉《敦煌寫本碎金研究》疑即本書，近是。至於何以稱爲『字圖』，周祖謨先生説『無可考校』，這裏也只能存疑。

本書的作者，乙卷題署『大唐進士白居易千金字圖』、『鄭氏字寶』，周祖謨《敦煌唐本字書敘録》據以把本書定作『鄭氏《字寶》』，説『鄭氏』不知爲何人。但丁卷又題『白家碎金』，底卷及甲卷、丁卷所附《讚碎金》詩作者又有『白侍郎』，這個『白家』和『白侍郎』，根據乙卷的題署及附詩『曉眉歌得白居易』句，大概可以斷定都是指白居易而言。白居易於貞元十六年（八〇〇）中進士，大和二年（八二八）任刑部侍郎，故或稱白侍郎。『白家』一詞白居易詩文中經見，如有『白家鸎』、『白家池』、『白家翁』等等。又《白氏長慶集》（四部叢刊本）卷五六《送鶴與裴相臨别贈詩》：『穩上青雲勿迴顧，的應勝在白家時。』亦其例。『白家』也常見於時人的詩文中，如《劉夢得外集》卷四《和牛相公遊南莊醉後寓言戲贈樂天兼見示》詩：『水底遠山雲似雪，橋邊平岸草如煙。白家唯有杯觴興，欲把頭盤打少年。』是其例。故『白家碎金』以『白家』指稱白居易，和當時人們的習慣用法是一致的。又《白氏長慶集》卷二〇《李德裕相公貶崖州三首》之一：『樂天嘗任蘇州日，要勒須教用禮儀。從此結成千萬恨，今朝果中白家詩。』據前人考證，此詩係唐人僞作，但其中的『白家詩』指白居易詩則無疑義。又上引日釋圓仁《入唐新求聖教目録》另載『《白家詩集》六卷』，這個『白家詩』當也是指白居易詩而言（參看謝思煒《白居易集綜論》頁三三一，中國社會科學出版社一九九七），可資參證。又附詩中的沈侍郎、吏部郎中王建、盧協律，朱鳳玉以爲分别指沈傳師（唐敬宗寶曆間曾任吏部侍郎）、以寫宫詞聞名的王建（唐長慶、大和間曾任秘書郎、陝州司馬等職）、盧載（唐長慶間曾任協律郎等職），均爲中唐間人，與白居易有交往唱和，時間上頗爲吻合（只是這些詩相關作者的詩集中均未見載）。如果前揭圓仁《入唐新求聖教目録》所載的『《碎金》一卷』確實就是本書，那麼本書的撰作時間就可限定在公元八二八年至八四七年之間，而白居易去世於公元八四六年，這也就意味著本書極有可能是白居易生前問世的，其作者也許真的與白居易有關（圓仁《入唐新求聖教目録》既有《碎金》一卷，又有《白家詩集》六卷，誠非偶然）。白居易其先太原（今山西）人，後遷居下邽（今陝西渭南北），下邽屬關中地區，如下文所考，本書的注音明顯帶有唐西北方音的特色，而唐關中音與西北方音多有相似之處，可以參證。但何以『白家碎金』又稱爲『鄭氏字寶』？『白家碎金』與『鄭氏字寶』、『鄭氏字圖』、『大唐進士白居易千金字圖』的關係又是如何？這些都還是疑問。又白居易詩中一些語詞與本書用字不同，如《歲除夜對酒》『醉依香枕臥』，『依』字原注『烏皆反』，而本書却作『倠（捱）』，又作『挨』（參看校記〔三三〕），等等，這也是一個疑問。所以潘重規《瀛涯敦煌韻輯別録》、朱鳳玉《敦煌寫本碎金研究》等均謂『白侍郎』、『白家』等是出於依託，而推斷《字寶》作者爲白、王以後之人，似亦不無道理。

各寫卷的抄寫時間，底卷末署『壬申年正月十一日僧智貞記』，根據其後汝南薛彥俊七言詩『同光貳載（九二四）』的題署，這個『壬申年』應爲後梁太祖乾化二年，即公元九一二年。又甲卷附《讚碎金》詩末署『天福柒年壬寅歲肆月貳拾日』，時爲公元九四二年。乙卷後抄『願齋文』中有『河西節度使曹公』云云，其中的『曹公』應是指曹議金（同卷接抄《兒郎偉》第一首有『令公親自權兵』句，其中的『令公』，榮新江《歸義軍史研究》三二二頁以爲指曹議金，可以比勘），其任河西節度使的時間在公元九一四至九三五年。丙一卷背面有『丁卯年五月廿八日酉時』紀事一則，這個『丁卯年』很有可能爲公元九〇七年或九六七年。丁卷抄在《懸泉鎮遏使行玉門軍使曹子盈狀》之後，曹子盈又見於伯四六四〇號《歸義軍軍資庫己未至辛酉（八九九—九〇一）等年布紙破用曆》（擬題），該寫本第十六行有『又支与懸泉鎮使曹子盈麁布壹匹』云云，應同爲一人（參看盧向前《敦煌吐魯番文書論稿》九八、一三七頁，江西人民出版社一九九二），據此，丁卷的抄寫時間當在公元九一〇年之後。戊卷正面『涅槃義記』末署『大隋大業十一年』，即公元六一五年，但其卷背習書的《贊碎金》詩殘句的抄寫時間則必在唐朝以後。這樣看來，上揭寫卷的抄寫年代多在十世紀初，這也應是本書成書年代之下限。又『葉』、『殜』、『喋』字所從的構件『世』底卷、甲卷、丙一卷或作『云』形（參看校記〔三五三〕、〔三五四〕、〔四一六〕、〔四二五〕、〔四三七〕），『牒』字『䈎』字所從的構件『世』丙一卷、丁卷或作『廿』形（參看校記〔一四四〕、〔一六二〕），『民』字及『抿』字丁卷缺末筆（參看校記〔一九二〕），如此等等，大約都是避唐諱留下的痕迹，由此也可證明這些抄本所根據的底本應是唐人的寫本。不過從上述抄本多抄寫於十世紀初來判斷，本書的成書年代也不會太早，約在九世紀中後期。

各卷抄録格式，底卷與丙一卷略同，分作上下兩欄，平上去入四部分每部分按先上欄、後下欄的順序抄寫（由於抄寫脱漏或增補，故某一條目在上下欄的具體位置丙一卷與底卷并不完全一致），這種格式應爲原書的本來面目；甲卷改作每行抄三條或四條，乙卷、丁卷更是各條接抄不分，改變了原本上下兩欄的格局。不過丁卷每部分前面部分大抵爲底卷相應部分上欄條目，然後爲下欄條目（把底卷按欄抄即得此順序），大約仍基本保存了原書的先後順序。甲、乙卷改作按行順序接抄，於是就徹底打亂了原書的格局，并由此造成了一些混亂。如本書的一個重要體例是『傍通列之』，即把音同音近（有時義亦相近）的詞條抄列在一起（後一條常用『又』、『同前』、『同上』等語詞與前一條聯通），這些『傍通』的詞條底卷、丙一卷總是抄在同一欄；丁卷據底本按欄接抄，故這些詞條仍後先相繼；而甲、乙卷據底本按行順序接抄，於是這些詞條往往被另一音義無關的詞條相間隔，原本『傍通』的詞條也就變得不『傍通』了。如底卷平聲下欄有『黐膠丑知反』條，其下一行上欄爲『相媕娿菴，烏哥反』，下欄爲『黐雀兒音同前，粘取也』（丙一卷後一條注文作『丑知反』，餘略同，參看校記〔九二〕），後條注文所謂『音同前』，乃指同上行下欄『黐膠』條『黐』字『丑知反』之音也。甲卷、乙卷『黐膠』條下接抄『相媕娿』條，再抄『黐雀兒』條，而後條注文仍作『音同前』云云，則讀者不得其解矣。類似的例子極多，此不詳舉。

從條目内容來看，各卷基本相同，應該同出一源。但各卷間也有一些差異，總的看來，底卷與甲、乙卷比較接近（其中底卷與甲卷最爲接近），而丙一卷與丁卷比較接近。如底卷及甲卷、乙卷直音前常常不用『音』字，而丙一卷及丁卷往往有『音』字。又如底卷上聲下有『人匾㔟』條，甲、乙卷同，而丙一卷、丁卷皆脱『人』字；又『匾』字底卷注『如淺反』，甲、乙卷同，『如』乃『必』字之誤，而丙一卷、丁卷正作『必淺反』。又如丙一卷平聲下有『人竄唆七官反，索戈反』（上欄）、『峥嶸士争反，下横』（下欄）、『手攛⿰扌奪七官反，下乃末反』（次行上欄）三條，丁卷平聲前半部分有『人竄唆』、『手攛⿰扌奪』二條，後半部分有『峥嶸』條，與丙一卷吻合；而底卷、甲卷、乙卷只有『人竄⿰扌奪七官，下乃末』一條，均有脱誤，蓋抄手走眼，『人竄唆』條之『人竄』後誤接『手攛⿰扌奪』的『⿰扌奪』，造成脱誤（參看校記

〔七七〕。又如底卷及甲卷、乙卷與丙一卷及丁卷的注音時有不同，相比之下，底卷及甲卷、乙卷的注音往往更具有唐五代西北方音的特點。如入聲字『人脚瘃』條，底卷及甲、乙卷注『音竹』，而丙一卷作『知玉反』；『瘃』字《廣韻・燭韻》音陟玉切，與『知玉反』同音；而『竹』字在屋韻，音張六切；《廣韻》屋韻、燭韻不同用，但據邵榮芬等的研究，唐五代西北方音屋韻、燭韻相混（《敦煌俗文學中的别字異文和唐五代西北方音》），故屋韻、燭韻可以互注（參看校記〔三六九〕、〔三五五〕）。另外，如前所説，底卷與丙一卷每行分上下兩欄，各部分條目按先上欄、後下欄的順序抄寫，由於抄寫脱漏或增補等原因，某一條目在上下欄的具體位置底卷與丙一卷并不完全一致；而甲、乙卷改按行接抄，先後順序往往與底卷吻合；丁卷各部分改按欄接抄，先後順序則往往與丙一卷吻合（參看校記〔四〕、〔一八〕、〔一九三〕、〔一九七〕、〔二三三〕、〔二四〇〕、〔二四三〕等條）。從上面的比較可以看出，底卷與甲、乙卷，丙一卷與丁卷當分别有相同或相近的來源。不過它們之間同中也有異，異中也有同，并非涇渭分明。如底卷上声『擬攄』至『人𪖙鼻』八條，丙一卷上下欄位置相同；乙卷按上欄一條、下欄一條順序接抄，丁卷上欄四條在前，下欄四條抄録在後，序次亦皆與底卷吻合；甲卷則俱底卷下欄一條在前，上欄一條在後，序次有異。又如底卷平聲下依次有『石齏臼』（上欄）、『蹱直』（下欄）、『醲醲』（次行上欄）三條，甲卷依次抄『石齏臼』、『蹱直』、『醲醲』條；丙一卷前一行上欄爲『膿膿』條，下欄爲『石齏臼』條，後一行上欄爲『蹱直』條，乙卷依次抄『膿膿』、『石齏臼』、『直蹱』條，丁卷平聲前部依次有『膿膿』、『蹱直』二條，後部有『〔石〕齏臼』條；據此推斷，此數條甲卷所據底本順序當與底卷相同，乙、丁卷所據底本順序則當與丙一卷相同。又如底卷平聲『人𩬈孅』條『𩬈（嬮）』注『七兼反』，甲卷、乙卷、丙一卷同，而丁卷作『於鉗反』（『嬮』字《廣韻・末韻》音一鹽切，與『於鉗反』同音，作『七兼反』者或爲『一兼反』之誤）。以上情況表明，底卷與甲卷、乙卷，丙一卷與丁卷雖分别比較接近，但相互間并不完全一致，未必存在祖本與傳抄本的關係，而更可能是各自根據另外的本子傳抄的。

上揭五卷相比，底卷所收條目最多，共計四一九條，其中平聲一〇五條（内殘泐一條），上聲一〇三條，去聲一〇四條，入聲一〇七條。甲卷共計四一六條，其中平聲一〇四條，上聲一〇二條，去聲一〇四條，入聲一〇六條。乙卷共計三三三條，其中平聲一〇五條，上聲一〇三條，去聲三八條，入聲七七條。丙卷共計三七九條，其中平聲一〇八條（内殘泐一條），上聲一〇一條，去聲六二條，入聲一〇八條。丁卷共計二三〇條，其中平聲九九條，上聲一〇四條，去聲二七條。五卷校同存異，凡得四三六條，其中平聲一〇八條，上聲一一〇條，去聲一一七條，入聲一一一條。各卷的條目雖多寡不一，但并非底本本身有差異或抄手有意删改，而是寫卷殘缺或傳抄脱漏或增補造成的。如乙卷去聲僅三十八條，缺『俵散』至『亞𠢕』七十多條，即係抄手脱漏所致，其中『俵散』至『口吪哂』七條見於入聲字後，大約就是抄手自己發現上文脱漏而補抄的，只是未補全罷了。又如丙卷去聲僅六十二條，缺『俺覆』至『鼻䶊齈』四十餘條，則是寫卷本身有殘缺。丁卷未抄完，又有脱漏，故所見條目最少，但該卷頗有其他各卷均未見的條目，如平聲末的『蜻蜓』條，上聲中的『奸宄』、『舌舐』二條，上聲末的『醢醬』、『老姥』、『腐爛』三條，皆丁卷所僅見，這些條目多在每部分的末尾，很可能非原本所有，而是後人或丁卷抄手增補的。沈侍郎《讚碎金》詩稱『墨寳三千三百餘』，今檢筆者校定後的正文（含注文），總計二七〇四字，即便加上序文三六二字，亦仍不足三千三百之數，也許原本尚有脱漏。

綜上所述，上揭五卷中，底卷雖序文略有殘缺，但所收條目最多，錯誤亦相對較少，且基本上保持了原本的格式，故我們取以爲底卷（校録時仍大致保留底卷每行二條、以上下欄先後爲序的格式）。甲卷、乙卷與底卷内容比較接近，乙卷首完尾缺，文中有一些脱漏，甲卷則首尾俱全，最爲完整，但由於該二卷均按行傳抄，打亂了原書的體式，并由此造成了一些混亂；丙一卷格式與底卷相同，但前後及文中均有殘缺；丁卷内容與丙一卷比較接近，據底本按欄接抄，大致保存了原本的先後順序，但抄寫粗劣，頗有脱漏，且止於去聲的一小部分，未爲完足，故我們一併取以爲參校本。

本書的内容，如同序文所説，是輯録『不在經典史籍之内』，而『聞於萬人理論之言』的『俗猥刺之字』，亦即民間的口頭語詞，而用以記録這些口頭語詞的，又往往是没有『憑據』的民間俗字。如『人眼䕸音花。又燈炛』，前者即眼花的『花』，後者即燈花的『花』。又『湯泎滓之加反』，『泎』即今『渣』字。『火炶爇上點，下如悦反』，『炶』即點燈之『點』的古字，後起俗字作『点』。『又跞脚點脚』，『跞』即宋元以後用脚尖點地的『點』字或踮脚的『踮』字。『水瀑洗所患反。又渲』，『瀑』乃『涮』的俗字。又『兒嘬口惻末反』，『嘬』即茅盾《腐蝕·十一月四日》『他微微一笑就嘬起嘴唇，輕輕吹一支歌曲』的『嘬』，今字亦作『撮』；『嘬（撮）口』指聚口成圓形，爲小兒生氣或吮奶時常見的動作。像這一類的俗字，大型字典詞典多未收載或不得其詳，其有助於俗字俗語詞之考釋者殊非鮮淺。正因爲作者所收的主要是『言常在口，字難得知』的恒言俗語，故書中重在録字注音，亦或標列異體，而於字義詞義則僅偶或注出。然時過境遷，其義今乃多有不得其解者。好在本書的通例是『每兩個字爲一條，前面冠以這兩個字所屬的類目』（蔣禮鴻《中國俗文字學研究導言》，《蔣禮鴻集》第三卷，浙江教育出版社二〇〇一），如以『人』起首的語詞有六十八條，以『手』起首的語詞有二十一條，以『口』起首的語詞有八條，以『心』起首的語詞有七條，以『物』起首的語詞有二十五條，如此等等，這樣即使原文没有注釋，讀者仍可推測到語詞的大致含意。

如前所説，本書按平、上、去、入四聲分類，如果一條詞語注有二音以上的，一般據第一音的聲調歸類（也有一些例外），但同一聲調内的詞條排列先後，除『傍同』者通常列在一起外，多缺乏必要的系統。注音反切直音並用。所收詞語，序文説是據《字統》、《翰苑》、《玉篇》、數家《切韻》等書『纂成較量』，但本書的注音與《切韻》音系出入很大，反切用字也多不相同，而明顯帶有唐五代西北方音的特色，大約代表了當時的實際語音。如聲母方面，平仄聲的濁聲母都可與全清、次清聲母互注，顯示出濁聲母清化的特點；泥母與端母、定母，明母與幫母、滂母，莊母與照母，都可互注，相混不分。韻母方面，陰聲韻灰、泰相混，佳、皆、夬相混，止攝各韻相混，蕭、宵相混；陽聲韻元、仙、先相混，山、删相混，談、覃相混；入聲韻屋與沃、燭相混，陌、麥相混，月、薛、屑相混，盍、合相混，狎、洽相混。聲調方面全濁、次濁上聲變作去聲。如此等等，都和羅常培《唐五代西北方音》、邵榮芬《敦煌俗文學中的别字異文和唐五代西北方音》得出的結論大致吻合（參看劉燕文《從敦煌本〈字寶〉的注音看晚唐五代西北方音》一文）。這一特點，是我們校録本書時所必須注意的。

對本書的校録研究，已有不少成果。一九二四年，羅福萇的《沙州文録補》最早刊佈了底卷的殘序録文。一九二五年，劉復的《敦煌掇瑣》下輯刊佈了丙一卷的録文。一九五五年，姜亮夫《瀛涯敦煌韻輯》（上海出版公司出版，又見於一九九〇年浙江古籍出版社出版的《瀛涯敦煌韻書卷子考釋》和二〇〇二年出版的《姜亮夫全集》）又影寫了丙一卷的録文，姜氏跋云：『全卷以四聲分，所録皆唐時口語或俗語……可以考隋唐之語言，明文字之變遷，亦學術上重要之資料，學者所留心者也。』稍後姜氏之《敦煌——偉大的文化寶藏》（上海古典文學出版社一九五六）亦對此卷有簡要的介紹，以爲『大體是唐代西北方音中的俗語，爲考唐音者最重要的材料，也是要讀唐以來俗文學者所必不可少的「字典」』。一九七四年，臺北文史哲出版社出版潘重規的《瀛涯敦煌韻輯新編》及《瀛涯敦煌韻輯別録》（後者文中簡稱《別録》），《新編》在目驗原卷的基礎上，參酌底卷、甲卷、乙卷，對姜録有所匡正。《別録》又參酌各卷重新校録丙一卷全文，并附有校記。一九八八年，周祖謨撰《敦煌唐本字書敘録》（《敦煌語言文學研究》，北京大學出版社一九八八），對本書寫卷情況及内容有過簡要的介紹。此外，方師鐸《明刻行書本〈碎金〉與敦煌唐寫〈字寶碎金〉殘卷之關係》（《東海學報》六卷一期，一九六四）、砂岡和子《敦煌出土〈字寶碎金〉の語彙と字體》（《中國語學》二三三期，一九八五）、劉燕文《從敦煌本〈字寶〉的注音看晚唐五代西北方音》（《出土文獻研究續集》，文物出版社一九八九）、張金泉《論敦煌本〈字寶〉》（《敦煌研究》一九九三年第二期）、朱鳳玉《敦煌本〈碎金〉系字書初探》（《第二屆敦煌學國際研討會論文專集》，臺灣漢學研究中心一九九一）、《試論敦煌本〈碎金〉之價值》（《林景伊教授逝世十週年學術論文集》，一九九三）、《論敦煌本〈碎金〉與唐代詞彙》（《潘石禪先生九秩華誕敦煌學特刊》，臺北文津出版社一九九六）等論文，及拙著《漢語俗字研究》（岳麓書社一九九五），亦對本書内容、體例、價值等有所闡發。嗣後張金泉、許建平著《敦煌音義匯考》（杭州大學出版社一九九六）、朱鳳玉著《敦煌寫本碎金研究》（臺北文津出版社一九九七，以下簡稱《研究》）則集其大成，對上揭各卷進行了系統全面的研究，且分別作有詳細的校勘記（丁卷《研究》未入校）；另外郝春文主編的《英藏敦煌社會歷史文獻釋録》第三卷有丁卷的録文及校記（以下簡稱《郝録》）。兹參酌各家校説，重新校録如下。

[大唐進士白居易千金字圖　次鄭氏字圖

鄭氏字寶　　千金亦曰碎金][一]

[凡人[二]之運手[三]動足，皆有名目。言常在口，字難德（得）[四]知。是以兆人之用，每妨下筆，修撰著述，費於尋檢，雖以談吐，常致疑之。又俗猥刺之字，不在經典史籍之内，間（聞）[五]於萬人理論之言，字多僻遠，口則言之，皆不之識。至於士大夫及轉學之客，貪記書傳典籍之言[六]，詳[七]心岂暇繁雜]之字[八]。▨▨（每欲）[自書，或][九]被人問，皆稱不識。何有[一〇]恥之下輩，而慙顔於寡知，則有無學之子，劣智之徒，或云俗字不曉，斯言謬甚。今天下士庶同流，庸賢共處，語論相接，十之七八，皆以協俗，既俗字而不識，則言話之訛訑土戈反[一一]矣。在上者固不肯録而[一二]示之，小學者又貪輕易而慠[一三]之，致使曖昧，賢愚[一四]蒙[一五]細無辯。余今討窮《字統》，援引衆書，《翰苑》[一六]、《玉篇》，數家《切韻》，纂成較量[一七]，緝[一八]成一卷。雖未盡天下之物名，亦粗濟[一九]含毫之滯思。號曰《字寶》，有若碎金。然零取救要之時，則無大段，而副筆濟用之力，實敵其金，謂之『碎金』。開卷[二〇]有益，讀之易[二一]識。取音[二二]之字，注引假借。余思濟衆爲大，冈（罔）以飾潔爲美，將持疑從來者也[二三]，成之一軸，常爲一卷，俯仰瞻矚，寔有所益，省費尋檢也。今分爲四聲，傍通[二四]列之如右[二五]。

平聲〔二六〕

肥腹體筆苗反。又僱。〔二七〕 物竵斜苦乖反。又咼。〔二八〕
肥胣䐐烏懷反，丑乖反。〔二九〕 目眍眵上兜，下所支反。〔三〇〕
人瞠眼丑更反。〔三一〕 拑掫丁兼反。又敁量。〔三二〕
相倠倚烏皆反。又挨。〔三三〕 心忪恌音鍾調。〔三四〕
人眼蒁音花。又燈炛。〔三五〕 人嚱㖩即焰反，即逾反。〔三六〕
面皻風支加反。〔三七〕 婢㛹音睥隟。又仳倠。〔三八〕
聲聺聺支咬反。〔三九〕 人頦頣音孩夷。〔四〇〕
胭項音燕。〔四一〕 曉眼古侯[反]。〔四二〕
笑哯哯由伊反。〔四三〕 馬趚踏捎。〔四四〕
語聲誓音西。〔四五〕 豬㙠地音灰。〔四六〕
物㧝聲音西，破璺聲也。〔四七〕 相嫽妭音寮，下鉢。〔四八〕
手搙搚自鹽反，下尺者反。〔四九〕 人娋掠捎音。〔五〇〕
火熻炒白(自)鹽反。〔五一〕 相撊就而緣反。〔五二〕
角髇子呼交反。〔五三〕 撾皷知瓜反，朾也。〔五四〕
心謷硬五交反。〔五五〕 手挼挼乃和反，素和反。〔五六〕
弓觳硬五交反。〔五七〕 手搓撚以哥反。〔五八〕

[雲]鉮匹兮反。又鈚。〔五九〕 相謾驀莫干反。〔六〇〕
顆剁音科落。〔六一〕 聲訥訥女鶩反。〔六二〕
啗啄側咸反，下卓。〔六三〕 人㹻照乃高反，不解醫狂人。〔六四〕
人哫咀丁侯反，多割反。〔六五〕 手抨擅上普耕反，下灘。〔六六〕
人趫捷去嬌反。〔六七〕 物㼦剥音披。〔六八〕
手搊拽楚愁反。〔六九〕 物坳窊烏加反，烏話反。〔七〇〕
□(人趨蹩七將反)。〔七一〕 扒減析斤反。〔七二〕
▨▨(貗玀)□(音婁羅)。〔七三〕 巑岏灿二同，上疾官反。〔七四〕
獼猳音麻遐。〔七五〕 心崎嶇欺駈。〔七六〕
人嚾[唆七官反，索戈反。〔七七〕 峥嶸士争反，下横。〔七八〕
手攛]攛七官[反]，下乃末[反]。〔七九〕 事躝跚蘭珊。〔八〇〕
人娶娍七兼反，七鹽反。〔八一〕 胮肛匹江反，許江反。〔八二〕
人㳄泥丑加反，足踏泥是也。〔八三〕 膖脹浦江[反]，許丈[反]。〔八四〕
毛毾㲪下侯反，素侯反。〔八五〕 磽確苦交反，口角反。〔八六〕
朋儕音柴。〔八七〕 人姦譎乖。〔八八〕

人⿱雨奚寒蘇官反。〔八九〕
黐膠丑知反。〔九〇〕
相媕娿庵，烏哥反。〔九一〕
⿰禾离雀兒音同前，粘取也。〔九二〕
物諄正之匀反。〔九三〕
相戲奪測緘反。〔九四〕
皷鼕音同。〔九五〕
跧伏支關反。〔九六〕
皷聲鼟鼟騰騰。〔九七〕
拴絆數關反。〔九八〕
聲⿰言夆⿰言夆音蓬。〔九九〕
輕⿰目悤⿰目悤蘇公反。〔一〇〇〕
齒齙齩音包，下五交反。〔一〇一〕
鏡奩音廉。
頭頿音須。〔一〇二〕
草蔫萎於焉反，下威。〔一〇三〕
越集音鳩。〔一〇四〕
趑趄嶋蛆。〔一〇五〕
人囂虛虛嬌反。〔一〇六〕
品娕娕丁鈎反。〔一〇七〕
又嘵噓一蠲反。〔一〇八〕
靴⿰革叟鞓素勾反。〔一〇九〕
湯溠滓之加反。〔一一〇〕
色黰暈烏還反。〔一一一〕
倚俙音希。〔一一二〕
物⿰米曼糊音慢。〔一一三〕
人⿰言㬎譟五甘反，下噪。〔一一四〕
猪獆吠呼刀反。〔一一五〕
趖利音莎。〔一一六〕
人檀駁上壇，下補角反。〔一一七〕
石齹臼下舅。〔一一八〕
蹱直丑凶反。〔一一九〕
醲醲女江反。〔一二〇〕
兒⿰衤朋褯百耕反，下謝。〔一二一〕

紆悪（惡）衣俱反。〔一二二〕
拳扠人丑皆[反]。又摢。〔一二三〕
心不嘽展音攤。〔一二四〕
挼酒素回反。〔一二五〕
貪惏音藍。〔一二六〕
⿰口孱⿰口聚上士閑反，下驟。〔一二七〕
鳥⿴囗鼠音油。〔一二八〕
口⿰齒來齕知皆反。〔一二九〕
慵饞石容反。〔一三〇〕
獗頭居靴反。〔一三一〕
筋掎物音飢。又剞同上。〔一三二〕
[蜻蜓青▨（廷）。]〔一三三〕

上聲字〔一三四〕

物⿰骨可塞口雅反。〔一三五〕
縈麻音傾。〔一三六〕
口哆⿰口⿸厂多丁我反。〔一三七〕
揣度測浼反。〔一三八〕
性慃怮於講[反]，於挍[反]。〔一三九〕
垢圿音苟，下戛。〔一四〇〕
夥語音顆。
詭譎音鬼。李出反。〔一四一〕
哂咍尺忍反，得來反。〔一四二〕
矯詐居夭反。〔一四三〕
⿱⿰𠂉丰灬牒居甲反。〔一四四〕
鞴袋音敗。〔一四五〕
物柔碊音盞。
兒嫩騃魚解反。〔一四六〕
水畎濊音豁。〔一四七〕
相憯即敢反。〔一四八〕
乱氅氅尺兩反。〔一四九〕
人鼾睡音汗。

乱攘攘同對。〔一五〇〕 寬䩥䩥尺者反。又麵。〔一五一〕

人言言丑偃、魚偃二反。〔一五二〕 銛鐞筈自浸反。〔一五三〕

面麽攞莫我反，力我［反］。〔一五四〕 箭笴公罕反。〔一五五〕

面齾齗之患反，五患反。〔一五六〕 口剖拼浦苟反。〔一五七〕

剄割［途果反］。〔一五八〕 力擺撼莫解反。〔一五九〕

擬攄希偃反。〔一六〇〕 物齴仰魚偃反。〔一六一〕

輪輥動公穩反。 足簸籭傅我反，手列反。〔一六二〕

掍擲公穩反。〔一六三〕 獵㺜音毯，下㯺。〔一六四〕

［奸宄上間。〔一六五〕 舌舐恃。或䑛同上。〔一六六〕］

相誀惹染諾。〔一六七〕 人鼽鼻音喜。〔一六八〕

謟習音兗。〔一六九〕 寒瘮所錦反。〔一七〇〕

䍧馬音兗。〔一七一〕 穿窌音孔。亦作窅。〔一七二〕

相諂誘吉典反。〔一七三〕 馬啌嗓音仲，息朗反。〔一七四〕

人魖魖嶮虛〔一七五〕。 黚黷公罕反，贈。〔一七六〕

人犺欲音比姿。〔一七七〕 人狡猾絞滑。〔一七八〕

手擱擪尺染反。〔一七九〕 手垂䩏乃我反。〔一八〇〕

［力擎頊音許講［反］。］〔一八一〕

壯倇倜麥講反，許講反。〔一八二〕 霻霒烏敢反，七敢反。〔一八三〕

暐曄于鬼、于劫反。〔一八四〕 色黯黮烏陷反，直陷反。〔一八五〕

礦硬古猛反。〔一八六〕 義鬆子知買反〔一八七〕。

石上硾直類反。〔一八八〕 弄傀儡子［力外反，五每反］。〔一八九〕

石懸縋直類反。〔一九〇〕 手抿抹弥引反，下末。〔一九一〕

人覥顏多典反。〔一九二〕 人顡害其朕反。〔一九三〕

人羞赧女眼反。〔一九四〕 人直額直降反。〔一九五〕

人匾㔸必淺反，都兮反。〔一九六〕 口噤其朕反。〔一九七〕

人体倲匹問反。〔一九八〕 顧頋其朕反。〔一九九〕

逆剩七養反。〔二〇〇〕 賭賽靚塞。〔二〇一〕

衣繿縷力甘［反］，力羽［反］。〔二〇二〕 藏弆音舉。〔二〇三〕

人諑誚所馬反，七笑反。〔二〇四〕 小兒倜僑烏瓦［反］，女瓦［反］。〔二〇五〕

面誚所馬反。〔二〇六〕 火炶爇上點，下如悅［反］。〔二〇七〕

草幹茇公罕反，下鉢。〔二〇八〕 又踮脚點脚。〔二〇九〕

脺着殁鶻反。〔二一〇〕
點頭聦耳爽音。〔二一一〕
手臼物之六反。〔二一二〕
手舀物一小反。〔二一三〕
人濳然音山。〔二一四〕
命舛尺遠反。
衣紐繢尼九反，丘類反。〔二一五〕
人柱杖㭨子古壞反。〔二一六〕
醂柹力敢反。〔二一七〕
錢辮匹善反。〔二一八〕
旱歉一斂(斂)反。〔二一九〕
音聲相謟楚卯反。〔二二〇〕
身靨誌一奄反。〔二二一〕
眼瞜着士錦反。〔二二二〕
人𥗦文而拱反。〔二二三〕
𠱓耐頗柰。〔二二四〕
物礵碄士錦反，下剌。〔二二五〕
駊騀頗我。〔二二六〕
[螺蚌蛤棒合。]〔二二七〕
峞峨五迴反，下我。〔二二八〕
人伎倆忌兩。〔二二九〕
湫隘即休反。〔二三〇〕
手推擻推聳。〔二三一〕
勦絶即了反。〔二三二〕
合毰合謹。〔二三三〕
戽斗音虎。〔二三四〕
人昏懞[莫孔反]。〔二三五〕
傘盖散。〔二三六〕
[醢醬音海。
老姥音母。
腐爛方武反。]〔二三七〕

去聲字〔二三八〕

人譋譲七焰反，下料。〔二三九〕
刃𠝹鈍枯恠反。〔二四〇〕
俵散悲廟反。〔二四一〕
驢騃膝力禁反。〔二四二〕
馬跙蹄阻。〔二四三〕
物跂坐音弃。〔二四四〕
瘡脪腫[希近反]。〔二四五〕
妬妎妬害。〔二四六〕
口吮哂息願反。〔二四七〕
人詿誤卦悟。〔二四八〕
[伍(低)圮音俻(備)。〔二四九〕
人㕢陛(陛)音隊碎。〔二五〇〕]
肥肬臁丁暗反，呼紺反。〔二五一〕
飣餖乃定反，豆。〔二五二〕
觜啅噪知孝反，素告反。〔二五三〕
縉綴則暗反。〔二五四〕
觜啗啄知減反。〔二五五〕
鐕釘同前，与定反。〔二五六〕
人魒魈皃，色皃反。〔二五七〕
叛㛯音畔换。〔二五八〕
蹭蹬七鄧[反]，下鄧。〔二五九〕
人膩胗女話反。〔二六〇〕
咀嚼序，疾藥反。〔二六一〕
自矜衒音縣。〔二六二〕
覬覦音既逾。
皮𩊱縣。帶。亦乾。〔二六三〕
人濫渝俞濫，不清淨之皃。〔二六四〕
又眩曜亦縣音。〔二六五〕
貿鬻音冒育。〔二六六〕
不憒惋忿腕。〔二六七〕
鳥窠藂廁音。〔二六八〕
鬼祟息季反。〔二六九〕
插擩之甲反，而喻反。〔二七〇〕
物精粹息季[反]。〔二七一〕

人臀髃孤磓反。〔二七二〕
不攎尬俴介。〔二七三〕
斗杚刉子孤會反。〔二七四〕
物泥泦烏過反。〔二七五〕
物窖窨音教蔭。〔二七六〕
倨傲鉅鏉。〔二七七〕
麥蟉蛀呼交反，下注。〔二七八〕
濷渧𢑥帝。〔二七九〕
日曬曝所介反。〔二八〇〕
俺覆一劎反。〔二八一〕
相誑謼呼架反。〔二八二〕
噲笑苦賣反。〔二八三〕
物礨鏬音問。〔二八四〕
物港洞乎貢反。〔二八五〕
笑嗬嗬呼架反。〔二八六〕
人髃膝丘類反。〔二八七〕
佝從羊俊反。〔二八八〕
物趀趲下讚。〔二八九〕
人皰鼻白効反。〔二九〇〕
鸖浰色力見反。〔二九一〕
食餘饡賊岸反。〔二九二〕
齒齗使音。〔二九三〕
車䡰𨏥希蓮反，下之逸反。〔二九四〕
人愚戇知項反。〔二九五〕
年周晬則外反。
馬蕡草限。〔二九六〕
揬疊乃卧反。〔二九七〕
朾譁人五困反。〔二九八〕
滔入水烏陷反。〔二九九〕
物䶜藏烏陷反。〔三〇〇〕
頭赤顐顐五困反，託頭賈閻梨。〔三〇一〕
楦鞶緊侯角反。〔三〇二〕

笸侍七夜反。〔三〇三〕
賺戥直陷反。〔三〇四〕
手䜌物居援反。〔三〇五〕
踜蹭蹬下鄧。
飯餾餀音溜壯。〔三〇六〕
齟齬助御。〔三〇七〕
物抐土音鈍。〔三〇八〕
厏厊乍迓。〔三〇九〕
勁挺苦定反，乃定反。〔三一〇〕
舊黗黗都鈍〔反〕。〔三一一〕
心惛惻呼困反。
亞勓力外反，欲側。〔三一二〕
賣不售受。〔三一三〕
歐㕣七朕反。〔三一四〕
馬走趥尺焰反。又垂驨。〔三一五〕
詬罵呼勾反。〔三一六〕
人眼眪魚絹反。〔三一七〕
火炧音謝。〔三一八〕
人䶕甕音。
水奃漭皃也。〔三一九〕
鼻䶎齉乎貢反，怒貢反。〔三二〇〕
人緊趬吉要反。〔三二一〕
石琯瑒公困反，直硬反。〔三二二〕
韁鞚畺控。〔三二三〕
趒驀桀也。〔三二四〕
鶣馬片也。〔三二五〕
水瀺灂士陷反，士學反。〔三二六〕
酒沃酹音屋，力外反。〔三二七〕
[人䶕䶗蒲下反，口下反。]〔三二八〕
手搵蘸側陷反，居忩反。〔三二九〕
躁性竈也。〔三三〇〕
物釂貴即要反。改醮。〔三三一〕
水瀑洗所患反。又渲。〔三三二〕

睡寱語音藝。〔三三三〕
人慥暴七造反。志懆。〔三三四〕
譤講呼洎反,呼介反。〔三三五〕
人趠頭士孝反。〔三三六〕
人胒臊冒燥。〔三三七〕
昒眼賣也。〔三三八〕
睥睨匹契反,五計反。〔三三九〕
頂顖音信。〔三四〇〕

入聲字〔三四一〕

毛毼㲘音荅跛。〔三四二〕
人脉膌音麥析。〔三四三〕
人佩𠐌丁挾反。下燓(爕)。〔三四四〕
硉兀力骨反,五骨反。〔三四五〕
人矆的上鑊;下酌。〔三四六〕
扒攈上抹,下截。〔三四七〕
寬皺皺臘荅。〔三四八〕
㵚㵐斛速。〔三四九〕
幞頭紅音輒。〔三五〇〕
口呷歃户甲、尺悅二反。〔三五一〕
手捏搙奴結反,女角反。〔三五二〕
物塌實直葉反。〔三五三〕
物皺皮丑悅反。
又腤切直葉反。〔三五四〕
人犴猞音岸谷。
馬跑躅音包,下竹。〔三五五〕
腌肉一刧反。〔三五六〕
捽鞭所麥反。〔三五七〕
又濕浥殗邑。〔三五八〕
沸灘灘七合反。
驢趯跂笛歧。〔三五九〕
乾曝曝音泣。〔三六〇〕
沸灘灘七合反。〔三六一〕
物蹙摻即六反,子葛反。〔三六二〕

乾皵皵口角反。〔三六三〕
弃搞擢罨跛。〔三六四〕
聲㩧㩧百角反。
手揩㨘七葛反。〔三六五〕
動颰颰于聿反。
拋物揤人側也。〔三六六〕
動扤扤五骨反。〔三六七〕
手掉搰音銚,下虛聿[反]。〔三六八〕
人脚瘃音竹。〔三六九〕
人嚬嘁音頻,;即六反。〔三七〇〕
人湁澀勑立反,下澁。〔三七一〕
揎捋宣,勒末反。〔三七二〕
白醭出莫卜反。〔三七三〕
人䫲䫫音莫,丑角[反]。〔三七四〕
花蕿蕿莫卜反。〔三七五〕
肥頩頞末曷。〔三七六〕
汗霡霂陌木。〔三七七〕
人劄劄知角反,知訖反。〔三七八〕
[由甲同上。]〔三七九〕
賁煠士甲反。〔三八〇〕
手搤握厄。〔三八一〕
心憋起必列反。〔三八二〕
心忸怩惡尼。〔三八三〕
水濈濈即入反。
手捩物俟音。〔三八四〕
脚蹀蹴俟瞀。〔三八五〕
口嚩嚛博接。〔三八六〕
兒頭毷毷[音木]。〔三八七〕
擭搦烏麥反,女革反。〔三八八〕
眒米扶八反。〔三八九〕
手援掐即悅反,口角反。〔三九〇〕
物皺色於列反。〔三九一〕
汗濊泧末豁。〔三九二〕

磣硃力末反。〔三九三〕
人探磧士革反。〔三九四〕
辛粹力末反。〔三九五〕
人瞌睡榼。［又睡五荅反。］〔三九六〕
麁糲力末反。〔三九七〕
巧劫苦八反。［又刔。］〔三九八〕
又蜂螫識。〔三九九〕
猲頭尺若反。〔四〇〇〕
蜂蚻人知列反。
走趨趨結音。〔四〇一〕
皮皴皺七合反。〔四〇二〕
瀐洒音節。〔四〇三〕
食餮飽必列反。〔四〇四〕
爑烙熨洛。〔四〇五〕
人齗齒戛。〔四〇六〕
䶪眼豁。〔四〇七〕
剟揁乃彫［反］，烏末［反］。〔四〇八〕
語讞訐居列［反］，魚列［反］。〔四〇九〕
物斡豁户末反。〔四一〇〕
人嗟咄丁列反，盧聿反。〔四一一〕
［言嗃謈俟角反，下剥。］〔四一二〕
麪面僕。〔四一三〕
人落籜託。〔四一四〕
齊矗矗所六反。〔四一五〕
口囁嚅而葉反，下儒。〔四一六〕
匀琨琨側六反。〔四一七〕
人类奠列挈。〔四一八〕

高崉嵲乃列反，五結反。〔四一九〕
小瞠䀎一決反，下［血］。〔四二〇〕
潑水音撥。又沛。〔四二一〕
穿扣音鶻。〔四二二〕
手搶拉之葉反，下臘。〔四二三〕
熡作俟郭反。〔四二四〕
殲碟一頰反，下怗。〔四二五〕
眨眼之甲反。
鞍毺毲音越諾。〔四二六〕
屆塞之甲反。〔四二七〕
［馬行騙楚甲反。〔四二八〕
插塞之甲反。〔四二九〕］
慴懾之葉反。
趨趄音麴縮。〔四三〇〕
語讋之葉反。
門樽皮碧反。〔四三一〕
蹴踏七育反。〔四三二〕
兒嘬口惻末反。〔四三三〕
飛趨起居列反。
人矻矻碌碌上窟窟，下［禄禄］。〔四三四〕
殗爛於劫反。
巇逆氣於厥反。〔四三五〕
輕蔑米列反。〔四三六〕
喘喋喋一頰反，上得群反。〔四三七〕
霎霎雨所甲反。〔四三八〕
軍纛音毒。
面酢皺。〔四三九〕

沈侍郎〔四四〇〕　讚碎金〔四四一〕

墨寶三千三百餘，展開勝讀兩車書〔四四二〕。人間要字應來盡〔四四三〕，呼作零金也不虛〔四四四〕。

白侍郎〔四四五〕　同前〔四四六〕

猲頭讕趄人難識〔四四七〕，瀎泧錍鍎惱家心〔四四八〕。寫向篋中甚敬重，要來一字一硝金〔四四九〕。

吏部郎中王建〔四五〇〕　同前

一軸零書則未多，要來不得那人何〔四五一〕。從頭至尾無閑字，勝看真珠一百螺〔四五二〕。

白侍郎　寄盧協律〔四五三〕

滿卷玲瓏實碎金，展開無不稱人心。曉眉歌得白居易〔四五四〕，颹䫻盧郎更敢尋。〔四五五〕

壬申年正月十一日僧智貞記〔四五六〕

【校記】

〔一〕以上三行底卷、甲卷、丙一卷缺，兹據乙卷補。丁卷卷端爲沈侍郎等詩五首（詳後校記〔四三八〕、〔四五三〕），殘牒一件，牒文後題「白家碎金一卷」。

〔二〕序首至「詳心豈暇繁雜之字」的「雜」字底卷殘缺，兹據甲卷并參酌乙卷補，丙一卷序文前半缺，丁卷無序文。

〔三〕「手」字甲卷、乙卷並無，《別録》謂「運」下疑脱「手」字，近是，兹據擬補。

〔四〕「德」爲「得」的借音字，乙卷正作「得」。

〔五〕間，乙卷作「開」，周祖謨《敦煌唐本字書敘録》録作「聞」，兹據校讀。

〔六〕貪記書傳典籍之言，「記」字乙卷作「紀」，古通用字；「籍」字甲卷脱，乙卷「典之」二字右側旁補一「藉」

字，俗書竹頭草頭不分，『藉』蓋『籍』字俗書，兹據以擬補一『籍』字。

〔七〕詳，乙卷作『計』；《敦煌唐本字書叙録》校録作『詳』，以『典籍之言詳』五字連讀；《研究》據乙卷作『計』，屬上讀作『貪記書傳典籍之言計』。按《集韻・換韻》『詳』字釋『巧言』，於義無取，此處疑當校讀作『絆』（『絆』『詳』音近，文中又與上『言』字連抄，亦有可能因之類化偏旁作『詳』）；乙卷的『計』則當讀作『繫』，『絆』或『繫』當屬下讀，『繫心』『絆心』義近（伯二四一八號《父母恩重經講經文》：『只爲這嬰孩相繫絆，致令日夜費心神。』『繫絆』爲同義連文，可參），謂心有所繫絆，文義可通。

〔八〕底卷起『之字』二字。

〔九〕『每欲』二字底卷僅存左側殘畫，其下的『自書或』三字缺，兹皆據甲、乙卷擬補。

〔一〇〕何有，乙卷同，甲卷本作『有何』，疑誤倒。《敦煌唐本字書叙録》以『有何』二字屬上讀作『皆稱不識有何』，恐誤。

〔一一〕訑，《廣韻》以爲『詑』的俗字，此字《廣韻》音土禾切，與『土戈反』同音；乙卷『土戈反』作一『殘』字，《别録》謂『殘』爲『土戈反』三字之誤合，是。

〔一二〕而，乙卷作『如』，通用字。

〔一三〕而慠，『而』字甲卷及底卷、乙卷並同，《研究》謂甲卷及乙卷作『如』，不確；『慠』字乙卷同，甲卷作『傲』，『慠』爲古異體字。

〔一四〕『賢愚』二字《别録》及《研究》屬上讀，兹據《敦煌唐本字書叙録》屬下讀。

〔一五〕蒙，甲卷同；乙卷本作『蒙』，右旁注一『庬』字，『庬』字義長。《别録》校『蒙』作『庶』，《研究》謂乙卷旁注字爲『庶』，皆不確。

〔一六〕『苑』字甲卷、乙卷同，乃『苑』的俗字。《新唐書・藝文志》載張楚金《翰苑》三十卷。張楚金，并州祁（山西祁縣）人，唐貞觀間進士。《舊唐書・忠義列傳上》載：高宗時累遷刑部侍郎，『則天臨朝，歷位吏部侍郎、秋官尚書，賜爵南陽侯；爲酷吏周興所陷，配流嶺表，竟卒於徙所；著《翰苑》三十卷、《紳誡》三卷，並傳於時』。《翰苑》今僅存卷三〇抄本，日本京都大學有影印本。

〔一七〕丙一卷起『較量』二字，上缺，但國家圖書館藏王重民、向達所攝照片此前另有一殘行，存『字統』的『字』的左上角、『引』字的『弓』旁及『衆』字的左部。

〔一八〕『緝』字各本同，『緝』有彙聚之義，其義可通；《敦煌唐本字書敘録》、《研究》録作『輯』，與寫卷不合。

〔一九〕亦粗濟，甲卷、丙一卷同，乙卷本作『亦粗齊』，『亦粗』二字右側有鈎形乙正符號，則當讀作『粗亦』，於義較長；『齊』則當校讀作『濟』。

〔二〇〕『卷』字甲卷訛作『巷』。

〔二一〕『易』字甲卷脱。

〔二二〕『取音』二字前丙一卷有一『多』字，蓋爲衍文。

〔二三〕將持疑從來者也，『將』字丙一卷同，甲、乙卷作『摪』，《研究》校録作『將』，按『摪』字或爲『擬』字之誤，『擬』爲備擬之義，義長；又『從』字甲卷、乙卷同，丙一卷作『之』，意較佳，《別録》録作『後』，《研究》從之，與寫卷字形不相合，恐未當。

〔二四〕『傍通』二字《敦煌唐本字書敘録》屬上讀。

〔二五〕列之如右，甲卷同，『右』當爲『左』字之誤；丙一卷作『列之如後』，乙卷作『則之如後』，『則』爲形誤字。

〔二六〕四聲分類標目字底卷及甲卷作『平聲』、『上聲字』、『去聲字』、『入聲字』，乙卷作『平聲』、『上聲字』、『去聲』、『入聲』，丙一卷作『平聲』、『上聲』、『去聲』、『入聲』，似以丙一卷不用『字』字爲長。丁卷不標四聲。

〔二七〕肥膭體，『膭』字各本同，《匯考》以爲『臕』字之誤，近是。注文『筆苗反』後丁卷有『肥充』二字，蓋釋『臕』字之義，『充』疑爲『皃』字形訛；丙一卷作『肥充反』，『反』應爲衍文當刪。又『⿰亻鹿』字底卷、乙卷同，丙一卷存上部殘畫，丁卷作『儦』形，蓋『⿰亻鹿』字形訛，《匯考》以『⿰亻鹿』爲『儦』之俗，『儦』『臕』同音，爲書序所稱

〔二八〕『注引假借』之例。丁卷標題『白家碎金一卷』下接抄『心忪恍』條，似屬後補。

物竵斜，此三字丙一卷左側大半殘泐；『竵』字甲卷同，乙卷作『竵』，皆爲『竵』的俗字。又『咼』字同『咼』，『咼』、『竵』皆見於《説文》，二字音近義通。注文『苦乖反』的『苦』字各本皆作『若』形，俗書『苦』『若』往往不分，兹徑録正。本條開始底卷平聲下欄的條目丁卷大抵順序抄在底卷平聲上欄末尾『鳥圖』條之後，符合原書的先後順序。甲卷、乙卷把底卷下欄的條目逐一接抄在該行上欄條目之下，順序大異。

〔二九〕肥胣䐿，『胣䐿』二字乙卷、丙一卷同，甲卷左側作『元』字形，乃『九』旁（隸變亦作『冗』形）之訛。丁卷無此條。

〔三〇〕目眶眵，丙一卷僅存『眵』字下部；丁卷僅一『眶』字，『眵』字脱。注文『上兜』底卷、乙卷同，丙一卷作『音兜』，丁卷作『兜』一字；又『所支反』的『反』字甲卷無；丙一卷、丁卷『所支反』作『傷支反』，音同。

〔三一〕人瞠眼，甲卷、丙一卷同，乙卷『瞠』字作『瞠』，蓋改換聲旁俗字。注文『丑更反』後丙一卷有『怒視』二字。丁卷無此條。

〔三二〕掛撡，甲卷同，丙一卷殘缺；乙、丁卷作『柑橾』，當是『掛撡』俗訛；《匯考》謂『掛』是『拈』字之誤，可從；『拈撡』又作『敁掫』，伯二六〇九號《俗務要名林・手部》：『敁掫，稱量也。上了（丁）兼反，下丁果反。』注文『丁兼反』底卷、甲卷、乙卷、丙一卷並作『下兼反』，《匯考》校作『乃兼反』，《研究》校作『丁兼反』，後説是，丁卷正作『丁兼反』，兹據正。又『敁量』的『敁』字底卷及甲、乙、丁卷並作『敁』，乃『敁』字寫訛，丙一卷作『故』，爲『敁』字異寫，兹據録正。

〔三三〕相偓倚，甲卷、丙一卷、丁卷同，乙卷『偓』字作『偓』，字書俱未見，疑皆爲『倠』字俗訛；『倠』蓋後世『挨』（字又作『捱』）的早期記音字。『又挨』二字丁卷無。

〔三四〕心忪恍，丙一卷僅存『恍』字下部。丁卷本條抄在卷端『白家碎金一卷』六字之下。

〔三五〕人眼蒜，『蒜』字丙一卷同，甲卷、乙卷下部作『昹』，乃『睬』的訛變字，斯七九九九號《尚書・泰誓中》『天昹自我』，『昹』亦同『眎』；『眎』爲『視』字古文；『蒜』蓋從艸、從眎的會意字。又『炛』蓋即燈花之『花』的後起形聲俗字；《篇海》卷一三火部引《搜真玉鏡》：『炛，音花。』即其字。丁卷無此條。

〔三六〕人嚱𠰴，丙一卷僅存『𠰴』字下部；『嚱』字甲卷同，乙、丁卷作『嚱』，皆爲『嚱』的俗字。《廣韻・鹽韻》子廉切：『嚱，嚱𠰴，不廉。又將豔切。𠰴子俱切。』『即焰反』與『將豔切』一讀同音。

〔三七〕注文『支加反』乙卷脱，甲卷作『交加反』，丙一卷作『友加反』；『交』、『友』當皆爲『支』字之誤。《廣韻・麻韻》『皻』字音側加切，莊紐；『支加反』屬章紐，《字寶》莊、章二紐混用。丁卷無此條。

〔三八〕𥏝𥐐，乙卷脱；《廣韻・齊韻》邊兮切：『𥏝，𥏝𥎿，短皃。』『𥐐』字其他字書不載，俟考。又直音字『睥』字甲卷、乙卷、丙一卷作『脾』，『睥』『脾』形音皆近；丁卷作『裨』，音近。又『又仳倠』丁卷作『仳離』，『離』字誤。

〔三九〕注文『支咬反』甲卷、乙卷同，丙一卷作『友咬反』，『友』爲形誤字；丁卷作『音妙』，『妙』字《廣韻》在笑韻，爲去聲字，其字有誤。『𥉃』字《廣韻・肴韻》音側交切，此音『支咬反』，亦莊、章二紐混用之例。參上校記〔三七〕。

〔四〇〕人頦頤，『頦』字丁卷作『頦（頦）』，似誤；『頤』字甲卷、乙卷左旁作『亞』形，乃『臣』旁的俗訛形。注文『音孩夷』丁卷脱。

〔四一〕丙一卷通常每行抄兩條（上下二欄），但『胭項』條丙一卷抄在『聲聺聺』、『人頦頤』之下，該行抄了三條，導致此下至『人趍蹩』十五條底卷在上欄者，丙一卷列在了下欄。底卷上欄『胭項』條至『人趍蹩』十六條丁卷接抄在列在平聲後半的『人頦頤』條之後，順序大異，殆亦由所據底本上下欄位置錯亂所致。

〔四二〕曉眼，此二字左側丙一卷皆訛作『月』旁；『曉』字右側底卷、甲卷、乙卷皆作『克』，乃『堯』旁俗訛，茲據丙一卷、丁卷録正；丙一卷注音『古侯反』下又有一『暁』字，蓋據别本標記異文或改正正文中訛作『月』旁的『曉』字。注音『古侯』甲卷同，茲據乙卷、丙一卷、丁卷補『反』字。

〔四三〕笑哯哯，『哯』字字書釋『不歐而吐』，《廣韻・銑韻》音胡典切，音義皆别，此『哯』疑爲『唲』字之訛；《玉篇・口部》：『唲，乙佳切，唲嘔，小兒語也。』『由伊反』與『乙佳切』音近。宋陳著《踏莎行》：『佳占端的在孫枝，明年壽席唲嘔笑。』（《本堂集》卷四〇）可參。

〔四四〕注音『捎』字甲卷、乙卷同，丙一卷、丁卷作『所交反』，音同。

〔四五〕語聲⿱斯言，甲卷、乙卷、丙一卷同，丁卷作『聲⿱斯言』。注文『音西』丁卷作『西』一字，『音西』後丙一卷多『破悲也』三字，《匯考》疑『破』字涉丙一卷左行『⿱斯瓦』字注文『破甖聲也』而衍，『悲』下脱『聲』字，近是。《廣韻・齊韻》先稽切（與『西』字同一小韻）：『⿱斯言，悲聲。』

〔四六〕正文『猪』字底卷及甲卷、乙卷、丙一卷並同，《研究》謂『各本並作賭』，不確；正文『蝝』字乙卷作『啄』，蓋換旁俗字。又注文『音灰』下甲卷有『猪蝝地也』四字，或爲衍文當删。丁卷無此條。

〔四七〕物⿱斯瓦聲，『⿱斯瓦』上底卷、甲卷、乙卷皆有一『⿱斯言』字，《匯考》以爲衍文，是，『⿱斯言』即『⿱斯瓦』字誤書而未塗去者（丁卷作『物⿱斯言聲』，則有誤字而無正字），丙一卷正無『⿱斯言』字，茲據删。注文『音西，破甖聲也』甲卷、丙一卷同，丁卷作『瓦器損』三字，乙卷『音西』誤作『音聲』。

〔四八〕相嫽妭，『妭』字右上部甲卷多一撇，乃俗寫贅增；『嫽妭』蓋記音字，《匯考》謂即今『撩撥』。注文『音寮，下鉢』甲卷同，丙二卷缺『鉢』字，乙卷作『音寮鉢』，丁卷作『音尞鉢』。丙二卷始此條，但僅存上欄，下欄分裂爲丙三、丙四卷。

〔四九〕『手撏撦』條丙卷缺。丙三卷、丙四卷爲丙二卷的下半，但與丙二卷相比，丙三卷前應缺近一行半，所缺一行即『手撏撦』條及丙二卷『相嫽妭』注文所缺的『鉢』字。

〔五〇〕注文『捎音』甲、乙卷同，丁卷作『音捎』，丙二卷作『所交反』，音同。

〔五一〕火燖炒，丁卷無『炒』字。注文『白鹽反』甲卷、乙卷並同，茲據《匯考》校正；丁卷作『撏，去毛』。丙三卷始此條，僅下欄四條，且注文部分多殘泐，本條『火燖炒』三字丙三卷右部小半殘泐，注文殘缺。

〔五二〕注文『而緣反』丁卷作『▨舡反』，『舡』爲『船』的俗字，與『緣』字同韻。

〔五三〕角髇子，甲卷、乙卷、丙三卷同，丁卷作『髇箭』。注文『呼交反』丙三卷僅存『呼』字上半部分，丁卷作『呼交［反］，箭』。

〔五四〕撾鼓，『鼓』字甲卷同，乙卷、丙二卷作『皷』，『皷』、『鼓』皆爲『鼓』的俗字。注文『知爪反』底卷及甲卷、乙卷、丙二卷皆作『知爪反』，《匯考》以『爪』爲『瓜』的俗字，是（俗書『瓜』『爪』不分，『瓜』多寫作『爪』），兹徑録正。又『朾』字底卷同，乙卷、丙二卷作『打』，『朾』『打』古今字。《玉篇·手部》：『撾，陟瓜切，打鼓也。』『撾』乃『檛』的後起分化字。丁卷無此條。

〔五五〕心聱硬，『聱』字甲、乙、丁卷同，丙三卷上部訛作『敖』。注文『五交反』丙三卷僅存首字一殘點。

〔五六〕注文『乃和反』丁卷作『及禾反』，『及』爲『乃』字之訛，『乃和反』『乃禾反』同音。又『素和反』甲卷同，丙二卷『素』字在丙二卷，『和反』二字在丙三卷；乙卷作『索磨［反］』，音同；丁卷作『素反』，脱反切下字。

〔五七〕弓㲈硬，丙卷前二字及『硬』字大部在丙三卷，『硬』字石旁的左下角在丙四卷；又注文『五交反』的『五』字及『交』字上半在丙三卷，『交』字下小半及『反』字在丙四卷。考《廣韻·肴韻》五交切小韻：『㲈，《蒼頡篇》云擊也。』義與『弓硬』無涉。浙江大學古籍研究所博士生張鉉疑指『弓硬』的『㲈』本當作『𣪊』，可從。清澤存堂本《廣韻·支韻》巨支反：『𣪊，弓硬皃。』『𣪊』蓋從桑（《禮記·射義》有『桑弧』，陸德明釋文云『以桑木爲弓』，可參）、支聲。或訛作『𣪊』。《玉篇·攴部》：『𣪊，音祇，弓硬。』胡吉宣《玉篇校釋》謂『𣪊』爲『𣪊』字之訛，甚是。『桑』旁俗體作『桒』，與『幸』形近，亦與『堯』旁俗書『尭』或『垚』形近，故『𣪊』『𣪊』訛變作『鼓』（斯二〇五五號《切韻箋注·支韻》巨支反：『鼓，弓鞭（鞕）。』『鼓』即『𣪊』之訛），又訛作『㲈』。『𣪊』既誤作『㲈』，音隨形變，俚俗讀從『堯』音，遂有『五交反』一讀。本條原卷接排在同樣注音『五交反』的『心聱硬』條之下，『傍通』列之，則本書作者即已據誤字爲音矣。

〔五八〕手搓撚，『搓』字右部的『差』旁底卷作『羗』，甲卷、丙二卷作『羌』，乙卷作『羌』，皆爲『差』旁的俗寫，此徑録正。注文『以哥反』各本同，疑爲『次哥反』之訛（『搓』字《廣韻・歌韻》音七何切，與『次哥反』同音），『次』『以』二字俗書形近易訛；《匯考》以爲『此哥反』之誤，『此』『以』形不近。丁卷無此條。

〔五九〕雲錍，『雲』字底卷、甲卷脱（底卷『錍』前留有一空格），茲據乙卷、丙四卷、丁卷補。注文『匹兮反』乙卷、丙四卷、丁卷同，甲卷作『匹前反』；『錍』字《廣韻・齊韻》音匹迷切，與『匹兮反』同音；『匹前反』屬先韻，《匯考》據《唐五代西北方音》謂方音先韻、齊韻有同讀的現象，則二音相同；不過就字形而言，『兮』字俗寫與『前』字上部同形，『前』也有可能是因與『兮』字起筆相同而誤。又『鈚』字乙卷、丙四卷、丁卷同，甲卷略有訛變。『鈚』下丁卷注有一直音字『批』，爲他卷所無。『鈚』爲『錍』字異體。慧琳《音義》卷五三《起世因本經》第八卷音義：『錍箭，上匹迷反，《方言》云：箭族廣長而薄者謂之錍。《説文》從金、卑聲。亦鈚。』

〔六〇〕注文『莫干反』丁卷脱，丙二卷僅存一『莫』字。

〔六一〕顆剁，《匯考》謂『顆』爲『剁』的借字，按丁卷正作『剁』。《玉篇・刀部》：『剁，古火切，割也。』義亦合。但『剁』爲上聲字，而此條列在平聲下，『顆』字直音『科』，『科』字《廣韻》在戈韻，亦是平聲，疑『顆』即『科』的記音字，『科』字宋代前後有砍、剪之義，與『剁』義近。注文『音科落』丁卷無『音』字。

〔六二〕聲𧥷𧥷，《玉篇・言部》：『𧥷，如陵切，厚也，就也，重也。』『𧥷𧥷』蓋嘮叨多言狀。伯二六五三號《燕子賦》：『從今已後，别解祗承。人前並（背）地，莫更吇吇。』『吇吇』義同。『𧥷』異體作『𧦝』，『吇』蓋又『𧦝』的換旁俗字。注文『女驚反』甲、乙、丁卷同，丙二卷作『女兢反』；『驚』字《廣韻》在庚韻，『𧥷』、『兢』則同在蒸韻，『女兢反』一讀合於《切韻》系韻書；但唐五代西北方音庚韻、蒸韻可以互注，故前者合於西北方音。

〔六三〕㗖啄，『㗖』字各本同，乃『啗』字的俗寫；《龍龕・口部》：㗖，俗，音同啗。此處『啗』當又爲『鵮』的換旁俗字。《廣韻・咸韻》竹咸切：『鵮，鳥啄物也。』注文『側咸反』甲、乙卷同，丙四卷作『知咸反』，丁卷作『之咸反」，「知咸反」一讀與竹咸切的「鵮」同音；「側咸反」屬莊紐，「知咸反（竹咸切）」屬知紐，「之咸反」屬章紐，唐五代西北方音知、莊、章三紐音近混用。又「下卓」丙四卷作「上卓」，誤。

〔六四〕注文「不解醫狂人」的「不」字甲卷無；注末「人」字底卷、甲卷有，乙卷無，疑脱，《研究》據以删去「人」字，殆未確；丙二卷、丁卷無此五字。

〔六五〕注文「丁侯反」甲卷、丙四卷同，乙卷誤作「丁役反」，丁卷作「丁侯」。「多割反」丙四卷僅存「割反」二字的右部殘畫，丁卷作「多割」。又注末甲卷有一「口」字，《匯考》、《研究》皆以爲衍文，近是。

〔六六〕「手抨擅」條甲卷、乙卷同，丙卷所見有「手抨擅」、「普耕反」六字，其中右大半在丙二卷，左小半在丙一卷，「上」字、「下灘」二字丙一卷、丙二卷皆未見，或丙卷本無此三字。「擅」字《匯考》以爲「彈」的借字，引《説文·手部》：「抨，彈也。」按：「擅」文中或爲「檀」字的俗寫。丁卷注文作「普耕反，壇」，「檀」、「壇」、「彈」《廣韻·寒韻》同音「徒干反」（參看下文校記〔一七〕）。《史記·魏其武安侯列傳》「及魏其侯失勢，亦欲倚灌夫引繩批根生平慕之後棄之者」孟康注：「根，根括，引繩以持彈。」索隱：「持彈，案《漢書》本作『抨彈』，音普耕反。」

〔六七〕「人趫捷」條丙卷分裂爲二卷，右半在丙四卷，左半在丙一卷。「人趫捷」的「趫」字及注文「嬌」所從的「喬」旁各本皆作「高」形，俗寫；又「捷」字各本大抵作「㨗」形，亦俗寫。注文「去嬌反」丁卷作「嬌音」。

〔六八〕注文「音披」甲卷、乙卷、丙一卷同，丁卷作「音圮」。「物皷剥」的「皷」蓋「嚭」（字又作「噽」）的俗字，「嚭」、「圮」皆爲《廣韻》上聲旨韻字，但此字列在平聲下，仍以作「披」音爲是，文中蓋借用作「皮」。慧琳《音義》卷六〇《根本説一切有部毘奈耶律》第三十卷音義：「皮剥，上音披，俗字，手執利刀剥取牛皮與肉相離，名爲皮剥也。」

〔六九〕手搊拽，「搊」字底卷、甲卷、乙卷作「掐」，丙一卷作「挡」，丁卷作「扫」，皆爲「搊」的俗寫，兹録正；「拽」字底卷、甲卷、乙卷同，丙一卷右部訛作「成」形。注文「楚愁反」甲卷、丙一卷、丁卷同，乙卷誤作「禁愁反」；

〔七〇〕丙一卷『楚愁反』下另有『以結反，又以計反』七字，乃爲『拽』字注音。

物坳窊，『坳』字乙卷訛作『拗』；『窊』字下部甲卷、乙卷、丙一卷作『爪』，乃『瓜』旁唐代前後的通行寫法；底卷、丁卷作『爪』，爲訛混形。注文『烏加反，烏話反』甲卷、乙卷、丙一卷同，丁卷作『上於交反，烏話反』，後者分别爲『坳』、『窊』二字注音，義長。『窊』字《廣韻・麻韻》音烏瓜切，又音烏吴切，前一音與『烏加反』同音；寫卷又音『烏話反』，『話』字《廣韻》在去聲夬韻，與『烏吴切』韻異（『吴』字在去聲禡韻），但本書去聲『人膩胗』條下注『女話反』，亦以『話』切去聲禡韻的『胗』，或俚俗『話』有讀作禡韻的，故可與禡韻字互切，《匯考》疑『烏話反』爲衍文，未必是。參看下文校記〔三六〇〕。

〔七一〕『人趨蹉』條底卷殘缺，甲卷脱，茲據乙卷、丙一卷、丁卷補；『趨』字丙一卷、丁卷作『趍』，俗字。又丙一卷『人趨蹉』條之上爲『物坳窊』條，其下爲『扟減』條，本行又多抄了一條，故此後丙一卷上下欄内容重新與底卷趨於一致，丁卷先抄上欄、後下欄的順序亦重新與底卷的内容歸於一律。參看上文校記〔四一〕。

〔七二〕注文『析斤反』甲卷、乙卷同，丙一卷、丁卷作『音詵』；『扟』字《廣韻・臻韻》音所臻切，與『詵』字同音，與『析斤反』音近。

〔七三〕『貗玀』條底卷僅存『貗玀』二字的犭旁，茲據甲卷、乙卷、丙一卷補；注文『音婁羅』丁卷無『音』字，丙一卷『婁羅』後多『又獸名』三字。

〔七四〕巑岏屾，『岏』字甲、乙卷同，丙一卷、丁卷作『岍』，乃『岏』字訛省；『屾』當作『屾』，即『岏』的偏旁移位字，故注云二同；丙一卷、丁卷無『屾』字。注文丙一卷作『疾官反，五官反』，丁卷作『疾官，一官』。

〔七五〕注文『音麻遐』甲卷、乙卷、丙一卷同，丁卷作『麻霞』，『遐』『霞』音同。『獼猳』的『獼』字其他字書不載，古書與此二字同音的有『巁顋』，又作『麽愳』，義爲『難語』或『難制』（《集韻・麻韻》），或即同一連綿詞的不同記録形式。

〔七六〕注文『欺塹』丙一本作『音欺塹』，『塹』爲『驅』的俗字；丁卷脱注音。

〔七七〕『人𡂺唆』條及下文『峥嶸』條底卷、甲卷、乙卷並無，而下文『手攩摿』條底卷、甲卷、乙卷並作『人𡂺摿』，蓋抄手走眼，『人𡂺唆』條之『人𡂺』後誤接『手攩摿』的『摿』，造成脱誤，兹據丙一卷補正；丁卷『人𡂺唆』條後接『手攩摿』條，可資參證。『人𡂺唆』，『唆』字丙一卷缺末筆，兹據丁卷録正；又『𡂺』字其他字書不載，蓋『攩』的换旁俗字。《西遊記》三十一回：『你凡事攩唆，是他個得意的好徒弟，你不教他，又尋老孫怎的？』注文『七官反，索戈反』丁卷作『七和反，索戈〔反〕』，『和』字疑誤。

〔七八〕『峥嶸』條底卷、甲卷、乙卷並無，兹據丙一卷補；丁卷有此條，但脱注音。直音字『横』《廣韻》音户盲切，在庚韻，『嶸』字户萌切，在耕韻，唐五代西北方音庚韻、耕韻音近混用。

〔七九〕手攩摿，此條底卷、甲卷、乙卷並作『人𡂺摿』，乃抄手抄誤（參看上文校記〔七七〕），兹據丙一卷及丁卷録正；『摿』字右旁底卷、乙卷、丙一卷作『奞』，甲卷、丁卷作『奞』，皆爲『奪』旁的俗寫。注文『七官，下乃末』甲、乙卷同，丁卷作『七官反，居活反』。『摿』字其他字書不載，蓋『掇』的形聲俗字，『掇』字《廣韻·末韻》音丁活切，底卷等注『乃末』反，係端、泥二紐相混。端、泥二紐音近混用，爲唐五代西北方音的特點。參下校記〔一八〇〕、〔三五二〕、〔三九七〕。宋朱熹《晦庵先生朱文公文集》卷二八《答陳同父書》：『近方措置種得幾畦杞菊，若一脚出門，便不能得此物喫，不是小事。奉告老兄，且莫相攩掇，留取閑漢在山裏咬菜根。』

〔八〇〕注文『蘭珊』丙一卷作『音蘭珊』，丁卷作『音欗』。『躝珊』蓋即『闌珊』的記音字。五代王定保《唐摭言·韋莊奏請追贈不及第人近代者》：『（羅鄴）既而俯就督郵，因兹舉事闌珊，無成而卒。』

〔八一〕人嫢孅，『嫢』字其他字書不載，蓋『嬮』字俗省；『孅』字甲、乙、丁卷同，丙一卷作『孅』，皆爲『孅』字俗寫。伯三八二一號《女人百歲篇》：『壹拾花枝兩斯兼，憂（優）柔課那（婀娜）復嫢孅。』『嫢孅』亦即『嬮孅』。注文『七兼反』甲卷、乙卷、丙一卷同，丁卷作『於鉗反』，『嬮』字《廣韻·末韻》音一鹽切，與『於鉗反』同音，作『七兼反』者或爲『一兼反』之誤。

〔八二〕胮肛，『胮』字丙一卷作『膖』，『胮』乃『膖』的後起楷定字。《龍龕·肉部》：『膖，正；胮，今；普邦反，一脹，腹滿也。」「胮」亦即「胮」字。注文「匹江反，許江反」乙卷作「匹江、許江反」。

〔八三〕人䒤泥，「䒤」字甲、乙、丁卷同，丙一卷作「𦶟」，「䒤」應爲「𦶟」字俗省。《廣韻·麻韻》敕加切：「𦶟，緩口，又厚脣也。」此釋「足踏泥」，未詳所本，「𦶟」或爲記音字。注文「足踏泥是也」丁卷無，丙一卷作「足踏泥」三字。

〔八四〕膖脹，「脹」字甲卷同，乙卷、丙一卷、丁卷作「脹」，「脹」字其他字書不載，應即「脹」的繁化俗字。注文「浦江，許丈」甲卷、乙卷略同（乙卷「丈」訛作「大」），丙一卷作「浦江反，許丈反」，丁卷作「浦江反，知丈反」，茲據補「反」字；又「脹」字《廣韻·漾韻》音知亮切，與「知丈反」同紐，其作「許丈反」者曉紐，「許」字疑誤。

〔八五〕毛氄耗，各本同；注文「下侯反，素侯反」甲卷、丙一卷同，乙卷作「下侯反，索侯反」（「素侯」「索侯」同音），丁卷作「丁候反，素候反」，此段所列皆爲平聲字，則「候」字當誤；「下侯反」《匯考》以爲「丁侯反」之誤。按《龍龕·毛部》：「氄，音須。」根據音「須」的直音，則「下侯反」未必爲「丁侯反」之誤。《龍龕·毛部》又云：耗、毸，俗；毹，正：霜俱反，氍—也。《廣韻·侯韻》有「𩯭鬏」，當侯、速侯切，釋「白頭」，《匯考》以「氄耗」爲「𩯭鬏」俗字，疑未確。

〔八六〕磽礭，「礭」字各本同，乃「確」的俗字，凡「隺」旁俗書皆可寫作「霍」。注文「口角反」丙一本誤作「只用反」。

〔八七〕朋儕，「朋」字丁卷寫作兩個斜書的「用」字形，俗寫。注文「音柴」丁卷無「音」字，「柴」字左側又寫有一「朋」字（亦作兩個斜書的「用」字形），應爲衍文當刪。

〔八八〕注文「乖」字丙一卷作「音乖」；丁卷作「乖訛」，「訛」字不知何意。「𧬤」字《字彙》以爲同「諺」，而文中音「乖」，必另爲一字，博士生張鉉疑「𧬤」爲「譎」字之訛，極是，「譎」字《廣韻·佳韻》音古蛙切，而「乖」字在皆韻，音古懷切，《廣韻》皆、佳二韻同用，則「譎」「乖」二字同音；又《集韻·佳韻》公蛙切：「諣，惰也，黠也。或作譎。』釋『黠』的『譎（譎）』與『姦』義近，則『姦譎』當爲近義連文，字義亦合。《匯考》謂丁卷注文『訛』指此字不合列在平聲，故於上聲有『姦宄』一條，爲諸卷所無，『姦宄』可能就是『姦讕』，恐不可從。

〔八九〕人霎寒，『霎』字甲、乙、丁卷同，丙一卷右下部缺末笔；『霎』字其他字書不載，《別録》引《廣韻·桓韻》：『霰，小雨。素官切。』『素官』與『蘇官』同音，而謂『霎』蓋與『霰』同字。按：『霰』指小雨，義不合，此『霎』疑爲『酸』的俗別字。《白氏長慶集》卷六六《自題小草亭》詩：『齷齪豪家笑，酸寒富屋欺。』斯一四七七號《祭驢文》：『更被傍人大笑，弄却多小酸寒。』

〔九〇〕黐膠，『黐』字底卷、甲卷、乙卷、丙一卷左半皆作『黍』形，乃『黍』旁的俗寫，丙一卷此條與下『黐雀兒』條順序互倒。丁卷脱此條。

〔九一〕注文『菴』字甲卷、乙、丁卷同，丙一卷作『烏合反』；《廣韻·覃韻》烏含切（與『菴』字同一小韻）：『媕，媕娿，不決。』又合韻烏合切：『媕，女有心媕媕也。』據此，『菴』音的『媕』以切作『烏含反』爲宜。又『烏哥反』丁卷無。

〔九二〕黐雀兒，甲卷同，丙一卷、丁卷作『黐鳥兒』，乙卷誤作『黐省兒』；『黐』乃『黐』的換旁俗字。注文『音同前，粘取也』甲卷、乙卷同，丙一卷、丁卷作『丑知反』。按：『音同前』謂同上行下欄『黐膠』之『黐』字之音也。甲卷、乙卷『黐膠』、『黐雀兒』條間竄入『相媕娿』條，則『同前』所指不明矣。

〔九三〕注文『之勻反』甲卷、乙卷同，丁卷作『之均反』，音同；丙一卷誤作『之勺反』。

〔九四〕相戲奪，『戲』字左下部的構件『几』丙一卷訛作『月』形；又『奪』字甲卷、乙卷作『奞』，底卷、丙一卷、丁卷作『奞』，皆爲『奪』字的俗寫。『戲』字字書皆訓淺毛虎，義不合，博士生張鉉疑『戲』或爲『勦』之借音字，近是。《集韻·銜韻》初銜切：『勦，抄也。』『戲』『勦』音義皆近。亦或借用『嚵』字。《龍龕·口部》：『嚵，鋤銜反，嚵氣也。又嚵奪。』『嚵奪』亦即『勦奪』。又或作『攙』。《集韻·豔韻》仕懺切：『攙，傍掣也。』『掣』指拽、拉，與『奪』義近。

〔九五〕皷鼕，甲卷、乙卷同，丙一卷作「皷聲鼕鼕」，丁卷作「鼕鼕」，丙一卷義長；「皷」爲「鼓」的俗字，「鼕」爲「鼕」的俗字。　注文「音同」甲卷同，乙卷脱，丁卷作「同音」，丙一卷作「徒紅反」，「徒紅反」即「同」字切音。

〔九六〕注文「支闕反」的「闕」字底卷、甲卷作「閔」，丙一卷作「閧」，皆爲「闕」的俗字；乙卷作「閅」，則爲「閉」的俗字，「閅」字誤。　丁卷「跧伏」條下接「拴絆」條，「跧伏」條無注。

〔九七〕皷聲鼕鼕，甲卷、丙一卷同，乙卷作「皷聲鼕鼕」，丁卷作「鼕鼕」二字；「皷」、「皼」皆爲「鼓」的俗字，「鼕」爲「鼕」的俗字；「鼕」字《廣韻・冬韻》音力冬切，《集韻》以爲「韸」字或體，而文中音「騰」，音不合，《别録》疑此「鼕」乃「鼟」字之誤，近是。　注文「騰騰」甲卷、乙卷同，丙一卷、丁卷作「徒楞反」，「徒楞反」與「騰」音同。

〔九八〕注文「數闕反」的「闕」字底卷、甲卷、丁卷作「閔」，乙卷「門」内作「反」形，丙一卷作「閧」，皆爲「闕」的訛俗字。

〔九九〕聲韸韸，「韸」字右下部底卷、甲卷作二横，乙卷二横右下部又加一點，皆俗寫，兹據丙一卷、丁卷録正。　注文「音蓬」甲、乙卷同，丁卷作「蓬音」，丙一卷作「步霶反」，音同。

〔一〇〇〕輕䀭䀭，「䀭」字左旁甲卷字形在「月」「目」二旁之間，乙卷似「耳」旁，丙一卷在「月」「目」「耳」三旁之間，丁卷似作「目」旁，此字右半乃「悤」（亦寫作「怱」）的俗寫，左半該從何旁則頗難斷定，兹姑從底卷録文，俟再考。

〔一〇一〕齒齙齷，「齷」字各本同，《研究》録作「齵」，非原形，然「齷」、「齵」其他字書皆不載，俟再考。　注文「下五交反」的「下」字乙卷、丁卷無。

〔一〇二〕頭頷，「頷」字左上角的構件「彡」底卷及甲、乙、丁卷皆少一撇，俗省；丙一卷訛作「分」字草書形；此字楷定通常作「須」。　注文「音須」甲卷、乙卷、丙一卷同，丁卷作「須音」。　又本條丙一卷抄在「齒齙齷」、「鏡奩」二條之下，本行多抄了一條（疑抄手「鏡奩」條之後一行的上欄本當抄「頭頷」條，而誤抄「草蔫萎」條，故只得把『頭頷』條補抄在前行之末），下一行爲『草蔫萎』、『趒集』、『趑趄』三條，也多抄了一條，故下一行上下欄的內容與底卷略有不同，底卷在上欄的『頭頷』條丁卷抄在下文『鏡奩』條之後，在下欄的『草蔫萎』條丁卷抄在上文『齒齙齴』之後，順序亦有歧異。

〔一〇三〕草蔫萎，丁卷無『草』字。注文『於焉反』甲卷訛作『於烏反』。

〔一〇四〕趒集，『趒』字《廣韻・尤韻》音巨鳩切，『違也』，義不合，文中當用同『逑』，古書多借用『鳩』字。《說文・辵部》：『逑，斂聚也。从辵，求聲。《虞書》曰：「旁逑孱功。」』段注：『今《堯典》「逑」作「鳩」，說者亦云鳩聚。』注文『音鳩』丙一卷誤作『音搗』，『搗』乃『擣』字異體。丁卷無此條。

〔一〇五〕趑趄，乙、丁卷作『赼趄』，『赼』爲『趑』字俗省。注文『鴜蛆』甲、丁卷同，丙一卷作『雌蛆』，乙卷作『鴜⿰虫鳥』，『鴜』爲『雌』的異體字，『⿰虫鳥』即『蛆』字，卷中涉上『鴜』字而類化偏旁耳。

〔一〇六〕人囂虗，丁卷作『囂虚』，『虗』字甲卷、乙卷、丙一卷、丁卷作『虛』，爲一字異寫。

〔一〇七〕注文『丁鈎反』乙卷同，甲卷、丁卷作『丁鈞反』，丙一卷作『蘇鈎反』（『反』字本作重文符號，乃涉上『品娕娕』的下一本作重文符號的『娕』字而誤，兹録正）。『鈞』當是『鈎』字之誤；《說文・女部》：『娕，謹也。从女，束聲。讀若謹敕數數。』『娕』字《廣韻》音測角切，爲入聲覺韻字，此處列在平聲，音不合，《廣韻・侯韻》速侯切（與蘇鈎反同音）有『涑』、『⿱欶女』等字，俱從束得聲，或『娕』字本可讀平聲。

〔一〇八〕又嘵噓，甲卷、丙一卷同，乙卷無『又』字（丁卷『嘵』字上殘缺），本條底卷、丙一卷是相對於同欄前一條『人囂虗』而言，『嘵噓』、『囂虗』蓋即一詞異寫，故云『又』字，甲卷、乙卷『人囂虗』條接抄下欄的『品娕娕』，然後再抄『嘵噓』條，『又』字自然就是多餘的了；『噓』字丁卷同，甲卷、乙卷、丙一卷作『嘘』，爲一字異寫。注文『一𦋺反』的『𦋺』字甲、乙、丁卷同，丙一卷作『胥』，爲一字異寫。

〔一〇九〕靴鞾鞓，丁卷作『⿱罒胥鞾鞓』，『⿱罒胥』字疑涉上欄『嘵噓』條注文『一𦋺（胥）反』而誤；『鞓』字底卷及甲、乙卷作小字在注文之末，兹據丙一卷、丁卷改作大字列在『鞾』字之後。注文『素勾反』甲卷同，乙卷作『素勾』，丙一卷作「素鉤反」，丁卷作「素鉤反」，「鈎」爲「鉤」的俗字，「勾」「鉤」讀音相同。

〔一一〇〕湯浶滓，「浶」字丙一卷同，甲、乙卷作「浫」，蓋即「浶」字俗訛；丁卷作「浶」；「浶」字其他字書皆不載，而「浶」字《集韻》去聲禡韻音側駕切，「溠也」，義不合，文中的「浶」、「浶」當皆爲「䊆」的異體字，《匯考》謂即今「渣」字，亦是。《集韻・麻韻》莊加切：「䊆，滓也。通作渣。」《正字通・水部》：「渣，俗以此爲渣滓字。」注文「之加反」丁卷作「乍滓」，「乍」爲去聲字，聲調不合，似有誤。「之加反」屬章紐，此亦莊、章二紐混用之例。參上校記〔三七〕。

〔一一一〕注文「烏還反」甲卷、乙卷、丙一卷同，丁卷作「側還反」。《廣韻・山韻》烏閑切：「黰，染色黑也。」又軫韻章忍切：「黰，黑皃。」《廣韻》前一切音與「烏還反」讀音略同。

〔一一二〕倚俙，疑同「偯俙」，《王一・尾韻》依豈反：「偯，偯俙，見不了皃。」「倚」字《王二》在尾韻，音於綺反，與「依豈反」紐同韻近。丁卷無此條。

〔一一三〕注文「音慢」甲、乙卷同，丙一卷作「莫干反」，丁卷脱注文。「𥻵」字《廣韻》平聲桓韻音母官切，而「慢」字《廣韻》去聲諫韻音謨晏切，「𥻵」字既列在平聲字下，則當據丙一卷作「莫干反」爲是。「𥻵」字《廣韻》釋「𥻵頭」，即今「饅」字，此與「糊」字連用，應讀作「漫」（也可能是涉下「糊」字類化换旁）。《白氏長慶集》卷五六《和微之春日投簡陽明洞天五十韻》：「泉巖雪飄灑，苔壁錦漫糊。」《研究》謂「𥻵」「糢」雙聲，當是取音假借，其意蓋謂「𥻵糊」即「糢（模）糊」，亦可備一説。

〔一一四〕注文「下噪」丁卷無，乙卷作「下喿」，「喿」「噪」古今字；丙一卷作「蘇若反」，《匯考》謂「若」爲「告」字之訛，可從，「譟」、「喿」、「噪」《廣韻・号韻》音蘇到切，與「蘇告反」同音。

〔一一五〕猪獋吠，甲卷同，乙、丁卷作「猗獋吠」，丙一卷作「狥獋吠」，「猗」爲「狗」的俗字，「狥」則應爲「狗」的訛字。注文「呼刀反」甲、乙卷同，丙一卷、丁卷作「乎刀反」，「獋」同「嘷」，《廣韻・豪韻》音胡刀切，與「乎刀反」同屬匣紐；「呼刀反」屬曉紐，唐五代西北方音濁聲母清化，故曉紐、匣紐可以互注。

〔二六〕 趑利，『趑』字底卷、甲卷、乙卷、丙一卷皆作『趑』，乃『趑』的俗字，丁卷正作『趑』，兹據録正。

〔二七〕 人檀駮，『檀』字底卷作『檀』，甲卷作『檀』，乙卷、丙一卷作『擅』形，丁卷作『擅』，當皆爲『檀』或『擅』的俗字；『駮』字左旁丙一卷訛作『易』形。注文『壇』字底卷作『壇』，甲卷作『壇』，乙卷作『壇』，丁卷僅存雙行注文末二字的下部，此字存右下部『旦』形，丙一卷『上壇』作『徒蘭反』，根據『徒蘭反』的讀音，此字宜當作『壇』，而正文則當作『檀』。『亶』右下部作『旦』者，當與避唐睿宗李旦諱有關。又『下補角反』丙一卷無『下』字，丁卷僅存『駮』或『駁』字的下半。《研究》正文定作『擅駮』，不妥；但又謂此二字乃『彈駁』之取音假借，則近是。『駮』『駁』古通用，『檀』、『彈』則同音假借。參看上文校記〔六六〕。

〔二八〕 石齏臼，丁卷無『石』字；甲卷『齏』下多一『情』字，而『臼』作小字混入注文，『情』蓋衍文當删；『齏』字甲、乙、丁卷略同，丙一卷作『齎』，俗字。注文『下舅』甲、乙卷同，丁卷作『舅』一字，丙一卷作『即兮反』。按『即兮反』乃『齏』字之音，屬平聲齊韻；而『臼』『舅』《廣韻》音其九切，皆爲上聲有韻字；此條既列在平聲字下，應有平聲注音，注文『下舅』前當補『即兮反』一音。又此條之下底卷爲『蹱直』條，左行上欄爲『醲(當作『⿰耳農⿰耳農』，詳下)』條；甲卷依次抄『石齏情臼』、『蹱直』、『醲醲』條，丙一卷本行上欄爲『蹱直』條，左行上欄爲『⿰耳農⿰耳農』條，下欄爲『石齏臼』條，左行上欄爲『蹱直』條；乙卷依次抄『⿰耳農⿰耳農』、『石齏臼』、『直蹱』條；丁卷『趑利』條後接抄『⿰耳農⿰耳農』、『蹱直』條，『人檀駮』條後接抄『〔石〕齏臼』條；據此推斷，甲卷上述數條所據底本順序當與底卷相同，乙、丁卷所據底本順序當與丙一卷相同。

〔二九〕 蹱直，甲卷、丙一卷、丁卷同，乙卷作『直蹱』；『蹱』當讀作『傭』(『蹱』『傭』《廣韻·鍾韻》同音丑凶切)，『傭直』或『直傭』乃同義複詞，爲均勻、筆直義。劉宋天竺三藏求那跋陀羅譯《雜阿含經》卷一〇：『入於山林，見大芭蕉樹，臃直長大。』梁天竺三藏真諦譯《佛説無上依經》卷二：『以此業緣得二種相，一者手指纖長，臃直没節；二者其身方大，端政莊嚴。』慧琳《音義》於後經下釋云：『傭直，上寵龍反，《毛詩傳》曰：傭均也。郭注《爾雅》謂齊等也。《説文》亦均直也。從人，庸聲。經從月作臃，俗字也。』

〔一三〇〕醲醲，甲卷同，乙卷、丙一卷、丁卷作「𦗨𦗨」，《匯考》謂當作「𦗨𦗨」，是。按《玉篇・耳部》：「𦗨，女江切，《淮南子》曰『听雷者𦗨』，注云：『耳中𦗨𦗨然。』」《埤蒼》云耳中聲也。」《廣韻》「𦗨」在江韻，而「醲」則在鍾韻，且古書中亦未見「醲醲」連用者。

〔一三一〕兒𧛔褯，「𧛔褯」二字底卷、甲卷、丙一卷、丁卷皆從「礻」旁作；乙卷「𧛔」字訛「棚」，「褯」字從「礻」旁作；俗書「礻」旁多混同「礻」旁，兹徑據詞義録正；「𧛔」字的「朋」旁丁卷作兩個斜書的「用」字形，「褯」字的「席」旁底卷、甲卷作「𢋃」，皆俗寫。注文「百耕反，下謝」丁卷無，丙一卷「下謝」作「七夜反」，「褯」字《廣韻・禡韻》音慈夜切，從紐，「謝」字音辝夜切，邪紐，「七夜反」屬清紐，俱韻同紐近。

〔一三二〕注文「衣俱反」丁卷「俱」字作「且」，蓋「具」字俗訛。

〔一三三〕拳扠人，「扠」字底卷從木旁作，兹據甲卷、乙卷、丙一卷、丁卷録正；「人」字丁卷無。注文「丑皆反」的「反」字底卷、甲卷無，兹據乙卷、丙一卷、丁卷補。又「捊」字乙卷、丙一卷同，甲卷訛從木旁，丁卷無此字，《匯考》謂當作「搋」，而「搋」又爲「搋」的俗字。《廣韻・佳韻》丑佳切：「扠，以拳加人。亦作搋。」

〔一三四〕心不嘽展，此條丁卷有殘泐，「嘽」字底卷、乙卷作「𠹷」，甲卷作「𠹷」，皆俗寫，兹據丙一卷録正；「展」字底卷、甲卷、乙卷作「㞋」，丙一卷作「㞋」，皆俗寫。注文「音攤」甲、乙卷同，丙一、丁卷作「音灘」，音同。

〔一三五〕本條注文後丙一卷又出大字「又脽」二字。《廣韻・灰韻》素回切：「脽，脽膭。」又云：「捼，擊也。」二字音同義別，《匯考》以爲屬「注引假借」之例。按明方以智《通雅》卷二八《禮儀》：「嗺酒，一作脽酒，即催酒也。元有喝盞之儀。李涪《刊誤》言脽酒三十六拍促曲名「三臺」，脽合作啐，蓋送酒也。《資暇録》言與涪同。程大昌言「内宴抗聲索樂，但云脽音催酒」。《字書》「脽，屈破也」，當是啐酒之轉。《名賢詩話》：王仁裕詩「芳尊每令管弦嗺」。又趙緦《交趾事跡》言嗺酒逐歌。可知嗺酒乃唐人熟語，宋朝相沿不改也。義當用催，而別作脽、嗺。」則「捼酒」即「脽酒」，亦即「催酒」也。

〔一三六〕貪惏，甲卷同，乙卷作「貪惏」，丙一卷、丁卷作「貪婪」，丙一卷注文「音藍」後又出大字「又惏」二字。「惏」

『婪』蓋古異體字，『㑣』文中則應爲『惏』的換旁俗字。

〔一二七〕𡃶𡀾，『𡃶』字右部的上一『子』底卷、甲卷、丙一卷、丁卷皆作『亠』形，蓋簡省符，兹據乙卷録正。注文『下𡀾』丁卷無『下』字；『士閑反』底卷、甲卷作『土閉反』，乙卷作『土開反』，丙一卷作『土閑反』，《匯考》校作『士閑反』，是，兹據改。《匯考》謂『𡃶𡀾』即《廣韻·宥韻》之『僝僽』，《研究》又引《集韻·宥韻》『僽，或作𧮘』爲證；按丁卷『𡃶』字直音作『僝』，殆已指明『𡃶』實即『僝』字之换旁俗字也。『僝』字《廣韻·山韻》音士山切，與『士閑反』讀音相同。

〔一二八〕鳥圝，『圝』字丁卷略同，甲卷、乙卷、丙一卷作『圞』形，俗字。

〔一二九〕口𪘲齕，『𪘲』字底卷、甲卷作『𪘹』形，乙卷作『𪗋』形，丙一卷、丁卷作『𪘲』，後者乃『𪘲』字俗寫，兹録正；『𪘲』字《廣韻·皆韻》音卓皆切，與『知皆反』讀音相同。注文『知皆反』後丁卷另有『古訖反』三字。

〔一三〇〕慵饞，『饞』字右半各本皆作上下二『兑』形，俗寫，兹録正。注文『石容反』甲卷、乙卷、丙一卷同，丁卷作『士容反』，『慵』字《廣韻·鍾韻》音蜀庸切，與『石容反』同音，禪紐；『士容反』屬崇紐，紐近。又『石容反』後丙一、丁卷另有『士咸反』三字。

〔一三一〕獼頭，甲、乙卷同，丙一卷、丁卷作『人獼頭』。注文『居靴反』丁卷作『君靴反』，紐同。又『鳥圝』條以下甲、乙卷的序次爲：鳥圝、口𪘲齕、慵饞、獼頭（把底卷按行讀即得此順序），其所據底本當與底卷相同；丙一卷『慵饞』條補抄在『𡃶𡀾』條之下，『人獼頭』條補抄在『口𪘲齕』條之下，每行都多抄了一條，蓋『慵饞』、『人獼頭』一行漏抄，抄手發現後補抄於前二行之末；丁卷是根據底本按欄抄録的，『鳥圝』條接抄於『貪婪』條之下在前，『口𪘲齕』、『人獼頭』、『筋掎夾』、『慵饞』條接抄在後，所據底本當與丙一卷接近，故丙一卷補抄的『慵饞』、『人獼頭』二條該本都被作爲下欄抄列在後。

〔一三二〕筋掎物，乙卷同，甲卷作『筋倚物』，丙一卷作『筋掎夾』，丁卷作『筋掎夾』，『掎』文中當爲『掎』的繁化俗字，『倚』則當爲『掎』的借音字。斯三三九三號《王梵志詩一卷》：『親家會賓客，在席有尊卑。諸人未下飭，不得在前掎。』其中的『掎』字伯三五五八號、伯三七一六號背同詩作『掎』，其中伯三五五八號寫卷『掎』字右側又旁記一『倚』字，可參。『又剞』的『剞』甲、丁卷同，乙卷訛作『剖』，丙一卷作『剞』，『剞』當爲『剞』的繁化俗字，猶『掎』字繁化作『掎』。『剞』用同『掎』古書未見，當屬『注引假借』之例。《集韻・支韻》居宜切：『攲，以箸取物。』可參。又『同上』二字甲、乙卷同，丙一卷、丁卷無，按例不必有。又『又剞』以下底卷、甲卷、丙一卷皆與『飭掎物音飢』不接抄（底卷、甲卷排作上下二欄），不妥，茲改排作一條。

〔一三三〕『蜻蜓』條底卷及甲卷、乙卷、丙一卷無，茲據丁卷補。注文『廷』字丁卷僅存右部殘畫，茲據其筆形擬補。

〔一三四〕上聲字，甲、乙卷同，丙一卷作『上聲』，丁卷無此三字。參看上文校記〔一二六〕。

〔一三五〕物餇塞，甲卷同，乙卷訛作『物餇寒』，丙一卷作『物餇』，丁卷作『☒（物）餇喉嚨』。注文『口雅反』下丙一卷另有『又歌』二字。

〔一三六〕㷄麻，『㷄』字甲、乙卷同，丙一卷作『㷄』，丁卷作『燊』，『燊』、『㷄』二字皆不見於其他字書載録，考『㷄』字《説文》從林、熒省，『㷄』殆即從不省的『熒』，不過把『火』旁移至『林』旁下部而已，而『燊』又爲『㷄』字俗省。注文『音傾』甲、乙卷同，丁卷無『音』字，丙一卷作『音頃』，音『頃』是，『㷄』『頃』《廣韻》並音去潁切，爲上聲静韻字，而『傾』則爲平聲字，與列在上聲的『㷄』聲調不合。

〔一三七〕口哆屚，『屚』字甲、乙卷同，丙一卷作『屚』，爲隸定之異。

〔一三八〕注文『測浼反』甲卷、丙一卷同，乙卷作『側浼反』，丁卷作『側跪〔反〕』；『揣』字《廣韻・紙韻》音初委切，與『側跪〔反〕』韻同紐近；又『浼』爲上聲賄韻字，與『揣』分屬蟹攝和止攝，唐五代西北方音中此二攝字每多通用，不過『浼』也有可能爲『涴』字之訛，後者《廣韻》有過委切一讀，『測涴反』與『揣』字（初委切）音同。

〔一三九〕注文『反』字底卷、甲卷、乙卷無，茲據丙一卷、丁卷補；『於挍〔反〕』丙一卷作『於交反』，丁卷作『得稍反』，『挍』乃『校』的俗字，『得』應是『於』字之訛，『㤊』字《集韻・效韻》音於教切，與『於挍（校）反』、『於稍反』讀音相同。

〔四〇〕注文『音苟』甲卷、乙卷、丙一卷同，丁卷作『上后』，『垢』『苟』《廣韻・厚韵》同音古厚切，而『后』字同韻音胡口切，韻同紐異。又『下戛』甲、丁卷同；乙卷作『下戛反』，『反』爲衍文或『戛』上脱一字；丙一卷作『古▨反』，缺字原卷存殘畫，《敦煌掇瑣》、《姜韻》録作『古八反』，與『玠』字音合，或劉氏、姜氏當年所見原本此缺字尚可辨識也。

〔四一〕注文『音鬼』丁卷無『音』字。又『李出反』甲卷同，乙卷作『季出反』，當據正；丙一卷直音『決』，丁卷似作『季氏反』；『譎』字《廣韻》音古穴切，見紐屑韻，與『決』字同音，與作『季出反』、『季氏反』者紐同韻異，『出』疑爲『拙』字之訛，『拙』薛韻字，《廣韻》薛、屑同用。

〔四二〕注文『尺忍反』丁卷脱。又『得來反』甲、乙、丁卷同，丙一卷無，《匯考》謂『得』是『呼』之誤，可從，『咍』字《廣韻・咍韻》即音呼來切。

〔四三〕矯詐，『矯』字右半各本作『高』形，俗寫。注文『居夭反』丁卷無，丙一卷無『反』字。

〔四四〕炰膘，『炰』字所從的『缶』旁底卷、甲卷、乙卷作『⿱𠂉正』，丙一卷作『⿱𠂉壬』，丁卷作『⿱𠂉生』，後二形皆爲『缶』旁的常見變體，前一形則爲後一形的訛變形，茲録正；『膘』字甲、乙、丁卷同，丙一卷右上部作『廿』，蓋與避唐諱有關。注文『居甲反』甲、乙卷同，丙一卷作『丑甲反，爛也』，丁卷作『丑甲反』，『居甲反』當是『丑甲反』之誤，『膘』字字書訓『薄切肉』，義不合，當讀作『煠』。《廣韻・葉韻》丑輒切：『煠，爚煠。』又『膘（煠）』爲入聲字，而此條列在上聲字下，『炰』字《廣韻》音方久切，爲上聲有韻字，各本當脱『炰』字音注。

〔四五〕注文『音敗』二字丁卷無。『韛』字《廣韻・怪韻》音蒲拜切，『敗』字《廣韻・夬韻》音薄邁切，二字紐同韻近（唐五代西北方音怪韻、夬韻音近混用），但『韛』、『敗』皆爲去聲字，而此條列在上聲字下，歸屬或有問題。

〔四六〕兒嫩騃，甲卷、乙卷、丙一卷同，丁卷『嫩』字作『嬾』，爲『嬾』的俗字，文中應爲『嫩』字之訛，『嫩』同『嫩』。

〔一四七〕水眏濊，甲卷「眏」下多一「道」字，疑衍。注文「音豁」丁卷「音」下脱直音字。又「濊」爲入聲字，而此條列在上聲字下，「眏」字《廣韻》音姑泫切，爲上聲銑韻字，各本或脱「眏」字音注。

〔一四八〕相憯，「憯」字丁卷作「僭」，又此字右上部各本從俗作二「天」，兹録正；丁卷「憯」下多一「旹」字，《匯考》以爲衍文。

〔一四九〕乱氅氅，「乱」字各本同，乃「亂」的俗字。下同。

〔一五〇〕乱攘攘，「攘」字甲卷、丙一卷同，丁卷訛從木旁；乙卷作「壤」，同音借字。注文「同對」甲、乙卷同，丙一卷作「而兩反」；《匯考》以「對」爲「前」字之誤，可從；丁卷「亂攘攘」條列在「亂氅氅」條之下，注文作「同上」，可證。唯「攘」字《廣韻・養韻》音如兩切，而「氅」字寫卷音尺兩反，二字韻同紐異，丙一卷「攘」字音「而兩反」，則正與「如兩切」同音。

〔一五一〕寬奲奲，下「奲」字丙一卷無，蓋抄脱重文符號（下「奲」字底卷、甲卷、乙卷皆作重文符號）。「又奲」二字甲卷、丙一卷同，乙卷作小字注文，「奲」字誤作「大多單」三字。丁卷無此條。「奲」、「奲」二字其他字書不載，考《説文・奢部》：「奲，富奲奲皃。从奢，單聲。」段玉裁《説文解字注》：「俗用嚲字訓垂下皃，亦疑奲之變也。」蓋「奲」字或體作「嚲」，「奲」乃「奲」、「嚲」二字交互影響的結果，而「奲」蓋又由「奲」孳乳而來的會意俗字。《廣韻・馬韻》昌者切（與「尺者反」同音）：「奲，寬大也。」音義皆合。

〔一五二〕注文「丑偃、魚偃二反」甲、乙卷同，丙一卷作「丑偃反，魚偃反」，丁卷有注文，但已被劃去。《廣韻・阮韻》去偃切：「言，言言，脣急皃。」《別録》據以謂「丑偃反」之「丑」爲「去」字之誤，當是。

〔一五三〕注文「自浸反」甲、乙卷同，丙一卷作「自侵〔反〕」。注文所音《匯考》以爲乃「鐞」字，其字《王二・侵韻》作「鐔」，音徐林反，訓劍鼻。按《龍龕・金部》：「鐞，俗；鐞，正：奴豆反，鋤—也。或呼高反，義同。」當別爲一字。但「自浸反」爲去聲，「自侵反」又爲平聲，而本條列在上聲字下，仍是疑問。丁卷無此條。

〔一五四〕面麽攞，甲、乙卷同，丁卷作「面磨攞」，丙一卷訛作「面縻攞」。注文「力我」甲卷同，丁卷作「力禾」，乙卷、丙一卷作『力我反』，茲據補『反』字。『麼攞』、『磨攞』爲疊韻連綿詞，通常作『懡㦬』或『䃺䃯』。《廣韻・果韻》亡果切：『懡，懡㦬，人慚。』又哿韻來可切：『㦬，㦬懡，慚也。《玉篇》又作䃺䃯。』

〔一五五〕『箭笴』條丁卷無。

〔一五六〕注文『五患反』的『五』字乙卷脱，丁卷無『反』字。《廣韻・潸韻》：『⿰齒戔，⿰齒戔⿰齒干，齒不正。士板切。』又云：『⿰齒干，五板切。』『⿰齒戔⿰齒干』二字《廣韻》皆讀上聲，與本卷列在上聲字相合，此條注文反切下字『患』《廣韻》在去聲諫韻，本書注音上聲、去聲多相亂不分。

〔一五七〕口剖扸，『剖』字丙一卷訛作『割』；『扸』字甲卷、丙一卷略同，乙卷右旁訛作『斥』形；斯三八八號《羣書新定字樣》以『扸』爲『析』的『相承』俗字。丁卷無此條。

〔一五八〕注文『途果反』三字底卷、甲卷無，茲據丙一卷補；乙卷、丁卷作『逢果反』，『逢』當是『途』字之訛。『剢』字其他字書不載，蓋從刀、妥聲的形聲字。又『剢割』條與下欄的『力擺撼』條丙一卷位置互換；丁卷『力擺撼』條抄在『⿰齒戔⿰齒干』條之後，『剢割』條抄在『力擺撼』條之後，則其所據底本當與丙一卷相同；乙卷『剢割』條抄在『足⿱竹跛⿱竹蹀』條之後，其所據底本此條當亦在下欄。參下校。又丁卷『剢割』條下接『物⿱髟彭仰』、『⿰犭罷㺜』條，其間抄有詩四句，其中『剢割』、『物⿱髟彭仰』二條左側的部分筆畫疊壓在『丈夫須立身』句之上，『物⿱髟彭仰』條下爲『莫供（共）酒家親。君□（不）見生生（狌狌）鳥，謂（爲）酒喪其身』詩三句，然後爲『⿰犭罷㺜』條，由此可以斷定這四句詩應是先抄的，然後再利用其前後空間來抄寫『白家碎金』。此詩與本篇無關。伯二七一八號《茶酒論一卷》：『茶爲酒曰：阿你不見道：男兒十四五，莫与酒家親。君不見生生（狌狌）鳥，爲酒喪其身。』此詩亦見於斯三七二四號背、斯五五七一號背、伯五五五七號背，參看項楚《敦煌變文選注》四四三頁、徐俊《敦煌詩集殘卷輯考》八八〇頁。

〔一五九〕力擺撼，『擺』字丙一卷、丁卷同，乙卷誤作『⿰犭罷』。注文『莫解反』乙卷、丙一卷、丁卷同。按《廣韻・蟹韻》北買切：『擺，擺撥。』北買切屬幫紐，『莫解反』屬明紐，唐五代西北方音明紐與幫紐、滂紐音近可以互注。

《匯考》校『莫解反』作『普解反』，似不必。《正字通・手部》：『擺，持而搖振之也。』唐李德裕《周秦行記論》：『故自卑秩，至於宰相，而朋黨若山，不可動搖。欲有意擺撼者，皆遭誣坐。』『擺撼』蓋近義連文。甲卷無此條。

〔一六〇〕注文『希偃反』丁卷作『希反』二字，脱反切下字。《集韻・阮韻》許偃切：『攇，《博雅》擬也。一曰手約物。』『擬攇』蓋同義連文。又『擬攇』至『人鼾鼻』八條序次丙一卷同，乙、丁卷亦大抵依底卷上下欄的先後抄列；甲卷則俱底卷下欄一條在前，上欄一條在後，序次有異。

〔一六一〕物䶩仰，『䶩』字甲、乙、丙一卷同，丁卷作『齴』，『䶩』當是『齴』字之訛。注文『魚偃反』乙卷誤作『莫偃反』。《廣韻・獮韻》魚蹇切（與『魚偃反』紐同韻近）：『齴，齒露。』

〔一六二〕足簸籭，『籭』字甲、乙卷同，丙一卷右下部的構件『世』作『廿』，丁卷略同，蓋與避唐諱有關（參上校記〔一四四〕）。注文『傅我反』的『傅』字底卷似作『傅』（無右部的一點），甲卷略同，乙卷、丙一卷作『傳』，『傳』『傅』二字俗書皆可作上述形狀，文中當是『傅』字，茲徑録正；丁卷作『博』，古無輕重唇的區別，故『傅我反』『博我反』同音。『簸』字《玉篇・箕部》音補我切，與『博我反』同音。又『手列反』甲卷、乙卷同，丙一卷作『于列反』，丁卷作『下烈反』。《玉篇・箕部》：『籭，以獵、徒協二切，簸也。』《匯考》據以謂『于』字是『于』『以』同紐，當是；《研究》疑『手』、『于』並爲『丁』字之訛，恐不可從。又《廣韻》『列』、『烈』在薛韻，『獵』在葉韻，『協』在帖韻，分屬山攝、咸攝，其主要元音相同，故唐五代西北方音可以互切。又此條丁卷在『人鼾睡』、『剢割』條之間，字序有異。

〔一六三〕掍擲，甲、乙卷同，丙一卷、丁卷作『又掍擲』。注文『公穩反』甲卷、乙卷、丙一卷同（乙卷『穩』字右部訛作『臭』形），丁卷作『同上』。按：底卷、丙一卷按欄讀，丁卷據底本按欄抄，故被注字切音相同列在『輪輥動』條左列或其下的『掍擲』條可用『又』或『同上』加以溝通；甲、乙卷誤按行抄列，原本讀音相同先後相承的『輪輥動』『掍擲』二條隔以其他條目，則不得不分別注音矣。

〔二六四〕𤢂㺘，「𤢂」字甲卷、乙卷、丙一卷同，丁卷作「⿰犭藍」，蓋繁化俗字；「㺘」字右部底卷作「条」，甲卷、乙卷、丙一卷、丁卷作「条」，注文「糝」字大抵仿此，皆俗寫，茲録正。注文「音毯，下糝」甲、乙卷同，丙一卷「毯」下衍「也」字，丁卷作「立（音）檻㺘」；《匯考》謂「毯」字誤，音「檻」是；《廣韻·檻韻》「𤢂」「檻」皆有胡黤切一讀。《廣韻·豏韻》所斬切：「㺘，㺘𤢂，犬吠。」《集韻·檻韻》「㺘𤢂」作「𤢂㺘」。

〔二六五〕「奸宄」條及下「舌舐」條底卷及甲卷、乙卷、丙一卷無，茲據丁卷補。丁卷此二條抄在「𤢂㺘」、「穿窌」條後、「人鼾鼻」條之前，字序有異，現暫添補於此。「奸」爲「姦」的俗字，「宄」字原卷訛作「穴」形，茲據詞義録正。但「姦」字《廣韻》音古顔切，爲平聲刪韻字，而本條列在上聲字下，應脱「宄」字的注音，「宄」字《廣韻》音居洧切，爲上聲旨韻字。參上校記〔八八〕。

〔二六六〕或䑛，「䑛」字丁卷原訛作「虵」，茲據《匯考》校正。「舐」字《説文》作「舓」，或作「䑛」，而「舐」爲其後起異體字。

〔二六七〕相詽惹，「詽」字底卷、甲卷、丙一卷、丁卷作「諵」，乙卷作「諵」，皆爲「冄」（今字多作「冉」）旁的俗寫，茲録正。注文「染諸」甲卷同，乙卷誤作「染諸」，丙一卷作「而鹽也（反），而者反」，丁卷作「如鹽反」；「詽」字《廣韻》作「諵」，音汝鹽切，與「而鹽反」、「如鹽反」同音，但爲平聲鹽韻字；直音字「染」《廣韻》音而琰切，在上聲琰韻，同一小韻有「冉」、「苒」等字，疑作者「詽」字亦讀爲上聲，故直音「染」而列此條在上聲字下。又「惹」字《廣韻》在上聲馬韻，音人者切，與丙一卷「而者反」同音；而「諾」字《廣韻》音奴各切，在入聲鐸韻，紐近韻異。

〔二六八〕本條丁卷在行末，僅存「人鼾」二字，其下似有殘泐。又此條丁卷在「穿窌」、「奸宄」、「舌舐」條之後、「寒瘮」條之前，字序有異。

〔二六九〕謟習，「謟」字甲卷、乙卷、丙一卷同，丁卷右旁作「公」，俗寫。注文「音兗」甲卷、乙卷、丙一卷同；丁卷似作「玄誦反」（《匯考》録作「玄涓反」，《郝録》録作「之誦反」），有誤。

〔一七〇〕寒瘮，甲、乙卷同，丙一卷、丁卷「瘮」下皆有一重文符號，則原文或當作「寒瘮瘮」；「瘮」字所從的「參」旁底卷作「条」，其餘各卷皆作「条」，俗寫，兹録正。注文「所錦反」甲卷、乙卷、丙一卷同，丁卷作「所禁反」；《廣韻·寑韻》踈錦切：瘮，寒病。「踈錦切」與「所錦反」同音。《集韻》「瘮」字有「所禁切」一讀，但係去聲沁韻字。

〔一七一〕鏇馬，「鏇」字底卷、甲卷、乙卷、丙一卷皆形訛作「鏃」，兹據丁卷録正。注文「音兖」甲、乙卷同，丙一卷訛作「究」，丁卷作「吉遠反」，《匯考》謂「音兖」是；《廣韻》辝戀切：「鏇，長繩繫牛馬放。」乃去聲線韻字，而「兖」字《廣韻》音以轉切，乃上聲獮韻字，《字寳》列「鏇」字於上聲字下，與「兖」字聲調相合。

〔一七二〕注文「音孔。亦作窡」甲卷、乙卷同，丙一卷作「音孔。又窡」，丁卷作「孔。或窴」；「窴」當爲「窡」字之誤。「窊」、「窡」其他字書皆未載。《研究》引臺北中央研究院藏《明本大字應用碎金·諍訟篇》鬥毆：「鑽壁，窊公上聲穴。」可見「窊」字後世民間尚見沿用。又《篇海》卷一三穴部引《類篇》：「窡，古孔切，剜土也。」「窡」「窬」疑爲一字之變。《匯考》以「窡」爲「窬」俗字，恐不確。

〔一七三〕相詣誘，甲卷、乙卷、丙一卷同，丁卷無「相」字。「詣」乃「誚」字異寫，《研究》録作「誚」，非是；「誚」文中疑爲「訤」的改換聲旁俗字；《墨子·經上》有「誚」字，《漢語大字典》據清洪頤煊《讀書叢録》以爲「涓」字或體，當别爲一字。注文「吉典反」甲、乙卷同，丙一卷作「吉遠反」，丁卷作「上如選〔反〕」，其中「吉典反」一讀與「訤」字（《廣韻·銑韻》音姑泫切）同音，丁卷「如選」疑爲「姑選」之誤，「姑選〔反〕」、「吉遠反」與「吉典反」紐同韻近。

〔一七四〕注文「音仲，息朗反」甲、乙卷同；丙一卷作「自朗反」，《匯考》以爲「息朗反」之誤；丁卷作「▨▨了馬」（缺字原卷字形模糊難辨，次字《郝録》録作「嗓」，似未確），含意不明，俟再考。又按《集韻·江韻》「啌」字音虛江切，與「仲」字音不合，故《匯考》以注文「仲」字爲衍文。博士生張鉉謂「仲」字非衍文，引《齊民要術·養羊》「緩驅行，勿停息」賈氏自注：「息則不食而羊瘦，急行則坌塵而蚛顙也。」繆啓愉校釋讀「顙」

爲『嗓』，并釋『坌塵而蚛顙』曰：『指跑得太快，呼吸急促，吸入較多的塵土，因而引起咽喉部疾病。』又引《資治通鑑・太宗貞觀十四年》：『侯君集馬病蚛顙，行軍總管趙元楷親以指霑其膿而齅之。』『馬啌嗓』與『馬病蚛顙』所指當同，皆指一種症狀爲咳嗽的呼吸道疾病，而『蚛』字《廣韻・送韻》音直衆切，正與『仲』字同一小韻（『仲』爲該小韻代表字）。蓋『啌嗓』『蚛顙』含義相當，作者或以爲一詞異寫，遂讀『啌』爲『蚛』音，而標注直音『仲』。

〔一七五〕人魐魖，『魖』字丙一卷、丁卷同，甲、乙卷作『魖』，爲一字異寫（猶注文『虗』字甲、乙卷作『虚』）。注文『嶮虗』甲、乙卷作『嶮虚』，丙一卷作『膝奄反，下虗』，丁卷無注音；『膝奄反』與『嶮』讀音略同。

〔一七六〕䵟䵴，『䵟』字右部乙卷訛作『于』。注文『公罕反，贈』甲、乙卷同，丙一卷無『贈』字，丁卷無『反』字。注文末丙一卷另有『又皯䵴』三字，丁卷作『亦皯䵴』。『䵴』字其他字書未載，蓋『䵴』涉『皯』字類化偏旁。《廣韻・旱韻》古旱切（與『公罕反』同音）：『奸，面黑。䵟，上同。皯，亦同。』《集韻・隥韻》昨亘切（與『贈』字同一小韻）：『䵴，奸䵴，面黑氣。』

〔一七七〕人𥎵欵，『𥎵』字《正字通》等傳世字書以爲『𥏋』的訛字，但本書的『𥏋』則疑爲『𥏝』的改換聲旁俗字；『欵』字其他字書未載，蓋『𥏋』的改換聲旁俗字。注文『音比姿』甲卷、丙一卷同；乙卷作『音比次反』，『次反』二字蓋『姿』字之誤分；丁卷作『音人比諮』，『人』字衍文，『諮』『姿』《廣韻・脂韻》並音即夷切。《集韻・支韻》賓彌切：『𥏝，𥏝𥎵（𥏋），短也。』又將支切：『𥏋，𥏝𥏋，短也。』『𥎵欵』『𥏝𥏋』讀音相近。『𥏝』『𥏋』皆爲平聲字，本書列在上聲者，蓋『𥎵（𥏝）』字讀從比聲也。

〔一七八〕注文『絞滑』甲、乙卷同；丙一卷作『古咬反』，丁卷作『吉交反』，皆係爲『狡』字注音；『狡』字《廣韻・巧韻》音古巧切（與『絞』字同一小韻），與『古咬反』同音（『咬』字《集韻》音古巧切，亦上聲巧韻字）；丁卷音『吉交反』，《廣韻》屬平聲，聲調不合。

〔一七九〕注文『尺染反』甲卷、乙卷、丙一卷同；丙一卷又有『一賴反』一讀，『賴』字《匯考》以爲『頰』字之誤，極是；丁卷無『尺染反』，而有『一頰反』一讀，『一頰反』係音『擪』字，後者《廣韻·葉韻》音於葉切，與『一頰反』紐同韻近。『挒』字《集韻》音失冉切，釋『疾動皃』，但古書未見與『擪』連用者。宋洪邁《容齋續筆》卷一六『唐人酒令』條記酒令『又有旗幡令、閃擪令、抛打令，今人不復曉其法矣。唯優伶家猶用手打令以爲戲云』，疑『挒擪』即『閃擪』。

〔一八〇〕注文『乃我反』甲卷、乙卷、丙一卷同，丁卷作『力我〔反〕』。按《廣韻·哿韻》：『嚲，垂下皃。丁可切。』《匯考》謂丁卷『力我』反乃『乃我』反之誤，其作『乃我反』者，係端、泥二紐相混；《研究》則謂『乃我反』乃『丁我反』之訛。按：丁卷『力我』反之『力』應爲『刀』字之訛，『刀我反』『丁我反』同音；『乃我反』則不誤，端、泥二紐互注本篇屢見，爲唐五代西北方音的特點。參上下文校記〔七九〕、〔三五三〕、〔三九七〕。

〔一八一〕此條底卷、甲卷、乙卷無，兹據丙一卷補，丁卷亦有此條；注文丙一卷作『音許講』，丁卷作『許講』二字，兹酌補『反』字。又此條丙一卷在『手挒擪』條下欄，而『手垂嚲』條則在下行的上欄，因丙一卷多了一條，故該卷下文上下欄的條目與底卷相異；丁卷所據底本同丙一卷，於是此下底卷在上欄的條目（丙一卷在下欄）丁卷都抄在了後面，而底卷在下欄的條目（丙一卷在上欄）丁卷都抄在了前面。

〔一八二〕壯傀傋，『傋』字右上部底卷、甲卷、乙卷、丁卷作『世』字形（注文『講』字右上部同），俗寫，丙一卷作『廿』，乃因『世』旁避唐諱改寫，兹録正。注文『麥講反，許講反』甲卷同，乙卷『講』字的言旁作『⻈』形，乃草書之訛；丁卷『許講反』作『虎講反』；丙一卷同丁卷，而『虎』下部的『几（儿）』作『丆』形，蓋避唐諱（唐高祖祖父諱）缺筆，《匯考》以爲乃『虗』字，不確。《廣韻·講韻》古項切：『傋，傀傋，不媚皃。又虛項切。』其中『虛項切』一讀與『許講反』、『虎講反』同音。

〔一八三〕霮霼，『霼』字下部各本皆作『糸』形，俗寫，兹録正；『霼』字其他字書未載，疑爲『黲』的換旁俗字（雨、雲、黑三旁俗書多可換用）。《廣韻·敢韻》：『黲，日暗色。倉敢切。』『倉敢切』『七敢切』同音。又《集韻·感韻》鄔感切：『霮，雲氣盛也。』『霮霼（黲）』蓋近義連文。

〔一八四〕暐曄，底卷下字作『目』旁，甲卷下字作『月』旁，乙卷二字皆作『目』旁形，丙一卷二字皆作『月』旁，當以作『日』旁爲正，兹據丁卷録正。注文『于鬼、于劫反』甲、乙卷同，丙一卷『于鬼』下有『反』字，丁卷無注文。《龍龕・日部》：『暐，于鬼反，暐曄，日光盛皃也。』又《六臣註文選》卷一七陸機《文賦》『奏平徹以閑雅，説煒爗而譎誑』，『煒』下原注『于鬼』切，『爗』下原注『于劫切，善作曄』。『暐曄』『煒爗』爲一詞之異。

〔一八五〕注文『烏陷反，直陷反』乙卷、丙一卷同，甲卷『陷』皆訛作『稻』，丁卷無『反』字；《玉篇・黑部》：『黯，烏減切，深黑也。』又云：『黮，敕感、都甚二切，黯黮不明净也。』此二字皆爲上聲字，與原文列在上聲字下相合；但反切下字『陷』《廣韻》在去聲陷韻，本書下文『瀺』字音『士陷反』，『蘸』字音『側陷反』，『譀』字音呼陷反，皆以『陷』爲反切下字而其字列在去聲字下，則此處『陷』字或誤，《匯考》校作『渻』，近是（『渻』字《廣韻》有胡感切一讀，爲上聲字）。

〔一八六〕礦硬，『礦』字甲卷、乙卷、丙一卷同，丁卷作『磺』，古字。《廣雅・釋詁》：『礦，強也。』《玉篇・石部》：『磺，古猛切，強也，銅鐵璞也。礦，同上。』『礦（磺）硬』蓋近義連文。《匯考》以『硬』爲『磺』之誤，校作『礦古猛反又磺』，非是。注文『古猛反』乙卷、丙一卷、丁卷同，甲卷作『吉猛反』，音同。

〔一八七〕義鬌子，甲卷、乙卷、丙一卷同，丁卷『鬌』字作『髿』形，後者字書未載，蓋誤字。注文『知買反』甲、乙卷同，丙一卷『反』誤作『子』，丁卷無『反』字。『鬌』字《集韻》音都果切，音不合，《匯考》疑當作『䯊』，近是。蓋『䯊』字誤作形近的『髻』，『髻』又寫作其或體『鬌』。《廣韻・賄韻》陟賄切（與『知買反』紐同韻近）：『䯊，假髮髻也。』宋洪邁《容齋隨筆》卷八『人物以義爲名』條：『自外入而非正者曰義，義父、義兒、義兄弟、義服之類是也。衣裳、器物亦然。在首曰義髻，在衣曰義襴、義領。』是則『義䯊子』即『假髮髻』也。

〔一八八〕石上硾，各本同，《廣韻》去聲寘韻馳僞切：『硾，鎮也。』《吕氏春秋》云：硾之以石。』《説文新附・石部》：『硾，擣也。』注文『直類反』甲卷、乙卷、丙一卷同，丁卷誤作『上類反』（涉正文『上』字而誤）；『直類反』『馳僞切』紐同韻近，但這一讀音的『硾』及反切下字『類』皆爲去聲字，而本條列在上聲字下，聲調不合。

丙一卷注末另有『石上杄』三字，『杄』字不知何意，博士生張鉉疑『杄』爲『杵』字之訛，近是，『杵』有舂、擣之義，與『硾』義近；《匯考》以『杄』爲『衦』之誤，引《玉篇・衣部》：『衦，公但切，摩展衣。』似未確。

〔一八九〕弄傀儡子，乙卷、丙一卷、丁卷同，甲卷無『子』字。注文『力外反，五每反』底卷、甲卷、乙卷、丁卷無，兹據丙一卷補，《匯考》校讀作『丘每反，力外反』，以之分别爲『傀』、『儡』二字的切音，近是。

〔一九〇〕注文『直類反』甲卷、乙卷、丙一卷同，丁卷作『墜音』，音同；但『縋』、『墜』及反切下字『類』皆爲去聲字，而本條列在上聲字下，聲調不合；本書下文『人髓膝』條『髓』字音『丘類反』，以『類』爲反切下字而該條列在去聲字下，疑『石懸縋』條與上『石上硾』條列在上聲字下有誤。

〔一九一〕手抿抹，甲卷、乙卷、丙一卷同；丁卷無『手』字，『抿』字缺末筆，避唐諱。注文『弥引反，下末』甲、乙卷同；丙一卷無『下末』二字；丁卷『弥引反』作『上民』，『民』字避諱缺末筆。

〔一九二〕注文『多典反』底卷訛作『多曲反』，甲卷同，兹據乙卷、丙一卷、丁卷録正。丙一卷『手抿抹』條後插入『匾匾』、『人直額（頟）』二條，『人靦顔』等其他各條則順序推後。『人靦顔』條丙一卷在『人直額（頟）』條後，列在下欄，丁卷亦相應排列在上聲字後半『匾匾』條之後。

〔一九三〕注文『其朕反』的『朕』字底卷作『膜』形，甲卷作『膜』，乙卷作『朠』，皆爲『朕』的訛俗字，兹據丙一卷録正；丁卷注文作『於禁反』。《廣韻》上聲寑韻渠飲切（與『其朕反』同音）：『䫴，切齒怒也。』又去聲沁韻于禁切（與『於禁反』韻同紐近）：『䫴齘，切齒怒皃。』本條既列在上聲字下，則當以讀作『其朕反』爲是。

〔一九四〕人羞赧，乙卷、丙一卷、丁卷同，『赧』爲『赧』的俗字，甲卷作『赦』，形誤字。注文『女眼反』甲卷、乙卷、丙一卷同，屬娘紐；丁卷作『五揀反』，屬疑紐；『赧』字《廣韻・潸韻》音奴版切，屬泥紐，娘、泥音較近。

〔一九五〕人直額，甲、乙、丁卷同，丙一卷『額』字作『顴』，『額』、『顴』字書皆不載，『顴』當是『額』字之訛，『額』當又是『覩』的换旁俗字，『覩』字《説文》作『𧡢』，從見、舂聲；注文『直降反』甲卷、乙卷、丙一卷同，丁卷作『直誑反』，『誑』字當誤。《廣韻・江韻》丑江切：『覩，視不明也。一曰直視。又丑巷切。』後一切音屬絳韻。

『降』字《廣韻》有平、去二讀，分屬江韻和絳韻，則『直降反』與『丑江切』、『丑巷切』並韻同紐近。但本條列在上聲字下，聲調不合。

〔一九六〕人匾匽，甲、乙卷同，丙一卷、丁卷無『人』字。注文『必淺反』底卷本作『如淺反』，甲、乙卷同，《匯考》謂『如』爲『必』字之誤，極是，丙一卷、丁卷正作『必』，兹據録正。

〔一九七〕『口噤』條底卷在下欄，其前一行下欄爲『人直顙』條，再前一行下欄爲『人顙害』條；甲、乙卷按行接抄，故本條接抄在『人匾匽』條之後；丙一卷『口噤』條在上欄，其前一行上欄爲『人顙害』條（『人直顙』條又在『人顙害』條之前）；丁卷據底本按欄接抄，『口噤』條接抄在『人顙害』條之後，其所據祖本當與丙一卷同。注文『其朕反』丙一卷同，『朕』字甲卷作『膜』，乙卷作『朠』，皆爲『朕』的訛俗字；丁卷注文作『同上』，謂同上『人顙害』條之注音也。

〔一九八〕注文『匹問反』甲卷、乙卷、丙一卷同，丁卷作『或認反』，『或』字誤。『体』同『笨』。《廣韻》上聲混韻蒲本切：『体，麤皃，又劣也。』『体』爲上聲字，而寫卷切音下字『問』、『認』皆爲去聲字，本書注音多上聲、去聲互注。又『俥』字《漢語大字典》chē 和 jū 二音，分別釋作『船上動力機器的簡稱』、『我國象棋棋子名稱』，其字後起（實皆爲『車』的增旁俗字），與本條『俥』字似非一字，其音義俟考。校按：博士生張鉉説丁卷『或認反』未必是『体』的注音，應是『俥』之注音，『俥』爲『⿰亻軍』之訛字，『⿰亻軍』與《燕子賦》（一）『你若放鈍，爲當退顐』之『顐』爲一詞，蔣禮鴻先生釋『放鈍』爲『假作癡呆』，『鈍』『顐』意義應該接近，『体』『俥（⿰亻軍）』連文，意義亦應接近，『体』即『鈍』；『顐』與『遜』、『困』、『問』等押韻，與『認』韻近，從『軍』之字多讀匣紐，如『渾』，與『或』之聲紐亦同；『⿰亻軍』、『顐』又或爲『倱』之借字，『倱』有倱伅、糊塗之義。

〔一九九〕顩顉，『顉』字甲、乙卷同，丙一卷作『顉』，丁卷作『領』，此字蓋從『今』得聲，字當以作『顉』爲長。注文『其朕反』甲卷、乙卷、丙一卷同（乙卷『朕』俗訛作『朠』）；丁卷作『其領反』（『領』字蓋涉正文而誤），另又有『於禁反』三字。《玉篇·頁部》：『顉，丘飲切，醜皃。顩，牛飲切，顩顉，醜皃。』『其朕反』與『丘飲切』、

「於禁反」與「牛飲切」音並相近。

〔三〇〇〕逆㓼，「㓼」字甲卷、丙一卷、丁卷同，乙卷訛作「刾」。《廣韻・養韻》初兩切（與「七養反」韻同紐異）：「㓼，皮傷。」

〔三〇一〕注文「覩塞」甲、乙卷同；丁卷作「音覩」，只音上字；丙一卷作「音舉」，《研究》以爲是傳抄脱漏誤將下條「藏弆」條的直音誤置於此，極是，丙一卷無下「衣繼縷」、「藏弆」二條，蓋抄手擬抄「音覩」二字而走眼誤抄「藏弆」條的直音，陰差陽錯，遂致舛誤。

〔三〇二〕衣繼縷，甲、乙卷同，丁卷作「衣服繼縷」，「服」字蓋衍。　注文「力甘反，力羽反」，「反」字底卷及甲、乙卷無，茲據丁卷補。　丙一卷脱此條。

〔三〇三〕注文「音舉」甲、乙卷同，丁卷作「古語反」，音同。　丙一卷脱「藏弆」二字，注文「音舉」二字則誤接在上文「覩塞」條下。　參看上文校記〔三〇一〕。

〔三〇四〕人謏誚，丙一卷脱「誚」字。　注文「七笑反」甲卷、丙一卷同，乙卷「笑」作「笑」，古異體字；丁卷作「七少〔反〕」，音同。

〔三〇五〕小兒偒倘，「倘」字丁卷缺下部，乙卷訛作「傍」。　注文「烏瓦反，女瓦反」的「反」字底卷及甲卷缺，乙卷有前一「反」字，茲並據丙一卷、丁卷補；乙卷「女瓦反」作「如瓦」二字。《集韻・馬韻》展賈切：「倘，偒倘，行皃。」「展」屬知紐，「女」「如」分屬泥紐、日紐，音異，疑「女瓦」爲「如瓦」之訛，而「如瓦」又爲「知瓦」之訛。

〔三〇六〕面誚，甲、乙卷同，丙一卷作「又面誚」。　注文「所馬反」甲卷、乙卷、丙一卷同，此音應是注「誚」字，但「誚」字上條音「七笑反」或「七少反」，《廣韻・笑韻》音才笑切，音不合，《匯考》謂「所馬反」當作「七笑反」，可從，其作「所馬反」者，當是抄手涉上條而誤。

〔三〇七〕火炶爇，「爇」字各本同，乃「爇」字異寫。　注文「上點，下如悦反」底卷及甲、乙卷無「反」字，茲按本篇通例擬補：丙一卷作『音點』，丁卷作『點燈字』；『炶』殆即點燈之『點』的古字，後起俗字作『点』，不過是變易『炶』字的偏旁位置而已。《玉篇·火部》『炶』字『胡甘切，火上行皃。亦作粘』，則當别爲一字。

〔三〇八〕 草榦茇，『榦』字乙卷、丙一卷、丁卷同，甲卷作『幹』，訛省；『茇』字底卷、乙卷作『茇』，丙一卷、丁卷作『茇』，俗寫，兹録正；甲卷作『箋』，俗訛。注文『公罕反，下鉢』甲卷、乙卷、丙一卷同；丁卷作『鉢幹』，誤倒，當乙正作『幹鉢』，分别爲『榦』、『茇』的直音字。『榦』字韻書音古案切，又音侯旰切，並爲去聲字，此列在上聲字下而音『公罕反』者，蓋用同『⿱艹稈（稈）』。《廣韻·旱韻》古旱切（與『公罕反』同音）：『稈，衆草莖也。』《集韻》同一小韻：『稈，《説文》禾莖也。……或作秆、⿱艹秆、⿱艹稈。』又《説文·艸部》：『茇，艸根也。』『茇』字《廣韻·末韻》音北末切，與『鉢』字同一小韻。『草榦茇』蓋指草的根莖，《研究》校定作『草榦茇』，恐非。

〔三〇九〕 又⿰足忝脚，各本同，『⿰足忝』與同欄前一條『炶』同音『點』，故本條首著『又』字以相接，《研究》疑『又』字爲衍文，不確；『⿰足忝』字其他字書不載，即宋元以後脚尖點地的『點』字或跕脚的『跕』字。注文『點脚』底卷作正文大字（底卷『⿰足忝脚』的『脚』與『點』字之間有一横畫，或抄手已發現其誤而特意加以區隔），兹據甲、乙卷改作注文小字；丁卷本條抄在『火炶爇點燈字』條之下，注文作『同上』（指同上條之音，《匯考》以『同上』爲『非』，乃因不明其例）；丙一卷本條誤與下『脺着』連抄作『又⿰足忝脚脺着下掩反，殂鶻反』，其中的『下掩反』《匯考》校作『丁掩反』，上移至『又⿰足忝脚』之下，可從；『丁掩反』乃『⿰足忝』字的切音。參下條。

〔三一〇〕 脺着，甲卷、乙卷、丙一卷同，丁卷作『踤着』；注文『殁鶻反』丁卷作『明鶻反』，音同，丙一卷作『下掩反，殂鶻反』，『下掩反』當上移至『又⿰足忝脚』條之下，説已見上條；本條疑當作『踤着』，音『殂鶻反』。《説文·足部》：『踤，觸也。从足，卒聲。一曰駭也。一曰蒼踤。』『踤』字大徐本音『昨没切』，與『殂鶻反』韻同紐近。但此音《廣韻》在入聲没韻，而本條列在上聲字下，聲調不合，存疑。

〔三一一〕 注文『爽音』甲、乙卷同，丙一卷作『雙之上聲』。丁卷本條列在下文『音聲相譪』條之後，脱注音。《龍龕·

耳部》：『聦聡，俗，上七容反，下音容。』而本條『聦』字音『爽』或『雙之上聲』，字書未見，當别是一字。以形義而言，此『聦』或是『聳』的偏旁移位字，『聳』字《集韻·講韻》有『雙講切』一讀，正音『雙之上聲』。

〔三二〕『手臼物』條甲卷同，乙卷、丙一卷、丁卷無。《玉篇·臼部》：『臼，居六切，叉手也，兩手捧物曰臼。』『臼』爲入聲字，不應廁列在上聲字下，疑本條乃爲下欄『手舀物』條之旁注字而衍入正文者。

〔三三〕『手舀物』條注文丁卷殘泐。

〔三四〕人潸然，『人』字甲卷誤作『手』；『潸』字右下部底卷訛作『目』形，甲卷、丙一卷訛作『日』形，乙卷右上部訛作二『夫』形，丁卷本條作『淚潸□』（『潸』字《匯考》録作『潗』，《研究》録作『潾』，皆不確），『潸』下殘缺約一、二個正文大字的位置。注文『音山』甲、乙卷同，丙一卷作『所板反』，丁卷殘缺；『潸』字《廣韻》平聲删韻音所姦切，上聲潸韻音數板切，分别與『山』、『所板反』同音，此條既列在上聲字下，則當以丙一卷音『所板反』爲是。

〔三五〕衣紐繢，『繢』字甲卷、乙卷、丙一卷同，丁卷作『繢』；『繢』《匯考》以爲『纉』的俗字，可從，『纉』則又爲『繢』的後起繁化字。注文『尼九反，丘類反』甲卷、乙卷、丙一卷同；丁卷作『之類反』，『之』蓋『丘』字之訛，又脱『紐』字切音。

〔三六〕人柱杖枴子，中三字甲、乙卷同，丙一卷、丁卷皆從扌旁，俗寫。注文『古壞反』甲卷、乙卷、丙一卷同，丁卷作『古懷反』；『枴』字《廣韻》音乖買切，爲上聲蟹韻字，『壞』爲去聲怪韻字，『懷』爲平聲皆韻字；《别録》謂『或當時俗讀平聲，或「懷」爲誤字，未敢質言』；《匯考》以爲『壞』字是，本書注音多上聲、去聲互注。

〔三七〕醂柹，《玉篇·酉部》：『醂，力感切，藏柹也。』『柹』同『柿』。明徐光啓《農政全書·樹藝·果部上》：『醂柿，水一甕，置柿其中，數日即熟，但性冷；亦有鹽藏者，有毒。』

〔三八〕錢辮，『辮』字甲、乙、丁卷同，丙一卷中部作『幺』，俗省。注文『匹善反』甲卷、乙卷、丙一卷同，丁卷僅作一『匹』字，應有脱字。

〔三一九〕「旱歉」條丁卷列在「人昏懞」條之後，字序有別。注文「一⿰僉殳反」甲卷、丙一卷同，乙卷訛作「一⿰飠殳反」，丁卷作「一釰反」；「歉」字《廣韻》有苦簟、苦減、口陷等讀，與「一⿰僉殳（斂）反」、「一釰（劍）反」韻近紐異，「一」字或誤。

〔三二〇〕音聲相諂，「諂」字甲卷、丙一卷同，丁卷作「詔」，皆爲「謅」的俗字；乙卷訛作「謟」。注文「楚卯反」乙卷、丙一卷同，丁卷殘缺反切下字。《玉篇·言部》：「謅，初卯切，弄人言。」

〔三二一〕注文「一奄反」甲卷、乙卷、丙一卷同，丁卷誤作「力敢反」（本條丁卷接抄在「醂柹」條之後，「力敢反」之音即涉彼條而誤）。「黶誌」同「黶痣」。《史記·高祖本紀》「左股有七十二黑子」唐張守節正義：「許北人呼爲黶子，吴楚謂之誌。誌，記也。」

〔三二二〕眼瞜着，甲、乙卷同，丙一卷、丁卷無「着」字。注文「士錦反」各本同。「瞜」字《集韻》音師咸切，又音桑感切，而此「瞜」字音「士錦反」，音不合，疑爲「磣」的换旁俗字。《類篇·石部》：「磣，楚錦切，物雜砂也。」「楚錦切」與「士錦反」僅聲紐有清、濁之異。唐張鷟《遊仙窟》：「入穹崇之室宇，步步心驚；見儻閬之門庭，看看眼磣。」此條丙一卷在「身黶誌」條之下一行，二條皆在下欄；丁卷皆列在上聲字的後半部分。

〔三二三〕人⿰丙辱文，「⿰丙辱」字底卷、甲卷作「⿰而辱」，乙卷作「⿰石辱」，丙一卷作「⿰酉辱」，茲據丁卷改。《王二·腫韻》而隴反（與「而拱反」同音）：「⿰丙辱，不肖；一曰傝劣。」《玉篇·㑒部》：「⿰酉辱，如隴切，闒⿰酉辱，不肖也。」「⿰丙辱」、「⿰酉辱」當皆是「⿰穴辱」的俗字。「穴」字或作「内」（《廣韻·腫韻》），故「⿰穴辱」字或作「⿰内辱」。《廣韻·腫韻》而隴切：「⿰内辱，不肖；一曰傝⿰内辱，劣也。」其中的「⿰内辱」字《集韻》正作「⿰穴辱」。此條丙一卷在「音聲相諂」條之後，皆在上欄；丁卷其前爲「音聲相詔」、「點頭聮耳」二條，皆列在上聲字的前半部分。

〔三二四〕尀耐，甲卷同，乙卷、丙一卷、丁卷作「叵耐」，「尀」即「叵」的類化增旁俗字。注文「頗柰」丙一卷作「頗奈」，「奈」即「柰」的後起分化字；丁卷作「泰古」，似有誤。

〔三二五〕物磻⿰石朿，甲、乙、丁卷同，丙一卷脱「⿰石朿」字。注文「士錦反，下刺」甲卷同，乙卷「下刺」二字誤倒；丙一卷此條列在下欄，注文無『下剌』二字；丁卷此條列在『眼瞻士錦反』條之下（列在上聲字的後半部分），注文作『同上』（指同上條之音）。『礌硤』二字字書不載，『礌』疑亦爲『磣』的俗字（『磣』又通『慘』），而『硤』則即『剌』字（涉上字類化換旁）。下文入聲又有『磣硤，力末反』條，亦即『磣剌』，可以比勘。參看上下文校記〔三三二〕、〔三九三〕。

〔三二六〕注文『頗我』甲、乙、丁卷同，丙一卷作『博我反，下我』。

〔三二七〕『螺蚌蛤』條底卷及甲卷脱，兹據乙卷、丙一卷、丁卷補。注文『棒合』乙卷、丁卷如此，丙一卷作『音棒』。此條乙卷接抄在『駮騃』條之下，其底本應在上欄；丙一卷在下欄，丁卷抄在『物礌硤』條之後，列在上聲字的後半部分。

〔三二八〕注文『五迴反，下我』甲、乙卷同，丙一卷作『五會反，下我』，丁卷作『五□反』。『嵬』字《集韻・賄韻》以爲『磈』字或體，文中則應爲『嵬』的偏旁移位字。『嵬』字《廣韻・賄韻》音五罪切，此音『五迴反』或『五會反』，『迴』字《廣韻》有平聲、去聲二讀，『會』則去聲字，此亦去聲、上聲互注之例。又此條與上文下欄『𠩺耐』條、『駮騃』條皆有一字讀音相同，形成『傍通』。底卷因抄脱『螺蚌蛤』條，本條以下下欄五條皆抄在上欄，導致與『𠩺耐』、『駮騃』二條失去關聯。兹補入『螺蚌蛤』條，而把底卷上欄五條改列作下欄。丙一卷此五條及『𠩺耐』、『駮騃』二條皆列在上欄，丁卷則皆列在上聲字的前半部分。

〔三二九〕注文『忌兩』甲、乙卷同，丙一卷作『音忌兩』，丁卷作『下兩』。本條以下至『人昏懞』上欄四條底卷、丙一卷皆列在下欄，兹改列作上欄；丁卷皆列在上聲字的後半部分。

〔三三〇〕注文『即休反』甲、乙卷同，丙一卷作『即了反』，丁卷作一『禞』字（應爲『撟』的訛俗字。《匯考》録作『梢』，似不確。北圖八七二二號《藏經音義隨函録》殘葉《阿毘達磨藏顯宗論》第一卷音義：『槁問，上居小反，詐也，正作撟。』『槁』亦『撟』的訛俗字，可參）；『湫』字《廣韻》有上聲子了切（與『即了反』同音，與『撟』字音近）、平聲即由切（與『即休反』同音）等切音，本條既列在上聲字下，則當讀作『即了反』爲長。

〔三三一〕注文『推聳』甲、乙卷同，『推』疑爲『音』字之誤；丙一卷作『音竦』，丁卷同丙一卷而下半殘泐；『摟』、『聳』、『竦』三字《廣韻·腫韻》同音息拱切。

〔三三二〕勦絶，『勦』字各本同，《研究》録作『勦』，非原形。從字形演變的角度來看，訓『絶』的『勦』當作『剿』（字亦作『勦』，《説文》作『劋』）。《廣韻·小韻》子小切：『剿，絶也。』又云：『勦，勞也。』但俗書從刀從力相亂，故訓『絶』的『剿』亦多有寫作『勦』的。參看《敦煌俗字研究》下編『剿』字條。

〔三三三〕合諅，『諅』字甲、乙、丁卷同，乃『諅』的俗字；丙一卷訛作『巹』。注文『合謹』甲、乙卷同，丁卷作『立謹』，疑皆爲『音謹』之誤，丙一卷正作『音謹』。

〔三三四〕戽斗，甲、乙卷同，丙一卷『斗』訛作『汁』，丁卷脱『斗』字。注文『音虎』甲、乙卷同；丙一卷『虎』字右下部作『冂』形，不知是否與避唐諱有關；丁卷無『音』字。

〔三三五〕注文『莫孔反』底卷、甲卷、乙卷、丙一卷無，兹據丁卷補；《郝録》録作『草（莫）孔反』，未確。『懞』同『懵』。《集韻·董韻》母揔切（與『莫孔反』同音）：『懵，《廣雅》闇也；一曰心亂。或从蒙。』

〔三三六〕注音字『散』甲、乙、丁卷同，丙一卷作『蘇早（旱）反』，音同。

〔三三七〕『醯醬』、『老姥』、『腐爛』三條底卷及甲卷、乙卷、丙一卷俱無，兹據丁卷補。

〔三三八〕去聲字，甲卷同，乙卷、丙一卷作『去聲』，丁卷無此三字。參看上文校記〔二六〕。

〔三三九〕『謅』字《廣韻》音丑琰切，爲上聲琰韻字，而注文『七焰反』反切下字爲去聲豔韻字，本書注音多上聲、去聲互注之例，此讀上聲字爲去聲；『丑』『七』聲紐亦異。

〔三四〇〕刃蒯鈍，『鈍』字甲、乙卷同，丙一卷作『鈋』，其構形不明。『蒯』字辭書釋草名、地名、姓，而此與『刃』相屬，當是借用作『快』。伯二八〇九號《酒泉子》：『三尺青虵，斬新注就鋒刃蒯。』蔣禮鴻《中國俗文字學研究導言》以爲『蒯』就是『蒯』、『快』（《蔣禮鴻集》第三卷一四二頁），可以比勘。去聲部分丁卷僅存底卷上欄的『人謅諒』、『俵散』、『佰圮』條，下欄的『物跂坐』至『人詿誤』條、『飣餖』條、『自矜衒』至『朾諢人』條，這些條目丁卷所據底本應皆在上欄（上列『物跂坐』等底卷在下欄的條目丙一卷多在上欄），故抄録在去聲字的前部，而其下欄的『刅蒯鈍』等條目抄録在後，故皆殘泐。

〔二四一〕丙一卷『俵散』條次行上欄爲『又作摭悲庿反』條，爲底卷及甲卷所無；丁卷『俵散』條在行末，注文殘缺，次行首有大字『又摭』二字；『摭』、『俵』蓋屬『傍通』之例，宜據丁卷合作一條處理。本條以下至『亞勫』凡七十六條乙卷去聲字下無，蓋傳抄脱漏，其中『俵散』至『口吭哂』七條又補抄在入聲字之後。

〔二四二〕驢駿膝，『膝』字底卷、甲卷作『脒』，乙卷略同，丙一卷作『膝』，皆爲『膝』的訛俗字，兹録正。注文『力禁反』乙卷、丙一卷同，甲卷誤作『力楚反』。《玉篇·馬部》：『駿，力亘切，駿驗，馬病也，馬傷穀也。』『力禁反』『力亘反』紐同韻異。

〔二四三〕馬跙蹄，『跙』字底卷、乙卷右部作『旦』形，俗訛，兹據甲卷、丙一卷録正。注文『阻』字甲、乙卷同，丙一卷作『側慮反』。《集韻·御韻》莊助切（與『側慮反』同音）：『跙，行不正也；一曰馬蹄痛病。或作蹠、阻。』本行丙一卷因上欄插入『又作摭』條，故『馬跙蹄』條變作下欄，此下『物跂坐』至『口吭哂』四條上下欄的位置丙一卷順序後移。丁卷存去聲字的上欄前半，『俵散』條後依次爲『物跂坐』、『妬妎』、『佤圮』、『人註誤』等條，所見條目與丙一卷上欄相合。

〔二四四〕物跂坐，甲卷、丙一卷、丁卷同，乙卷『跂』字訛作『跛』。

〔二四五〕注文『希近反』底卷、甲卷、乙卷無，兹據丙一卷補。《玉篇·肉部》：『脪，香靳切，腫起也。』

〔二四六〕妬妎，甲卷、丙一卷、丁卷同，乙卷『妬』字作『妬』。注文『妬害』甲、乙卷同，丁卷作『妬害』，『妬』即『妬』的俗字，其以『妬』字注『妬』者，乃以俗字爲正字注音之例（乙卷注文既作『妬』，則正文不得復作『妬』）；丙一卷注文作『丁故反，下亥』。《廣韻·泰韻》胡蓋切（與『害』字同一小韻）：『妎，《字林》云疾妎，妬也。』『亥』爲上聲海韻字，匣紐，唐五代西北方音濁上變去，故二字同音。

〔二四七〕口吭哂，『吭』字甲卷略同；丙一卷作『吭』，乙卷略同；《匯考》定作『吭』字或是（『吭』字《廣韻·獮韻》音徂兗切，又音徐兗切，與底卷『息願反』音近），但『哂』字字書音式忍切，笑也，音義不諧。『哂』文中當是『潩』的別字（用張金泉説）。《説文·水部》：『潩，飲歃也。一曰吮也。』（據段玉裁注本）『潩』字《廣韻·線韻》音息絹切，與『息願反』紐同韻近，『吮潩』乃同義連文。又乙卷止於『口吮哂』三字，未抄完。

〔二四八〕注文『卦悟』甲卷同，丙一卷作『音卦』；丁卷本條在行末，注文缺。本條丙一卷在上欄，下欄爲『肥䏙⿰月感』條，其前一行另有『低圮』等二條（詳下條校記）。

〔二四九〕『伍圮』、『人⿸厂委⿸厂卒』二條底卷、甲卷無，玆據丙一卷補；丁卷有『伍圮』條，『人⿸厂委⿸厂卒』條缺。『伍』字丁卷同，乃『低』的俗字。注文『音俻』丁卷作『又音俻』。『圮』字《廣韻》音並鄙切，上聲旨韻，並紐；『俻（備）』字音平祕切，去聲至韻，並紐；唐五代西北方音濁上變去，故『圮』字讀作去聲。

〔二五〇〕人⿸厂委⿸厂卒，『⿸厂委⿸厂卒』二字字書皆不載，《廣韻·隊韻》他内切有『⿺尣委』字，釋『⿺尣鬼⿺尣委，風疾也』，與『⿸厂委』字形音皆近，或即一字。又《匯考》引慧琳《音義》卷四二《大方廣如來藏經》音義：『痿瘁，上於歸反，下情醉反，鄭注《禮記》云：痿瘁，病也。《蒼頡篇》云不能行也。《説文》：痿，痹也。二字並從疒，委、卒皆聲，亦作痿悴。』可參。

〔二五一〕肥䏙⿰月感，《集韻·勘韻》丁紺切（與『丁暗反』同音）：『䏙，䏙⿰月厭，短醜皃。』『⿰月感』字其他字書未見，疑爲『⿰月臽』的俗字。古『⿰魚臽魚』亦稱『鱤魚』（《正字通·魚部》：『⿰魚臽，鱤魚別名。』），可以比勘。《廣韻·勘韻》胡紺切（《集韻·勘韻》音呼紺切）：『⿰月臽，食肉不猒。』又底卷上欄『肥䏙⿰月感』至『斗杚刨子』十三條丙一卷皆在下欄。

〔二五二〕飣餖，『飣』字甲卷、丁卷同，丙一卷右半作『亍』，增筆訛字。注文『乃定反，豆』甲卷同，丙一卷作『乃定反，都勾反』，丁卷脱注文；《别録》引《廣韻·徑韻》『飣』字音丁定切，謂本條切音『乃』蓋當作『丁』，未確，此亦泥紐、端紐互注之例，參看上文校記〔一八〇〕：『都勾反』的『勾』當是『句』的俗字，『句』、『豆』、『餖』皆在

《廣韻》去聲候韻，韻母相同。又底卷下欄『飣餖』至『不尶尬』十二條丙一卷皆在上欄。

〔三五三〕注文『素告反』丙一卷同，甲卷訛作『素吉反』。

〔三五四〕䌠綴，『䌠』字右上角底卷及甲卷、丙一卷作二『天』，俗寫，兹録正，『䌠』當又是『鐕』的俗字。《説文·金部》：『鐕，可以綴著物者。』《集韻·覃韻》祖含切：『鐕，《説文》可以綴箸物者。一曰釘也。一曰綴衣。通作撍。』『鐕』又借用『簪』、『䉶』等。《集韻·勘韻》：『簪，作紺切，綴也。或作䉶、撍。』『作紺切』與『則暗反』的『䌠』讀音正同。《匯考》謂『䌠』是『撍』的俗字，近是。注文『則暗反』後丙一卷另有『知衛反』三字，乃『綴』字的切音。

〔三五五〕觜咱啄，『觜』同『嘴』（『嘴』字古本作『觜』，後借用本指貓頭鷹毛角的『觜』，而『嘴』又爲『觜』的增旁俗字）。

〔三五六〕鐕釘，『鐕』字右上角底卷及甲卷、丙一卷作二『天』，俗寫，兹録正。注文『同前，与定反』甲卷同，丙一卷作『則暗反』；底卷『同前』即指同前行下欄『則暗反』之音，甲卷按行抄録，本條接抄在『觜咱啄』條之下，却仍用『同前』，則讀者不知所云矣。又『与定反』當是『丁定反』之誤，『釘』字《廣韻·徑韻》正音『丁定切』；《匯考》以爲『乃定反』之誤，亦有可能（唐五代西北方音泥紐、端紐混用）。

〔三五七〕人𩴾魈，『𩴾』字甲卷同，丙一卷『貌』旁右部訛作『白』形。注文前一『皃』字前丙一卷有一『音』字。斯七七八號《王梵志詩集·吾富有錢時》：『邂逅暫時貧，看吾即皃哨。』『皃哨』即『𩴾魈』。

〔三五八〕叛嫙，甲卷同，丙一卷作『𡝤嫙』。注文『音畔換』甲卷同，丙一卷作『音叛換』。《廣韻·換韻》薄半切（與『叛』、『畔』同一小韻）：『𡝤，嫙𡝤，無宜適也。』又翰韻他旦切：『嫙，嫙𡝤，無宜適也。』『𡝤嫙』蓋疊韻連綿詞，故既可寫作『叛嫙』，亦可倒寫作『嫙𡝤』。『嫙』字寫卷注音『換』，二字韻同紐異；《匯考》疑『換』字誤。

〔三五九〕注文『反』字底卷、甲卷無，兹據丙一卷補。

〔二六〇〕注文「女話反」丙一卷同，甲卷誤作「七話反」。《廣韻·禡韻》乃亞切：「胗，膩也。」「女話反」「乃亞切」紐同韻異，疑俗音「話」有讀如禡韻的。參看上文校記〔七〇〕。

〔二六一〕注文「序，疾藥反」甲卷同，丙一卷作「七序反，疾雀反」；《廣韻·語韻》「咀」字音慈吕切（與「七序反」讀音略同），「序」字音徐吕切，二字紐異，疑底卷、甲卷「序」前脱反切上字。

〔二六二〕自矜衒，甲卷、丙一卷略同（甲卷「矜」字左旁訛作「予」），丁卷訛作「白矜衒」；「矜」爲「矝」的古正字（説詳《敦煌俗字研究》下編「矜」字條）。注文「音縣」丁卷無「音」字；丙一卷「音縣」後多「誇也」二字。

〔二六三〕皮鞍，甲卷同，丙一卷、丁卷作「皮鞍」。又「亦鞍」二字甲卷同，丙一卷、丁卷無。注文「縣。帶」甲卷同，丙一卷作「音縣。帶也」，丁卷作「音縣。帶」。「鞍」疑「韅」的俗字。慧琳《音義》卷五五《瑠璃王經》音義：「帶韅（韅），又作鞍，同，火見反，著腋者也。《釋名》云：韅（韅），[經]也，横經其腹下也。《蒼頡篇解詁》：韅，馬腹帶也。」「鞍」「韅」音義皆近。「鞍」字其他字書不載，蓋又「鞍」的换旁俗字。《匯考》據《廣韻·銑韻》以「鞍」爲「鞙」字或體，疑未確。又底卷「皮鞍」條在上欄，「覬覦」條在下欄；甲卷「皮鞍」條在「覬覦」條之前；丙一卷此二條在「自矜衒」條前一行，「皮鞍」條及下「自矜衒」條、「眩曜」條皆在上欄，「鞍」、「衒」、「眩」三字同音「縣」形成傍通，「又眩曜」條下注文「亦縣音」即承上二同音字而言；丁卷依次出現「皮鞍」、「自矜衒」、「又眩曜」條，其底本當與丙一卷同；兹參酌後二卷以「皮鞍」、「覬覦」二條互乙。

〔二六四〕人濫淪，甲卷同，丙一卷作「人淪濫」。注文「俞濫，不清淨之皃」甲卷同，丙一卷作「音逾、勒暗反」。據注音，似當以丙一卷「淪」在「濫」前爲是；但據本書詞條排列的通例，詞語注音有二音以上者，多據首音聲調確定歸屬，此條既列在去聲字下，則或當作「濫淪」（「濫」《廣韻》爲去聲闞韻字，而「淪」及直音「俞」或「逾」皆爲平聲虞韻字）。「濫淪」或「淪濫」蓋近義連文，「淪」亦「濫」也。《舊唐書·睿宗本紀》：「先是，中宗時官爵淪濫，因依妃、主墨敕而授官者，謂之斜封，至是並令罷免。」

〔二六五〕又眩曜，「曜」字左旁底卷有墨漬，字形在「日」旁「目」旁之間，甲卷、丁卷似作「日」旁，兹據丙一卷定作

『目』旁，《研究》謂『眩曜』二字皆當從『日』，不確。注文『亦縣音』甲卷同，丙一卷作『音縣，下鷂』，丁卷作『縣』一字。『眩曜』指眼睛昏花，『曜』同『覦』。《説文・目部》：『眩，目無常主也。』《集韻・笑韻》弋笑切（與『鷂』字同一小韻）：『覦，《説文》視誤也。或作睔、曜。』又藥韻弋灼切：『覦，眩也。或作睔。』《六臣註文選》卷一一何晏《景福殿賦》：『雖離朱之至精，猶眩曜而不能昭晰也。』李善引王逸《楚辭注》曰：『眩曜，惑亂貌。』吕向注：『言此殿高峻，人皆無能識其所至者，雖離婁目睛，尚猶眩曜不能昭晰也。眩曜，不分明貌。』《莊子・田子方》：『（孔子見老聃）曰：「丘也眩與？其信然與？」』成玄英疏：『丘見先生，眼爲眩燿。』『眩燿』同『眩曜』。《研究》引後例，謂『眩』通『炫』，非是。

〔三六六〕注文『音冒育』甲卷同，丙一卷作『音育』。『貿』字《廣韻・候韻》音莫候切，『冒』字在号韻，音莫報切，唐五代西北方音效攝、流攝同用，故『貿』字讀同『冒』。又『鬻』、『育』《廣韻》並有余六切一讀，爲入聲屋韻字；本書詞語多據首音聲調確定歸屬，此條既列在去聲字下，疑丙一卷注文『音』後脱一『冒』字；或據丙一卷『鬻』字『音育』而列在去聲字下，以爲此乃口語入聲消變之證，恐未確。《别録》謂『貿鬻』猶言貿易。

〔三六七〕不憒惋，甲卷、丙一卷、丁卷皆同，《研究》『惋』録作『惚』，誤。注文『忿腕』甲卷同，丁卷無，丙一卷作『房刎反，下腕』；『憒』字《集韻・吻韻》有父吻切一讀，與『忿』字同一小韻，與『房刎反』切音相同。

〔三六八〕注文『廁音』甲卷同，丙一卷作『測慮反』。《集韻・遇韻》芻數切：『菆，鳥巢也。或省（作菽）。』『測慮反』與『芻數切』切音略同。又『廁』字《廣韻・志韻》音初吏切，止攝；『菆』屬遇攝，唐五代西北方音止攝、遇攝同用，故『菆』字可直音『廁』。

〔三六九〕注文『息季反』甲卷、丙一卷同；丁卷無注文，但丁卷本條後接『物精粹』條，其下注『息季〔反〕』，二條切音相同，故前一條下略去切語。

〔三七〇〕插擩，『擩』字甲卷、丙一卷同，乃『擩』的俗字；《龍龕・手部》：『擩，通；擩，正：人注反，—莝，手進物也。』《廣韻・遇韻》而遇切：『擩，擩莝，手進物也。』『莝』疑爲『臿』字俗訛，『臿』同『插』；『插擩』、『擩舌』皆爲同義連文。

〔三七一〕注文『反』字底卷及甲卷、丁卷無，兹據丙一卷補。

〔三七二〕人𦞣𦟛，甲卷同，丙一卷作『人𦟛要』；『𦞣』『𦟛』爲一字異寫；『𦟛』同『䁾』，亦即『腰』，『要』『腰』古今字。

〔三七三〕注文『孤磓反』甲卷同，丙一卷作『孤外反』；『𦟛』字《廣韻》音古隊切，又音古外切，分别與『孤磓反』、『孤外反』同音。隋巢元方《諸病源候論·𦟛腰候》：『𦟛腰者，謂卒然傷損於腰而致痛也。』

〔三七三〕注文『㺍介』甲卷同，丁卷作『監介』，丙一卷作『音減反』，『反』應爲『介』字之誤；『𢷎』字《廣韻·咸韻》音古咸切，『㺍』字《集韻·豏韻》音口減切，『監』字《廣韻·銜韻》音古銜切，『減』字《廣韻·豏韻》音古斬切，『監』、『減』與『𢷎』紐同韻近；而『㺍』『𢷎』異紐，『㺍』又爲生僻字，不宜於用作切音字，『㺍』疑爲『減』字之訛。

〔三七四〕注文『孤會反』甲卷同，丙一卷作『孤外反』，音同。《玉篇·木部》：『槩，柯爱切，平斗斛也。又梗槩。杚，同上。』『刉』字《説文》作『钊』，字書有『劃傷』、『斷』、『刀不利，於瓦石上钊之』等義，施於本條似皆未妥，頗疑本條當作『斗杚子』或『斗刉子』，此『刉』字即『杚』的换旁俗字，『刉』或『杚』當有一字爲旁記字誤入正文者。

〔三七五〕物泥涴，甲卷同；丙一卷作『涴泥物』，『涴泥』二字疑當互乙。《廣韻·過韻》烏卧切：『涴，泥著物也。亦作污。』『涴』字其他字書不載，《别録》謂即『涴』字，可從。又此條丙一卷在『物窖窨』條之下欄，序次有異。

〔三七六〕注文『音教蔭』丁卷無。

〔三七七〕注文『鉅𩎜』甲卷同；丙一卷作『音據𩎜』；丁卷作『據傲』，『傲』犯同字自注，當作『𩎜』；『倨』字《廣韻·御韻》音居御切，與『據』字屬同一小韻；『鉅』字《廣韻》音其吕切，爲上聲語韻字，唐五代西北方音濁上變去，故濁上聲可與去聲互注。又本條及下『㶑滯』條丙一卷在上欄。

〔二七八〕 麥蟉蛀，『蟉』字《廣韻》音力幽、渠幽、渠黝等切，釋『蜐蟉』，此音『呼交反』，與『蛀』連用，未聞。又本條及下『日曬曝』條丙一卷在下欄。

〔二七九〕 㶒滯，甲、丁卷略同，丙一卷『㶒』字作『㶒』，皆爲『𤄙』的俗字。注文『𨽻』字丙一卷作『𨽻』，丁卷作『𨽿』，則皆爲『隷』的俗字；又丙一卷『𨽻』字前有一『音』字。《廣韻·霽韻》郎計切（與『隷』字同一小韻）：『𤄙，《埤蒼》云：滯𤄙，漉也。』《龍龕·水部》：『㶒，郎計反，滯—，漉也。滯音帝。』『㶒』亦爲『𤄙』的俗字，可以比勘。

〔二八〇〕 日曬曝，丙一卷同，甲卷『曝』誤作『㩧』。注文『所介反』底卷及甲卷訛作『所介反』，兹據丙一卷録正。

〔二八一〕 『俺覆』條注文『一劒反』丁卷誤作『一刼反』。『俺』字字書訓『大』，此與『覆』連用，義不合，疑當校讀作『奄』。《説文·大部》：『奄，覆也。』『俺（奄）覆』乃同義連文。『奄』字《集韻·豔韻》有於贍切一讀（與『俺』字在同一小韻），與『一劒反』紐同韻近。又丙一卷『㶒滯』、『日曬曝』一行右側有接痕（其中『曝』字的『日』旁左邊有殘泐），據底卷、甲卷，此行後丙一卷缺『俺覆』條以下至『鼻𪖐𪖙』條凡四十四條（二十二行）。丁卷『俺覆』條接抄在『噲笑』條之後，字序不同。

〔二八二〕 相謼謼，『謼』同『詨』，『謼謼』爲同義連文。《玉篇·言部》：『詨，火訝切，謼也。』『火訝切』與『呼架反』同音。斯五四三七號《漢將王陵變》：『二將當時夜半越對，謼得皇帝洽背汗流。漢帝謂二人曰：「朕之無其詔命，何得夜半二人越對？」』『謼』亦用同『詨』。

〔二八三〕 注文『苦賣反』甲卷同，丁卷作『苦買反』，音同（《廣韻》『買』上聲蟹韻字，『賣』去聲卦韻字，並屬明紐，唐五代西北方音濁上變去，故『買』音同『賣』）。『噲』當讀作『快』。《詩·小雅·斯干》『噲噲其正』鄭玄箋：『噲噲，猶快快也。』『噲』字《廣韻·夬韻》音苦夬切（與『快』字同一小韻），與『苦賣反』讀音略同。

〔二八四〕 注文『音問』乃『𠷎』字的直音；《匯考》謂本條當補『鏬』字的注音，極是。『鏬』字《廣韻·禡韻》音呼訝切，與上文『相謼謼』的『謼』、下文『笑嘲嘲』的『嘲』同音，形成傍通。

〔二八五〕注文『乎貢反』甲卷同，丁卷作『呼貢』，前一音是。《廣韻・送韻》胡貢切（與『乎貢反』同音）：『港，港洞，開通。』

〔二八六〕笑嗬嗬，『嗬』同『歌』。《廣韻・哿韻》虚我切：『歌，大笑。嗬，上同。』『嗬』字《廣韻・禡韻》又有呼訝切一讀，與『呼架反』同音。

〔二八七〕注文『丘類反』甲卷同，丁卷誤作『立類反』。『𩪈』字《廣韻・至韻》音丘愧切，與『丘類反』同音。

〔二八八〕㑳從，『㑳』同『徇』，亦作『侚』。《廣韻・稕韻》辭閏切：『㑳，巡師宣令。又從也。或作侚。』『辭閏切』、『羊俊反』韻同紐異。《研究》以『㑳』同『侚』，不確。

〔二八九〕注文『下讚』甲卷同，丁卷脱。『趀』用同『迸』。玄應《音義》卷一四《四分律》第四卷音義：『迸石，古文跰，或作趀，同，班孟反，迸謂散走也。』《龍龕・走部》：『趀、趀，二或作，北諍反，散也。正作迸字。』《廣韻・翰韻》則旰切（與『讚』字同一小韻）：『趲，散走。』『趀趲』蓋近義連文。

〔二九〇〕注文『白効反』甲卷訛作『自効反』。《玉篇・面部》：『皰，蒲皃切，面瘡也。』『蒲皃切』與『白効反』音同。

〔二九一〕鶫涃色，『鶫』乃『鶫』的俗字。注文『力見反』甲卷同；丁卷作『音練▨▨▨』，後三字模糊不清，《研究》録作『白夜反』，似未確。《廣韻・霰韻》郎甸切（與『練』字同一小韻，與『力見反』同音）：『涃，水疾流皃。』

〔二九二〕食餘鑽，『鑽』字甲卷訛作『鑽』。《廣韻・翰韻》則旰切（與『賊岸反』韻同紐近）：『鑽，羹和飯也。』

〔二九三〕注文『使音』甲卷同；丁卷作『使策』，疑當乙正作『策使』；《廣韻・語韻》創舉切：『齭，齒傷醋也。』『策』『創』同屬初紐，『使』字《廣韻》上聲止韻疎士切，又去聲志韻疎吏切，『齭』『使』分屬遇攝、止攝，唐五代西北方音止攝、遇攝同用。

〔二九四〕車輋鞏，『輋』字其他字書不載，疑爲『軒』的俗字，『軒』字《廣韻・元韻》音虚言切，與『希蓮反』紐同韻近。《玉篇・車部》：『鞏，竹利切，前頓曰鞏，後頓曰軒。』《淮南子・人間》：『道者置之前而不鞏，錯之後而不軒。』

〔二九五〕人愚戅，丁卷僅存末字的『心』底，『戅』乃『戇』字俗省。《玉篇·心部》：『戇，陟絳切，愚戇。戅，同上。』此音『知項反』，『項』字《廣韻》在上聲講韻，匣紐；而『戇』字在去聲絳韻，唐五代西北方音濁上變去，故『項』字俗讀作去聲也。

〔二九六〕注文『限』甲卷同，丁卷作『音限』。《王一·襉韻》侯辨切：『贙，莁餘。』『贙』爲去聲字，而『限』字《廣韻》在上聲産韻，匣紐，亦濁上變去之例。

〔二九七〕挅疊，『挅』字注文『乃卧反』甲卷同；《匯考》謂『乃卧反』《廣韻》在過韻泥紐，『挅』在過韻端紐，此泥、端二紐相混。按：以泥紐注端、透、定紐字，爲唐五代西北方音的特點。《研究》謂『乃』蓋『丁』之訛，似不確。此『挅』與『疊』字連用，當校讀作『垛』或『垜』。玄應《音義》卷一二《長阿含經》第二十卷音義：『石垛，徒果反，《通俗文》：積土曰垛。經文作墮，非也。』伯二三〇五號《解座文匯抄》：『直墮黄金北斗齊，心中也是無猒足。』『墮』亦即『垛』字。

〔二九八〕朾諢人，『朾』字甲卷同，丁卷作『打』，『朾』『打』古今字。注文『五困反』甲卷同，丁卷作『打諢相嘲，五困反』。又丁卷止於此行，其下有二殘行（每行僅存三分之一行）空間的空白餘紙，據此判斷，該卷似抄寫止此，未抄完。

〔二九九〕淊入水，『淊』字底卷及甲卷皆作『滔』形，俗書『臽』『舀』相混不分，兹據詞義録正。《廣韻·陷韻》於陷切（與『烏陷反』同音）：『淊，水没。』

〔三〇〇〕物䶃藏，『䶃』字『龠』旁的三口底卷及甲卷皆作二口，應係俗省，兹録正；但字書并無『䶃』字，《匯考》校作『䶃』，按《廣韻·陷韻》於陷切（與『烏陷反』同音）：『䶃，下入聲。』二字音同形近，但此處與『藏』連用，義有未安，疑『䶃』又當讀作『掩』，『掩藏』同義連文。又此條當與下行『頭赤顛顛』條互乙，『顛』與前行下欄『諢』、『䶃』與前行上欄『淊』各自同音傍通。

〔三〇一〕注文『託頭賈闍梨』甲卷作『託頭程僧政』，不知何意。『頭赤顛顛』指頭全秃貌。《廣韻·慁韻》五困切：

「鞕，秃也。」

〔三〇二〕楦鞏緊，「鞏」乃「鞏」的俗字，甲卷下部作「草」，誤。注文「侯角反」甲卷誤作「侯用反」。《王一·覺韻》許角反（與「侯角反」讀音略同）：「鞏，急。」「鞏」乃入聲字，而此條列在去聲字下，不應以此字爲主目，疑脱「楦」字的注音。「楦」字《集韻》音呼願切，爲去聲願韻字。

〔三〇三〕笡侍，《廣韻·禡韻》遷謝切：「笡，斜逆也。」慧琳《音義》卷四二《金剛頂瑜伽蓮花部心念誦法》音義：「左笡，且夜反，《埤蒼》云：笡，逆插槍也。案此結立印，屈右膝而身臨右膝上，邪展左脚，項頭向左，曲身而立也。《古今正字》從竹、且聲也。」「笡侍」或與此有關。

〔三〇四〕賺⿰貝殳，「⿰貝殳」字其他字書不載，《匯考》以爲即「敗」字（《碑别字新編》引六朝碑刻「敗」字有作此形者），《研究》又疑爲「啜」字，似皆未確。今謂「⿰貝殳」疑爲「販」字之訛。《集韻·陷韻》：「賺，直陷切，《廣雅》賣也。一曰市物失實。」明焦竑《俗書刊誤》卷一一俗用雜字：「賤買貴賣曰賺。」又《玉篇·貝部》：「販，方万切，賤買貴賣。」「賺販」爲同義連文。

〔三〇五〕手攣物，「攣」字的構件「糸」底卷及甲卷皆作「幺」，俗省，兹録正。《廣韻·願韻》居願切（與「居援反」音近）：「攣，⿰白尤物也。」

〔三〇六〕飯餾⿰食世，「⿰食世」字其他字書未載，疑爲「泄」的换旁俗字。《集韻·漾韻》側亮切（與「壯」字同一小韻）：「泄，實米於甑。」

〔三〇七〕齟齬，《廣韻》皆在上聲語韻，直音字「助御」則皆在去聲御韻，各分屬崇紐、疑紐，此亦唐五代方音濁上變去之例。

〔三〇八〕物抐土，《廣韻·慁韻》奴困切：「抐，搵抐，按物水中。」注文音「鈍」，《廣韻·慁韻》音徒困切，《匯考》以爲係泥、定二紐相混。

〔三〇九〕厏厊，《廣韻》皆在上聲馬韻，直音字「乍迓」則皆在去聲禡韻，此讀上聲字爲去聲。

〔三〇〕勁挺，「挺」字甲卷作「搌」，繁化俗字；慧琳《音義》卷八三《大唐三藏玄奘法師本傳》第八卷音義：「挺冲和，庭頂反，《考聲》：挺，特也，正作此挺。傳從手作搌，非也。」《廣韻·径韻》他定切：「侹，俓侹，直也。」《匯考》以爲「勁挺」即「俓侹」，「挺」字注文音「乃定反」，係泥、定（或透）二紐相混。《研究》則以爲「乃定反」係「丁定反」之訛，似未確。

〔三一〕舊黗黗，「舊」字甲卷同，乃「舊」的繁化俗字；「藿」、《說文》皆從「萑」，故「舊」字繁化作「舊」而其得義之由不變。注文「都鈍」甲卷作「睹鈍」，切音同。《廣韻》上聲混韻他衮切：「黗，黑狀。」而「鈍」在去聲慁韻，此讀上聲字爲去聲。

〔三二〕「亞勳」及注文「欲側」皆費解，未詳其意。

〔三三〕賣不售，「售」字底卷及甲卷作「隻」，乙卷作「隻」，皆爲「售」字俗寫（參看《敦煌俗字研究》上編一七〇頁），此録正。「售」《廣韻》在去聲宥韻，直音字「受」在上聲有韻，皆禪紐，此亦唐五代方音濁上變去之例。敦煌寫本中「售」、「受」通用，如斯一六二四號背＋斯一七七六號《後晉天福七年至後周顯德五年（九四二—九五八）間大乘寺交割常住什物點檢曆》：「木盆壹，售三斗。」又斯四一九九號＋伯三五九八號《宋庚辰年（九八〇）後報恩寺常住什物交割點檢曆稿》：「銅灌（罐）壹，售壹㪷。」伯三四四一號背《某年雇工契樣文》：「若是放畜牧，畔上失却，狼咬煞，一仰售雇人祇當与充替。」其中的「售」皆當讀作「受」，可以比勘。

〔三四〕歐㕯，《龍龕·口部》去聲字：「㕯，俗；吣，正：七鴆反，犬吐也。」注文反切下字「朕」《廣韻》音直稔切，在上聲寑韻，澄紐，此亦唐五代方音濁上變去之例。

〔三五〕注文「尺焰反」乙卷同，甲卷訛作「尸焰反」。《集韻》上聲琰韻職琰切：「韂，前趨皃。」而「焰」在去聲豔韻，此讀上聲字爲去聲。「又垂韂」甲卷同，乙卷作「又垂韂」，而以此三字作「馬走韂」條的小字注文，似誤。《廣韻·豔韻》昌豔切（與「尺焰反」同音）：「韂，鞍小障泥。韂，上同。」「韂」蓋「韂」或「韂」的換旁俗字。『𨎮』、『韂』與『𧽢』列爲一組當屬同音傍通之例，但并非異體關係。又此條乙卷在『詬罵』條前，順序與底卷合；甲卷在『詬罵』條後，序次有異。

〔三一六〕詬罵，『詬』字右旁底卷及甲卷皆訛作『斤』，兹據乙卷録正。注文『呼勾反』甲、乙卷同，『勾』當是句當之『句』（《廣韻》音古候切）的俗字；《廣韻・候韻》呼漏切（與『呼句反』同音）：『詬，怒也。』

〔三一七〕人眼眪，『眪』字《廣韻・齊韻》音户圭切，《玉篇・目部》音去倪、胡圭二切，此音『魚絹反』，疑有誤。

〔三一八〕火炧，『炧』字《廣韻》在上聲馬韻，直音字『謝』則在去聲禡韻，皆邪紐，此亦唐五代西北方音濁上變去之例。

〔三一九〕水𣶀澇，『水』字甲、乙卷同，《研究》録作『大』，臆改無據；『奅』字的『大』旁底卷及甲、乙卷皆作『太』，蓋俗寫增筆，此録正。注文『皃也』《匯考》謂『也』字衍；『奅』字《廣韻・效韻》音匹皃切，此直音『皃』，屬滂、明二紐相混（參看下文校記〔三七三〕）；《研究》校改『皃也』作『匹貌反』，似嫌武斷。又『奅』字《説文・大部》訓『大』，《廣韻》又訓『起釀』，義皆欠安，文中當讀作『𣶀』。《集韻・效韻》披教切（與『奅』字同一小韻）：『𣶀，漬也。』『𣶀澇』指雨水過多形成澇災，切於文意。又本條甲卷抄録在『鼻齆齈』條之下，參下條。

〔三二〇〕鼻齆齈，甲卷同，乙卷後二字的『多』旁訛作『糸』。注文『乎貢反，怒貢反』甲卷同，乙卷作『中貢反，奴貢反』，『中』字誤。《廣韻・董韻》烏孔切：『齆，齆齈，多皃。』義不合。文中當讀作『齆齈』。《龍龕・鼻部》去聲字：『齆，烏貢反，鼻塞病也。』又云：『齈，奴弄反，多涕鼻疾也。』又本條底卷與上行『人齆』條同音傍通；乙卷按行接抄，二條間隔以『水𣶀澇』條，打亂了原書體例；甲卷『鼻齆齈』條接抄在『人齆』條之後，雖合乎同音傍通之例，但和該卷上下文皆按行抄録的體例不一致。

〔三二一〕注文『吉要反』甲卷、乙卷、丙一卷同，《匯考》校作『去要反』，似不必。《廣韻・笑韻》丘召切：『趬，行輕皃。』『吉要反』屬見紐，『丘召切』或『去要反』屬溪紐，見、溪旁紐，敦煌文獻中每見通用。又乙卷『人緊趬』條抄在『石瑄瑒』條之上，丙一卷『人緊趬』、『石瑄瑒』條在同一行，前者在上欄，後者在下欄，序次皆與底卷相合；甲卷『人緊趬』條抄在『石瑄瑒』條之下，序次有異。丙一卷自『人緊趬』條始又存。又底卷下欄『人緊趬』至『酒沃酻』四條丙一卷皆在上欄。

〔三二〕石瑄瑒，『瑒』字甲、乙卷同，丙一卷訛作『場』形。注文『直硬反』甲卷、丙一卷同，乙卷『硬』字右部訛作『貞』。《集韻·圂韻》古困切（與『公困反』同音）：『瑄，治金玉使瑩曰瑄。』又梗韻丈梗切：『瑒，玉名。』後者此音『直硬反』，濁上變去。又《廣韻·映韻》除更切（與『直硬反』同音）：『鋥，磨鋥出劍光。或作⿰石長。』文中『瑒』亦可能即『⿰石長』的換旁俗字（比較『腸』字《集韻》或作『脹』），『瑄瑒』爲近義連文，指磨礪器物使之發亮之意。又底卷上欄『石瑄瑒』至『水瀺灂』三條丙一卷皆在下欄。

〔三三〕注文『畺控』甲、乙卷同，丙一卷作『苦貢反』，與『控』字音同。又本條乙卷在『趒驀』條之上，甲卷接抄在『趒驀』條之下，序次有異。

〔三四〕注文『粜也』甲、乙卷同，『也』字疑衍；丙一卷作『音粜麥』。『粜』爲『糶』的簡俗字。《廣韻·嘯韻》他弔切（與『糶』字同一小韻）：『趒，越也。』慧琳《音義》卷三六《金剛頂經略瑜伽》第三卷音義：『驀，音陌，《考聲》踰越也。』『驀』字《廣韻》音莫白切，在陌韻，『麥』字音莫獲切，在麥韻，麥、陌二韻同用。

〔三五〕注文『片也』的『片』字底卷作『斤』，甲卷略同，乙卷作『仠』，《匯考》定作『片』字，極是，《研究》録作『行』，不確；『也』字疑衍；丙一卷作『匹善反』，與『騗』、『片』讀音略同。

〔三六〕注文『士陷反』的『士』字底卷及甲卷作『圡』，乙卷作『士』而右下部有一點，兹據丙一卷録正，丙一卷『陷』下衍一『土』字；『士學反』丙一卷訛作『土學反』。『瀺』字《廣韻》音士減切，在上聲豏韻，切音下字『陷』在去聲，此亦方音濁上變去之例。『灂』字《廣韻·覺韻》音士角切，與『士學反』同音。

〔三七〕酒沃酻，丙一卷同，乙卷脱『酻』字。

〔三八〕人跁跒，此條底卷及甲卷、乙卷無，丙一卷『酒沃酻』條（在上欄）之下欄爲本條，兹據補。《廣韻·馬韻》：『跒，跁跒，行皃。苦下切。跁，傍下切。』切音相合。但『跁跒』二字俱爲上聲字，此列在去聲字下，乃讀上聲字爲去聲。

〔二九〕注文「側陷反」乙卷、丙一卷同，甲卷誤作「則陷反」。又「居忿反」甲、乙卷同；丙一卷作「内水反」，《别録》以「反」字爲衍文，《匯考》校作「内水也」，皆近是。《廣韻·陷韻》莊陷切（與「側陷反」同音）：「蘸，以物内水。」《説文新附·艸部》：「蘸，以物没水也。」又《説文·手部》：「揾，没也。」段注：「没者，湛也，謂湛浸於中也。」「揾蘸」蓋近義連文，指把物浸納水中，故本條釋作「内水也」，「内」即「納」字。但何以甲、乙卷音「居忿反」，俟考。

〔三〇〕注文「竈也」甲、乙卷同，「也」字疑衍；丙一卷作「七到反」；「躁」、「竈」《廣韻·号韻》並音則到切，精紐，「七到反」屬清紐，紐近。

〔三一〕「改醮」二字底卷、乙卷、丙一卷皆作正文大字，甲卷作注文小字；《匯考》謂此二字指上文「醻」當改作「醮」，并引《五經文字·酉部》：「醻醮：二同，子妙反，上飲酒盡，下冠娶禮醮，今經典通用之。」而謂「醮」較「醻」通俗。《研究》則疑此二字指注文反切擬改作直音「醮」。今按：「改醮」二字如係指注文反切當改作直音，則此二字應如甲卷作注文小字，但其他各卷此二字皆作正文大字，疑「改醮」指改嫁，「醮」因與「醻」同音，故「傍通列之」。《晉書·孝友傳·李密》：「父早亡，母何氏改醮。」

〔三二〕水濼洗，甲、乙卷同，丙一卷「濼」字作「灌」，此二字其他字書皆未載，《匯考》以爲乃「涮」的俗字，可從。《廣韻·諫韻》生患切（與「所患反」同音）：「涮，涮洗也。」音義皆合。又《研究》引《玉篇·水部》：「灤，洗馬也。」（泉按：此義《集韻·線韻》作「潭」）而疑「濼」即「灤」字，亦可參。「又渲」二字底卷、甲卷、丙一卷皆作正文大字，乙卷作注文小字，當以作大字爲是。「渲」當亦即「涮」的音變俗字。《廣韻·線韻》「渲」字音息絹切，釋「小水」，當别爲一字。

〔三三〕睡寱語，甲、乙卷同，丙一卷作「睡寱盯」，《匯考》以爲「盯」乃「語」之誤，可從；「寱」乃「寱」的换旁俗字。注文「音藝」甲、乙卷同，丙一卷訛作「云藝」。

〔三三四〕人慥暴，甲卷、丙一卷同，乙卷脱「人」字。注文「七造反」乙卷同，甲卷「反」訛作「也」，丙一卷「造」訛作「左」形。又「志懆」乙卷、丙一卷同，甲卷作注文小字「又懆」，此二字當以作大字爲是，「志」字《匯考》、《研究》則皆以甲卷作「又」爲是。《廣韻・号韻》七到切（與「七造反」同音）：「慥，言行急也。」斯二六三〇號《唐太宗入冥記》：「判官懆惡，不敢道名字。」「慥」、「懆」蓋皆即「躁」字異體。

〔三三五〕注文「呼淊反」甲、乙卷略同（乙卷右下部訛作「有」形），丙一卷作「呼陷反」，音同（「淊」字《廣韻・陷韻》有「於陷切」一讀）。《玉篇・言部》：「譀，火鑑切，譪，火界切，譀譪，諍駡怒皃。」

〔三三六〕注文「士孝反」乙卷同，甲卷、丙一卷「士」字作「土」而不帶點（「土」「士」手寫相亂，故「土」字俗書多加點作「𡈽」形以別之），實即「士」字之變。《廣韻・效韻》：「趠，行皃。」丑教切，屬徹紐；本條音「士孝反」，屬崇紐，此二紐發音部位相近（據羅常培《唐五代西北方音》，敦煌本《開蒙要訓》的注音知、莊、照三組合併），故可互注。《研究》以寫卷切音上字「土」、「士」皆「丑」字之形誤，未必。又上揭讀音的「趠」字書釋「行」釋「超」，何謂「人趠頭」，費解，俟再考。

〔三三七〕人𦙶臊，甲卷、丙一卷同，乙卷後二字的「月」旁中作三短横，或爲「目」旁俗寫（該卷「目」旁多有寫作此形者），當據以校正作「眊矂」（音「冒」的「𦙶」其他字書不載，《研究》疑爲「眊」之形誤）。「眊矂」亦作「毷氉」、「冒懆」，指失意、煩悶，辭書已載。注文「冒燥」甲卷作「冐燥」，乙卷作「胃燥」，丙一卷作「音胃燥」，「冐」爲「冒」的常見俗字，「胃」則爲「冒」的訛字。

〔三三八〕昒眼，甲卷同，乙卷、丙一卷作「物眼」（「眼」字左旁丙一卷作「月」，乙卷作「月」旁而中作三短横，皆俗訛形），「物」爲形誤字。注文「賣也」甲、乙卷同，「也」字疑衍，丙一卷作「音賣」。《廣韻・怪韻》莫拜切（「賣」字音莫懈切，在卦韻，怪、卦二韻同用）：「昒，昒眼，久視。」

〔三三九〕注文「匹契反，五計反」甲卷、丙一卷同，乙卷誤作「尺契反反五計」。

〔三四〇〕頂頣，「頣」字甲、乙卷同，乃「顊」的訛俗字。《篇海》卷一三頁部引《龍龕》：「頣，音顊，義同。」又丙一卷無『頂顖』條，上文『睥睨』條緊接在『眗眼』條之後，皆在下欄。

〔三四一〕入聲字，甲卷同，乙卷、丙一卷作『入聲』。參看上文校記〔三六〕。

〔三四二〕毛毼毾，甲、乙卷同，丙一卷『毼』字右上部作『罒』形，俗寫。注文『音荅跛』甲、乙卷作『音合跛』，丙一卷作『音荅屐』，『屐』字其他字書不載，應爲『跛』的訛俗字（參看下文校記〔三六四〕）。音『荅』的『毼』蓋『毾』的偏旁移位俗字，音『合』的『毼』似又讀同『毢』。『毾』字《廣韻·盍韻》音吐盍切，『荅』爲《廣韻·合韻》字，唐五代西北方音盍、合二韻相混。唐韓嶼《贈進士李守微》：『鳧曳鶴毛乾毾毼，杖攜筇節瘦槎牙。』即爲前一用法。又《廣韻·合韻》古合切（『合』字亦有同一切音）：『毢，毢毾，目睫长。』又蘇合切（與『跛』字同一小韻）：『毼，毢毼，眼睫长。』則爲後一用法。比較而言，似當以前一種解讀爲是。

〔三四三〕注文『音麥析』的『析』字底卷作『圻』，甲卷略同，乙卷作『折』，丙一卷作『扸』形，《匯考》以丙一卷所作爲『析』的俗字，兹從之。《研究》録作『坼』，蓋誤。《廣韻》『析』在錫韻，『膌』在齊韻，此以入聲字注陰聲字。

〔三四四〕人佴儠，甲卷同，丙一卷『佴』字右部訛作『取』；乙卷『儠』字作『倈』，皆爲『儠』字俗寫。注文『丁挾反』甲、乙卷同，丙一卷作『丁狹反』，音近。《集韻·帖韻》的協切（與『丁挾反』同音）：『佴，佴儠，輕佻皃。』又悉協切（與『儠』字同一小韻）：『儠，佴儠，輕佻皃。』

〔三四五〕硉兀，《玉篇·石部》：『硉，郎兀切，硉矹，危石。矹，五忽切，硉矹。』『矹』實即『兀』的增旁俗字。

〔三四六〕人矐的，甲、乙卷同，『矐』應爲『矍』或『矆』的訛俗字，丙一卷正作『矍』；『的』字其他字書不載，蓋『灼』或『恂』的換旁俗字。注文『上鑊，下酌』底卷及甲卷作『上钁，下酌』，兹據乙卷改，丙一卷作『之若反，上虚钁〔反〕』。《説文·目部》：『矆，大視也。从目，蒦聲。』徐鍇《繫傳》：『驚視也。』段玉裁注：『按《篇》、《韵》皆矆爲正字，曤爲或字。』《龍龕·目部》：曤，或作；矆，正：許縛反，大視皃。可參。『虚钁〔反〕』與『許縛反』同音；『鑊』字《廣韻·鐸韻》音胡郭切，讀音亦近。底卷及甲卷注文的『钁』疑爲『鑊』字之訛；《匯考》以爲『钁』前脱『虚』字，亦可備一説。又《方言》卷一三：『灼，驚也。』《廣雅·釋詁》：『恂，驚也。』

『灼』、『灼』《廣韻・藥韻》並音之若切（與『酌』字同一小韻），音合。《研究》引伯三四六八號《驅儺二首》之二：『市郭兒之鬼，曤曤灼灼；工匠之鬼，敲敲琢琢。』『曤曤灼灼』蓋即『曤昀』的雙音化。

〔三四七〕扒攕，『攕』及注文『截』所從的構件『隹』乙卷作『非』，訛俗形；『攕』《集韻・屑韻》以爲即『截』字或體。注文『上抹』甲、乙卷同，丙一卷作『音莫八反』；『扒』字《廣韻・黠韻》音博拔切，幫紐黠韻；『莫八反』明紐黠韻；『抹』字（《廣韻》音莫撥切）明紐末韻；唐五代西北方音明紐與幫紐音近，可以互注。《匯考》疑『莫八反』爲『普八反』形誤，似不確。參看上文校記〔一五九〕。

〔三四八〕寬⿰巤皮⿰奄皮，『⿰奄皮』字底卷及甲卷、乙卷皆作『⿱奄耳』；丙一卷作『⿰奄皮』，『⿱奄耳』字其他字書未載，應即『⿰奄皮』的俗字，茲據録正。《玉篇・皮部》：『⿰巤皮，力盍切，⿰巤皮⿰奄皮，皮瘦寬皃。⿰奄皮，都闔切，寬皮皃。』又注文『臘荅』下丙一卷又出正文大字『⿱奄耳』，下注『音荅』，《匯考》以爲此『⿱奄耳』字當是『奄耳』二字之誤合，引《廣韻・盍韻》『奄，大耳』，謂『奄』音與『⿰奄皮』同，『奄耳』與上『寬⿰巤皮⿰奄皮』形成傍通。

〔三四九〕⿰氵斛⿰氵夙，『⿰氵斛』字其他字書未載，此二字疑爲『觳觫』的記音俗字。注文『斛速』甲、乙卷同，丙一卷作『音斛速』。『觳』字《廣韻・屋韻》音胡谷切，與『斛』字在同一小韻；『觫』字《集韻・屋韻》音蘇谷切，與『速』字在同一小韻，云：『觫，觳觫，懼死皃。』《廣韻・沃韻》有『⿰氵夙』字，音先篤切，『雨聲』，當別是一字。

〔三五〇〕幞頭⿰糹耴，『幞』字右部底卷及乙卷作『菐』形，甲卷作『莱』形，丙一卷似作『業』形，《匯考》定作『幞』的俗字，極是，《研究》録作『惵』字，似不確；又『⿰糹耴』字甲卷同，乙卷、丙一卷作『緅』，乃『⿰糹耴』字俗寫，猶注文『輙』乃『輒』字俗寫（注文『輙』字丙一卷同，甲、乙卷作正字『輒』）。『⿰糹耴』字其他字書未載，據直音『輒』考之，其字蓋從糸、耴聲，疑爲『襵』的後起形聲俗字。『襵』字《廣韻・葉韻》音陟葉切，正與『耴』、『輒』在同一小韻。『襆頭襵』指頭巾的褶皺。《新唐書・車服志》：『裹頭者，左右各三襵，以象三才。』《匯考》以『⿰糹耴』爲『緝』字異體，形音義皆所不合，殆未確。又字書有『緅』字，《廣韻》音側鳩、子侯、子句三切，訓帛青赤色，音義亦皆不合，當別爲一字。

〔三五一〕注文『户甲、尺悦二反』甲卷同；乙卷誤作『户甲又反二悦』；丙一卷作『户甲反，尺悦反』。

〔三五二〕注文『奴結反』甲、乙卷同，丙一卷作『怒結反』，音同。

〔三五三〕注文『直葉反』的『葉』字中部底卷及甲卷、乙卷、丙一卷皆作『𠫓』形，係避唐諱形成的俗寫。《廣韻·葉韻》直葉切：『堞，下入也。』《集韻·業韻》直業切：『堞，田實也。賈思勰曰：秋田堞實。』

〔三五四〕『又賠切』條甲、乙卷在『物皷皮』條之下，無注文，蓋與『物堞實』條合作一組，不妥。丙一卷『又賠切』三字接抄在『物堞實』條注文之下，乃該二卷抄手誤按行抄録所致；注文『直葉反』的『葉』字中部底卷及甲卷、乙卷皆作『𠫓』形，係避唐諱形成的俗寫。『賠』字《廣韻》音蒲口、薄侯、蒲候三切，訓豕肉醬，音義皆不合，文中疑爲『牒』的訛字。《廣韻·葉韻》直葉切：『牒，細切肉也。』音義皆合。又丙一卷因此條移至上行與『物堞實』條合作一組，故把下行『馬跑躅』移至此處。下文『捽鞭』條丙一卷亦順序前移一行。

〔三五五〕『馬跑躅』條乙卷脱。注文『音包，下竹』甲卷同，丙一卷作『音包，下知主反』，『知主反』的『主』爲上聲字，聲調不合，《匯考》校作『知玉反』，近是。下文『人脚瘃』條『瘃』字底卷及甲、乙卷注音『竹』，而丙一卷作『知玉反』，是其比。『躅』同『躅』，《廣韻·燭韻》音直録切，與『知玉反』同音；又『竹』字在屋韻，音張六切，唐五代西北方音屋、燭二韻混用。又《廣韻》『跑』字音薄交切，並紐；『包』字音布交切，幫紐，此以清音字注濁音字。

〔三五六〕『腌肉』條乙卷抄在『捽鞭』條、『驢趯跂』條之間，丙一卷『腌肉』條之下欄爲『驢趯跂』條，序次不同。

〔三五七〕捽鞭，甲、乙卷同，丙一卷作『鞭揮捽』。『捽』字其他字書未載，《研究》引《集韻·没韻》昨没切：『捽，《説文》持頭髮也。』但二字音義皆不合，似不得牽合爲一。博士生張鉉謂『捽』應是與『揮』意義相近的詞，『捽』應爲『捽』之或體，『捽』則又爲『摔』之訛體；『摔』有『揮』的意思，『摔鞭』就是『揮動鞭子』的意思。其説近是。

〔三五八〕注文『殗邑』甲、乙卷同，丙一卷作『一劫反』；『浥』字《廣韻》音於汲、於業二切，分别與『邑』、『殗』同一小韻；注文『殗邑』有三種可能，一是『浥』字音『殗』又音『邑』，二是『浥』字音『殗邑〔反〕』，三是『殗邑』二字有一字爲衍文當删；考本條乃承上行『腌肉』條而言，『浥』、『腌』同音（『一劫反』與『於業切』同音），故此加『又』字『傍通』列之，據此，當以音『殗』或『一劫反』爲長。

〔三五九〕注文『笛歧』甲、乙卷同，丙一卷作『乃的反，下歧』。《廣韻·錫韻》『趯』字音他歷切，透紐，『笛』字音徒歷切，定紐，此以濁音字注清音字，反映了唐五代西北方音濁聲母清化的特點。又丙一卷音『乃的反』，以泥紐注透紐字，亦爲西北方音的特點。《研究》謂『乃』蓋『丁』之訛，似未確。

〔三六〇〕因『驢趯趑』條前移至『腌肉』條之下欄，故丙一卷『乾曝曝』條列在上欄。

〔三六一〕『沸瀧瀧』條底卷上文已見，當衍其一，甲卷、乙卷、丙一卷此處正無『沸瀧瀧』條，應據删。因底卷多出『沸瀧瀧』條，故此下丙一卷上下欄條目的内容與底卷歸於一致。

〔三六二〕物蹙摎，乙卷、丙一卷同，甲卷『蹙』字訛省作『戚』。

〔三六三〕乾皺皺，『皺』字甲卷訛作『皷』。

〔三六四〕弃擖搕，『搕』字甲卷、丙一卷同，乙卷作『撘』，蓋涉上字類化增旁。注文『罨趿』甲卷同，乙卷『趿』訛作『跛』；丙一卷作『烏合反，下屄』，『烏合反』與『罨』同音（『罨』字《廣韻·合韻》有『烏合切』一讀），『屄』則應爲『趿』的訛俗字（參看上文校記〔三四三〕）。就字形而言，『擖』可定作『擸』的俗字。斯二〇七一號《箋注本切韻·盇韻》才盇反：『搕，擖搕，和雜。』其中的『擖』《廣韻》作『擸』，可證。《廣韻·盇韻》：『擸，折也。又擸搕，破壞也。』義亦接近。但『擸』字《廣韻》音盧盇切，與『烏合反』紐異。據注音而言，『擖』有可能爲『搕』的訛字。《廣韻·合韻》烏合切：『搕，以手盇也；又搕搕，糞也。』《説文》：『糞，棄除也。』『擖』、『搕』音義皆合。又丙一卷本條與下行『手揩擦』條位置互換。

〔三六五〕手揩擦，『擦』字丙一卷作『攃』，底卷及乙卷右部作『𥚃』，乃『祭』旁俗寫，甲卷訛作『𥚃』形；『擦』、『攃』即今『擦』字。《集韻·曷韻》七曷切（與『七葛反』同音）：『攃，摩也。』《龍龕·手部》：『攃，蒼葛反，足動草聲，亦揩攃也。』

〔三六六〕拋物搠人，『搠』字底卷及甲卷作『𢱢』，丙一卷又訛從木旁，兹據乙卷改。注文『側也』甲、乙卷同，『也』字衍，丙一卷作『音側』。《廣韻·職韻》阻力切（與『側』字同一小韻）：『搠，打也。』

〔三六七〕動扤扤，乙卷、丙一卷同，甲卷作『動杌杌』。按《説文·手部》：『扤，動也。』俗書手旁木旁相亂，故『扤』字俗亦作『杌』。《六臣註文選》卷一八漢馬融《長笛賦》：『摇演其山，動杌其根者，歲五六而至焉。』李周翰注：『謂風水摇引，動杌竹根，一歲五六度如此而至也。』

〔三六八〕注文『音銚』底卷及甲、乙卷作『銚音』，兹據丙一卷乙正；『下虗聿反』底卷無『反』字，甲、乙卷作『下虚聿』，丙一卷作『下虚聿反』，兹據補『反』字。又本條甲卷抄在『人脚瘃』條之後，序次有異。

〔三六九〕注文『音竹』甲、乙卷同，丙一卷作『知玉反』。『瘃』字《廣韻·燭韻》音陟玉切，與『知玉反』同音；而『竹』字在屋韻，音張六切，與『瘃』字音近（屋韻三等與燭韻相混，參上校記〔三五五〕）。

〔三七〇〕注文『音頻』底卷及甲卷作『音嚬』，犯同字自注，兹據乙卷、丙一卷改；『頻』『嚬』同音字。又『即六反』前丙一卷多一『下』字。

〔三七一〕注文『下澁』乙卷同，甲卷僅存『下』字，丙一卷作『下澁』；『澁』爲『澀』的俗字，《集韻·緝韻》以『濇』、『澀』、『澁』皆爲『歰』字異體，與『澁』字同音色入切。

〔三七二〕注文直音字『宣』乙卷同，丙一卷作『音宣』；『勒末反』乙卷誤作『謹手反』，丙一卷誤作『勒木反』。甲卷本條無注文。

〔三七三〕白醭出，甲、乙卷同，丙一卷誤作『自醭出』。注文『莫卜反』甲卷、丙一卷同，乙卷脱『卜』字。《廣韻·屋韻》普木切：『醭，醋生白醭也。』普木切屬滂紐，『莫卜反』屬明紐，唐五代西北方音明紐與幫紐、滂紐音近可以互注。《匯考》校『莫卜反』作『普卜反』，似不必。參看上文校記〔一五九〕、〔三一九〕。

〔三七四〕人㿺皠，乙卷同，『㿺』字右部的『皃』甲卷訛作『自』形，丙一卷訛省作『白』。注文『音莫，丑角』甲卷同，乙卷作『音莫，丑角反』，丙一卷作『音麥角反，丑角反』，兹據補『反』字；『㿺皠』二字蓋分别從『貌』、『卓』得音，『貌』字《廣韻・覺韻》音莫角切，與『麥角反』同音；『卓』字音竹角切，與『丑角反』韻同紐近；『⿸厂貌⿸厂皇』應爲疊韻連綿詞，底卷及甲卷『音莫』下疑有脱字。上文去聲字下有『人⿺鬼貌⿺鬼肖』條，與本條形音並近，疑爲一詞之異。參看上文校記〔三五七〕。

〔三七五〕注文『莫卜反』乙卷、丙一卷同，甲卷『卜』字訛作『上』形。『䉾』字其他字書不載，似與『樸』爲一字之異。《廣韻・屋韻》普木切：『樸，草生概也。』此注『莫卜反』，亦爲明紐、滂紐音近互注之例。《匯考》以『莫卜反』爲『普卜反』之訛，似未確。參上校。白居易《白氏長慶集》卷一二《山石榴寄元九》詩：『山石榴，一名山躑躅，一名杜鵑花，杜鵑啼時花撲撲。』『花撲撲』即『花䉾䉾』的記音字。

〔三七六〕注文『末曷』甲卷同，乙卷重出一次（前『末曷』二字似誤合作一字，且作大字），丙一卷作『音末曷』。斯二〇七一號《箋注本切韻・末韻》莫割反（與『末』字同一小韻）：『頞，頞顯，健。』《廣韻・曷韻》胡割切（與『曷』字同一小韻）：『顯，頞顯，健也。』

〔三七七〕汗霢霂，『汗』字右部底卷及甲卷訛作『于』形，兹據乙卷、丙一卷録正。注文『陌木』甲、乙卷同，丙一卷作『音麥木』。《廣韻・麥韻》莫獲切（與『麥』字同一小韻）：『霢，霢霂。亦作霡。』『陌』字《廣韻》音莫獲切，在陌韻，與麥韻同用。

〔三七八〕人劄劉，甲、乙卷同，丙一卷『人劄』二字誤合爲一。注文『知角反』乙卷作『智角反』，音同；《匯考》謂『角』字疑誤，博士生張鉉定作『甲』字之誤，可從。《鉅宋廣韻・洽韻》竹洽切（與『劄』字同一小韻，『甲』字在狎韻，《廣韻》洽、甲二韻同用）：『偺，偺厔，忽觸人也。』又質韻陟栗切（與『知訖反』紐同韻近）：『厔，偺厔，愛觸忤人也。』《集韻》同一小韻：『厔，偺厔，抵牾也。一曰不循理。』『厔』字蓋從爪、至聲的形聲字，而『厔』則應爲『厔』字之訛。伯三一五五號《雜抄》：『世上略有十種劄窒之事：見人著新衣，強問他色目，是一；見他鞍乘，好強逞解乘騎，是二；見人書籍，擅把披辱（尋），是三；見他弓失（矢），擅拈張挽，是四；見他所作，強道是非，是五；見人書蹤，強生彈剥，是六；見他鬬打，出熱助拳，是七；見他争論，傍説道理，是八；賣買之處，假會鄽談，是九；不執一文，強訓（酬）物價，是十。已上十事，並須削除。」「劄室」、「劄劉」、「偺⿰亻厔」應皆爲一詞異寫。

〔三七九〕「甴甲同上」四字底卷及甲、乙卷無，兹據丙一卷補。《篇海》卷四田部引「俗字背篇」：「甴甲，上士甲切，下于甲切，俗用。」讀音有別，或別爲一詞。

〔三八〇〕𧶠煠，甲、乙卷同，丙一卷「煠」字右上部作「廿」，係避唐諱缺筆。

〔三八一〕注文「厄」甲卷同，丙一卷作「音厄」；乙卷脱注文。

〔三八二〕心憋起，乙卷「起」字誤作小字注文，注文「必列反」又訛作「心列反」。

〔三八三〕注文「恧尼」甲卷同，乙卷訛作「恧尼」；丙一卷作「女交六反，音尼」，「交」字爲衍文當删，「忸」、「恧」《廣韻·屋韻》皆有女六切一讀。

〔三八四〕注文「㑦音」甲卷同，乙卷誤作「淚反」；丙一卷作「怜羯反」。《廣韻·屑韻》練結切（與「戾」字同一小韻，而「㑦」即「戾」的俗字。「戾」字《廣韻·霽韻》又音郎計切，下云：「㑦，很㑦，俗。」）：「捩，拗捩。出《玉篇》。」丙一卷音「怜羯反」，在月韻，與「捩」字韻近。

〔三八五〕注文「㑦瞥」甲、乙卷同，丙一卷作「怜羯反，必列反」。《集韻·霽韻》郎計切（「㑦」、「戾」皆有同一切音）：「⿰足戾，跛足。」「蹩」字或作「蹩」，《集韻·屑韻》有匹蔑切一音，與「瞥」字同一小韻。《廣韻·屑韻》蒲結切：「蹩，蹩躠，旋行皃。一曰跛也。」丙一卷「蹩」字音「必列反」，幫紐薛韻，唐五代西北方音薛韻、屑韻相混。又「脚⿰足戾蹩」條丙一卷接抄在上行「手捩物」條之下，同在下欄，而下「口⿰口尃⿰口集」條則在此行上欄，據此，底卷「脚⿰足戾蹩」條似當與下欄「口⿰口尃⿰口集」條互乙，「口⿰口尃⿰口集」與上行「水潗潗」條、「脚⿰足戾蹩」條與上行「手捩物」條分別形成「傍通」。

〔三八六〕注文「博接」甲、乙卷同，丙一卷作「音博接」。《廣韻·緝韻》：「⿰口集，⿰口尃⿰口集，⿰口集皃。子入切。⿰口尃音博。」上行「水潗潗」條的「潗」字《廣韻》亦音子入切，與「口⿰口尃⿰口集」條同音傍通。但寫卷「⿰口集」字音「接」，後者《廣韻》

音即葉切，在葉韻，韻母頗有差異，或爲俗音。《敦煌變文校注》卷四《降魔變文》：「（金翅鳥王）遥見毒龍，數迴博接：「雖然不飽我一頓，且得噎飢。」」校注引郭在貽校：「本書《韓擒虎話本》：「博唼之間，並乃傾盡。」「博接」當即「博唼」……亦即是「⿰口尃噍」。」可參。又：丙一卷因「脚踠蹴」條接抄在上行「手捩物」條之下，故「口⿰口尃噍」條至下「人⿰口室咄」條順序前移一條，該卷這些條目在上下欄的位置均與底卷不同。

〔三八七〕兒頭毣毣，甲卷、丙一卷同，乙卷脱一「毣」字。注文「音木」二字底卷及甲、乙卷脱，兹據丙一卷補。《方言》卷一三：「毣，好也。」郭璞注：「毣毣，小好皃也。音沐。」

〔三八八〕擭搦，乙卷、丙一卷同，甲卷「搦」字訛作「榒」。《説文·手部》：「擭，握也。」《廣韻·陌韻》音一號切。《廣韻·陌韻》：「搦，捉搦。」音女白切。此分别音「烏麥反」、「女革反」，在麥韻，唐五代西北方音麥韻、陌韻相混。

〔三八九〕⿰目市米，「⿰目市」字同「⿰𠂤市」。《廣韻·月韻》房越切（與「扶八反」音近）：「⿰𠂤市，舂米。」

〔三九〇〕手掇掐，「掇」應爲「擮」的訛俗字。注文「即悦反」下底卷衍一「反」字，兹據甲卷、乙卷、丙一卷删。《玉篇·手部》：「擮，子結切，斷絶也。」

〔三九一〕物黦色，《廣韻·月韻》於月切：「黦，黄黑色。」本條「黦」音「於列反」，在薛韻，唐五代西北方音薛韻、月韻相混。

〔三九二〕汗瀎泧，「汗」字底卷及甲、乙卷訛作「汙」，兹據丙一卷録正；「瀎」字右部底卷及甲卷、丙一卷皆作「薎」形，乙卷作「薎」形，「泧」字右部底卷及甲卷、乙卷、丙一卷皆作「戊」形，兹據詞義録正。注文「末豁」甲、乙卷同，丙一卷作「音末豁」。《集韻·末韻》呼括切（與「豁」字同一小韻）：「泧，《説文》瀎泧也。一曰泧，流也。」「瀎」字《集韻》音莫葛切（與「末」字同一小韻），又音莫結切，後一切音下云：「瀎，塗飾也。一曰瀎泧，水皃。」

〔三九三〕磣⿰石朿，「磣」字右部底卷及甲卷、乙卷、丙一卷皆作「粂」形，俗寫，兹録正；「⿰石朿」字其他字書不載，當是「刺」

的俗字（涉上『磣』字類化換旁）。唐釋義淨譯《根本説一切有部毘奈耶破僧事》卷一七：『太子即位，暴惡磣刺，兇猛獷烈，無有臣佐敢諫其王。』又《大正藏》本唐尸羅達摩譯《佛説十地經》卷二：『離麁惡語，謂所有語蜥（蜇）螫、麁獷、磣刺於他，令他瞋恨，背面慘厲，庸淺鄙惡，不可樂聞，聞者不悦，瞋忿所出，如火燒心，令生怨結，意起熱惱，不可愛樂，能壞自他，心心相續。如是等語，悉皆遠離。』後例『磣刺』遼釋希麟《續一切經音義》卷三引作『磣刺』，當據正，希麟釋云：『下郎遏反，上言磣，下刺合作糲，《切韻》云麁也，米之脱粟者也；作此刺字，僻也，戾也，非磣糲義也。』實則『刺』正是邪僻、乖戾義，希麟改讀作『糲』，非是。宋日稱等譯《福蓋正行所集經》卷四：『云何爲苦？磣辣荼毒，與樂相違，同五識身，相應領納，是名爲苦。』『磣辣』亦當校讀作『磣刺』，可以比勘。又『磣』字字書指食品中混入沙土等異物，於義不諧，『磣刺』之『磣』或當讀作『慘』。玄應《音義》卷二一《大乘十輪經》第七卷音義：『磣毒，又作慘，同，初錦反，磣惡毒害也。』清莊炘校：『慘毒之慘本當作慘……作磣者借字。』可證。『慘』指狠毒、兇惡，上揭佛經引例中前一例『磣刺』與『暴惡』連用，後一例與『荼毒』連用，中例歸屬於『麁惡語』，其義正合。參看上文校記〔三三五〕。

〔三九四〕人探賾，『賾』字左部底卷及甲卷作『追』形，丙一卷作『臯』形，皆俗訛形，兹參酌乙卷録正。注文『士革反』乙卷、丙一卷同，甲卷訛作『士草反』。

〔三九五〕辛辢，『辛』字及『辢』字『辛』旁的下部底卷及甲卷、乙卷、丙一卷皆作三横，爲隸變之異，兹録正；『辢』後起字偏旁移位作『辣』。《廣韻·曷韻》盧達切：『辢，辛辢。』本條『辢』音『力末反』，在末韻，《廣韻》曷、末二韻同用。

〔三九六〕注文『榼』字右部底卷及甲卷作『盖』，乙卷近似『夢』形，皆爲『盍』旁俗訛，兹録正；丙一卷注文作『音榼』二字。『又曝』二字及注文底卷及甲、乙卷無，兹據丙一卷補。『曝』字《匯考》録作『曝』，注文『五荅反』的『五』《匯考》以爲『丘』字之誤。『丘荅反』與『瞌』字（《廣韻》音克盍切）讀音略同。但『曝』字《廣韻·緝韻》音去急切，「欲燥」也；「瞘」字《集韻》同韻音乞及切，「目精中枯也」，與「瞌」字音義均所不同，俟再考。

〔三九七〕 奄糲，「奄」乃「龘」的俗字。注文「力末反」甲卷、丙一卷同，乙卷脱注文。《廣韻·曷韻》盧達切：「糲，龘糲。」

〔三九八〕 巧抝，「抝」乃「扨」字俗訛；甲卷、乙卷、丙一卷作「劫」，又爲「抝」字訛變。「又刋」二字底卷及甲、乙卷無，兹據丙一卷補；「刋」乃「刲」字俗訛。《廣韻·黠韻》丘八切：「扨，《説文》巧扨。或書作刲。」

〔三九九〕 注文「識」字甲、乙卷同，丙一卷作「尺職反」。「螌」字《廣韻》音施隻切，在昔韻；「識」字音賞職切，在職韻；唐五代西北方音昔韻與職韻三等字可以互注。按體例，《匯考》以爲本條當與下行「蜂蜇人」條互乙，可從；「蜂螌」與「蜂蜇人」含意相當，「蜂螌」條在「蜂蜇人」條之後，故著「又」字以承之。

〔四〇〇〕 瘍頭，甲卷、丙一卷同，乙卷「瘍」字作「瘍」，繁化俗字。「瘍」字《廣韻》音書藥切，藥韻書紐；「尺若反」屬藥韻昌紐，聲母稍異（猶上文「螌」字丙一卷音「尺職反」之比）。

〔四〇一〕 走趫趫，「趫」字右部的「薊」底卷及甲卷、乙卷、丙一卷皆作「薊」形，俗訛，兹録正。注文「結音」甲、乙卷同，丙一卷作「音結，能行皃」，「能」字疑爲衍文當删。《廣韻·屑韻》古屑切（與「結」字同一小韻）：「趫，走皃。」

〔四〇二〕 皮皴皾，「皴」左部底卷及甲卷作「㚇」形，俗寫，兹據乙卷、丙一卷録正，《研究》録作「皴」，不確；「皾」字底卷及甲、乙卷作「皾」，丙一卷作「皾」，根據「七合反」的切音，此字當是從「䨏」得聲，故據丙一卷録正。但「皾」、「皾」其他字書皆不載，疑即「䨏」的類化增旁俗字。《集韻·盍韻》采盍切（與「七合反」紐同韻近）：「偛，《博雅》：偛、㑌，惡也。……亦省（作䨏）。」又《集韻》同一小韻另有「皾」字，「起也」，《研究》引之，似有以「皾」爲「皾」之意，但「皾」字古多與「豉」字連用，指支撑物，意有未合。

〔四〇三〕 灒洒，「灒」字甲卷、丙一卷同，乃「灒」的俗字，乙卷「截」旁左下部訛作「非」；「洒」字底卷及甲、乙卷訛作

『酒』，兹據丙一卷録正。《廣韻・屑韻》子結切(與『節』字同一小韻)：『瀸，小灑。』《龍龕・水部》：『瀸，俗；瀸，正：音節，水灑也。』其中的正字『瀸』當是『瀸』字刻訛。

〔四〇四〕食⿱敝食飽，丙一卷同，甲、乙卷『⿱敝食』字上部作『敞』，俗訛形。『⿱敝食』字其他字書不載，其字蓋從食、敝聲，俟再考。

〔四〇五〕爝烙，『爝』字底卷及甲、乙卷訛作『熠』，兹據丙一卷録正，『爝』爲『爩』的俗字；『烙』字甲、乙卷同，丙一卷訛作『恪』。注文『熨洛』甲、乙卷同，丙一卷作『於聿反，下洛』。《廣韻・物韻》紆物切(與『熨』字同一小韻)：『爩，煙气。』文中『爝烙』連文，『爝(爩)』似用同『熨』。《集韻・迄韻》載『熨』字或體作『⿱鬱火』，可參。

〔四〇六〕注文『戛』甲、乙卷同，丙一卷作『音戛』。『齘』字《廣韻》音胡介切，匣紐怪韻；『戛』字音古黠切，見紐黠韻，二字聲、韻、調俱異。但《廣韻》與『戛』字同一小韻有『扴』、『圿』、『骱』等字，俱從『介』得聲，據此，亦從『介』得聲的『齘』俚俗或許有讀同『戛』音的。

〔四〇七〕⿱害欠眼，甲、乙卷同，丙一卷『眼』下多一『明』字。注文『豁』甲、乙卷同，丙一卷作『户末反』；『⿱害欠』、『豁』《廣韻・末韻》同音呼括切，屬曉紐，『户末反』屬匣紐，曉、匣同爲喉音，《字寶》多見以匣母注曉母之例，反映了唐五代西北方音濁聲母清化的特點。

〔四〇八〕⿰舀刂捾，『⿰舀刂』《匯考》以爲『搯』的俗字，可從。注文『反』字底卷及甲、乙卷無，兹據丙一卷補。《王一・豪韻》吐高反：『搯，搯捾。《周書》云：師乃搯捾。捾字烏活反。』又伯二六〇九號《俗務要名林・手部》：『搯棺(捾)，上土高反，下烏末反。』『吐高反』或『土高反』屬透紐，此注『乃彫反』屬泥紐，以泥紐注端、透、定紐字，爲唐五代西北方音的特點。《研究》以『乃』爲『丁』形近之訛，未必是。伯二九六二號《張議潮變文》：『千人中矢沙場殪，銛鍔⿰舀刂務墜賊頭。』『⿰舀刂』字原注『七彫反』。這個『⿰舀刂』字《敦煌變文字義通釋》引徐復説定作『搯』的俗字，而原注『七彫反』乃『土彫反』的錯寫，可以比勘。

〔四〇九〕語讞訐，『訐』字底卷及甲卷訛作『許』，乙卷訛作『訏』形，兹據丙一卷録正。注文『居列、魚列』乙卷同，甲卷『魚』字訛作『莫』，丙一卷作『居列反』，兹酌據補『反』字。《廣韻·薛韻》居列切：『訐，訐發人私。』又魚列反：『讞，正獄。』據底卷及甲、乙卷的注音，正文『讞訐』二字的位置或當互乙（原卷注音也有先後『失次』的情況，參下條校記）。又丙一卷本條前後三行依次爲：齾眼明（上欄）、語讞訐（下欄）；剾掐（上欄）、人喹咄（下欄）；物斡豁（上欄）、言嗃謈（下欄）。按丙一卷的序列，上欄三條主要被注音字皆爲末韻字，下欄前二條主要被注音字皆爲薛韻字，各自音近形成傍通。而底卷先後順序與丙一卷有所不同，同一韻母字的條目上、下欄錯出，疑有舛亂。

〔四一〇〕注文『户末反』甲、乙卷同，丙一卷下又有『烏末反』一音。《廣韻·末韻》烏括切（與『烏末反』同音）：『斡，轉。』又呼括切（與『户末反』同音）：『豁，豁達。』丙一卷第一音『户末反』乃注『豁』字，第二音『烏末反』乃注『斡』字，《别録》因而謂『此卷注音有時失次』，《匯考》則謂第一音、第二音當互乙。今按：『物斡豁』費解，古書中亦未見『斡豁』連用者，頗疑『豁』乃注音字誤入正文者（『斡』『豁』韻同紐近），而『斡』下又抄脱一字（疑『轉』字）；傳抄者不知『豁』即『斡』字直音，遂再贅『户末反』一音，似注『豁』字，殊不知本條最需注音者乃『斡』字；丙一卷抄手有鑒及此，因復補加『烏末反』一音也。

〔四一一〕注文『丁列、盧聿』甲卷同，兹據丙一卷補『反』字；乙卷作『丁盧列聿』，當先讀上列，再讀下列，蓋抄寫之誤。《集韻·屑韻》丁結切：『喹，喹咄，語無節。』又『咄』字《廣韻》音當没切，端紐没韻，又音丁括切，端紐末韻，此音『盧聿反』，來紐術韻，紐異韻近（唐五代西北方音術韻、没韻相混）。『盧』或爲『當』字形誤。

〔四一二〕『言嗃謈』條底卷及甲、乙卷無，丙一卷『物斡豁』條下插入本條，兹據補。『謈』字上部的『日』原卷作『田』，俗訛，此録正。『嗃』字《集韻·覺韻》有黑角切一讀，屬曉紐，此注『侯角反』，屬匣紐，此亦匣母注曉母之例（參上校記〔四〇七〕）；《匯考》以『侯角反』爲『僕角反』之誤，蓋以爲『謈』字的切音，非是。『謈』字《廣韻》音匹角切，又音蒲角切，分屬滂紐、並紐，此直音『剥』，《廣韻》音北角切，屬幫紐，滂、並、幫同爲脣音，音近可以互注。

〔四一三〕 麥面，甲、乙卷同，丙一卷作「嗇地」，「嗇」當爲「麥面」二字之誤合。注文「僕」甲、乙卷同，丙一卷作「莫北反」。《匯考》以「麥」爲「匐」之借，注文「莫北反」爲「普北反」之誤，引斯二〇七三号《廬山遠公話》「匐面在地，更不再起」。按：「麥」字《廣韻・德韻》音蒲北切，屬並紐，「莫北反」屬明紐，唐五代西北方音明紐與並紐音近應可互注。《匯考》校「莫北反」作「普北反」，似不必。參看上文校記〔一五九〕、〔三四六〕、〔三七三〕。又「僕」字《廣韻・屋韻》音蒲木切，與「麥」字紐同韻異，「僕」疑爲「仆」字之誤，「仆」與「麥」《廣韻・德韻》同音蒲北切，讀音正合。又丙一卷上行插入「言嗃謈」條以後，故從「麥面」條至「熋作」條在上下欄的位置與底卷相合。

〔四一四〕 人落籜，「籜」字右下部底卷作「睪」，乙卷作「罕」，皆訛俗形；左下部甲卷訛從木旁，兹並據丙一卷録正。注文「託」甲、乙卷同，丙一卷作「音託」。「落籜」，疊韻連綿詞，通常作「落拓」或「落托(託)」。

〔四一五〕 齊矗矗，下「矗」字底卷、甲卷、丙一卷皆作重文符號，乙卷抄入聲字條目止於前一「矗」字，下接抄去聲字下脱漏的「俵散」至「口吭哂」七條，未抄完，隔三行多另抄《南天竺國菩提達摩禪師觀》等内容。「矗」字《廣韻・屋韻》音初六切，又音丑六切，此注「所六反」，韻同紐異。

〔四一六〕 口囁嚅，「嚅」乃「嚅」的俗字，猶注文「儒」乃「儒」的俗字。注文「葉」字中部的「世」底卷及甲卷、丙一卷皆作「廿」形，爲避唐諱改寫字。下注文「葉」字同，不再出注説明。

〔四一七〕 勻琨琨，「琨」字《廣韻・屋韻》音初六切，此注「側六反」，韻同紐近。

〔四一八〕 人类莫，「类」字底卷及甲卷作「粪」，丙一卷作「粦」；「莫」字底卷及丙一卷作「萛」，甲卷作「蒖」；分别爲「类」、「莫」的俗寫，此録正。注文「列挈」甲卷同，丙一卷作「音列挈」。《廣韻・屑韻》苦結切：「莫，类莫，多節目也。类練結切。」

〔四一九〕 「嵽」字《廣韻・屑韻》音徒結切，屬定紐，此注「乃列反」，屬泥紐，以泥紐注端、透、定紐字，爲唐五代西北方音的特點。參看上文校記〔三九七〕。

〔四二〇〕 注文「血」字底卷、甲卷脱，兹據丙一卷補。「眰」字《廣韻・屑韻》音丁結切，屬端紐，此注「一決反」，屬影紐,《匯考》以『一決反』爲『丁決反』之誤,近是。

〔四二二〕注文『音撥』甲卷同,丙一卷作『音溌』;《集韻·末韻》以『溌』爲『潑』字或省,但《廣韻》只見『溌』字,疑唐代前後以『溌』字爲通行,故本書以『溌』字注『潑』;底卷、甲卷直音『撥』,與被注字『潑』有幫紐、滂紐之異,《匯考》以『音撥』『爲安』,未必是。《龍龕·水部》:『溌,普活反,水—也。沛,古文,普末反,今作癹(溌)』,—水也。』《龍龕》亦不收『潑』字,而以『癹(溌)』爲『今』字,亦可參。

〔四二三〕穿扣,甲卷同,丙一卷『扣』字右旁訛作『目』。注文『音鶻』甲卷同,丙一卷下有『穿穴也』三大字,應是釋義,當改作注文小字。

〔四二三〕手搶拉,《廣韻·合韻》盧合切謂『搶』同『拉』,《匯考》據以謂文中的『搶』當作『摺』。按:『摺』字《廣韻·葉韻》音之涉切(與『之葉反』同音),義爲『摺疊』;又音盧合切,『敗也』,《集韻》以爲這一音義的『摺』與『搶』皆『拉』字或體。頗疑『搶』字亦既同『拉』,又音之涉切,用同『摺』。注文『下臘』甲卷同,丙一卷作『下臈反』,《别録》疑『反』乃衍字,可從,『臈』即『臘』的俗字。

〔四二四〕熯作,『熯』字底卷作『爈』,甲卷作『爈』形,應皆爲『熯』字俗訛,丙一卷正作『熯』,兹據録正。注文『侯郭反』甲卷訛作『侯郭反』,丙一卷訛作『隻郭反』。《廣韻·鐸韻》胡郭切(與『侯郭反』同音):『熯,熯熱。』

〔四二五〕殗殜,『殜』字右上部底卷及甲卷、丙一卷皆作『云』,係避唐諱改寫字。注文『下怗』丙一卷同,甲卷『下』字訛作『十』形。《玉篇·歺部》:『殗,於劫切,殗殜,病。』『殜』字《廣韻·葉韻》音直葉切,與『怗』字音近。又『殗殜』條丙一卷接抄在上行『熯作』條之後,故該卷此後條目順序前移,在上下欄的位置又與底卷相異。

〔四二六〕鞍毯毹,甲卷同,『鞍』字丙一卷作『毶』,蓋涉下二字類化换旁。『毯毹』二字其他字書皆不載,俟考。

〔四二七〕屜塞,《説文·尸部》:『屜,從後相臿也。』大徐本音『楚洽切』,與『之甲反』紐韻並近(唐五代西北方音洽韻、狎韻相混)。

〔四二八〕『馬行⿰馬臿』條及下『插塞』條底卷及甲卷無，茲據丙一卷補。『⿰馬臿』及下條『插』右半的『臿』原卷皆作『⿱垂臼』形，俗寫，茲録正。《廣韻·洽韻》：『⿰馬臿，⿰馬臿⿰馬臿，馬驟。』音士洽切，屬崇紐，此注『楚甲反』，屬初紐，紐分清濁，唐五代西北方音濁音清化，故可互注。

〔四二九〕『插塞』條《匯考》以爲據例當與『屆塞』條合，作『屆塞之甲反又插』，近是。

〔四三〇〕趜⿺走叟，底卷及甲卷作『麴⿰麥叟』，丙一卷作『麴趜』，『⿰麥叟』字其他字書不載，應據丙一卷作『⿺走叟』；『麴』則應爲『趜』的訛字，茲録正。注文『音麴縮』底卷作『音趜縮』，甲卷作『麴縮』，丙一卷作『音麴縮』，此『麴』乃『麴』的俗字，茲據録正。《廣韻·屋韻》所六切（與『縮』字同一小韻）：『⿺走叟，趜⿺走叟，體不伸。』《廣韻·屋韻》『趜』字音居六切，又音巨竹切，並與『麴』字（《廣韻·屋韻》音驅匊切）音近。

〔四三一〕門欂，《廣韻·陌韻》弼戟切（與『皮碧反』同音）：『欂，欂櫨，户上木。』『⿱艹榑』即『欂』字異寫。各家録作『⿱艹榑』，不確。

〔四三二〕蹴踏，丙一卷同，甲卷『蹴』字脱略中部的『京』。

〔四三三〕兒嘬口，『嘬』字底卷及甲卷作『噉』，丙一卷作『⿰口冣』，『⿰口冣』爲『嘬』的俗字，『噉』則爲『⿰口冣』字訛變。注文『惻末反』甲卷同，丙一卷作『則末反』。『嘬』字《廣韻·夬韻》音楚夬切，與『惻末反』或『則末反』聲、韻、調俱異，此『嘬』當是『撮』的换旁俗字。『撮』字《廣韻·末韻》有子括切一讀，正與『則末反』同音。『撮口』指聚口成圓形，爲小兒生氣或吮奶時常見的動作。因『撮口』與『口』相關，故俗字换旁作『嘬』。《漢語大字典》『嘬』字音項（二）音zuō，正是此字；其引茅盾《腐蝕·十一月四日》：『他微微一笑就嘬起嘴唇，輕輕吹一支歌曲。』其中的『嘬』字編者釋爲『（嘴唇）翹起』，不確。

〔四三四〕注文『上窟窟，下禄禄』底卷本作『上窟窟，下』，甲卷作『上窟，下碌』，丙一卷作『音窟窟禄』，茲據擬補『禄禄』二字。

〔四三五〕注文『反』字底卷及甲卷訛作『麦』，茲據丙一卷録正。

〔四三六〕輕蔑，「蔑」字底卷及甲卷皆作「䔾」形，丙一卷略同，俗寫，兹録正。

〔四三七〕喘喋喋，「喋」字右上部底卷、甲卷、丙一卷皆作「𠫔」，係避唐諱改寫字，兹録正。注文「一頰反」甲卷、丙一卷同，疑爲「丁頰反」之誤，「喋」字《廣韻·怗韻》音徒協切，又音丁愜切，後一音與「丁頰反」同音。參看上文校記〔四三〇〕。又「上得群反」甲卷作「上得解反」，與「喘」字音不合，《匯考》定作衍文，近是，丙一卷正無此音。

〔四三八〕雺雺雨，甲卷略同（唯「雨」字誤作注文小字），丙一卷作「雨雺雺」，後者與全書語例一致，義長。丙一卷止於「所甲反」三字，其後已無餘紙，似有殘泐。

〔四三九〕面醡皺，「皺」字左半底卷及甲卷皆作「𦊆」，俗寫。《廣韻》上聲潸韻側板切：「醡，醡醶，面皺。」「皺」字《廣韻》音側救切，爲去聲宥韻字。本條既無入聲字，又無注文，當是上文脱漏而補抄於書末或後來添補者。

〔四四〇〕以下「讚碎金」詩四首，底卷及甲卷在卷末；丁卷在「白家碎金」標題前，但無第二首。此四詩陈尚君《全唐詩續拾》（見《全唐詩補編》，中華書局一九九二）、徐俊《敦煌詩集殘卷輯考》（中華書局二〇〇〇）亦有録文。「沈侍郎」的「沈」字甲卷訛作「沋」形，丁卷「冘」旁作草書而略近「先」及「光」形，《英藏》録作「洗」，不確。「沈侍郎」，《法目》（四）以爲指唐沈佺期，《全唐詩續拾》以爲指唐沈傳師。後説是。沈傳師（七七七—八三五），字子言，吴縣（今屬江蘇）人，唐敬宗寶曆間曾任吏部侍郎，與白居易等有唱和。

〔四四一〕「讚碎金」三字甲卷同，丁卷脱。

〔四四二〕「展開」二字丁卷殘缺。「兩」字丁卷作「五」。

〔四四三〕「來」字甲卷同，《敦煌詩集殘卷輯考》録作「采」；丁卷作「呼」，《郝録》、《敦煌詩集殘卷輯考》録作「採」，均未契原卷。從平仄的角度看，此字當用平聲，「來」爲平聲字，合乎平仄；而「采」、「採」爲仄聲字，不合平仄；可見「來」字不誤。

〔四四四〕「呼」字甲卷同，丁卷作「喚」。又「虛」字甲、丁卷作「虗」，古異體字。又戊卷抄有「展也家内家字字字要」、「□三百餘，展開勝讀兩車書。人間」、「□▨（作）零金也不虛」等習字數行，其中「三百餘」、「零金」之上原卷有殘泐。《寶藏》定作「内家字要三百餘，展開勝讀兩車書」詩二句，有誤。

〔四四五〕「白侍郎」的「白」即丁卷「白家碎金」的「白」，「白侍郎」即乙卷卷端所題的「大唐进士白居易」。白居易唐文宗大和間曾任刑部侍郎。

〔四四六〕此首丁卷無。《全唐詩續拾》以此首爲白居易詩。

〔四四七〕猲頭，「猲」字右部甲卷訛作「舅」形。「猲頭」見上文入聲字下，參看上文校記〔四〇〇〕。又「讕」見上文平聲字下，參看上文校記〔八八〕。「趄」見上文去聲字下，參看上文校記〔三三六〕。

〔四四八〕「瀎泧」，「瀎」字右部底卷及甲卷皆作「蔑」形，「泧」字右部底卷及甲卷皆作「戊」形，兹據詞義録正。「瀎泧」見上文入聲字下，參看上文校記〔三九二〕。「婢媔」見上文平聲字下，參看上文校記〔三八〕。又「惱」字右部底卷作「𡿺」，甲卷作「𡿧」，皆爲「惱」字俗寫，兹録正。

〔四四九〕「硝」字甲卷同，《全唐詩續拾》録作「碏」，未確，但謂此字當即「碎」字，則近是，此字當是「碎」俗寫「砕」字形誤。

〔四五〇〕「吏部郎中王建」甲卷訛作「史部郎中王建」，丁卷作「王建郎中」。唐代有吏部郎中而無史部郎中。「王建」，《研究》以爲是指唐代以寫宮詞聞名的王建。王建字仲初，唐長慶、大和間曾任秘書郎、陝州司馬等職，與白居易等有唱和。

〔四五一〕「要來」丁卷同，甲卷作「來要」，但二字間右部有一鈎乙號，則亦當作「要來」；「要來」猶言「來要」，上首「要來一字一硝金」，亦用「要來」。又「不得」甲卷同，丁卷作「不問」，「問」蓋「得」字草書之訛，下一首「曉眉歌得白居易」句「得」字丁卷亦訛作「問」，是其比。

〔四五二〕「真珠」甲卷同，丁卷作「珍珠」。又「百」字甲卷同，丁卷訛作「石」；「螺」字甲卷同（《敦煌詩集殘卷輯考》誤録作「鏍」），丁卷作「螺」而右半中部略有訛省，《郝録》、《敦煌詩集殘卷輯考》録作「蜾」，似是而實非；

『螺』疑當讀作『籮』，『一百籮』言其多也。

〔四五三〕『白侍郎寄盧協律』甲卷略同，丁卷作『白侍郎贈』。又『協』字底卷作『恊』，甲卷作『協』；『恊』、『協』《說文》字別，但後世往往混用不分，而多寫『協』作『恊』，故茲據甲卷録正。『盧協律』，《研究》以爲指盧載。盧載，唐長慶間曾任協律郎等職，與白居易有交往。《全唐詩續拾》以此首爲白居易詩。

〔四五四〕『歌得』甲卷同，丁卷訛作『歌問』。『問』蓋『得』字草書之訛，參看上文校記〔四五二〕。

〔四五五〕『鳳凰』甲卷同，丁卷作『鳳凰』，俗省。『鳳凰』見上文入聲字下，參看上文校記〔三七四〕。又『更敢尋』甲卷同，『尋』與上『金』、『心』押韻；丁卷作『敢君人』，有誤。又本詩後，丁卷另有詩二首，分別是：《谷校書十五弟次韻》：『病來無力染花牋，獨對孤燈夜不眠。爲想蘭亭流碧水，更和秋雨起愁煙。深勞佳詠〔□〕難奉，心逐寒灰已上天。從此一章休綴土（?），磧西新更有詩仙。』《又詶校書次韻》：『准擬休題四句詩，緣君牽挽又抓擬。〔□〕前拋却直拋却，及見紅牋又却書。滿頭白髮侵衰鬢，争忍流連不放伊。强讀浄名三卷賣，始覺人間能幾時。』此二首不見於《字寶》其他各卷，内容似亦與《字寶》無關，故不列入正文。《索引》以《酬校書詩》（應是《谷校書十五弟次韻》、《詶校書》二詩）單列，極是；以爲『似係碎金著者與谷校書相報答詩』，可備一説。

〔四五六〕甲卷末題作『天福柒年壬寅歲（九四二）肆月貳拾日伎術院學郎知慈惠鄉書手吕均書』。此題前後甲卷各有後來補抄的七言詩（四句）一首，分别是：『人生不學漫是非，愚情小子實堪悲。三文兩字淺將用，疑（擬）欲更作心裏迷。』『先賢製作好文書，人身明過戴頭皮。早晚會知心明曉，努力懇尅尋古詩。』尋其内容，似亦與《字寶》無關，故不録作正文。

内容简介

我们无法决定灾害是否会发生在我们的身上，但我们能够决定以什么样的心态去面对灾害，而这种心态又决定了我们未来的命运。

本书是灾害的“心灵鸡汤”，试图引导灾害的当事人采取积极健康的心态去应对灾害，把灾害作为磨砺自我人格的基石，塑造更加完整、健康的人生。

全书通过展示人类在各种自然灾害面前所流露出来的特殊心理和行为，深入浅出地介绍了灾害心理学、预防医学、社会心理学等基本常识；从回顾自然灾害的历史画卷中，启发人们思考防御各种灾害的科学意识，学会理性地应对各种灾害，缓解各种噩梦的负性刺激；阐明了灾害对当事人所造成的负性心理的诊断策略和方法；探讨了心理健康的标准和如何帮助当事人从灾后的心理创伤实现向健康心理的转化，从而享受美丽的人生。